O INVESTIDOR INTELIGENTE

O INVESTIDOR INTELIGENTE

O MAIOR CLÁSSICO DE FINANÇAS EM EDIÇÃO **AMPLIADA E REVISADA**

BENJAMIN GRAHAM

Com novos comentários de Jason Zweig

Tradução de Lourdes Sette e Bruno Fiuza

HARPER BUSINESS

Rio de Janeiro, 2025

Publicado mediante acordo com HarperCollins Publishers

Título original: *The Intelligent Investor, third edition*

Produção Editorial	Neto Bach
Copidesque	Fernando Alves
Revisão	Daniel Rodrigues Aurélio
	Cristina Lavrador Alves
Capa	Adaptada do projeto original
Adaptação de capa	Tulio Cerquize
Diagramação	Guilherme Henrique Martins Salvador

Dados Internacionais de Catalogação na Publicação (CIP)
(Câmara Brasileira do Livro, SP, Brasil)

Graham, Benjamin

O investidor inteligente: o maior clássico de finanças em edição ampliada e revisada / Benjamin Graham; com comentários de Jason Zweig; tradutores Lourdes Sette, Bruno Fiuza. – Rio de Janeiro: Harper Business, 2025.

Título original: The intelligent investor.
ISBN 978-65-83532-04-6

1. Investimentos – Análise 2. Investimentos – Decisões
3. Investimentos – Gestão I. Zweig, Jason. II. Título.

25-277212 CDD-332.678

Índice para catálogo sistemático:
1. Investimentos: Administração: Economia 332.678

Bibliotecária responsável: Eliete Marques da Silva – CRB-8/9380

Harper Business é uma marca licenciada à Casa dos Livros Editora LTDA.

Rua da Quitanda, 86, sala 601A – Centro
Rio de Janeiro/RJ – CEP 20091-005
Tel.: (21) 3175-1030
www.harpercollins.com.br

Para E. M. G.

Em meio a riscos diversos, superando todos os percalços, trilhamos nosso caminho...

– Eneida

SUMÁRIO

O texto reproduzido aqui é da quarta edição revisada e atualizada por Graham em 1971-1972 e publicada em 1973. Por favor, observe que as notas de rodapé do texto original de Graham (apresentadas nos capítulos com numerais romanos sobrescritos) podem ser encontradas na seção de Notas, que começa na página 619. As novas notas de rodapé, introduzidas por Jason Zweig, aparecem no pé da página dos capítulos de Graham (e, na fonte usada aqui, como adições ocasionais às notas finais de Graham).

PREFÁCIO À EDIÇÃO REVISADA, POR WARREN E. BUFFETT

Li a primeira edição deste livro no início de 1950, quando tinha 19 anos. Naquela época, julguei que ele era, de longe, o melhor livro que existia sobre investimentos. Ainda penso dessa forma.

Investir com sucesso ao longo de uma vida inteira não requer um quociente de inteligência estratosférico, uma visão empresarial incomum ou informações privilegiadas. Precisa-se de uma estrutura intelectual coerente para tomar decisões e ser capaz de não deixar que as emoções corroam esse arcabouço. Este livro prescreve com precisão e clareza o arcabouço apropriado. Você é responsável por fornecer a disciplina emocional.

Se você seguir os princípios comportamentais e empresariais que Graham advoga – e se prestar atenção especial aos conselhos valiosos dos Capítulos 8 e 20 –, não obterá resultados ruins em seus investimentos. (Essa conquista representa um feito muito mais significativo do que pode parecer à primeira vista.) A capacidade de atingir resultados fora do comum dependerá do esforço e da inteligência dedicados a seus investimentos, assim como do grau de insensatez do mercado acionário predominante durante sua carreira de investidor. Quanto mais insensato o comportamento do mercado, maior a oportunidade para o investidor de perfil empresarial. Siga Graham e você lucrará com a insensatez, em vez de participar dela.

Para mim, Ben Graham foi muito mais do que um autor ou um professor. Depois de meu pai, ele foi o homem que mais influenciou minha vida. Logo após a morte de Ben, em 1976, escrevi uma breve homenagem a ele no *Financial Analysts Journal*, que se encontra a seguir. À medida que se lê o livro, acredito que ficarão evidentes algumas de suas qualidades mencionadas nesse tributo.

BENJAMIN GRAHAM
1894-1976

Há alguns anos, Ben Graham, naquela altura com quase 80 anos, revelou a um amigo que esperava fazer algo "tolo, criativo e generoso" todos os dias.

A inclusão deste primeiro objetivo caprichoso refletia sua habilidade para expressar ideias de uma forma que evitava qualquer aparência de sermão ou arrogância. Apesar de suas ideias serem poderosas, a exposição delas era sempre realizada de forma gentil.

Os leitores desta publicação não precisam de uma lista de seus feitos medidos por padrões de criatividade. Raramente o fundador de uma disciplina não vê seu trabalho ofuscado, em um curto espaço de tempo, por seus sucessores. Porém, mais de quarenta anos após a publicação do livro que trouxe estrutura e lógica a uma atividade desordenada e confusa, é difícil pensar em possíveis candidatos até mesmo para a posição de segundo lugar no campo da análise dos valores mobiliários. Em uma área em que muitas coisas parecem tolas semanas ou meses após sua publicação, os princípios de Ben permanecem válidos, e seu valor é muitas vezes ampliado e mais bem entendido no rastro das tempestades financeiras que arrasam arcabouços intelectuais mais frágeis. Seus conselhos sensatos sempre trazem recompensas a seus seguidores, mesmo para aqueles com capacidade natural inferior aos praticantes mais talentosos, os quais tropeçam ao seguirem os conselheiros "brilhantes" ou da moda.

Um aspecto notável do domínio de Ben sobre seu campo profissional foi que ele o conseguiu sem aquele estreitamento das atividades mentais de quem concentra todos os esforços em um só objetivo. Foi, pelo contrário, o subproduto incidental de um intelecto cuja amplitude quase excedeu as definições. Certamente, nunca encontrei alguém com uma mente tão abrangente. Uma memória quase fotográfica, a fascinação sem fim por conhecimentos novos e uma capacidade de remodelá-los para então aplicá-los a problemas aparentemente não relacionados tornavam a exposição ao seu pensamento, em qualquer campo, um prazer.

Porém, foi em seu terceiro objetivo – a generosidade – que ele superou todos. Ben foi meu professor, empregador e amigo. Em cada relacionamento, como também com todos os seus alunos, empregados e amigos, no que se refere às suas ideias, tempo e espírito, houve generosidade sem fim e sem precedentes. Se clareza de pensamento fosse exigida, não havia melhor lugar para ir. E se era necessário encorajar ou aconselhar, lá estava Ben.

Walter Lippmann falou de homens que plantam árvores sob as quais outros homens se sentarão. Ben Graham era um desses homens.

Benjamin Graham em Sevilha, Espanha, outubro de 1964.
Cortesia de Benjamin Graham Jr.
Publicado em *Financial Analysts Journal*, novembro/dezembro de 1976.

UMA NOTA SOBRE BENJAMIN GRAHAM, POR JASON ZWEIG

O teste de integridade é a recusa
categórica em se deixar comprometer.
– Chinua Achebe[1]

Quem foi Benjamin Graham, e por que você deveria prestar atenção nele?

Graham foi um dos maiores investidores que já existiu. Foi também um dos mais inteligentes, e pode muito bem ter sido o mais sábio.[2]

De que forma Graham foi um grande investidor?

Ele não apenas obteve retornos superiores, como também o fez durante alguns dos períodos mais difíceis que os investidores já viram, incluindo o fim da Grande Depressão. Sua Graham-Newman Corp. superou o mercado em uma média de aproximadamente cinco pontos percentuais por ano entre 1936 e 1956.[3] Apenas alguns outros investidores conseguiram igualar uma margem tão alta de desempenho superior em uma carreira tão extensa – entre eles Warren Buffett, que aprendeu a investir com o próprio Graham.

Quão inteligente era Graham?

Ele entrou na Universidade Columbia aos 17 anos; deveria ter sido admitido um ano antes, mas a instituição não processou sua documentação. Terminou o curso em dois anos e meio, ficando em segundo lugar da turma. Antes mesmo de Graham se formar, Columbia lhe ofereceu cargos de professor

---

1 ACHEBE, Chinua. *The trouble with Nigeria*. Heineman, 1984. p. 42.

2 Para saber mais sobre esse notável indivíduo, ver ZWEIG, Jason. A note on Benjamin Graham. Disponível em: bit.ly/40XkE7h; o blog Beyond Ben Graham: bit.ly/442IEX8; e GRAHAM, Benjamin. *Benjamin Graham*: the memoirs of the dean of Wall Street. McGraw-Hill, 1996.

3 De acordo com Warren Buffett, os retornos totais de Graham não podem ser conhecidos com precisão ao longo de toda a sua carreira, de 1923 a 1956, mas foram "muito mais fantásticos" do que as estimativas habituais indicam (correspondência pessoal, 14 de abril de 2023). Além dos ganhos com o fundo de Graham, seus investidores obtiveram altos retornos com as ações da Government Employees Insurance Co. (GEICO), que a Graham-Newman Corp. pagou em julho de 1948 como um dividendo especial.

em três departamentos diferentes: filosofia, matemática e inglês. Precisando sustentar sua mãe viúva, ele aceitou um emprego com melhor remuneração em Wall Street.

O livro de Graham *Análise de investimentos*, escrito com David Dodd e publicado em 1934, tornou-se o texto fundamental para analistas financeiros em todo o mundo. No entanto, sua genialidade não tinha limites. Quando tinha 23 anos, Graham publicou no *American Mathematical Monthly* um artigo sobre como melhorar o ensino de cálculo. Em seguida, ele patenteou duas calculadoras portáteis inovadoras. Escreveu dois livros sobre como estabilizar moedas globais, e vários artigos sobre direito, tributação e desemprego. Em seu tempo livre, Graham escreveu uma peça encenada na Broadway, aprendeu espanhol e traduziu um romance uruguaio, além de ler vorazmente em francês, grego antigo e latim.

Acima de tudo, Graham era sábio. Nas décadas que passou em Wall Street, ele se deparou com todo tipo de golpe e fraude: uso de informações privilegiadas, promotores oferecendo ações sem valor nenhum, truques de contabilidade, empresas enganando seus próprios acionistas. Testemunhou mercados em que milhões de pessoas perderam a cabeça, enganando a si próprias e pensando que eram gênios do investimento só porque tinham comprado algumas ações que subiram – temporariamente. Também viu investidores perderem seu dinheiro por darem ouvidos a "especialistas" que lhes disseram que poderiam ficar ricos rapidamente.

Graham aprendeu não apenas com os erros dos outros, mas também com os próprios:

- Ele correu atrás de ações em alta – e se queimou.
- Ele comprou e vendeu demais – e aprendeu a ser paciente.
- Ele se arriscou demais – e aprendeu a ser cauteloso.
- Ele investiu com dinheiro emprestado – e nunca mais usou alavancagem.
- Ele experimentou e testou inúmeros métodos de investimento – e descobriu as armadilhas de tentar prever o futuro com dados inadequados do passado.

Graham aprendeu que investir é uma atividade solitária, na qual indivíduos isolados, desejosos de conexão e aprovação de seus pares, são facilmente vítimas de manipuladores e vigaristas. Nos últimos anos, o desejo profundamente humano de se juntar à multidão foi sequestrado pelas redes sociais e pelos aplicativos de corretagem, até que milhões de pessoas acabaram negociando as mesmas ações ao mesmo tempo, motivadas pelo medo de ficar de fora. Quando você se junta a essa turba financeira, fazer um plano sensato e segui-lo torna-se praticamente impossível. Este livro o ajudará a pensar por si mesmo, em vez de deixar que milhões de desconhecidos lhe digam o que fazer.

Graham também sabia que mesmo as pessoas mais honestas nem sempre são honestas consigo mesmas. Todos nós detestamos admitir nossos erros. Os conselhos de Graham se concentram não apenas no que os investidores *devem* fazer, mas também no que eles *podem* fazer. Ele jamais engana seus leitores com promessas falsas sobre os mercados ou sobre eles mesmos. Este livro o ajudará a compreender seus próprios pontos fortes e fracos, fornecendo a você estrutura intelectual e emocional para tomar boas decisões de investimento – e, mais importante, se ater a elas.

Para se destacar da multidão, você precisa se diferenciar dela. Para ser um investidor inteligente, você precisa ser disciplinado e pensar diferente.

QUATRO PILARES

Graham ensina quatro grandes princípios:

- Você não pode ser um investidor sem negociar, mas pode negociar sem nunca de fato investir. Se você não sabe nada sobre uma ação, exceto que seu preço subiu ou que "todo mundo" a está comprando, você não está investindo; está especulando. O investidor inteligente faz uma pesquisa completa e toma decisões intencionais, consistentes e mensuráveis.
- Uma ação não é apenas um *ticker* ou uma série pulsante de preços em seu smartphone; é uma participação acionária em uma empresa com um valor fundamental independente do preço de suas ações. O investidor inteligente estuda a empresa, não as ações. (Ver Tabela 0.1.)
- Na maioria das vezes, os preços de mercado estão aproximadamente certos, mas, quando estão errados, podem estar abissalmente errados. Graham inventou um personagem chamado Sr. Mercado, uma figura mítica que fica maluco de ganância e euforia quando as ações sobem, mas chafurda no medo e no desespero quando as ações caem.[4] O investidor inteligente é um realista que vende para os otimistas e compra dos pessimistas. Você

4 Ver o Capítulo 8.

nunca deve deixar que suas emoções sejam reféns das oscilações de humor do Sr. Mercado.

- A maior parte dos investidores comete seus maiores erros quando se concentra em quanto dinheiro poderá ganhar se estiver certo – e se esquece de pensar em quanto poderá perder se estiver errado. O investidor inteligente sempre mantém o que Graham chamou de "margem de segurança", um anteparo de humildade que permite que você sobreviva às perdas caso sua análise esteja incorreta.

TABELA 0-1 Ações *vs.* Empresas

Avaliado por	*Ações* *Preço*	*Empresas* *Valor*
Formato numérico	Preciso até o último centavo	Faixa aproximada
Base para avaliação	O que alguém pagará hoje pela possibilidade de possuí-lo ou negociá-lo, sujeito aos humores do mercado	O valor presente do total de caixa futuro gerado pelo negócio
Com que frequência mudam	Até milhares de vezes ao dia	No máximo algumas vezes por ano
Por que eles mudam	Crescimento dos lucros trimestrais; força do mercado de ações; eventos geopolíticos; ruído	Crescimento dos lucros a longo prazo; solidez dos negócios; concorrência
Período típico de retenção	Um ano ou menos	Uma geração ou mais
Risco	Volatilidade contínua e momentânea do preço de mercado	Diminuição permanente do valor do negócio

O investidor inteligente foi publicado pela primeira vez em 1949. O objetivo desta edição comemorativa do 75º aniversário é integrar as percepções clássicas de Graham com as realidades do mercado atual.

Esta edição, assim como a versão anterior publicada em 2003, segue o plano do próprio Graham. *O investidor inteligente* não é – e Graham nunca teve intenção de que fosse – um guia passo a passo para a escolha de ações ou um manual de instruções sobre como analisar e avaliar empresas. Em vez disso, ele estabelece as diretrizes e os princípios que são a base indispensável para o sucesso nos investimentos. Como disse Graham: "Comparativamente, pouco será falado aqui sobre a técnica de análise de títulos; será dada atenção, principalmente, aos princípios de investimento e à postura dos investidores".

Todos os capítulos originais de Graham permanecem intactos.[5]

Nos comentários que acompanham cada um dos capítulos de Graham, incluí exemplos recentes que mostram como seus princípios ainda são poderosos. Os comentários estão em fonte sem serifa, como esta. Os capítulos originais de Graham estão em fonte serifada, como esta.

Este livro o ajudará a criar os hábitos e a cultivar a disciplina que são essenciais para o sucesso como investidor. Warren Buffett classifica *O investidor inteligente* como "de longe o melhor livro sobre investimentos já escrito", porque ninguém jamais entendeu e transmitiu esses princípios melhor do que Graham.

Com este livro em mãos, você está no caminho certo para se tornar um investidor inteligente. Na Introdução, vamos falar sobre o que isso significa, e sobre o que é necessário para tal.

---

5 Entretanto, três dos apêndices de Graham, que tratam de empresas antigas e regras tributárias obsoletas, não estão incluídos nesta edição. Para lê-los, ver a edição revisada de 2003 de *O investidor inteligente*.

PREFÁCIO, POR ARMÍNIO FRAGA NETO

O Brasil vive hoje uma verdadeira revolução no mercado de capitais: pela primeira vez na história, empresários brasileiros têm acesso a capital de risco para investir a um custo razoável. Isso graças a uma virtuosa combinação de melhores práticas de gestão por parte das empresas, reduzindo o risco de se investir em ações, e menores taxas de juros, que estimulam a busca por investimentos mais rentáveis.

Nesse contexto, não poderia vir em melhor hora a publicação em português do clássico de Benjamin Graham, *O investidor inteligente*. Graham foi o principal formulador, junto com David Dodd, de uma disciplina lógica e rigorosa de investimento em ações e títulos. Seu método propõe a avaliação de empresas segundo uma análise criteriosa das possibilidades de geração de lucros e caixa. A proposta de Graham é que essa avaliação seja comparada com o preço da ação no mercado a cada momento. Quando o preço estiver abaixo da avaliação, com uma boa margem de segurança, o investidor deve comprar a ação; quando estiver acima, deve vendê-la.

Com base em sua abordagem, vários discípulos de Graham – com destaque para Warren Buffett, talvez o mais famoso de todos os tempos – ainda hoje praticam esse método com extraordinário sucesso. Apesar de sua ampla difusão no mundo, as lições de Graham mantêm sua validade graças às extremas (e nem sempre racionais) flutuações que acontecem nas bolsas de valores do mundo. Como não há possibilidade real de que tais flutuações deixem de ocorrer, deixo aqui minha mais entusiástica recomendação deste brilhante e claríssimo livro. Bom proveito!

INTRODUÇÃO

O QUE ESTE LIVRO PRETENDE REALIZAR, POR BENJAMIN GRAHAM

O propósito deste livro é fornecer, de forma apropriada aos leigos, orientações para adoção e execução de uma política de investimentos. Entre outros assuntos abordados, pouco será dito sobre as técnicas de análise de valores mobiliários; nossa atenção se focará, principalmente, nos princípios de investimento e nas atitudes dos investidores. Apresentaremos, no entanto, algumas comparações resumidas de títulos específicos, em geral, em pares que aparecem lado a lado na lista da Bolsa de Nova York, para mostrar, de forma concreta, os elementos importantes envolvidos em escolhas específicas de ações ordinárias.*

Boa parte de nosso espaço será dedicada aos padrões históricos dos mercados financeiros, em alguns casos retrocedendo várias décadas. Para investir de forma inteligente em valores mobiliários, deve-se estar previamente munido de um conhecimento adequado de como os vários tipos de obrigações e ações têm de fato se comportado em condições diversas, algumas das quais você poderá vivenciar novamente. Nada é mais verdadeiro e mais bem aplicado a Wall Street do que o famoso aviso de Santayana: "Aqueles que não se lembram do passado estão condenados a repeti-lo."

Nosso texto é dirigido aos investidores, os quais entendemos serem distintos dos especuladores, e nossa primeira tarefa será esclarecer e enfatizar essa distinção tão esquecida hoje em dia. Podemos dizer logo de início que este livro não ensina como "ganhar um milhão". Não existe nenhum caminho seguro e fácil para a riqueza, seja em Wall Street ou em qualquer outro lugar. Talvez seja bom exemplificar o que acabamos de dizer com um pouco de história financeira, tendo em vista, sobretudo, que existe mais do que uma lição a ser aprendida neste caso. No dramático ano de

* Ações ordinárias – Ação com direito a voto. [N. E.]

1929, John J. Raskob, uma figura de destaque nacional e também em Wall Street, exaltou as bênçãos do capitalismo em um artigo na revista *Ladies' Home Journal* intitulado "Todo mundo deve ser rico".[1] Sua tese era a de que economias de apenas US$ 15 ao mês, investidas em ações ordinárias de boa qualidade, com o reinvestimento dos dividendos, gerariam um patrimônio de US$ 80.000 em vinte anos, comparado com contribuições totais de apenas US$ 3.600. Se o magnata da General Motors estava certo, esse era de fato um caminho simples para a riqueza. Até que ponto ele estava correto? Nosso cálculo grosseiro, baseado em um investimento presumido nas trinta ações que compõem o Índice Industrial Dow Jones (DJIA), indica que, se a receita de Raskob tivesse sido seguida de 1929 a 1948, o patrimônio do investidor no início de 1949 teria sido de aproximadamente US$ 8.500. Esse valor está bem longe da promessa que o grande homem fez, ou seja, US$ 80.000, e mostra que é arriscado confiar em tais previsões e afirmações otimistas. Porém, como um aparte, vale mencionar que o retorno de fato realizado pela operação de vinte anos teria sido superior a uma taxa anual composta de 8%, e isso apesar do fato de que o investidor teria começado suas compras com o DJIA a 300 pontos e terminado com um valor baseado no nível de fechamento de 177, em 1948. Esse registro pode ser considerado um argumento convincente para o princípio de compras mensais regulares de ações ordinárias fortes em tempos bons e ruins, um programa conhecido como "fazer custo médio em dólares".

Uma vez que nosso livro não é dirigido a especuladores, ele não serve para aqueles que trabalham no mercado. A maioria deles é guiada por gráficos ou outros meios quase puramente mecânicos de determinação dos momentos certos para comprar e vender. O único princípio que se aplica a quase todas essas assim chamadas "abordagens técnicas" é o de que se deve comprar *porque* uma ação ou mercado subiu e deve-se vender *porque* começou a baixar. Isso é exatamente o oposto daquilo que funciona em outros ramos

---

1 Raskob (1879-1950) foi diretor da DuPont, a empresa gigante do ramo de produtos químicos, e presidente do comitê de finanças da General Motors. Ele também foi presidente nacional do Partido Democrata e a força motriz por trás da construção do edifício Empire State. Os cálculos do prof. Jeremy Siegel confirmam que, se seguíssemos os planos de Raskob, teríamos um ganho de pouco menos de US$ 9.000 após vinte anos, embora a inflação abocanhasse grande parte desse valor. Para uma avaliação mais recente dos pontos de vista de Raskob acerca dos investimentos a longo prazo em ações, leia o ensaio do consultor de investimentos William Bernstein em bit.ly/3QuKk8H.

empresariais e dificilmente levará ao sucesso duradouro em Wall Street. Em nossa experiência e observação do mercado de ações, ao longo de mais de cinquenta anos, não conhecemos uma única pessoa que tenha consistente e duradouramente ganhado dinheiro "seguindo o mercado". Não hesitamos em declarar que essa abordagem é tão falaciosa quanto popular. Ilustraremos o que acabamos de dizer mais adiante em uma breve discussão sobre a famosa teoria de Dow de negociação no mercado de ações, embora, claro, isso não deva ser considerado uma prova.[2]

Desde sua primeira publicação nos Estados Unidos, em 1949, as revisões de *O investidor inteligente* têm sido publicadas a intervalos de aproximadamente cinco anos. Ao atualizar a presente versão, teremos de lidar com um grande número de novidades desde que a edição de 1965 foi escrita. Essas novidades incluem:

1. Uma subida sem precedentes na taxa de juros dos títulos com grau de investimento.
2. Uma queda, que terminou em maio de 1970, de aproximadamente 35% no nível de preços das principais ações ordinárias. Essa foi a maior redução percentual nas últimas três décadas. (Muitas ações de qualidade inferior tiveram uma redução ainda maior.)
3. Uma inflação persistente nos preços ao consumidor e no atacado, que ganhou ímpeto mesmo em face de um declínio dos negócios em geral, em 1970.
4. O desenvolvimento veloz de empresas "conglomeradas", operações de franquias e outras novidades afins nos negócios e nas finanças. (Aí incluído um número de dispositivos maliciosos, tais como *letter stock* [em português, "ações por carta" ou "ações por contrato"],[1] a proliferação de bônus de subscrição conversíveis em ações, nomes enganosos, uso de bancos estrangeiros, entre outros.)[3]

---

2 A "breve discussão" de Graham encontra-se em duas partes, na p. 58 e nas pp. 222-223. Para obter mais detalhes sobre a teoria de Dow, consulte bit.ly/4b3xhT8.

3 Os fundos mútuos compravam *letter stock* em transações privadas, reavaliando em seguida essas ações a um preço público mais alto (ver a definição de Graham na p. 619). Isso possibilitou a esses fundos agressivos apresentarem rendimentos insustentavelmente altos em meados da década de 1960. A Securities and Exchange Commission, órgão regulador do mercado, tomou medidas enérgicas contra esse tipo de abuso em 1969, não sendo mais uma preocupação para aqueles que investem em fundos. Os *bônus de subscrição* conversíveis em ações serão abordados no Capítulo 16.

5. A falência da maior ferrovia dos Estados Unidos, as dívidas excessivas de curto e longo prazo de muitas empresas anteriormente poderosas e até mesmo problemas perturbadores de insolvência entre alguns corretores de Wall Street.[4]
6. O advento da moda do "desempenho" na gestão dos fundos de investimento, incluindo alguns fundos fiduciários, operados por bancos, com resultados inquietantes.

Esses fenômenos serão cuidadosamente abordados, e alguns exigirão mudanças nas conclusões e na ênfase dada em nossa edição anterior. Os princípios subjacentes do investimento sensato não devem mudar de década para década, mas a aplicação desses princípios deve ser adaptada a mudanças significativas nos mecanismos e no clima financeiros.

A última afirmativa foi testada enquanto esta edição estava sendo escrita, sendo o primeiro rascunho concluído em janeiro de 1971. Naquela época, o DJIA estava se recuperando fortemente de seu piso mínimo de 632, em 1970, e avançava em direção a um pico de 951, em 1971, em um clima de otimismo geral. Quando o último rascunho ficou pronto, em novembro de 1971, o mercado estava assistindo a uma nova derrocada, caindo para 797, em meio a um temor generalizado sobre seu futuro. Não permitimos que essas flutuações afetassem nossa atitude geral em relação a uma política de investimentos sensata, que permanece essencialmente igual desde a primeira edição deste livro, em 1949.

A extensão da queda do mercado entre 1969 e 1970 deveria servir para aniquilar uma ilusão que vinha ganhando força durante as duas últimas décadas, a saber, a de que as principais ações ordinárias poderiam ser compradas a qualquer momento e a qualquer preço, com a garantia não apenas de um lucro final, mas também de que qualquer perda incidental seria logo compensada por um novo avanço do mercado para picos ainda mais elevados. Isso era bom demais para ser verdade. Finalmente, o mercado de ações "voltou ao normal", no sentido de que tanto os especuladores quanto

---

4 A Penn Central Transportation Co., na época a maior ferrovia dos Estados Unidos, procurou proteção contra seus credores em 21 de junho de 1970, o que chocou os investidores, que jamais esperaram que isso ocorresse com uma empresa tão grande (ver p. 390). Entre as empresas com dívidas "excessivas", às quais Graham se referia, estavam a Ling-Temco-Vought e a National General Corp. (ver pp. 454-455 e 470-471). Os "problemas de solvência" em Wall Street surgiram entre 1968 e 1971, quando, de repente, várias corretoras prestigiosas quebraram.

os investidores devem novamente se preparar para sofrerem perdas significativas, e talvez prolongadas, tanto quanto ganhos no valor de sua carteira.

Para muitas emissões secundárias e de terceira linha, sobretudo de empresas recém-lançadas, o dano causado pela última queda do mercado foi catastrófico. Isso não é nenhuma novidade em si – tinha acontecido com força semelhante em 1961-1962 –, mas havia agora um novo elemento no fato de que alguns dos fundos de investimento tinham compromissos vultosos em títulos altamente especulativos e obviamente supervalorizados deste tipo. É evidente que não é apenas o novato que deve ser advertido de que, embora seja necessário para grandes realizações alhures, em Wall Street, o entusiasmo quase invariavelmente leva ao desastre.

A grande questão que teremos de enfrentar deriva da extraordinária alta nas taxas de juros das obrigações com grau de investimento. Desde o final de 1967, o investidor tem sido capaz de obter um rendimento de tais obrigações duas vezes superior ao dos dividendos de uma carteira representativa de ações ordinárias. No início de 1972, o retorno foi de 7,19% para as obrigações com grau de investimento contra apenas 2,76% das ações industriais. (Esses números podem ser comparados com 4,40% e 2,92%, respectivamente, no final de 1964.) É interessante lembrar que, quando escrevemos pela primeira vez este livro, em 1949, os números eram quase exatamente opostos: as obrigações rendiam apenas 2,66% e as ações, 6,82%.[II] Nas edições anteriores, recomendamos consistentemente que, pelo menos, 25% da carteira do investidor conservador fossem mantidos em ações ordinárias, e preferimos, em geral, uma divisão meio a meio entre os dois tipos de ativos. Devemos agora avaliar se a grande vantagem atual do rendimento das obrigações sobre o das ações ordinárias justificaria uma política voltada apenas para as obrigações até que uma relação mais sensata volte a ocorrer, o que esperamos que aconteça. Naturalmente, a questão da inflação continuada será de grande importância no processo de tomada de decisão. Dedicaremos um capítulo a essa discussão.[5]

---

5 Ver Capítulo 2. No início de 2024, as obrigações do Tesouro americano com prazo de 10 anos renderam 3,9%, enquanto as ações (conforme medidas pelo Índice Industrial Dow Jones) renderam 1,95%. (Note que essa relação não é muito diferente dos números de 1964 que Graham citou.) O rendimento das obrigações com grau de investimento caiu de forma constante entre 1981 e 2020.

No passado, fizemos uma distinção básica entre dois tipos de investidores aos quais este livro se dirigia: o "defensivo" e o "empreendedor". O investidor defensivo (ou passivo) procurará, principalmente, evitar perdas ou erros graves. Seu objetivo secundário será se livrar de trabalho, aborrecimento e necessidade de tomar decisões com frequência. O traço determinante do investidor empreendedor (ativo ou agressivo) é sua vontade de dedicar tempo e dar apuro à seleção de títulos que sejam seguros e mais atraentes do que a média. Por muitas décadas, um investidor empreendedor desse tipo poderia esperar uma recompensa valiosa por sua capacidade e seu esforço adicionais na forma de um rendimento médio acima daquele obtido pelo investidor passivo. Temos dúvidas a respeito da existência de uma recompensa adicional realmente substancial para o investidor ativo nas condições de hoje. Porém, no próximo ano ou nos anos subsequentes, tudo poderá mudar. Deveremos, da mesma forma, continuar a dedicar atenção às possibilidades de uma estratégia de investimentos empreendedora, como existia em períodos anteriores, e que pode retornar.

A visão predominante tem sido a de que a arte de investir bem reside, primeiramente, na escolha daqueles setores que têm mais probabilidade de crescer no futuro e, em seguida, na identificação das empresas mais promissoras desses setores. Por exemplo, os investidores espertos – ou seus assessores espertos – teriam reconhecido, há muito tempo, as grandes possibilidades de crescimento da indústria de computadores como um todo, e da IBM em particular. E, da mesma forma, as possibilidades de crescimento expressivo de várias outras indústrias e empresas. Porém, esse reconhecimento não foi tão fácil quanto nos parece quando olhamos em retrospectiva. Para ilustrar essa visão desde o começo, acrescentaremos aqui um parágrafo que incluímos pela primeira vez na edição de 1949 deste livro.

> Tal investidor pode ser, por exemplo, uma pessoa que compra ações de companhias aéreas porque acredita que o futuro delas será ainda mais brilhante do que a tendência já refletida pelo mercado. Para essa classe de investidor, o valor de nosso livro reside mais nos avisos sobre as ciladas nesta abordagem do investimento favorito do que em qualquer técnica positiva que o ajudará ao longo de seu caminho.[6]

---

6 "As ações de companhias aéreas", claro, geraram tanto frenesi no final da década de 1940 e início da de 1950 quanto as ações de internet cinquenta anos mais tarde. Entre os fundos mútuos mais quentes dessa época, estavam o Aeronautical Securities e o Missiles-Rockets-Jets & Automation Fund. Eles, assim como as ações que possuíam, acabaram sendo um investimento

As ciladas tornaram-se particularmente perigosas no setor citado. Era fácil, é claro, prever que o volume de tráfego aéreo cresceria espetacularmente ao longo dos anos. Em função desse fato, suas ações se tornaram uma das escolhas favoritas dos fundos de investimento. Porém, apesar da expansão do faturamento – a uma taxa ainda mais alta do que a da indústria de computadores –, uma combinação de problemas de tecnologia e expansão excessiva de capacidade resultaram em uma lucratividade instável e até mesmo altamente negativa. Em 1970, apesar de uma nova alta nos números de passageiros, as companhias aéreas divulgaram perdas de cerca de US$ 200 milhões a seus acionistas. (Também haviam reportado perdas em 1945 e 1961.) Uma vez mais, em 1969-1970, as ações dessas empresas caíram mais que o mercado em geral. Os registros mostram que até mesmo os especialistas de fundos mútuos, que trabalham em tempo integral e são regiamente pagos, erraram completamente sobre o futuro de curto prazo de um setor grande e não esotérico.

Por outro lado, embora os fundos de investimento tivessem investimentos e ganhos substanciais na IBM, a combinação de seu preço aparentemente alto com a impossibilidade de se ter *certeza* sobre sua taxa de crescimento os impedia de colocar mais do que, digamos, 3% de seus recursos nessa companhia de ótimo desempenho. Logo, o efeito sobre os resultados finais dessa excelente escolha não foi nada decisivo. Ademais, muitos – se não a maioria – dos investimentos em empresas da indústria de computadores, a não ser a IBM, parecem não ter sido lucrativos. Desses dois exemplos, tiramos duas lições para nossos leitores:

1. As perspectivas óbvias de crescimento físico em um negócio não significam lucros óbvios para os investidores.
2. Os especialistas não dispõem de formas confiáveis de escolher e se concentrar nas empresas mais promissoras dos setores mais promissores.

O autor não seguiu tal abordagem em sua carreira financeira como *gestor* de fundos, não podendo oferecer conselho específico e tampouco motivar aqueles que desejem tentá-la.

---

desastroso. Hoje, aceita-se naturalmente que os ganhos acumulados do setor de aviação, ao longo de toda a sua história, foram negativos. A lição de Graham não é a de que você deve evitar comprar ações de linhas aéreas, mas a de que você jamais deve sucumbir à "certeza" de que qualquer setor superará todos os outros no futuro.

O que então pretendemos realizar com este livro? Nosso objetivo principal será dar conselhos ao leitor sobre áreas de possíveis erros significativos e desenvolver políticas com as quais ele se sinta à vontade. Falaremos bastante sobre a psicologia dos investidores. É provável que o principal problema do investidor – e até mesmo seu pior inimigo – seja ele mesmo. ("O erro, prezado investidor, não está nas estrelas – e tampouco em nossas ações –, mas em nós mesmos...") Isso ficou comprovado nas últimas décadas, à medida que se tornou mais necessário aos investidores conservadores comprarem ações ordinárias e, assim, exporem-se, a contragosto, às emoções e tentações do mercado. Por meio de argumentos, exemplos e exortações, esperamos auxiliar nossos leitores a estabelecerem as atitudes mentais e emocionais apropriadas para tomarem suas decisões de investimento. Vimos muito mais dinheiro ser ganho e *mantido* por "pessoas comuns" que eram, por temperamento, mais bem talhadas para o processo de investimento do que as que não tinham essa qualidade, muito embora possuíssem um amplo conhecimento de finanças, contabilidade e dos meandros do mercado acionário.

Além disso, esperamos incutir no leitor uma tendência a medir ou quantificar. Com relação a 99% dos valores mobiliários, podemos afirmar que, a algum preço, estão suficientemente baratos para serem comprados e, a algum outro preço, tão caros que deveriam ser vendidos. O hábito de relacionar o que é pago com o que está sendo oferecido é um traço extremamente desejável nos investimentos. Em um artigo de uma revista feminina escrito há muitos anos, aconselhamos as leitoras a comprarem ações como compravam alimentos, não como compravam perfumes. As perdas realmente assombrosas dos últimos anos (e em muitas ocasiões anteriores semelhantes) aconteceram com aquelas ações ordinárias das quais os compradores se esqueceram de perguntar o preço.

Em junho de 1970, a questão "quanto custa?" podia ser respondida pelo número mágico de 9,4%, o rendimento obtido em novas ofertas de obrigações de concessionárias de serviços públicos de primeira linha. Esse rendimento caiu agora para aproximadamente 7,3%, mas até mesmo esse retorno nos provoca a pergunta: "Por que pensar em qualquer outra resposta?". Porém, há outras respostas possíveis, as quais precisam ser cuidadosamente avaliadas. Além disso, repetimos que nós e os leitores devemos nos preparar com antecedência para condições possivelmente bastante diferentes no período de, digamos, 1973 a 1977.

Apresentaremos em detalhes um programa positivo de investimento em ações ordinárias, parte do qual atende a ambas as classes de investidores, sendo a outra parte direcionada, sobretudo, ao grupo empreendedor. Por mais estranho que possa parecer, vamos sugerir como uma de nossas principais condições que os leitores se limitem a ações vendidas a um preço pouco acima do valor de seus ativos tangíveis.[7] A razão para esse conselho aparentemente antiquado é, ao mesmo tempo, prática e psicológica. A experiência nos ensinou que, embora haja muitas boas empresas em rápido crescimento, cujo valor de mercado é muito superior ao de seu patrimônio líquido, o comprador de tais ações dependerá demais dos humores e das oscilações do mercado acionário. Em comparação, o investidor em ações, digamos, de concessionárias de utilidade pública, com um valor aproximadamente equivalente ao de seu patrimônio líquido, pode sempre se considerar o proprietário de uma participação em um negócio saudável e em expansão, adquirida a um preço racional, não obstante o que o mercado de ações possa dizer em contrário. O resultado final de tal política conservadora pode ser melhor do que aventuras emocionantes nos campos glamourosos e perigosos do crescimento previsto.

A arte de investir possui uma característica que nem sempre é percebida. Um resultado respeitável, sem ser espetacular, pode ser obtido pelo investidor leigo com um mínimo de esforço e habilidade. Porém, superar esse padrão facilmente atingível exige muito empenho e mais sabedoria ainda. Se você simplesmente tentar utilizar *apenas um pouco* de conhecimento e inteligência adicionais em seu programa de investimento, em vez de obter resultados um pouco melhores do que os normais, é bem possível que seu desempenho piore.

Uma vez que qualquer um – pela simples compra e manutenção de uma lista representativa – pode igualar o desempenho médio do mercado, "superar a média" pareceria um problema relativamente simples; no entanto, na prática, o número de pessoas espertas que tentam essa estratégia sem sucesso é surpreendentemente grande. Até mesmo a maioria dos fundos de

7 Os ativos tangíveis incluem a propriedade física da empresa (como imóveis, fábricas, equipamentos e estoques), assim como seus saldos financeiros (tais como espécie, investimentos de curto prazo e contas recebíveis). Entre os elementos não incluídos nos ativos tangíveis estão marcas, direitos autorais, patentes, franquias, marcas registradas e outros bens intangíveis. Para saber como calcular o valor dos ativos tangíveis, ver a nota de rodapé 10 na p. 228.

investimento, com todo seu pessoal experiente, não tem tido um desempenho tão bom ao longo dos anos comparado ao mercado em geral. Somado a isso está a análise das previsões sobre o mercado de ações divulgadas pelas casas de corretagem, pois há fortes indícios de que seus prognósticos calculados são menos confiáveis do que um simples cara ou coroa.

Ao escrever este livro, procuramos nunca esquecer esta armadilha básica dos investimentos. As virtudes de uma política de carteira de investimentos simples – a compra de obrigações com grau de investimento acompanhada de uma lista diversificada das principais ações ordinárias – foram enfatizadas. Qualquer investidor pode pôr em prática essas virtudes apenas com uma pequena ajuda de um especialista. As aventuras além desse território seguro foram apresentadas como sendo repletas de dificuldades desafiadoras, em especial, no que concerne ao temperamento do investidor. Antes de embarcar em tal aventura, o investidor precisa confiar em si mesmo e em seus assessores, particularmente no que se refere a ter um conceito claro sobre as diferenças entre investimento e especulação e entre preço de mercado e valor intrínseco.

Uma abordagem decidida dos investimentos, firmemente embasada nos princípios da margem de segurança, pode render um retorno atraente. Porém, a decisão de buscar essas remunerações, em vez do retorno seguro dos investimentos defensivos, não deve ser tomada sem antes refletirmos muito a respeito.

Um pensamento retrospectivo final. Quando este jovem autor entrou em Wall Street, em junho de 1914, ninguém tinha a mínima ideia do que os próximos cinquenta anos trariam. (O mercado de ações nem mesmo suspeitava de que, em dois meses, eclodiria uma guerra mundial que fecharia a Bolsa de Valores de Nova York.) Agora, em 1972, somos a nação mais rica e poderosa do mundo, mas cercada por uma enorme quantidade de grandes problemas, e estamos mais temerosos do que confiantes no futuro. No entanto, se canalizarmos nossa atenção para a experiência americana de investimentos, podemos tirar algum consolo desses últimos 57 anos. Apesar de suas vicissitudes e vítimas, tão abaladoras quanto imprevistas, continuou sendo verdade que os princípios de investimentos sensatos produziram, de forma geral, resultados sólidos. Devemos presumir que continuará a ser assim.

Nota ao leitor: Este livro não se dirige à política financeira *global* dos poupadores e investidores; ele lida apenas com aquela porção dos recursos que eles se dispõem a colocar em títulos negociáveis (ou resgatáveis) no mercado, isto é, em obrigações e ações. Consequentemente, não discutiremos outros meios importantes, tais como poupanças e depósitos a prazo, associação de poupança e empréstimo, seguros de vida, anuidades e hipotecas de propriedades ou a participação em empresas próprias. O leitor deve ter em mente que, onde se lê a palavra "agora", ou seu equivalente, no texto, ela se refere ao final de 1971 ou início de 1972.[8]

---

8 Isso se aplica aos capítulos de Graham. Os comentários dos capítulos de Jason Zweig são do início de 2024.

COMENTÁRIO SOBRE A INTRODUÇÃO

POR JASON ZWEIG

Não tenho como dizer a ninguém como ficar rico rapidamente. Só posso dizer como ficar pobre rapidamente: tentando ficar rico rapidamente.

– André Kostolany[1]

"É provável que o principal problema do investidor – e até mesmo seu pior inimigo – seja ele mesmo."

Com essas simples palavras, Graham sintetiza o que significa investir.

Nossa mensagem neste livro é que investir é justamente o oposto do que você foi levado a acreditar.

Os canais de televisão especializados, os blogs, os anúncios de corretoras e as redes sociais retratam os investimentos como uma luta pela sobrevivência em um terreno selvagem e hostil. Eles querem que você acredite que está travando uma eterna batalha contra o mercado de ações, os fundos de hedge, os bancos centrais ou outras forças obscuras e misteriosas.

Esse tipo de propaganda estimula o medo. Faz com que você tenha a sensação de que está em uma competição que só pode vencer se todos os outros perderem. De modo conveniente para as pessoas que divulgam essa mensagem, uma vez que começa a acreditar nela, você se dispõe a pagar altas taxas a essas mesmas pessoas em uma busca desesperada por sobreviver.

Você também se sente impelido a aprender os "segredos" dos investidores bem-sucedidos, a conferir o valor dos investimentos deles a cada poucos minutos, a se envolver com teorias da conspiração sobre como o mercado é manipulado, ou a comprar e vender obsessivamente, em alta velocidade.

Dessa forma, ao que parece, você seria capaz de vencer os profissionais no próprio jogo deles.

No entanto, eles mesmos não conseguem vencer esse jogo. Aproximadamente três quartos dos investidores profissionais não conseguem vencer o mercado, apesar de terem décadas de treinamento e experiência, comandarem

---

1 Blog UndervaluedJapan, 11 de novembro de 2020, bit.ly/43sXdnG.

computadores que podem realizar milhares de transações por segundo, e terem acesso instantâneo a todas as notícias que afetam os mercados no mundo.

Se *eles* não conseguem vencer o jogo deles, por que é que *você* iria querer jogá-lo?

A boa notícia é que você não precisa.

Com Graham como seu guia, você pode esquecer todas as bobagens sobre estar em uma luta de morte contra os mercados – e renunciar a todo o estresse, as taxas e os fracassos que acompanham essa visão.

No entanto, você terá que travar outra batalha, ainda mais desafiadora.

Para ser um investidor inteligente, existe uma força obscura e misteriosa que você precisa dominar. No entanto, não é o mercado.

É você mesmo.

Você – e não o mercado – é seu pior inimigo em termos de investimento.

Isso porque a mente humana é um mecanismo brilhante para resolver problemas complexos, mas é ainda mais hábil na simples tarefa de enganar a si mesma.

Milhões de investidores passam a vida inteira enganando a si mesmos: correndo riscos que não compreendem, perseguindo os fantasmas de desempenhos passados, vendendo seus ativos vencedores cedo demais, mantendo os perdedores além do necessário, pagando taxas absurdas em busca do inatingível, gabando-se de ter vencido o mercado sem sequer medir seus retornos.

Eles são deliberadamente cegos para o fato de que são seu pior inimigo. Eles mantêm sua autoestima com a autoilusão. Eles se olham no espelho e enxergam Warren Buffett.

Como investidor, se você souber o que está fazendo, poderá ganhar mais dinheiro do que jamais sonhou ser possível. Se você apenas *acha* que sabe o que está fazendo, vai perder mais dinheiro do que jamais cogitou em seus piores pesadelos. Enganar a si mesmo pode ser ainda mais caro do que ser enganado por outra pessoa.

O QUE É UM INVESTIDOR INTELIGENTE?

As medidas convencionais de inteligência têm pouco a ver com o fato de você poder ser o que Graham chama de investidor inteligente. Em 1720, *sir* Isaac Newton, uma das pessoas mais inteligentes que já existiu, perdeu uma fortuna negociando ações da South Sea Co.[2] Em 1998, o Long-Term Capital Management L. P., um fundo de hedge administrado por matemáticos, cientistas da computação e dois vencedores do Nobel de Economia, perdeu cerca de 80% de seu capital em poucas semanas e teve de ser socorrido em um resgate de US$ 3,6 bilhões.[3]

Não importa o quão brilhante você seja, você não poderá ser – nem se tornar – um investidor inteligente a menos que aprenda a ser honesto consigo mesmo. Na primeira edição deste livro, Graham escreveu:

> A palavra "inteligente" em nosso título será usada (...) em seu sentido comum e de dicionário, significando "dotado de capacidade de conhecimento e compreensão". Não será entendida como "esperto" nem "astuto", nem como dotado de uma capacidade de previsão ou percepção incomuns. É mais um traço de caráter do que intelectual.[4]

"Você não precisa entender de física quântica", disse Warren Buffett. "Investir não é um jogo em que o cara com QI 160 vence o cara com QI 130. O essencial é a racionalidade." Buffett e seu sócio, Charlie Munger, enfatizaram várias vezes a importância vital do que eles chamam de "temperamento".

AS SETE VIRTUDES DOS GRANDES INVESTIDORES

Graham não lista todos os traços de caráter que constituem o temperamento de um investidor inteligente, mas os grandes gestores financeiros que conheci compartilham algumas qualidades indispensáveis. Eu as chamo de "as sete virtudes":[5]

> **Curiosidade.** Os investidores comuns têm medo do que não conhecem. Os investidores inteligentes também têm medo do que eles *acham* que conhecem, porque têm consciência de que isso pode ser tendencioso, incompleto ou equivocado.

---

2 ODLYZKO, Andrew. *Newton's financial misadventures in the South Sea bubble*. Disponível em: bit.ly/3psYyvF.

3 Um fundo de hedge é um *pool* de dinheiro, em grande parte não regulamentado, que investe para clientes ricos; ver o Comentário sobre o Capítulo 6. Sobre o colapso do LTCM, ver LOWENSTEIN, Roger. *When genius failed*. Random House, 2000.

4 GRAHAM, Benjamin. *The intelligent investor*. Harper & Row, 1949. p. 4.

5 ZWEIG, Jason. The seven virtues of great investors. Disponível em: bit.ly/42MxqWA.

Por isso, eles nunca se desviam de sua busca incessante por conhecimento durante toda a vida. Eles leem constantemente e nunca param de fazer perguntas. São máquinas de aprender.

Ceticismo. Wall Street diz vender investimentos, mas seu verdadeiro negócio é vender esperança e sonhos para pessoas que querem acreditar em mágica. Junte dinheiro para sua aposentadoria entrando antes de todo mundo na revolução da inteligência artificial! Consiga uma alta renda com baixo risco! Tenha acesso exclusivo aos lucrativos retornos dos ativos alternativos!

Neste livro, você vai aprender a aprofundar seu ceticismo e a perceber quando uma oportunidade que está sendo alardeada é boa demais para ser verdade.

Independência. O ativo mais valioso que você terá em qualquer momento é sua própria mente. Se você deixar que outras pessoas pensem por você, vai estar negociando seu maior ativo – e fazendo de suas emoções e seus resultados reféns dos caprichos de milhões de desconhecidos. Grandes investidores como Graham, Buffett e Munger não tentam se juntar à multidão; eles se afastam dela. A aprovação dos outros não significa nada para eles. Nem deveria significar para você.

Como escreve Graham no Capítulo 20: "Você não está certo nem errado porque a multidão discorda de você. Você está certo porque seus dados e seu raciocínio estão corretos".

Humildade. O aspecto mais perigoso de comprar qualquer ativo que sobe é que *o lucro parece uma evidência*. Ganhar dinheiro nos faz achar que sabemos o que estamos fazendo e o que o futuro nos reserva – mesmo quando estamos errados. É por isso que manter a humildade é tão importante. Quanto mais você aprende, mais deve compreender o quão pouco sabe; quanto mais investe, mais deve perceber que sua sorte é maior do que você.

Muitas pessoas acham que a humildade consiste em administrar o que os outros pensam de você, o que seria fácil. Em vez disso, trata-se de ser honesto consigo mesmo, o que é difícil.

Disciplina. Para ser um investidor inteligente, você não pode inventar coisas à medida que progride, seguindo seu instinto para onde quer que ele vá, experimentando um pouco disso e um pouco daquilo para ver o que acontece. Em vez disso, você precisa se impor disciplina com políticas, procedimentos e regras que segue antes de tomar qualquer decisão. Dessa forma, você trata o investimento como um processo contínuo que pode ser aperfeiçoado a cada passo, em vez de uma série de eventos aleatórios.

Disciplina não significa apenas fazer consistentemente o que precisa ser feito, quando e como deve ser feito; significa também não fazer consistentemente o que não deve ser feito.

Paciência. Por que se preocupar em tentar ser paciente em um mundo de gratificação imediata, uma avalanche interminável de informações, e ações e criptomoedas que disparam até o espaço? Por que não tentar ficar rico rapidamente?

Porque quase ninguém que fica rico rapidamente permanece rico por muito tempo.

O dinheiro que você ganhar em apenas alguns meses, semanas, dias ou horas quase certamente vai desaparecer com a mesma rapidez com que surgiu. As sequências de sucesso se dissipam, a boa sorte se transforma em azar, as surpresas acabam com seus lucros.

Para obter – e manter – ganhos de longo prazo, você não pode pensar no curto prazo. Você deve construir seu patrimônio de forma lenta e constante.

Coragem. É fácil dizer que você vai comprar mais se o mercado cair, mas ser corajoso é muito mais difícil do que dizer que você é. Coragem é perder mais de 55% do seu capital entre o final de 2007 e o início de 2009 – e depois comprar mais ações, não apesar da crise financeira global, mas *por causa dela*. Coragem é perder 34% em apenas cinco semanas durante o pânico da pandemia em fevereiro e março de 2020 – e depois se manter firme, não apesar do medo e do pavor no seu entorno, mas *por causa deles*.

Para ser um investidor, você precisa acreditar em um futuro melhor. A história mostra que a fé financeira rende mais após os momentos em que é mais difícil mantê-la.

Com Graham como seu guia, você pode adquirir e cultivar essas virtudes. Elas lhe serão úteis não só nos investimentos, mas também na vida. Com este livro em mãos, você pode se tornar um investidor mais inteligente e uma pessoa mais sábia. Prossiga com a leitura e aprenda!

CAPÍTULO 1

INVESTIMENTO *VERSUS* ESPECULAÇÃO: OS RESULTADOS QUE O INVESTIDOR INTELIGENTE PODE ESPERAR

Este capítulo delineará os pontos de vista que serão expostos em mais detalhes no restante do livro. Em particular, desejamos desenvolver, desde já, nosso conceito de uma política de carteira apropriada para o investidor individual e não profissional.

Investimento *versus* especulação

O que queremos dizer com o termo "investidor"? Ao longo de todo este livro, o termo será usado em oposição a "especulador". Ainda em 1934, em nosso livro *Security Analysis*[I] tentamos estabelecer uma formulação precisa da diferença entre os dois, a saber: "Uma operação de investimento é aquela que, após análise profunda, promete a segurança do capital investido e um retorno adequado. As operações que não atendem a essas condições são especulativas".

Embora tenhamos aderido obstinadamente a essa definição durante os últimos 38 anos, vale notar as mudanças radicais ocorridas no uso do termo "investidor" durante esse período. Após a grande queda do mercado, entre 1929 e 1932, *todas* as ações ordinárias foram amplamente consideradas especulativas pela própria natureza. (Uma autoridade importante afirmou categoricamente que apenas títulos deveriam ser comprados para fins de investimento.[II]) Em seguida, tivemos que defender nossa definição contra a acusação de que ela atribuía um escopo amplo demais ao conceito de investimento.

Nossa preocupação agora é com o oposto. Devemos advertir nossos leitores para não aceitarem o jargão comum no qual o termo "investidor" é atribuído a qualquer um e a todos no mercado de ações. Em nossa última edição, citamos a seguinte manchete de um artigo na primeira página de nosso principal jornal financeiro em junho de 1962:

PEQUENOS INVESTIDORES PESSIMISTAS
VENDEM PEQUENOS LOTES A DESCOBERTO

Em outubro de 1970, o mesmo jornal publicou um editorial criticando aqueles a quem chamava de "investidores descuidados", os quais, dessa vez, estavam correndo para o lado dos compradores.

Essas citações ilustram bem a confusão que tem caracterizado, por muitos anos, o uso das palavras "investimento" e "especulação". Pense em nossa definição de investimento sugerida anteriormente e compare-a com a venda de um pequeno número de ações por um indivíduo inexperiente, que nem sequer possui o que está vendendo e tem uma convicção de natureza emocional de que será capaz de comprá-las de volta a um preço bem inferior. (Não é irrelevante destacar que, quando o artigo foi publicado, em 1962, o mercado já havia passado por uma queda de grandes proporções e estava então se preparando para uma subida maior ainda. Era talvez o pior momento possível para vender a descoberto.) Em um sentido mais amplo, a expressão "investidor descuidado", usada mais tarde, poderia ser considerada uma risível contradição em termos – algo como "avarento esbanjador" –, não fosse esse uso equivocado da língua tão prejudicial.

O jornal empregou a palavra "investidor" nesses exemplos porque, no jargão fácil de Wall Street, todo mundo que compra ou vende um título se torna um investidor, independentemente do que compra ou com que propósito ou a que preço ou se em dinheiro ou com pagamento na margem. Compare isso com a atitude do público para com as ações ordinárias em 1948, quando mais de 98% dos entrevistados se disseram contrários à compra de ações ordinárias.[III] Aproximadamente metade deu como razão para essa postura o fato de que esse tipo de investimento era "inseguro, uma loteria", e a outra metade, que "não as conhecia bem".[1] É de fato uma

---

1 A pesquisa citada por Graham foi publicada no *Federal Reserve Bulletin*, em julho de 1948. Apenas 4% achavam que as ações ordinárias ofereceriam um retorno "satisfatório"; 26% as consideravam "inseguras" ou uma "aposta arriscada". De 1949 a 1958, o mercado de ações dos Estados Unidos obteve um dos maiores retornos em dez anos da história, com uma média de 18,7% ao ano.

ironia (embora não nos surpreenda) que as compras de ações ordinárias de todos os tipos fossem, de maneira geral, consideradas tão especulativas ou arriscadas no momento em que seus preços estavam bastante atraentes, logo antes do início de uma das maiores altas da história. Inversamente, o fato de que as ações haviam atingido patamares indubitavelmente perigosos, conforme avaliado pela ótica da *experiência passada,* transformou-as mais tarde em "investimentos", e o público inteiro que comprou ações em "investidores".

A distinção entre investimento e especulação com relação às ações ordinárias sempre foi útil e seu desaparecimento é motivo de preocupação. Sempre defendemos que Wall Street, como instituição, deveria reinstituir essa distinção e enfatizá-la em todos os seus contatos com o público. Caso contrário, as bolsas de ações poderão, algum dia, serem responsabilizadas por perdas especulativas pesadas na medida em que aqueles que as sofrerem não terão sido advertidos de forma apropriada sobre esta distinção. Ironicamente, uma vez mais, muitos dos problemas financeiros recentes sofridos por certas corretoras de ações parecem derivar da inclusão de ações ordinárias especulativas em seus próprios fundos de capital. Acreditamos que o leitor deste livro extrairá ideias razoavelmente claras sobre os riscos inerentes aos investimentos em ações ordinárias, riscos esses que são inseparáveis das oportunidades de lucro que elas oferecem, precisando ambos ser incluídos nos cálculos do investidor.

O que acabamos de dizer indica que pode não mais existir tal coisa como uma política de investimentos que simplesmente abranja ações ordinárias representativas, no sentido de que seja sempre possível esperar para comprá-las a um preço que não envolva o risco de uma perda de mercado ou "cotacional" grande o suficiente para causar preocupação. Na maior parte do tempo, o investidor precisa reconhecer a existência de um *fator especulativo* em sua carteira de ações ordinárias. É sua tarefa manter esse componente dentro de limites estreitos e estar preparado financeira e psicologicamente para resultados adversos que possam ser de curta ou longa duração.

É necessário acrescentar dois parágrafos sobre a especulação em ações *per se,* em contraste com o componente especulativo atualmente inerente às ações ordinárias mais representativas. A especulação em si não é ilegal, amoral nem (para a maioria das pessoas) engorda o bolso. Mais do que isso, alguma especulação é necessária e inevitável, pois, em muitas situações, nas bolsas existem chances substanciais tanto de lucros quanto de prejuízos, e os riscos aí presentes precisam ser assumidos por alguém.[2] Assim como há investimento inteligente, existe especulação inteligente. No entanto, há muitas maneiras em que a especulação pode ser pouco inteligente, existe especulação inteligente. Destas, as mais importantes são: (1) especular quando você pensa que está investindo; (2) especular seriamente, e não como passatempo, quando você não possui conhecimento apropriado e habilidade para tal; e (3) arriscar mais dinheiro na especulação do que você tem condições de perder.

Em nossa visão conservadora, todo amador que opera *na margem*[3] deveria reconhecer que está especulando *ipso facto*, e seu corretor tem o dever de avisá-lo sobre isso. Todo mundo que compra um assim chamado lançamento "quente" de ações ordinárias, ou faz uma compra de alguma forma semelhante a essa, está especulando ou fazendo uma aposta. A especulação é sempre fascinante e pode ser muito divertida enquanto se está ganhando. Se quiser testar sua sorte na especulação, separe uma parte – quanto menor, melhor – de seu capital em uma conta específica para esse propósito. Nunca acrescente dinheiro a essa conta apenas porque o mercado subiu e os lucros estão jorrando. (Esse é o momento para pensar em *sacar* recursos do fundo especulativo.) Nunca misture suas operações especulativas com seus investimentos em uma mesma conta, tampouco em qualquer parte de seu pensamento.

---

2 A especulação é benéfica em dois níveis: primeiro, sem ela, empresas jovens e inovadoras (como a Tesla ou, em tempos anteriores, a Edison Electric Light Co.) não seriam capazes de levantar o capital necessário para seu crescimento. A esperança sedutora de um lucro enorme é a graxa que lubrifica a máquina da inovação. A especulação também é o "autoajuste da sociedade ao provável", como escreveu o Juiz Oliver Wendell Holmes em 1905 – a captura contínua de informações que permite aos mercados atualizar os preços.

3 Uma conta de margem permite que você compre ações usando dinheiro emprestado pela corretora. Ao investir com dinheiro emprestado, você tem um lucro maior se suas ações subirem, mas pode ser arrasado se elas baixarem. A garantia do empréstimo é o valor dos investimentos em sua conta, portanto, você precisa depositar mais dinheiro se este valor cair abaixo da quantia que tomou emprestada. Para obter mais informações sobre as contas de margem, ver o Comentário sobre o Capítulo 6.

Resultados que o investidor defensivo deve esperar

Já definimos o investidor defensivo como alguém interessado em segurança aliada à despreocupação. Em geral, que caminho ele deveria tomar e qual o retorno a ser esperado em "condições normais médias", se é que tais condições realmente existem? Para responder a essas perguntas, consideraremos primeiro o que escrevemos sobre o assunto há sete anos; depois, quais mudanças significativas ocorreram desde então nos fatores subjacentes que determinam o retorno esperado pelo investidor; e, finalmente, o que ele deve fazer e o que deve esperar nas condições ora vigentes (início de 1972).

1. O que dissemos há seis anos

Recomendamos que o investidor dividisse suas economias entre obrigações com grau de investimento e as principais ações ordinárias; que a proporção mantida em obrigações nunca fosse inferior a 25% ou superior a 75%, com o inverso sendo necessariamente verdadeiro para o componente em ações ordinárias; que a escolha mais simples seria manter uma proporção meio a meio entre as duas, com ajustes para restaurar o equilíbrio quando a evolução do mercado o tivesse alterado em, digamos, 5%. Como uma política alternativa, ele deveria escolher reduzir seu componente de ações ordinárias para 25% "se sentisse que o mercado estava muito perigoso" e, ao contrário, aumentá-lo para o máximo de 75% "se sentisse que um declínio nos preços das ações as tornara cada vez mais atraentes".

Em 1965, o investidor podia obter um rendimento de aproximadamente 4,5% em obrigações tributáveis com grau de investimento e 3,25% em obrigações isentas de impostos. O retorno de dividendos das principais ações ordinárias (com o DJIA a 892 pontos) foi de apenas 3,2%, aproximadamente. Esse fato, e outros, indicava cautela. Sugerimos que, "em níveis normais de mercado", o investidor deveria ser capaz de obter um retorno inicial de dividendos pela compra de ações entre 3,5% e 4,5%. A este retorno deveria ser acrescentado um aumento contínuo no valor subjacente (e no "preço do mercado normal") de uma lista representativa de ações em quantias aproximadamente iguais, totalizando um retorno combinado de dividendos e apreciação próximo de 7,5% ao ano. A divisão meio a meio entre obrigações e ações renderia algo em torno de 6% antes da dedução do imposto de renda. Acrescentamos que o componente de ações deveria portar um grau razoável de proteção contra a perda de poder aquisitivo causada pela inflação em altos patamares.

Cabe enfatizar que o cálculo explicitado anteriormente indicava uma expectativa de uma taxa de crescimento do mercado de ações bem inferior àquela verificada entre 1949 e 1964. Essa taxa havia sido em média bastante superior a 10% para as ações como um todo, tendo sido considerada por muitos uma espécie de garantia de que resultados igualmente satisfatórios seriam a norma no futuro. Poucas pessoas estavam dispostas a considerar seriamente a possibilidade de que a alta taxa de crescimento no passado significava que os preços das ações estavam "agora altos demais" e, portanto, "os resultados maravilhosos desde 1949 implicariam resultados não muito bons, mas sim *ruins*, no futuro".[IV]

2. O que aconteceu desde 1964

A maior mudança desde 1964 foi a elevação a níveis inéditos das taxas de juros das obrigações com grau de investimento, embora os preços tenham recentemente se recuperado de forma substancial em relação aos níveis de 1970. O retorno possível de ser obtido nas obrigações corporativas de boa qualidade é agora cerca de 7,5%, ou ainda mais alto, contra 4,5% em 1964. Enquanto isso, o retorno de dividendos das ações do tipo DJIA subiu razoavelmente também durante a queda do mercado no período entre 1969 e 1970, mas no momento em que escrevemos (com o índice Dow a 900 pontos) é inferior a 3,5%, comparado com 3,2% no final de 1964. A mudança nas taxas de juros prevalecentes produziu um declínio máximo de aproximadamente 38% no preço de mercado das obrigações de médio prazo (digamos, vinte anos) durante esse período.

Há um aspecto paradoxal nessa evolução. Em 1964, discutimos bastante a possibilidade de os preços das ações estarem altos demais e, em última instância, vulneráveis a um declínio no futuro, mas não consideramos especificamente a possibilidade de que o mesmo poderia acontecer com o preço das obrigações de primeira linha. (Até onde sabemos, essa possibilidade não foi considerada por ninguém.) Contudo, alertamos (na p. 90 da edição de 1965) que "uma obrigação de longo prazo pode variar amplamente de preço em resposta a mudanças nas taxas de juros". À luz dos acontecimentos desde então, consideramos que esse aviso – com exemplos pertinentes – foi insuficientemente enfatizado, pois o fato é que se o investidor tivesse certo montante no DJIA a seu preço de fechamento de 874 pontos em 1964, ele teria registrado um pequeno lucro sobre o investimento no final de 1971; e mesmo no nível mais baixo (631), em 1970, sua perda indicada teria sido inferior à registrada com as obrigações de longo prazo com grau de investimento. Por outro lado, se tivesse restringido seus investimentos em obrigações às *saving bonds** do governo americano, emissões corporativas de curto prazo ou contas de poupança, ele não teria tido qualquer prejuízo no valor de mercado do capital investido durante esse período e teria gozado de um rendimento maior do que aquele oferecido pelas ações com grau de investimento. O que acabou acontecendo, portanto, foi que os "ativos equivalentes à caixa" verdadeiros provaram ser um investimento melhor em 1964 do que as ações ordinárias, apesar da experiência inflacionária, que, em teoria, deveria favorecer as ações mais que o dinheiro. A queda no valor das principais obrigações de prazo mais longo ocorreu devido a novidades no *money market* (mercados financeiros nos quais os recursos são emprestados a curto prazo, isto é, em períodos inferiores a um ano), uma área difícil de entender e que, em geral, não tem um papel significativo na política de investimentos dos indivíduos.

Essa é apenas uma das inúmeras experiências do passado que demonstram que o futuro dos preços de valores mobiliários nunca é previsível.[4] As obrigações quase sempre oscilam bem menos que os preços das ações, e os investidores em geral podem comprar obrigações de boa qualidade e com qualquer prazo de vencimento sem se preocupar com as mudanças em seu valor de mercado. Há algumas exceções a essa regra, e o período pós-1964 provou ser um deles. Teremos mais a dizer sobre as variações nos preços das obrigações em um capítulo posterior.

3. Expectativas e política em fins de 1971 e começo de 1972

No fim de 1971, era possível obter um rendimento bruto de 8% nas obrigações corporativas de médio prazo de boa qualidade e 5,7% líquidos nas obrigações estaduais ou municipais de boa qualidade. Em um prazo mais curto, o investidor podia obter um rendimento de aproximadamente 6% nos títulos do governo americano com vencimento em cinco anos. Nesse caso, o comprador não precisava se preocupar com uma possível perda no valor

---

4 Leia a frase de Graham novamente e observe o que o maior especialista em investimentos está dizendo: o futuro dos preços dos valores mobiliários nunca é previsível. Como você poderá ler adiante neste livro, perceba como tudo o mais que Graham lhe diz é orientado para ajudá-lo a lidar com essa verdade. Se você não tem como prever o comportamento dos mercados, precisa aprender a prever e controlar o seu próprio.

* Savings bonds – Título de poupança. [N. E.]

de mercado, uma vez que existia uma garantia de que receberia de volta o valor integral, incluindo os 6% de rendimento dos juros, ao fim de um período de manutenção em carteira comparativamente curto. O DJIA, em seu nível de preço recorrente de 900 pontos em 1971, rendia apenas 3,5%.

Vamos presumir que agora, como no passado, a decisão básica a ser tomada em sua política de investimentos seja como dividir os recursos entre as obrigações de primeira linha (ou outro ativo assim chamado "equivalente a dinheiro") e as principais ações do tipo DJIA. Que rumo o investidor deveria tomar nas condições atuais se não temos razões fortes para prever um movimento ascendente ou descendente significativo por algum tempo no futuro? Em primeiro lugar, cabe-nos enfatizar que, se não houver qualquer mudança adversa séria, o investidor defensivo será capaz de contar com o atual retorno de dividendos de 3,5% sobre suas ações e também com uma apreciação anual *média* de aproximadamente 4%. Como explicaremos mais adiante, essa apreciação se baseia essencialmente no reinvestimento anual, pelas diversas companhias, de um valor correspondente aos lucros retidos. Em termos brutos, o retorno combinado das ações ficaria, digamos, em 7,5% na média, um pouco inferior aos juros de uma obrigação de primeira linha.[5] Em uma base líquida de impostos, o rendimento médio das ações ficaria por volta de 5,3%.[V] Isso seria próximo ao agora pago por obrigações de médio prazo isentas de impostos.

Essas perspectivas são bem menos favoráveis para as ações, em comparação com os títulos, do que eram em nossa análise de 1964. (Essa conclusão deriva inevitavelmente do fato básico de que o rendimento dos títulos subiu muito mais do que o das ações desde 1964.) Não devemos nunca perder de vista o fato de que os juros e os pagamentos principais dos títulos de boa qualidade são mais seguros e, portanto, mais certos do que os dividendos

---

5 Até que ponto a previsão de Graham foi bem-sucedida? Em um primeiro momento, parece que muito bem: desde o início de 1972 até o final de 1981, as ações tiveram um rendimento anual médio de 6,5% (Graham não especificou o período de tempo para sua previsão, mas é plausível presumir que estivesse pensando em um horizonte de dez anos). No entanto, a inflação atingiu 8,6% ao ano nesse período, comendo todo o ganho gerado pelas ações. Nesta seção de seu capítulo, Graham está resumindo o que é chamado de "equação de Gordon", que, em essência, afirma que o retorno futuro do mercado acionário é a soma do rendimento de dividendos atual acrescido da taxa esperada de crescimento dos lucros. Com um rendimento abaixo de 2% no início de 2024 e um crescimento de dividendos de longo prazo de pouco mais de 2%, um retorno médio anual futuro de aproximadamente 4% (após a inflação) é plausível. Ver o Comentário sobre o Capítulo 3.

e a valorização do preço das ações. Consequentemente, somos forçados a concluir que agora, no final de 1971, os investimentos em títulos parecem claramente preferíveis aos em ações. Se pudéssemos ter certeza de que essa conclusão está correta, teríamos que aconselhar o investidor defensivo a colocar *todo* o seu dinheiro em títulos e *nenhum* em ações ordinárias até que a relação de rendimentos atual mudasse de modo significativo em favor das ações.

No entanto, é claro, não podemos ter certeza de que as obrigações renderão mais do que as ações nos níveis de hoje. O leitor pensará imediatamente sobre o fator inflação como uma razão para acreditar no contrário. No próximo capítulo, mostraremos que nossa considerável experiência com a inflação nos Estados Unidos, durante o século XX, não respaldaria a escolha de ações em vez de obrigações, dados os atuais diferenciais de rendimento. Porém, sempre há a possibilidade – embora a consideremos remota – de uma inflação acelerada que, de uma forma ou de outra, faria com que os investimentos em ações fossem preferíveis às obrigações pagáveis em uma quantidade fixa de dólares.[6] Há uma possibilidade alternativa – que também consideramos altamente improvável – de que o setor privado americano se torne tão lucrativo, sem uma alta inflacionária, de modo que justifique um grande aumento no valor das ações ordinárias nos próximos anos. Finalmente, há a possibilidade mais familiar de que venhamos a testemunhar outra grande subida especulativa no mercado acionário sem uma justificativa real nos valores subjacentes. Qualquer uma dessas razões, e talvez outras que ainda não tenhamos previsto, *pode* fazer o investidor se arrepender de ter concentrado 100% de seus recursos em obrigações, mesmo em seus níveis de rentabilidade mais favoráveis.

Portanto, após a apresentação dessa breve discussão das principais considerações, mais uma vez enunciamos a mesma política mista básica para os investidores defensivos, ou seja, que eles mantenham sempre uma

---

6 Desde 1997, quando foram introduzidos os Títulos do Tesouro Protegidos contra a Inflação [Treasury Inflation-Protected Securities (ou TIPS)], as ações passaram a não mais ser automaticamente a melhor opção para os investidores que acreditam que a inflação vai aumentar. Os TIPS, diferentemente de outros títulos, aumentam de valor à medida que sobe o Índice de Preços ao Consumidor, efetivamente protegendo o investidor contra a perda de dinheiro após a inflação. As ações não possuem tal garantia e, na verdade, constituem uma proteção relativamente fraca contra as taxas altas de inflação. (Para obter mais detalhes, ver o Comentário sobre o Capítulo 2.)

parcela significativa de seus recursos em instrumentos como obrigação e também uma parte significativa em ações. Continua sendo verdade que eles podem escolher entre manter uma divisão simples, meio a meio, entre os dois componentes, ou uma proporção, dependendo de seu julgamento, que varie entre um mínimo de 25% e um máximo de 75% de qualquer um dos dois. Apresentaremos mais detalhes dessas políticas alternativas em um capítulo posterior.

Uma vez que, atualmente, o rendimento total previsto das ações ordinárias é quase igual ao das obrigações, o rendimento que se espera hoje para o investidor, incluindo o aumento no valor das ações, mudaria pouco qualquer que fosse a divisão de seus recursos entre os dois componentes. Conforme o cálculo feito, o retorno agregado de ambas as partes deverá ser de aproximadamente 7,8% antes dos impostos ou de 5,5% em uma base isenta de tributação (ou após a tributação). Um rendimento dessa ordem é sensivelmente mais alto do que aquele recebido pelo típico investidor conservador do passado. Isso pode não parecer atraente em relação ao rendimento igual ou superior a 14% auferido pelas ações ordinárias durante os vinte anos de um mercado predominantemente altista após 1949. Porém, devemos lembrar que, entre 1949 e 1969, a cotação do DJIA mais do que quintuplicou, enquanto os lucros e dividendos quase dobraram. No entanto, a maior parte da impressionante evolução do mercado naquele período foi baseada em uma mudança nas atitudes dos investidores e especuladores em vez de nos valores intrínsecos das companhias. Dessa forma, essa evolução poderia ser facilmente denominada uma "operação de autoalavancagem".

Ao discutir a carteira de ações ordinárias do investidor defensivo, falamos apenas de ações importantes como as incluídas na lista das trinta que compõem o Índice Industrial Dow Jones. Fizemos isso por conveniência, e não pretendemos insinuar que apenas essas ações sejam apropriadas à compra. Na verdade, existem muitas outras companhias de qualidade igual ou superior à média da lista Dow Jones; elas incluiriam uma gama de concessionárias de serviços públicos (que possuem um índice Dow Jones específico para representá-las).[7] Porém, o ponto principal aqui é que os

---

7 Hoje, as alternativas mais amplamente disponíveis ao Índice Industrial Dow Jones são o índice de 500 ações da Standard & Poor's (S&P 500) e o FT Wilshire 5000. O S&P abrange 500 companhias grandes e conhecidas que perfazem quase 70% do valor total do mercado acionário americano. O Wilshire 5000 acompanha os retornos de quase todas as ações significativas e

resultados gerais do investidor defensivo não devem ser muito diferentes dos de qualquer outra lista diversificada ou representativa ou – mais precisamente – que nem ele nem seus assessores podem prever com certeza que diferenças ocorrerão mais tarde. É verdade que, teoricamente, a arte do investimento habilidoso ou com discernimento reside na escolha de papéis que darão resultados melhores do que o mercado como um todo. Por razões a serem desenvolvidas mais adiante, somos céticos no que se refere à capacidade de os investidores defensivos conseguirem, de maneira geral, resultados acima da média, o que na verdade significaria superar seu próprio desempenho global.[8] (Nosso ceticismo se estende à gestão de fundos grandes por especialistas.)

Vamos ilustrar nosso ponto com um exemplo que, à primeira vista, pode parecer provar o contrário. Entre dezembro de 1960 e dezembro de 1970, o DJIA subiu de 616 para 839 pontos, ou 36%. No entanto, no mesmo período, o índice de 500 ações ponderado e bem mais abrangente da Standard & Poor's aumentou de 58,11 para 92,15 pontos, ou 58%. Obviamente, o segundo grupo provou ser uma "compra" melhor do que o primeiro. Porém, quem teria a coragem de prever, em 1960, que o que parecia ser uma mistura de todos os tipos de ação ordinária teria um desempenho claramente superior aos aristocráticos "trinta tiranos" do Dow? Tudo isso demonstra, insistimos, que apenas raramente é possível fazer previsões confiáveis sobre mudanças, absolutas ou relativas, nos preços.

Devemos repetir aqui, sem nos desculparmos, pois avisos não podem ser dados com demasiada frequência, que o investidor não pode almejar algo melhor que resultados médios ao comprar lançamentos, ou hot issues* de qualquer tipo, isto é, aquelas recomendadas para conseguir-se um lucro rápido.[9] O contrário é quase certo de acontecer no longo prazo. O investidor defensivo deve se restringir às ações de companhias importantes

---

publicamente negociadas nos Estados Unidos, aproximadamente 6.700 no total. Entretanto, uma vez que as maiores companhias são responsáveis pela maior parte do valor total do índice, o retorno do Wilshire 5000 é, em geral, bastante semelhante ao do S&P 500. Vários fundos mútuos de baixo custo permitem que os investidores possuam as ações que compõem esses índices por meio de uma carteira conveniente e simples. Os fundos de índice estão disponíveis em todo o mundo, beneficiando investidores em quase todos os lugares. Ver o Capítulo 9 e seu Comentário.

8 Ver pp. 391-394 e pp. 405-409.

9 Para obter mais detalhes a esse respeito, ver Capítulo 6 e seu Comentário.

* Hot issues – Ações com forte recomendação dos analistas. [N. E.]

com um histórico comprovado de lucratividade e que estejam em condições financeiras saudáveis. (Qualquer analista de valores mobiliários razoavelmente competente seria capaz de compor tal lista.) Os investidores agressivos podem comprar outros tipos de ações ordinárias, mas elas devem ser definitivamente atraentes, conforme demonstrado por uma análise inteligente.

Para concluir esta seção, permita-nos mencionar brevemente três conceitos ou práticas suplementares para o investidor defensivo. A primeira é a compra das ações de fundos de investimentos sólidos como uma alternativa à criação de sua própria carteira de ações. Ele pode também utilizar outros tipos de fundo, administrados por companhias fiduciárias e bancos em muitos estados ou, se seus recursos forem substanciais, usar os serviços de uma reconhecida assessoria em investimentos. Isso proporcionará ao investidor defensivo uma administração profissional de seu programa de investimentos de acordo com linhas-padrão. A terceira é o recurso à tática do "custo médio em dólares", o que significa simplesmente que o praticante investe em ações ordinárias o mesmo montante de dólares a cada mês ou a cada trimestre. Dessa forma, ele compra mais ações quando o mercado está em baixa do que quando ele está em alta, e é provável que termine com um preço médio satisfatório para sua carteira como um todo. Grosso modo, esse método é a aplicação de uma abordagem mais ampla, conhecida como "investimento automático" (*formula investing*). Esse tipo de investimento já foi abordado quando sugerimos que o investidor variasse a proporção de seus investimentos em ações ordinárias entre um mínimo de 25% e um máximo de 75% na relação inversa à direção do mercado. Essas ideias têm mérito para o investidor defensivo e serão discutidas mais detalhadamente nos capítulos posteriores.[10]

Resultados que o investidor agressivo pode esperar

O comprador de valores mobiliários empreendedor, claro, desejará e esperará obter resultados globais melhores do que seu companheiro defensivo ou passivo. No entanto, primeiro ele deve garantir que seus resultados

---

10 Para obter mais conselhos sobre "fundos de investimentos sólidos", ver Capítulo 9. A "administração profissional" por "uma reconhecida assessoria em investimentos" é discutida no Capítulo 10. O "custo médio em dólares" é explicado no Capítulo 5.

não sejam piores. Não é difícil investir grandes doses de energia, estudo e capacidade natural em Wall Street e acabar com prejuízos em vez de lucros. Essas virtudes, se canalizadas na direção errada, tornam-se indistinguíveis das desvantagens. Portanto, é essencial que o investidor empreendedor comece com uma concepção clara de quais estratégias de ação oferecem oportunidades razoáveis de sucesso e quais não.

Primeiro, deixe-nos considerar várias formas pelas quais os investidores e especuladores em geral têm tentado obter resultados acima da média. Isso inclui:

1. Negociar o mercado. Em geral, isso significa comprar ações quando o mercado estiver subindo e vendê-las quando começarem a cair. As ações selecionadas são, na maioria das vezes, aquelas com um "comportamento" melhor do que a média do mercado. Um número pequeno de profissionais frequentemente vende a descoberto. Nesse caso, eles vendem ações que não possuem, mas tomadas emprestadas por meio de mecanismos estabelecidos nas bolsas de ações. O objetivo é se beneficiar de um declínio subsequente no preço dessas ações, comprando-as novamente a um preço inferior ao da venda. (Conforme indica nossa citação do *Wall Street Journal,* na p. 44, até mesmo "pequenos investidores" – perdoem o mau uso do termo! –, às vezes, fazem, de modo pouco habilidoso, vendas a descoberto.)
2. Seletividade de curto prazo. Isso significa comprar ações de companhias que estão divulgando ou deverão divulgar aumentos de lucros ou para as quais alguma outra evolução favorável é antecipada.
3. Seletividade de longo prazo. Aqui, a ênfase comum é em um excelente histórico de crescimento, que, se espera, deva continuar no futuro. Em alguns casos, o "investidor" também pode escolher companhias que ainda não tenham mostrado resultados expressivos, mas para as quais se projeta uma alta lucratividade no futuro. (Tais companhias, com frequência, pertencem a alguma área tecnológica, por exemplo, computadores, produtos farmacêuticos e eletrônicos, e, muitas vezes, estão desenvolvendo novos processos ou produtos considerados especialmente promissores.)

Já expressamos uma visão negativa das probabilidades gerais de o investidor alcançar sucesso atuando dessas formas. Excluímos a primeira, tanto teoricamente quanto em termos realistas, do domínio do investimento. Negociar o mercado não é uma operação "que, numa análise profunda, oferece a segurança do capital investido e um retorno satisfatório". Falaremos mais sobre a negociação do mercado em um capítulo posterior.[11]

Em seu esforço para selecionar as ações mais promissoras, tanto no curto quanto no longo prazo, o investidor enfrenta obstáculos de dois tipos: o primeiro deriva da falibilidade humana, e o segundo, da natureza da concorrência. Ele pode estar errado em sua previsão do futuro ou, mesmo se estiver certo, o preço atual do mercado já pode refletir plenamente o que ele antecipa. Na área da seletividade de curto prazo, os resultados anuais das companhias são conhecidos por todos em Wall Street; os resultados do próximo ano, na medida em que são previsíveis, já estão sendo cuidadosamente avaliados. Portanto, o investidor que seleciona ações principalmente com base nos resultados superiores do ano atual, ou no que lhe disseram que pode ser esperado para o próximo ano, provavelmente verá que outros já fizeram o mesmo por razões idênticas.

Ao escolher ações com base em suas perspectivas *de longo prazo*, as desvantagens do investidor são basicamente as mesmas. A possibilidade de um erro cabal na previsão – que ilustramos com o exemplo das companhias aéreas nas pp. 30 e 31 – é, sem dúvida, maior do que quando lidamos com os lucros de curto prazo. Pelo fato de que os especialistas se enganam com frequência em tais previsões, é teoricamente possível para um investidor se beneficiar bastante ao fazer previsões corretas no momento em que Wall Street como um todo estiver fazendo previsões incorretas. No entanto, isso é apenas teoria. Quantos investidores empreendedores têm a competência ou o dom profético para vencer os analistas profissionais em seu jogo favorito de prever ganhos futuros de longo prazo?

Somos, portanto, levados à seguinte conclusão lógica, ou melhor, desconcertante: para ter uma chance de obter resultados acima da média, o investidor deve seguir políticas que sejam (1) inerentemente saudáveis e promissoras; e (2) impopulares em Wall Street.

Existem políticas como essas disponíveis para o investidor empreendedor? Em teoria, novamente, a resposta deveria ser sim; e existem amplas razões para pensar que a resposta deva ser afirmativa na prática também. Todo

11 Ver o Capítulo 8 e os Comentários sobre os Capítulos 5, 8 e 14.

mundo sabe que os movimentos especulativos no mercado acionário são exagerados em ambas as direções; frequentemente, no mercado como um todo, e o tempo inteiro, no caso de pelo menos algumas ações individuais. Ademais, uma ação ordinária pode estar subvalorizada por causa da falta de interesse ou de um preconceito popular injustificado. Podemos ir além e afirmar que, em uma proporção surpreendentemente grande das transações de ações, os participantes não parecem ser capazes de distinguir – para sermos educados – alhos de bugalhos. Neste livro, destacaremos diversos exemplos de discrepâncias (no passado) entre preço e valor. Portanto, pareceria possível que qualquer pessoa inteligente, com uma aptidão para números, conseguisse fazer uma verdadeira festança em Wall Street ao se aproveitar da ignorância alheia. Parece plausível, porém as coisas não funcionam bem assim. Comprar uma ação desprezada e, portanto, subvalorizada em busca de lucros, em geral, acaba sendo uma experiência demorada e que demanda muita paciência. Por outro lado, vender a descoberto uma ação popular demais e, portanto, supervalorizada tende a ser um teste não apenas de coragem e resistência, mas também para avaliar o tamanho de seu bolso.[12] O princípio é sensato, sua aplicação bem-sucedida não é impossível, mas é uma arte nada fácil de dominar.[13]

Há também um conjunto relativamente grande de "situações especiais", que por muitos anos possibilitou um bom retorno anual igual ou superior a 20%, com um risco mínimo para aqueles que conhecem esse campo. Elas incluem a arbitragem entre instrumentos financeiros, os pagamentos recebíveis de companhias concordatárias e certos tipos de hedges protegidos. O caso mais típico é uma fusão ou aquisição projetada que promete preços substancialmente mais elevados para certas ações do que os vigentes na data de divulgação. O volume de tais negócios aumentou muito nos

---

12 Ao vender uma ação "a descoberto" (ou *short*), você aposta que seu preço cairá, em vez de subir. Vender a descoberto é um processo com três passos: primeiro você toma ações emprestadas de alguém que as possui; em seguida, você as vende imediatamente; e, finalmente, você as substitui por ações compradas mais tarde. Se as ações caírem, você será capaz de comprar ações substitutas a um preço inferior. A diferença entre o preço pelo qual você vende as ações emprestadas e o preço pago pelas ações substitutas é o lucro bruto (reduzido por encargos de dividendos ou juros e pelos custos de corretagem). No entanto, se a ação subir de preço em vez de descer, seu prejuízo potencial é ilimitado, o que torna inaceitavelmente especulativas as vendas a descoberto para a maioria dos investidores individuais.

13 Outra maneira pela qual investidores empreendedores podem obter "resultados melhores que a média": dando um passo à frente para comprar quando investidores profissionais estão vendendo em pânico, como ocorreu em 2000-2002, 2008-2009 e no início de 2020. A coragem costuma ser mais comum na Main Street do que em Wall Street.

últimos anos, o que deveria ter sido um período de alta lucratividade para os especialistas. No entanto, junto com a multiplicação de anúncios de fusões surgiu uma multiplicidade de obstáculos às fusões e negócios não concluídos, ocorrendo várias perdas individuais nessas operações outrora confiáveis. Talvez também a lucratividade geral tenha sido diminuída pelo excesso de concorrência.[14]

A lucratividade reduzida dessas situações especiais parece a manifestação de um tipo de processo autodestrutivo – semelhante à lei dos retornos decrescentes – que se desenvolveu ao longo da vida deste livro. Em 1949, pudemos apresentar um estudo das oscilações do mercado acionário nos 75 anos anteriores, o qual fundamentou uma fórmula – baseada em lucros e taxas de juros atuais – para determinar um nível de compra do DJIA abaixo de seu valor "central" ou "intrínseco", e de venda acima de tal valor. Foi uma aplicação do ditado dos Rothschilds: "Compre barato e venda caro".[15] E isso teve a vantagem de ir diretamente de encontro ao pensamento enraizado e pernicioso de Wall Street de que as ações deveriam ser compradas por elas terem subido e vendidas por terem caído. Infelizmente, após 1949, essa fórmula não funcionou mais. Um segundo exemplo é fornecido pela famosa "Teoria de Dow" dos movimentos do mercado acionário, ao comparar os resultados esplêndidos que teriam sido alcançados entre 1897 e 1933 e seu desempenho bem mais questionável a partir de 1934.

Um terceiro e último exemplo de oportunidades douradas que não estão mais disponíveis: uma boa parte de nossas próprias operações em Wall Street era concentrada na compra de *ações subvalorizadas* facilmente identificadas como tais por estarem sendo vendidas por um valor inferior ao de sua participação nos ativos circulantes líquidos (capital de giro),

---

14 No final dos anos 1980, à medida que as aquisições hostis de outras companhias e as operações de *leveraged buyout* multiplicavam-se, Wall Street abria escritórios de arbitragem institucional para lucrar com qualquer erro no preço desses negócios complexos. Eles se tornaram tão bons nisso que os lucros fáceis desapareceram e muitos desses escritórios acabaram fechados. Embora Graham discuta esse assunto novamente (ver pp. 206-208), esse tipo de transação não é mais viável ou apropriado para a maioria das pessoas, uma vez que apenas transações multimilionárias são grandes o suficiente para gerarem lucros que valham a pena. As instituições e os indivíduos abastados podem usar essa estratégia através de fundos de hedge que se especializam na arbitragem de fusões ou "eventos".

15 A família Rothschild, liderada por Nathan Mayer Rothschild, foi o poder dominante entre as casas de corretagem e os bancos de investimentos europeus no século XIX. Para ler uma história brilhante, ver FERGUSON, Niall. *The house of Rothschild*: money's prophets, 1798-1848. Viking, 1998.

sem contar com as instalações fabris e outros ativos, e após a dedução de todos os passivos vinculados à ação. Está claro que essas ações estavam sendo vendidas a um preço bem inferior ao valor do empreendimento como um negócio privado. Nenhum proprietário ou acionista majoritário ousaria vender seu patrimônio a um preço tão ridiculamente baixo. Por mais estranho que pareça, tais anomalias não eram difíceis de encontrar. Em 1957, foi publicada uma lista apresentando quase duzentas ações desse tipo disponíveis no mercado. De diversas formas, praticamente todas essas ações subvalorizadas acabaram sendo rentáveis, e seus resultados médios anuais provaram ser muito mais remuneradores do que a maioria dos outros investimentos. Porém, elas virtualmente desapareceram do mercado de ações na década seguinte, e com elas uma oportunidade para operações inteligentes e bem-sucedidas por parte do investidor empreendedor. No entanto, com os preços baixos de 1970, apareceu novamente um volume considerável de tais ações "abaixo do capital de giro" e, apesar da recuperação forte do mercado, sobrou um número suficiente delas no fim do ano para compor uma carteira de porte razoável.

O investidor empreendedor, nas condições atuais, ainda tem várias maneiras de atingir resultados acima da média. A grande lista de valores mobiliários comerciáveis deve incluir um número significativo que possa ser identificado como subvalorizado de acordo com padrões lógicos e razoavelmente confiáveis. Estes deveriam trazer resultados mais satisfatórios em média do que o DJIA ou qualquer outra lista igualmente representativa. Do nosso ponto de vista, a busca por tais títulos não valeria o esforço do investidor, a menos que ele pudesse esperar acrescentar, digamos, 5% antes da tributação ao retorno médio anual da porção de ações em sua carteira. Tentaremos desenvolver uma ou mais dessas abordagens para escolha de ações para uso pelo investidor empreendedor.

COMENTÁRIO SOBRE O CAPÍTULO 1

POR JASON ZWEIG

Se você não sabe quem você é, o mercado de ações é um lugar caro para descobrir.
– "Adam Smith" (George J. W. Goodman)[1]

Antes de comprar qualquer ação ou ativo financeiro, a primeira coisa que você precisa saber não é o que está comprando, mas sim quem você é.

VOCÊ É UM INVESTIDOR?

A palavra "investir" vem do latim *vestire*, que significa vestir, cercar ou envolver. Investir significa envolver-se em um ativo financeiro e mantê-lo perto de si. Para fazer isso, você deve ter um fundamento razoável para confiar que sabe o que está fazendo – com base não no que outras pessoas dizem ou fazem, mas em sua própria pesquisa cuidadosa.

Como Graham escreve:

> Uma operação de investimento é aquela que, após uma análise profunda, promete segurança do capital investido e um retorno adequado. As operações que não atendem a essas condições são especulativas.[2]

Graham chama isso de "*operação* de investimento" porque investir é um processo, não um evento. Ele se desenrola ao longo de anos e décadas. Depende de uma tomada de decisão estruturada, na qual cada ação que você toma está em conformidade com os critérios que definiu previamente. Requer a disciplina de uma análise ampla e consistente, e não apenas uma rolagem impulsiva na tela do celular.

As fontes de retorno de um investimento são *intrínsecas*: a renda de juros dos títulos, os ganhos e os dividendos das ações. Um investidor sabe que uma ação não é um brinquedo; é uma participação acionária em um negócio

---

1 SMITH, Adam. *The money game*. Random House, 1968. p. 30.

2 p. 43. Graham às vezes usava a expressão "retorno satisfatório", em vez de "retorno adequado".

subjacente. E uma ação não pode subir de maneira progressiva a menos que esse negócio gere consistentemente mais dinheiro do que gasta.

Um investidor nunca compra uma ação apenas porque seu preço está subindo, nem a vende apenas porque seu preço está caindo. Um investidor olha além do comportamento de curto prazo das ações para avaliar a saúde de longo prazo do *negócio*.

O investidor pergunta: *Quanto isso vale para mim? Por quanto tempo posso mantê-lo?*

VOCÊ É UM ESPECULADOR?

Nos últimos anos, muitos investidores perderam o rumo. Eles se tornaram especuladores, muitas vezes sem nem perceber.

"Especular" vem das palavras em latim *speculum* (espelho) e *specula* (torre de vigia).

Um especulador deve olhar para *dentro*, em um ato de autorreflexão, como em um espelho – e também para *frente*, para o futuro, como uma sentinela em uma torre de vigia.[3]

Na prática, porém, muitos especuladores jamais olham para dentro e mal olham para o futuro. Eles geralmente compram apenas porque outras pessoas estão comprando.

A especulação se desenrola em horizontes curtos: meses, semanas, às vezes horas ou até mesmo minutos. As fontes de retorno de uma especulação são *extrínsecas*: quem também possui determinado ativo, sua popularidade, se seu preço está subindo ou caindo. O especulador pergunta: *Qual* é *o valor disso para outra pessoa? Quando poderei vendê-lo?*

Para muitas pessoas, a especulação é um ciclo interminável de oscilações emocionais, que começa pela dúvida, progride pela esperança e pela confiança até a complacência e a ganância, e cai no medo e no desespero, voltando à dúvida e começando tudo de novo. É uma rodinha de hamster de negociação com base em palpites, jogando dinheiro em ações, opções e outros ativos e desfazendo-se deles o mais rápido possível, apenas por diversão – até que não seja mais divertido.

---

3 ROGERS, Gayle. *Speculation*: a cultural history from Aristotle to AI. Columbia University Press., 2021.

FIGURA 1-1

O ciclo de vida comportamental do especulador

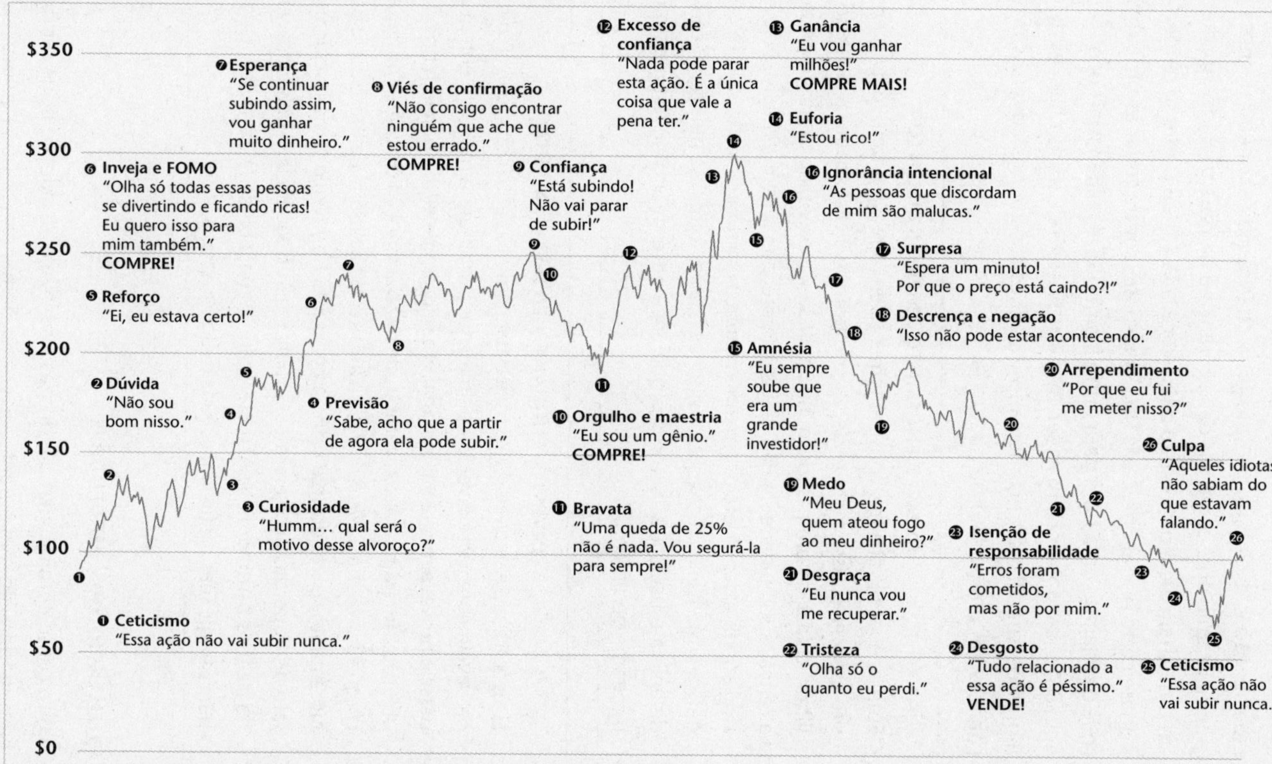

Tudo isso é compreensível. O desejo de jogar faz parte da natureza humana; nossos ancestrais parecem jogar com dados há pelo menos 10 mil anos. E a especulação é excitante: mesmo uma chance ridiculamente remota de um grande prêmio abre as portas da esperança e da possibilidade. Apostar US$ 1 em uma chance em um milhão deixa você US$ 1 mais pobre se perder – como é quase certo que acontecerá. No entanto, se, contra todas as probabilidades, você ganhar, de uma hora para outra ficará US$ 1 milhão mais rico – e, na sua opinião, sua vida nunca mais será a mesma. Além disso, as chances de ganhar dinheiro especulando no mercado de ações são menos adversas do que as chances em um cassino ou na loteria.

INVESTIR ENQUANTO EMPREENDIMENTO

Empreender é trabalhar conscientemente em direção a uma meta ou propósito específico. Essa meta pode ser comprar uma casa, pagar a faculdade dos filhos, cuidar de um pai idoso, financiar sua aposentadoria ou simplesmente alcançar a serenidade de não precisar se preocupar com dinheiro. Não é possível atingir esses objetivos em um instante, com uma única transação ou uma decisão esperta. Para chegar lá, são necessários anos, até mesmo décadas, de disciplina e paciência. É por isso que você deve tratar o investimento como um empreendimento.

INVESTIR ENQUANTO ENTRETENIMENTO

Estar entretido é se *divertir*! E se você tratar o investimento como entretenimento, provavelmente vai se divertir – pelo menos por algum tempo. No entanto, esse passeio provavelmente vai terminar em perdas, deixando-o mais longe de seus objetivos. Investir para se divertir pode trazer a emoção de *quase* conseguir – *Eu cheguei bem perto de ficar rico!* –, ou até mesmo a euforia de tirar a sorte grande. No entanto, parte do que torna a conquista do prêmio tão emocionante é o fato de as perdas ocorrerem com muito mais frequência. As chances remotas de ganhos astronômicos não oferecem a confiabilidade de que você precisa para atingir suas metas financeiras de longo prazo.

O SILÊNCIO DOS PERDEDORES

Assim como comida, bebida, drogas e sexo, a especulação pode ser prazerosa com moderação. No entanto, se comer demais, você pode colocar sua saúde em risco. Beba demais e você pode se tornar um alcoólatra. Abuse das drogas ou do sexo e você pode se tornar viciado ou acabar na prisão. E, se especular com mais do que uma pequena parte do seu dinheiro, é provável que você acabe perdendo tudo.

As probabilidades nos mercados financeiros geralmente não são fixas ou predeterminadas. Elas dependem, em parte, de quantas pessoas estão especulando e de quanto dinheiro estão apostando. Quanto mais os especuladores inflarem o preço de um ativo no presente, menor será a probabilidade de retorno no futuro. Quanto mais as pessoas especularem no curto prazo, menores serão as chances de qualquer uma delas lucrar no longo prazo.

No entanto, quanto mais as pessoas começam a especular, mais tentado você pode se sentir. Parece que todo mundo está especulando, e alguns estão ficando ricos. A maioria dos perdedores tem vergonha de falar sobre suas perdas, enquanto os vencedores parecem estar gritando com megafones. Mesmo que não saibam do que estão falando, as pessoas com opiniões extremas parecem mais confiáveis e dignas de crédito, pois "dobram a aposta" para aumentar seu comprometimento. Afinal de contas, elas colocaram seu dinheiro naquilo que elas falam.

Dessa forma, as histórias triunfam sobre as estatísticas: não é possível evitar a vaidade dos vencedores, enquanto as evidências de que a maioria das pessoas foi derrotada nem sequer chama sua atenção. A esperança de ficar rico parece especialmente atraente quando grandes instituições que correram riscos imprudentes continuam sendo resgatadas pelo governo. Se eles conseguiram se safar apesar de terem pegado atalhos, por que você não conseguiria? Se você está trabalhando duro, mas não consegue progredir, por que não tentar apostar com ações?

E a especulação geralmente cria hábitos. A emoção de ganhar dinheiro pode rapidamente prendê-lo no ciclo do vício: como alguém com um problema de uso abusivo de substâncias, você precisa de doses cada vez maiores para igualar a "onda" anterior, e as perdas simplesmente fazem com que você anseie ainda mais por ganhos. Todo viciado diz "Eu paro quando eu quiser", mas parar pode se tornar praticamente impossível. Ao correr atrás do próximo sucesso de curto prazo, você pode perder de vista suas metas de longo prazo. Pode acabar jogando dinheiro pelo ralo até não sobrar nada.

DINHEIRO GRÁTIS

Em 2020 e 2021, enquanto a pandemia de covid se alastrava, o mercado de ações rapidamente se transformou no maior videogame on-line já jogado.

Mais de 110 milhões de pessoas perderam seus empregos em todo o mundo e ficaram em quarentena, longe de seus familiares e amigos. A maioria das empresas fechou as portas – mas os mercados de ações continuaram abertos. Os governos reduziram as taxas de juros a zero e inundaram a economia global com trilhões de dólares em dinheiro para indivíduos e empresas.

VICIADOS EM TRADING

Do final de 2019 até o início de 2021, a corretora on-line Robinhood cresceu de pouco mais de 5 milhões de contas para 18 milhões. Isso significa que cerca de 13 milhões de pessoas – um em cada 25 norte-americanos – abriram uma nova conta em um período de 15 meses.

No primeiro trimestre de 2021, esses 18 milhões de clientes negociaram ações, opções e criptomoedas uma média de 7,6 milhões de vezes por dia.

Uma corretora on-line com sede em Cingapura, a Moomoo, reportou em 2021 que seus clientes mais jovens estavam negociando, em média, mais de 140 vezes por ano.

De acordo com os órgãos reguladores de Massachusetts, a Robinhood permitiu que um cliente sem experiência em investimentos fizesse 12.748 negociações em pouco mais de seis meses – uma média de aproximadamente 92 negociações por dia.[4]

Mesmo as pessoas que não negociavam como se o mundo fosse acabar estavam obcecadas: em 2020, a Robinhood reportou que os clientes que abriam seu aplicativo o utilizavam em média sete vezes por dia.

Você está comprando e vendendo quase 150 vezes por ano ou entrando em suas contas sete vezes por dia?

Então você não é um investidor. Você é um viciado.

Você não está prejudicando apenas sua saúde financeira, mas também sua saúde mental.

---

4 Ver: bit.ly/46BxTga.

Sem ter para onde ir e sem ter o que fazer com todo esse dinheiro grátis, as pessoas o lançaram nos mercados financeiros.

Tudo subiu.

Ao fim de março de 2021, o mercado de ações dos Estados Unidos havia subido 85% em doze meses, com as menores ações subindo em média mais de 120%. Na prática, 96% de todas as ações norte-americanas tiveram um retorno total positivo nos doze meses anteriores. Era como se o mercado de ações tivesse se tornado um caça-níqueis que rendia um *jackpot* a cada jogada.

Os mercados estavam em alta em todo o mundo. Nos doze meses findos em 31 de março de 2021, as ações da China subiram 47%, as do Brasil, 52%, as da Alemanha, 67% e as da Índia, 84%.

Você pode ganhar um bom dinheiro com ações boas. Você pode ganhar um bom dinheiro com ações ruins. A Dogecoin, uma criptomoeda que foi criada como uma piada e não tinha nenhum propósito prático, subiu mais de 15.000% nos primeiros cinco meses de 2021.

Por que se preocupar em tentar distinguir os ativos bons dos ruins? Quando o fato de não saber nada compensa, por que aprender alguma coisa?

"NÃO TENHO A MENOR IDEIA DO QUE ESTOU FAZENDO"

Essa ignorância deliberada era típica.

- No fórum WallStreetBets, do Reddit, muitos membros achavam que analisar cuidadosamente um investimento "não fazia sentido", disse o fundador do grupo, Jaime Rogozinski, em 2020. "Eles apenas consideram a volatilidade uma oportunidade para se divertir (...). Eles não sabem o que estão fazendo, e não dão a mínima para o fato de não saberem o que estão fazendo."
- Em meados de 2020, Dave Portnoy, um blogueiro de esportes e autodenominado "apostador degenerado", começou a fazer lives nas quais comprava qualquer ação cujo símbolo correspondesse às letras que ele retirava aleatoriamente de um saco com peças de Scrabble. Muitas vezes, ele revendia as ações no mesmo dia em que as comprava, zombando abertamente da ideia de que valia a pena aprender qualquer coisa que fosse sobre uma empresa.[5]

---

5 The Dave Portnoy origin story. Disponível em: bit.ly/48SWkqF; OTANI, Akane. The new stock influencers have huge — and devoted — followings. Disponível em: bit.ly/41ZDqfv.

- No início de 2021, Chad e Jenny, um jovem e charmoso casal, viraram celebridades instantâneas com um vídeo no TikTok sobre como ganhar dinheiro sem ter um trabalho fixo. "Vejo uma ação subindo, e compro", disse Chad com um dar de ombros alegre de ignorância. "E fico monitorando até que pare de subir, e então vendo. E faço isso repetidamente, e isso banca todo o nosso estilo de vida."
- "*I don't know what the f*** I'm doing*" ("Não tenho a menor ideia do que estou fazendo"), disse Danny Tran, de 22 anos, em um vídeo do TikTok em janeiro de 2021. "Só sei que estou ganhando dinheiro." Ele rapidamente acumulou cerca de 500 mil seguidores. Ao ser perguntado se ele fazia alguma pesquisa antes das transações, Tran riu: "Quando digo que não sei o que estou fazendo, estou falando sério. Para mim, tudo não passa de um jogo". Ele acrescentou: "Saber o que você está fazendo é sempre bom, mas neste mercado tudo é possível".

"ALGO QUE É IMITADO"

Em 2020 e 2021, milhões de traders novatos se lançaram em "ações meme", como AMC Entertainment Holdings, Bed Bath & Beyond, GameStop e Virgin Galactic Holdings, independentemente da saúde das empresas subjacentes.

O termo "meme", cunhado pelo biólogo Richard Dawkins em 1976, vem do grego *mimema*, "algo que é imitado". Todo mundo estava comprando, e isso era tudo o que importava.[6]

Por alguns gloriosos meses em 2020 e 2021, deu certo. Então, uma a seguir da outra, essas ações supervalorizadas se despedaçaram como lâmpadas superaquecidas.

Embora alguns poucos compradores iniciais tenham obtido lucros enormes, a maioria das pessoas comprou tarde demais, pagou muito caro e vendeu perto do fundo do poço. Um trader ganhou US$ 1,5 milhão tratando o mercado "como um cassino", mas perdeu tudo e acabou trabalhando em uma lanchonete em Las Vegas por US$ 14 a hora.[7]

Uma das poucas regras universais dos investimentos é a seguinte: *Sempre que ganhar dinheiro se torna algo fácil e sem esforço, tende a se tornar extraordinariamente difícil mantê-lo.*

---

6 O melhor relato dessa loucura está em JAKAB, Spencer. *The revolution that wasn't*. Portfolio, 2022.

7 BANERJI, Gunjan. The retreat of the amateur investors. Disponível em: bit.ly/3F3VKcE.

TABELA 1-1 Memes dos sonhos

Ação	*Preço máximo*	*Data da máxima*	*Preço mínimo*	*Data da mínima*	*Variação em %*
AMC Entertainment Holdings Inc.	38,43	02/06/21	3,84	28/12/22	-90,0
Bed Bath & Beyond Inc.	46,08	27/01/21	2,39	28/12/22	-94,8
BlackBerry Ltd.	24,65	27/01/21	3,19	28/12/22	-87,1
Clover Health Investments Corp.	22,15	08/06/21	0,87	28/12/22	-96,1
Coinbase Global Inc.	357,39	09/11/21	32,53	28/12/22	-90,9
DraftKings Inc.	71,98	19/03/21	10,27	11/05/22	-85,7
FuelCell Energy Inc.	27,96	09/02/21	2,55	28/12/22	-90,9
GameStop Corp.	86,88	27/01/21	17,92	28/12/22	-79,4
Lordstown Motors Corp.	461,25	11/02/21	15,75	27/12/22	-96,6
MicroStrategy Inc.	1272,94	09/02/21	136,63	29/12/22	-89,3
Nikola Corp.	28,58	27/01/21	2,11	14/12/22	-92,6
NIO Inc.	62,84	09/02/21	9,25	09/11/22	-85,3
Palantir Technologies Inc.	39,00	27/01/21	6,00	27/12/22	-84,6
Peloton Interactive Inc.	167,42	13/01/21	6,93	30/09/22	-95,9
PlugPower Inc.	73,18	26/01/21	11,71	28/12/22	-84,0
Riot Blockchain Inc.	77,90	17/02/21	3,29	28/12/22	-95,8
Rivian Automotive Inc.	172,01	16/11/21	17,74	28/12/22	-89,7
Sundial Growers Inc.	29,50	10/02/21	1,99	28/12/22	-93,3
Virgin Galactic Holdings Inc.	59,41	11/02/21	3,29	27/12/22	-94,5
Zoom Video Communications Inc.	444,51	16/02/21	65,36	28/12/22	-85,3
Índice S&P 500	4796,56	03/01/22	3577,03	12/10/22	-25,4

Preços de fechamento diário, US$ por ação; dividendos não incluídos na variação percentual. A Riot Blockchain foi posteriormente renomeada Riot Platforms Inc.; a Sundial Growers foi posteriormente renomeada SNDL Inc.

Fonte: FactSet.

PROTEJA-SE DO SEU PIOR INIMIGO

Devo alertá-lo de que há uma tensão ao longo deste livro. Qualquer tentativa de vencer o mercado é provavelmente inútil, principalmente quando você pode igualar o mercado sem esforço e quase sem custo comprando e mantendo um fundo de índice. Por outro lado, é da natureza humana detestar a ideia de se contentar com a "média", e tentar superar um mercado composto por bilhões de cérebros é um desafio empolgante ao qual muitas pessoas não conseguem dizer não.

Nosso objetivo é eliminar essa tensão. Você não deve se sentir envergonhado de se contentar com a média; isso faz de você o que Graham chama de investidor defensivo.[8] Se, no entanto, você é um investidor empreendedor que quer tentar ir além, você estabeleceu uma meta improvável – embora não impossível. Para ter qualquer chance de alcançá-la, precisará seguir regras, políticas e procedimentos com rigorosa disciplina.

Se você quiser especular, o segredo é conter a especulação (veja o quadro a seguir). Até mesmo as pessoas mais cautelosas podem se divertir com jogos de azar de vez em quando; isso é bom, desde que você não arrisque mais do que pode perder, e que seja honesto o suficiente consigo mesmo para saber que *provavelmente* vai perder.

No entanto, o calor do momento pode derreter sua determinação. É por isso que você deve conter seus impulsos e embasar suas decisões com as técnicas de que vamos falar nos Capítulos 4, 5, 7, 11 e nos comentários que se seguem a eles.

E se você especulou e se queimou tanto a ponto de finalmente admitir que chegou ao fundo do poço?

Bom para você. O restante deste livro vai mapear como você pode entrar no caminho certo como investidor e permanecer nele.

DINHEIRO DA LOUCURA

Se você estiver ansioso por especular, crie uma conta de "dinheiro da loucura". Limite-a a um máximo de 5% de seus ativos; dessa forma, você poderá ganhar uma quantia decente se alguma das suas especulações tiver sucesso, mas não vai perder uma quantia perigosa se ela for a zero. Deixe o dinheiro da loucura em quarentena em relação ao restante dos seus ativos, em uma conta isolada em uma instituição financeira diferente. Aconteça o que acontecer, *jamais* deposite mais dinheiro nela.

8 E obter o retorno "médio" do mercado de ações mantendo um fundo de índice provavelmente lhe dará um resultado muito *acima da* média; ver o Comentário sobre o Capítulo 9.

CAPÍTULO 2

O INVESTIDOR E A INFLAÇÃO

A inflação e seu combate têm preocupado bastante as pessoas nos últimos anos. A redução do poder aquisitivo do dólar no passado e, sobretudo, o medo (ou a esperança dos especuladores) de uma queda ainda maior no futuro exercem uma forte influência sobre o pensamento de Wall Street. É claro que aqueles que dependem de uma renda fixa em dólar sofrem à medida que o custo de vida aumenta, e o mesmo se aplica a quem tem um montante fixo de capital investido em dólares. Os proprietários de ações, por outro lado, têm a possibilidade de que a perda do poder aquisitivo do dólar possa ser compensada por aumentos de dividendos e dos preços de suas ações.

Com base nesses fatores inegáveis, muitos especialistas em finanças concluíram que: (1) os títulos são uma forma inerentemente indesejável de investimento; e (2) consequentemente, as ações ordinárias são, por sua própria natureza, investimentos mais desejáveis do que os títulos. Recebemos informações de que instituições de caridade foram aconselhadas a manter carteiras com 100% de ações e 0% de títulos.[1] Isso representa uma grande reviravolta em relação ao passado, quando os investimentos fiduciários eram restritos por lei aos títulos com grau de investimento (e a algumas ações preferenciais selecionadas).

Nossos leitores devem ter inteligência suficiente para reconhecer que mesmo as ações da melhor qualidade não podem, em *nenhuma circunstância*, ser uma compra melhor do que os título, isto é, qualquer que seja

1 No final da década de 1990, esse conselho – que pode ser apropriado para uma fundação ou fundo perpétuo com um horizonte de investimento infinitamente longo – tinha chegado até os investidores individuais cuja expectativa de vida é finita. Na edição de 1994 de seu influente livro *Stocks for the long run*, o professor de finanças Jeremy Siegel, da Wharton School, recomendou que os investidores "tomadores de risco" deveriam comprar na margem, tomando emprestado o equivalente a mais de um terço de seu patrimônio líquido, de forma a colocar 135% de seus ativos em ações.

o patamar do mercado acionário e a taxa atual de retorno dos dividendos em comparação com os juros pagos pelos títulos. Uma afirmação desse tipo seria tão absurda quanto a contrária – tão frequentemente repetida no passado –, de que qualquer título é mais seguro do que qualquer ação. Neste capítulo, tentaremos aplicar várias medições ao fator inflacionário para chegar a algumas conclusões sobre até que ponto o investidor pode ser influenciado positivamente pelas expectativas relativas a futuras altas do nível dos preços.

Nesse caso, como em muitos outros no campo das finanças, devemos balizar nossos pontos de vista a respeito das políticas futuras pelas lições tiradas da experiência passada. Será que a inflação é algo novo neste país, pelo menos na forma severa que assumiu desde 1965? Se já passamos por inflações comparáveis (ou piores), que lições podemos tirar da experiência vivida se a compararmos com a inflação de hoje? Vamos começar com a Tabela 2-1, uma tabulação histórica condensada que contém diversas informações sobre as mudanças nos preços em geral e as variações concomitantes nos lucros e no valor de mercado das ações ordinárias. Nossos números começam em 1915 e, portanto, cobrem 55 anos, apresentados em intervalos quinquenais. (Usamos 1946, em vez de 1945, para evitar o último ano de controle de preços do período da guerra.)

A primeira coisa que observamos é que tivemos inflação no passado, e muita. A maior dose quinquenal foi entre 1915 e 1920, quando o custo de vida quase dobrou. Esse quadro pode ser comparado com a alta de 15% entre 1965 e 1970. Nesse intervalo, tivemos três períodos de deflação e seis de inflação com taxas variadas, algumas bastante pequenas. De acordo com esses números, o investidor claramente deveria levar em consideração a probabilidade de uma inflação contínua ou recorrente.

Podemos dizer algo sobre a taxa de inflação? Nossa tabela não apresenta uma resposta clara; ela apresenta variações de todos os tipos. Seria sensato, no entanto, utilizar os resultados bastante consistentes dos últimos vinte anos. A taxa média anual de crescimento dos preços ao consumidor durante esse período foi de 2,5%; para o período entre 1965-1970 foi de 4,5%; e em 1970 chegou a 5,4%. O governo tem tomado medidas duras para debelar a inflação, e há razões para se acreditar que as políticas federais serão mais

TABELA 2-1 O nível geral de preços, os lucros por ação e os preços das ações em intervalos quinquenais, 1915-1970

	Nível de preços[a]		Índice de ações S&P 500[b]		Variação percentual comparada com nível anterior			
Ano	*Atacado*	*Consumidor*	*Lucros*	*Preço*	*Preços de venda no atacado*	*Preços ao consumidor*	*Lucro por ação*	*Preço das ações*
1915	38,0	35,4		8,31				
1920	84,5	69,8		7,98	+ 96,0%	+ 96,8%		- 4,0%
1925	56,6	61,1	1,24	11,15	- 33,4	- 12,4		+ 41,5
1930	47,3	58,2	0,97	21,63	- 16,5	- 4,7	- 21,9%	+ 88,0
1935	43,8	47,8	0,76	15,47	- 7,4	- 18,0	- 21,6	- 26,0
1940	43,0	48,8	1,05	11,02	- 0,2	+ 2,1	+ 33,1	- 28,8
1946[c]	66,1	68,0	1,06	17,08	+ 53,7	+ 40,0	+ 1,0	+ 55,0
1950	86,8	83,8	2,84	18,40	+ 31,5	+ 23,1	+ 168,0	+ 21,4
1955	97,2	93,3	3,62	40,49	+ 6,2	+ 11,4	+ 27,4	+ 121,0
1960	100,7	103,1	3,27	55,85	+ 9,2	+ 10,5	- 9,7	+ 38,0
1965	102,5	109,9	5,19	88,17	+ 1,8	+ 6,6	+ 58,8	+ 57,0
1970	117,5	134,0	5,36	92,15	+ 14,6	+ 21,9	+ 3,3	+ 4,4

[a] Médias anuais. Para nível de preço em 1957 = 100 na tabela; mas usando nova base, 1967 = 100, a média para 1970 é 116,3 para os preços ao consumidor e 110,4 para os preços no atacado.
[b] Média 1941-1943 = 10.
[c] O ano de 1946 foi utilizado para evitar período de controle de preços.

efetivas no futuro do que têm sido nos últimos anos.[2] Acreditamos que seria razoável para o investidor na atualidade basear seu raciocínio e suas decisões em uma taxa *provável* (longe de ser certa) de inflação futura da ordem de, digamos, 3% ao ano. (O que pode ser comparado com uma taxa anual de aproximadamente 2,5% para o período 1915-1970 como um todo.)[I]

Quais seriam as implicações de tal subida? Ela corroeria, na forma de custos de vida mais elevados, cerca de metade dos rendimentos atualmente disponíveis nas obrigações de médio prazo, de boa qualidade e isentas de tributação (ou dos rendimentos equivalentes, após a tributação, das obrigações corporativas com grau de investimento). Isso representaria uma perda séria, mas que não deve ser exagerada. Não significaria que o valor real, ou o poder de compra, do patrimônio do investidor precisaria diminuir ao longo dos anos. Se ele gastasse metade de sua renda de juros pós-tributação, conseguiria manter esse poder de compra intacto, mesmo com uma inflação anual de 3%.

Porém, naturalmente, a pergunta seguinte é: "O investidor pode estar razoavelmente seguro de alcançar um desempenho superior ao comprar e manter em carteira outros instrumentos que não as obrigações com grau de investimento, mesmo às taxas de retorno inéditas oferecidas em 1970-1971?". Não seria, por exemplo, preferível um programa composto exclusivamente de ações a um programa com uma parcela em títulos e outra em ações? Não é verdade que as ações ordinárias possuem uma proteção embutida contra a inflação? E não é quase certo que as ações renderão mais ao longo dos anos do que os títulos? Não é verdade que as ações trataram muito melhor o investidor do que os títulos ao longo dos 55 anos de nosso estudo?

A resposta a essas perguntas não é simples. No passado, as ações ordinárias de fato renderam mais do que os títulos por um longo período. A subida do DJIA de uma média de 77 pontos em 1915 para uma média de 753 em 1970 implica uma taxa de crescimento anual composta de aproximadamente 4%, à qual podemos acrescentar outros 4% referentes ao retorno médio dos dividendos. (Os resultados correspondentes para o índice S&P

---

2 Esse é um dos raros equívocos de Graham. Em 1973, apenas dois anos após o presidente Richard Nixon impor o controle de salários e preços, a inflação atingiu 8,7%, o maior nível desde o fim da Segunda Guerra Mundial. A década de 1973 até 1982 registrou a maior inflação da história moderna americana, tendo o custo de vida mais do que dobrado.

são aproximadamente iguais.) Esses resultados compostos de 8% ao ano são, claro, muito superiores aos rendimentos obtidos com títulos no mesmo período de 55 anos. No entanto, não excedem o retorno *atualmente* oferecido pelos títulos com grau de investimento. Isso nos leva à próxima questão lógica: existe uma razão convincente para acreditar que as ações ordinárias terão um desempenho melhor nos anos futuros do que tiveram nas últimas cinco décadas e meia?

Nossa resposta para essa questão crucial deve ser um categórico *não*. As ações ordinárias *podem* ter um desempenho melhor no futuro do que tiveram no passado, mas há uma grande incerteza quanto a isso. Precisamos lidar aqui com dois horizontes temporais distintos nos resultados dos investimentos. O primeiro cobre aquilo que provavelmente ocorrerá no futuro a longo prazo, digamos, nos próximos 25 anos. O segundo se aplica ao que provavelmente acontecerá com o investidor – financeira e psicologicamente – ao longo dos períodos curto ou intermediário, digamos, igual ou inferior a cinco anos. Sua estrutura mental, suas esperanças e seus temores, sua satisfação ou seu descontentamento com o que fez e, acima de tudo, as decisões do que fazer em seguida são todos determinados não por uma avaliação retrospectiva de uma vida de investimentos, mas, em vez disso, pela experiência ano após ano.

Nesse ponto em particular, podemos ser categóricos. Não há qualquer ligação temporal direta entre as condições inflacionárias (ou deflacionárias) e o movimento dos preços e a lucratividade das ações ordinárias. Um exemplo óbvio é o período recente, entre 1966 e 1970. O aumento do custo de vida foi de 22%, o maior em um período quinquenal desde 1946-1950. Porém, tanto a lucratividade quanto os preços das ações em geral caíram desde 1965. Há contradições semelhantes em ambas as direções no registro dos períodos quinquenais anteriores.

A inflação e os lucros das empresas

Outra abordagem muito importante a essa discussão é a realizada em um estudo sobre a lucratividade do capital demonstrada pelo setor privado nos Estados Unidos. Essa lucratividade tem variado, claro, juntamente com a taxa geral de atividade econômica, mas não mostra nenhuma tendência geral de alta concomitante com os preços no atacado ou com o custo de vida. Na verdade, essa taxa caiu acentuadamente nos últimos vinte anos apesar da inflação no período. (Até certo ponto, esse declínio foi causado pela instituição de taxas de depreciação mais liberais. Ver Tabela 2-2). Nossos estudos de longo prazo nos levaram à conclusão de que o investidor não pode contar com um retorno muito superior àquele verificado nos últimos cinco anos no índice DJIA, ou seja, aproximadamente 10% sobre os ativos tangíveis líquidos (valor contábil) por trás das ações.[II] Uma vez que o valor de mercado dessas ações é bastante superior a seu valor contábil – digamos, 900 *versus* 560 em meados de 1971 –, calcula-se que os rendimentos sobre os preços atuais de mercado chegam a apenas cerca de 6,25%. (Essa relação é, em geral, expressa de forma inversa, ou seja, na forma de um "múltiplo dos lucros", por exemplo, que o preço do DJIA a 900 pontos é igual a 18 vezes os lucros reais para os doze meses finalizados em junho de 1971.)

Nossos números vão ao encontro da sugestão do capítulo anterior[3] de que o investidor pode presumir um retorno de dividendos médio de aproximadamente 3,5% sobre o valor de mercado de suas ações, acrescido de uma apreciação anual de, digamos, 4% resultante do reinvestimento dos lucros. (Presume-se que cada dólar acrescido ao valor contábil aumente o preço de mercado em cerca de US$ 1,60.)

O leitor contestará dizendo que nossos cálculos não levam em conta qualquer aumento na lucratividade e nos preços das ações ordinárias resultantes da inflação anual projetada de 3%. Nossa justificativa é a ausência de qualquer sinal de que a inflação, em um nível comparável no passado, tenha tido qualquer efeito *direto* sobre a lucratividade divulgada das ações. Os números frios demonstram que *todo* o grande aumento na lucratividade do DJIA nos últimos vinte anos foi devido a um crescimento proporcionalmente grande dos investimentos em capital oriundos do reinvestimento de lucros. Se a inflação tivesse funcionado como um fator favorável em separado, seu efeito teria sido o de aumentar o "valor" do capital previamente existente; o que, por sua vez, deveria incrementar a lucratividade de tal capital antigo e, portanto, da combinação do capital antigo com o novo. No entanto, nada disso realmente aconteceu nos últimos vinte anos, durante os quais o nível dos preços no atacado subiu aproximadamente 40%. (Os lucros das companhias deveriam ser mais influenciados pelos preços no atacado do que pelos "preços ao consumidor".) A única maneira pela qual

3 Ver p. 50.

a inflação pode fazer subir o valor das ações ordinárias é via o aumento da lucratividade do capital investido. Se examinarmos os registros do passado, verificaremos que isso não aconteceu.

Nos ciclos econômicos do passado, um bom ambiente de negócios era acompanhado de preços ascendentes, e um clima ruim, por preços em queda. De maneira geral, acreditava-se que "um pouco de inflação" era útil para os lucros do setor privado. Essa visão não é contrariada pela história de 1950 a 1970, a qual revela a combinação de uma prosperidade geral ininterrupta e preços ascendentes em geral. Porém, os números indicam que o efeito de tudo isso sobre a *lucratividade* do capital das ações ordinárias ("capital acionário") foi bastante limitado; na verdade, nem serviu para manter a taxa de lucratividade dos investimentos. Claramente, houve influências compensatórias que bloquearam qualquer aumento na lucratividade real das empresas americanas como um todo. Talvez as mais importantes delas tenham sido: (1) um aumento dos salários que excedeu os ganhos de produtividade; e (2) a necessidade de quantias imensas de capital novo, diminuindo assim a relação entre faturamento e capital empregado.

Os dados da Tabela 2-2 indicam que longe da inflação ter beneficiado as empresas e seus acionistas, seu efeito tem sido exatamente o oposto. Os números mais impressionantes da tabela são aqueles referentes à evolução do endividamento do setor privado entre 1950 e 1969. É surpreendente quão pouca atenção tem sido dada pelos economistas e por Wall Street para essa evolução. A dívida do setor privado quase quintuplicou, enquanto os lucros pré-tributação pouco mais que dobraram. Com a grande subida nas taxas de juros durante esse período, fica evidente que a dívida agregada do setor privado se tornou um fator econômico adverso e de certa magnitude, além de um problema efetivo para muitas companhias individuais. (Observe que, em 1950, os lucros líquidos após os juros, mas antes do imposto de renda, equivaliam a cerca de 30% do endividamento do setor privado, enquanto representavam apenas 13,2% da dívida em 1969. Essa relação deve ter sido menos satisfatória ainda em 1970.) Em suma, parece que uma parcela significativa dos 11% de ganhos nas ações corporativas como um todo foi obtida pelo uso de uma quantidade grande de dívida nova com um custo igual ou inferior a 4% após os créditos fiscais. Se nossas empresas tivessem mantido a relação de dívida que prevalecia em 1950, a lucratividade de seu patrimônio líquido teria caído ainda mais, apesar da inflação.

TABELA 2-2 Dívida, lucros e ganhos sobre o capital das empresas, 1950-1969

		Lucros corporativos		Rendimento percentual sobre o capital	
Ano	*Dívida líquida das empresas (bilhões)*	*Antes do imposto de renda (milhões)*	*Pós-tributação (milhões)*	*Dados S&P*[a]	*Outros dados*[b]
1950	US$ 140,2	US$ 42,6	US$ 17,8	18,3%	15,0%
1955	212,1	48,6	27,0	18,3	12,9
1960	302,8	49,7	26,7	10,4	9,1
1965	453,3	77,8	46,5	10,8	11,8
1969	692,9	91,2	48,5	11,8	11,3

[a] Lucratividade do índice industrial da Standard & Poor's dividida pelo valor contábil médio no ano.
[b] Números para 1950 e 1955 de Cottle e Whitman; os de 1960-1969 são da *Fortune*.

O mercado acionário considera que as concessionárias de serviços públicos têm sido as maiores vítimas da inflação, sendo espremidas entre um salto grande no custo do dinheiro tomado emprestado e a dificuldade de reajustar as tarifas cobradas por seus serviços devido ao processo regulatório. Porém, esse é um ponto apropriado para comentarmos que o próprio fato de o custo unitário dos serviços de eletricidade, gás e telefone ter tido uma subida tão inferior ao índice geral de preços coloca essas companhias numa posição estratégica forte para o futuro.[III] Elas têm direito por lei a cobrar tarifas suficientes que propiciem um retorno adequado sobre o capital investido, o que provavelmente protegerá seus acionistas no futuro, como o fez das inflações no passado.

O que explicitamos anteriormente nos remete à nossa conclusão de que o investidor não possui qualquer base sólida para esperar um rendimento global médio acima de, digamos, 8% sobre uma carteira de ações ordinárias do tipo DJIA compradas no nível de preços prevalecente no final de 1971. Porém, mesmo que essas expectativas sejam, na prática, substancialmente excedidas, tal situação não constituiria um argumento a favor de um programa de investimentos concentrado exclusivamente em ações. Se há alguma coisa garantida para o futuro é que os lucros e o valor de mercado anual médio de uma carteira de ações *não* aumentarão a uma taxa uniforme de 4%, ou qualquer outro número. Nas palavras memoráveis de J. P.

Morgan, "*oscilarão*".[4] Em primeiro lugar, isso significa que o comprador de ações ordinárias aos preços de hoje – ou de amanhã – correrá um risco real de colher resultados insatisfatórios por vários anos. Levou 25 anos para a General Electric (e o próprio DJIA) se recuperar das perdas causadas pelo fiasco de 1929-1932. Além disso, se o investidor concentrar sua carteira em ações ordinárias, é muito provável que ele se deixe arrebatar pelas altas emocionantes ou pelas baixas desconcertantes. Isso é verdadeiro, sobretudo, se seu raciocínio estiver estreitamente vinculado a expectativas de uma inflação ascendente. Então, caso surja outro mercado de alta, ele interpretará a grande subida não como um sinal do risco de uma queda inevitável, não como uma oportunidade para realizar bons lucros, mas, pelo contrário, como uma comprovação da hipótese inflacionária e como um motivo para continuar a comprar ações ordinárias sem levar em conta o alto nível do mercado ou o baixo retorno dos dividendos. Esse é o caminho da amargura.

Alternativas para as ações ordinárias como proteção contra a inflação

No mundo inteiro, a estratégia-padrão das pessoas que desconfiam de sua moeda tem sido comprar ouro e guardá-lo. Essa operação é ilegal para os cidadãos americanos desde 1935, para a sorte deles. Nos últimos 35 anos, o preço do ouro no mercado aberto subiu de US$ 35 por onça para US$ 48 no início de 1972, ou seja, um aumento de apenas 35%. No entanto, durante todo esse tempo, o detentor de ouro não recebeu qualquer retorno sobre seu capital e, pelo contrário, incorreu em despesas anuais de armazenamento. É óbvio que ele teria empregado seu dinheiro muito melhor se o tivesse colocado para render juros em uma caderneta de poupança, apesar da subida no nível geral dos preços.

O fracasso quase completo do ouro em proteger o investidor contra perdas do poder aquisitivo do dólar lança graves dúvidas sobre a capacidade do investidor comum de se proteger da inflação ao colocar seu dinheiro

---

4 John Pierpont Morgan foi o mais poderoso financista do fim do século XIX e começo do século XX. Em função de sua vasta influência, ele era constantemente indagado a respeito dos movimentos futuros dos preços do mercado acionário. Morgan desenvolveu uma resposta curta e sempre correta: "Eles variarão." Ver STROUSE, Jean. *Morgan*: American financier. Random House, 1999. p. 11.

nesse tipo de ativos.[5] Várias categorias de objetos valiosos tiveram altas surpreendentes em seu valor de mercado ao longo dos anos, tais como: diamantes, telas de pintores famosos, primeiras edições de livros, moedas, selos raros etc. Porém, em muitos desses casos, talvez na maioria, parece haver um quê de artificial ou precário, ou mesmo irreal, nos preços cotados. De qualquer forma, é difícil pensar em pagar US$ 67.500 por um dólar de prata americano datado de 1804 (mas nem mesmo cunhado naquele ano) como uma "operação de investimento".[IV] Reconhecemos que essa área nos é desconhecida. Pouquíssimos de nossos leitores acharão seguro e fácil nela se aventurar.

A aquisição de bens imóveis tem sido considerada, há muito tempo, um investimento sensato, que embute uma boa dose de proteção contra a inflação. Infelizmente, o valor das propriedades também está sujeito a variações amplas. Sérios erros podem ser cometidos em termos de localização, preço pago etc.; além disso, pode-se cair em armadilhas de vendedores astuciosos. Finalmente, a diversificação não é prática para o investidor com recursos limitados, exceto por meio de vários tipos de sociedades com terceiros e com os riscos especiais inerentes aos novos lançamentos, não muito diferentes dos da propriedade de uma ação ordinária. Esse também não é o nosso campo. Tudo que podemos dizer ao investidor é: "Certifique-se de que aquilo é seu antes de entrar."

Conclusão

Retornamos então à política recomendada em nosso capítulo anterior. Por causa das incertezas do futuro, o investidor não pode colocar todos os seus ovos na mesma cesta, seja na cesta de títulos – apesar dos retornos altos e inéditos oferecidos por eles no passado recente –, seja em uma cesta de ações, apesar da perspectiva de uma inflação continuada.

Quanto mais o investidor depender de sua carteira de investimentos e da receita por ela gerada, mais necessário será que ele se proteja de qualquer acontecimento inesperado e desconcertante nessa etapa de sua vida. É incontestável que o investidor conservador deva buscar minimizar seus riscos. Temos convicção de que os riscos envolvidos na compra, digamos, de obrigações de companhias de telefonia com um rendimento de aproximadamente

5 Para mais informações sobre ouro, ver pp. 86-87.

7,5% são muito menores do que os envolvidos na compra do DJIA (ou qualquer lista equivalente de ações) a 900 pontos. Porém, a possibilidade de uma inflação de *grande porte* permanece, e o investidor deve estabelecer alguma forma de seguro contra ela. Não há certezas de que um componente de ações dará uma proteção adequada contra tal inflação, mas as ações devem embutir mais proteção do que a renda fixa.

Dissemos o seguinte sobre o assunto na edição de 1965 (p. 97), e escreveríamos o mesmo hoje:

> Deve ser evidente para o leitor que não nos entusiasmamos pelas ações ordinárias nos patamares atuais (892 pontos para o DJIA). Pelas razões já aventadas, acreditamos que o investidor defensivo não pode ficar sem uma proporção significativa de ações ordinárias em sua carteira, mesmo se as considerarmos o menor de dois males, o maior sendo os riscos de manter uma carteira composta exclusivamente de títulos.

COMENTÁRIO SOBRE O CAPÍTULO 2

POR JASON ZWEIG

Hoje em dia, uma moeda não vale nem um centavo.

– Yogi Berra[1]

Para os investidores, a inflação não é um evento. É o próprio ambiente.

Foi fácil esquecer isso durante o longo período de 2009 a 2020, em que o custo de vida – pelo menos de acordo com a métrica de muitos governos – praticamente não mudou.

A ILUSÃO DO DINHEIRO

Investidores tendem a reagir de forma exagerada à inflação alta no curto prazo, enquanto, no longo prazo, reagem de forma insuficiente à inflação baixa. A maioria de nós sofre de um erro de percepção fundamental que os psicólogos chamam de "ilusão do dinheiro".

Imagine três pessoas: Amélia, Bella e Charlotte. Em momentos diferentes, cada uma herdou US$ 500.000 e gastou tudo na compra de uma casa, vendendo-a um ano depois.

Durante o ano em que Amélia manteve sua casa, a deflação severa reduziu o custo de vida em 25%. No final daquele ano, ela vendeu a casa por US$ 385.000, ou 23% menos do que pagou por ela.

Durante o ano em que Bella manteve sua casa, o custo de vida não mudou; não houve inflação nem deflação. No final daquele ano, ela vendeu a casa por US$ 495.000, ou seja, 1% a menos do que pagou por ela.

Durante o ano em que Charlotte manteve sua casa, a inflação foi de 25%. No final daquele ano, ela vendeu a casa por US$ 615.000, ou 23% a mais do que pagou por ela.

1 BERRA, Yogi. *The Yogi book*. Workman, 1998. p. 19.

Quem fez o melhor negócio? Quem fez o pior?

Pesquisas sugerem que a maioria das pessoas dirá que Charlotte fez o melhor, seguida por Bella, e que Amélia fez o pior.

No entanto, Amélia fez o melhor negócio de todas as três. Ela foi a única que teve lucro depois das mudanças no custo de vida. Os bens e serviços ficaram 25% mais baratos, mas ela vendeu sua casa por apenas 23% menos do que custou – o que a fez ganhar 2%.

Esse ajuste para a variação do custo de vida exige um esforço mental adicional, enquanto o preço nominal – não ajustado pela inflação – é óbvio, simples e evidente. É difícil ignorar o quanto US$ 615.000 é maior do que US$ 500.000. Somente se você parar para pensar (ou pegar uma calculadora) vai perceber que Charlotte teria que vender sua casa por US$ 625.000 para ficar no zero a zero após descontada a inflação.[2]

Da mesma forma, os investidores tendem a se esquecer de que os retornos de investimento normalmente mencionado não estão ajustados à inflação. Supondo que o custo de vida tenda a aumentar pelo menos 3% ao ano no longo prazo, você deve adquirir o hábito de subtrair 3% ao ano de qualquer retorno esperado. Alguém que projeta que as ações subirão em média 10% ao ano está, na verdade, dizendo que você não deve esperar mais do que 7% ao ano depois de descontada a inflação.

Para ser um investidor inteligente, você precisa neutralizar a ilusão do dinheiro. Mantenha suas expectativas realistas subtraindo sempre uma taxa de inflação plausível dos retornos projetados.

No entanto, a inflação nunca morre. O truque, para investidores inteligentes, é se defender contra ela sem reagir de forma exagerada.

DE UM EXTREMO A OUTRO

Quais ativos financeiros oferecem a melhor proteção contra a inflação?

Quando a inflação dispara, a retórica assustadora pode deixá-lo cego para a lógica equivocada, portanto, certifique-se de pautar suas decisões em estatísticas, não em histórias.

---

2 Adaptado de SHAFIR, Eldar *et al*. Money illusion. Disponível em: bit.ly/45jx0YE.

VOCÊ É UM OVO

Na hora de planejar a defesa contra a inflação, classifique seus ativos em três categorias mentais.

O capital financeiro consiste em dinheiro, títulos, ações, imóveis negociados publicamente, commodities e outros ativos negociáveis. Alguns protegem melhor do que outros contra o aumento do custo de vida. Para estar protegido da inflação, o capital financeiro deve ter liquidez, para assim poder ser rápida e facilmente convertido em dinheiro.

O capital humano é o valor presente de toda a renda que seu emprego, carreira e educação vão produzir. Ao voltar à faculdade para obter um novo diploma, estudar para conseguir uma certificação profissional, adquirir proficiência em uma nova habilidade vital, trabalhar em um emprego de meio período ou abrir seu próprio negócio, você pode aumentar seu capital humano e impulsionar o crescimento de sua renda total bem além da inflação. Não invista muito do seu capital financeiro no mesmo setor em que seu capital humano está concentrado. (Quando estiver tomando cuidado para não colocar todos os seus ovos em uma única cesta, lembre-se de considerar a si mesmo como um ovo.)

O capital físico são seus bens materiais: sua casa, seus carros, suas terras agrícolas e seus objetos de coleção, como arte, antiguidades, vinhos, joias, moedas ou selos. Ao longo de décadas e até séculos, alguns ativos físicos (ou "reais") tendem a manter seu valor durante períodos de inflação, principalmente se forem de alta qualidade. No entanto, eles não geram renda.

Não se esqueça de levar em conta o capital humano e o capital físico quando estiver se protegendo da inflação. Caso contrário, a máquina de propaganda do setor de investimentos vai concentrar toda a sua atenção em seu capital financeiro. Assim, o medo vai influenciar você a comprar fundos feitos sob medida para parecerem bons – e gerarem altas taxas – quando a inflação subir. Muitos desses fundos não têm liquidez nem geram renda, o que limita sua utilidade no combate à inflação.

Os consultores financeiros e outros profissionais de marketing de investimentos raramente lembram os clientes de um fato básico enfatizado por Graham: um ativo de proteção contra a inflação deve obter retornos consistentemente mais altos à medida que o custo de vida aumenta. Por definição, portanto, ele deve obter retornos consistentemente menores à medida que a taxa de inflação cai.

Um ativo que se sai bem quando a inflação está alta e *também* quando está baixa seria um paraíso. No entanto, é também impossível. Wall Street não é Shangri-La.

SEGURO NÃO É DE GRAÇA

Para fazer um seguro contra a inflação, você precisa pagar um preço, assim como faz com seu carro, sua casa e sua vida. Aqui estão as principais formas de fazer um seguro contra a inflação; todas elas com um custo.

- O **ouro** tem servido como reserva de valor por um período extraordinariamente extenso. A mesma quantidade de ouro que um centurião romano ganhava anualmente sob o comando do imperador Augusto (27 a.C.–14 d.C.) cobriria até hoje o salário anual de um ano de um capitão do Exército dos Estados Unidos, mais de 2.000 anos depois.[3]

  No entanto, de 1900 a 2022, o ouro obteve um retorno médio de menos de 0,8% ao ano descontada a inflação – apenas um pouco melhor do que o dinheiro.[4] Se você tivesse investido US$ 1.000 em ouro em 1º de janeiro de 1900, teria terminado o ano de 2022 com cerca de US$ 2.500, em comparação com aproximadamente US$ 7.800 em títulos do Tesouro norte-americano, e mais de US$ 2 milhões em ações, se tivesse investido os mesmos US$ 1.000 em cada um.

  Ao longo do caminho, o preço do ouro oscilou para cima e para baixo quase tão erraticamente quanto as ações, de modo que muitas vezes ficou abaixo da inflação em vez de superá-la. Em 2021, com o aumento do custo de vida, o ouro caiu 3,5%; em 2022, com a inflação batendo todos os recordes modernos, perdeu 0,4%. Em 2023, com a queda da inflação, o ouro subiu 13%.

---

3 ERB, Claude B.; HARVEY, Campbell R. The golden dilemma. Disponível em: bit.ly/3Ja7TPF. O equivalente em ouro do salário do Exército dos Estados Unidos é para um capitão com quatro anos de experiência, usando um preço do ouro de cerca de US$ 2.000 por onça, a partir de 2023.

4 Ao longo destes Comentários, usarei "retorno médio anual" ou "retorno médio de X% ao ano" como uma expressão não técnica para descrever a média geométrica ou os retornos compostos anualizados. Para a maioria dos ativos, as mudanças cumulativas no valor ocorrem em incrementos altamente variáveis ao longo do tempo; reafirmar esse crescimento como uma média geométrica trata o retorno como se tivesse ocorrido em uma taxa constante durante todo o período.

A muito longo prazo, o ouro tem sido uma boa forma de manter o poder de compra. No curto prazo, não é uma forma confiável de se proteger contra a inflação.

- Os **I bonds** são títulos de poupança emitidos pelo governo norte-americano, cuja taxa de juros é ajustada duas vezes ao ano para acompanhar o aumento oficial dos preços ao consumidor. Eles são essencialmente isentos de risco: o Tesouro dos Estados Unidos garante o reembolso do montante inicial acrescido de qualquer inflação acumulada ao longo do período. Isso significa que seus I bonds preservarão seu poder de compra por até trinta anos, independentemente dos danos causados pela inflação. (No entanto, eles não vão subir acima da taxa de inflação.)

  Os I bonds também têm vantagens fiscais. No entanto, não é fácil investir mais de US$ 10.000 por ano; eles estão disponíveis exclusivamente no site TreasuryDirect.gov, e provavelmente você não vai conseguir comprá-los a menos que seja cidadão norte-americano ou resida nos Estados Unidos. Não é possível vender os I bonds no primeiro ano, e você perderá três meses de juros se os vender nos primeiros cinco anos. Embora ofereçam excelente proteção contra a inflação, os I bonds são imperfeitamente líquidos e difíceis de serem comprados em grandes quantidades.[5]
- Os **títulos vinculados à inflação** também podem ajudar a amortecer o aumento do custo de vida. Chamados de TIPS (Treasury Inflation-Protected Securities) nos Estados Unidos, ou "linkers", eles são emitidos por muitos governos na Europa, Ásia, América Latina e outros lugares. Esses títulos ajustam automaticamente o prêmio – o valor que o emissor pagará a você na data de vencimento – conforme a inflação sobe ou cai.

  Infelizmente, os títulos vinculados à inflação podem se tornar supervalorizados e são hipersensíveis às variações nas taxas de juros. Em 2022, os TIPS norte-americanos perderam 11%, e os TIPS de prazo mais longo, com vencimento em trinta anos, caíram mais de 40%.

  No entanto, no início de 2024, os TIPS norte-americanos de longo prazo ofereceram aos investidores a oportunidade de obter um retorno garantido de pelo menos 2% ao ano após a inflação pelos próximos trinta anos. Embora essa seja uma taxa de crescimento modesta, acima

---

5 Para saber mais: TreasuryDirect. I Bonds. Disponível em: bit.ly/48EDPqJ; TIPSWatch. Q&A on I Bonds. Disponível em: bit.ly/47IYf0H; e ZWEIG, Jason. Fight runaway inflation with I Bonds. Disponível em: bit.ly/43UbCsY.

do aumento do custo de vida, seu preço era o de uma apólice de seguro de longo prazo ultrassegura.

Se você estiver se aproximando da aposentadoria, quando sua renda salarial será zero e o valor do seu capital humano terá diminuído, os títulos protegidos contra a inflação são a forma ideal de garantir que seu capital financeiro sobreviva ao aumento do custo de vida ao longo do tempo.[6]

- Os **imóveis** são uma defesa – embora talvez não o protejam da inflação tão bem quanto você imagina. Entre 1890 e 2014, a taxa média de crescimento dos preços dos imóveis residenciais nos Estados Unidos foi de 0,3% ao ano após a inflação, de acordo com o economista Robert Shiller, da Universidade Yale.[7]

  Sua casa é uma casa, não um fundo de hedge. E os imóveis comerciais são muito sensíveis ao aumento das taxas de juros que protegem apenas parcialmente contra a inflação.
- As **ações** se saem bem quando o custo de vida aumenta moderadamente, até cerca de 4% ao ano. No entanto, quando a inflação atinge dois dígitos, como aconteceu nos Estados Unidos ao final das Primeira e Segunda Guerras Mundiais e ao final da década de 1970, as ações têm um desempenho catastrófico, com perdas reais superiores a 7% ao ano, em média. O mesmo tem ocorrido em todo o mundo há mais de um século, com as ações obtendo um retorno real médio de menos de 1% ao ano quando a inflação ultrapassa 7,5%, e perdas reais médias de quase 10% ao ano quando o custo de vida aumenta na casa dos dois dígitos.

  No entanto, isso não significa que você deva evitar ações. Um ativo não precisa ter um bom desempenho *o tempo todo* para ter um bom desempenho ao longo do tempo. Quando a taxa de inflação sobe rápida e significativamente, as ações incorrem em perdas graves que podem levar anos para serem recuperadas. Contudo, em períodos extensos,

---

6 Isso pressupõe que você compre quando os TIPS oferecem rendimentos "reais" positivos, ou após descontada a inflação, e que os mantenha até o vencimento. Para saber mais sobre TIPS: Bogleheads.org. Treasury inflation protected security. Disponível em: bit.ly/3JizCxP; E-piphany. How TIPS work. Disponível em: bit.ly/3RGxSDE; The Finance Buff. TIPS: inflation linked bonds. Disponível em: bit.ly/3Q4hYSh; e ROTH, Allan. The 4% rule just became a whole lot easier. Disponível em: bit.ly/3JN3lyF.

7 SHILLER, Robert J. *Irrational exuberance*. Princeton University Press, 2015. pp. 19-28; AMBROSE, Brent W. *et al.* House prices and fundamentals. Disponível em: bit.ly/46EDkLg.

historicamente as ações superaram em muito o aumento dos preços ao consumidor.[8]

A quase certa queda de curto prazo no valor de mercado das ações durante um pico de inflação é um preço que você precisa pagar para colher seus retornos mais altos de longo prazo.

As mudanças no custo de vida variam de acordo com o tempo e o país, portanto, faz sentido manter uma parte substancial de seu portfólio de ações em empresas cujas ações estão listadas em mercados estrangeiros. Isso pode proporcionar uma fonte de retorno de ativos cujos valores não estão sendo corroídos pela inflação com a mesma velocidade.

- Nos últimos anos, o **bitcoin** tem sido frequentemente apresentado como uma espécie de "Exterminador do Futuro digital", capaz de pulverizar a inflação. Isso se deve, em parte, ao fato de o fornecimento dessa criptomoeda ser limitado a 21 milhões de unidades; depois que a última delas for criada, nunca mais existirá – o que deve significar que o valor do bitcoin não pode ser diluído por uma emissão excessiva.

Em contrapartida, a oferta de moedas convencionais emitidas pelo governo é potencialmente ilimitada, degradando seu valor ao longo do tempo. Alimentado em grande parte por essa retórica, o bitcoin subiu 94% em 2019, 308% em 2020, e 57% em 2021, de acordo com a Bitwise Asset Management.

Entretanto, o bitcoin só começou a ser negociado publicamente em julho de 2010. Não é possível tirar conclusões abrangentes dos retornos a partir de um histórico tão curto, principalmente porque a inflação foi muito baixa durante a maior parte desse período.

E em 2022, quando a inflação disparou, o bitcoin teve uma queda muito pior do que a maioria dos outros ativos, despencando quase dois terços. Justamente no momento em que os investidores precisavam com mais urgência de proteção contra a inflação, o bitcoin murchou. Em 2023, com a queda da inflação, ele subiu mais de 156% – mas, novamente, isso não é o que uma proteção contra a inflação deve fazer.

O bitcoin vai continuar a proporcionar altos retornos?

---

8 Ver o Comentário sobre o Capítulo 3 e O'SHAUGHNESSY, Jim. Inflation and the US bond and stock markets. Disponível em: bit.ly/3Nscnns.

Isso é uma incógnita. Uma criptomoeda superior pode surgir mais adiante, tornando o bitcoin obsoleto, embora isso pareça improvável. As atualizações de software podem introduzir falhas críticas, minando a confiança. Os bancos centrais poderiam introduzir suas próprias moedas digitais, marginalizando o bitcoin. Ou seu preço pode entrar em um declínio prolongado que se retroalimenta, tornando a rede do bitcoin menos atraente.

Em vez de olhar para o bitcoin apenas como dinheiro, pense nele como um colecionável escasso que também pode funcionar como moeda, como o ouro. Possuir um objeto tão raro dá aos colecionadores orgulho e prazer – mesmo que o objeto não esteja mais na moda. Isso sugere que o bitcoin pode manter algum valor, mesmo que nunca venha a ser totalmente aceito como moeda.

Quanto ele pode acabar valendo? O bitcoin pode se tornar uma reserva de valor tão estável, medida ao longo dos séculos, quanto o ouro. Ou pode se assemelhar a uma obra de arte rara, cujo valor tende a aumentar com o tempo, mas com flutuações extremas ao longo do caminho. Ou acabar sendo quase tão efêmero quanto os brinquedos Beanie Babies, Cabbage Patch Kids ou Pet Rocks – cujos preços atingiram o pico quando estavam na moda décadas atrás, e que nunca mais se recuperaram.

Warren Buffett brincou que, se estivesse dando uma aula sobre avaliação de ações, perguntaria na prova final quanto valia uma empresa especulativa de internet. "E qualquer pessoa que me desse uma resposta", riu ele, "seria reprovada".

Da mesma forma, o bitcoin pode um dia acabar valendo US$ 1.000.000 ou mais – ou quase nada. Essa aposta pode valer a pena, mas, devido ao curto histórico e à grande volatilidade do bitcoin, sua eficácia como proteção contra a inflação ainda não foi comprovada.

- As **commodities** são um hedge popular, mas imperfeito. Os principais fundos de commodities ganharam de 20% a 30% ou mais em 2022, superando com folga o aumento dos preços ao consumidor.

No entanto, os retornos de commodities individuais variam muito ao longo do tempo. O carvão subiu 161% em 2021, depois caiu 48% em 2022 e mais 10% em 2023. O lítio caiu 55% em 2019, caiu mais 38% em 2020, depois teve um ganho surpreendente de 443% em 2021 e outro de 72% em 2022; em 2023, caiu terríveis 81%.

Sua popularidade nos últimos anos pode ter distorcido o mercado de commodities, comprometendo sua capacidade de combater a inflação futura. No longo prazo, um investimento de US$ 1 em ações nos Estados Unidos em 1871 teria crescido para US$ 1.896 até o final de 2022. Em commodities, teria crescido para apenas US$ 744.

Em suma, nenhum ativo isolado pode proteger totalmente contra o aumento do custo de vida. Ao complementar um portfólio de ações com uma grande quantidade de títulos protegidos contra a inflação, você pode transformar seu capital financeiro em uma melhor fortaleza. E seu capital humano e seu capital físico devem fortalecê-lo, também.[9]

9 Esses retornos são o desempenho excedente em relação ao que o dinheiro ganhou. DIMSON, Elroy *et al*. Global investment returns yearbook 2023. Disponível em: bit.ly/3CBJr6l; NEVILLE, Henry *et al*. The best strategies for inflationary times. Disponível em: bit.ly/3Q4bORZ.

CAPÍTULO 3

UM SÉCULO DE HISTÓRIA DO MERCADO ACIONÁRIO: O NÍVEL DOS PREÇOS DAS AÇÕES NO INÍCIO DE 1972

A carteira de ações ordinárias do investidor representará um pequeno corte transversal naquela instituição imensa e formidável conhecida como mercado acionário. Por uma questão de prudência, ele deve ter uma ideia adequada da história do mercado acionário em termos, sobretudo, das principais oscilações em seu nível de preços e das diversas relações entre os preços das ações como um todo e seus lucros e dividendos. Com essas informações, ele pode se colocar em posição de julgar com coerência a atratividade ou os perigos do mercado em diferentes momentos. Por coincidência, os dados estatísticos relevantes sobre preços, lucros e dividendos existem há cem anos, ou seja, desde 1871. (O material não é nem de perto tão completo ou confiável na primeira metade do período em comparação com a segunda, mas serve mesmo assim.) Neste capítulo, apresentaremos esses números, em uma forma altamente condensada, com dois objetivos em vista. O primeiro é mostrar a maneira geral pela qual as ações progrediram através dos diversos ciclos do século passado. O segundo é visualizar o quadro em termos de médias decenais sucessivas, não apenas dos preços das ações, mas dos lucros e dividendos também, para mostrar as várias relações entre esses três fatores importantes. Tendo esse rico material como pano de fundo, passaremos a avaliar o nível dos preços das ações no início de 1972.

A história de longo prazo do mercado acionário foi resumida em duas tabelas e um gráfico. A Tabela 3-1 mostra os pontos mínimos e máximos dos ciclos de dezenove mercados de alta e de baixa nos últimos cem anos. Dois índices foram usados nesta análise. O primeiro representa uma combinação de um estudo anterior, realizado pela Comissão Cowles e que traz dados que retrocedem a 1870, o qual foi encadeado com o conhecido índice composto de 500 ações da Standard & Poor's. O segundo é o ainda mais célebre Índice Industrial Dow Jones (o DJIA, ou Dow), que começa em 1897 e engloba trinta companhias, das quais uma é a American Telephone & Telegraph e as outras 29 são empresas industriais de grande porte.[1]

TABELA 3-1 Principais movimentos do mercado acionário entre 1871 e 1971

	Índice composto Cowles e S&P 500			Índice Industrial Dow Jones		
Ano	*Máximo*	*Mínimo*	*Declínio*	*Máximo*	*Mínimo*	*Declínio*
1871		4,64				
1881	6,58					
1885		4,24	28%			
1887	5,90					
1893		4,08	31			
1897					38,85	
1899				77,6		
1900					53,5	31%
1901	8,50			78,3		
1903		6,26	26		43,2	45
1906	10,03			103		
1907		6,25	38		53	48
1909	10,30			100,5		
1914		7,35	29		53,2	47
1916-1918	10,21			110,2		
1917		6,80	33		73,4	33
1919	9,51			119,6		
1921		6,45	32		63,9	47
1929	31,92			381		
1932		4,40	86		41,2	89
1937	18,68			197,4		
1938		8,50	55		99	50
1939	13,23			158		
1942		7,47	44		92,9	41
1946	19,25			212,5		
1949		13,55	30		161,2	24
1952	26,6			292		
1952-1953		22,7	15		256	13
1956	49,7			521		
1957		39,0	24		420	20
1961	76,7			735		
1962		54,8	29		536	27
1966-1968	108,4			995		
1970		69,3	36		631	37
Começo de 1972	100		—	900		—

O Gráfico I, cortesia da Standard & Poor's, apresenta as flutuações de mercado de seu índice de 425 ações industriais entre 1900 e 1970. (Um gráfico correspondente do DJIA teria uma aparência bastante semelhante.) O leitor perceberá três padrões bem distintos; cada um dos quais cobre aproximadamente um terço dos setenta anos. O primeiro abrange o período de 1900 a 1924 e mostra, em grande parte, uma série de ciclos de mercado bastante similares e com duração de três a cinco anos. A taxa de crescimento anual desse período foi, em média, de apenas 3%, aproximadamente. Passemos então ao mercado de alta da "Nova Era", que culminou em 1929, quando entrou em um colapso terrível, seguido de oscilações bastante irregulares até 1949. Comparando o nível médio de 1949 com o de 1924, encontramos uma taxa anual de crescimento de apenas 1,5%; portanto, o encerramento de nosso segundo período encontrou o público sem qualquer entusiasmo para as ações ordinárias. Pela regra dos opostos, a hora era certa para o início do maior mercado de alta de nossa história, apresentado no último terço de nosso gráfico. Esse fenômeno pode ter atingido seu ápice em dezembro de 1968 a 118 pontos para as 425 ações industriais da Standard & Poor's (e 108 pontos para seu índice composto de 500 ações). Como mostra a Tabela 3-1, houve retrocessos bastante significativos entre 1949 e 1968 (sobretudo em 1956-1957 e 1961-1962), mas as "recuperações" subsequentes foram tão rápidas que eles tiveram que ser denominados (em uma nomenclatura aceita há muito tempo) como recessões em um mercado altista único, em vez de ciclos de mercado distintos. Entre o nível mínimo de 162 pontos do Dow em meados de 1949 e o pico de 995 no início de 1966, ocorreu um aumento superior a 600% em dezessete anos, o que representa, em média, uma taxa composta de 11% ao ano, sem levar em conta os dividendos de, digamos, 3,5% ao ano. (O aumento do índice composto da Standard & Poor's foi um pouco superior ao do DJIA, de 14 para 96 pontos.)

Esses rendimentos iguais ou superiores a 14% foram documentados em 1963 e, mais tarde, em um estudo amplamente divulgado.[1] [II] Essa evolução gerou uma satisfação natural em Wall Street com tais feitos esplêndidos e

---

1 O estudo foi realizado por Lawrence Fisher e James H. Lorie. *Rates of Return on Investments in Common Stock*. Disponível em: bit.ly/3vwu52P.

GRÁFICO I

Índices de preços das ações da Standard & Poor's — 1941-1943 = 10

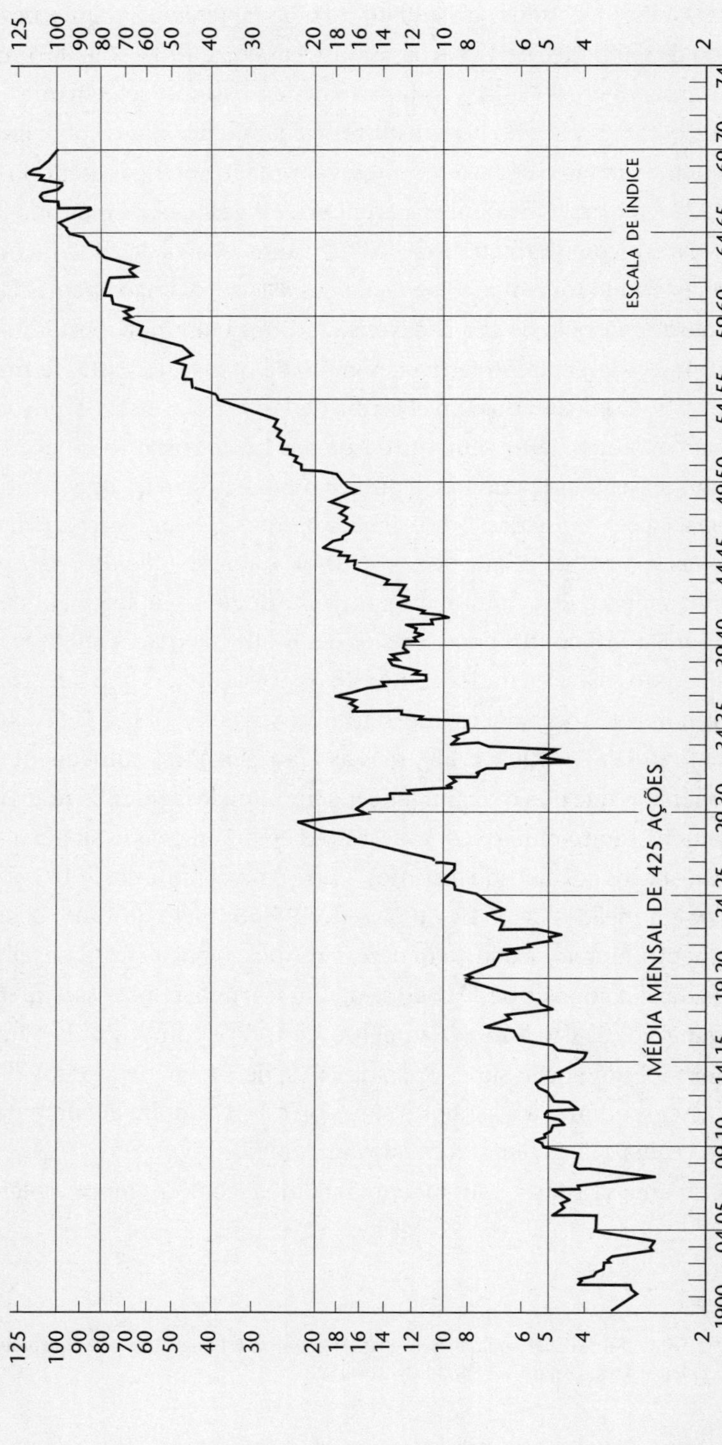

uma convicção muito pouco lógica e bastante perigosa de que resultados igualmente maravilhosos poderiam ser esperados das ações ordinárias no futuro. Poucas pessoas parecem ter se preocupado com o tamanho do aumento, não vendo nele um indício de que as cotações eram exageradas. A queda subsequente, a partir do pico em 1968 até o mínimo de 1970, foi de 36% para o índice composto da Standard & Poor's (e 37% para o DJIA), a maior desde os 44% sofridos entre 1939 e 1942, a qual refletira os riscos e incertezas pós-Pearl Harbor. No modo dramático tão característico de Wall Street, o mínimo registrado em maio de 1970 foi seguido por uma recuperação rápida e ampla dos dois índices e pelo estabelecimento de um novo recorde para o índice industrial da Standard & Poor's no início de 1972. A taxa anual de aumento dos preços entre 1949 e 1970 foi de aproximadamente 9% para o índice composto S&P (ou o índice industrial), tendo por base os números médios em ambos os anos. Essa taxa de crescimento foi, claro, muito superior à de qualquer período similar anterior a 1950. (No entanto, na última década, a taxa de crescimento foi bastante inferior: 5,25% para o índice composto da S&P e apenas os 3% outrora familiares para o DJIA.)

O histórico dos movimentos de preços precisa ser complementado por dados correspondentes relativos aos lucros e dividendos para fornecer uma visão geral do que aconteceu com a economia das ações nas últimas dez décadas. Apresentamos um panorama desse tipo em nossa Tabela 3-2 (p. 99). Entendemos que nem todos os nossos leitores se aventurarão a estudar esses dados em detalhes, mas esperamos que esses números sejam interessantes e instrutivos para alguns deles.

Vamos comentá-los da seguinte forma: o agrupamento por década suaviza as oscilações ano a ano e revela um quadro geral de crescimento persistente. Apenas duas das nove décadas após a primeira mostram uma redução dos lucros e dos preços médios (em 1891-1900 e 1931-1940), e nenhuma década após 1900 registra uma diminuição nos dividendos médios. No entanto, as taxas de crescimento das três categorias são bastante variáveis. Em geral, o desempenho desde a Segunda Guerra Mundial tem sido superior ao das décadas anteriores, mas o aumento na década de 1960 foi menos pronunciado do que o da década de 1950. O investidor de hoje não pode dizer com base nesses dados qual o aumento percentual nos lucros, dividendos e preços a ser esperado nos próximos dez anos, mas esse registro fornece toda a motivação necessária para uma política consistente de investimento em ações ordinárias.

No entanto, vale ressaltar um aspecto não revelado por nossa tabela. O ano de 1970 foi marcado por uma deterioração significativa na lucratividade geral das empresas americanas. A taxa de lucro sobre o capital investido caiu para o mais baixo percentual desde os anos da Segunda Guerra Mundial. Igualmente surpreendente é o fato de que um número considerável de companhias apresentou prejuízo líquido no ano; muitas se tornaram "financeiramente problemáticas" e, pela primeira vez em três décadas, ocorreram vários casos importantes de falência. Esses são os fatos mais importantes que nos levaram à afirmação feita anteriormente[2] de que a era do grande boom pode ter terminado em 1969-1970.

Uma característica significativa da Tabela 3-2 é a mudança na relação entre preços e lucros desde a Segunda Guerra Mundial.[3] Em junho de 1949, o índice composto S&P valia apenas 6,3 vezes os lucros pertinentes dos últimos doze meses; em março de 1961, essa relação foi de 22,9 vezes. Da mesma forma, a taxa de dividendos obtida no índice S&P caiu de mais de 7%, em 1949, para apenas 3,0%, em 1961, um contraste acentuado pelo fato de que as taxas de juros dos títulos com grau de investimento haviam subido nesse meio-tempo de 2,60% para 4,50%. Essa é, certamente, a reviravolta mais marcante na atitude do público na história do mercado acionário americano.

Para pessoas com vasta experiência e cautela inata, a passagem de um extremo ao outro transmitia um forte aviso de problemas futuros. Elas não poderiam deixar de lembrar, com apreensão, do mercado de alta

---

2 Ver pp. 74-75.

3 A "razão preço/lucro" de uma ação ou de um índice de mercado como o de quinhentas ações da S&P é uma ferramenta simples para medir a temperatura do mercado. Se, por exemplo, uma companhia gerou US$ 1 por ação de lucro líquido no último ano e suas ações são vendidas a US$ 8,93 cada, a razão preço/lucro seria 8,93; se, no entanto, a ação é vendida a US$ 69,70, então a razão preço/lucro seria 69,7. Em geral, uma razão preço/lucro (ou razão "P/L") abaixo de 10 é considerada baixa, entre 10 e 20 é considerada moderada e acima de 20 é considerada cara. (Para obter mais informações sobre as relações P/L, ver Capítulos 7 e 11.)

TABELA 3-2 Um retrato do desempenho do mercado acionário, 1871-1970[a]

Período	*Preço médio*	*Lucros médios*	*Razão P/L média*	*Média de dividendos*	*Rendimento médio*	*Pagamento médio*	Taxa de crescimento anual[b]	
							Lucros	*Dividendos*
1871-1880	3,58	0,32	11,3	0,21	6,0%	67%	—	—
1881-1890	5,00	0,32	15,6	0,24	4,7	75	- 0,64%	- 0,66%
1891-1900	4,65	0,30	15,5	0,19	4,0	64	- 1,04	- 2,23
1901-1910	8,32	0,63	13,1	0,35	4,2	58	+ 6,91	+ 5,33
1911-1920	8,62	0,86	10,0	0,50	5,8	58	+ 3,85	+ 3,94
1921-1930	13,89	1,05	13,3	0,71	5,1	68	+ 2,84	+ 2,29
1931-1940	11,55	0,68	17,0	0,78	5,1	85	- 2,15	- 0,23
1941-1950	13,90	1,46	9,5	0,87	6,3	60	+ 10,60	+ 3,25
1951-1960	39,20	3,00	13,1	1,63	4,2	54	+ 6,74	+ 5,90
1961-1970	82,50	4,83	17,1	2,68	3,2	55	+ 5,80[c]	+ 5,40[c]
1954-1956	38,19	2,56	15,1	1,64	4,3	65	+ 2,40[d]	+ 7,80[d]
1961-1963	66,10	3,66	18,1	2,14	3,2	58	+ 5,15[d]	+ 4,42[d]
1968-1970	93,25	5,60	16,7	3,13	3,3	56	+ 6,30[d]	+ 5,60[d]

[a] Os dados a seguir se baseiam, em sua maior parte, naqueles que aparecem no artigo de N. Molodovsky, "Stock Values and Stock Prices", *Financial Analysts Journal*, maio de 1960. Por sua vez, estes foram retirados do livro da Comissão Cowles Common Stock Indexes para anos anteriores a 1926 e encadeados com o índice composto de 500 ações da Standard & Poor's de 1926 em diante.

[b] Os dados de taxa de crescimento anual são compilações de Molodovsky abrangendo intervalos sucessivos de 21 anos terminados em 1890, 1900 etc.

[c] Taxa de crescimento para 1968-1970 *versus* 1958-1960.

[d] Esses dados de taxa de crescimento são para 1954-1956 *versus* 1947-1949, 1961-1963 *versus* 1954-1956 e para 1968-1970 *versus* 1958-1960.

entre 1926 e 1929 e suas consequências trágicas. No entanto, esses receios não foram confirmados. É verdade que o preço de fechamento do DJIA em 1970 foi igual ao registrado seis anos e meio antes, e os tão badalados *Soaring Sixties* [os meteóricos anos 1960] provaram ser, em sua maior parte, um sobe e desce tremendo. No entanto, nada aconteceu com o setor privado ou com os preços das ações que possa se comparar com a queda de mercado e a Depressão de 1929-1932.

O nível do mercado acionário no início de 1972

Com um resumo de cem anos de ações, preços, ganhos e dividendos diante de nossos olhos, vamos tentar chegar a algumas conclusões sobre os níveis de 900 pontos do DJIA e 100 do índice composto S&P em janeiro de 1972.

Em cada uma de nossas edições anteriores, examinamos o nível do mercado acionário no momento da escrita e tentamos responder à questão sobre se tal nível era alto demais para uma compra conservadora. O leitor pode achar interessante revisar as conclusões a que chegamos nessas ocasiões anteriores. Esse não é de todo um exercício de autoflagelação. Essa revisão funciona como uma interface entre as várias fases do mercado acionário nos últimos vinte anos e também como um quadro real das dificuldades enfrentadas por todos que tentam chegar a uma avaliação bem informada e crítica dos níveis do mercado atual. Primeiro, reproduziremos o resumo das análises realizadas em 1948, 1953 e 1959 que apresentamos na edição de 1965:

> Em 1948, aplicamos padrões conservadores ao nível de 180 pontos do Dow Jones e não foi difícil chegar à conclusão de que "não estava alto demais em relação aos valores intrínsecos". Quando abordamos esse problema em 1953, o nível médio do mercado para aquele ano havia atingido 275, um ganho superior a 50% em cinco anos. Fizemos a mesma pergunta, a saber, "se em nossa opinião o nível de 275 para o Índice Industrial Dow Jones era ou não alto demais para um investimento seguro". À luz do aumento espetacular subsequente, pode parecer estranho ter que relatar que não foi nada fácil para nós chegarmos a uma conclusão definitiva a respeito da atratividade do índice nos níveis de 1953. Dissemos, de fato, de forma positiva, que "do ponto de vista dos indicadores de valor – nosso principal guia para investimentos – a conclusão sobre os preços das ações

em 1953 deve ser favorável". Porém, estávamos preocupados com o fato de que, em 1953, os índices haviam subido por um período mais longo do que a maioria dos mercados de alta do passado e que seus níveis absolutos estavam altos em termos históricos. Ao confrontar esses fatores com nosso julgamento favorável sobre o valor, aconselhamos uma política cautelosa ou intermediária. Diante do que acabou acontecendo, esse não foi um conselho muito inteligente. Um profeta bom teria previsto que o nível do mercado aumentaria em mais de 100% nos cinco anos subsequentes. Talvez devêssemos acrescentar em defesa própria que poucos ou talvez nenhum daqueles cujo trabalho era elaborar previsões sobre o mercado acionário – e o nosso não era – tiveram qualquer ideia melhor do que a nossa sobre o que nos esperava.

No início de 1959, encontramos o DJIA em um nível recorde de 584 pontos. Nossa análise extensa, realizada a partir de todos os pontos de vista, pode ser resumida da seguinte forma (da p. 59 da edição de 1959): "Em resumo, nos sentimos obrigados a concluir que o nível atual dos preços das ações é perigoso. Ele pode ser perigoso porque os preços já estão altos demais. Porém, mesmo que esse não seja o caso, o ímpeto do mercado é tal que ele será inevitavelmente transportado para alturas injustificáveis. Francamente, não conseguimos imaginar um mercado no futuro em que prejuízos sérios nunca ocorrerão e em que todo amador tenha assegurado altos lucros em suas compras de ações".

A cautela que expressamos em 1959 foi, de certa forma, mais bem justificada pelos resultados do que nossa atitude correspondente em 1954. Entretanto, estava longe de ser totalmente justificada pelas circunstâncias. O DJIA subiu para 685 pontos em 1961, caiu um pouco abaixo do nosso nível de 584 (para 566) mais tarde no mesmo ano; subiu novamente para 735 no final de 1961; e despencou para 536 em maio de 1962, apresentando uma perda de 27% em um período curto de seis meses. Ao mesmo tempo, houve uma queda bem maior nas "growth stocks" mais populares, conforme comprovada pela queda emblemática de seu líder incontestável, a International Business Machines, de um pico de 607 em dezembro de 1961 para um mínimo de 300 em junho de 1962.

Esse período testemunhou uma derrocada em um grande número de lançamentos de ações ordinárias de pequenas companhias – as assim chamadas hot issues – que haviam sido oferecidas ao público a preços ridiculamente altos e empurradas para níveis ainda mais altos por especulação desnecessária, até atingir níveis quase insanos. Muitas dessas ações perderam 90% ou mais de seu valor[4] em poucos meses.

O colapso na primeira metade de 1962 foi desconcertante, se não desastroso, para muitos especuladores declarados e talvez para um número muito maior de pessoas imprudentes que se denominavam "investidores". No entanto, a virada que aconteceu mais tarde naquele ano foi igualmente inesperada pela comunidade financeira. Os índices do mercado acionário retomaram seu rumo ascendente, produzindo a seguinte sequência:

	DJIA	*Índice composto de 500 ações da Standard & Poor's*
Dezembro de 1961	735	72,64
Junho de 1962	536	52,32
Novembro de 1964	892	86,28

A recuperação e a nova subida dos preços das ações ordinárias foram de fato notáveis e criaram uma reviravolta correspondente nos sentimentos em Wall Street. No nível mínimo de junho de 1962, as previsões haviam sido predominantemente baixistas, enquanto, após a recuperação parcial e até o final daquele ano, elas ficaram mais neutras, tendendo para o lado cético. No início de 1964, contudo, o otimismo natural das corretoras se manifestou novamente; quase todas as previsões eram altistas e continuaram assim durante toda a alta de 1964.

Em seguida, avaliamos os níveis do mercado acionário de novembro de 1964 (892 pontos para o DJIA). Após examiná-lo sabiamente a partir de diversos pontos de vista, chegamos a três conclusões importantes. A primeira foi a de que "os padrões antigos (de valoração) parecem inaplicáveis; os padrões novos ainda não foram testados pelo tempo". A segunda era de que o investidor "deve basear sua política na existência de grandes incertezas. As possibilidades abrangem os extremos, por um lado, de um aumento prolongado e ininterrupto do patamar do mercado, digamos, de 50% ou até 1.350 pontos para o DJIA; ou, por outro lado, de um colapso pouco esperado da mesma magnitude, trazendo o índice para a vizinhança de, digamos, 450" (p. 63 da edição de 1965). A terceira foi expressa em termos muito mais enfáticos. Dissemos: "Falando claramente, se o nível de preços

4 O termo "cotações" de Graham é sinônimo de "preço de ação" ou "valor de mercado".

de 1964 não está alto demais, como poderíamos dizer que *qualquer* nível de preço é alto demais?". E o capítulo fechou como segue:

O RUMO A SER TRILHADO

Os investidores não devem concluir que o nível de mercado de 1964 é perigoso simplesmente porque leram isso neste livro. Eles devem avaliar nossos argumentos confrontando-os com os argumentos em contrário que ouvirão de um grande número de pessoas competentes e experientes de Wall Street. No final, cada um deve tomar suas próprias decisões e aceitar a responsabilidade daí decorrente. Sugerimos, no entanto, que o investidor deve escolher o caminho da precaução se estiver em dúvida quanto à decisão a ser tomada. Os princípios do investimento, conforme estabelecidos aqui, requereriam a seguinte política nas condições de 1964, em ordem de prioridade:

1. Não recorrer a empréstimos para a compra ou manutenção de valores mobiliários.
2. Nenhum aumento na parcela de recursos destinada às ações ordinárias.
3. Uma redução nos investimentos em ações ordinárias, onde necessário, de modo que representem no máximo 50% do total da carteira. Os impostos sobre ganhos de capital devem ser pagos com a maior clemência possível e a receita investida em títulos com grau de investimento ou mantida em contas de poupança.

Os investidores que, há algum tempo, seguem um plano sério de custo médio em dólares podem racionalmente decidir manter suas compras periódicas em níveis estáveis ou suspendê-las até sentir que o nível do mercado tenha deixado de ser perigoso. Desaconselhamos veementemente o início de um novo plano de custo médio em dólares aos níveis registrados em fins de 1964, uma vez que poucos investidores teriam a coragem de continuar com tal esquema se os resultados logo após o início fossem altamente desfavoráveis.

Dessa vez, podemos dizer que nossa cautela foi justificada. O DJIA aumentou aproximadamente mais 11%, até 995 pontos, mas depois caiu de forma irregular até um mínimo de 632 em 1970 e terminou aquele ano a 839. O mesmo tipo de derrocada aconteceu nos preços das hot issues – isto é, com a ocorrência de quedas que chegaram a 90% –, como havia acontecido no revés de 1961-1962. E, conforme destacado na Introdução, o quadro financeiro geral parecia ter mudado na direção de um entusiasmo reduzido e de maiores dúvidas. Um simples fato serve para resumir a história: o DJIA fechou 1970 a um nível inferior ao de seis anos antes, sendo esta a primeira vez que tal coisa havia acontecido desde 1944.

Tais foram nossos esforços para avaliar os níveis anteriores do mercado acionário. Há alguma coisa a ser aprendida por nós e nossos leitores com essas previsões? Consideramos o nível de mercado favorável ao investimento em 1948 e 1953 (mas de forma cautelosa demais no segundo desses anos), "perigoso" em 1959 (a 584 pontos para o DJIA) e "alto demais" (a 892) em 1964. Todas essas avaliações poderiam ser defendidas até mesmo hoje com argumentos hábeis. Entretanto, temos dúvidas se elas foram tão úteis quanto nossos conselhos mais básicos, a saber, em favor de uma política consistente e controlada de ações ordinárias e, ao mesmo tempo, desencorajando os esforços para "ganhar do mercado" ou "escolher vencedores".

Todavia, nossos leitores podem tirar algum benefício de uma nova avaliação do nível do mercado acionário – dessa vez no final de 1971 – mesmo se o que temos a dizer seja mais interessante do que útil em termos práticos ou mais indicativo do que conclusivo. Há um ótimo trecho logo no início da *Ética* de Aristóteles que diz: "É característica do homem instruído buscar a precisão, em cada gênero de coisas, apenas até o ponto que a natureza do assunto permite, do mesmo modo que é insensato aceitar um raciocínio apenas provável da parte de um matemático, e exigir demonstrações científicas de um retórico." O trabalho de um analista financeiro se situa em algum lugar entre o do matemático e o do retórico.

Em vários momentos durante 1971, o Índice Industrial Dow Jones esteve no nível de 892 pontos de novembro de 1964, que consideramos em nossa edição anterior. Porém, no estudo estatístico atual, decidimos usar o nível de preços e dados relacionados do índice composto da Standard & Poor's (ou S&P 500), porque ele é mais abrangente e representativo do mercado como um todo do que as trinta ações do DJIA. Vamos nos concentrar em uma comparação desses dados próxima das quatro datas de nossas edições anteriores, a saber, o final de 1948, 1953, 1958 e 1963, acrescidas de 1968; para o nível de preço atual, tomaremos o número conveniente de 100, que foi registrado diversas vezes em 1971 e no início de 1972. Os dados principais são apresentados na Tabela 3-3. Com relação aos dados de lucros, apresentamos tanto o resultado do último ano quanto a média de três anos-calendário; para os dividendos de 1971, usamos os números dos últimos doze meses; e para os juros das obrigações e os preços no atacado de 1971, os de agosto de 1971.

TABELA 3-3 Dados relacionados ao índice composto da Standard & Poor's em vários anos

Ano[a]	*1948*	*1953*	*1958*	*1963*	*1968*	*1971*
Preço de fechamento	15,20	24,81	55,21	75,02	103,9	100[d]
Lucro no ano-exercício	2,24	2,51	2,89	4,02	5,76	5,23
Lucros médios dos últimos três anos	1,65	2,44	2,22	3,63	5,37	5,53
Dividendos no ano-exercício	0,93	1,48	1,75	2,28	2,99	3,10
Juros dos títulos com grau de investimento[b]	2,77%	3,08%	4,12%	4,36%	6,51%	7,57%
Índice de preços no atacado	87,9	92,7	100,4	105,0	108,7	114,3
Razões:						
Preço/lucro do último ano	6,3 x	9,9 x	18,4 x	18,6 x	18,0 x	19,2 x
Preço/lucro trienais	9,2 x	10,2 x	17,6 x	20,7 x	19,5 x	18,1 x
"Rendimentos de lucros" trienais[c]	10,9%	9,8%	5,8%	4,8%	5,15%	5,53%
Rendimentos dos dividendos	5,6%	5,5%	3,3%	3,04%	2,87%	3,11%
Rendimentos dos lucros das ações/rendimentos dos títulos	3,96 x	3,20 x	1,41 x	1,10 x	0,80 x	0,72 x
Rendimentos dos dividendos/rendimentos dos títulos	2,1 x	1,8 x	0,80 x	0,70 x	0,44 x	0,41 x
Lucros/valor contábile	11,2%	11,8%	12,8%	10,5%	11,5%	11,5%

[a] Rendimentos dos títulos tipo S&P AAA.
[b] Anos-calendário em 1948-1968, mais exercício terminado em junho de 1971.
[c] "Rendimentos dos lucros" significa lucros divididos por preço e em %.
[d] Preço em outubro de 1971, equivalente a 900 para o DJIA.
[e] Médias trienais.

A razão preço/lucro trienal do mercado foi menor em outubro de 1971 do que no final do ano de 1963 e de 1968. Foi semelhante à registrada em 1958, mas muito mais alta do que a dos anos iniciais do longo mercado de alta. Tomado isoladamente, esse indicador importante não poderia ser interpretado como indicativo de que o mercado estava em um nível excepcionalmente alto em janeiro de 1972. Entretanto, quando o rendimento dos juros dos títulos com grau de investimento é levado em consideração, as implicações se tornam muito menos favoráveis. O leitor notará em nossa tabela que a relação entre os rendimentos das ações (lucro/preço) e os rendimentos dos títulos pioraram durante todo o período, portanto, os números de janeiro de 1972 foram menos favoráveis às ações, de acordo com esse critério, do que em qualquer dos anos anteriores examinados. Quando os rendimentos dos dividendos são comparados com os rendimentos dos títulos, vemos que essa relação inverteu completamente entre 1948 e 1972. No primeiro ano, as ações renderam duas vezes mais do que os títulos; agora as obrigações rendem duas (ou mais) vezes do que as ações.

Nossa avaliação final é de que a mudança adversa na relação entre os rendimentos dos títulos/rendimentos das ações compensa plenamente a razão preço/lucro melhor em fins de 1971, tomando como base os números relativos aos lucros trienais. Portanto, nossa visão do nível de mercado no início de 1972 tende a ser a mesma de sete anos atrás, isto é, que não é um mercado atraente do ponto de vista dos investimentos conservadores. (Isso se aplicaria à maior parte da faixa de variação dos preços do DJIA em 1971: entre, digamos, 800 e 950 pontos.)

Em termos das oscilações históricas do mercado, o quadro de 1971 ainda pareceria ser o de uma recuperação irregular a partir do forte revés sofrido em 1969-1970. No passado, tais recuperações conduziram a uma nova fase do mercado de alta recorrente e persistente iniciada em 1949. (Essa era a expectativa de Wall Street, em geral, durante 1971.) Após a experiência terrível sofrida pelo público comprador das ofertas de ações ordinárias de qualidade inferior no ciclo entre 1968-1970, é cedo demais (em 1971) para um novo giro no carrossel dos lançamentos. Logo, aquele sinal confiável de perigo iminente no mercado está atualmente ausente, assim como estava ao nível de 892 do DJIA em novembro de 1964 e que foi considerado em nossa edição anterior. Tecnicamente, então, o panorama pareceria favorecer outra subida substancial muito além do nível dos 900 pontos para o DJIA, antes do próximo revés sério ou colapso. Porém, não podemos deixar essa questão da forma que está, como talvez devêssemos. Para nós, é um sinal perturbador a desconsideração pelo mercado no início de 1971 das experiências angustiantes acontecidas menos de um ano antes. Tal descaso pode passar sem punição? Acreditamos que o investidor precisa estar preparado para enfrentar tempos difíceis no futuro, talvez na forma de uma repetição bastante rápida da queda de 1969-1970, ou talvez na forma de outro mercado de alta a ser seguido por um colapso ainda mais catastrófico.[III]

O rumo a ser trilhado

Volte ao que dissemos na última edição, reproduzido na p. 103. Esse é o nosso ponto de vista com relação ao mesmo nível de preços, digamos, 900 pontos para o DJIA no início de 1972, como foi para o fim de 1964.

COMENTÁRIO SOBRE O CAPÍTULO 3

POR JASON ZWEIG

Em meus quase cinquenta anos de experiência em Wall Street, descobri que sei cada vez menos sobre o que o mercado de ações vai fazer, mas sei cada vez mais sobre o que os investidores devem fazer.

– Benjamin Graham[1]

O que o passado do mercado de ações pode nos dizer sobre o futuro?

Como Graham comenta no Capítulo 3, as ações geralmente sobem em um período de várias décadas, mas o curso raramente é suave, e jamais previsível. Fazer as pazes com essa incerteza pode ser complicado no começo, mas prometo lhe trazer esperança no final.

O PONTO DE PARTIDA INFLUENCIA SUA CHEGADA

Se você está na idade de trabalhar e economizar, precisa *acumular* riqueza. Mercados de ações em queda facilitam a compra de mais ações a preços mais baixos por mais tempo.

Supondo que as ações acabem por se recuperar, um período inicial de queda nos preços pode funcionar como combustível de foguete para impulsionar seu patrimônio à medida que você envelhece.

No entanto, se estiver aposentado e sem receber um salário, você está *desacumulando*, e uma queda no mercado pode ser um desastre. A menos que possa contar com a renda de títulos, imóveis, pensões, Previdência Social ou equivalente, você terá de pagar suas despesas vendendo algumas de suas ações. Se, por acaso, você vender em um mercado em baixa, terá perdas permanentes – e, quanto mais o mercado cair, mais ações terá de vender para gerar um fluxo de renda constante.

1 GRAHAM, Benjamin. Securities in an insecure world. Disponível em: bit.ly/449pBuT.

O PROBLEMA COM AS AÇÕES

O problema com as *ações* é que são algo teoricamente abstrato. Se ações fossem algo concreto, como roupas, as pessoas veriam uma queda de 20% no preço não como uma baixa, mas como uma liquidação. Em vez de entrarem em pânico, as pessoas estariam comprando.

Quando roupas estão com 20% de desconto, você não sente uma vontade repentina de se desfazer das que já tem; você dá uma olhada no armário para ver do que está precisando. Os jovens investidores deveriam aprender a pensar nas ações como se fossem roupas:

Roupas	*Ações*
Você compra quando precisa.	Você compra quando outras pessoas as querem.
Você quer comprar mais quando o preço cai.	Você quer comprar mais quando o preço sobe.
Você continua com elas mesmo que tenham alguns furos.	Você as vende assim que o preço cai.
Depois, você ou as costura ou as usa como pano de chão.	Você não as quer novamente até que o preço volte a *subir*.

ÍNDICE CAPE

Se você fosse capaz de saber quando vai ocorrer uma queda, poderia vender na alta, se apegar à segurança do dinheiro e, em seguida, comprar novamente as ações quando estiverem na baixa.

Uma métrica se tornou uma forma popular de tentar fazer essas previsões. Esse indicador, o índice CAPE (*cyclically adjusted price/earnings*, ou preço/lucro ajustado ciclicamente), divide o preço atual do índice S&P 500 por seus lucros médios nos últimos dez anos, corrigindo o preço e os lucros de acordo com a inflação. Ele foi criado pelo professor de finanças Robert Shiller, de Yale, parcialmente inspirado pelo próprio Benjamin Graham.

Muitos analistas de mercado argumentam que, quando o CAPE é maior do que a média, os retornos futuros estarão abaixo da média. Isso faz sentido intuitivamente: quanto mais caro for para comprar ações agora, provavelmente menor será o retorno que você obterá mais tarde.

E um CAPE maior do que a média tende a ser seguido por retornos menores do que a média, como mostra este gráfico de dispersão:

FIGURA 3-1
Índice CAPE

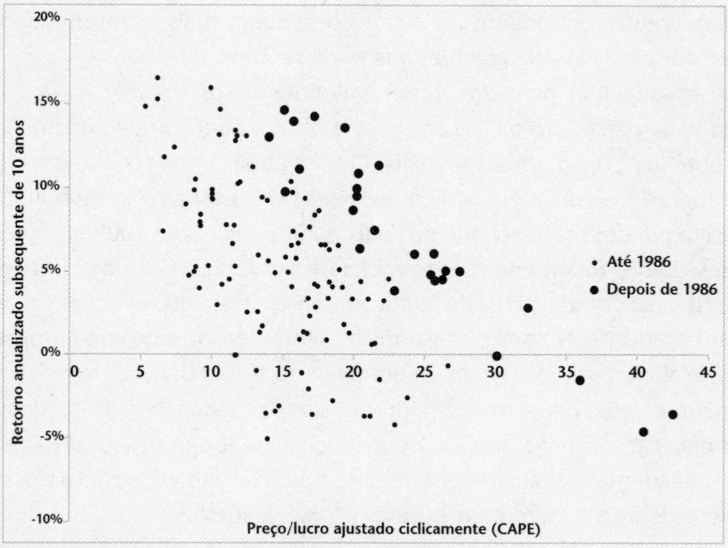

Fonte: Robert Shiller, Universidade Yale.

No entanto, isso é uma tendência. Não é uma lei.

Como você pode ver na Figura 3-1, depois que o CAPE atingiu 40,4 em 1999 (o ponto mais baixo, na extrema direita), as ações passaram a perder uma média de 4,6% ao ano nos dez anos seguintes. E o nível 42,5 do CAPE em 2000 (o segundo ponto mais baixo na extrema direita) precedeu perdas médias anuais de 3,5% na década seguinte.

No entanto, às vezes, índices CAPE altos predizem retornos altos, não baixos. Depois que ele atingiu 21,8 em 2011, as ações se valorizaram em uma média anual de 11,4% nos dez anos seguintes. Esse é um dos vários pontos agrupados na parte superior central da figura, onde tanto o CAPE *quanto* os retornos subsequentes de longo prazo estão acima da média. (Todos os retornos estão corrigidos pela inflação).

No final de 2021, o CAPE quase atingiu 39, um dos níveis mais altos já registrados e muito acima de sua média de 17,4 ao longo de seus mais de 140 anos de história. No entanto, essa média mudou ao longo do tempo. Nos trinta anos que terminaram em 1910, a média do CAPE foi 17; nas três décadas seguintes, 12,7; nas três seguintes, 15,7. Nas três mais recentes, a média foi de quase 27.

A história não é estática. Ela é instável, mudando continuamente à medida que o presente é absorvido pelo passado.

Então, quando você compara o CAPE com sua "média" passada, qual passado você deve usar? Os últimos 140 anos? Os últimos cinquenta? Os últimos trinta? Quanto mais longo o período, mais você se baseia em dados que podem não ser mais relevantes. Quanto mais curto o período, mais os resultados serão distorcidos pelo passado recente, que pode ser uma anomalia.

"Espera-se que o mercado estime o valor dos lucros, mas o valor dos lucros depende da percepção das pessoas sobre o valor daquilo que podem vender para obtê-los", diz o professor Shiller. O nível atual "pode ser alto em relação ao histórico", ressalta ele, "mas como saber se o histórico não mudou?".

Exceto por um breve período no final de 2008 e início de 2009, as ações nos Estados Unidos foram negociadas acima de seu CAPE médio de longo prazo todos os meses desde o final de 1988. Se você quisesse que as ações voltassem a ficar baratas pelos padrões históricos mais extensos antes de comprá-las, ainda estaria esperando – mais de um terço de século depois.

Em suma, ações que já parecem supervalorizadas podem ficar ainda mais caras e permanecer assim por um tempo incrivelmente longo. Como diz Graham, "todos que tentam chegar a uma avaliação bem informada e crítica dos níveis do mercado atual" enfrentam extremas "dificuldades".[2]

A MAIS SIMPLES REGRA DE OURO

Para estimar o retorno futuro de longo prazo das ações, você pode usar o modelo de Gordon. Criada no final da década de 1950 pelo economista Myron Gordon, a fórmula pressupõe que os preços de mercado dependem da renda e do crescimento que as ações são capazes de gerar.

O desempenho futuro do mercado de ações deve se aproximar de seu rendimento de dividendos atual mais a taxa média de crescimento dos dividendos. No início de 2024, o rendimento de dividendos do índice S&P 500 era de 1,4%. Durante a segunda metade do século XX, os dividendos cresceram em média 2,2% ao ano, já considerada a inflação. Some esses dois números e você obtém 3,6%. Essa é uma estimativa imprecisa, mas plausível, do retorno médio anual das ações, após a inflação, nas próximas décadas. Embora seja menor do que a média histórica de longo prazo, é provável que permita que os investidores pacientes atinjam suas metas.[3]

---

2 Muitos defensores do CAPE como uma ferramenta de previsão de mercado estão trapaceando: eles analisam a média do CAPE ao longo de toda a sua história até os dias atuais, encontram períodos passados em que ele estava acima desse nível, e afirmam que as ações estavam obviamente supervalorizadas naquela época. No entanto, esses períodos passados não incluíam o histórico subsequente do CAPE!

3 Para uma discussão mais aprofundada, ver BERNSTEIN, William J. *The four pillars of investing*. McGraw-Hill, 2023.

AÇÕES PARA O (OB)LONGO PRAZO

A partir da década de 1990, a mente dos investidores foi infectada com uma nova crença: ações não apresentam risco nenhum.

Em 2010, uma pesquisa com mais de 2.200 investidores descobriu que 31% acreditavam que "as ações *sempre* se saem melhor do que investimentos seguros", como dinheiro e títulos, em períodos de cinco anos ou mais.

Essa ideia é um absurdo. Ela distorce a história e interpreta erroneamente o significado de risco.

Primeiro, vamos falar de história.

Em seu livro *Stocks for the Long Run*, publicado pela primeira vez em 1994, o professor de finanças Jeremy Siegel argumentou que "os riscos das ações são *menores* do que os encontrados nos títulos ou mesmo nas letras do Tesouro [norte-americano]". Ele baseou seu argumento em dados que remontam a 1802 e sugerem que nos Estados Unidos as ações tiveram desempenho superior ao dos títulos e ao do dinheiro em quase todos os períodos de vinte anos ou mais – e nunca perderam dinheiro, já considerada a inflação, durante esses longos períodos.[4]

Esse argumento tem pelo menos três falhas críticas:

Inexatidão. Corrigindo o viés de sobrevivência (veja o quadro a seguir), o professor de administração Edward McQuarrie ajustou o registro histórico e descobriu que as ações tiveram um *desempenho inferior* ao dos títulos norte-americanos durante a maior parte do século XIX.[5] Os títulos de renda fixa superaram as ações em um terço de todos os períodos de vinte anos desde 1793 – e não em menos de um décimo desses períodos, como afirmou Siegel. Em vários outros mercados importantes do mundo, os títulos superaram as ações por décadas a fio.

Incomparabilidade. No passado, as comissões de corretagem e as taxas de administração eram pelo menos dez vezes maiores, e não existiam fundos de índice de acompanhamento de mercado. Diversificar era caro e complicado, tornando as ações mais arriscadas do que são hoje. Os investidores tinham de ser recompensados por esse risco na forma de retornos mais altos. Agora

---

4 SIEGEL, Jeremy J. *Stocks for the long run*. Irwin, 1994. pp. 31-33; em itálico no original.

5 McQUARRIE, Edward F. Stocks for the long run? Sometimes yes. Sometimes no. Disponível em: bit.ly/48guZhU. Ver também ARNOTT, Rob. Bonds: why bother? Disponível em: bit.ly/44vcIfS.

que a diversificação é fácil e barata, as ações são menos arriscadas e, portanto, seus retornos futuros provavelmente serão menores.

Impraticabilidade. As taxas de retorno históricas pressupõem que os investidores pegaram o rendimento dos dividendos e o reinvestiram em mais ações, gerando crescimento sobre crescimento. No entanto, até o final da década de 1970, os investidores raramente usavam seus dividendos para comprar mais ações. Em vez disso, muitos enxergavam os dividendos como dinheiro, que ou economizavam ou gastavam; eles podiam não crescer se fossem reinvestidos no mercado de ações.[6]

SOBREVIVENTE

Imagine visitar um asilo para lenhadores aposentados e ficar impressionado com a idade avançada deles. Você pode concluir que o trabalhador médio do setor madeireiro vive muitos anos. O que você deveria notar, em vez disso, é que a extração de madeira é uma das profissões mais perigosas do mundo, e que você viu apenas os extremos – os velhos e raros sobreviventes, não uma amostra ampla e típica. Sua primeira impressão foi enganosa, pois você não encontrou nenhum vestígio dos muitos madeireiros que tragicamente morreram jovens.[7]

Essa é a descrição do *viés de sobrevivência*, que supervaloriza os vencedores ao ignorar os perdedores. Ele distorce nossa percepção das evidências estatísticas, pintando um quadro não representativo. É como um espelho retrovisor com um filtro cor-de-rosa.

Nos Estados Unidos do século XIX, setores inteiros, como estradas de madeira, óleo de baleia, barcos a vapor e transporte a cavalo, nasceram, morreram e levaram todo o dinheiro dos investidores. Bolsas de valores cresceram e definharam em Bisbee, Arizona; Charleston, Carolina do Sul; Honolulu, Havaí; Wheeling, Virgínia Ocidental; e muitos outros locais esquecidos.[8]

---

6 Até então, as comissões de corretagem sobre pequenas negociações podiam exceder 5% e a diversificação total não era viável, colocando o retorno médio do mercado de ações fora do alcance da maioria dos investidores.

7 De acordo com o Bureau of Labor Statistics (bit.ly/43UD3TG), a atividade madeireira tem a maior incidência de lesões fatais relacionadas ao trabalho do que qualquer outra ocupação nos Estados Unidos.

8 Há quase um século, estudiosos que tentaram rastrear as primeiras ações norte-americanas alertaram que seus índices escolhidos a dedo "poderiam não conseguir medir" os retornos "com a máxima precisão desejável"; SMITH, Walter Buckingham; COLE, Arthur Harrison. *Fluctuations in American business*, 1790-1860. Disponível em: bit.ly/3NoRY1A, pp. 23 e 44.

Os investidores perderam dinheiro de verdade, mas a varinha mágica da sobrevivência afasta essas perdas. O ajuste por esse viés de dados reduziria significativamente os retornos iniciais das ações.[9]

NEGÓCIO ARRISCADO

A história mostra que quanto mais tempo você fica com as ações, menor é a variação da taxa de retorno. No longo prazo, as ações norte-americanas subiram em média cerca de 10% ao ano (ou cerca de 7%, corrigidas pela inflação). Mesmo no devastador mercado em baixa de 2007-2009, quando as ações caíram mais de 55% nos Estados Unidos, a taxa de retorno anual média de longo prazo delas diminuiu apenas ligeiramente, de 10,4% para 9,3%.

Se "risco" é a chance de se desviar da taxa média histórica de retorno, ele *cai* se você mantiver as ações por décadas.

Entretanto, após uma queda de 55%, você precisa de um retorno de 122% apenas para voltar ao ponto em que estava. Você *não* vai raciocinar: "Ora, ações não são arriscadas! A taxa média de retorno delas desde 1926 caiu apenas de 10,4% para 9,3%." Em vez disso, você vai pensar: "Se ter mais da metade do meu patrimônio eviscerado em dezessete meses não é sinônimo de risco, então o que é?"

Como vimos ao analisar o CAPE, é impossível ter certeza de quando as ações estão perigosamente altas. E, se você comprar em um momento que acaba por se mostrar um pico, o longo prazo pode parecer uma eternidade.

Como observou Warren Buffett sobre investir a longo prazo: "As pessoas dizem que as ações têm de ser melhores do que os títulos, mas eu digo exatamente o contrário: tudo depende do preço inicial."[10]

As pessoas que compraram o índice de ações de alta tecnologia NASDAQ no início de 2000 não atingiram o ponto de equilíbrio por mais de quinze anos. Os investidores japoneses esperaram mais de três décadas para voltar aos preços

---

9 Do início do século XX em diante, os dados e índices do mercado de ações, como o S&P 500, geralmente *não* estão contaminados pelo viés de sobrevivência, embora os bancos de dados de desempenho de fundos mútuos, bem como de fundos de hedge e outros ativos "alternativos", geralmente estejam.

10 ZWEIG, Jason. Sometimes the stock market needs "knights of faith". Disponível em: bit.ly/42YKEiC; Don't let a market crash hit you at the finish line. Disponível em: bit.ly/3CKOJfW.

recordes das ações daquele país em 1989. No mundo todo, em mercados como França, Alemanha, Suíça, Taiwan e Tailândia, as ações às vezes obtiveram retornos negativos (após ajustadas pela inflação) por vinte anos ou mais.[11]

A crença de que a simples extensão do período de manutenção pode eliminar o risco das ações é falsa. O tempo pode ser seu aliado, mas também pode se tornar seu inimigo. Um horizonte mais extenso lhe dá mais oportunidades de se recuperar de quedas, mas também lhe dá mais oportunidades de passar por elas. Não é possível eliminar esse risco, mesmo que você mantenha suas ações por um século.

"OS INVESTIDORES ODEIAM A INCERTEZA"

Paradoxalmente, tudo isso nos leva a um lugar de esperança.

Uma das frases preferidas de Wall Street é "os investidores odeiam a incerteza". Se, no entanto, você pudesse ter certeza de que as ações teriam altos retornos, elas não pareceriam arriscadas. E essa sensação de ausência de risco criaria mais risco do que nunca.

Se parecesse garantido que as ações teriam um desempenho extraordinário, todo mundo compraria ações, fazendo os preços subirem a tal ponto que não haveria espaço para crescimento futuro, tornando inevitável uma queda. Foi exatamente isso que aconteceu em 1720, 1929 e 2000, entre muitas outras ocasiões.

As ações *são* arriscadas. Sem qualquer aviso, depois de anos de ganhos, você pode perder uma quantia absurda de dinheiro por um tempo angustiantemente longo. No entanto, o risco mais sutil de possuir ações é que você não tem como saber nunca se elas estão supervalorizadas ou subvalorizadas – ou quanto tempo levará para que elas voltem ao "normal".

A única certeza que você pode obter de dados financeiros anteriores é que o futuro é sempre surpreendente. E ele surpreenderá de forma brutal aqueles que estão mais seguros de que sabem o que está por vir.

Para ser um investidor inteligente, você precisa aceitar que é provável – mas *não* garantido – que as ações terão um desempenho superior em períodos

---

11 DIMSON, Elroy *et al.* Irrational optimism. Disponível em: bit.ly/3RWhKOO.

extensos. Em vez de tentar montar um portfólio que prospere caso aconteça o que você acha que vai acontecer, esforce-se para montar um portfólio que prospere independentemente do que acontecer. Pare de tentar prever o desconhecido em vão. Você vai exercer muito mais controle se aceitar o pouco que pode controlar. Isso o deixará livre para estabelecer políticas e procedimentos para estruturar todas as decisões sobre as quais você *de fato* tem controle.

CAPÍTULO 4

A POLÍTICA GERAL DE INVESTIMENTOS: O INVESTIDOR DEFENSIVO

As características básicas de uma carteira de investimentos são, em geral, determinadas pela posição e pelas características de seu(s) proprietário(s). Em um extremo, temos os bancos de poupança, as companhias de seguro de vida e os chamados fundos fiduciários legais. No passado, seus investimentos eram restringidos por lei, em vários estados, aos títulos com grau de investimento e, em alguns casos, às ações preferenciais com grau de investimento. No outro extremo, temos o próspero e experiente homem de negócios, que incluirá qualquer tipo de título ou ação em sua carteira de valores mobiliários, contanto que ele a considere uma compra atraente.

É um princípio antigo e sólido que aqueles que não podem correr riscos devem se contentar com um retorno relativamente baixo sobre seus recursos investidos. Decorre daí a ideia geral de que a taxa de retorno a ser almejada pelo investidor deve ser mais ou menos proporcional ao grau de risco que ele está preparado para assumir. Pensamos de modo diferente. A taxa de retorno buscada deve depender de quanto esforço inteligente o investidor está disposto e é capaz de envidar. O retorno mínimo seria obtido por nosso investidor passivo, o qual deseja segurança e tranquilidade. O rendimento máximo seria obtido pelo investidor atento e empreendedor, que exercita ao máximo sua inteligência e capacidade. Em 1965, acrescentamos: "Em muitos casos, pode haver um risco real menor associado à compra de ações subvalorizadas, que oferece a oportunidade de um lucro grande, do que a compra de uma obrigação convencional, que rende aproximadamente 4,5%." Essa afirmação era mais verdadeira do que suspeitávamos, uma vez que, em anos subsequentes, mesmo os melhores títulos de longo prazo perderam uma parte substancial de seu valor de mercado por causa do aumento nas taxas de juros.

O problema básico da alocação entre títulos e ações

Já delineamos, de forma muito sucinta, a política de carteira do investidor defensivo.[1] Ele deve dividir seus recursos entre os títulos com grau de investimento e as ações com grau de investimento.

Sugerimos, como uma regra orientadora fundamental, que o investidor nunca destine uma porcentagem inferior a 25% ou superior a 75% de seus recursos às ações ordinárias, com uma consequente proporção inversa entre 75% e 25% em títulos. Há uma ideia implícita aqui de que a divisão-padrão deveria ser igualitária, ou seja, 50%-50%, entre os dois principais tipos de investimento. De acordo com a tradição, a razão sensata para aumentar a parcela investida em ações ordinárias seria o surgimento de níveis de "preços subvalorizados" criados em um mercado de baixa prolongada. De maneira inversa, uma gestão saudável reduziria o componente investido em ações ordinárias para menos de 50% quando, na avaliação do investidor, o nível do mercado se tornasse altamente perigoso.

Essas máximas que parecem tiradas de um livro didático sempre foram fáceis de enunciar e difíceis de seguir, uma vez que contrariam a própria natureza humana, a qual produz os tais excessos de mercado para cima e para baixo. É quase uma contradição sugerir como uma política viável para o proprietário de ações *médio* que diminua sua posição quando o mercado avança além de certo ponto e a aumente quando houver um recuo correspondente. É justamente porque o indivíduo médio age, e aparentemente precisa agir, de modo contrário que tivemos grandes altas e quedas no passado, e – este autor acredita – provavelmente as teremos novamente no futuro.

Se a divisão entre investimentos e operações especulativas fosse tão clara hoje quanto era no passado, poderíamos ser capazes de acreditar que os investidores são um grupo astuto e experiente que vende aos especuladores imprudentes e desafortunados a preços altos e recompra deles em níveis inferiores. Esse quadro pode ter sido verdadeiro em outras épocas, mas é difícil identificá-lo na evolução do mercado financeiro desde 1949. Não há qualquer indicação de que operações profissionais, tais como as dos fundos mútuos, tenham sido conduzidas dessa forma. A parcela dos investimentos mantida em ações pelos dois principais tipos de fundo – os "balanceados"

---

1 Ver a "Conclusão" de Graham do Capítulo 2, pp. 80-81.

e os de "ações ordinárias" – mudou muito pouco de um ano para outro. Suas atividades de venda foram, em grande parte, relacionadas a tentativas de trocas de ativos, saindo dos menos para os mais promissores.

Se, como há muito tempo acreditamos, o mercado acionário perdeu contato com seus antigos limites, e se novos limites ainda não foram estabelecidos, então não podemos oferecer ao investidor regras confiáveis para reduzir sua posição em ações ordinárias em direção ao piso de 25%, e recompô-la mais tarde até o teto de 75%. Aconselhamos, grosso modo, o investidor a não colocar mais de metade de seus investimentos em ações, a menos que ele tenha muita confiança na integridade de sua posição em ações e esteja certo de poder encarar com tranquilidade uma queda do mercado, tal qual a ocorrida em 1969-1970. É difícil para nós vislumbrar como tal confiança forte poderia se justificar perante os níveis prevalecentes no início de 1972. Portanto, desaconselhamos uma parcela superior a 50% em ações ordinárias na conjuntura atual. Porém, por razões complementares, é quase igualmente difícil aconselhar uma redução nessa relação muito abaixo de 50%, a menos que o *próprio investidor* esteja ansioso com relação ao nível atual do mercado e fique satisfeito também em limitar sua participação quando houver qualquer subida adicional em, digamos, 25% de seus recursos totais.

Somos então levados a propor para a maioria de nossos leitores o que pode parecer uma fórmula exageradamente simplificada de uma divisão meio a meio. Segundo esse plano, a orientação geral é manter, tão perto quanto possível na prática, uma divisão igualitária entre títulos e ações. Quando as mudanças no nível de mercado tiverem aumentado o componente de ações ordinárias para, digamos, 55%, o equilíbrio seria restaurado pela venda de um undécimo da carteira de ações e a transferência da receita auferida para os títulos. Inversamente, uma queda na proporção de ações ordinárias para 45% implicaria o uso de um undécimo do fundo de títulos para adquirir ações adicionais.

A Universidade Yale seguiu um plano semelhante durante vários anos após 1937, mas este visava a uma "posição normal" de 35% em ações ordinárias. No início da década de 1950, no entanto, Yale parece ter desistido de sua famosa fórmula e, em 1969, mantinha 61% de sua carteira em ações (incluindo algumas conversíveis). (Naquela época, os fundos mantenedores de 71 instituições semelhantes, somando US$ 7,6 bilhões, mantinham 60,3% de seus recursos em ações ordinárias.) O exemplo de Yale ilustra o efeito quase letal da grande subida do mercado sobre a outrora popular *abordagem de modelos quantitativos para investimentos*. Mesmo assim, estamos convencidos de que nossa versão 50%-50% dessa abordagem faz sentido para o investidor defensivo. É extremamente simples; inquestionavelmente visa ao objetivo certo; oferece a seu seguidor a sensação de estar, pelo menos, fazendo alguns movimentos em resposta às oscilações do mercado; e, mais importante de tudo, evita que ele seja atraído cada vez mais fortemente pelas ações ordinárias à medida que o mercado sobe até alturas cada vez mais perigosas.

Ademais, um investidor verdadeiramente conservador ficará satisfeito com os aumentos registrados em metade de sua carteira em um mercado ascendente, enquanto ele pode ficar bastante tranquilo ao refletir sobre como está em uma posição melhor do que muitos de seus amigos mais ousados em caso de uma queda severa.

Enquanto nossa divisão proposta de 50%-50% é, sem dúvida, o "programa para todas as circunstâncias" mais simples que se pode criar, ela pode acabar não sendo a melhor em termos dos resultados atingidos. (Claro, nenhuma abordagem, automática ou não, pode ser proposta com a segurança de que funcionará melhor do que qualquer outra.) O rendimento muito mais alto oferecido pelos bons títulos em comparação com as ações dessas empresas é um argumento forte a favor do componente de títulos. A escolha do investidor entre uma proporção igual ou inferior a 50% em ações pode depender principalmente de seu próprio temperamento e atitude. Se ele for capaz de agir de forma calculista e com sangue frio na adversidade, ele preferirá reduzir o componente de ações nesse momento para 25%, pensando em esperar até que o rendimento dos dividendos do DJIA chegue a, digamos, dois terços do rendimento dos títulos antes de estabelecer a divisão meio a meio entre obrigações e ações. Partindo de um nível de 900 pontos do DJIA e dividendos de US$ 36 por ação, isso exigiria uma queda nos rendimentos brutos dos títulos de 7,5% para cerca de 5,5% sem qualquer alteração no rendimento atual das principais ações ou uma queda no DJIA para um nível tão baixo quanto 660, caso não haja qualquer redução nos rendimentos dos títulos e qualquer aumento nos dividendos. Uma combinação de mudanças intermediárias poderia resultar no mesmo "ponto de compra". Um programa desse tipo não é muito complicado; a parte difícil é adotá-lo e segui-lo, sem falar na possibilidade de que ele possa acabar se revelando demasiadamente conservador.

O componente de títulos

A escolha dos papéis do componente de títulos da carteira do investidor depende de duas questões principais. A primeira é se ele deve comprar títulos tributáveis ou não tributáveis; e a segunda, se deve comprar vencimentos de curto ou longo prazo. A decisão sobre a questão fiscal deve ser principalmente uma questão de aritmética, dependendo da diferença dos rendimentos em comparação com a alíquota de impostos do investidor. Em janeiro de 1972, nos papéis com vencimento em vinte anos, a escolha era entre obter, digamos, 7,5% sobre as obrigações corporativas de grau "Aa" e 5,3% sobre as obrigações com grau de investimento isentas de tributação. (O termo "municipal" é, em geral, aplicado a todas as espécies de obrigações isentas de tributação, incluindo as obrigações estaduais.) Havia então, para esse vencimento, uma perda de receita de cerca de 30% na troca do tipo corporativo pelo municipal. Portanto, se o investidor estivesse enquadrado na alíquota máxima de impostos, acima de 30%, ele teria um ganho líquido após a tributação ao escolher as obrigações municipais; o oposto aconteceria se sua alíquota máxima de imposto fosse inferior a 30%. Uma pessoa solteira começa a pagar uma alíquota de 30% quando sua renda após as deduções ultrapassa US$ 10.000; para um casal, a alíquota se aplica quando a receita tributável conjunta supera US$ 20.000. É evidente que uma proporção maior de investidores individuais obteria um rendimento pós-tributação melhor com obrigações municipais de boa qualidade do que com obrigações corporativas de qualidade equivalente.

Já a escolha entre um vencimento mais longo e um mais curto envolve uma questão bastante diferente, ou seja, o investidor deseja proteger-se contra uma queda no preço de suas obrigações, mas ao custo (1) de um rendimento anual inferior e (2) da perda de uma oportunidade de um *ganho* apreciável no valor do principal? É melhor abordar essa questão no Capítulo 8, O investidor e as flutuações de mercado.

No passado, durante muitos anos, as únicas compras sensatas de títulos para os indivíduos eram as savings bonds do governo americano. Sua segurança era – e é – inquestionável; ofereciam um rendimento maior do que outros investimentos em títulos com grau de investimento; e tinham uma opção de retorno do dinheiro investido e outros privilégios que acrescentavam muito à sua atratividade. Em nossas edições anteriores, dedicamos um capítulo inteiro às "savings bonds americanas: um achado para os investidores".

Como destacaremos, as savings bonds do governo americano ainda possuem certas características singulares que as tornam uma compra apropriada para qualquer investidor individual. Para um indivíduo de capitalização modesta – que dispõe de, digamos, não mais de US$ 10.000 para colocar em títulos – acreditamos que elas ainda são a melhor escolha e a mais fácil de fazer. Porém, os que possuem recursos mais substanciais podem achar outros papéis mais desejáveis.

Vamos listar alguns dos principais tipos de título que merecem a consideração do investidor e discuti-los brevemente com respeito à sua descrição geral, segurança, rendimento, preço de mercado, risco, tratamento fiscal e outras características.

1. Savings bonds do governo americano, série E e série H. Primeiro, resumiremos suas principais características e, em seguida, discutiremos brevemente as numerosas vantagens desses investimentos únicos, atraentes e muito convenientes. As savings bonds da Série H pagam juros duas vezes ao ano da mesma forma que outras obrigações. A taxa é de 4,29% no primeiro ano e, posteriormente, uma taxa fixa de 5,10% durante os nove anos seguintes até o vencimento. Os juros das savings bonds da Série E não são pagos, mas acumulam em favor do proprietário por meio do aumento no valor de resgate. As savings bonds são vendidas a 75% de seu valor nominal e vencem a 100% em cinco anos e dez meses após a compra. Se mantidas até o vencimento, o rendimento equivale a 5%, capitalizados duas vezes ao ano. Se resgatadas antecipadamente, o rendimento sobe de um mínimo de 4,01% no primeiro ano para uma média de 5,20% nos quatro anos e dez meses seguintes.

Os juros sobre as savings bonds estão sujeitos à incidência do imposto de renda federal, mas isentos do imposto de renda estadual. No entanto, o imposto de renda federal sobre as savings bonds da Série E pode ser pago, a critério do proprietário, anualmente e à medida que os juros acumulam (por meio de um valor de resgate maior) ou apenas quando o papel for efetivamente negociado.

Os proprietários das savings bonds da Série E podem resgatá-las a qualquer momento (logo após a venda) a seu valor de resgate corrente. Os proprietários das savings bonds da Série H possuem direitos semelhantes de resgate ao par (custo). As savings bonds da Série E são intercambiáveis com as da Série H, com certas vantagens fiscais. As savings bonds extraviadas, destruídas ou roubadas podem ser substituídas sem ônus. Há limitações sobre as compras anuais, mas dispositivos liberais que permitem sua posse por vários membros de uma família tornam possível, para a maioria dos investidores, comprar tantas quantas puderem pagar. *Comentário*: não há qualquer outro investimento que combine (1) a segurança absoluta do principal e dos pagamentos de juros, (2) o direito de ter todo o "dinheiro de volta" a qualquer momento e (3) a garantia de, pelo menos, juros de 5% durante, no mínimo, dez anos. Os proprietários de lançamentos anteriores de savings bonds da Série E têm tido o direito de prorrogar suas obrigações no vencimento e, portanto, continuar a acumular valores anuais a taxas sucessivamente mais altas. O diferimento dos pagamentos de imposto de renda durante esses prazos longos tem constituído uma grande vantagem; calculamos que ele aumentou a taxa líquida efetiva após a tributação até um terço em casos típicos. Inversamente, o direito de resgatar as savings bonds a uma cotação igual ou superior ao preço de custo deu aos compradores, em anos anteriores de baixas taxas de juros, uma proteção completa contra a redução no valor do capital investido que afetou muitos investidores em títulos. Em outras palavras, conferiu-lhes a possibilidade de se *beneficiarem* do aumento nas taxas de juros ao trocar seus papéis com juros baixos por outros com juros muito mais altos em uma base de preços igual.

Do nosso ponto de vista, as vantagens especiais ora gozadas pelos portadores das savings bonds mais do que compensarão seus rendimentos atuais inferiores em relação às outras obrigações diretas do governo.

2. Outras obrigações do governo federal dos EUA. Existe uma profusão desses papéis, os quais cobrem uma ampla variedade de taxas de juros e datas de vencimento. Todas essas obrigações oferecem segurança completa com relação ao pagamento de juros e ao capital investido. Elas estão sujeitas ao imposto de renda federal, mas isentas do estadual. No final de 1971, as obrigações de longo prazo – superiores a dez anos – apresentavam um rendimento médio de 6,09%, as de prazo intermediário (três a cinco anos) rendiam 6,35% e as de curto prazo, 6,03%.

Em 1970, era possível comprar alguns papéis antigos com grandes descontos. Alguns desses são aceitos ao par no pagamento de impostos estaduais. Por exemplo: as savings bonds do Tesouro americano com juros de 3,5% e vencimento em 1990 estão nessa categoria; elas eram vendidas a 60 em 1970, mas haviam subido acima de 77 no final do mesmo ano.

É interessante notar também que, em muitos casos, as obrigações indiretas do governo americano pagam juros substancialmente superiores aos de suas obrigações diretas com o mesmo prazo de vencimento. Na data em que escrevemos, está sendo negociado um papel com juros de 7,05% denominado "Certificado Plenamente Garantido pelo Secretário de Transportes do Departamento de Transportes dos Estados Unidos". Seu rendimento é 1% superior ao das obrigações diretas dos Estados Unidos com vencimento no mesmo ano (1986). Na verdade, os certificados foram emitidos em nome dos administradores da Penn Central Transportation Co., mas foram vendidos com base em uma afirmação do procurador-geral americano de que a garantia "gera uma obrigação dos Estados Unidos em geral, apoiada por sua fé e seu crédito plenos". Muitas obrigações indiretas desse tipo foram assumidas pelo governo federal americano no passado e todas foram escrupulosamente honradas.

O leitor pode indagar a razão desses artifícios, que aparentemente envolvem uma "garantia pessoal" do Ministério de Transportes e um custo maior para o contribuinte no final. A razão principal dessa estratégia indireta é o limite ao endividamento imposto ao governo pelo Congresso. Aparentemente, as garantias governamentais não são consideradas como dívidas, uma oportunidade semântica de lucro para os investidores astutos. Talvez o impacto mais importante dessa situação tenha sido a criação de títulos isentos de tributação da Agência de Habitação, que gozam do equivalente a uma garantia do governo federal americano e são virtualmente as únicas obrigações isentas de tributação que são equivalentes aos títulos do governo federal. Outro tipo de obrigação garantida pelo governo são as recém-criadas New Community by Debentures, oferecidas com rendimento de 7,60% em setembro de 1971.

3. Títulos estaduais e municipais. Essas obrigações gozam de isenção dos impostos federais. Em geral, são também isentas do imposto de renda no estado de emissão, mas não em outros lugares. Em geral, são obrigações diretas de um estado ou município ou são "obrigações vinculadas a receitas" cujos pagamentos de juros dependem do recebimento de receitas de rodovias de pedágio, pontes, aluguéis de prédios etc. Nem todas as obrigações isentas de tributação são suficientemente protegidas para justificar sua compra pelo investidor defensivo. Sua escolha pode ser orientada pela classificação

(*rating*) dada a cada obrigação pela Moody's ou pela Standard & Poor's. Uma das três notas mais altas atribuídas pelos dois serviços – Aaa (AAA), Aa (AA) ou A – constituiria indicação suficiente de segurança adequada. O rendimento dessas obrigações varia em termos de qualidade e vencimento, sendo que os vencimentos mais curtos apresentam um rendimento mais baixo. No final de 1971, os papéis representados no índice de obrigações municipais da Standard & Poor's tinham, em média, uma classificação AA de qualidade, vinte anos de prazo até o vencimento e 5,78% de rendimento. Uma oferta típica de títulos de Vineland, Nova Jersey, classificados como AA por A, apresentava um rendimento de apenas 3% para um ano de prazo, taxa essa que subia para 5,8% nos vencimentos de 1995 e 1996.[1]

4. Obrigações do setor privado. Esses títulos estão sujeitos a impostos federais e estaduais. No início de 1972, as obrigações com grau de investimento rendiam 7,19% para um vencimento de 25 anos, conforme refletido no rendimento publicado do índice de obrigações corporativas Aaa da Moody. As obrigações assim chamadas de grau médio baixo – classificadas como Baa – rendiam 8,23% para os vencimentos mais longos. Em cada classe, as obrigações de prazo mais curto rendem menos do que as de prazo mais longo.

Comentário: Os resumos vistos indicam que o investidor médio tem várias escolhas entre as obrigações com grau de investimento. Os investidores enquadrados nas alíquotas mais altas do imposto de renda podem, sem dúvida, obter um rendimento líquido melhor com boas obrigações isentas de tributação do que com as tributáveis. Para outros, no início de 1972, a gama de rendimentos tributáveis varia de 5%, no caso das savings bonds do governo federal americano com suas opções especiais, até aproximadamente 7,5%, no caso das obrigações corporativas com grau de investimento.

Investimentos em títulos "high yield"

Ao sacrificar a qualidade, o investidor pode aumentar o rendimento de suas obrigações. A experiência tem demonstrado que o investidor comum deve se manter distante de tais títulos de alto rendimento. Embora possam ter um rendimento melhor em termos globais do que as obrigações com grau de investimento, eles expõem seu proprietário a muitos riscos individuais no caso de infortúnios, abrangendo desde quedas de preços inquietantes à inadimplência efetiva. (É verdade que as oportunidades de subvalorizações ocorrem com muita frequência entre as obrigações inferiores, mas elas exigem um estudo e uma habilidade especiais para serem exploradas com sucesso.)[2]

Talvez devêssemos acrescentar aqui que os limites impostos pelo Congresso sobre a emissão direta de títulos pelo governo dos Estados Unidos produziram pelo menos dois tipos de "oportunidades de subvalorização" para os investidores na compra de obrigações garantidas pelo governo. Uma é constituída pelas obrigações "New Housing" isentas de impostos e a outra pelas recém-criadas (e tributáveis) "New Community Debentures". Em julho de 1971, uma emissão de títulos lastreados em novos lançamentos residenciais chegou a render 5,8%, livres de impostos federais e estaduais, enquanto uma obrigação (tributável) de New Community Debentures, vendida em setembro de 1971, rendia 7,60%. Ambas as obrigações são respaldadas pelo "crédito e fé plenos" do governo dos Estados Unidos e, portanto, são indubitavelmente seguras. E – em termos líquidos – renderam consideravelmente mais do que as obrigações comuns do governo federal americano.[3]

Depósitos de poupança em vez de títulos

Um investidor pode atualmente obter uma taxa de juros tão alta de um depósito de poupança em um banco comercial ou de poupança (ou de um certificado de depósito bancário) quanto de uma obrigação com grau de investimento com vencimento curto. A taxa de juros das contas de poupança bancárias poderá cair no futuro, mas, nas condições atuais, elas são substitutos apropriados em obrigações de curto prazo.[4]

---

2 A objeção de Graham às obrigações de alto rendimento é mitigada hoje pela grande disponibilidade de fundos mútuos que distribuem o risco e tornam desnecessária a pesquisa para manter em carteira as obrigações de alto risco (*junk bonds*).

3 Os títulos "New Housing" e "New Community Debentures", apoiados pelo Departamento de Habitação e Desenvolvimento Urbano dos Estados Unidos (HUD), não são emitidos desde 1974 e 1983, respectivamente.

4 Infelizmente, isso não tem sido verdade nas últimas décadas.

Obrigações conversíveis

Essas serão analisadas no Capítulo 16. A variabilidade dos preços das obrigações em geral será abordada no Capítulo 8, O investidor e as flutuações do mercado.

Dispositivos de recompra

Nas edições anteriores, discutimos em detalhes esse aspecto do financiamento das obrigações por envolver uma injustiça grande, porém pouco reconhecida, para com o investidor. Em um caso típico, as obrigações são recompráveis logo após a emissão, e a prêmios modestos, digamos, de 5%, acima do preço de lançamento.[5] Isso significa que, durante um período de grandes oscilações nas taxas de juros, o investidor arcava com todo o ônus das mudanças desfavoráveis e era privado de qualquer ganho, exceto uma participação magra, em tempos favoráveis.

EXEMPLO: Nosso exemplo-padrão é a emissão de debêntures de 5% da American Gas & Electric, com prazo de cem anos, vendida ao público a 101 em 1928. Quatro anos mais tarde, em condições próximas do pânico, o preço dessas obrigações de boa qualidade caiu para 62,5, o que equivalia a um rendimento de 8%. Em 1946, em uma grande reviravolta, as obrigações desse tipo podiam ser vendidas de forma a renderem apenas 3% e a emissão de 5% *deveria* ter sido cotada a quase 160. Porém, nesse momento, a companhia tirou vantagem do dispositivo de recompra e recomprou a obrigação a meros 106.

O dispositivo de recompra nesses contratos de obrigações foi um exemplo mal disfarçado de um jogo de cartas marcadas. Finalmente, as instituições compradoras de obrigações se recusaram a aceitar esse arranjo injusto; nos últimos anos, a maioria das obrigações de juros altos e prazo longo foi protegida contra a recompra durante dez anos ou mais após a emissão. Esse novo arranjo ainda limita uma eventual subida de preço, mas não de forma injusta.

Em termos práticos, aconselhamos o investidor em obrigações de longo prazo a sacrificar uma porção pequena dos rendimentos para obter uma garantia contra a recompra antecipada, digamos, por vinte ou 25 anos. Da

---

5 Um título "resgatável" pode ser recomprado à força pelo emissor, geralmente no pior momento para o investidor.

mesma forma, é vantajoso comprar uma obrigação com juros menores[6] com desconto, em vez de uma obrigação com juros altos negociada aproximadamente ao valor nominal e resgatável em poucos anos. Pois esse desconto, por exemplo, de uma obrigação de 3,5% cotada a 63,5%, com rendimento de 7,85%, carrega em si mesmo uma proteção plena contra uma ação de recompra adversa.

Ações preferenciais simples – isto é, não conversíveis

Certas observações gerais precisam ser feitas aqui sobre as ações preferenciais. Podem existir, e de fato existem, ações preferenciais realmente boas, mas elas são boas apesar da forma, a qual é inerentemente ruim. O típico proprietário de uma ação preferencial depende, para sua segurança, da capacidade e do desejo da companhia de pagar dividendos sobre as *ações ordinárias*. No momento em que os dividendos ordinários são omitidos, ou mesmo ameaçados, sua própria posição se torna precária, pois os diretores não têm qualquer obrigação de continuar a pagá-los, a menos que também paguem dividendos sobre as ações ordinárias. Por outro lado, as ações preferenciais típicas não participam dos lucros da companhia além da taxa de dividendos fixa. Portanto, o proprietário de ações preferenciais não possui a mesma proteção legal do proprietário de títulos (ou credor) ou as oportunidades de lucro de um proprietário de ações ordinárias (ou sócio).

Essas fraquezas na posição legal das ações preferenciais tendem a ganhar destaque de forma recorrente em períodos de depressão. Apenas uma pequena percentagem de todas as ações preferenciais é suficientemente robusta para manter uma classificação de risco inquestionável (grau de investimento) em todas as circunstâncias. A experiência nos ensina que o momento para comprar ações preferenciais é quando seu preço está deprimido além da conta por causa de uma situação adversa temporária. (Em tais momentos, elas podem ser bem apropriadas para o investidor agressivo, mas demasiadamente não convencionais para o investidor defensivo.)

Em outras palavras, elas devem ser compradas somente quando estiverem subvalorizadas. Abordaremos adiante as ações conversíveis e outras emissões

6 O "cupom" de um título é sua taxa de juros; um título de "cupom baixo" paga uma taxa de juros abaixo da média do mercado.

igualmente privilegiadas, as quais carregam algumas possibilidades especiais de lucro. Em geral, elas não são apropriadas para uma carteira conservadora.

Outra peculiaridade na posição geral das ações preferenciais merece menção. Elas têm um tratamento fiscal mais favorável para os compradores corporativos do que para os investidores individuais. As empresas pagam imposto de renda sobre apenas 15% da renda que recebem em dividendos, mas sobre 100% de suas receitas normais provenientes de juros comuns. Já que, em 1972, a alíquota do imposto de renda para as pessoas jurídicas é de 48%, US$ 100 recebidos em forma de dividendos de ações preferenciais são tributados em apenas US$ 7,2, enquanto US$ 100 recebidos como juros de uma obrigação são tributados em US$ 48. Por outro lado, os investidores individuais pagam exatamente o mesmo imposto sobre os investimentos em ações preferenciais que sobre os juros das obrigações, exceto no caso de uma pequena isenção recente. Portanto, de acordo com uma lógica rígida, todas as ações preferenciais de grau de investimento deveriam ser compradas por pessoas jurídicas, enquanto todas as obrigações isentas de tributação deveriam ser compradas por investidores que pagam imposto de renda.[7]

As diferentes modalidades de obrigação

As modalidades das obrigações e das ações preferenciais, como já abordadas, são assuntos amplamente conhecidos e relativamente simples. O portador de um título tem o direito de receber juros fixos e o pagamento do principal em uma data definida. O dono de uma ação preferencial tem direito apenas a dividendos fixos, os quais devem ser pagos antes de qualquer dividendo comum, e mais nada. O valor de seu capital investido não vence em uma data específica. (O dividendo pode ser cumulativo ou não cumulativo e ele pode ou não ter direito a voto.)

O exposto anteriormente descreve os dispositivos-padrão e, sem dúvida, a maioria dos lançamentos de títulos e ações preferenciais, mas há inúmeras variações dessas modalidades. Os tipos mais conhecidos são os títulos conversíveis e afins e as obrigações vinculadas a receitas. Neste último tipo, os juros só precisam ser pagos se a empresa obtiver lucros. (Os juros não

7 Ações preferenciais, emitidas em sua maioria por bancos, causaram perdas devastadoras aos investidores durante a crise financeira de 2008-2009. Um emissor pode suspender os dividendos das ações preferenciais a qualquer momento.

pagos podem acumular como um débito contra os lucros futuros, mas por um prazo que é, com frequência, limitado a três anos.)

As obrigações vinculadas a receitas deveriam ser usadas pelas empresas muito mais extensivamente do que são. Aparentemente, essa falta de uso decorre de um mero acidente da história econômica, a saber, que elas foram primeiro empregadas em grande escala em conexão com reorganizações no setor ferroviário e, portanto, associadas desde cedo com a debilidade financeira e com um alto risco. Porém, a modalidade em si tem diversas vantagens práticas, sobretudo, se comparada com inúmeras ações preferenciais (conversíveis) recentemente lançadas e em substituição a elas. A principal delas é a possibilidade de deduzir os pagamentos de juros da renda tributável da companhia, a qual efetivamente corta pela metade o custo daquela forma de capital. Do ponto de vista do investidor, é provavelmente melhor para ele, na maioria dos casos, ter (1) um direito incondicional de receber pagamentos de juros *caso a empresa tenha lucro* e (2) um direito a *outras* formas de proteção diferentes dos procedimentos de falência caso a receita para pagar os juros não seja recebida e os juros não tenham sido pagos. Os dispositivos das obrigações vinculadas a receitas podem ser feitos sob medida para dar vantagens a credores e tomadores da maneira mais apropriada para ambos. (Privilégios de conversão podem, é claro, ser incluídos). A aceitação geral da modalidade inerentemente fraca de ações preferenciais e a rejeição da mais forte, ou seja, as obrigações vinculadas a receitas, é uma ilustração fascinante da maneira como as instituições e os hábitos tradicionais muitas vezes tendem a persistir em Wall Street apesar de condições novas, que demandam um ponto de vista novo. Com toda nova onda de otimismo ou pessimismo, estamos prontos para abandonar a história e os princípios testados pelo tempo, mas mantemos tenazmente nossos preconceitos sem questioná-los.

COMENTÁRIO SOBRE O CAPÍTULO 4
POR JASON ZWEIG

Não sendo capaz de controlar os eventos, eu me controlo e me adapto a eles, se eles não se adaptarem a mim.

– Michel de Montaigne[1]

A parte mais difícil de ser um investidor defensivo é se defender de si mesmo. A maior parte da sabedoria convencional sobre investimentos se concentra no que fazer. Os investidores inteligentes concentram a maior parte de sua energia no que *não* devem fazer.

ISTO NÃO É UM TESTE

Quanto de risco você deve assumir?

A resposta convencional depende do que os consultores financeiros chamam de "tolerância ao risco", um conceito nebuloso que eles geralmente medem fazendo apenas meia dúzia de perguntas, incluindo esta aqui sem sentido, entre as preferidas: *Se o mercado de ações caísse 20%, você venderia, manteria ou compraria mais?*

Quando os mercados estão calmos, é fácil dizer que você compraria mais em um crash, da mesma forma que você poderia dizer que é *claro* que entraria correndo em um prédio em chamas para resgatar as pessoas que estão lá dentro.

No entanto, dizer que você entraria correndo em um prédio em chamas é muito mais fácil do que entrar correndo em um prédio em chamas. E dizer que você compraria ações em um crash é muito mais fácil do que fazer.

Um crash do mercado não é um questionário.

Quando o preço de todas as ações está em chamas no seu celular, as manchetes são apocalípticas, os especialistas do mercado estão na televisão dizendo aos berros que você deve vender tudo antes que seja tarde demais, e sua família está implorando para que você pare de queimar dinheiro, comprar mais não é um ato de coragem; é algo aterrorizante.

---

1 Of presumption. *The complete essays of Montaigne*. Stanford University Press, 1965. p. 488.

Sua tolerância ao risco não se mantém constante durante boa parte da sua vida. Ela pode nem mesmo permanecer constante de hora em hora. É por isso que Graham adverte contra a escolha de seu portfólio com base em quanto risco você (ou seu consultor financeiro) acha que é capaz de suportar.

SUA "TOLERÂNCIA AO RISCO" ESTÁ FORA DE CONTROLE

Economistas e psicólogos demonstraram que o grau de risco financeiro que você está disposto a assumir depende sempre de:

- como o mercado de ações tem se saído ultimamente;
- o desempenho de seus próprios investimentos nos últimos tempos;
- se você está investindo sozinho ou em grupo;
- se você está se sentindo feliz, com raiva, triste, ansioso, com medo ou com repulsa;
- quanto dinheiro você tinha entre os 18 e os 25 anos;
- de que país ou cultura você vem;
- se os preços das ações terminam com os dígitos 4, 8 ou 9;
- onde você obteve o dinheiro que está investindo;
- a época do ano em que estamos;
- a hora do dia;
- se você dormiu bem ou não;
- há quanto tempo você comeu pela última vez;
- se está fazendo sol ou não;
- se você leu recentemente sobre um acidente de avião;
- se o seu time ganhou ou perdeu um grande jogo.

Estes são apenas alguns dos fatores que foram identificados. Todos são um lembrete de que, sem políticas e procedimentos para orientá-lo, você estará à mercê dos humores em constante mudança do mercado – e dos seus próprios também.[2]

DEFENSIVO *VERSUS* EMPREENDEDOR

Com base na suposição equivocada de que a tolerância das pessoas ao risco é estável, os consultores financeiros geralmente oferecem carteiras "conservadoras",

2 WEBER, Elke U.; KLEMENT, Joachim. Risk tolerance and circumstances. Disponível em: bit.ly/45dJzp1.

"moderadas" ou "agressivas", cujo risco é definido por sua exposição a ações. Um portfólio conservador pode ter no máximo 40% em ações; uma alocação moderada, 60%; uma cesta agressiva, 80% ou mais.

Graham diz que isso é ridículo. Quando o mercado de ações dispara, os investidores "conservadores" esquecem que sempre quiseram proteção contra perdas. Eles são tomados pela inveja dos ganhos que teriam obtido caso tivessem mais do que aqueles míseros 40% em ações. Desesperados para recuperar o tempo perdido, cansados de ouvir outras pessoas se gabarem de terem ficado ricas, eles compram ações correndo – bem antes de um crash.

Após a quebra do mercado, os investidores "agressivos" se esquecem de seu objetivo original de ganhar o máximo de dinheiro possível. Recolhendo os destroços de sua fortuna, eles fogem das ações e correm para a segurança do dinheiro. Corajosos como leões quando as ações estavam caras, eles se transformam em ratos quando o preço delas cai.

Em vez de usar noções falsas sobre tolerância ao risco, Graham faz uma distinção diferente: o grau de risco que você deve assumir depende de quanto tempo e da "quantidade de esforço inteligente" você está disposto a fazer e é capaz de colocar no investimento.

Se você estiver ocupado demais ou não se sentir qualificado para dedicar muito mais tempo e esforço do que o necessário para ler este livro, então Graham quer que você se considere um investidor *defensivo*. Isso significa que você não precisa se preocupar em se dedicar demais.

Isso não significa que ser um investidor defensivo seja fácil. Você precisará ter a disciplina necessária para seguir uma declaração de política de investimento (ver p. 138). Também deve aceitar que os mercados em alta farão você ficar para trás, que alguém que você conhece vai estar sempre ganhando mais dinheiro do que você e, acima de tudo, que você não sabe – e não se importa com isso – o que vai acontecer com os mercados financeiros.

No entanto, *você não deve sentir nenhuma vergonha* em concluir que é um investidor defensivo. Isso não é uma confissão de fraqueza, uma abdicação de responsabilidade nem uma admissão de que não é inteligente ou habilidoso. É simplesmente reconhecer que incorrer em taxas e custos mais altos em busca de retornos superiores é um desperdício de dinheiro, a menos que você também possa dedicar o tempo e o esforço necessários para ser um investidor empreendedor.

Por outro lado, se você gosta de estudar empresas e analisar demonstrações financeiras, provavelmente é um investidor empreendedor.

Você também vai precisar de uma política de investimento formal.

E terá que investir não apenas dinheiro, mas também muito do seu tempo e da sua energia.

Primeiro, você vai ter que analisar a fundo qualquer investimento antes de fazê-lo e enquanto possuí-lo. Terá de analisar a si mesmo ainda mais profundamente, criando um ambiente de aprendizado contínuo que lhe permitirá identificar seus erros, tirar proveito do feedback e desenvolver e seguir regras consistentes.[3]

A beleza da distinção feita por Graham entre investidores defensivos e empreendedores é que, ao contrário da sua suposta tolerância ao risco, ela não está sujeita a mudanças apenas porque os mercados estão em alta ou em baixa. Um investidor defensivo tem muito menos probabilidade do que um investidor "conservador" de sofrer o medo de perder quando as ações sobem, e um investidor empreendedor tem muito mais probabilidade do que um investidor "agressivo" de se manter disciplinado quando as ações caem.

PERGUNTAS MELHORES

Eis algumas perguntas que podem ajudar você a começar a obter respostas honestas sobre quanto dinheiro deve ter em ações.

Quais são minhas circunstâncias, minhas preferências e meus objetivos?

- Idade.
- Estado civil.
- Renda ou potencial de ganhos do cônjuge ou parceiro.
- Expectativa de segurança no emprego.
- Sou proprietário, alugo, ou pretendo comprar uma casa?
- Tenho ou terei filhos e terei que pagar pela educação deles?
- Vou herdar dinheiro ou precisarei sustentar meus pais?
- Qual a amplitude do meu plano de previdência pública?

3 Ver os Capítulos 5, 7, 11 e seus respectivos Comentários.

- Qual o meu grau de dependência dos meus investimentos para gerar uma renda regular?
- Quanto capital físico eu tenho disponível? Quanto posso fazer meu capital humano crescer? (ver p. 85)

O que eu fiz nos mercados em baixa do passado?

O melhor guia para saber como você vai agir na próxima queda é a forma como se comportou na última. Todos nós tendemos a reescrever nossa própria história, fazendo-nos mais corajosos na memória do que fomos na realidade. Se você se lembra da crise financeira de 2008-2009, talvez acredite que comprou mais ações quando, na verdade, vendeu ou manteve. Também pode achar que comprou mais durante o crash da covid em 2020 quando, na verdade, estava com medo demais para fazer qualquer coisa.

Procure seus extratos antigos. Se você vendeu ou ficou de braços cruzados nas quedas anteriores, provavelmente fará o mesmo na próxima. Não aumente sua exposição a ações hoje acima do que era na época.

Quão flexíveis são minhas metas?

Sua capacidade de suportar riscos depende, em parte, de quanto dinheiro você tem e pode ganhar – mas também de quanto controle você tem sobre o momento dos seus gastos futuros. Se você não puder adiar a compra daquela casa cara, ou se seus filhos têm de estudar em escolas particulares, sua capacidade de correr riscos é mais limitada do que seu saldo pode sugerir. Ter sempre dinheiro suficiente para cobrir pelo menos seis a doze meses de suas necessidades de gastos aumentará sua flexibilidade.

Qual é o meu nível de compreensão dos riscos no restante do meu portfólio?

Muitos consultores financeiros convenceram seus clientes a investir em ativos como dívidas de mercados emergentes, fundos de empréstimos bancários e imóveis não negociados em bolsa. Em uma crise, esses investimentos que geram renda, mas são arriscados, podem cair pelo menos tanto quanto as ações nos Estados Unidos. Os títulos de longo prazo, mesmo os do Tesouro norte-americano, sofrerão perdas acentuadas se as taxas de juros subirem. Investimentos que estão na moda, como private equity, capital de risco, fundos de hedge e outros "ativos alternativos", podem ser difíceis de vender se você precisar de dinheiro rapidamente. Se esses investimentos tiverem suplantado o dinheiro e os títulos públicos de curto e médio prazo em seu portfólio, você estará menos preparado do que imagina para resistir a uma queda nas ações.

Transformei regras em hábitos?

É da natureza humana acreditar, quando os tempos estão calmos, que você vai fazer a coisa certa no calor do momento. No entanto, em um crash, a força de vontade é inútil. Você só é capaz de manter a calma se tiver praticado regras saudáveis até que elas tenham se tornado bons hábitos. Se você confere o valor de seu portfólio várias vezes ao dia durante um mercado em alta, você desenvolveu um hábito tóxico – e você está se enganando se acha que não vai surtar e vender durante um mercado em baixa.

O ABC DE UM IPS

Uma declaração de política de investimento (IPS) é um documento formal que explicita suas circunstâncias, preferências e metas de investimento. Ela detalha como você planeja atingir seus objetivos, tomar decisões importantes e medir seu progresso. Também serve como um lembrete constante do que você está se comprometendo a *não* fazer.

Cada IPS, assim como cada investidor, é único. Você deve personalizar o modelo genérico a seguir de acordo com suas próprias necessidades e circunstâncias, fazendo alterações sempre que necessário.[4]

> Comece com uma declaração de missão:
>
> O principal objetivo desse portfólio é o crescimento de longo prazo, com um horizonte final de _____ anos, para ajudar a financiar as despesas das próximas décadas para nós, nossos filhos e netos. Vamos correr atrás desse objetivo com paciência e prudência, sem assumir riscos desnecessários e nunca buscando maximizar os retornos de curto prazo. O objetivo secundário será proporcionar uma renda regular. Os principais responsáveis pelas decisões serão _________ e _________.
>
> Em seguida, explique a estrutura:
>
> O portfólio será amplamente diversificado. Com base em uma análise cuidadosa de nossos objetivos, restrições e expectativas razoáveis de retorno sobre os seguintes ativos, ele alocará __ % em dinheiro, __% em títulos, __%

---

4 Para saber mais sobre a elaboração de uma IPS, ver CFA Institute Elements of an investment policy statement for individual investors. Disponível em: bit.ly/3rDrKBn; e Bogleheads.org. Investment policy statement. Disponível em: bit.ly/3NEVjtb.

em ações nacionais, __% em ações internacionais, __% em imóveis e __% em ________. Cada alocação será amplamente diversificada, com um mínimo de participações subjacentes. Jamais vamos usar margem ou qualquer outro tipo de dinheiro emprestado.[5] Manteremos caixa suficiente para cobrir pelo menos seis meses de despesas.

Em seguida, descreva a implementação:

Vamos reforçar nossa paciência fazendo __ rebalanceamentos por ano e calculando o custo médio em dólar. Vamos selecionar fundos mútuos, ETFs e outros investimentos pelo menor custo, não pelo maior retorno. As despesas anuais totais, incluindo todas as taxas e custos de negociação, não devem exceder 1%. Nunca compraremos um ativo somente porque seu preço subiu, nem venderemos somente porque seu preço caiu. Todas as compras e vendas devem estar em total conformidade com os critérios do nosso checklist, que deve ser preenchido antes de qualquer negociação. Se tivermos uma conta de "dinheiro da loucura", ela será financiada com no máximo 5% do nosso capital financeiro e segregada em uma instituição financeira distinta da do restante dos nossos ativos; em nenhuma circunstância de ganho ou perda poderemos acrescentar mais dinheiro a ela.[6]

Por fim, trate do monitoramento:

Vamos atualizar o valor de todas as nossas participações no máximo quatro vezes por ano. Mediremos o desempenho em relação aos benchmarks ________, avaliando primeiro os retornos plurianuais e, por último, os retornos recentes.

Uma vez por ano, vamos revisar esta IPS para avaliar se nossas circunstâncias, preferências ou objetivos mudaram.

Qualquer divergência em relação a esta IPS deve ser justificada por escrito e acordada por todos que fazem parte dela.

5 Ver o Comentário sobre o Capítulo 6.

6 Para reequilíbrio, ver pp. 141-142; custo médio em dólar, o Capítulo 5 e seu Comentário; despesas anuais, o Comentário sobre o Capítulo 9; checklists, o Comentário sobre o Capítulo 11; contas "dinheiro da loucura", o Capítulo 1 e seu Comentário.

Muitas vezes sugeri, brincando apenas em parte, que os investidores deveriam manter o original impresso de sua IPS em uma daquelas caixas de emergência vermelhas com uma placa EM CASO DE INCÊNDIO, QUEBRE O VIDRO. Se você não puder reescrever nenhum detalhe do documento a menos que primeiro quebre a caixa de vidro com um martelo, vai hesitar antes de alterá-lo impulsivamente na próxima vez que o mercado cair.

PASSIVO OU ATIVO?

Se você é um investidor defensivo, não deve se preocupar em escolher ações específicas nem com tentar superar o mercado. Se não puder dedicar tempo e esforço, não faz sentido tentar fazer algo em que não terá êxito.

Por sorte, ao optar por admitir que é um investidor defensivo, você não abre mão da possibilidade de obter bons resultados.

Depois de renunciar à tentativa de escolher ações específicas e tentar superar o mercado, você pode possuir todas as ações e se equiparar ao mercado. Os fundos de índice possuem praticamente tudo em um índice de referência, como o S&P 500 ou o MSCI All-Country World Index. Com eles, você possui todas as ações o tempo todo. As vencedoras crescem e as perdedoras somem, e você não precisa ficar comprando e vendendo.

Como os fundos de índice não custam quase nada para serem administrados, suas baixas despesas significam que quase todo o retorno do mercado flui para você. Isso, por sua vez, significa que eles superam a maioria dos investidores que incorrem em altas despesas de negociação e pesquisa. Ao longo do tempo, os fundos de índice tendem a obter retornos mais altos do que pelo menos dois terços dos investidores profissionais. O próprio Graham foi um dos primeiros defensores da indexação.[7]

Como investidor defensivo, você poderia comprar um fundo de índice, mantê-lo pelo resto de sua vida e quase nunca precisar tomar outra decisão significativa de investimento. Melhor ainda: você poderia ter a certeza de que, no longo prazo, se sairia melhor do que a maioria dos profissionais – por uma fração do custo e do aborrecimento.

---

7 Ver o Capítulo 9, seu Comentário, e ZWEIG, Jason. Would Benjamin Graham have hated index funds? Disponível em: bit.ly/3qb7iXS.

RECUPERANDO O EQUILÍBRIO

Como investidor defensivo, você precisa de mais uma arma em seu arsenal.

Comprar na baixa, vender na alta: esse é um dos princípios mais básicos do investimento. No entanto, mesmo que você detenha apenas fundos de índice, pode acabar fazendo o contrário: comprar na alta e vender na baixa.

Da forma como o cérebro humano funciona, comprar na alta e vender na baixa parecem coisas naturais e necessárias, enquanto comprar na baixa e vender na alta parecem algo assustador e equivocado.

Comprar na alta pode ser emocionante, especialmente quando você está em uma boa sequência. Se o mercado der uma reviravolta, vender na baixa muitas vezes parece ser a única forma de impedir que seu patrimônio seja sugado para um buraco negro de perdas. Quando investimos, nosso circuito neural automaticamente faz com que algumas ações prejudiciais sejam mais fáceis de tomar do que o comportamento benéfico.[8]

Para se proteger contra esse ciclo de busca pelo melhor desempenho, Graham sugere uma regra simples: "Nunca tenha menos de 25% ou mais de 75%" de seus ativos em ações. Isso também significa que você nunca deve ter mais de 75% ou menos de 25% em títulos. Você manteria mais ações quando elas parecessem baratas de acordo com os padrões históricos, e menos quando parecessem caras; na maioria das vezes, você vai preferir uma "divisão padrão" de 50% entre ações e títulos.[9]

Conforme expliquei no Comentário sobre o Capítulo 3, nunca é possível saber *com certeza* se o mercado de ações está supervalorizado ou subvalorizado, então a regra de Graham impede que você adote uma abordagem do tipo "ou tudo ou nada". Quando as ações dobram ou triplicam e você pode se sentir tentado a investir todo o seu dinheiro nelas porque tem certeza de que vão subir ainda mais, a regra de Graham ainda exige que você pare em 75% – só para o caso de estar errado. E, mesmo quando o mercado está despencando e parece estar caminhando para o desaparecimento, a regra de Graham não permite que você aplique menos de 25% em ações – apenas para o caso de estar errado também.

O equivalente atual da política de Graham é o *reequilíbrio*, um procedimento que define uma proporção-alvo de seus ativos totais a ser mantida em ações.

---

8 ZWEIG, Jason. *Your money and your brain*. Simon and Schuster, 2007.

9 Graham também trata de sua versão de reequilíbrio no Capítulo 8.

Uma vez por ano, ou após qualquer grande alta ou queda no mercado de ações, redefina suas participações novamente de acordo com as metas, vendendo parte de qualquer ativo que tenha subido mais e comprando parte de qualquer ativo que tenha caído mais. Ajuste o necessário para restaurar suas percentagens-alvo. O melhor lugar para fazer o reequilíbrio é em sua conta de aposentadoria, onde as vendas não gerarão consequências fiscais imediatas.[10]

Para simplificar, vamos supor que seus ativos consistam em dois fundos de índice amplamente diversificados negociados em bolsa, um com ações e o outro com títulos. Em sua política de investimento, você definiu sua meta de alocação como metade em ações e metade em títulos.[11] Se as ações caírem 20% e os títulos subirem 20%, o reequilíbrio seria o seguinte:

Em vez de emocionalmente comprar na alta e vender na baixa, você está automaticamente comprando na baixa e vendendo na alta. E está fazendo do mercado seu servo, em vez de seu mestre.

Afinal de contas, o objetivo final de ser um investidor defensivo não é se livrar do esforço, mas sim da preocupação.

TABELA 4-1 Reequilíbrio

	Saldo original	*Mudança em valor de mercado*	*Novo saldo*	*Ação necessária para o reequilíbrio*	*Saldo final*
Ações	$5.000	–20%	$4.000	Comprar $1.000	$5.000
Títulos	$5.000	+20%	$6.000	Vender $1.000	$5.000
Total	$10.000	—	$10.000		$10.000

10 Para um debate mais avançado, ver BERNSTEIN, William J. The rebalancing bonus. Disponível em: bit.ly/3rbDElh.

11 O mesmo método se aplica independentemente de sua alocação-alvo ser 50/50, 60/40, 70/30, 80/20, 90/10, 76/24 ou qualquer outra combinação. Em cada um dos casos, você venderia o suficiente do ativo vencedor e compraria o suficiente do perdedor para voltar à sua meta.

CAPÍTULO 5
O INVESTIDOR DEFENSIVO E AS AÇÕES ORDINÁRIAS

Os méritos do investimento em ações ordinárias

Na primeira edição (1949) deste livro, achamos necessário inserir nessa altura uma longa exposição dos fatores favoráveis à inclusão de um componente substancial de ações ordinárias em todas as carteiras de investimento.[1] As ações ordinárias eram, em geral, vistas como altamente especulativas e, portanto, inseguras; elas haviam caído bastante e constantemente se comparado com os níveis altos alcançados em 1946, mas, em vez de atraírem investidores por causa dos preços mais razoáveis, a confiança nelas foi minada por essa queda. Comentamos sobre a situação inversa que se desenvolveu nos vinte anos seguintes, durante os quais a grande alta dos preços das ações fez com que elas parecessem investimentos seguros e rentáveis, mesmo em níveis recordes, que poderiam incorporar um grau de risco considerável.[2]

O argumento a favor das ações ordinárias que apresentamos em 1949 se baseava em dois pontos principais. O primeiro era que elas ofereciam um grau considerável de proteção contra a erosão dos dólares do investidor causada pela inflação, enquanto as obrigações não ofereciam nenhuma proteção. A segunda vantagem das ações ordinárias residia no rendimento médio mais alto para os investidores ao longo dos anos. Isso era produzido tanto pela taxa média de dividendos, que excedia o rendimento das

---

1 No começo de 1949, o rendimento anual médio gerado pelas ações nos 20 anos anteriores havia sido de 3,1% *versus* 3,9% para os títulos de longo prazo do Tesouro. Naturalmente, 1949 acabou sendo um momento fabuloso para comprar ações. Na década seguinte, o S&P 500 teve uma média de 20,1% ao ano, um dos melhores retornos de longo prazo da história.

2 Os comentários anteriores de Graham sobre esse assunto aparecem na p. 44. Imagine o que ele teria pensado sobre os mercados do final da década de 1990 ou de 2021, nos quais cada novo recorde era considerado mais uma "prova" de que as ações eram um caminho livre de riscos para a fortuna!

obrigações boas, quanto pela tendência subjacente de aumento no valor de mercado ao longo dos anos, e como consequência do reinvestimento de lucros não distribuídos.

Embora essas duas vantagens tenham sido de grande importância, e tenham no passado conferido às ações ordinárias um desempenho de longo prazo muito melhor do que as obrigações, alertamos consistentemente que esses benefícios poderiam ser perdidos pelo comprador de ações se ele pagasse um preço alto demais por suas ações. Esse foi claramente o caso em 1929, levando 25 anos para o mercado retornar ao patamar anterior à queda abismal de 1929-1932.[3] Desde 1957, as ações ordinárias, por causa de seus preços elevados, perderam sua vantagem tradicional em termos da superioridade da taxa de dividendos em comparação com as taxas de juros das obrigações.[4] Ainda resta ver se, no futuro, os fatores inflação e crescimento econômico compensarão essa condição significativamente adversa.

Deve ser evidente para o leitor que não temos nenhum entusiasmo pelas ações ordinárias em geral no nível de 900 pontos do DJIA registrado no final de 1971. Por razões já aventadas,[5] acreditamos que o investidor defensivo não pode se dar ao luxo de ficar sem uma proporção apreciável de ações ordinárias em sua carteira, ainda que ele as considere o menor entre dois males, o maior deles sendo os riscos de concentrar tudo em títulos.

---

3 Ver Comentário sobre o Capítulo 3.

4 Por que os "preços altos" das ações afetam os rendimentos de dividendos? O rendimento de uma ação é resultado da divisão de seu dividendo em dinheiro pelo preço de uma ação ordinária. Se uma companhia paga um dividendo anual de US$ 2 quando o preço de sua ação é de US$ 100 por ação, seu rendimento é de 2%. Porém, se o preço da ação dobra enquanto o dividendo permanece constante, o rendimento do dividendo cairá para 1%. Em 1959, quando a tendência que Graham reconheceu em 1957 se tornou visível para todos, a maioria dos especialistas de Wall Street declararam que ela não poderia durar. Nunca antes as ações tinham rendido menos que as obrigações; afinal, uma vez que as ações são mais arriscadas do que as obrigações, por que alguém as compraria a menos que elas pagassem uma receita de dividendos adicional para compensar seu risco maior? Os especialistas argumentaram que o rendimento das obrigações superaria o das ações por, no máximo, poucos meses, e então as coisas voltariam ao "normal". Exceto por breves períodos entre 2008 e 2021, os títulos têm rendido mais que as ações desde então.

5 Ver pp. 80-81 e 120.

As regras para o componente de ações ordinárias

A escolha das ações ordinárias para a carteira do investidor defensivo deve ser um assunto relativamente simples. Aqui, sugerimos quatro regras a serem seguidas:

1. Deve haver uma diversificação adequada, porém não excessiva. Isso significa um mínimo de dez ações diferentes e um máximo de aproximadamente trinta.[6]
2. Todas as companhias escolhidas devem ser grandes, conceituadas e conservadoramente financiadas. Indefinidos como esses adjetivos possam ser, seu sentido geral é claro. Observações a respeito desse ponto serão acrescentadas no final do capítulo.
3. Cada companhia deve ter um histórico longo e ininterrupto de pagamentos de dividendos. (Todas as ações do Índice Industrial Dow Jones atendiam a essa exigência de dividendos em 1971.) Para sermos específicos sobre esse ponto, sugerimos a exigência de pagamentos ininterruptos de dividendos, começando, pelo menos, em 1950.[7]
4. O investidor deve impor algum limite no preço que pagará por uma ação em relação a seus lucros médios nos, digamos, últimos sete anos. Sugerimos que esse limite seja estabelecido em 25 vezes tais lucros médios e não mais que vinte vezes os dos últimos doze meses. No entanto, tal restrição eliminaria da carteira quase todas as companhias mais fortes e populares. Em particular, baniria virtualmente toda a categoria de "growth stocks", as quais têm sido, há alguns anos, as favoritas tanto de especuladores quanto de investidores institucionais. Precisamos explicar por que estamos propondo uma exclusão tão drástica.

Growth stocks e o investidor defensivo

O termo "growth stock" é aplicado àquelas empresas que aumentaram seus lucros por ação no passado a uma taxa bem acima daquela das ações ordinárias em geral e das quais se espera um aumento similar no futuro.

---

6 Para obter uma visão diferente da diversificação, veja os Comentários sobre os capítulos 7 e 14.

7 O investidor defensivo de hoje que deseja seguir tal estratégia pode escolher entre vários fundos negociados em bolsa orientados a dividendos.

(Alguns especialistas diriam que a expectativa seria de que uma verdadeira ação de crescimento rápido pelo menos dobrasse os lucros por ação em dez anos, isto é, os aumentasse a uma taxa anual composta superior a 7,1%.)[8] Obviamente, as ações desse tipo são atraentes para a compra e manutenção em carteira, contanto que o preço pago por elas não seja excessivo. O problema reside justamente no fato de os preços serem muito altos, uma vez que as ações de crescimento rápido há muito são vendidas a preços elevados em relação aos lucros atuais e a múltiplos muito maiores de seus lucros médios do passado. Essa tendência introduziu um elemento especulativo de peso considerável no quadro das growth stocks e torna difíceis as operações bem-sucedidas nesse campo.

A mais importante growth stock há muito tem sido a International Business Machines, que trouxe recompensas fenomenais àqueles que a compraram há muitos anos e mantiveram suas posições tenazmente. No entanto, já destacamos[9] que esta "melhora das ações ordinárias" efetivamente perdeu 50% de seu preço de mercado em um declínio de seis meses durante 1961-1962 e aproximadamente a mesma porcentagem em 1969-1970. Outras growth stocks se mostraram ainda mais vulneráveis aos movimentos adversos; em alguns casos, não apenas o preço caiu, mas os lucros também, causando, portanto, uma dupla frustração para aqueles que as possuíam. Um segundo exemplo esclarecedor para nossos propósitos é a Texas Instruments, que em seis anos aumentou de cinco para 256, sem pagar qualquer dividendo, enquanto seus lucros aumentaram de US$ 0,40 para US$ 3,91 por ação. (Observe que o preço avançou cinco vezes mais rapidamente que os lucros; essa é uma característica das ações ordinárias populares.) Porém, dois anos mais tarde, os lucros haviam caído em aproximadamente 50% e o preço em *80%*, para 49.[10]

---

8 A "Regra de 72" é uma ferramenta mental útil. Para estimar a extensão do prazo que uma quantia em dinheiro leva para dobrar, simplesmente divida 72 pela taxa de crescimento presumida. A 6%, por exemplo, o dinheiro dobraria em 12 anos (72 dividido por 6 = 12). À taxa de 7,1% citada por Graham, uma growth stock dobraria seus lucros em pouco mais de dez anos (72/7,1 = 10,1 anos).

9 Graham aborda esse assunto na p. 101.

10 Para demonstrar que as observações de Graham são perenemente verdadeiras, considere o exemplo recente da Zoom Video Communications. Do início de 2019 ao final de 2020, as ações dispararam de US$ 62 para US$ 568, com os lucros aumentando cerca de 30 vezes durante a pandemia de covid. Então, com a reabertura da economia, os lucros da Zoom despencaram e as ações caíram quase 90% nos dois anos seguintes. Como sempre, quanto mais valorizadas, maior a queda.

O leitor entenderá, por meio desses exemplos, por que consideramos as growth stocks, em seu conjunto, demasiadamente incertas e arriscadas para o investidor defensivo. Claro, maravilhas podem ser realizadas com escolhas individuais corretas, compradas em níveis certos e mais tarde vendidas após um grande aumento e antes de um provável declínio. Porém, é mais fácil para o investidor médio encontrar dinheiro brotando em uma árvore do que realizar esse tipo de feito. Em contraste, acreditamos que o grupo das grandes empresas, cujas ações são relativamente pouco populares e, portanto, podem ser compradas a múltiplos de lucro razoáveis,[11] oferece uma área segura, porém pouco espetacular, para o público em geral. Ilustraremos essa ideia em nosso capítulo sobre a escolha da carteira.

Mudanças de carteira

Atualmente, tornou-se uma prática-padrão submeter listas de todos os títulos em carteira para uma avaliação periódica, com o objetivo de verificar se sua qualidade pode ser melhorada. Isso, é claro, é uma parte substancial do serviço fornecido pelos consultores de investimento. Quase todas as corretoras estão prontas para fazer as sugestões correspondentes, sem cobrança adicional, em troca das comissões envolvidas. Algumas corretoras cobram pelos serviços de orientação de investimento.

Teoricamente, nosso investidor defensivo deveria receber – pelo menos uma vez ao ano – o mesmo tipo de orientação com relação a mudanças em sua carteira como aquela que buscou quando seus recursos foram inicialmente investidos. Já que ele terá pouco conhecimento próprio e especializado no qual se basear, é essencial que confie em firmas com a mais alta reputação; de outra forma, ele pode facilmente cair em mãos incompetentes ou inescrupulosas. De qualquer maneira, é importante que, em qualquer consulta desse tipo, ele deixe claro para seu assessor que deseja seguir de forma rigorosa as quatro regras de escolha de ações ordinárias apresentadas anteriormente neste capítulo. Incidentalmente, se sua lista for selecionada com competência desde o início, não deve haver necessidade de mudanças frequentes ou numerosas.

---

11 "Múltiplo de lucros" é um sinônimo para P/L ou razão preço/lucro, que mede quanto os investidores estão dispostos a pagar por uma ação em comparação com a rentabilidade do negócio subjacente. (Ver nota de rodapé 3 na p. 98, no Capítulo 3.)

Método do custo médio em dólares

A Bolsa de Valores de Nova York tem envidado esforços consideráveis para popularizar seu "plano de compra mensal", de acordo com o qual um investidor investe o mesmo montante em dólares todo mês na compra de uma ou mais ações ordinárias. Essa é uma aplicação de um tipo especial de "investimento automático", conhecido como custo médio em dólares. Durante a experiência predominantemente de alta desde 1949, os resultados de tal procedimento não poderiam deixar de ser altamente satisfatórios, sobretudo, por evitar que o praticante concentrasse suas compras nos momentos errados.

Em seu abrangente estudo sobre os planos de investimento automático,[1] Lucile Tomlinson apresenta um cálculo dos resultados do método do custo médio em dólares relativo ao grupo de ações que compõem o Índice Dow Jones. Os testes realizados abrangeram 23 períodos decenais de compra, o primeiro com término em 1929 e o último em 1952. Todos os testes apresentaram lucro no final do período de compra ou nos cinco anos seguintes. O lucro médio indicado no final dos 23 períodos de compra foi de 21,5%, excluindo os dividendos recebidos. Nem precisamos dizer que, em alguns exemplos, houve uma depreciação temporária substancial no valor de mercado. A senhorita Tomlinson termina a discussão desse tipo de investimento automático ultrassimples com esta frase surpreendente: "Ninguém descobriu ainda qualquer outro método de investimento automático que possa ser usado com tanta confiança e com sucesso no longo prazo, a despeito do que possa acontecer aos preços dos papéis, como o Custo Médio em Dólares."

Pode-se argumentar que o método do custo médio em dólares, embora saudável em princípio, é um tanto irreal na prática, uma vez que poucas pessoas estão em condições de disponibilizar para investimento em ações ordinárias uma quantia igual de dinheiro a cada ano durante, digamos, vinte anos. Parece-me que essa aparente objeção perdeu muito de sua força nos últimos anos. As ações ordinárias estão se tornando amplamente aceitas como um componente necessário de um programa bem estruturado de poupança e investimento. Portanto, compras sistemáticas e uniformes de ações ordinárias podem apresentar as mesmas dificuldades psicológicas e financeiras que os pagamentos periódicos semelhantes para seguros de vida e para a compra de obrigações de poupança do governo americano, as quais devem agir como um complemento. A quantia mensal pode ser pequena, mas os resultados após vinte anos podem ser impressionantes e importantes para o poupador.[12]

A situação pessoal do investidor

No começo deste capítulo, nos referimos brevemente à posição do proprietário de uma carteira individual. Voltemos a esse assunto à luz de nossa discussão subsequente sobre a política de investimento em geral. Em que medida o tipo de papel escolhido pelo investidor deve variar de acordo com suas circunstâncias? Como exemplos concretos que representam condições bastante diferentes temos: (1) uma viúva que herdou US$ 200.000, com os quais sustentará a si mesma e a seus filhos; (2) um médico bem-sucedido, na metade de sua carreira, que possui uma poupança de US$ 100.000, acrescida anualmente de US$ 10.000; e (3) um jovem que ganha US$ 200 por semana e poupa US$ 1.000 ao ano.[13]

Para a viúva, viver de renda é muito difícil. Por outro lado, a necessidade de adotar uma posição conservadora em seus investimentos é primordial. Uma divisão igualitária de seus recursos entre obrigações do governo americano e ações ordinárias com grau de investimento é um meio-termo entre esses objetivos e corresponde à nossa orientação geral para o investidor defensivo. (O componente de ações pode ser elevado a um nível tão alto quanto 75% se a investidora estiver psicologicamente preparada para essa decisão e se tiver certeza quase absoluta de não estar comprando a um nível alto demais. Esse definitivamente *não* é o caso no início de 1972.)

Não excluímos a possibilidade de que a viúva possa ser qualificada como um investidor empreendedor, hipótese em que seus objetivos e métodos serão bastante diferentes. Uma coisa que a viúva *não* deve fazer é se arriscar em oportunidades especulativas para "obter uma renda extra". Com isso queremos dizer almejar lucros ou uma receita alta sem o equipamento necessário para assegurar a confiança plena no sucesso total. Seria muito

---

12 Para mais informações sobre o custo médio em dólar, veja o Comentário sobre este capítulo e Nick Maggiulli, *Just Keep Buying*. Harriman House, 2022.

13 Para atualizar os números de Graham, pegue cada quantia em dólares desta seção e multiplique por oito.

melhor para ela retirar US$ 2.000 por ano de seu capital principal para equilibrar o orçamento do que arriscar metade disso em aventuras precariamente embasadas, portanto, especulativas.

O médico próspero não sofre as pressões e compulsões da viúva; no entanto, acreditamos que suas escolhas devam ser bastante semelhantes. Ele está disposto a canalizar esforços sérios na administração dos investimentos? Se ele não tiver tal impulso ou talento, é melhor que aceite o papel fácil de investidor defensivo. Então, a divisão de sua carteira não deve ser diferente daquela da viúva "típica", havendo o mesmo escopo para escolha pessoal na fixação do tamanho do componente de ações. A poupança anual deve ser investida aproximadamente nas mesmas proporções que os recursos como um todo.

É mais provável que um médico médio decida se tornar um investidor empreendedor do que uma viúva típica, e talvez seja mais provável que ele alcance sucesso nesse empreendimento. No entanto, ele tem um obstáculo importante: o fato de ter menos tempo disponível para aprender sobre seus investimentos e administrar seus recursos. Na verdade, os médicos têm sido notoriamente malsucedidos em suas negociações no mercado mobiliário. A razão para isso é que eles, em geral, confiam demais em sua inteligência e têm um forte desejo de obter um bom rendimento com seu dinheiro, sem perceberem que fazer isso com êxito exige uma atenção considerável ao assunto e uma abordagem quase profissional aos valores dos papéis.

Finalmente, o jovem que poupa US$ 1.000 ao ano, e espera melhorar sua situação gradualmente, se depara com as mesmas escolhas, embora por diferentes razões. Parte de sua poupança deveria automaticamente ser destinada aos títulos de Série E. O saldo é tão modesto que parece valer muito pouco a pena ele se submeter à dura disciplina educacional e temperamental para se qualificar como investidor ativo. Portanto, o recurso simples a nosso programa-padrão para o investidor defensivo seria simultaneamente a política mais fácil e a mais lógica para ele.

Não devemos ignorar a natureza humana nessa altura de nossa discussão. As finanças exercem um fascínio em muitos jovens brilhantes com recursos limitados. Eles gostariam de ser inteligentes e empreendedores na aplicação de suas economias, muito embora a renda dos investimentos seja muito menos importante para eles do que seus salários. Essa atitude é muito saudável. É uma grande vantagem para o jovem capitalista começar sua educação e experiência financeiras cedo. Se ele operar como um investidor agressivo, certamente cometerá alguns erros e terá alguns prejuízos. A juventude pode superar essas decepções e tirar proveito delas. Pedimos aos principiantes na compra de títulos para não desperdiçarem seus esforços e seu dinheiro tentando ganhar do mercado. Eles devem estudar os valores dos papéis e, inicialmente, testar suas avaliações de preços e valores com as menores somas possíveis.

Assim sendo, voltamos à afirmação, feita no início, de que o tipo de papel a ser comprado e a taxa de retorno a ser buscada não dependem dos recursos financeiros do investidor, mas de sua bagagem financeira em termos de conhecimento, experiência e temperamento.

Nota sobre o conceito de "risco"

É comum referir-se aos bons títulos como menos arriscados do que as ações preferenciais boas, e a estas últimas como menos arriscadas do que as ações ordinárias boas. Daí se desenvolveu um preconceito popular contra as ações ordinárias por elas não serem "seguras", conforme ficou demonstrado na pesquisa realizada pelo Federal Reserve Board em 1948. Gostaríamos de destacar que as palavras "arriscado" e "seguro" são aplicadas às obrigações de duas formas distintas, resultando em uma confusão conceitual.

Um título é claramente inseguro quando deixa de honrar seus pagamentos de juros ou valor investido. Da mesma forma, se uma ação preferencial ou mesmo uma ação ordinária é comprada com a expectativa de que uma dada taxa de dividendos continue, então, uma redução ou suspensão do pagamento de dividendos significa que ela provou ser insegura. É também verdade que um investimento é arriscado quando existe uma possibilidade razoável de o portador precisar vender em um momento em que o preço for bem inferior ao custo.

No entanto, o conceito de risco é, com frequência, ampliado de forma a ser aplicado a uma eventual queda no preço de um título, muito embora essa queda possa ser de natureza cíclica e passageira e ser improvável que o proprietário seja forçado a vender em tais épocas. Essas possibilidades estão presentes em todas as obrigações, com exceção dos títulos de poupança do governo americano e, em um sentido amplo, mais presentes nas ações ordinárias em geral do que nas ações preferenciais como uma classe. Porém, acreditamos que o que está envolvido aqui não é o risco verdadeiro no sentido útil do termo. O indivíduo que detém a hipoteca de um edifício pode ter um prejuízo substancial se for forçado a vendê-la em um momento desfavorável. Esse elemento não é considerado no julgamento da segurança ou do risco das hipotecas imobiliárias comuns, sendo o único critério a certeza de pagamentos pontuais. Da mesma forma, o risco associado a um negócio comercial comum é medido pelas chances de se perder dinheiro com ele, não pelo que poderia acontecer se o seu dono fosse forçado a vendê-lo.

No Capítulo 8, apresentaremos nossa convicção de que o investidor legítimo não perde dinheiro apenas por causa de uma queda no preço de mercado de sua carteira; portanto, o fato de que um declínio possa ocorrer não significa que ele esteja correndo um risco real de prejuízo. Se um conjunto de investimentos em ações ordinárias selecionadas mostra um rendimento geral satisfatório, quando medido através de um número razoável de anos, então esse conjunto de investimentos provou ser "seguro". Durante esse período, seu valor de mercado está sujeito a flutuações e pode, de tempos em tempos, ficar abaixo do custo do comprador. Se esse fato torna o investimento "arriscado", então ele teria de ser chamado ao mesmo tempo de arriscado e seguro. Essa confusão pode ser evitada se aplicarmos o conceito de risco somente a uma perda de valor que ocorre através de uma venda efetiva ou é causada por uma deterioração significativa na posição da companhia ou, talvez mais frequentemente, é resultado do pagamento de um preço excessivo em relação ao valor intrínseco do papel.[II]

Muitas ações ordinárias envolvem riscos de tal deterioração. Porém, é nossa tese que um investimento em um conjunto de ações ordinárias, executado de forma apropriada, não carrega qualquer risco substancial desse tipo e que, portanto, não deveria ser tachado de "arriscado" simplesmente por causa do elemento de oscilação de preços. No entanto, tal risco está presente se existe um perigo de que o preço tenha sido claramente alto demais com base nos padrões intrínsecos, mesmo se qualquer declínio de mercado posterior e severo possa ser recuperado em anos posteriores.

Nota sobre a categoria de corporações "grandes, conceituadas e conservadoramente financiadas"

A frase entre aspas do título foi usada anteriormente no capítulo para descrever o tipo de ações ordinárias ao qual os investidores defensivos deveriam restringir suas compras, contanto que também elas tivessem pago dividendos ininterruptos durante um número considerável de anos.

Um critério baseado em adjetivos é sempre ambíguo. Onde fica a linha divisória para tamanho, conceituação e financiamento conservador? No último ponto, podemos sugerir um padrão específico que, embora arbitrário, está alinhado com o pensamento geral. As finanças de uma companhia do setor industrial não são conservadoras a menos que as ações ordinárias (avaliadas por seu valor contábil) representem, pelo menos, metade da capitalização total, incluindo todo o endividamento bancário.[III] Para uma ferrovia ou companhia concessionária de serviços públicos, a proporção deveria ser de, pelo menos, 30%.

As palavras "grande" e "conceituada" carregam a noção de tamanho substancial combinado com uma posição importante no setor. Tais companhias são, com frequência, denominadas "com grau de investimento"; todas as outras ações ordinárias são então denominadas "de segunda linha", exceto as growth stocks, que são comumente agrupadas em uma classe separada por aqueles que as compram como tal. Para fornecer um elemento de concretude aqui, deixe-nos sugerir que para ser "grande", em termos atuais, uma companhia precisaria ter US$ 50 milhões em ativos ou um faturamento de US$ 50 milhões.[14] Novamente, para ser "conceituada", uma companhia deve ficar entre as 25% ou 33% maiores de seu ramo de negócios.

Seria insensato, no entanto, insistir em tais critérios arbitrários. Eles são oferecidos simplesmente como guias para aqueles que buscam orientação. Porém, qualquer regra que o investidor possa estabelecer para si mesmo e que não viole os sentidos comuns de "grande" e "conceituada" deve ser aceitável. Pela própria natureza do assunto, existe um grande grupo de companhias que alguns incluiriam e outros não entre aquelas apropriadas ao investimento defensivo. Não há problema em tal diversidade de opinião e ação. Na verdade, ela tem um efeito salutar sobre as condições do mercado acionário, por permitir uma diferenciação gradual ou transição entre as categorias de ações de primeira e de segunda linha.

---

14 Nos mercados atuais dos Estados Unidos, para ser considerada grande, uma empresa deve ter um valor total de ações (ou "capitalização de mercado") de pelo menos US$ 15 bilhões, ou valor contábil e receita anual aproximados de pelo menos US$ 5 bilhões e US$ 10 bilhões, respectivamente.

COMENTÁRIO SOBRE O CAPÍTULO 5

POR JASON ZWEIG

A linha que eu traço é que, se um ativo tem fluxo de caixa ou a probabilidade de fluxo de caixa no curto prazo e não depende puramente do que um futuro comprador poderá pagar por ele, então é um investimento. Se o valor de um ativo depende totalmente do valor que um futuro comprador poderá pagar por ele, então sua compra é especulação.

– Seth Klarman[1]

O investidor defensivo, como Graham escreveu no Capítulo 4, quer minimizar o tempo e o esforço que o investimento exige e quer "se livrar da preocupação".

No entanto, o mercado de ações não é a única preocupação dele. Como investidor defensivo, você enfrenta dois grandes perigos externos.

Primeiro, precisa se defender do setor de corretagem.

Como os investidores defensivos raramente negociam, eles não geram receita para as corretoras. A chamada "democratização do investimento" – negociação de baixo custo para qualquer pessoa que tenha um smartphone com um aplicativo de corretagem – é uma ilusão convincente. Parece uma ideia empoderadora, mas ela é capaz transformar investidores defensivos em traders hiperativos que enriquecem as corretoras.

Você também precisa se defender do contágio social.

Quando deixa que outras pessoas pensem por você, compromete seu bem mais valioso: sua independência intelectual. E, assim que perde parte do seu senso de identidade, a perda financeira não está muito distante. Quando perceber que perdeu a capacidade de pensar por si mesmo, será tarde demais.

---

1 ZWEIG, Jason. Why one legendary investor is more worried than ever. 18 de maio de 2010. Disponível em: bit.ly/3tS6V6i.

GAMIFICAÇÃO OU GAMBLIFICAÇÃO?

As empresas por trás de aplicativos de trading, como eToro, Robinhood, tastytrade e Webull, geralmente os descrevem como "gamificação", mas "gamblificação" seria mais preciso. Não deveríamos comparar os aplicativos de trading a games que podem tornar o aprendizado, o condicionamento físico, a dieta e outras atividades mais envolventes e alcançáveis. Deveríamos colocá-los lado a lado com aplicativos de pôquer, cassino e apostas esportivas, e com máquinas de jogos de azar que exploram usuários vulneráveis e viciam muitos deles.

Uma ferramenta de investimento gamblificada é divertida de usar, mas tem três características insidiosas. Ela foi projetada para incentivar o trading de curto prazo. É potencialmente viciante. E se baseia em técnicas de manipulação aperfeiçoadas pela indústria dos jogos de azar.[2]

Entre elas estão:

- **recursos audiovisuais brilhantes e enérgicos** que fazem com que os preços das ações se assemelhem a uma máquina caça-níqueis – destacando as mudanças em seu patrimônio, não o valor do seu patrimônio;
- **prêmios de raspadinha** semelhantes a bilhetes de loteria, que lhe dão uma ação aleatoriamente quando você se inscreve pela primeira vez – e a empolgação de jogar com o que parece ser dinheiro grátis;
- **alertas frequentes** que o notificam sobre grandes jogadas e o incentivam a negociar;
- **distintivos, troféus ou níveis** ("Prata", "Ouro", "Platina"), fazendo despertar a sua competitividade;
- **listas** das ações mais quentes ou mais populares;
- **copiar e curtir**, em que você pode imitar ou elogiar o trading de outras pessoas (assim como elas podem elogiar os seus);
- **tabelas de classificação** que mostram quem está ganhando mais dinheiro.

Os aplicativos gamblificados também induzem os usuários a negociar contratos de opções, que são muito mais arriscados e geram taxas de corretagem muito mais altas.[3]

---

2 NEWALL, Philip W. S.; WEISS-COHEN, Leonardo. The gamblification of investing. Disponível em: bit.ly/44nZOKI; FLAYELLE, Maèva *et al.* A taxonomy of technology design features that promote potentially addictive online behaviours. Disponível em: bit.ly/3wm9IWC.

3 Ver o Comentário sobre o Capítulo 16.

Os cassinos são projetados para maximizar o que os operadores chamam de TOD (*time on device*, ou tempo no dispositivo). Quanto mais tempo você passa em frente a uma máquina caça-níqueis, maior é a probabilidade de perder. Você deveria sair imediatamente se acertasse o jackpot, mas os cassinos aprenderam a prendê-lo a seu assento com recursos audiovisuais hipnóticos e "nanomonetização", a capacidade de fazer muitas pequenas apostas simultaneamente. Os aplicativos de corretagem gamblificados seguem o mesmo princípio de maximizar o TOD. Em 2020, ao testar o Robinhood, eu mesmo me tornei temporariamente viciado em trading.[4]

Um estudo da Comissão de Valores Mobiliários de Ontário descobriu que ganhar recompensas levou as pessoas a negociar com uma frequência 39% maior; ver uma lista semanal das ações mais negociadas levou os participantes a aumentar suas negociações dessas mesmas ações em 14%. A gamblificação de um aplicativo de corretagem com a adição de emblemas, níveis e tabelas de classificação também pode mudar a forma de pensar dos investidores. Em vez de buscarem cumprir suas próprias metas financeiras, eles se esforçam para superar os demais – tornando-se até duas vezes mais propensos a comprar ações de alto risco.[5]

QUANTO MAIS RÁPIDO VOCÊ CORRE, MAIS PARA TRÁS VOCÊ FICA

O trading veloz incentivado pelos aplicativos de corretagem proporciona diversão a curto prazo e perdas a longo prazo.

- Entre mais de 66 mil domicílios norte-americanos que usam uma grande corretora, aqueles que negociaram mais tiveram um desempenho inferior aos que negociaram menos em mais de 7 pontos percentuais por ano.
- Um estudo com cerca de 20 mil clientes de corretagem de varejo no Brasil descobriu que, entre aqueles que continuaram a fazer trading de curto prazo por pelo menos 300 dias, 97% perderam dinheiro.
- Menos de 3% dos *day traders* ativos em Taiwan obtêm lucro, embora a maioria não consiga parar de negociar. Pessoas com histórico de perda de dinheiro geram 75% do total de negociações.

---

4 SCHÜLL, Natasha Dow. *Addiction by design*: machine gambling in Las Vegas. Princeton University Press, 2014; ZWEIG, Jason. I started trading hot stocks on Robinhood. Then I couldn't stop. Disponível em: bit.ly/3NVuYHw.

5 Ontario Securities Commission. Digital engagement practices in retail investing. Disponível em: bit.ly/3rg29hb; HÜLLER, Christoph *et al*. When financial platforms become gamified, consumers' risk preferences change. Disponível em: bit.ly/3QcDCCT.

- Os CFDs (*contracts for difference*, ou contratos por diferença) são uma forma popular de fazer apostas de curto prazo sobre se o preço de um ativo vai subir ou cair. Em média, 74% a 89% dos clientes que negociam CFDs perdem dinheiro.[6]

O mercado de ações deveria ser o que os economistas chamam de um jogo de soma positiva: à medida que as empresas crescem, seus lucros cada vez maiores geram dividendos e fazem subir os preços das ações, permitindo que os investidores acumulem riqueza.

No entanto, se você aposta em vez de investir, transforma o mercado de ações em um jogo de soma negativa: você perde a oportunidade de colher os frutos da manutenção de longo prazo, gera custos de negociação desnecessários e cria cobranças fiscais punitivas. Em vez de quebrar a banca, a banca é que quebra você.[7]

GAMBLIFICAÇÃO É UMA FORMA DE APRENDIZADO?

Os defensores dos aplicativos de corretagem gamblificados os defendem com argumentos como "Tornar os investimentos algo divertido é uma ótima forma de fazer com que os jovens os experimentem, mesmo que percam dinheiro no começo", ou "Você precisa correr riscos para aprender a administrá-los".

Por que investidores inexperientes deveriam se comportar de forma arriscada para aprender a agir de maneira segura? Não fazemos os adolescentes beberem de forma responsável os desafiando a virar cinquenta *shots* de whisky; não ensinamos os jovens a dirigir os incentivando a bater com o carro no muro a 100 km/h; tampouco falamos de segurança com armas de fogo fazendo novatos praticarem tiro ao alvo mirando uma espingarda no próprio pé.

Aplicativos de corretagem gamblificados que estimulam pessoas influenciáveis a adotar comportamentos de investimento perigosos são um aprendizado terrível – se não trágico – para a vida.

---

6 BARBER, Brad M.; ODEAN, Terrance. Trading is hazardous to your wealth. Disponível em: bit.ly/3LZdE49; CHAGUE, Fernando *et al*. Day trading for a living? Disponível em: bit.ly/45D0qkU; BARBER, Brad M. *et al*. Learning, fast or slow. Disponível em: bit.ly/3tvNn7n; European Securities and Markets Authority. Disponível em: bit.ly/45z1kyy.

7 A chamada negociação "gratuita" em aplicativos como o Robinhood não é gratuita. Embora você não pague uma comissão, os custos estão embutidos no preço. As corretoras podem embolsar uma parte do spread de compra e venda, a diferença entre a oferta mais alta (o preço máximo pelo qual alguém se oferece para comprar) e a oferta mais baixa (o mínimo que alguém aceitará para vender). Elas também recebem "pagamento pelo fluxo de ordens", uma taxa legal, mas quase invisível.

A SABEDORIA DAS MULTIDÕES

Pode parecer racional se juntar ao rebanho.

Nossa experiência diária e nossa história evolutiva nos ensinam que as multidões geralmente estão certas.

Você provavelmente não comeria em um restaurante completamente vazio, não compraria um produto que não tivesse nenhuma avaliação positiva na internet, nem compraria uma casa na qual ninguém mais quisesse fazer uma oferta.

Aprender com os outros auxilia a cooperação e a solução coletiva de problemas; os grupos geralmente sabem mais do que uma pessoa só.

Além disso, você se sente mais seguro dentro do rebanho. Todos nós queremos ser populares, fazer parte da multidão "da moda". Quanto maior for o grupo ao qual pertencemos, mais convincente e irresistível será sua mensagem – e uma multidão virtual não tem restrições físicas de tamanho. Milhões de pessoas podem participar. Basta possuir uma ação em alta sobre a qual você possa falar com milhares de outras pessoas na internet que a adoram, e você vai se sentir como uma grande baleia. Tenha uma ação em queda que ninguém quer, e você vai se sentir como uma sardinha em um grande cardume.

Além disso, se você estiver agindo sozinho e cometer um erro, não terá ninguém para culpar além de si mesmo. Se seguir o exemplo da multidão e acabar por estar errado, pode dar de ombros e dizer: "Todo mundo estava errado também".

Por fim, uma multidão pode fazer coisas acontecerem. Desde 2020, enxames de investidores reunidos no Reddit, no Twitter e no Discord começaram a combinar seu poder de compra e aumentar os preços de suas ações preferidas: AMC Entertainment Holdings, GameStop, Bed Bath & Beyond e muitas outras. Os líderes e os pioneiros obtiveram lucros centenas de vezes maiores do que aquilo que investiram. Ao canalizar o poder de compra de milhões de pequenos investidores para um pequeno número de ações, eles criaram uma força gigantesca capaz de fazer com que as ações de uma empresa disparassem apenas por mencioná-la na internet. Qualquer um podia entrar na dança. Por que não se juntar à diversão?

A LOUCURA DAS MULTIDÕES

No entanto, as multidões nem sempre estão certas, e seus erros são contagiosos.

Isso pode ser catastrófico, como quando milhões de pessoas caem no feitiço de assassinos como Hitler ou Mussolini. Ou pode ser insidioso, como quando as teorias da conspiração se tornam epidemias mentais e crenças infundadas sobre investimentos se tornam virais.

O que diferencia a sabedoria da multidão da loucura da multidão?

Em 1907, o estatístico Francis Galton descreveu os resultados de um concurso em uma feira agrícola em que cerca de 800 visitantes tentaram adivinhar o peso de um boi. Embora muitos soubessem pouco ou nada sobre bois e seus palpites variassem muito, a estimativa média dos visitantes acabou sendo o peso exato do animal.[8]

Os participantes do concurso de Galton tinham variados pontos de vista, procuravam ganhar um prêmio pelo palpite mais preciso, não conheciam as estimativas de outras pessoas e tinham de pagar uma taxa de inscrição. Os patrocinadores do concurso recebiam todos os palpites e os contabilizavam de forma justa.

Os julgamentos dessa multidão eram independentes, confidenciais, diversificados, incentivados e agregados – e, portanto, notavelmente precisos na estimativa de valores simples.[9]

Nos mercados financeiros de hoje, as multidões virtuais e as redes sociais transbordam de emoções, mas informações valiosas são escassas. As previsões são feitas em público, com inúmeros desconhecidos tentando influenciar as opiniões alheias. Populares influenciadores podem provocar o "estouro da boiada", atropelando a diversidade cognitiva à medida que milhões de pessoas correm para adotar as mesmas crenças. Não há barreiras para a entrada, não há um modo fácil de verificar as credenciais de supostos especialistas, nem um registro de quão precisas ou extremadas são as opiniões.

Com bastante frequência, os julgamentos desse tipo de multidão são o oposto dos de Galton: interdependentes, públicos, homogeneizados, não incentivados e desagregados. Isso pode transformar a sabedoria da multidão em loucura.

O peso de um boi não muda com as estimativas das pessoas sobre ele. No entanto, se milhões de especuladores decidirem repentinamente que uma ação vale US$ 100 mil, ela vai disparar – pelo menos temporariamente –, mesmo que não tenha valor nenhum.

---

8 GALTON, Francis. Vox populi. Disponível em: bit.ly/44kPaZY; e The ballot-box. Disponível em: bit.ly/3PzB9U3; WALLIS, Kenneth. Revisiting Francis Galton's forecasting competition. Disponível em: bit.ly/443G5Fh.

9 SUROWIECKI, James. *The wisdom of crowds*. Doubleday, 2004; MAUBOUSSIN, Michael J. Explaining the wisdom of crowds. Disponível em: bit.ly/3D0j4Hu; BERNSTEIN, William J. *The delusions of crowds*. Grove Atlantic, 2021.

O REBANHO NA RUA

Saber o que as outras pessoas pensam muda a forma como você pensa. Quando você descobre que um grupo de colegas discorda de você, torna-se até três vezes mais provável que suas escolhas correspondam às deles, embora você não tenha consciência de que está sendo influenciado. Uma única exposição a uma opinião de alguém descrito como especialista aumenta seu grau de lembrança das informações e o quanto você as considera positivas. E concordar com seus colegas ou com supostos especialistas ativará as mesmas regiões do cérebro que processam a antecipação da recompensa.

À medida que as informações se tornam mais complexas ou ambíguas, você fica mais propenso a interpretá-las da mesma forma que a multidão. E as redes sociais, por definição, amplificam opiniões que se assemelham às suas. Um estudo recente descobriu que os investidores têm cinco vezes mais probabilidade de seguir nas redes sociais usuários que concordam com eles, e verão quase três vezes mais mensagens com as quais concordam do que com as quais discordam. O estudo mostrou que cair nesse tipo de câmara de eco leva as pessoas a negociar mais – e a obter retornos menores.[10]

Quanto mais pessoas "curtirem" uma publicação nas redes sociais, maiores serão as chances de você também curti-la. "Curtir" uma publicação que já foi curtida por muitas outras pessoas ativa um importante centro de recompensa no cérebro humano com mais intensidade do que curtir uma publicação menos popular. Em plataformas públicas de corretagem, o fato de outras pessoas "curtirem" suas negociações pode levá-lo a negociar três vezes mais do que aqueles que não receberam esse feedback.

Enquanto isso, ir de encontro ao consenso ativa circuitos no cérebro que geram dor, medo, ansiedade e repulsa. Se você já torceu contra o time da casa em um estádio lotado, ou já defendeu seu candidato em uma sala cheia de membros de um partido político de oposição, sabe como é difícil não fazer parte do grupo. E quanto maior ele for, mais doloroso é estar sozinho.[11]

---

10 COOKSON, J. Anthony *et al.* Echo chambers. Disponível em: bit.ly/44KpkiC.

11 Os gestores de fundos profissionais enfrentam as mesmas pressões que os investidores individuais – e parecem não ter muito mais sucesso em resistir a elas: HONG, Harrison *et al.* Thy neighbor's portfolio. Disponível em: bit.ly/44KJyZq; SIAS, Richard W. Institutional herding. Disponível em: bit.ly/3pOeB7G; SCHARFSTEIN, David S.; STEIN, Jeremy C. Herd behavior and investment. Disponível em: bit.ly/3JZJ8WS; JIANG, Hao; VERARDO, Michela. Does herding behavior reveal skill? Disponível em: bit.ly/44p0aWN.

Pior ainda, os algoritmos incorporados em plataformas como Facebook, Twitter e TikTok parecem ter sido projetados para maximizar o tempo que você passa no seu dispositivo. Eles fazem isso fixando sua atenção em celebridades, pessoas que concordam com você e informações e imagens que atiçam suas emoções. Isso faz com que determinado conteúdo pareça mais predominante do que de fato é e, portanto, mais persuasivo do que deveria ser. Esses algoritmos são um campo de força invisível, mas generalizado, que o impede de pensar por si mesmo.[12]

COMO SE VACINAR CONTRA O CONTÁGIO

Como você pode nunca perceber o quanto um grupo está influenciando sua postura e suas decisões, é fundamental se proteger *antes* de se juntar *à* multidão.

Primeiro, não entre em um grupo que tenha valores diferentes dos seus. Você deve se casar com seus investimentos, não ter caso passageiro com eles – e se associar a pessoas que operam no trading de forma promíscua sem dúvida vai infectar seu comportamento. Procure investidores pacientes e com a mesma opinião em comunidades virtuais como bogleheads.org, HumbleDollar.com, MutualFundObserver.com ou ValueInvestorsClub.com.

Procure por postagens que:

- fiquem longe de "comentários urgentes" sobre as últimas manchetes;
- evitem a raiva, a ostentação e a zombaria;
- e revelem suas fontes, vinculando-as a dados de longo prazo e pesquisas revisadas por pares, em vez de apenas fazer afirmações sem evidências.

Se você tem opiniões sobre qual ativo ou estratégia de investimento é a certa para você, escreva os motivos de suas crenças antes de explorar o que algum grupo virtual está falando. Não tome nenhuma atitude sem reler seu raciocínio original e determinar se há uma base razoável para mudá-lo – fundamentada em dados e evidências, não apenas nas opiniões de pessoas aleatórias na internet.

Lembre-se de que a internet e as redes sociais são campos de distorção da realidade: as curtidas vão para os conselhos mais barulhentos e ousados, não para os melhores. Há conflitos de interesse de sobra, mas que muitas vezes não são revelados. Os bots distorcem a atenção que as publicações recebem.

---

12 SHERMAN, Lauren E. *et al*. The power of the *like* in adolescence. Disponível em: bit.ly/4a596CG; PELSTER, Matthias; BREITMAYER, Bastian. Attracting attention from peers. Disponível em: bit.ly/44M8osi; BRADY, William J. *et al*. Algorithm-mediated social learning in online social networks. Disponível em: bit.ly/44GszY4.

Paradoxalmente, quanto mais conhecimento as pessoas têm, mais frequentemente elas dirão "Não sei" ou "Depende", o que faz com que pareçam saber menos do que aqueles que frequentemente estão errados, mas nunca em dúvida. São as pessoas que admitem os limites de seu conhecimento que devem ser ouvidas.

SEJA UM INVESTIDOR-LAGARTA

Para ser bem-sucedido como investidor defensivo, você deve ser capaz de dar as costas à multidão; caso contrário, correrá o risco de reagir de forma quase sempre exagerada a notícias, opiniões e rumores.

Não especule; automatize.

Com o custo médio em dólares, você pode investir uma quantia fixa em intervalos predeterminados: toda semana, todo mês, todo trimestre, todo ano, sempre que puder, o que puder pagar. Sua corretora ou firma vai transferir automaticamente o dinheiro do seu banco, de modo que você não precise mexer um único dedo.

Muitos planos de aposentadoria corporativos e sistemas de pensão públicos fazem isso por você, mas usar dinheiro adicional próprio é outra forma de impor disciplina a si mesmo.

Em vez de entrar e sair do mercado em saltos gigantescos, torne-se uma lagarta, acrescentando constantemente mais, independentemente do que aconteça com o mercado. Esse plano de investimento automático não garante que você não vá perder dinheiro, mas o obriga a continuar investindo mesmo quando o mercado está em queda, e evita que você coloque dinheiro impulsivamente quando as ações estão em alta. Essas compras automatizadas ficam fora de vista, fora da sua cabeça, para que você não tome decisões frequentes e *ad hoc* das quais vai se arrepender mais tarde.

Ao usar o custo médio em dólares com uma cesta simples de fundos de índice e comprar e vender apenas para reequilibrar, você pode colocar todo o seu portfólio em vários níveis de piloto automático.

Como Graham escreveu sobre o custo médio em dólares em 1962:

> Essa política acabará por se pagar, independentemente do momento em que for iniciada, desde que seja seguida de forma consciente e corajosa em todas as condições intermediárias. Isso (...) pressupõe que o investidor (...) não estará

> sujeito às alternâncias de alegria e tristeza profunda que acompanharam as oscilações do mercado de ações nas gerações passadas.

Em uma fala no ano seguinte, ele acrescentou:

> Dessa forma, você compra mais ações quando o nível do mercado está baixo e menos ações quando está alto. Esse método funcionou extremamente bem para aqueles que tiveram (a) dinheiro, (b) tempo e (c) disciplina necessários para seguir uma política consistente ao longo dos anos, independentemente de o mercado estar em alta ou em baixa. Se você conseguir fazer isso, terá a garantia de sucesso satisfatório em seus investimentos.[13]

Em vez de seguir o rebanho, siga as políticas de Graham. No curto prazo, você vai perder um pouco da diversão; no longo prazo, vai acumular muito mais riqueza.

---

13 GRAHAM, Benjamin. *Some investment aspects of accumulation through equities*. Disponível em: bit.ly/3RLiNjV; e *Securities in an insecure world*. Disponível em: bit.ly/449pBuT.

CAPÍTULO 6

A POLÍTICA DE INVESTIMENTOS PARA O INVESTIDOR EMPREENDEDOR: UMA ABORDAGEM NEGATIVA

O investidor "ativo" deveria começar da mesma forma que o investidor defensivo, ou seja, dividindo seus recursos entre as obrigações com grau de investimento e as ações ordinárias com grau de investimento compradas a preços razoáveis.[1] Ele estará preparado para investir em outros tipos de papéis, mas em cada caso desejará obter uma justificativa bem fundamentada para tomar tal atitude. É difícil discutir esse tópico de maneira ordenada, porque não existe um padrão simples ou ideal para as operações ativas. O campo de escolha é amplo; a escolha deve depender não apenas da competência e da capacidade do indivíduo, mas, talvez em grau igual, também de seus interesses e preferências.

As generalizações mais úteis para o investidor empreendedor são do tipo negativo. Ele deve deixar as ações preferenciais com grau de investimento para os compradores que sejam pessoas jurídicas. Ele também deve evitar os tipos inferiores de títulos e ações preferenciais, a menos que estas possam ser compradas com subvalorizações, o que em geral significa comprar a preços inferiores a 30% da paridade, no caso de instrumentos com taxas de juros altas, e muito menos, no caso de papéis com taxas de juros mais baixas.[2] Ele

---

1 Aqui Graham cometeu um lapso de língua. Após insistir, no Capítulo 1, que a definição de um investidor "empreendedor" depende não do grau de risco que você busca, mas do volume de trabalho que está disposto a dedicar, Graham retorna à noção convencional de que os investidores empreendedores são mais "ativos". O restante do capítulo, no entanto, deixa claro que Graham mantém sua definição original. (O grande economista inglês John Maynard Keynes parece ter sido o primeiro a usar o termo "empreendimento" como um sinônimo para investimento analítico.)

2 "Instrumentos com taxas de juros altas" são obrigações corporativas que pagam taxas de juros acima da média (nos mercados atuais, pelo menos 8%) ou ações preferenciais que pagam dividendos altos (6% ou mais). Se uma companhia precisa pagar taxas de juros altas para tomar dinheiro emprestado, esse é um sinal fundamental de que ela é um investimento arriscado. "Títulos de segunda classe" agora são chamados de "alto rendimento" ou "títulos de alto risco".

deixará alguma outra pessoa comprar os títulos de governos estrangeiros, por mais atraente que possam ser os rendimentos. Ele também terá cautela com todos os tipos de lançamentos, incluindo as obrigações conversíveis e ações preferenciais que parecerem bastante tentadoras e as ações ordinárias com excelentes rendimentos, ocorridos apenas no passado recente.

Para os investimentos-padrão em títulos, o investidor ativo faria bem em seguir o sugerido para seu colega defensivo e escolher entre as ações tributáveis com grau de investimento, as quais podem agora ser selecionadas de modo a render aproximadamente 7,25%, e obrigações isentas de tributação de boa qualidade, as quais rendem até 5,3% no caso dos vencimentos mais longos.[3]

Títulos e ações preferenciais de segunda linha

Uma vez que, desde o final de 1971, tem sido possível encontrar obrigações privadas com grau de investimento que rendem 7,25%, e até mais, não faria muito sentido comprar obrigações de segunda linha simplesmente em função do retorno maior que elas proporcionam. Na verdade, as empresas com uma classificação de crédito baixa ficaram virtualmente impossibilitadas de vender obrigações "simples", ou seja, não conversíveis, ao público nos últimos dois anos. Logo, o financiamento de seu endividamento tem sido feito por meio da venda de obrigações conversíveis (ou obrigações atreladas a cauções), que estão em uma categoria à parte. Portanto, virtualmente todas as obrigações não conversíveis de classificação baixa representam obrigações mais antigas que são vendidas com um grande desconto. Assim sendo, elas oferecem a possibilidade de um ganho substancial no valor do capital investido em condições favoráveis no futuro, as quais, nesse caso, significariam a combinação de uma melhora na classificação de crédito da companhia e taxas de juros mais baixas no mercado em geral.

Porém, mesmo em relação aos descontos de preços e à probabilidade resultante de um ganho principal, as obrigações de segunda linha competem com lançamentos melhores. Algumas obrigações bem estabelecidas e com cupom "ao estilo antigo" (2,5% a 4%) eram vendidas a aproximadamente US$ 0,50 a cada dólar em 1970. Exemplos: a American Telephone & Telegraph

3 No início de 2024, os rendimentos equivalentes eram de aproximadamente 5,5% em títulos corporativos de alta qualidade e 3,5% em títulos municipais isentos de impostos de 20 anos.

de 2,625%, com vencimento em 1986, vendida a 51; a Atchison Topeka & Santa Fe RR de 4%, com vencimento em 1995, vendida a 51; e a McGraw--Hill de 3,875%, com vencimento em 1992, vendida a 50,5.

Portanto, nas condições prevalecentes no final de 1971, os investidores empreendedores provavelmente podem obter das obrigações de boa qualidade negociadas com grandes descontos tudo que razoavelmente poderiam desejar em termos de receita e oportunidades de apreciação.

Ao longo deste livro, nos referimos à possibilidade de que qualquer situação de mercado prolongada e bem definida do passado pode voltar a acontecer no futuro. Portanto, precisamos considerar qual a política que o investidor ativo deve adotar no campo das obrigações se os preços e rendimentos dos títulos com grau de investimento retornarem aos níveis normais anteriores. Por essa razão, reimprimimos aqui nossas observações sobre esse assunto apresentadas na edição de 1965, quando as obrigações com grau de investimento rendiam apenas 4,5%.

Algo precisa ser dito neste ponto sobre o investimento em obrigações de segunda linha, as quais podem ser facilmente encontradas com qualquer retorno especificado até 8% ou mais. A principal diferença entre os títulos de primeira e de segunda linha é, em geral, encontrada no número de vezes que as despesas com o pagamento de juros são cobertos pelos lucros. Exemplo: no começo de 1964, os títulos com pagamento periódico de juros da Chicago, Milwaukee, St. Paul & Pacific, de 5%, rendiam 7,35% ao preço de 68. Porém, as despesas totais com juros da ferrovia, antes do imposto de renda, foram cobertas apenas 1,5 vez em 1963, em comparação com nossa sugestão de cinco vezes para uma obrigação de ferrovia bem protegida.[I]

Muitos investidores compram valores mobiliários desse tipo porque "precisam de renda" e não podem conviver com o retorno mais magro oferecido pelas obrigações com grau de investimento. A experiência mostra com clareza que não é sábio comprar uma obrigação ou uma ação preferencial que carece de segurança adequada simplesmente porque seu rendimento é atraente. (Aqui, a palavra "simplesmente" significa que a obrigação não está sendo negociada com um desconto grande, portanto, não oferece oportunidades de um ganho substancial no valor de principal.) Onde tais títulos são comprados a preços "cheios", isto é, não muitos pontos abaixo de 100,[4] as chances são

---

4 Os preços das obrigações são cotados em percentagens do "valor de paridade" ou 100. Uma obrigação com preço de "85" está vendendo a 85% de seu valor de principal; uma obrigação com

muito grandes de que, em algum momento no futuro, o proprietário se depare com cotações bem inferiores. A razão para tal é que, quando surgem problemas comerciais, ou apenas um mercado adverso, as obrigações desse tipo são altamente suscetíveis a quedas expressivas. Com frequência, os juros ou dividendos são suspensos ou, pelo menos, ameaçados de suspensão, e, muitas vezes, há uma fraqueza de preços pronunciada, muito embora os resultados operacionais não sejam tão ruins.

Como uma ilustração específica dessa característica das obrigações com prioridade no recebimento de juros de segunda linha, deixe-nos resumir o comportamento, em 1946-1947, dos preços de um grupo de dez *obrigações de receita* emitidas por ferrovias. Isso abrange todas aquelas vendidas a um preço igual ou superior a 96 em 1946, sendo 102,5 a média de seus preços máximos. No ano seguinte, o grupo registrou, em média, preços mínimos de apenas 68, uma perda de um terço do valor de mercado em um intervalo muito curto. Estranhamente, as ferrovias americanas apresentaram lucros muito melhores em 1947 do que em 1946; portanto, a queda drástica de preços ia na contramão da conjuntura de seus negócios, tendo sido reflexo de um forte movimento vendedor no mercado como um todo. Porém, deve ser destacado que a queda dessas obrigações de receita foi proporcionalmente maior do que aquela das *ações ordinárias* do Índice Industrial Dow Jones (aproximadamente 23%). Obviamente, o comprador dessas obrigações a um custo acima de 100 não poderia esperar participar, em qualquer medida, de um aumento posterior no mercado de valores mobiliários. A única característica atraente era a taxa de juros, uma média aproximada de 4,25% (comparada com 2,50% para as obrigações com grau de investimento, uma vantagem de 1,75% na receita anual). No entanto, a sequência mostrou rápida e muito claramente que o comprador dessas obrigações de segunda linha se arriscava a perder uma parte substancial de seu aporte inicial para obter uma pequena vantagem na receita anual.

O exemplo anterior permite que apresentemos a falácia popular que é conhecida pela alcunha de "investimento do empresário". Isso envolve a compra de um título com um rendimento maior do que o disponível em uma obrigação com grau de investimento e que carrega um risco

deságio, originalmente oferecida por US$ 10.000, mas agora vendida a 85, custará US$ 8.500. Quando as obrigações vendem abaixo de 100, são denominadas obrigações com "desconto"; acima de 100, elas se tornam obrigações com "prêmio".

correspondentemente maior. Trata-se de um mau negócio aceitar uma possibilidade reconhecida de perda do capital inicial em troca de meros 1% ou 2% adicionais de receita anual. Se você estiver disposto a correr algum risco, deveria se certificar de que pode obter um ganho realmente substancial no valor de principal caso as coisas evoluam favoravelmente. Logo, um título de segunda linha que paga juros de 5,5% ou 6% *vendido ao par* é quase sempre uma compra ruim. O mesmo papel a 70 poderia fazer mais sentido, e você provavelmente será capaz de comprá-lo naquele nível se for paciente.

Os títulos e as ações preferenciais de segunda linha possuem dois atributos contraditórios que o investidor inteligente deve manter bastante claros. Quase todas sofrem quedas severas em mercados ruins. Por outro lado, grande parte delas recupera sua posição logo que sejam restabelecidas as condições favoráveis, e esses títulos, em última análise, chegam ao vencimento de modo satisfatório. Isso é verdade mesmo no caso das ações preferenciais (cumulativas) que deixam de pagar dividendos durante muitos anos. Havia várias dessas ações no início da década de 1940, em consequência da longa depressão da década de 1930. Durante o período de boom pós-guerra, entre 1945 e 1947, muitas dessas acumulações de dividendos grandes foram pagas em dinheiro ou em novos títulos, sendo o principal muitas vezes também recomprado. Como resultado, grandes lucros foram obtidos por pessoas que, poucos anos antes, haviam comprado esses papéis no momento em que eram pouco procurados e vendidos a preços baixos.[II]

Pode até ser verdade que, no cômputo geral, os rendimentos mais altos obteníveis com as obrigações seniores de segunda linha compensarão quaisquer perdas de principal irrecuperáveis. Em outras palavras, um investidor que comprasse todas essas obrigações ao preço de lançamento poderia, concebivelmente, ter um retorno equivalente, *no longo prazo*, ao daquele que se limitasse aos valores mobiliários com grau de investimento ou mesmo algo melhor.[III]

Porém, em termos práticos, essa questão é, em grande medida, irrelevante. Qualquer que seja o resultado, o comprador de obrigações de segunda linha a preços próximos ao nominal ficará preocupado e incomodado quando suas cotações caírem de forma acentuada. Ademais, ele não consegue comprar obrigações suficientes para assegurar um resultado "médio", nem está em posição de reservar uma parcela de sua receita adicional para compensar ou "amortizar" eventuais perdas de capital que se tornem permanentes. Finalmente, é simples bom senso abster-se da compra de títulos a aproximadamente 100 se a experiência indica que estes poderão, provavelmente, ser comprados a 70 ou menos no próximo mercado de baixa.

Títulos de governos estrangeiros

Mesmo os investidores inexperientes sabem que as obrigações estrangeiras como um todo tiveram um desempenho ruim desde 1914, o que foi inevitável por causa de duas guerras mundiais e uma depressão mundial de proporções sem igual. No entanto, com razoável frequência, as condições de mercado são suficientemente favoráveis para permitir a venda de novas obrigações estrangeiras a preços próximos ao nominal. Esse fenômeno nos ensina muito acerca da mentalidade do investidor médio, e não apenas no terreno das obrigações.

Não temos nenhuma *razão concreta* para nos preocuparmos com as perspectivas futuras dos títulos estrangeiros bem conceituados, tais como os australianos ou noruegueses. Porém, sabemos que, se e quando houver problemas, o proprietário de títulos estrangeiros não tem meios, legais ou outros, para fazer valer seus direitos. Aqueles que compraram obrigações da República de Cuba de 4,5%, a preços tão altos quanto 117 em 1953, as viram deixar de cumprir com os pagamentos de juros e depois serem negociadas a preços tão baixos quanto US$ 0,20 a cada dólar em 1963. A lista de obrigações da Bolsa de Valores de Nova York naquele ano também incluía o Congo Belga, de 5,25%, negociado a 36, a Grécia, de 7%, a 30, e várias obrigações da Polônia a preços tão baixos quanto 7. Quantos leitores têm alguma noção das oscilações repetidas das obrigações de 8% da Tchecoslováquia desde que foram oferecidas nos Estados Unidos pela primeira vez, em 1922, a 96,5? Elas subiram para 112 em 1928, caíram para 67,75 em 1932, se recuperaram e subiram para 106 em 1936, despencaram para 6 em 1939, se recuperaram (inacreditavelmente) e subiram para 117 em 1946, caíram prontamente a 35 em 1948 e foram negociadas a um preço tão baixo quanto 8 em 1970!

Há alguns anos, era possível, de certa forma, defender a compra de títulos estrangeiros aqui com a justificativa de que uma nação credora rica, tal como os Estados Unidos, tinha a obrigação moral de emprestar aos estrangeiros. O tempo, que traz tantas reviravoltas, agora nos encontra lidando com um problema difícil no balanço de pagamentos, parte do qual é atribuível à compra em grande escala de obrigações estrangeiras por investidores americanos em busca de uma pequena vantagem de rendimento. Durante muitos anos, questionamos a atratividade inerente de tais investimentos do ponto de vista do comprador; talvez devêssemos acrescentar agora que ele ajudaria tanto seu país quanto a si mesmo se recusasse tais oportunidades.

Lançamentos em geral

Pode parecer desaconselhável fazer quaisquer afirmações mais abrangentes sobre os lançamentos como uma classe, uma vez que ela cobre a gama mais ampla possível de qualidade e atratividade. Certamente, haverá exceções a qualquer regra proposta. Nossa única recomendação é a de que todos os investidores devem ser *cautelosos* com relação aos lançamentos, o que significa, simplesmente, que tais papéis devem ser submetidos a um exame cuidadoso e testes extremamente severos antes de serem comprados.

Há duas razões para essa dupla advertência. A primeira é que os lançamentos são objeto de esforços de venda excepcionais, os quais clamam, portanto, por um grau especial de resistência às vendas.[5] A segunda é que a maioria dos novos lançamentos é vendida em "condições de mercado favoráveis", o que significa favorável para o vendedor e, consequentemente, menos favorável para o comprador.[6]

O efeito dessas considerações torna-se mais importante à medida que descemos na escala, desde as obrigações com grau de investimento, passando pelas emissões seniores de segunda linha, até os lançamentos de ações ordinárias em último lugar. No passado foi realizado um tremendo volume de financiamento, que consiste no pagamento de obrigações existentes ao preço de recompra e sua substituição por novas obrigações com juros mais baixos. A maior parte desse movimento ocorreu na categoria dos títulos e

---

5 Os novos lançamentos de ações ordinárias – as ofertas públicas iniciais (IPOs, na sigla em inglês) – normalmente são vendidos com um "desconto de subscrição" (comissão embutida) de 7%. Em contraste, a comissão do comprador sobre as ações ordinárias antigas é tipicamente inferior a 4%. Sempre que Wall Street lucra aproximadamente duas vezes mais vendendo algo novo em comparação com algo velho, o novo será objeto de um esforço de venda maior.

6 As empresas tendem a oferecer novas ações ao público quando o mercado de ações está próximo do pico. Veja Lubos Pastor e Pietro Veronesi, "Ondas Racionais de IPO", bit.ly/450Y1Rd, e Owen Lamont e Jeremy Stein, "Sentimento do Investidor e Finanças Corporativas", bit.ly/3Kzmzc2.

das ações preferenciais com grau de investimento. Os compradores foram grandes instituições financeiras que estavam amplamente qualificadas para proteger seus interesses. Portanto, essas ofertas foram cuidadosamente cotadas de modo a estarem equiparadas à taxa de mercado para lançamentos comparáveis, tendo a promoção de vendas muito poderosa pouco efeito sobre o resultado. À medida que as taxas de juros caíram cada vez mais, os compradores finalmente vieram a pagar um preço alto demais por esses lançamentos, e muitos deles tiveram uma queda posterior substancial no mercado. Esse é um aspecto da tendência geral de vender novos valores mobiliários de todos os tipos em condições mais favoráveis para o emissor, mas, no caso dos lançamentos com grau de investimento, os efeitos nefastos para o comprador devem, provavelmente, representar ferimentos leves, em vez de incapacitantes.

A situação torna-se um pouco diferente quando estudamos os títulos e ações preferenciais de qualidade inferior vendidos durante os períodos 1945-1946 e 1960-1961. Aqui o efeito do esforço de venda fica mais aparente, uma vez que a maioria desses lançamentos foi provavelmente vendida a investidores individuais e amadores. Era característico desses lançamentos que não apresentassem um resultado adequado quando avaliados pelo desempenho das companhias ao longo de um número suficiente de anos. Elas pareceriam bastante seguras, em sua maioria, se pudéssemos presumir que os lucros recentes persistiriam sem qualquer revés sério. Os banqueiros de investimento que levaram esses lançamentos ao mercado presumivelmente aceitaram essa premissa, tendo seus vendedores sentido pouca dificuldade em persuadir a si mesmos e a seus clientes. Não obstante, era uma abordagem incorreta e, provavelmente, danosa ao investimento.

Os períodos de mercado de alta são, em geral, caracterizados pela transformação de um número grande de companhias de capital fechado em companhias com ações listadas em bolsa. Esse foi o caso em 1945-1946 e, novamente, a partir de 1960. O processo então atingiu proporções extraordinárias até chegar a um final catastrófico em maio de 1962. Após o período usual de "rejeição" de vários anos, toda a tragicomédia foi repetida passo a passo de 1967 a 1969.[7]

---

7 Nos dois anos começados em junho de 1960 e concluídos em maio de 1962, mais de 850 companhias venderam ações ao público pela primeira vez, uma média superior a uma por dia. No final de 1967, o mercado de IPO se aqueceu novamente; em 1969, o número surpreendente

Ofertas de novas ações ordinárias

Os seguintes parágrafos da edição de 1959 são reproduzidos a seguir de forma inalterada e com comentário acrescentado:

> O financiamento por meio de ações ordinárias assume duas formas diferentes. No caso das companhias já listadas em bolsa, ações adicionais são oferecidas *pro rata* aos acionistas existentes. O preço de subscrição é estabelecido abaixo do valor de mercado atual e os "direitos" para subscrever possuem um valor monetário inicial.[8] A venda de novas ações é quase sempre subscrita por um ou mais bancos de investimento, mas há uma esperança e expectativa geral de que todas as novas ações sejam tomadas pelo exercício dos direitos de subscrição. Portanto, em geral, a venda de ações ordinárias adicionais por companhias listadas em bolsa não demanda um esforço de venda ativo por parte das firmas distribuidoras.
>
> O segundo tipo é a colocação junto ao público de ações ordinárias emitidas por companhias que eram anteriormente de capital fechado. A maioria dessas ações é vendida por conta dos interesses dos controladores de tirar proveito de um mercado favorável e diversificar as próprias finanças. (Quando uma companhia levanta dinheiro novo, ele muitas vezes é oriundo da venda de ações preferenciais, como anteriormente observado.) Essa atividade segue um padrão bem definido, o qual, pela natureza dos mercados de valores

---

de 781 novas ações foi lançado. Esse excesso de oferta ajudou a criar os mercados de baixa de 1969 e 1973-1974. Em 1974, o mercado de IPO estava tão morto que apenas nove novas ações foram lançadas no ano inteiro; o ano de 1975 viu apenas 14 ações nascerem. Essa oferta baixa, por sua vez, estimulou o mercado de alta da década de 1980, quando aproximadamente quatro mil novas ações inundaram o mercado – ajudando a alimentar o entusiasmo exagerado que levou à quebra de 1987. Então, o pêndulo oscilou para o outro lado novamente, à medida que os IPOs secavam em 1988-1990. Essa escassez contribuiu para o mercado de alta da década de 1990, e Wall Street prontamente voltou ao negócio de criação de novas ações, emitindo aproximadamente 5.000 IPOs. Em seguida, após a bolha estourar em 2000, apenas 88 IPOs foram emitidos em 2001, o total anual mais baixo desde 1979. Em cada caso, o público teve prejuízos com os IPOs, se afastou por, pelo menos, dois anos, mas sempre voltou para mais uma aventura. Desde que os mercados acionários começaram, os investidores passam por esse ciclo maníaco-depressivo. No primeiro grande boom de IPO americano, em 1825, conta-se que um homem foi esmagado até a morte na correria de especuladores que tentavam comprar ações no novo Bank of Southwark; os compradores mais ricos alugaram capangas para os ajudar a chegar ao começo da fila. Como seria de prever, em 1829, as ações haviam perdido aproximadamente 25% de seu valor.

8 Aqui Graham descreve as ofertas de direitos, nas quais os investidores que já possuem uma ação são solicitados a colocar ainda mais dinheiro para manter a mesma participação percentual na companhia. Essa forma de financiamento, ainda comum na Europa, tornou-se rara nos Estados Unidos, exceto entre os fundos fechados (*closed end*).

mobiliários, acaba por trazer muitas perdas e decepções ao público. Os perigos derivam tanto da natureza dos negócios que são assim financiados quanto das condições de mercado que tornam o financiamento possível.

No início do século, uma grande proporção de nossas principais companhias foi apresentada à negociação pública. À medida que o tempo passou, o número de empreendimentos de primeira linha que permaneceram com capital fechado diminuiu; portanto, os lançamentos de ações ordinárias originais tenderam a se concentrar mais e mais em companhias relativamente pequenas. Por uma correlação infeliz, durante o mesmo período, o público comprador de ações desenvolveu uma forte preferência pelas companhias de grande porte e um preconceito semelhante contra as pequenas. Esse preconceito, como muitos outros, tende a se tornar mais fraco à medida que os mercados de alta são construídos; os lucros grandes e rápidos apresentados pelas ações ordinárias como um todo são suficientes para distorcer a faculdade crítica do público, assim como aguçam seu instinto aquisitivo. Durante esses períodos, também pode-se encontrar um número grande de companhias privadas que alcançam resultados excelentes, embora a maioria delas talvez não apresentasse um histórico muito impressionante se esses dados retrocedessem, digamos, dez anos ou mais.

Quando esses fatores são reunidos, surgem as seguintes consequências: em algum ponto no meio de um mercado de alta aparecem os primeiros lançamentos de ações ordinárias. Seus preços são razoavelmente atraentes, e alguns lucros expressivos são obtidos pelos primeiros compradores. À medida que a alta de mercado persiste, essa forma de financiamento aumenta; a qualidade das companhias se torna gradualmente pior; e os preços pedidos e obtidos beiram a exorbitância. Um sinal bastante confiável do iminente fim de uma alta é o fato de novas ações ordinárias de companhias pequenas e pouco significativas serem oferecidas a preços mais altos do que o nível atual das cotações de muitas companhias de médio porte com uma longa história no mercado. (Deve-se acrescentar que, em geral, muito pouco desse financiamento de ações ordinárias é realizado por bancos de grande porte e boa reputação.)[9]

---

9 Na época de Graham, os bancos de investimento mais prestigiosos, de maneira geral, evitavam o ramo dos IPOs, considerado em geral como a exploração indigna de investidores ingênuos. No auge do boom dos IPOs, no final de 1999 e início de 2000, no entanto, os maiores bancos de investimento de Wall Street entraram pesadamente no mercado. E o frenesi entre as grandes

> O descuido do público e a disposição das instituições negociadoras em vender tudo aquilo que seja passível de ser vendido com lucro pode gerar apenas um resultado, o desabamento dos preços. Em muitos casos, os novos lançamentos perdem 75% ou mais de seu preço de oferta. A situação piora pelo fato já mencionado de que, no fundo, o público tem uma verdadeira aversão a todo tipo de ação pequena que é comprada tão facilmente em momentos de descuido. Muitas dessas ações caem, proporcionalmente, tão abaixo de seu valor real quanto eram vendidas acima dele.
>
> Uma exigência elementar para o investidor inteligente é ter capacidade de resistir às conversas dos vendedores que oferecem ações ordinárias novas durante os mercados de alta. Mesmo que uma ou duas delas possam passar por testes severos de qualidade e valor, provavelmente será uma decisão ruim envolver-se nesse tipo de negócio. Claro, o vendedor citará muitas ações que tiveram subidas de preço significativas, incluindo algumas que ascenderam de forma espetacular no próprio dia do lançamento. Porém, tudo isso faz parte da atmosfera especulativa. É dinheiro fácil. Para cada dólar que lucrar dessa forma, você terá sorte se terminar perdendo apenas dois.
>
> Algumas dessas ações podem acabar sendo excelentes compras, poucos anos mais tarde, quando ninguém as quiser e elas puderem ser compradas por uma fração pequena de seu valor real.

Na edição de 1965, continuamos nossa discussão sobre esse assunto como segue:

> Embora os aspectos mais gerais do comportamento do mercado acionário desde 1949 não se encaixem bem na análise baseada em uma longa experiência, o desenvolvimento de lançamentos de ações ordinárias procedeu exatamente de acordo com a receita antiga. É pouco provável que alguma vez antes de 1960-1962 tantas ações novas, de tão baixa qualidade, tenham sido oferecidas e com colapsos de preços tão extremos como o que experimentamos em 1960-1962.[IV] A capacidade do mercado acionário como um todo de se distanciar rapidamente daquele desastre é, de fato, um fenômeno extraordinário e traz de volta memórias, há muito enterradas,

---

corretoras para impor SPACs ao público especulativo ávido em 2020 e 2021 deve permanecer na infâmia financeira pelas próximas décadas. Ver o Comentário sobre este capítulo.

> da invulnerabilidade semelhante demonstrada durante o grande colapso imobiliário da Flórida em 1925.
>
> É necessário um retorno à loucura das ofertas de novas ações antes que o atual mercado de alta possa chegar à sua conclusão definitiva? Quem sabe? O que sabemos é que um investidor inteligente não esquecerá os acontecimentos de 1962 e deixará outros desfrutarem o próximo lote de lucros rápidos nessa área e experimentarem a angústia dos prejuízos consequentes.

Após esses parágrafos na edição de 1965, citamos "A Horrible Example" [Um exemplo horrível], a saber, a venda de ações da Aetna Maintenance Co. a US$ 9 em novembro de 1961. De forma clássica, as ações prontamente saltaram para US$ 15; no ano seguinte caíram para US$ 2,38; e, em 1964, para US$ 0,875. A história subsequente dessa companhia foi um tanto extraordinária e ilustra algumas das metamorfoses estranhas que aconteceram nos negócios americanos, grandes e pequenos, em anos recentes. O leitor curioso encontrará a versão antiga e uma versão atualizada da história desta empresa no Apêndice 5 da edição publicada pela HarperCollins em 2017 (pp. 619-621).

É bastante fácil fornecer exemplos ainda mais angustiantes tirados da versão mais recente da "mesma velha história", que transcorreu entre 1967 e 1970. Nada poderia servir melhor a nossos propósitos do que o caso da AAA Enterprises, que, por acaso, é a primeira companhia listada no *Guia de ações* da Standard & Poor's. Suas ações foram vendidas ao público a US$ 14 em 1968, prontamente subiram para 28, mas no início de 1971 foram cotadas a apenas US$ 0,25. (Mesmo esse preço representava uma avaliação generosa demais do empreendimento, uma vez que ele havia acabado de dar entrada em um pedido de falência sem qualquer perspectiva de recuperação.) Há tanto a ser aprendido e tantas lições importantes a serem obtidas com a história desse lançamento que a reservamos para tratamento detalhado no Capítulo 17.

COMENTÁRIO SOBRE O CAPÍTULO 6
POR JASON ZWEIG

Se você conseguir admitir um erro quando ele for do tamanho de uma noz, será mais fácil consertá-lo do que se esperar até que ele se torne do tamanho de uma árvore, com raízes profundas e vastas.

– Carol Tavris e Elliot Aronson[1]

Mesmo que você seja um investidor empreendedor, ainda precisará estar na defensiva – tanto contra aqueles que querem que você estacione seu dinheiro quanto contra aqueles que querem que você o mantenha em constante movimento.

Concentrar-se no que deve ser feito é divertido, mas concentrar-se no que não deve é vital. Caso contrário, como adverte Graham, "para cada dólar que você lucrar" como investidor empreendedor, "terá sorte se terminar perdendo apenas dois".

O UNIVERSO ALTERNATIVO

Um erro em potencial dos investidores empreendedores é deixar o dinheiro parado por anos, pagando altas taxas, em busca de grandes retornos.

O que os investidores *enxergam* geralmente depende dos *encargos*. Quanto mais os banqueiros, corretores e consultores financeiros puderem ganhar com um ativo, mais eles vão se esforçar para vendê-lo.

Nas décadas de 1980 e 1990, isso significava uma pressão constante sobre os investidores para que comprassem fundos mútuos e anuidades de alto custo, bem como IPOs.[2] Ultimamente, a pressão mudou para ativos "alternativos", como fundos de hedge, fundos de private equity que compram empresas inteiras,

---

1 TAVRIS, Carol; ARONSON, Elliot. *Mistakes were made (but not by me)*. Mariner, 2020. p. 296.

2 O Capítulo 9 e seu Comentário tratam de fundos mútuos. Anuidades são contratos de seguro que fornecem renda, geralmente em um período de vários anos, em troca de uma taxa inicial e outros encargos. Em um IPO, uma empresa privada vende algumas de suas ações ao público, gerando 4% ou mais em taxas para bancos de investimento e corretoras.

capital de risco que financia startup, fundos de crédito privado especializados em dívidas não negociadas e carteiras de imóveis privados.

Esses ativos são tentadores para os investidores empreendedores, prometendo retornos potencialmente superiores e o caloroso brilho de possuir fundos que, historicamente, estavam à disposição apenas para a elite.

O prestígio tem um preço.

Entre 2013 e 2022, os fundos de private equity, capital de risco, imobiliário e outros fundos privados captaram um total de US$ 11,7 trilhões em todo o mundo, de acordo com a PitchBook Data. Os investidores pagaram aos gestores e profissionais de marketing centenas de bilhões de dólares em taxas e encargos somados.

Os custos que os investidores pagam em um popular "fundo de fundos" – uma carteira não negociada que investe em um conjunto de outros fundos não negociados – são altíssimos, mas raramente são exceção:

TABELA 6-1 Taxas

Taxas e encargos de um dos principais fundos "alternativos":

Taxas iniciais	
Comissão máxima de vendas	3,00%
Despesas anuais	
Taxa de consultoria	1,20%
Pagamentos de juros sobre fundos emprestados	0,02%
Outras despesas	1,60%
Taxas e despesas dos fundos adquiridos	4,67%
Despesas anuais totais	7,49%

Observações: A comissão de vendas é o percentual do preço da oferta. As despesas são percentuais dos ativos líquidos.
Fonte: Prospectus, SkyBridge Multi-Adviser Hedge Fund Portfolios LLC Multi-Strategy Series G, 23 de julho de 2023. Disponível em: bit.ly/3GuDGcp.

Aqui, duas coisas são possíveis e uma é certa.

Você talvez obtenha um bom retorno.

Você talvez consiga sacar seu dinheiro quando precisar.

Você vai pagar altas taxas.

Os fundos alternativos geralmente não são negociados publicamente, nem divulgam exatamente o que possuem. Muitos atualizam seus preços (e permitem saques) apenas mensal ou trimestralmente, às vezes, até com menos frequência. Os promotores dizem que esses fundos operam em mercados privados dominados por investidores sofisticados imunes às pressões de curto prazo dos mercados públicos. Portanto, de acordo com o que se fala, os alternativos oferecem horizontes de investimento mais longos, riscos mais baixos, e retornos mais altos, fazendo com que valha a pena pagar suas taxas.

Vamos refletir sobre isso.

A ausência de negociação pública significa que os preços não podem cair? É claro que não. Os fundos de capital de risco caíram 65% quando as ações de tecnologia entraram em colapso no início dos anos 2000; os fundos imobiliários privados perderam 63% de seu valor durante a crise financeira global no final dos anos 2000.

Os mercados funcionam melhor quando são ao mesmo tempo profundos (com muitos participantes) e amplos (com fortes diferenças de opinião). Essa é uma boa descrição das negociações públicas no mercado de ações na maior parte do tempo.[3]

Os mercados privados têm muito menos participantes, que tendem a se movimentar nos mesmos círculos, compartilhar crenças semelhantes e manter portfólios semelhantes. Em vez de serem profundos e amplos, os mercados privados são rasos e estreitos; em vez de serem independentes, são codependentes. Em uma panelinha dessa natureza, as avaliações do mercado privado podem acabar se baseando mais na fé, nos palpites e no pensamento de grupo do que em análises originais.

Uma pesquisa com quase 900 investidores de capital de risco mostrou que, ao decidir em quais empresas investir, 44% "geralmente tomam uma decisão instintiva" e 9% disseram que não usam nenhuma métrica financeira. Uma pesquisa com dezenas de executivos de private equity constatou que o fato de uma empresa ser barata não é um fator determinante para a decisão de investir, e que "pouquíssimos" avaliam as empresas estimando os lucros ou fluxos de caixa futuros.[4]

Veja os fiascos da startup de exames de sangue Theranos Inc., da empresa de compartilhamento de escritórios WeWork, e da bolsa de criptomoedas FTX.

O mercado privado de capital de risco avaliou a Theranos em US$ 9 bilhões em 2014, a FTX em US$ 32 bilhões em 2022, e a WeWork em US$ 47 bilhões

---

3 Não o tempo todo. Ver o Capítulo 8 e seu Comentário.

4 GOMPERS, Paul A. *et al.* How do venture capitalists make decisions? Dispoível em: bit.ly/3XOsTBL; e What do private equity firms say they do? Disponível em: bit.ly/3rnxoHr.

em 2018.[5] A Theranos fechou em 2018; sua fundadora foi condenada a onze anos de prisão por fraude. A FTX e a WeWork entraram com pedido de proteção contra falência no final de 2022 e em 2023, respectivamente. O fundador da FTX, Sam Bankman-Fried, foi condenado em março de 2024 a cumprir 25 anos de prisão por roubar bilhões de dólares dos clientes da bolsa.

Esses fiascos foram financiados por alguns dos fundos de hedge mais renomados do mundo e por firmas de private equity e de capital de risco, que cobraram taxas gigantescas pela diligência prévia que, aparentemente, não foi feita.

O mercado de ações público também comete erros absurdos, mas não finge ser onisciente e não cobra os olhos da cara por isso.

PARA INVESTIR COMO YALE, SEJA COMO YALE

David Swensen, falecido em 2021, chefe de longa data do fundo patrimonial da Universidade Yale, foi pioneiro no investimento em alternativas como fundos de hedge, private equity e imóveis não negociados. Ao longo dos 35 anos do seu mandato, o portfólio de Yale ganhou uma média de 13,1% ao ano, superando em muito seus pares e os mercados de ações globais e dos Estados Unidos.

Swensen explicou que os ativos privados eram mais arriscados e menos líquidos do que as ações e os títulos e, portanto, poderiam obter retornos mais altos. Ao mesmo tempo, advertiu ele, a diferença entre vencedores e perdedores em ativos privados é muito maior do que nos mercados públicos. Portanto, os retornos potencialmente superiores dos fundos alternativos podem ser capturados *apenas* por investidores especializados capazes de suportar um risco maior e uma liquidez menor.[6]

Para investir como Yale, você precisa ser como Yale. A instituição tem vantagens extraordinárias:

- **Experiência.** Uma equipe grande e experiente de Yale é especializada na análise desses fundos. Você ou seus consultores têm uma longa e profunda experiência no estudo de taxas, gestores e métodos de avaliação de ativos de fundos alternativos?

---

5 Para relatos brilhantes sobre a ascensão e a queda da WeWork e da Theranos, respectivamente, ver BROWN, Eliot; FARRELL, Maureen. *The cult of we*. Crown, 2021; e CARREYROU, John. *Bad blood*. Knopf, 2018.

6 SWENSEN, David F. *Pioneering portfolio management*. Free Press, 2000.

- **Tempo.** Fundada em 1701 e com grande probabilidade de sobreviver por séculos, Yale pode se dar ao luxo de investir por décadas a fio. Você pode?
- **Tamanho.** O fundo patrimonial de Yale ultrapassa US$ 40 bilhões, o que lhe dá acesso especial aos melhores fundos alternativos do mundo e lhe permite diversificar em muitos deles ao mesmo tempo. E você, tem o mesmo?
- **Resiliência.** Como uma instituição perpétua, Yale pode sobreviver a graves perdas provisórias – e até permanentes – em seus fundos privados. Você é capaz de sobreviver a grandes perdas e à impossibilidade de vender?
- **Capital.** Yale obtém renda adicional de mensalidades, doações e subvenções, portanto, pode cortar gastos se seu portfólio tiver um desempenho inferior. E pode aplicar o capital excedente quando os mercados em queda criam ótimas oportunidades. Você tem fontes de renda amplas e variadas?

Se – *e apenas se* – você puder responder sim a todas essas cinco perguntas, os investimentos alternativos são adequados para você.[7]

REAJA AO QUE ESTÁ SENDO EMPURRADO

Pensões e fundos patrimoniais – os mais "sofisticados" investidores – investiram de 30% a 60% de seus ativos em fundos alternativos. Em consequência disso, estima o consultor de investimentos Richard Ennis, essas instituições tiveram um desempenho inferior ao de uma carteira simples de aproximadamente 70% de ações e 30% de títulos em até dois pontos percentuais por ano desde 2008.[8]

No entanto, os promotores dizem que *você* pode usar fundos alternativos para obter retornos superiores.

Pode mesmo? Além das diretrizes contidas em "Para investir como Yale, seja como Yale", você deve se basear em algumas das virtudes que descrevi no Comentário sobre a Introdução. A *independência* lhe dirá para não investir em alternativas só porque "todo mundo" está investindo. A *humildade* o aconselhará que, como investidor individual, é improvável que lhe seja oferecida a oportunidade de investir nos poucos fundos superlativos que acolhem gigantes

7 SIEGEL, Laurence B. Alternatives for the masses? Disponível em: bit.ly/3O7T2YZ.

8 ENNIS, Richard M. Excellence gone missing. Disponível em: bit.ly/3NQ4xmH. Para outras evidências de retornos abaixo da média, ver KORTEWEG, Arthur. Risk adjustment in private equity returns. Disponível em: bit.ly/3Of4NNf; LACK, Simon. The hedge fund miragem. Wiley, 2012; e RASMUSSEN, Daniel. Private equity: overvalued and overrated? Disponível em: bit.ly/3XPsn6F.

como Yale. O *ceticismo* o lembrará de que os fundos privados são promovidos por vendedores que ganham gordas comissões, que o viés de sobrevivência distorce os números reportados, e que nem mesmo investidores institucionais saem ganhando com ativos alternativos.

MARGEM DE ERRO

Enquanto o setor financeiro pressionava muitos investidores empreendedores a colocar seu dinheiro em fundos alternativos que cobram altas taxas eternamente, ele estava induzindo outros a manter o dinheiro em eterno movimento.

Durante o boom de 2020-2021, muitos investidores inexperientes compraram ativos de risco com margin debt, dinheiro que pegaram emprestado de seu corretor.

Como todas as formas de alavancagem, isso aumenta seus ganhos potenciais – e amplia suas perdas potenciais. Muitos aplicativos de trading incentivaram os investidores recém-chegados a pegar estes empréstimos, descrevendo-os como uma forma de dobrar seu "poder de compra".

No entanto, isso também dobra seu poder de perda.

Imagine que você compre cem ações a US$ 50 usando uma margem de 50%, o limite regulamentar nos Estados Unidos. Dos US$ 5.000 que você pagou, US$ 2.500 são seu dinheiro; US$ 2.500 vieram do seu corretor. Se a ação subir para US$ 75, as ações valerão um total de US$ 7.500, um ganho de US$ 2.500 – ou um lucro de 100% sobre o dinheiro que você investiu. Se você tivesse investido todos os US$ 5.000, sem pedir emprestado, teria "apenas" um ganho de 50%.

O que acontece se a ação cair para US$ 25, em vez de subir? Se você tivesse usado apenas seu próprio dinheiro para comprá-la, sua participação valeria US$ 2.500, uma perda de 50%. Se você tiver usado margem, essa perda de US$ 2.500 acabaria com todo o seu investimento.[9]

O próprio Ben Graham quase foi eliminado pela margem na Grande Depressão – um erro que ele jamais repetiu. "Não tenho a menor dúvida", disse ele em 1963, "de que nove em cada dez pessoas que têm contas de margem com corretores são, *ipso facto*, especuladores."[10]

---

9 SEC.gov. Understanding margin accounts. Disponível em: bit.ly/3O6Zb7U. Você também deve ao corretor juros sobre o empréstimo de margem.

10 GRAHAM, Benjamin. The future of financial analysis. In: ZWEIG, Jason; SULLIVAN, Rodney N. *Benjamin Graham*: building a profession. McGraw-Hill, 2010. p. 240.

Acredito que o que Graham quis dizer é que o uso da margem pode transformá-lo, distraída e inadvertidamente, de investidor em especulador.

Digamos, para usar as palavras de Graham no Capítulo 1, que "após uma análise profunda", você tenha decidido que uma ação "promete segurança do principal e um retorno adequado" e que pretende mantê-la por anos, até mesmo décadas.

Se você comprou essas ações com margem e elas caíram, elas se tornaram ainda mais baratas do que quando você as comprou. No entanto, talvez você já não possa comprar mais; terá de adicionar dinheiro à sua conta apenas para evitar que seu corretor confisque as ações de você em uma "chamada de margem". As constantes notificações do aplicativo da corretora em seu celular podem aumentar sua ansiedade (veja o quadro a seguir). O medo pode fazer com que você se apavore e venda uma ação que pretendia manter.

Em 2022, os empréstimos de margem caíram de US$ 519 bilhões para US$ 371 bilhões, de acordo com o Federal Reserve, provavelmente porque os clientes das corretoras os quitaram com a venda de ações, em pânico para evitar perdas ainda maiores.

Um último ponto: fundos de hedge, fundos de private equity e de crédito privado, bem como outros portfólios alternativos, geralmente usam alavancagem. Mesmo que *você* não tenha feito um empréstimo para investir neles, se *eles* fizeram um empréstimo para comprar os ativos deles, então você na prática assumiu uma margem por meio deles.

Isso torna seu portfólio geral mais arriscado – uma desvantagem que os promotores de ativos alternativos quase nunca mencionam.

"APPSORVIDO"

Estima-se que metade da população mundial sofrerá de miopia até 2050. Embora o problema seja muito recente para ter sido estudado de forma abrangente, alguns cientistas acreditam que o uso excessivo de smartphones pode estar contribuindo para essa epidemia mundial de miopia.

Da mesma forma que olhar para aquela pequena tela por algumas horas todos os dias pode retreinar seus olhos de modo a não conseguirem focar facilmente em objetos distantes, também pode retreinar sua mente para que você não estabeleça e não atinja metas de investimento de longo prazo.

Estudos realizados no Brasil, na China, na Coreia do Sul e em outros países descobriram que jovens que não conseguem largar seus smartphones tendem a tomar decisões impulsivas. Os viciados em smartphones preferem recompensas menores mais cedo a recompensas maiores mais tarde; eles também são relativamente indiferentes a perdas e têm dificuldade para distinguir apostas lucrativas das não lucrativas. O uso excessivo do smartphone também pode prejudicar sua capacidade de resolver problemas de matemática e pensar de forma criativa.

As pessoas que administram sua corretora virtual sabem de tudo isso. É por isso que elas querem que você negocie usando aplicativos no celular. Quanto mais tempo você passar nesse dispositivo, maior será a probabilidade de comprar e vender, gerando dinheiro para a corretora, independentemente do dinheiro que você ganhou para si mesmo.

Antigamente, você tinha de falar com seu corretor de ações por telefone ou pessoalmente antes de comprar ou vender. Isso – e as comissões punitivamente altas de seu corretor – introduzia uma camada de atrito entre seus impulsos e suas ações. Seu corretor estava tentando meter a mão no seu bolso, e você sabia disso.

Hoje em dia, sua corretora de valores está *dentro* do seu bolso, no seu celular. Isso pode levar não apenas à miopia visual, mas também à miopia de investimento.

FEBRE SPACULATIVA

Outra tentação para investidores empreendedores é se tornar um jogador: unir forças com celebridades e surfar a onda delas rumo a uma riqueza maior.

Nos últimos anos, "influenciadores" ricos como os atletas profissionais Stephen Curry e Serena Williams, os músicos Justin Bieber e Eminem, a atriz Gwyneth Paltrow e o ator Kevin Hart divulgaram seus NFTs, ou tokens não fungíveis, ajudando a desencadear um frenesi de compra desses ativos digitais. Entre os NFTs mais quentes estavam os Bored Ape Yacht Club, caricaturas eletrônicas coloridas de primatas de olhos cansados e rosto com a barba por fazer, em trajes de marinheiro, às vezes vendidos por mais de US$ 1 milhão. No final de 2022, o volume de negociação havia entrado em colapso e o preço de muitos NFTs havia caído mais de 90%.

Talvez nenhum investimento recente tenha se beneficiado mais de patrocinadores famosos do que as SPACs (*special-purpose acquisition companies* ou empresas de aquisição para fins especiais). As SPACs não têm ativos nem lucros. Elas são uma aposta em algo que ainda não existe, pois levantam dinheiro por meio de um IPO para comprar outras empresas em um prazo predeterminado, geralmente de 24 meses.

Em 2020-2021, empresários famosos, como o magnata da aviação e da música Richard Branson e o ex-executivo do Facebook Chamath Palihapitiya, atraíram inúmeros investidores para comprar ações em suas SPACs.

Por um breve e reluzente momento, fama parecia ser sinônimo de fortuna.

Em 2020, 248 SPACs levantaram um total de US$ 83 bilhões nos Estados Unidos; em 2021, 613 levantaram mais de US$ 160 bilhões, majoritariamente no início do ano. Ganhos de mais de 50% em um único dia atraíram multidões de novos compradores.

Infelizmente, como adverte Graham no Capítulo 6, "os lucros grandes e rápidos (...) são suficientes para distorcer a faculdade crítica do público, assim como aguçam seu instinto aquisitivo". Não é possível construir riqueza de longo prazo com apostas de fé cega de que os bilionários vão agir pensando no que é melhor para você, ou que os ativos e ganhos vão se materializar do nada.

E se a única pesquisa que você fez foi notar a presença do nome de um famoso, você se esqueceu da orientação de Graham de que os investidores empreendedores devem dedicar bastante tempo e energia antes de comprar qualquer ativo.

As SPACs estão repletas de conflitos de interesse. Até mesmo uma olhada no prospecto da IPO de uma oferta típica deve revelar sinais de alerta, incluindo:

- investidores internos pagam tão pouco quanto um décimo de centavo de dólar por ação para controlar 20% da empresa;
- investidores internos se reservam o direito de competir diretamente contra a SPAC com suas próprias empresas;
- gestores são potencialmente pagos pelas metas de aquisição, o que os incentiva a recomendar negócios dos quais se beneficiam pessoalmente;
- diretores "independentes", que deveriam servir como cães de guarda, recebem dezenas de milhares de ações por uma fração do valor de mercado;
- não há nenhuma garantia de que os investidores internos permanecerão depositando seus esforços na SPAC;
- não há nenhuma garantia de que a SPAC vai encontrar uma empresa para comprar.

As SPACs costumam ser chamadas de "empresas cheque em branco", pois os investidores externos dão carta branca aos investidores internos para gastar os recursos em praticamente qualquer coisa. Os bancos de investimento recebem taxas de 2% a 5%, ou até mais.

FIGURA 6-1
SPACtacular

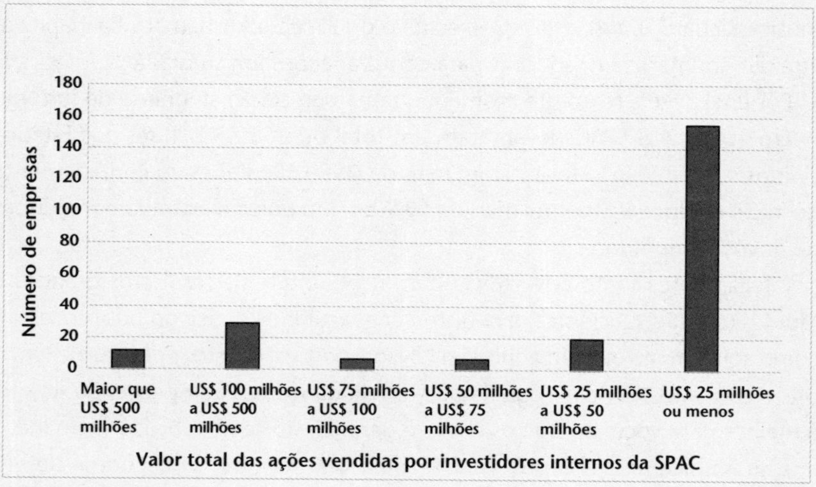

Fonte: *Wall Street Journal*.

Quando os investidores internos podem ganhar centenas de milhões de dólares por empurrar um ativo para o público investidor, eles têm um incentivo para empurrar com muita força – e para sair enquanto a oportunidade é boa.

Com o fracasso de um negócio após o outro, as SPACs implodiram. Entre fevereiro e agosto de 2021, elas perderam US$ 100 bilhões em valor de mercado combinado.[11] Raramente um investimento passou tão rapidamente de sucesso para um massacre.

NÃO EXISTEM ATALHOS

O problema não é o fato de os investidores nunca aprenderem a lição. É que eles aprendem as lições erradas.

Se você especulou com NFTs ou SPACs e saiu perdendo, a lição que aprendeu provavelmente foi *Nunca mais especular com NFTs ou SPACs!* No entanto, a lição que você deveria ter aprendido é: *Nunca mais especular!*

---

11 McGINTY, Tom *et al.* Company insiders made billions before SPAC bust. Disponível em: bit.ly/3rXfSdy; RAMKUMAR, Amrith. SPAC rout erases $75 billion in startup value. Disponível em: bit.ly/46wXd7F; KLAUSNER, Michael *et al.* A sober look at SPACs. Disponível em: bit.ly/3M0G4eh.

Isso porque o próximo surto do mercado não vai tentar seduzi-lo com NFTs ou SPACs. Será alguma nova coisa disruptiva ou transformadora que vai soar completamente diferente e extremamente tentadora.

Toda mania de investimento acaba sendo uma repetição da mesma velha história: a busca pelo Santo Graal de altos retornos com baixo risco e sem esforço. Na década de 1980 e no início da década de 1990, eram os fundos mútuos administrados por gestores ativos. Em meados da década de 1990, foram os mercados emergentes. No final da década de 1990, foram as ações da internet. No início dos anos 2000, foi o mercado imobiliário. Depois, os fundos "invertidos" que se beneficiam da queda dos mercados. Em seguida, foram as alternativas privadas, depois as criptomoedas, os NFTs e as SPACs.

A busca pelo Santo Graal do investimento é sempre inútil. Para obter retornos acima da média, você precisa correr riscos adicionais e dedicar mais tempo e esforço. Você está se enganando se acha que existem atalhos.

CAPÍTULO 7

A POLÍTICA DE INVESTIMENTOS PARA O INVESTIDOR EMPREENDEDOR: O LADO POSITIVO

O investidor empreendedor, por definição, dedicará bastante atenção e esforço para obter um resultado acima da média de seus investimentos. Em nossa discussão sobre a política geral de investimento, fizemos algumas sugestões com relação aos *investimentos em títulos* que são dirigidos principalmente ao investidor empreendedor. Ele pode estar interessado em oportunidades especiais dos seguintes tipos:

1. obrigações isentas de tributação da Nova Agência de Habitação, efetivamente garantidas pelo governo dos Estados Unidos;
2. obrigações tributáveis, mas de alto rendimento, das Novas Comunidades, também garantidas pelo governo dos Estados Unidos;
3. obrigações industriais não tributáveis emitidas por municípios, mas pagas com receitas derivadas de pagamentos de aluguéis feitos por companhias fortes.

Há referências a esses tipos incomuns de obrigações no Capítulo 4.[1]

No outro extremo do espectro, pode haver títulos de qualidade inferior disponíveis a preços tão baixos a ponto de constituir verdadeiras oportunidades de subvalorização. Porém, isso pertenceria à categoria de "situações especiais", onde não existe uma distinção verdadeira entre títulos e ações ordinárias.[2]

---

1 Conforme já observado (ver p. 128, nota de rodapé 3), os títulos da Nova Agência de Habitação e das Novas Comunidades já não são emitidos.

2 Hoje, essas "ações de baixa qualidade" na categoria de "situações especiais" são conhecidas como obrigações deterioradas (*distressed*) ou inadimplentes. Quando uma companhia está falida (ou a ponto de falir), suas ações ordinárias tornam-se essencialmente imprestáveis, uma vez que a lei de falências americana dá aos proprietários de obrigações prioridade sobre os proprietários de ações. Porém, se a companhia se reorganiza com sucesso e sai da falência, os portadores de obrigações muitas vezes recebem ações da nova firma e o valor das obrigações em geral se recupera assim que a companhia é novamente capaz de pagar juros. Portanto, as obrigações de

Operações com ações ordinárias

As atividades essencialmente características do investidor empreendedor no terreno das ações ordinárias podem ser classificadas em quatro categorias:

1. comprar em mercados de baixa e vender em mercados de alta;
2. comprar, com cuidado, "growth stocks" selecionadas;
3. comprar ações subvalorizadas de diversos tipos;
4. comprar em "situações especiais".

Política de mercado geral – a fórmula da antecipação do mercado

Reservamos para o próximo capítulo a discussão das possibilidades e limitações de uma política de compra quando o mercado está deprimido; e de venda, nos estágios avançados de um boom. Por muitos anos, no passado, essa ideia brilhante pareceu simples e viável, pelo menos a partir da inspeção preliminar de um gráfico do mercado mostrando suas oscilações periódicas. Já admitimos, com alguma vergonha, que a evolução do mercado nos últimos vinte anos não se prestou a operações desse tipo em qualquer base matemática. As oscilações que ocorreram, embora consideráveis em extensão, teriam exigido um talento especial ou "faro" para a negociação que permita tirar vantagem delas. Isso é algo muito diferente da inteligência que estamos presumindo em nossos leitores e devemos excluir as operações com base em tais capacidades de nossos termos de referência.

O plano de 50%-50%, que propusemos ao investidor defensivo e descrevemos nas pp. 121-122, é a melhor fórmula específica ou automática que podemos recomendar a todos os investidores nas condições vigentes em 1972. Porém, deixamos uma ampla margem de manobra entre um mínimo de 25% e um máximo de 75% em ações ordinárias, a qual permitimos àqueles investidores que têm forte convicção acerca tanto do perigo como da atratividade do nível geral do mercado. Há duas décadas, era possível discutir, com

---

uma companhia com problemas podem ter um desempenho tão bom quanto as ações ordinárias de uma companhia saudável. Nessas situações especiais, conforme Graham afirma, "não existe uma distinção verdadeira entre títulos e ações ordinárias".

grandes detalhes, diversas fórmulas simples para variar a parcela mantida em ações ordinárias, com confiança de que tais planos teriam alguma utilidade prática.[I] Os tempos parecem ter deixado tais abordagens para trás, e não há sentido em tentar determinar níveis novos de compra e venda a partir do comportamento do mercado desde 1949. Esse é um período curto demais para embasar qualquer orientação confiável acerca do futuro.[3]

Abordagem das growth stocks

Todo investidor gostaria de selecionar as ações de companhias que terão um desempenho acima da média no longo prazo. Uma growth stock pode ser definida como uma que teve tal desempenho no passado e da qual espera-se o mesmo no futuro.[II] Portanto, parece lógico que o investidor inteligente se concentre na escolha de growth stocks. Na realidade, o problema é mais complicado, como tentaremos mostrar.

É uma mera questão de cálculo estatístico identificar as companhias que tiveram um "desempenho acima da média" no passado. O investidor pode obter uma lista de cinquenta ou cem delas de seu corretor.[4] Por que, então, ele não deveria simplesmente escolher as quinze ou vinte ações mais atraentes desse grupo e assim ter a certeza de possuir uma carteira de ações bem-sucedida?

Há dois problemas com essa ideia simples. A primeira é que as ações ordinárias com desempenho bom e com uma perspectiva aparentemente boa são negociadas a preços correspondentemente altos. O investidor pode estar certo em sua avaliação das perspectivas de tais ações e, mesmo assim, não se sair muito bem, simplesmente por pagar um preço "cheio" (e talvez excessivo) pela valorização esperada. O segundo é que sua avaliação do futuro pode estar equivocada. O crescimento rápido diferenciado não pode ser mantido para sempre; quando uma companhia já registrou uma

---

3 Observe com muito cuidado o que Graham diz aqui. Escrevendo em 1972, ele sustenta que o período desde 1949, um intervalo superior a 22 anos, é curto demais para tirarmos conclusões confiáveis! Com seu conhecimento de matemática, Graham nunca esquece que conclusões objetivas exigem amostras grandes de grandes volumes de dados. Os charlatões que propagam estratégias de escolhas de ações "comprovadas pela experiência" quase sempre baseiam suas descobertas em amostras menores do que Graham jamais consideraria aceitável. (Graham muitas vezes utiliza períodos de cinquenta anos para analisar os dados do passado.)

4 Hoje, você pode montar essa lista pesquisando no Google uma frase como "ações com melhor desempenho nos últimos 10 anos" (ou qualquer outro período que você escolher).

expansão brilhante, o próprio tamanho torna mais difícil a repetição desse desempenho. Em algum ponto, a curva de crescimento se estabiliza e, em muitos casos, vira para baixo.

É óbvio que se alguém se restringir a um número pequeno de exemplos selecionados com base no conhecimento de experiências do passado, essa pessoa poderia demonstrar que fortunas podem ser rapidamente construídas e perdidas no campo das growth stocks. Como é possível julgar de forma isenta os resultados gerais alcançáveis nesse campo? Conclusões razoavelmente corretas podem ser extraídas de um estudo dos resultados obtidos pelos fundos de investimento especializados na abordagem das growth stocks. O respeitado manual intitulado *Investment companies*, publicado todos os anos pela Arthur Wiesenberger & Company, membro da Bolsa de Valores de Nova York, computa o desempenho anual de cerca de 120 "fundos de crescimento rápido" ao longo do tempo. Desses 120, 45 têm registros que retrocedem dez anos ou mais. O ganho médio global dessas companhias – atribuindo um peso igual a todas, não importa o tamanho do fundo – fica em 108% para a década de 1969-1970, comparado com 105% para o índice composto S&P e 83% para o DJIA.[III] No biênio 1969-1970, a maioria desses 126 "fundos de crescimento rápido" teve um desempenho inferior a ambos os índices. Resultados semelhantes foram encontrados em nossos estudos anteriores. Isso significa que nenhuma recompensa expressiva surgiu de um investimento diversificado nas companhias de crescimento rápido em comparação com as ações ordinárias em geral.[5]

Não há razão alguma para pensar que o investidor inteligente médio, mesmo com muito esforço dedicado, possa alcançar resultados melhores ao longo dos anos na compra de growth stocks do que as companhias de investimento especializadas nesse campo. Certamente, essas instituições têm mais capital intelectual e físico à sua disposição do que você. Consequentemente, desaconselhamos o tipo comum de aplicação em growth stocks para o investidor empreendedor.[6] Este tipo é aquele em que

---

5 Ao longo dos 20 anos encerrados em 31 de dezembro de 2002, 95,6% dos fundos que investiram em grandes empresas em crescimento – o equivalente atual ao que Graham chama de "fundos de crescimento" – apresentaram desempenho inferior ao seu benchmark. No entanto, 90,9% dos fundos de "grande valor" que investiram em grandes empresas com preços mais razoáveis também apresentaram desempenho inferior ao seu respectivo benchmark no mesmo período. Veja bit.ly/47yjBwQ.

6 Para outra abordagem, veja "O que torna as super-ações super" no Comentário sobre o Capítulo 15.

as perspectivas excelentes são plenamente reconhecidas pelo mercado e já refletidas em uma relação entre preços e lucros superior, digamos, a vinte. (Para o investidor defensivo, sugerimos um teto para o preço de compra igual a 25 vezes os lucros médios dos últimos sete anos. Os dois critérios seriam aproximadamente equivalentes na maioria dos casos.)[7]

O aspecto mais marcante das growth stocks como uma categoria é a tendência de grandes oscilações em seus preços de mercado. Isso é verdadeiro para as maiores e mais tradicionais companhias – tais como a General Electric e a International Business Machines – e ainda mais no caso de companhias mais novas e menores. Elas ilustram nossa tese de que a principal característica do mercado acionário desde 1949 tem sido a injeção de um elemento altamente especulativo nas ações das companhias de maior sucesso, as quais teriam direito a uma classificação de risco baixa. (Sua classificação de crédito é a melhor, e elas pagam as menores taxas de juros sobre seus empréstimos.) A classificação de risco de tais *companhias* pode não mudar em um período longo, mas as características de risco de suas *ações* dependerão do que acontece a elas no mercado acionário. Quanto mais entusiasmado o público fica com a ação e quanto mais rápido ela sobe em comparação com o crescimento efetivo dos lucros da companhia à qual pertence, mais arriscada se torna como investimento.[8]

Porém, não é verdade, o leitor pode perguntar, que as fortunas verdadeiramente grandes oriundas de ações ordinárias foram feitas por aqueles que

---

7 Observe que Graham insiste no cálculo da razão preço/lucro com base em uma média multianual de lucros no passado. Dessa forma, você diminui as chances de superestimar o valor da companhia com base em um surto temporariamente alto de lucratividade. Imagine que uma companhia tenha lucrado US$ 3 por ação nos últimos 12 meses, mas em média apenas US$ 0,50 por ação no período anterior de seis anos. Que números – os repentinos US$ 3 ou os estáveis US$ 0,50 – mais provavelmente representam uma tendência sustentável? A 25 vezes os US$ 3 que lucrou no ano mais recente, a ação seria cotada a US$ 75. Porém, a 25 vezes os lucros médios dos últimos sete anos (US$ 6 em lucros totais, divididos por sete, igual a US$ 0,857 por ação de lucro anual médio), a ação seria cotada a apenas US$ 21,43. O número escolhido faz uma grande diferença. Finalmente, vale a pena notar que o método predominante em Wall Street hoje – basear a relação preço/lucro principalmente nos "lucros do ano que vem" – seria anátema para Graham. Como você pode atribuir valor a uma companhia com base em lucros que ainda nem foram gerados? Isso é como estabelecer os preços de um imóvel com base no rumor de que a Cinderela construirá seu novo castelo na esquina mais próxima.

8 É por isso que as ações de empresas de rápido crescimento podem cair 20% ou mais se ficarem um centavo aquém das altas expectativas de Wall Street para crescimento nos lucros por ação.

assumiram compromissos substanciais nos anos iniciais com uma companhia em cujo futuro eles tinham grande confiança e que mantiveram suas ações originais tenazmente enquanto elas aumentaram em centenas ou até mais vezes seu valor? A resposta é "sim". No entanto, as grandes fortunas obtidas pelo investimento em uma única companhia são quase sempre construídas por pessoas que têm uma relação íntima com a companhia específica – através de emprego, conexão familiar etc. –, a qual justifica a aplicação de uma grande parte de seus recursos em um papel e a manutenção desse compromisso em todas as adversidades, apesar das numerosas tentações para vender a preços aparentemente altos ao longo do tempo. Um investidor sem tal contato pessoal íntimo precisará constantemente justificar a aplicação de uma grande proporção de seus recursos em um único meio.[9] Cada declínio – por mais temporário que seja – acentuará seu problema; e pressões internas e externas podem forçá-lo a realizar o que parece ser um lucro bom, mas um lucro bem menor que a bonança final.[IV]

Três campos recomendados para o "investimento empreendedor"

Obter resultados de investimento acima da média no longo prazo exige uma política de escolha ou operação que possua dois méritos: (1) ela deve passar por testes objetivos ou racionais de coerência interna; e (2) ela deve ser diferente da política seguida pela maioria dos investidores ou especuladores. Nossa experiência e nosso estudo nos levam a recomendar três abordagens de investimento que atendem a esses critérios. Elas diferem bastante uma da outra e cada uma pode exigir um tipo diferente de conhecimento e temperamento da parte daqueles que a experimentam.

---

9 Hoje, o equivalente a investidores "que têm uma relação íntima com a companhia específica" são os assim chamados controladores, executivos graduados ou diretores, que ajudam a administrar a companhia e possuem grandes blocos de ações. Executivos como Elon Musk, da Tesla, ou Mark Zuckerberg, da Meta Platforms, controladora do Facebook, têm controle direto sobre o destino da companhia, e os investidores externos desejam ver esses executivos graduados manterem grandes blocos de ações como um sinal de confiança. Porém, os gestores menos graduados e os trabalhadores comuns não podem influenciar o preço da ação da companhia com suas decisões individuais; portanto, eles não devem colocar mais do que uma parcela pequena de seus ativos nas ações de seu empregador. No que se refere aos investidores externos, não importa quão bem eles pensam que conhecem a companhia, a mesma objeção se aplica.

TABELA 7-1 Resultados médios dos "Fundos de crescimento rápido", 1961-1970[a]

	1 ano 1970	*5 anos* 1966-70	*10 anos* 1961-70	*1970* Retorno de dividendos
17 fundos de crescimento rápido grandes	– 7,5%	+ 23,2%	+ 121,1%	2,3%
106 fundos de crescimento rápido menores — grupo A	– 17,7	+ 20,3	+ 102,1	1,6
38 fundos de crescimento rápido menores — grupo B	– 4,7	+ 23,2	+ 106,7	1,4
15 fundos com "crescimento" no nome	– 14,2	+ 13,8	+ 97,4	1,7
Índice Composto Standard & Poor's	+ 3,5%	+ 16,1	+ 104,7	3,4
Índice Industrial Dow Jones	+ 8,7	+ 2,9	+ 83,0	3,7

[a] Números fornecidos pela Wiesenberger Financial Services.

A companhia grande relativamente pouco popular

Se presumirmos que o mercado habitualmente supervaloriza as ações ordinárias que têm mostrado excelente crescimento ou sejam sedutoras por alguma outra razão, é lógico esperar que ele subvalorizará – relativamente, ao menos – as companhias que estão com a popularidade em baixa por causa de acontecimentos insatisfatórios de natureza passageira. Essa tendência pode ser descrita como uma lei fundamental do mercado acionário e sugere uma abordagem de investimento que deve ser tanto conservadora como promissora.

A exigência-chave é que o investidor empreendedor se concentre em companhias grandes que estão passando por um período de impopularidade. Embora companhias pequenas também possam ser subvalorizadas por razões semelhantes, e em muitos dos casos os lucros e os preços de suas ações possam aumentar mais tarde, elas implicam risco de uma perda definitiva de lucratividade e também do desprezo continuado por parte do mercado, apesar da melhoria nos lucros. As companhias grandes, portanto, têm uma vantagem dupla sobre as outras. Primeiro, têm os recursos, em termos de capital financeiro e intelectual, para ajudar a si mesmas a superarem as adversidades e retornarem a uma lucratividade satisfatória. Segundo, é provável que o mercado responda com uma velocidade razoável a qualquer melhoria mostrada.

Uma demonstração impressionante da validade dessa tese é encontrada nos estudos do comportamento dos preços das ações impopulares no Índice Industrial Dow Jones. Esses estudos presumiram a realização de um investimento, a cada ano, em seis ou dez das ações do DJIA que estavam sendo negociadas aos múltiplos mais baixos de seus lucros anuais atuais ou anteriores. Essas poderiam ser denominadas as ações "mais baratas" da lista, e seus preços baixos evidentemente refletiam sua relativa impopularidade entre investidores ou operadores de mercado. Foi presumido ainda que as ações compradas foram vendidas ao final de períodos de manutenção que variavam de um a cinco anos. Os resultados desses investimentos foram então comparados com os resultados apresentados tanto pelo DJIA como um todo quanto pelo grupo com o múltiplo mais alto (isto é, o mais popular).

O material detalhado à nossa disposição cobre os resultados de compras anuais hipotéticas em cada um dos últimos 53 anos.[V] No período inicial, 1917-1933, essa abordagem não provou ser lucrativa. Porém, desde 1933, o método mostra resultados excelentes. Em 34 testes realizados pela Drexel

& Company (hoje Drexel Firestone)[10] de manutenção em carteira por um ano – de 1937 até 1969 –, as ações baratas tiveram um desempenho definitivamente pior do que o DJIA em apenas três circunstâncias; os resultados foram aproximadamente iguais em seis casos; e as ações baratas tiveram um desempenho claramente superior à média em 25 anos. O desempenho consistentemente melhor das ações com múltiplos baixos é demonstrado (Tabela 7-2) pelos resultados médios para períodos quinquenais sucessivos em comparação com os do DJIA e dos dez múltiplos mais altos.

TABELA 7-2 Média anual de ganho ou perda percentual sobre ações de teste, 1937-1969

Período	*Dez ações com múltiplos baixos*	*Dez ações com múltiplos altos*	*Trinta ações do DJIA*
1937-1942	- 2,2	- 10,0	- 6,3
1943-1947	17,3	8,3	14,9
1948-1952	16,4	4,6	9,9
1953-1957	20,9	10,0	13,7
1958-1962	10,2	- 3,3	3,6
1963-1969 (oito anos)	8,0	4,6	4,0

Além disso, o estudo da Drexel demonstra que um investimento original de US$ 10.000 em ações com múltiplos baixos, feito em 1936 e alterado, a cada ano, de acordo com a regra, teria crescido para US$ 66.900 em 1962. As mesmas operações com ações de múltiplos altos teriam terminado com um valor de apenas US$ 25.300; enquanto uma operação com todas as trinta ações do índice teria aumentado o fundo original para US$ 44.000.[11]

O conceito de comprar "companhias grandes pouco populares" e sua execução em base grupal, conforme descrito acima, são bastante simples. Porém, ao examinarmos as companhias individuais, um fator especial com um sentido contrário deve, por vezes, ser levado em consideração. As companhias que são inerentemente especulativas por causa de lucros muito instáveis tendem a vender a um preço relativamente alto e a um múltiplo relativamente baixo em anos bons e, inversamente, a preços

10 A Drexel Firestone, um banco de investimentos da Filadélfia, se fundiu em 1973 com a Burnham & Co. e mais tarde se tornou a Drexel Burnham Lambert, famosa por financiar os *junk bonds* durante o boom de fusões da década de 1980.

11 Essa estratégia de comprar as ações mais baratas do Índice Industrial Dow Jones é agora apelidada de abordagem "Cachorros do Dow". Tornou-se popular na década de 1990, mas só funcionou esporadicamente nos últimos anos.

baixos e múltiplos altos em anos ruins. Essas relações estão ilustradas na Tabela 7-3, a qual abrange as oscilações das ações ordinárias da Chrysler Corp. Nesses casos, o mercado é suficientemente cético a respeito da continuidade dos lucros altos incomuns para valorizá-las conservadoramente e, de forma inversa, quando os lucros são baixos ou inexistentes. (Observe que, por uma questão de aritmética, se o lucro de uma companhia é "quase inexistente", suas ações são obrigatoriamente negociadas a um múltiplo alto desses lucros minúsculos.)

Ocorre que a Chrysler tem tido um comportamento excepcional entre as principais companhias do DJIA e, portanto, não teve um efeito forte sobre os cálculos dos múltiplos baixos. Seria muito fácil evitar a inclusão de tais ações anômalas em uma lista de múltiplos baixos por meio da inclusão de uma exigência de que o preço seja baixo em relação aos lucros *médios* do passado ou por algum teste semelhante.

TABELA 7-3 Preços das ações ordinárias e lucros da Chrysler, 1952-1970

Ano	*Lucros por ação*	*Preço máximo ou mínimo*	*Razão P/L*
1952	US$ 9,04	H 98	10,8
1954	2,13	L 56	26,2
1955	11,49	H 101½	8,8
1956	2,29	L 52 (1957)	22,9
1957	13,75	H 82	6,7
1958	(def.) 3,88	L 44[a]	—
1968	24,92[b]	H 294[b]	11,8
1970	def.	L 65[b]	—

[a] O ponto mínimo em 1962 foi 37,5.
[b] Ajustado para desdobramentos de ações. Def.: prejuízo líquido.

Enquanto escrevíamos esta revisão, testamos os resultados do método de múltiplos baixos do DJIA aplicado a um grupo hipoteticamente adquirido no final de 1968 e reavaliado em 30 de junho de 1971. Dessa vez, os números provaram ser bastante decepcionantes, mostrando uma perda aguda para as seis ou dez ações com múltiplos baixos e um lucro bom para as escolhas com múltiplos altos. Esse exemplo ruim não deveria anular as conclusões com base em mais de trinta experiências, mas sua ocorrência no passado recente lhe confere um peso adverso especial. Talvez o investidor ativo devesse começar com a ideia do "múltiplo baixo", mas acrescentar outras exigências quantitativas e qualitativas a essa ao compor sua carteira.

Compra de ações subvalorizadas

Definimos ações subvalorizadas como aquelas que, com base em fatos estabelecidos por análise, parecem valer consideravelmente mais do que seu preço atual de venda. O gênero inclui os títulos e as ações preferenciais cotados bem abaixo do valor nominal, assim como as ações ordinárias. Para ser o mais concreto possível, deixe-nos sugerir que uma ação não é uma "subvalorizada" verdadeiramente a menos que seu valor indicado seja, pelo menos, 50% superior ao preço. Que tipos de fatos justificariam a conclusão de que uma discrepância tão grande existe? Como surgem as subvalorizações e como pode o investidor lucrar com elas?

Há duas maneiras de detectar uma ação ordinária subvalorizada. A primeira é pelo método de avaliação. Isso depende, em grande parte, da estimativa dos lucros futuros e de sua multiplicação por um fator apropriado à ação específica. Se o valor resultante for suficientemente superior ao preço de mercado – e se o investidor confiar na técnica empregada –, a ação pode ser identificada como subvalorizada. O segundo teste é o valor do negócio para um proprietário privado. Esse valor também é, com frequência, determinado principalmente pelos lucros futuros esperados; nesse caso, esse resultado pode ser idêntico ao primeiro. Porém, no segundo teste, deve ser dada mais atenção ao valor realizável dos *ativos*, com ênfase especial no ativo circulante líquido ou no capital de giro.

Quando o mercado em geral atinge níveis baixos, uma proporção grande das ações ordinárias vira ações subvalorizadas, conforme medido por esses padrões. (Um exemplo típico foi a General Motors quando foi negociada a menos de 30 em 1941, equivalente a apenas 5 para as ações de 1971. Seu lucro por ação excedia US$ 4 e a ação pagava US$ 3,50, ou mais, em dividendos.) É verdade que as perspectivas imediatas e os lucros atuais podem ser ruins, mas uma avaliação desapaixonada das condições futuras médias indicaria valores muito superiores aos preços vigentes. Portanto, a sabedoria de ter coragem em mercados deprimidos é comprovada não apenas pela voz da experiência, mas também pela aplicação de técnicas plausíveis de análise de valores.

Os mesmos caprichos do mercado que recorrentemente criam uma situação de subvalorização na lista geral explicam a existência de muitas subvalorizações individuais em quase todos os níveis de mercado. O mercado gosta de fazer tempestade em copo d'água e exagerar a ponto de transformar adversidades corriqueiras em grandes reveses. Até mesmo uma simples falta de interesse ou entusiasmo pode levar a uma queda de preços a níveis absurdamente baixos. Portanto, temos o que parecem ser duas fontes grandes de subvalorização: (1) resultados atuais decepcionantes e (2) impopularidade ou desprezo continuado.

No entanto, nenhuma dessas causas, considerada de forma isolada, pode servir de orientação para o investimento bem-sucedido em ações ordinárias. Como podemos ter certeza de que os atuais resultados decepcionantes são, de fato, temporários? É verdade que podemos apresentar exemplos excelentes desse tipo de acontecimento. As ações das siderúrgicas eram famosas por sua natureza cíclica, e o comprador sagaz conseguia comprá-las a preços baixos quando os lucros estavam baixos e vendê-las em anos de boom a um lucro satisfatório. Um exemplo espetacular é fornecido pela Chrysler Corporation, conforme mostrado pelos dados da Tabela 7-3.

Se esse fosse o *comportamento-padrão* das ações com lucros oscilantes, então lucrar com o mercado acionário seria uma tarefa fácil. Infelizmente, poderíamos citar muitos exemplos de quedas de lucros e preços que não foram automaticamente seguidas por uma recuperação de ambos os indicadores. Um desses é a Anaconda Wire and Cable, que registrou lucros grandes até 1956, atingindo seu preço máximo de 85 naquele ano. Os lucros então caíram, de forma intermitente, durante seis anos, o preço baixou para 23,5 em 1962 e, no ano seguinte, ela foi comprada por sua companhia controladora (a Anaconda Corporation) ao equivalente a apenas 33.

As diversas experiências desse tipo sugerem que o investidor precisaria mais do que uma simples queda de lucros e preços para fornecer-lhe uma boa base de compra. Ele deveria exigir uma indicação de, pelo menos, uma estabilidade razoável nos lucros ao longo da última década ou mais, isto é, nenhum ano de prejuízo, além de tamanho e força financeira suficientes para lidar com possíveis problemas no futuro. Nesse sentido, a combinação ideal é, portanto, a de uma companhia grande e destacada que está sendo negociada a um valor bem abaixo de seu preço médio no passado e de seu múltiplo médio de preço/lucro. Isso, sem dúvida, teria levado ao descarte da maioria das oportunidades lucrativas em companhias tais como a Chrysler, uma vez que seus anos de preço baixo foram, em geral, acompanhados por razões preço/lucro elevadas. Porém, deixe-nos assegurar ao leitor agora – e, sem dúvida, o faremos novamente – de que há uma grande diferença entre os "lucros discerníveis apenas em retrospecto" e os "lucros reais". Duvidamos seriamente de que a montanha-russa da Chrysler seja um papel apropriado para as operações de nosso investidor empreendedor.

Mencionamos a impopularidade ou o desprezo prolongado como uma segunda causa de queda de preços para níveis indevidamente baixos. Um caso atual desse tipo parece ser o da National Presto Industries. No mercado de alta de 1968, essa ação atingiu um pico de 45, que representava apenas oito vezes os lucros de US$ 5,61 daquele ano. Os lucros por ação aumentaram em 1969 e 1970, mas o preço caiu para apenas 21 em 1970. Isso representava menos de quatro vezes os lucros (recordes) daquele ano e menos do que o valor de seu ativo circulante líquido. Em março de 1972, a ação estava sendo negociada a 34, ainda apenas 5,5 vezes os últimos lucros registrados e, aproximadamente, igual ao valor do ativo circulante líquido mais alto.

Outro exemplo desse tipo é fornecido atualmente pela Standard Oil of California, uma companhia de grande importância. No início de 1972, ela estava sendo negociada a aproximadamente o mesmo preço que havia treze anos, digamos, 56. Seus lucros haviam sido surpreendentemente estáveis, com um crescimento relativamente pequeno, e apenas um pequeno declínio em todo o período. Seu valor contábil era aproximadamente igual ao preço de mercado. Com esse histórico conservadoramente favorável de 1958-1971, a companhia nunca mostrou um preço anual médio tão alto quanto quinze vezes seus lucros atuais. No início de 1972, a razão preço/lucro era apenas cerca de 10.

Uma terceira causa para o preço indevidamente baixo de uma ação ordinária pode ser o fato de o mercado não reconhecer sua real situação de lucros. Nosso exemplo clássico aqui é a Northern Pacific Railway, que de 1946 a 1947 caiu de 36 para 13,5. Os lucros verdadeiros da ferrovia em 1947 chegaram perto de US$ 10 por ação. O preço da ação foi mantido em níveis baixos em grande parte por causa de seu dividendo de US$ 1. Foi desprezado também porque muito de seus lucros eram ocultos pelos métodos contábeis peculiares às ferrovias.

O tipo de ação subvalorizada que pode ser mais facilmente identificado é a ação ordinária que vende por menos que o capital de giro líquido da companhia, após a dedução de todos os compromissos assumidos.[12] Isso

---

12 Por "capital de giro líquido", Graham quer dizer os ativos correntes da companhia (tais como dinheiro em caixa, valores mobiliários negociáveis e estoques) menos seus passivos totais (incluindo ações preferenciais e endividamento de longo prazo).

significaria que o comprador nada pagaria por todos os ativos fixos, prédios, máquinas etc., ou por quaisquer itens intangíveis que possam existir. Muito poucas companhias acabam tendo um valor final inferior ao de seu capital de giro apenas, embora um pequeno número de exemplos dispersos possa ser encontrado. O surpreendente é constatar, ao contrário, que existiram tantas empresas disponíveis que foram avaliadas pelo mercado nessa base de subvalorização. Uma compilação feita em 1957, quando o nível do mercado não poderia ser considerado baixo, mostrou aproximadamente 150 ações ordinárias desse tipo. Na Tabela 7-4, resumimos o resultado da compra, em 31 de dezembro de 1957, de uma ação de cada uma das 85 companhias naquela lista cujos dados apareceram no *Monthly Stock Guide* da Standard & Poor's e sua manutenção por dois anos.

Por uma coincidência, cada um dos grupos cresceu em dois anos a uma taxa similar à do valor total do ativo circulante líquido. O ganho para a "carteira" inteira naquele período foi de 75%, comparado com 50% para as 425 ações industriais da Standard & Poor's. O que é mais impressionante é que nenhuma das ações apresentou perdas significativas, sete ficaram mais ou menos empatadas e 78 mostraram ganhos apreciáveis.

TABELA 7-4 Experiência de lucratividade de ações subvalorizadas, 1957-1959

Local do mercado	*Número de companhias*	*Ativo circulante líquido agregado por ação*	*Preço agregado dez. 1957*	*Preço agregado dez. 1959*
Bolsa de Nova York	35	US$ 748	US$ 419	US$ 838
Bolsa American	25	495	289	492
Bolsa Midwest	5	163	87	141
Mercado de balcão	20	425	288	433
Total	**85**	**US$ 1.831**	**US$ 1.083**	**US$ 1.904**

Nossa experiência com esse tipo de escolha de investimentos – em uma base diversificada – foi uniformemente positiva durante muitos anos antes de 1957. Pode-se provavelmente afirmar sem hesitação que ele constitui um método seguro e rentável de determinar e tirar vantagem de situações subvalorizadas. No entanto, durante a alta generalizada do mercado após 1957, a frequência de tais oportunidades caiu bastante e muitas das ações disponíveis apresentaram lucros operacionais pequenos ou mesmo prejuízos. O declínio do mercado de 1969 a 1970 produziu uma nova safra dessas ações "inferiores ao valor do capital de giro". Discutiremos esse grupo no Capítulo 15, quando abordamos a escolha de ações pelo investidor empreendedor.

Padrão das ações subvalorizadas nas companhias de segunda linha

Definimos uma companhia de segunda linha como aquela que não é líder de um setor razoavelmente importante. Portanto, em geral, ela é uma das companhias menores em seu campo, mas pode igualmente bem ser a principal unidade de um ramo menos importante. Como exceção, qualquer companhia que tenha se estabelecido como uma growth stock não é comumente considerada "de segunda linha".

No grande mercado de alta da década de 1920, fazia-se relativamente pouca distinção entre os líderes de um setor e as outras ações listadas, contanto que as últimas fossem de um tamanho respeitável. O público sentia que uma companhia de tamanho médio seria forte o suficiente para sobreviver a turbulências e que tinha uma chance melhor para de fato se expandir espetacularmente do que uma que já fosse de grande porte. Os anos de depressão de 1931-1932, no entanto, tiveram um impacto especialmente devastador sobre as companhias abaixo da primeira linha, seja em termos de tamanho, seja em termos de estabilidade inerente. Como resultado daquela experiência, desde então, os investidores desenvolveram uma preferência pronunciada pelos líderes setoriais e, na maioria das vezes, uma falta de interesse correspondente pelas companhias comuns de segunda linha. Isso significou que o segundo grupo foi geralmente vendido a preços muito mais baixos em relação aos lucros e ativos do que o primeiro. Significou ainda que, em muitas circunstâncias, o preço caiu de tal modo a colocar o papel na categoria subvalorização.[13]

Ao rejeitarem as ações de companhias de segunda linha, muito embora elas estivessem sendo negociadas a preços relativamente baixos, os investidores estavam expressando uma crença ou medo de que tais companhias enfrentassem um futuro pouco promissor. Na verdade, pelo menos subconscientemente, eles calcularam que *qualquer* preço era alto demais para tais empresas, uma vez que elas estavam a caminho da extinção. Da mesma forma, em 1929, a teoria similar relativa aos blue chips (ações com

---

13 Isso não é mais verdade. Empresas de private equity, com trilhões de dólares para investir, aumentaram os preços das ações de empresas "secundárias" além dos níveis de pechincha.

grau de investimento) dizia que nenhum preço era alto demais para essas ações porque suas possibilidades futuras eram ilimitadas. Ambas as visões eram exageradas e induziram a graves erros de investimento. Na realidade, a típica companhia de tamanho médio listada em bolsa é grande quando comparada com o negócio privado médio. Não há razão alguma para que tais companhias não continuem em operação indefinidamente e enfrentando as adversidades características de nossa economia, mas obtendo, no geral, um retorno justo para o capital investido.

Essa breve resenha indica que a atitude do mercado acionário relativa às companhias de segunda linha tende a ser irrealista e, consequentemente, a criar inúmeros exemplos de grandes subvalorizações em tempos normais. Na verdade, o período da Segunda Guerra Mundial e o boom do pós-guerra foram mais benéficos às companhias menores do que às maiores, porque a disputa normal por mercados foi então suspensa e os pequenos conseguiram expandir as vendas e as margens de lucro mais espetacularmente. Portanto, em 1946, o padrão do mercado havia se invertido completamente em relação ao que era antes da guerra. Enquanto as principais ações do Índice Industrial Dow Jones cresciam apenas 40% entre o final de 1938 e o pico em 1946, o índice da Standard & Poor's de ações de preços baixos subia nada menos que 280% no mesmo período. Os especuladores e muitos autodenominados investidores – com as memórias proverbialmente curtas dos envolvidos no mercado acionário – estavam ansiosos para comprar velhas e novas ações de companhias pouco importantes com níveis inflados. Portanto, o pêndulo havia oscilado claramente para o lado oposto. A mesma classe das ações de segunda linha, que havia anteriormente fornecido de longe a maior proporção de oportunidades de subvalorizações, estava agora apresentando o maior número de exemplos de entusiasmo exagerado e de supervalorização. De uma forma diferente, esse fenômeno foi repetido em 1961 e 1968, sendo a ênfase agora nas novas ofertas de ações de companhias menores abaixo da segunda linha e em quase todas as companhias pertencentes a certos ramos favoritos, tais como "eletrônicos", "computadores", "franquias" e outras.[14]

---

14 De 1975 até 1983, as ações de pequenas empresas ("de segunda linha") superaram as grandes por uma média surpreendente de 17,6 pontos percentuais ao ano. O público investidor abraçou com entusiasmo as pequenas ações; as gestoras de fundos mútuos se apressaram a inaugurar centenas de novos fundos especializados nelas e, como retribuição, as pequenas ações tiveram um desempenho *inferior* às grandes em cinco pontos percentuais ao ano na década seguinte. O

Como era de se esperar, as quedas subsequentes do mercado pesaram mais fortemente nas supervalorizadas. Em alguns casos, a oscilação do pêndulo pode ter resultado em uma nítida *sub*valorização.

Se a maioria das emissões secundárias tende normalmente a ser subvalorizada, que razão tem o investidor para acreditar que ele pode lucrar com tal situação? Se essa situação persistir indefinidamente, ele não estará sempre na mesma posição de mercado na qual estava quando comprou a ação? A resposta, nesse caso, é bastante complexa. Lucros substanciais oriundos da compra de companhias secundárias a preços subvalorizados surgem em uma variedade de formas. Primeiro, o retorno de dividendos é relativamente alto. Segundo, os lucros reinvestidos são substanciais em relação ao preço pago e afetarão o preço mais adiante. Em um período de cinco a sete anos, essas vantagens podem ter um peso considerável sobre uma lista bem selecionada. Terceiro, em geral, um mercado de alta é comumente mais generoso com as ações de preços baixos; portanto, ele tende a elevar a ação subvalorizada típica para, pelo menos, um nível razoável. Quarto, mesmo durante os períodos de mercado relativamente estáveis, ocorre um processo contínuo de ajuste de preços, dentro do qual as ações de segunda linha que estavam subvalorizadas podem subir, pelo menos, ao nível normal para esse tipo de papel. Quinto, os fatores específicos que, em muitos casos, contribuíram para um histórico de lucros decepcionante podem ser corrigidos por novas condições ou pela adoção de novas políticas ou por uma mudança de administração.

Um fator novo e importante, surgido recentemente, é a aquisição de pequenas companhias por grandes, em geral, como parte de um programa de diversificação. Nesses casos, o pagamento realizado quase sempre tem sido relativamente generoso e muito acima dos níveis de subvalorização existentes no passado recente.

Quando as taxas de juros eram bem inferiores às de 1970, o campo dos títulos subvalorizados abrangia os títulos e as ações preferenciais que

---

ciclo aconteceu novamente em 1999, quando as ações de empresas menores bateram as grandes por quase nove pontos percentuais, inspirando os bancos de investimento a venderem centenas de ações populares de empresas menores e de alta tecnologia ao público pela primeira vez. Em vez de "eletrônicos", "computadores" ou "franquias" em seus nomes, as novas palavras da moda eram ".com", "fibra óptica", "sem fio" e até mesmo prefixos como "e-" e "I-". As palavras da moda do mundo de investimentos acabam sempre derrubando aqueles que acreditam nelas.

vendiam com descontos grandes com relação ao valor nominal. Atualmente, temos uma situação diferente em que mesmo papéis bastante seguros são negociados com grandes descontos se pagarem juros, digamos, iguais ou inferiores a 4,5%. Exemplo: a American Telephone & Telegraph de 2,625%, com vencimento em 1986, vendeu a um nível tão baixo quanto 51 em 1970; e a Deere & Co., de 4,5%, com vencimento em 1983, vendeu tão baixo quanto 62. Os papéis desse tipo podem acabar sendo oportunidades de subvalorização no futuro próximo, contanto que as taxas de juros vigentes caiam substancialmente. Para um título subvalorizado no sentido mais tradicional, talvez precisemos voltar mais uma vez às obrigações de primeira hipoteca de ferrovias atualmente em dificuldades financeiras, as quais são negociadas entre 20 e 30. Tais situações não são talhadas para o investidor inexperiente; por carecer de uma avaliação bem fundamentada dos valores nessa área, ele pode se machucar. Porém, há uma tendência subjacente para que a queda de mercado nesse campo seja excessiva; consequentemente, o conjunto como um todo oferece um convite especialmente recompensador para a análise cuidadosa e corajosa. Na década que terminou em 1948, o grupo das obrigações de ferrovias inadimplentes, com um valor de bilhões de dólares, ofereceu diversas oportunidades espetaculares nessa área. Tais oportunidades se tornaram muito escassas desde então, mas seu retorno na década de 1970 parece provável.

Situações especiais ou workouts *(recuperações)*

Até recentemente, esse era um campo no qual uma taxa de retorno atraente era quase garantida para aqueles que conheciam a matéria; e isso foi verdade em quase qualquer tipo de situação no mercado como um todo. Não era um terreno formalmente proibido ao público em geral. Alguns que tinham um faro para esse tipo de negócio podiam aprender o básico e se tornarem praticantes bastante capazes sem a necessidade de aprendizado formal ou estudos acadêmicos prolongados. Outros tiveram inteligência suficiente para reconhecer a lógica subjacente dessa abordagem e se juntarem a jovens brilhantes que administram fundos dedicados principalmente a tais "situações especiais". Porém, recentemente, por razões que detalharemos mais tarde, o campo da "arbitragem e recuperações" tornou-se mais arriscado e menos lucrativo. Pode ser que as condições nesse campo se tornem mais propícias em anos vindouros. De qualquer forma, vale a pena delinear a natureza geral e a origem dessas operações por meio de um ou dois exemplos ilustrativos.

A "situação especial" típica deriva do número crescente de aquisições de firmas pequenas por grandes à medida que o evangelho da diversificação de produtos foi sendo adotado por mais e mais executivos. Muitas vezes menor, parece ser um bom negócio para determinada empresa adquirir uma companhia existente no ramo em que deseja ingressar, em vez de começar uma companhia do zero. Para tornar tal aquisição possível, e obter a aceitação da transação pela grande maioria necessária dos acionistas da companhia pequena, é preciso quase sempre oferecer um preço consideravelmente superior ao do nível atual. Tais aquisições têm produzido oportunidades de lucros interessantes para os estudiosos dessa matéria que possuem uma boa capacidade de análise reforçada por uma ampla experiência.

Os investidores astutos tiveram grandes lucros no passado recente por meio da compra de títulos de ferrovias falidas, papéis que eles sabiam que teriam um valor superior ao custo quando as ferrovias finalmente fossem reorganizadas. Após a promulgação dos planos de reorganização, surgiu um mercado "a ser lançado" para novos papéis. Estes quase sempre podiam ser vendidos por um preço consideravelmente superior ao custo dos papéis antigos, pelos quais teriam que ser posteriormente trocados. Existiam riscos relativos à não efetivação dos planos ou a atrasos inesperados, mas tais "operações de arbitragem" foram altamente lucrativas como um todo.

Oportunidades semelhantes surgiram da divisão das holdings de concessionárias de serviços públicos de acordo com a legislação de 1935. Quase todas essas empresas provaram valer consideravelmente mais fora das companhias holdings ao operarem de forma separada.

O fator subjacente aqui é a tendência dos mercados de valores mobiliários a subvalorizar os papéis envolvidos em qualquer tipo de procedimento jurídico complicado. Um velho ditado de Wall Street afirma: "Nunca compre uma ação judicial". Isso pode ser um conselho apropriado para o especulador que busca resultados rápidos em sua carteira. No entanto, a adoção dessa atitude pelo público em geral propicia a criação de oportunidades de subvalorizações nos papéis assim afetados, uma vez que o preconceito contra eles mantém seus preços em níveis indevidamente baixos.[15]

---

15 Os resultados de processos judiciais e ações regulatórias mais recentes têm sido frequentemente expressivos, repentinos e imprevisíveis. Portanto, "nunca compre uma ação judicial" continua sendo uma regra válida para todos os investidores, exceto os mais intrépidos.

A exploração das situações especiais é um braço técnico do investimento que exige mentalidade e capacidades um tanto incomuns. Provavelmente, apenas uma fração pequena de nossos investidores empreendedores se envolverá nessa atividade, e este livro não é o meio apropriado para tratar dessas complicações.[VI]

Implicações mais amplas de nossas regras de investimento

A política de investimento, conforme desenvolvida aqui, depende em primeiro lugar de o investidor escolher o papel defensivo (passivo) ou o empreendedor (ativo). O investidor ativo deve ter um conhecimento considerável de quanto valem os valores mobiliários, suficiente, na verdade, para justificar encarar suas operações de investimento como equivalentes a um negócio empresarial. Não há espaço nessa filosofia para um meio-termo ou uma série de gradações entre o status passivo e o ativo. Muitos, talvez a maioria, dos investidores procuram colocar-se em tal categoria intermediária; em nossa opinião, essa é uma atitude que provavelmente renderá mais decepção do que realização.

Como investidor, você não pode coerentemente se tornar um "meio homem de negócios" e esperar, assim, atingir metade da taxa normal de lucro em seus ativos.

Segue-se desse raciocínio que a maioria dos portadores de valores mobiliários deveria optar pela classificação defensiva. Eles não possuem o tempo, a determinação ou a capacidade mental para encarar os investimentos como um quase negócio. Devem, portanto, se satisfazer com o excelente retorno agora possível com uma carteira defensiva (e com até menos) e devem resistir corajosamente à tentação recorrente de aumentar esse retorno ao se desviar por outros caminhos.

O investidor empreendedor pode se envolver, de forma apropriada, em qualquer operação de valores mobiliários para a qual seu treinamento e capacidade de julgamento sejam adequados e que pareça suficientemente promissora *quando medida pelos padrões empresariais estabelecidos.*

Em nossas recomendações e precauções dirigidas a esse grupo de investidores, tentamos aplicar tais padrões empresariais. No que se refere ao investidor defensivo, fomos orientados, em grande parte, pelas três exigências de: segurança subjacente, simplicidade de escolha e promessa de resultados satisfatórios em termos psicológicos, assim como aritméticos. O uso desses critérios nos levou a excluir do campo dos investimentos recomendados várias classes de valores mobiliários que são normalmente consideradas apropriadas para diversos tipos de investidores. Essas proibições foram listadas em nosso primeiro capítulo, na p. 55.

Vamos considerar com mais profundidade as implicações dessas exclusões. Desaconselhamos a compra a "preço cheio" de três categorias importantes de valores mobiliários: (1) obrigações estrangeiras; (2) ações preferenciais comuns; e (3) ações ordinárias de segunda linha, incluindo, é claro, as ofertas originais de tais ações. Por "preço cheio" queremos dizer preços próximos ao valor nominal no caso dos títulos ou ações preferenciais e preços que representam, de forma aproximada, o valor comercial justo da empresa no caso das ações ordinárias. A grande maioria dos investidores defensivos deve evitar essas categorias, não importa qual seja o preço; o investidor empreendedor deve comprá-las apenas quando forem uma subvalorização, a qual definimos como preços não superiores a dois terços do valor de avaliação dos títulos.

O que aconteceria se todos os investidores seguissem nosso conselho nesses assuntos? Essa questão foi considerada em relação aos títulos estrangeiros, nas pp. 170-171, e nada temos a acrescentar a esta altura. As ações preferenciais de grau de investimento seriam compradas apenas por empresas, tais como seguradoras, que se beneficiariam do status fiscal especial das ações por elas possuídas.

A consequência mais problemática de nossa política de exclusão está no campo das ações ordinárias de segunda linha. Se a maioria dos investidores, por estar enquadrada na classe defensiva, não devesse comprá-las de jeito nenhum, o conjunto de possíveis compradores se tornaria seriamente limitado. Ademais, se os investidores agressivos as comprassem apenas quando houvesse uma subvalorização, então essas ações estariam fadadas a serem vendidas a preços inferiores ao seu valor justo, exceto no caso em que fossem compradas de forma nada inteligente.

Isso pode soar severo e até mesmo vagamente pouco ético. No entanto, na verdade, estamos simplesmente reconhecendo o que realmente aconteceu nesse campo durante a maior parte dos quarenta anos precedentes. As ações de segunda linha, em sua maior parte, *de fato* oscilam em torno de um nível central que é bastante inferior ao seu valor justo. Elas atingem e mesmo superam esse valor por vezes; mas isso ocorre no cúmulo dos mercados de alta, quando as lições derivadas da experiência prática desaconselhariam pagar os preços vigentes na compra de ações ordinárias.

Portanto, estamos sugerindo apenas que os investidores agressivos reconheçam os fatos da vida como ela é vivida pelas ações de segunda linha e que aceitem os níveis centrais de mercado que sejam normais para aquela classe como guia no estabelecimento de seus próprios níveis de compra.

Mesmo assim, há um paradoxo aqui. Uma companhia média de segunda linha bem selecionada pode ser tão promissora quanto uma típica companhia líder de um ramo industrial. O que falta à companhia pequena em termos de estabilidade inerente pode prontamente ser compensado pelas possibilidades de crescimento maiores. Consequentemente, pode parecer ilógico a muitos leitores denominar de "nada inteligente" a compra de tais ações de segunda linha a seu "valor comercial" pleno. A lógica mais forte é a da experiência. A história financeira diz claramente que o investidor pode esperar resultados satisfatórios, em média, a partir das ações de segunda linha comuns apenas se ele as comprar por um preço inferior ao seu valor para um proprietário privado, isto é, como uma subvalorização.

A última frase indica que esse princípio se refere ao investidor *externo* comum. Qualquer um que possa *controlar* uma companhia de segunda linha ou que faça parte de um grupo coeso que detém tal controle está completamente justificado em comprar as ações nas mesmas bases como se estivesse investindo em uma "empresa fechada" ou outra companhia privada. A distinção entre a posição e a consequente política de investimento dos investidores internos e externos se torna mais importante à medida que a empresa em si se torna *menos* importante. Trata-se de uma característica básica de uma companhia com grau de investimento ou líder o fato de que uma única ação isolada seja geralmente tão valiosa quanto uma ação em um bloco controlador. Nas companhias de segunda linha, o valor *médio* de mercado de uma ação isolada é substancialmente inferior ao seu valor para um proprietário controlador. Em função desse fato, as questões das relações entre administradores e acionistas e daquelas entre acionistas internos e externos tendem a ser muito mais importantes e controversas no caso das companhias de segunda linha do que nas com grau de investimento.

No final do Capítulo 5, comentamos a dificuldade de estabelecer qualquer distinção rígida entre as companhias de primeira e de segunda linha. As muitas ações ordinárias na área fronteiriça podem exibir, de forma apropriada, um comportamento de preços intermediário. Não seria ilógico para um investidor comprar tal ação com um desconto *pequeno* em relação a seu valor indicado ou avaliado com base na teoria de que está apenas a uma distância pequena da classificação com grau de investimento e que ela pode adquirir tal classificação sem restrições em um futuro não muito distante.

Logo, a distinção entre as ações de primeira e de segunda linha não precisa ser feita com grande precisão, pois, se assim fosse, uma diferença pequena de qualidade deveria resultar em uma grande diferença no preço de compra justificado. Ao dizer isso, estamos admitindo a existência de um meio-termo na classificação das ações ordinárias, embora tenhamos aconselhado contra tal meio-termo na classificação dos investidores. Nossa razão para tal aparente inconsistência é a seguinte: nenhum dano grave surge de alguma incerteza de opinião com relação a um único papel, porque tais casos são excepcionais e grandes somas não estão em jogo. Porém, a escolha do investidor entre o status defensivo e o ativo traz importantes consequências para ele, e ele não deve se permitir ficar confuso ou dividido com relação a essa decisão básica.

COMENTÁRIO SOBRE O CAPÍTULO 7
POR JASON ZWEIG

Há uma pessoa na minha vida em quem eu simplesmente não confio. E essa pessoa sou eu. Você não deve confiar em si mesmo! Decisões? É como colocar plástico-bolha nas mãos de uma criança de 5 anos. Você sabe o que vai acontecer!
– Sendhil Mullainathan[1]

Graham nos disse que mesmo os investidores empreendedores nunca devem colocar 100% de seus ativos em ações.[2] O risco é uma função não apenas das probabilidades de se estar certo, mas também das consequências de se estar errado. Não importa o quão otimista você esteja: seus julgamentos podem ser equivocados. E ao nunca colocar tudo – ou nada – do seu dinheiro em ações, você se protege contra as consequências mais extremas de estar errado.

Você também deve se proteger contra consequências menos graves – aquelas que surgem de erros repetidos e evitáveis. Os custos de erros não forçados podem transformar o que teria sido um retorno superior em um desempenho inferior.

PORTFÓLIOS FICTÍCIOS

O primeiro passo para um investidor empreendedor é testar suas ideias e se educar. Para isso, recomenda Graham, você deve passar um ano inteiro estudando e escolhendo algumas ações – mas sem comprar nenhuma delas.[3]

Praticamente todos os sites e aplicativos de corretagem ou de investimento permitem que você acompanhe as ações em um portfólio modelo sem investir nenhum dinheiro de fato. Criar uma carteira fictícia em uma carteira virtual é o equivalente a ser um ator ou músico ensaiando a portas fechadas antes de uma apresentação pública.

---

1 Podcast do *The Knowledge Project* com Shane Parrish, disponível em: bit.ly/3JXBnRu.

2 Ver os Capítulos 1 e 4.

3 DREYFUS, Patricia A. Investment analysis in two easy lessons. Disponível em: bit.ly/3rlxejF.

Use seu portfólio fictício para ver o que funciona. O objetivo não é ganhar o máximo de dinheiro no menor tempo possível – você não está usando dinheiro de verdade –, mas ver se consegue desenvolver um sistema para identificar boas empresas cujas ações estejam subvalorizadas. Para montar seu portfólio, siga um checklist (ver "Prova de fogo" no Comentário sobre o Capítulo 11, p. 332).

Mantenha todas as suas escolhas durante o ano inteiro; não compre nem venda. Julgue seu sucesso menos pelo quanto as ações escolhidas subiram e mais por quantas delas subiram – e por quê. Elas subiram de preço porque a lógica original do seu checklist estava correta ou por motivos que você não previu ou não entendeu?

Ao longo do ano, continue a ler os demonstrativos financeiros das empresas, experimente seus produtos ou serviços, e aprenda sobre seus concorrentes. Quando os doze meses chegarem ao fim, dê uma boa olhada no seu portfólio. Compare seu desempenho com o de um índice de mercado amplo, como o S&P 500. Deve ficar óbvio se você é bom nisso, se está melhorando, ou se não tem talento. Se os resultados do seu portfólio fictício forem significativamente piores do que os do índice de referência, você tem muito mais a aprender sobre investimentos – e talvez não esteja preparado para dedicar o tempo e o esforço necessários. Talvez você deva admitir que é um investidor defensivo – e não deve se sentir mal por isso.

FUNDO FINAL DE GRAHAM

No final da vida, Graham defendeu o que ele chamou de "abordagem de grupo", comprando cestas de ações que cumprissem critérios simples de preço baixo – "independentemente do setor e com pouquíssima atenção à empresa individualmente".

Graham deve ser considerado o pioneiro do que hoje é frequentemente chamado de investimento "fatorial", ou "smart-beta": manter grupos de ações que superem um conjunto de obstáculos estatísticos.

Depois de estudar cinquenta anos de dados para determinar o desempenho passado de carteiras hipotéticas de ações com várias características, Graham recomendou procurar empresas com:

- dívida não superior ao patrimônio líquido (50% ou menos do capital total);
- dividendo anual de pelo menos dois terços do rendimento dos títulos corporativos de alta qualidade (na época, um dividendo de pelo menos 5%; hoje, com os títulos com grau de investimento rendendo 5,5%, um dividendo de pelo menos 3,7%);

- lucro líquido por ação dividido pelo preço por ação que seja pelo menos duas vezes o rendimento de títulos corporativos de alta qualidade (na época de Graham, um rendimento de ganhos de 14; hoje, aproximadamente 11).[4]

O parceiro de pesquisa júnior de Graham, James Rea, formou um fundo em 1976 para seguir essa abordagem. Seu projeto era um pouco inusitado: o fundo manteria um terço de sua carteira em títulos do governo norte-americano, um terço em empresas cujas ações estivessem sendo negociadas a menos do que o valor líquido atual dos ativos, e um terço em ações que passassem nos testes de dividendos e lucros de Graham. Ele venderia qualquer participação após um ganho de 50% ou após dois anos, o que ocorresse primeiro.

Graham morreu alguns meses depois. O fundo Rea-Graham obteve ganhos robustos por vários anos e depois caiu no esquecimento. Ele parece ter fracassado porque vendeu seus vencedores cedo demais, manteve títulos em uma época de inflação crescente, e reformulou suas regras após a morte de Graham. Para transformar um portfólio fictício em um portfólio real, a consistência é fundamental.

SENTAR E ESPERAR

Outra maneira de estruturar suas decisões é não depender apenas de sua intuição: mantenha uma lista de empresas com as quais já está familiarizado e que gostaria de comprar se os preços das ações caíssem. Muitos sites de corretoras permitem que você ative notificações para alertá-lo sempre que uma ação cair abaixo de um preço-alvo, que você pode definir como, por exemplo, 25% abaixo do preço atual. Se você já tiver analisado a empresa suficientemente bem para ter certeza da faixa de preço em que suas ações seriam atraentes, configure sua lista para avisá-lo caso a ação caia nessa faixa.

Enquanto espera, continue lendo os relatórios financeiros da empresa para ter certeza de que ela se mantém saudável. Dessa forma, se as ações caírem, mas os negócios não estiverem comprometidos, você estará pronto para comprar.

Uma lista como essa ajuda a contrabalançar a tendência instintiva e destrutiva de comprar na alta e vender na baixa. Ela o obriga automaticamente

---

4 O rendimento dos lucros e o índice preço/lucro, mais comumente usado, são recíprocos. Quando uma ação tem um rendimento de lucros de 11, seu índice P/L é [1 / 11] × 100 = 9,1. Quando o P/L é 50, o rendimento dos lucros é 2.

a considerar a compra na baixa e a aceitar um mercado em queda em vez de fugir dele.

FAÇA UM MEMORIAL DOS SEUS ERROS

Nos escritórios da Davis Advisors em Nova York, pelo menos uma dúzia e meia de certificados de ações emoldurados estão pendurados no que é chamado de "mural dos erros". Entre elas estão as do American International Group, que caiu 96% em 2008, e da Lucent Technologies, que caiu 94% entre 1999 e 2001.

O mural dos erros inclui tanto "pecados de comissão", ou interpretações errôneas dos dados disponíveis, quanto "pecados de omissão", ou falhas em levar em conta todas as informações relevantes. Os certificados de ações são lembretes diários inevitáveis de que algo deu errado, enquanto breves descrições de cada um explicam o que deu errado. A Davis mantém ainda mais registros de seus erros em arquivos extensos sobre cada uma das empresas.

A ideia, diz o presidente Christopher Davis, é mudar o foco do *resultado* (quão ruim foi a decisão) para o *processo* (o que levou à decisão ruim, e como evitar repeti-la). Isso ajuda a empresa a perceber quando pode estar prestes a repetir um erro que já cometeu antes. "Isso nos dá um conjunto de ferramentas que facilita a mudança de opinião das pessoas", diz Davis. "É uma forma de avaliar nosso trabalho que ajuda a nos manter mais concentrados no objetivo de avaliar empresas, em vez de apenas negociar ações."

Você também deve manter um registro dos seus erros. Não é necessário usar um certificado de ações. Tenha uma amostra dos produtos de uma empresa no seu escritório; coloque uma imagem do logotipo da empresa na parede, no monitor do computador ou na área de trabalho.

Lembre-se também de que os seus erros não são apenas as ações que você comprou e que não deveria ter comprado.

Se você quer mesmo ser um investidor empreendedor, vai usar um rastreador de portfólio para monitorar não apenas as ações que *manteve*, mas também as que *vendeu*. As empresas que você não possui mais estão se saindo melhor do que as que você manteve? Então, provavelmente, você está cometendo o erro comum de vender cedo demais.

Você vai acompanhar também as ações que pensou em comprar, mas não comprou. As que você quase comprou estão se saindo melhor do que as que de fato comprou? Então você precisa refinar os critérios do seu checklist e da sua lista de observação.

Não é possível ser um investidor sem correr riscos, e não é possível correr riscos sem cometer erros. No entanto, não é possível aprender com os seus erros se você nunca admitir que errou. Somente estudando seus erros é possível aprimorar continuamente suas políticas e procedimentos. Cometer menos erros o ajudará a incorrer em menos e menores perdas. E isso lhe dará mais capital para trabalhar, permitindo que você aproveite ao máximo suas habilidades à medida que elas melhoram.

CAPÍTULO 8

O INVESTIDOR E AS FLUTUAÇÕES DO MERCADO

Na medida em que os recursos do investidor são aplicados em títulos com grau de investimento com vencimentos relativamente curtos, digamos, de sete anos ou menos, ele não será afetado significativamente pelas mudanças nos preços de mercado e não precisará levá-las em consideração. (Isso se aplica à sua carteira de obrigações de poupança americanas, que ele pode sempre reaver a um preço igual ou superior ao de custo.) As obrigações de longo prazo podem sofrer oscilações de preço relativamente grandes até o vencimento, sendo quase certo que o valor de sua carteira de ações ordinárias oscilará ao longo de qualquer período de vários anos.

O investidor deve tomar conhecimento dessas possibilidades e se preparar para elas, tanto financeira quanto psicologicamente. Ele desejará se beneficiar das mudanças nos níveis de mercado, certamente através do crescimento no valor de sua carteira de ações ao longo do tempo, e talvez também comprando e vendendo a preços vantajosos. Esse interesse de sua parte é inevitável e bastante legítimo. Porém, isso envolve o perigo muito real de que ele seja levado a tomar atitudes e realizar atividades especulativas. É fácil para nós dizermos a você para não especular; difícil será você seguir esse conselho. Deixe-nos repetir o que dissemos no início: se você deseja especular, faça-o com os olhos bem abertos, sabendo que provavelmente perderá dinheiro no fim; certifique-se de limitar a quantia em risco e de separá-la completamente de seu programa de investimento.

Lidaremos primeiro com a questão mais importante das mudanças de preço das ações ordinárias e passaremos mais adiante para a área das obrigações. No Capítulo 3, apresentamos um resumo histórico do movimento do mercado acionário nos últimos cem anos. Nesta seção, retornaremos a esse material esporadicamente para ver o que o registro do passado promete ao investidor tanto na forma de apreciação a longo prazo de uma carteira relativamente imutável em meio às sucessivas subidas e descidas quanto nas possibilidades de compra próximas dos pontos mínimos dos mercados de baixa e nas de venda pouco abaixo dos picos dos mercados de alta.

Flutuações de mercado como um guia para as decisões do investidor

Já que as ações ordinárias, mesmo aquelas com classificação de risco baixa, estão sujeitas a oscilações grandes e recorrentes em seus preços, o investidor inteligente deveria estar interessado nas possibilidades de lucrar com essas oscilações pendulares. Há duas formas possíveis pelas quais ele pode tentar fazer isso: o caminho da antecipação do mercado (*timing*) e o da precificação (*pricing*). Por *timing*, queremos dizer o esforço para antecipar os movimentos do mercado acionário, ou seja, para comprar ou manter um investimento quando a evolução futura é considerada ascendente e para vender ou abster-se de comprar quando a evolução for considerada descendente. Por *pricing*, queremos dizer o esforço para comprar ações quando elas estiverem cotadas abaixo de seu valor justo e vendê-las quando elas subirem acima de tal valor. Uma forma menos ambiciosa da precificação é o simples esforço para se certificar de não pagar alto demais por suas ações. Isso pode ser suficiente para o investidor defensivo cuja ênfase está na manutenção em carteira para o longo prazo, mas tal atitude representa o mínimo essencial de atenção aos patamares do mercado.[1]

Estamos convencidos de que o investidor inteligente pode obter resultados satisfatórios pela precificação dos dois tipos. Da mesma forma, estamos convencidos de que se ele enfatizar a antecipação do mercado, no sentido de previsão, ele acabará agindo como um especulador e colherá os resultados financeiros de um especulador. Essa distinção pode parecer bastante tênue para um leigo, não sendo amplamente aceita em Wall Street. Como resultado de suas práticas comerciais, ou talvez de uma convicção profunda, os corretores de ações e os serviços de investimento parecem atrelados ao princípio de que tanto os investidores quanto os especuladores em ações ordinárias devem dedicar muita atenção às previsões do mercado.

Acreditamos que quanto mais longe de Wall Street estivermos, mais céticos ficaremos a respeito das pretensões das previsões ou da antecipação do mercado acionário. É difícil para o investidor levar a sério as inúmeras previsões que aparecem quase diariamente e estão disponíveis para todos. No entanto, em muitos casos, ele presta atenção a elas e até mesmo age em função delas. Por quê? Porque foi convencido de que é importante que ele forme *alguma* opinião sobre a evolução futura do mercado acionário e também por ele sentir que a previsão de uma corretora ou de um serviço de investimentos é, pelo menos, mais confiável do que a dele.[1]

Não temos espaço aqui para discutir em detalhe os prós e contras da previsão de mercado. Dedica-se muito esforço intelectual a esse campo, e não há dúvida de que *algumas pessoas* conseguem ganhar dinheiro sendo bons analistas de mercado acionário. Porém, é absurdo pensar que o *público em geral* pode alguma vez ganhar dinheiro com base nessas previsões. Afinal, quem irá comprar quando o público em geral, a um dado sinal, correr para vender com lucro? Se você, leitor, espera ficar rico ao longo dos anos seguindo algum sistema ou guia de previsão de mercado, você deve estar esperando tentar fazer o que inúmeros outros estão fazendo e ser capaz de ter um desempenho melhor do que seus numerosos concorrentes no mercado. Não há como afirmar, com base na lógica ou na experiência, que qualquer investidor típico ou médio pode antecipar os movimentos do mercado com mais sucesso do que o público em geral, do qual ele mesmo faz parte.

Há um aspecto da filosofia da antecipação do mercado que parece ter escapado à observação das pessoas. A antecipação é de grande importância psicológica para o especulador porque ele deseja lucrar rapidamente. A ideia de esperar por um ano até que suas ações subam é repugnante para ele. Porém, um período de espera desses não tem consequências para o investidor. Qual a vantagem dele em não investir seu dinheiro até receber algum sinal (presumivelmente) confiável de que chegou a hora de comprar? Ele terá vantagem apenas se, ao esperar, tiver sucesso em comprar mais tarde a um *preço* suficientemente *baixo* para compensar a perda das receitas de dividendos. O que isso significa é que o *timing* não tem qualquer valor real para o investidor a menos que ele coincida com o *pricing*, isto é, a menos que ele o capacite a recomprar suas ações a um preço substancialmente mais baixo do que o preço de venda anterior.

---

1 Os "estrategistas de mercado", economistas e outros analistas altamente remunerados de Wall Street não só falham, ano após ano, em prever a taxa de retorno das ações com precisão; muitas vezes, nem sequer acertam a direção. Frequentemente, preveem que o mercado cairá quando, na verdade, acaba subindo – e vice-versa.

Nesse sentido, a famosa teoria de Dow de *timing* das compras e vendas possui uma história incomum.[2] Resumindo, essa técnica considera como sinal para compra um tipo especial de "ruptura" dos índices de ações para cima e um rompimento semelhante para baixo como sinal de venda. Os resultados calculados – não necessariamente reais – do uso desse método mostram uma série quase ininterrupta de lucros nas operações de 1897 até o início da década de 1960. Com base nessa apresentação, o valor prático da teoria de Dow pareceria firmemente estabelecido; a dúvida, se houvesse, se aplicaria à confiabilidade desse "histórico" publicado como um retrato do que um teórico de Dow efetivamente teria conseguido no mercado.

Um estudo mais acurado dos números indica que a qualidade dos resultados mostrados pela teoria de Dow mudou radicalmente após 1938, poucos anos após ela ter começado a ser levada a sério em Wall Street. Sua realização espetacular ter dado um sinal de venda, a 306 pontos, cerca de um mês antes da quebra de 1929, e manter seus seguidores distantes do longo mercado de baixa até que as coisas melhorassem, ao nível de 84 pontos, em 1933. Porém, de 1938 em diante, a teoria de Dow operou, sobretudo, de modo a levar seus praticantes a sair do mercado a um preço bastante bom, mas depois trazê-los de volta novamente a um preço mais elevado. Durante os trinta anos seguintes, o investidor teria alcançado resultados consideravelmente melhores se tivesse apenas comprado e mantido o DJIA.[II]

Em nossa perspectiva, com base em muitos estudos desse problema, a mudança nos resultados da teoria de Dow não é acidental. Ela demonstra uma característica inerente das fórmulas de previsão e negociação nos campos dos negócios e das finanças. Aquelas fórmulas que atraíram adeptos e importância o fizeram porque funcionaram bem por um tempo ou, às vezes, simplesmente porque podiam ser adaptadas, de forma plausível, ao registro estatístico do passado. No entanto, à medida que aumenta a aceitação, sua confiabilidade tende a diminuir. Isso acontece por duas razões: primeiro, a passagem do tempo traz novas condições às quais a fórmula velha não se ajusta; segundo, nos assuntos de mercado acionário, a popularidade de uma teoria de negociação exerce, por si mesma, uma influência no comportamento do mercado que diminui suas possibilidades de lucrar no longo prazo. (A popularidade de algo como a teoria de Dow pode parecer criar sua

---

2 Ver p. 58.

própria comprovação, uma vez que faria o mercado subir ou descer pelo próprio comportamento de seus seguidores quando um sinal de compra ou venda é dado. Um "estouro da boiada" desse tipo é, claro, muito mais perigoso do que vantajoso para o operador de mercado.)

Abordagem compre na baixa e venda na alta

Estamos convencidos de que o investidor médio não pode alcançar o sucesso por meio da tentativa de antecipar os movimentos de preço. Será que ele pode se beneficiar deles *após* tais movimentos terem ocorrido, isto é, comprar após cada baixa grande e vender após cada subida grande? As flutuações do mercado ao longo de um período de vários anos antes de 1950 fornecem apoio considerável a essa ideia. Na verdade, uma definição clássica de um "investidor astuto" é "alguém que compra em mercados de baixa, quando todo mundo está vendendo, e vende em mercados de alta, quando todo mundo está comprando". Se examinarmos nosso Gráfico I, que cobre as flutuações do índice composto Standard & Poor's entre 1900 e 1970 e os números correspondentes na Tabela 3-1 (p. 94), podemos rapidamente ver por que essa perspectiva parecia válida até poucos anos atrás.

Entre 1897 e 1949, houve dez ciclos de mercado completos, abrangendo desde o vale do mercado de baixa até o pico do mercado de alta e novamente até o vale do mercado de baixa. Seis desses ciclos duraram não mais que quatro anos, quatro ciclos duraram seis ou sete anos, e um – o famoso ciclo "Nova Era", de 1921 a 1932 – durou 11 anos. A porcentagem do aumento dos vales até os picos variou de 44% a 500%, ficando a maioria entre aproximadamente 50% e 100%. A queda percentual subsequente variou entre 24% e 89%, ficando a maioria entre 40% e 50%. (É preciso lembrar que uma queda de 50% anula completamente um avanço anterior de 100%.)

Quase todos os mercados de alta tiveram várias características bem definidas em comum, tais como (1) nível histórico de preços altos; (2) razões preço/lucro elevadas; (3) rendimentos de dividendos baixos em comparação com os rendimentos das obrigações; (4) muita especulação na margem; e (5) muitos lançamentos de ações ordinárias novas de qualidade baixa. Portanto, para o estudante da história do mercado acionário pareceu que o investidor inteligente teria sido capaz de identificar os mercados de baixa e de alta recorrentes de modo a comprar durante os primeiros e vender durante os segundos, e, em geral, fazer isso a intervalos de tempo razoavelmente curtos.

Vários métodos foram desenvolvidos para determinar os níveis de compra e venda do mercado como um todo com base em fatores de valor ou nos movimentos percentuais dos preços ou em ambos.

No entanto, devemos destacar que, até mesmo antes do mercado de alta sem precedentes iniciado em 1949, ocorreram variações suficientes nos ciclos de mercado sucessivos para complicar e, às vezes, frustrar o processo desejável de comprar na baixa e vender na alta. O mais notável desses desvios foi, claro, o grande mercado de baixa do final da década de 1920, o qual contrariou todos os cálculos.[3] Até mesmo em 1949, portanto, não havia qualquer certeza de que o investidor poderia basear suas políticas e operações financeiras principalmente na tentativa de comprar a níveis baixos em mercados de baixa e vender a níveis altos em mercados de alta.

Aconteceu, na sequência, o oposto. O comportamento do mercado nos últimos vinte anos não seguiu o padrão anterior, não obedeceu a sinais de perigo anteriormente bem estabelecidos, não permitiu sua exploração bem-sucedida por meio da aplicação das regras antigas de comprar barato e vender caro. Não sabemos se o padrão regular e antigo de baixa e de alta do mercado retornará em algum momento. Porém, parece irrealista para nós que o investidor envide esforços para basear sua política atual na fórmula clássica, isto é, esperar por níveis demonstráveis de um mercado de baixa antes de comprar *qualquer* ação ordinária. A política que recomendamos prevê, no entanto, mudanças nas *proporções* relativas entre ações ordinárias e obrigações em carteira, caso o investidor escolha agir dessa forma, de acordo com a maior ou menor atratividade dos níveis de preços das ações, conforme medidos pelos padrões de valor.[4]

---

3 Sem os mercados de baixa que levam os preços das ações para baixo novamente, qualquer um que esteja esperando para "comprar barato" se sentirá completamente deixado para trás e, com muita frequência, terminará abandonando qualquer precaução anterior e entrando com entusiasmo excessivo. Essa é a razão pela qual a mensagem de Graham sobre a importância de se ter *disciplina emocional* é tão veemente. Quanto mais longo o mercado de alta, mais os investidores serão acometidos de um caso grave de amnésia; após cinco anos ou mais, muitas pessoas deixam de acreditar na possibilidade de um mercado de baixa. Todos aqueles que esquecem estão fadados a serem lembrados; e, no mercado acionário, as memórias recuperadas são sempre desagradáveis.

4 Graham discute essa "política que recomendamos" no Capítulo 4 (pp. 120-122).

Métodos de investimento automático

Nos primeiros anos da subida do mercado acionário, iniciada em 1949-1950, vários métodos de tirar vantagem dos ciclos de mercado acionário atraíram considerável interesse. Esses métodos foram conhecidos como "planos de investimento automático". A essência de tais planos, exceto o caso simples do custo médio em dólares, é que o investidor automaticamente vende *algumas* ações ordinárias quando o mercado sobe substancialmente. Em muitos deles, uma subida substancial no nível de mercado resultaria na venda de todas as ações ordinárias em carteira; outros preveriam a manutenção de uma proporção pequena de ações em qualquer circunstância.

Essa abordagem tinha o apelo duplo de soar lógica (e conservadora) e mostrar resultados excelentes quando aplicada retroativamente ao mercado acionário ao longo de muitos anos no passado. Infelizmente, sua popularidade cresceu muito e justamente no momento em que era improvável funcionar tão bem. Muitos dos "investidores automáticos" encontraram-se totalmente ou quase totalmente fora do mercado acionário em algum nível em meados da década de 1950. É verdade, eles haviam obtido lucros excelentes, mas, de maneira geral, o mercado depois "fugiu" deles e suas fórmulas lhes ofereceram poucas oportunidades de recomprar uma posição em ações ordinárias.[5]

Há uma semelhança entre a experiência daqueles que adotaram a abordagem do investimento automático no início da década de 1950 e os que abraçaram a versão puramente mecânica da teoria de Dow cerca de vinte anos antes. Em ambos os casos, o advento da popularidade marcou o momento quase exato em que o sistema parou de funcionar bem. Tivemos uma experiência incômoda semelhante com nosso "método de valor central" de determinação dos níveis indicados para compra e venda do Índice Industrial Dow Jones. A moral da história parece ser que qualquer abordagem promissora no mercado acionário passível de ser facilmente descrita e seguida por muitas pessoas é, em si mesma, simples e fácil demais para durar. A observação conclusiva de Spinoza se aplica a Wall Street assim como à filosofia: "Todas as coisas excelentes são tão difíceis quanto raras".

---

5 Muitos desses "investidores automáticos" teriam vendido todas as suas ações no final de 1954, após o mercado acionário americano subir 52,6%, o segundo maior retorno anual já registrado. Nos cinco anos seguintes, esses usuários do *timing* de mercado provavelmente teriam ficado nas margens enquanto as ações dobravam.

Flutuações de mercado da carteira do investidor

Todo investidor que possua ações ordinárias deve estar preparado para ver seu valor oscilar ao longo dos anos. O comportamento do DJIA desde que nossa última edição foi escrita em 1964 provavelmente reflete bastante bem o que aconteceu à carteira de ações de um investidor conservador que tenha limitado seus investimentos em ações àquelas de corporações grandes, conceituadas e conservadoramente financiadas. O valor total aumentou de um nível médio de aproximadamente 890 pontos até um pico de 995 em 1966 (e 985 novamente em 1968), caiu para 631 em 1970 e teve uma recuperação quase total para 940 no início de 1971. (Uma vez que os papéis individuais estabelecem suas marcas máximas e mínimas em momentos diferentes, as oscilações do grupo Dow Jones como um todo são menos severas do que aquelas dos componentes tomados isoladamente.) Rastreamos, pelo tempo, oscilações de outros tipos de carteiras de ações ordinárias diversificadas e conservadoras e encontramos resultados globais que provavelmente não são muito diferentes dos explicitados anteriormente. Em geral, as ações das companhias de segunda linha[6] flutuam mais fortemente do que as das companhias maiores, mas isso não significa necessariamente que um grupo de companhias bem estabelecidas, porém menores, terá um desempenho inferior durante um período longo de tempo. Em qualquer caso, o investidor deve também se conformar antecipadamente com a probabilidade, em vez de a simples possibilidade, de que a maioria de sua carteira cresça, digamos, 50% ou mais a partir de seu ponto mínimo e caia o equivalente a um terço ou mais a partir do ponto mais alto em vários períodos nos cinco anos seguintes.[7]

---

6 O equivalente hoje ao que Graham chama de "companhias de segunda linha" seria qualquer dos milhares de ações não incluídas no índice de 500 ações da Standard & Poor's. Uma lista revisada regularmente, contendo as 500 ações no índice S&P, está disponível em www.standardandpoors.com.

7 Observe com cuidado o que Graham está dizendo aqui. Não é apenas possível, mas provável, que a maioria das ações que você possui suba, pelo menos, 50% a partir de seu preço mais baixo e caia, pelo menos, 33% a partir de seu preço mais alto, sejam quais forem as ações que você possui ou se o mercado como um todo sobe ou desce. Se você não consegue conviver com isso ou pensa que sua carteira é, de alguma forma, magicamente imune a esses movimentos, então você não pode se chamar de investidor. (Graham se refere a um declínio de 33% como "um terço equivalente" porque uma valorização de 50% leva uma ação de US$ 10 para US$ 15. A partir de US$ 15, uma perda de 33% [ou uma queda de US$ 5] a traz de volta para US$ 10, onde começou.)

Não se espera que um investidor sério acredite que as oscilações do dia a dia, ou mesmo de mês a mês, do mercado acionário o farão rico ou pobre. Porém, qual o impacto das mudanças mais amplas e em períodos mais longos? Aqui, questões práticas se apresentam e problemas psicológicos podem gerar complicações. Uma subida substancial do mercado é, simultaneamente, uma razão legítima de satisfação e uma causa para preocupação, mas pode também trazer a tentação forte de cometer um ato imprudente. Suas ações subiram; bom! Você está mais rico do que era; bom! No entanto, será que o preço subiu *demais* e você deve pensar em vender? Ou você deve se flagelar por não ter comprado mais ações quando os preços estavam mais baixos? Ou, pior de tudo, você deveria agora se render à atmosfera do mercado de alta, se deixar infectar pelo entusiasmo, a superconfiança e a ganância do grande público (do qual, afinal de contas, você faz parte) e assumir compromissos maiores e mais perigosos? Apresentada assim, por escrito, a resposta à última pergunta é um evidente *não*, mas mesmo o investidor inteligente pode precisar de uma força de vontade considerável para evitar acompanhar a multidão.

É por razões de natureza humana, muito mais do que pelo cálculo de ganhos ou prejuízos financeiros, que somos a favor de algum tipo de método automático para variar as proporções relativas entre títulos e ações na carteira do investidor. A vantagem principal talvez seja que tal fórmula lhe dará *algo para fazer*. À medida que o mercado avança, ele vende ações de tempos em tempos, aplicando a receita em títulos; à medida que desce, ele inverte o procedimento. Essas atividades fornecerão alguma maneira de usar energias de outra forma muito represadas. Se ele for o tipo certo de investidor, tirará satisfação adicional da noção de que suas operações são exatamente opostas àquelas da multidão.[8]

Valorações contábeis *versus* valorações do mercado acionário

O impacto das oscilações de mercado sobre a situação real do investidor pode ser considerado também do ponto de vista do acionista como proprietário de participações em vários negócios. O dono de ações negociáveis efetivamente

---

8 Para o investidor de hoje, a estratégia ideal para perseguir essa "fórmula" são os acertos periódicos, a qual discutimos nas pp. 140-142.

tem um status duplo e, com isso, o privilégio de tirar vantagem de ambos a seu critério. Por um lado, sua posição é análoga à de um acionista minoritário ou parceiro silencioso em um negócio privado. Nesse sentido, seus resultados são inteiramente dependentes dos lucros do negócio ou de uma mudança no valor subjacente de seus ativos. Em geral, ele determinaria o valor de tal participação em um negócio privado pelo cálculo de sua parcela do patrimônio líquido, conforme mostrado nos balanços mais recentes. Por outro lado, o investidor em ações ordinárias detém um pedaço de papel, um certificado de ação impresso, que pode ser vendido em questão de minutos a um preço que varia de momento a momento, isto é, quando o mercado está aberto, e, com frequência, é bastante diferente do valor contábil.[9]

O desenvolvimento do mercado acionário em décadas recentes tornou o investidor típico mais dependente da evolução das cotações de preço e menos livre do que anteriormente para considerar-se simplesmente o dono de um negócio. A razão é que as empresas bem-sucedidas, nas quais é provável que ele concentre sua carteira, são quase sempre negociadas a preços bem acima do valor líquido de seus ativos (valor contábil ou "valor de balanço"). Ao pagar esses prêmios de mercado, o investidor se torna um refém da sorte, pois dependerá do mercado acionário em si para validar seus compromissos.[10]

Esse é um fato de suma importância no que se refere aos investimentos na atualidade, mas que não tem recebido a atenção que merece. Toda a estrutura de cotações do mercado acionário embute uma contradição. Quanto melhores o histórico e as perspectivas de uma companhia, menos relação terá o preço de suas ações com o valor contábil. Porém, quanto maior o prêmio acima do valor contábil, menos certa estará a base para determinar seu valor intrínseco, isto é, seu "valor" dependerá mais das mudanças dos humores e dos métodos de avaliação do mercado acionário.

---

9 A maioria das companhias hoje fornece um "certificado de ação impresso" apenas sob solicitação especial. As ações existem, na maioria, em uma forma puramente eletrônica (da mesma forma que sua conta bancária contém créditos e débitos computadorizados, não espécie), portanto, ficou mais fácil negociá-las do que era na época de Graham.

10 Valor líquido dos ativos, valor contábil, valor de balanço e valor tangível dos ativos são todos sinônimos de patrimônio líquido, ou seja, o valor total dos ativos financeiros e físicos da companhia após a dedução de todas as suas dívidas. Ele pode ser calculado por meio dos balanços publicados nos relatórios anuais e trimestrais da companhia. Do total do capital acionário, subtraia todos os ativos "moles", tais como marcas e outros intangíveis, e divida pelo número plenamente diluído de ações no mercado para chegar ao valor contábil por ação.

Assim, chegamos ao paradoxo final de que quanto mais bem-sucedida é a companhia, maiores as oscilações de preço de suas ações. Isso significa que, em um sentido muito real, quanto melhor a qualidade de uma ação ordinária, é provável que ela seja mais *especulativa*, pelo menos, em comparação com as ações intermediárias e pouco destacadas.[11] (O que dissemos se aplica a uma comparação das principais companhias de crescimento rápido com a maioria das companhias estabelecidas; excluímos de nossa análise presente aquelas ações que são altamente especulativas porque os negócios associados a elas são, em si, especulativos.)

O argumento apresentado anteriormente explicaria o comportamento frequentemente errático dos preços de nossas companhias mais bem-sucedidas e imponentes. Nosso exemplo favorito é a rainha de todas elas, a International Business Machines. O preço de suas ações caiu de 607 para 300 em sete meses, de 1962 a 1963; após dois desdobramentos, caiu de 387 para 219 em 1970. Da mesma forma, a Xerox – cujos lucros em décadas recentes foram ainda mais impressionantes – caiu de 171 para 87, de 1962 a 1963, e de 116 para 65 em 1970. Essas perdas impressionantes não indicam qualquer dúvida acerca do crescimento futuro e a longo prazo da IBM ou da Xerox; refletem, ao contrário, uma falta de confiança na valoração do prêmio que o mercado acionário em si havia colocado nessas excelentes perspectivas.

A discussão anterior nos leva a uma conclusão de importância prática para o investidor conservador em ações ordinárias. Se ele precisar prestar atenção especial à escolha de sua carteira, pode ser melhor para ele se concentrar nas ações que vendem a um preço razoavelmente próximo ao valor dos ativos tangíveis, digamos, a não mais que um terço acima daquele número. As compras realizadas em tais níveis, ou em patamares inferiores, podem logicamente ser consideradas como relacionadas ao balanço da companhia

---

11 O uso por Graham da palavra "paradoxo" é, provavelmente, uma alusão ao artigo clássico escrito por David Durand (Growth stocks and the Petersburg paradox. *The Journal of Finance*, v. XII, n. 3, set. 1957, p. 348-363), que compara o investimento em growth stocks de preço muito alto com uma aposta em uma série de cara e coroa, na qual o resultado sobe a cada jogada da moeda. Durand enfatiza que se uma growth stock pudesse continuar a crescer a uma taxa alta por um período de tempo indefinido, um investidor deveria (teoricamente) estar disposto a pagar um preço infinito por tais ações. Por que, então, nenhuma ação foi vendida por um preço infinito por ação? Porque quanto mais alta a taxa de crescimento futuro presumida, e mais longo o período de tempo durante o qual ela é esperada, mais a margem de erro cresce e maior se torna o custo de até mesmo um erro de cálculo ínfimo. Graham discute esse problema no Apêndice 2 (p. 613).

e como tendo uma justificativa ou uma base independente dos preços de mercado oscilantes. O prêmio acima do valor contábil que pode estar envolvido pode ser considerado um tipo de taxa extra paga pela vantagem de ser negociada em bolsa e pela liquidez que isso representa.

É preciso cautela nesse ponto. Uma ação não se torna um investimento sensato simplesmente porque ela pode ser comprada a um nível próximo de seu valor contábil. O investidor deveria exigir também uma razão preço/lucro satisfatória, uma posição financeira forte e a perspectiva de que seus rendimentos serão, pelo menos, mantidos ao longo dos anos. Isso pode parecer exigir demais de uma ação com uma cotação modesta, mas a combinação não é difícil de ocorrer em todas as condições de mercado, com exceção das perigosamente altas. Desde que o investidor esteja disposto a abster-se dos papéis com perspectivas brilhantes, isto é, com crescimento médio acima do esperado, ele não terá dificuldade em encontrar uma ampla gama de ações que atendam a esses critérios.

Em nossos capítulos sobre a escolha de ações ordinárias (Capítulos 14 e 15), apresentaremos dados mostrando que mais da metade das ações do DJIA atendia ao nosso critério de valoração de ativos no final de 1970. O investimento mais amplamente mantido – as ações da American Tel. & Tel. – está até sendo negociado abaixo do valor dos ativos tangíveis da companhia no momento em que escrevemos. Além de possuir outras vantagens, a maioria das ações de concessionárias de energia elétrica está agora (início de 1972) disponível a preços razoavelmente próximos de seus valores contábeis.

O investidor com uma carteira de ações respaldada por tais valores contábeis pode ter uma visão bem mais independente e distante das oscilações do mercado acionário do que aqueles que pagaram múltiplos altos dos lucros e ativos tangíveis. Enquanto a lucratividade de sua carteira permanecer satisfatória, o investidor pode dar a atenção que quiser aos caprichos do mercado acionário. Mais do que isso, ele pode usar, às vezes, esses caprichos para participar do jogo magistral de comprar na baixa e vender na alta.

O exemplo da A&P

Nesse ponto, introduziremos um de nossos exemplos originais, que data de muitos anos, mas exerce certa fascinação em nós por combinar tantos aspectos de experiência empresarial e de investimento. Ele envolve a Great Atlantic & Pacific Tea Co. Aqui está a história:

As ações da A&P começaram a ser negociadas no mercado "paralelo", como era conhecida a bolsa que se tornou a American Stock Exchange em 1929, e chegaram a ser vendidas a um preço tão alto quanto 494. Em 1932, elas haviam caído para 104, embora os rendimentos da companhia tenham sido quase tão grandes naquele ano catastrófico quanto tinham sido anteriormente. Em 1936, variaram entre 111 e 131. Em seguida, na recessão dos negócios e no mercado de baixa de 1938, as ações caíram para um novo ponto mínimo de 36.

Aquele preço era extraordinário. Ele significava que as ações preferenciais e ordinárias combinadas estavam sendo vendidas por US$ 126 milhões, embora a companhia tivesse acabado de informar que mantinha US$ 85 milhões em caixa e tinha um capital de giro (ou ativo circulante líquido) de US$ 138 milhões. A A&P era a maior empresa varejista dos Estados Unidos, se não do mundo, com um histórico ininterrupto e impressionante de lucros elevados por vários anos. No entanto, em 1938, essa companhia de grande destaque foi avaliada por Wall Street como valendo menos até do que seu ativo circulante apenas, o que significa que valia menos como uma companhia em funcionamento do que se fosse liquidada. Por quê? Primeiro, porque havia ameaças de introdução de impostos especiais sobre as redes varejistas; segundo, porque os lucros líquidos haviam caído no ano anterior; e, terceiro, porque o mercado como um todo estava deprimido. A primeira dessas razões foi um medo exagerado e, em última análise, desprovido de fundamento; as outras duas foram típicas influências temporárias.

Vamos supor que o investidor tivesse comprado ações ordinárias da A&P em 1937 a, digamos, doze vezes seus lucros médios nos últimos cinco anos, ou seja, a aproximadamente 80. Estamos longe de afirmar que o declínio subsequente para 36 não teria sido significativo para ele. Seria recomendável que ele tivesse avaliado a conjuntura com certo cuidado para ver se havia cometido algum erro de cálculo. Porém, se os resultados dessa análise fossem tranquilizadores – como deveriam ter sido – ele teria direito então a desconsiderar o declínio do mercado por ser um capricho financeiro temporário, a menos que tivesse os recursos e a coragem de tirar vantagem disso comprando ainda mais nas bases de subvalorização oferecidas.

Sequência e reflexões

No ano seguinte, 1939, as ações da A&P subiram para 117,5, ou seja, três vezes o preço mínimo de 1938 e bem acima da média de 1937. Tal reviravolta no comportamento das ações ordinárias não é, sem dúvida, incomum, mas o caso da A&P foi mais surpreendente do que a maioria. Nos anos após 1949, as ações da cadeia de supermercados subiram junto com o mercado como um todo, até que, em 1961, a ação desdobrada (10 por 1) atingiu um pico de 70,5, que era equivalente a 705 em termos das ações de 1938.

O preço de 70,5 foi extraordinário pelo fato de que era igual a trinta vezes os lucros de 1961. Tal razão preço/lucro, que deve ser comparada a 23 vezes no caso do DJIA naquele mesmo ano, deve ter sido baseada em expectativas de um crescimento brilhante da lucratividade da empresa. Esse otimismo não tinha justificativa no histórico dos lucros da companhia em anos anteriores, provando estar completamente errado. Em vez de subir com rapidez, a evolução dos lucros no período subsequente foi, em geral, decrescente. No ano seguinte, o preço caiu em mais da metade, até 34. Porém, dessa vez, as ações não tinham a qualidade de subvalorização que aparentavam às cotações baixas de 1938. Após diversas flutuações, o preço caiu para outro ponto mínimo de 21,5, em 1970, e a 18, em 1972, quando a companhia registrou o primeiro *prejuízo* trimestral de sua história.

Vemos neste relato como podem ser amplas as adversidades de uma grande companhia americana em pouco mais do que uma geração e também os erros de cálculo e excessos de otimismo e pessimismo com os quais o público havia avaliado suas ações. Em 1938, o negócio estava efetivamente sendo entregue de graça, sem qualquer interessado; em 1961, o público estava clamando por ações a preços ridiculamente altos. Depois disso, veio uma perda rápida de metade do valor de mercado e, alguns anos mais tarde, um declínio substancial ainda maior. Entretanto, a companhia passaria de uma lucratividade excepcional a uma medíocre; seu lucro no ano de boom de 1968 foi menor que em 1958; ela pagou uma série de dividendos pequenos e confusos para os acionistas, os quais não eram justificados por aumentos de lucros; e assim por diante. A A&P era uma companhia maior em 1961 e 1972 do que em 1938, mas não tão bem administrada, nem tão lucrativa ou tão atraente.[12]

---

12 Mais recentemente, o preço das ações da A&P flutuou bastante antes de ela buscar proteção contra falência em 2015.

Há duas morais importantes para essa história: a primeira é que o mercado acionário, com frequência, erra por muito, e às vezes um investidor alerta e corajoso pode tirar vantagem de seus erros evidentes. A segunda é que a maioria dos negócios muda em caráter e qualidade ao longo dos anos, às vezes para melhor, talvez com mais frequência para pior. O investidor não precisa acompanhar o desempenho das companhias com olhos de águia; mas ele deve dar uma olhada minuciosa de vez em quando.

Voltemos para nossa comparação entre o proprietário de ações negociadas em bolsa e o indivíduo com uma participação em um negócio privado. Dissemos que o primeiro tem a *opção* de considerar-se simplesmente um sócio-proprietário de uma participação em várias companhias nas quais investiu ou como portador de ações que são negociáveis a qualquer momento a seu preço de mercado.

No entanto, observe este fato importante: o verdadeiro investidor raramente *é forçado a vender* suas ações e está livre, grosso modo, para desconsiderar a cotação atual. Ele precisa prestar atenção no preço e levá-lo em consideração em suas atividades na medida em que isso interessa a ele, e nada mais.[13] Portanto, o investidor que se deixa influenciar pela massa ou se preocupar sem razão com o efeito de quedas de mercado injustificadas sobre sua carteira está transformando, de forma perversa, sua vantagem básica em uma desvantagem básica. Esse indivíduo estaria, então, em uma melhor situação se suas ações não fossem cotadas em bolsa, pois seria poupado da angústia causada pelos erros de avaliação *de outras pessoas*.[14]

Incidentalmente, uma situação abrangente desse tipo efetivamente existiu durante os dias complicados de depressão entre 1931 e 1933. Havia, naquela época, uma vantagem psicológica em possuir papéis que não eram cotados em bolsa. Por exemplo, as pessoas que possuíam primeiras hipotecas de imóveis que continuaram a pagar juros podiam dizer a si mesmas que seus investimentos haviam mantido o valor pleno, não havendo cotações de mercado para indicar de forma diferente. Por outro lado, muitas obrigações de

---

13 "Apenas na medida em que isso interessa a ele" significa "apenas na medida em que o preço é favorável o suficiente para justificar vender a ação".

14 É possível que esse seja o parágrafo mais importante de todo o livro de Graham. Nele, Graham resume a experiência de uma vida. Essas palavras não podem deixar de ser lidas com muita frequência; elas são como criptonita para os mercados de baixa. Se as mantiver à mão e as deixar guiá-lo por toda sua vida de investidor, você sobreviverá, seja qual for o comportamento do mercado.

corporações listadas em bolsa, de qualidade melhor e força intrínseca maior, sofreram reduções severas em suas cotações de mercado, fazendo, portanto, seus proprietários acreditarem que estavam ficando significativamente mais pobres. Na verdade, os proprietários estavam em melhores condições com os títulos listados em bolsa, apesar dos preços baixos desses papéis. Se eles quisessem ou tivessem sido obrigados, poderiam, pelo menos, ter vendido os papéis possivelmente para trocá-los por subvalorizações até melhores. Ou poderiam logicamente ter ignorado os movimentos do mercado por serem passageiros e basicamente sem sentido. Porém, seria iludir a si mesmo dizer que você não havia sofrido qualquer perda de valor *simplesmente porque* seus títulos não são cotados em bolsa de forma alguma.

Voltando a nosso acionista da A&P em 1938, afirmamos que, contanto que tivesse mantido suas ações, ele não sofreria perda durante as quedas de preço além daquela que sua própria avaliação pudesse indicar como decorrente de uma redução de seu valor subjacente ou intrínseco. Se nenhuma redução desse tipo havia ocorrido, ele tinha o direito de esperar que, em dado momento, a cotação de mercado retornasse para um nível igual ou superior ao de 1937, como de fato ocorreu no ano seguinte. Nesse sentido, sua posição era pelo menos tão boa quanto se ele fosse proprietário de uma companhia privada não cotada em bolsa. Nesse caso também, ele estaria ou não justificado em, mentalmente, cortar parte do custo de sua carteira por causa do impacto da recessão de 1938, dependendo do que havia acontecido com sua companhia.

Os críticos da abordagem de valor para os investimentos em ações afirmam que as ações ordinárias listadas em bolsa não podem ser consideradas ou avaliadas da mesma forma que uma participação em uma companhia fechada semelhante, já que a presença de um mercado de títulos organizado "injeta no capital acionário o atributo novo e extremamente importante da liquidez". Porém, o que essa liquidez realmente significa é que, primeiro, o investidor tem o benefício de uma avaliação diária e variante de sua carteira realizada pelo mercado acionário, *qualquer que seja o mérito dessa avaliação*, e, segundo, que o investidor é capaz de aumentar ou diminuir seu investimento de acordo com a cotação diária do mercado, *caso ele assim decida*. Portanto, a existência de um mercado cotado oferece ao investidor *certas opções* que ele não teria se seu papel não fosse cotado. Porém, isso não impõe a cotação atual a um investidor que prefere formular sua ideia de valor a partir de outra fonte.

Vamos fechar esta seção com algo parecido com uma parábola. Imagine que você possui uma participação pequena em uma companhia de capital fechado que lhe custou US$ 1.000. Um de seus sócios, chamado Sr. Mercado, é de fato muito prestativo. Todo dia ele lhe informa o que pensa ser o valor de sua participação e, além disso, se dispõe a comprar de você ou vender a você uma participação adicional naquelas bases. Às vezes, sua ideia de valor parece plausível e justificada pela evolução e pelas perspectivas do negócio da forma como você as conhece. Por outro lado, o Sr. Mercado deixa frequentemente o entusiasmo ou o receio tomar conta dele e o valor proposto por ele lhe parece um pouco tolo.

Se você é um investidor prudente ou um empresário inteligente, deixaria as comunicações diárias do Sr. Mercado influenciarem sua opinião sobre o valor de uma participação de US$ 1.000 na companhia? Só se você concordasse com ele ou então desejasse negociar com ele. Você pode ficar feliz em vender para ele quando ele cota um preço ridiculamente alto e igualmente feliz em comprar dele quando seu preço é baixo. No entanto, no resto do tempo, você seria mais esperto se formulasse suas próprias ideias acerca do valor de sua carteira com base nos relatórios completos da companhia sobre suas operações e posições financeiras.

O verdadeiro investidor está nessa mesma posição quando possui uma ação ordinária listada em bolsa. Ele pode tirar vantagem do preço de mercado diário ou desconsiderá-lo, conforme ditado por suas próprias ideias e inclinação, mas também precisa tomar conhecimento dos movimentos de preço importantes, pois de outra forma seu julgamento será desprovido de uma base. É possível que esses movimentos possam dar ao investidor um sinal de alerta ao qual ele deve prestar atenção. Isso, em linguagem clara, significa que ele deve vender suas ações *porque* o preço baixou, sugerindo que o pior ainda está por vir. Do nosso ponto de vista, tais sinais são, pelo menos, tão enganosos quanto úteis. Basicamente, as oscilações de preço têm apenas um significado importante para o verdadeiro investidor. Elas lhe oferecem uma oportunidade de comprar com perspicácia quando os preços caem drasticamente e vender com perspicácia quando aumentam demais. Em outros momentos, a melhor atitude para ele é esquecer o mercado acionário e prestar atenção aos retornos de dividendos e aos resultados operacionais de suas companhias.

Resumo

A distinção mais realista entre o investidor e o especulador reside em sua atitude com relação aos movimentos do mercado acionário. O principal interesse do especulador está em antecipar as oscilações de mercado e lucrar com elas. O principal interesse do investidor é adquirir e manter papéis apropriados a preços apropriados. Os movimentos de mercado são importantes para ele em um sentido prático, uma vez que alternadamente criam patamares de preços baixos, nos quais a compra é uma atitude inteligente, e patamares de preços altos, nos quais ele certamente se absteria de comprar e provavelmente seria esperto se vendesse.

Não é certo que o investidor típico deveria, em geral, se abster de comprar até que níveis de mercado baixos aparecessem, porque isso pode envolver uma longa espera, muito provavelmente a perda de renda e a possível perda de uma oportunidade de investimento. Grosso modo, pode ser melhor para o investidor comprar ações sempre que tiver dinheiro para colocar em ações, *exceto* quando o nível geral de mercado é muito mais alto do que pode ser justificado pelos padrões de valor estabelecidos. Se ele deseja ser astuto, pode procurar as oportunidades de subvalorizações sempre presentes em papéis individuais.

Além de prever os movimentos do mercado em geral, muito esforço e capacidade são utilizados em Wall Street na escolha de ações ou ramos industriais que, em termos de preço, "superarão" os demais ao longo de um período razoavelmente curto no futuro. Ainda que esse esforço pareça lógico, não acreditamos que seja talhado para as necessidades ou o temperamento do verdadeiro investidor, sobretudo, por ele estar competindo com um grande número de operadores do mercado acionário e analistas financeiros de primeira classe que estão envolvidos em atividades similares. Como em todas as outras abordagens que privilegiam os movimentos de preços e deixam os valores intrínsecos em segundo plano, o trabalho de muitas mentes inteligentes e constantemente engajadas nesse campo tende a ser autoanulante e inútil ao longo dos anos.

O investidor com uma carteira composta de ações saudáveis deveria estar preparado para que seus preços oscilassem e não deveria se preocupar com quedas consideráveis, tampouco se entusiasmar com subidas consideráveis. Ele deveria sempre lembrar que as cotações do mercado estão lá para sua conveniência, tanto para tirar vantagem delas quanto para ignorá-las. Ele nunca deveria comprar uma ação *porque* ela baixou de preço ou vendê-la *porque* subiu. Ele não erraria por muito se adotasse esse lema mais simples: "Nunca compre uma ação imediatamente após uma subida substancial ou a venda imediatamente após uma queda substancial em seu preço."

Uma consideração a mais

Algo precisa ser dito a respeito da importância dos preços médios de mercado como uma medida de competência gerencial. O acionista julga se seus próprios investimentos foram bem-sucedidos em termos tanto dos dividendos recebidos quanto da tendência de longo prazo do valor médio de mercado. O mesmo critério deveria logicamente ser aplicado para testar a eficácia de gestão de uma companhia e da qualidade de suas atitudes para com os proprietários do negócio.

Essa afirmativa pode soar como um truísmo, mas precisa ser enfatizada. Até o momento, não há técnica ou abordagem aceita que permita a avaliação da gestão pelo mercado. Pelo contrário, os gestores sempre insistiram no fato de que eles não têm responsabilidade *de qualquer tipo* pelo que acontece com o valor de mercado de suas ações. É verdade, claro, que não são responsáveis por aquelas *oscilações* de preço que, como temos insistido, não guardam relação com as condições e tampouco com os valores intrínsecos. Porém, é apenas a falta de atenção e inteligência dos acionistas comuns que permite essa imunidade se estender à gama inteira dos preços de mercado, incluindo o estabelecimento permanente de um patamar depreciado e insatisfatório. Boas gestões produzem um bom preço médio de mercado e gestões ruins produzem preços de mercado ruins.[15]

Oscilações dos preços dos títulos

O investidor deveria estar consciente de que muito embora a segurança do capital investido e dos juros possa ser inquestionável, o preço de mercado de um título de longo prazo pode variar amplamente em resposta a mudanças nas taxas de juros. Na Tabela 8-1, apresentamos dados para vários anos, a partir de 1902, abrangendo os rendimentos das obrigações corporativas com

---

15 Graham tem muito mais a dizer sobre o que é agora conhecido como "governança corporativa". Ver Capítulo 9 e seu Comentário.

grau de investimento e das isentas de impostos. Como ilustrações individuais, acrescentamos as oscilações de preço de duas obrigações de ferrovias representativas durante um período semelhante. (São elas a hipoteca geral de 4% da Atchison, Topeka & Santa Fe, com vencimento em 1995, durante décadas uma de nossas principais obrigações *noncallable* [sem direito a "chamada" para recompra], e a Northern Pacific Ry., de 3%, com vencimento em 2047, originalmente um prazo de vencimento de 150 anos!, há muito uma típica obrigação da categoria Baa.)

Por causa de sua relação inversa, os rendimentos baixos correspondem a preços altos e vice-versa. A queda da Northern Pacific, com juros de 3%, em 1940 foi causada principalmente por dúvidas quanto à segurança do papel. É extraordinário que o preço tenha se recuperado até atingir um recorde nos anos seguintes e depois tenha perdido dois terços de seu preço principalmente por causa da subida das taxas de juros em geral. Houve variações de preço surpreendentes também até nas obrigações da mais alta qualidade nos últimos quarenta anos.

Observe que os preços dos títulos não oscilam na mesma proporção (inversa) que os rendimentos calculados, porque seu valor de vencimento fixo de 100% exerce uma influência moderadora. No entanto, para vencimentos muito longos, como em nosso exemplo da Northern Pacific, os preços e rendimentos mudam aproximadamente à mesma taxa.

TABELA 8-1 Oscilações nos rendimentos das obrigações e nos preços de duas obrigações representativas, 1902-1970

Rendimentos das obrigações			Preços das obrigações		
	S&P AAA	*S&P Municipais*		*A.T.&S.F. 4%, 1995*	*Nor. Pac. 3%, 2047*
1902 mínimo	4,31%	3,11%	1905 máximo	105½	79
1920 máximo	6,40	5,28	1920 mínimo	69	49½
1928 mínimo	4,53	3,90	1930 máximo	105	73
1932 máximo	5,52	5,27	1932 mínimo	75	46¾
1946 mínimo	2,44	1,45	1936 máximo	117¼	85¼
1970 máximo	8,44	7,06	1939-1940 mínimo	99½	31½
1971 fechamento	7,14	5,35	1946 máximo	141	94¾
			1970 mínimo	51	32¾
			1971 fechamento	64	37¼

Desde 1964, ocorreram movimentos recordes em *ambas as direções* no mercado das obrigações com grau de investimento. Tomando as "municipais com grau de investimento" (isentas de tributação) como exemplo, seu rendimento mais do que dobrou, de 3,2% em janeiro de 1965 para 7% em junho de 1970. Seu índice de preço caiu, correspondentemente, de 110,8 para 67,5. Em meados de 1970, os rendimentos das obrigações de longo prazo e com grau de investimento foram maiores do que *em qualquer momento em quase duzentos anos de história econômica dos Estados Unidos.*[16] Vinte e cinco anos atrás, um pouco antes do início de um prolongado mercado de baixa, os rendimentos das obrigações estavam no ponto *mais baixo* de sua história, as municipais de longo prazo rendiam tão pouco quanto 1% e as industriais rendiam 2,40%, comparados com os 4,5% a 5% anteriormente considerados "normais". Aqueles de nós com uma longa experiência em Wall Street tinham visto a lei de Newton de "ação e reação, iguais e opostas" se aplicar repetidamente no mercado acionário, sendo o exemplo mais notável a subida no DJIA de 64 pontos em 1921 para 381 em 1929, seguida por um colapso recorde para 41 em 1932. Porém, dessa vez, os maiores movimentos do pêndulo ocorreram nos lentos e pouco voláteis preços e rendimentos das obrigações com grau de investimento. Moral da história: não se pode confiar que alguma coisa importante vai acontecer em Wall Street exatamente da mesma forma como aconteceu antes. Isso representa a primeira parte de nosso ditado favorito: "Quanto mais as coisas mudam, mais ficam iguais."

Se é virtualmente impossível fazer previsões que prestem sobre os movimentos de preço das ações, é completamente impossível fazer o mesmo com as obrigações. Antigamente, pelo menos, era possível, com frequência, encontrar uma pista útil acerca do final iminente de um mercado de baixa ou de alta pelo estudo do comportamento anterior dos títulos, mas não havia nenhuma pista semelhante acerca de uma mudança iminente nas taxas de juros e nos preços das obrigações. Portanto, o investidor deve escolher entre os investimentos em obrigações de longo e curto prazo com

---

16 Pelo que Graham chama de "a regra de opostos", em 2020 os rendimentos dos títulos de longo prazo do Tesouro americano atingiram seus níveis mais *baixos* desde 1963. Já que os rendimentos das obrigações se movimentam no sentido inverso aos preços, aqueles rendimentos baixos significavam que os preços haviam aumentado, tornando os investidores mais ansiosos para comprar justamente quando os títulos estavam com seus preços mais altos. Em 2022, os títulos de longo prazo do Tesouro americano perderam até 39%, gerando perdas brutais para os compradores recentes.

base principalmente em suas preferências pessoais. Se ele deseja ter certeza de que os valores de mercado não cairão, suas melhores escolhas são provavelmente as *savings bonds* americanas, das Séries E ou H, que foram descritas anteriormente, nas pp. 124-125. Cada papel dará a ele um rendimento de 5% (após o primeiro ano), as da Série E até 5,83 anos, as da Série H durante dez anos, com um valor de revenda garantido a preço de custo ou melhor.

Se o investidor deseja os 7,5% ora disponíveis nas obrigações privadas de longo prazo ou os 5,3% das municipais isentas de impostos, ele deve estar preparado para ver o preço delas oscilar. Os bancos e as companhias de seguro têm o privilégio de poder avaliar as obrigações com grau de investimento desse tipo em bases matemáticas de "custo amortizado", o que desconsidera os preços de mercado; não seria má ideia se o investidor individual fizesse algo semelhante.

As oscilações de preço dos títulos *conversíveis* e ações preferenciais são resultantes de três fatores diferentes: (1) variações de preço da ação ordinária correspondente; (2) variações na classificação de crédito da companhia; e (3) variações nas taxas de juros em geral. Muitas ações conversíveis foram vendidas por companhias que têm uma classificação de crédito bastante inferior à das melhores.[III] Algumas dessas ações foram duramente afetadas pelo aperto financeiro em 1970. Como resultado, as ações conversíveis, em seu conjunto, estiveram sujeitas às três influências inquietantes nos últimos anos, tendo as variações de preço sido atipicamente amplas. No caso típico, portanto, o investidor estaria se iludindo se esperasse encontrar nas ações conversíveis aquela combinação ideal da segurança de uma obrigação com grau de investimento e a proteção de preço e oportunidade de se beneficiar de um aumento no preço de uma ação ordinária.

Este pode ser um bom momento para se fazer uma sugestão a respeito do "título de longo prazo do futuro". Por que os efeitos das taxas de juros variáveis não poderiam ser divididos, em uma base prática e igualitária, entre credor e tomador? Uma possibilidade seria vender obrigações de longo prazo com pagamentos de juros que variariam de acordo com um índice apropriado da taxa vigente. Os principais resultados de tal arranjo seriam: (1) o título do investidor sempre teria um valor de principal próximo a 100 se a companhia mantivesse sua classificação de crédito, mas o juro recebido variaria, digamos, com a taxa oferecida em novos lançamentos de obrigações; (2) a empresa teria as vantagens do endividamento de longo prazo, ficando livre dos problemas e custos de renovações frequentes de refinanciamento, porém seus custos de juros mudariam de ano para ano.[IV]

Ao longo da última década, o investidor em títulos tem sido confrontado por um dilema cada vez mais sério: deve ele optar pela estabilidade plena do valor do principal, porém com taxas de juros de curto prazo variáveis e, em geral, baixas? Ou ele deve optar por uma renda com juros fixos, com variações consideráveis (em geral para baixo, parece) no valor do principal? Para a maioria dos investidores, seria bom se eles pudessem escolher um meio-termo entre esses extremos e ter certeza de que nem os rendimentos de juros nem o valor do principal cairiam abaixo de um mínimo preestabelecido durante um período de, digamos, vinte anos. Isso poderia ser implementado sem grande dificuldade por meio de um contrato de obrigação apropriado e com um novo formato. Nota importante: na verdade, o governo americano fez algo semelhante ao combinar os contratos de savings bonds originais com prorrogações a taxas de juros mais altas. A sugestão que fizemos aqui cobriria um período de investimento fixo mais longo do que as savings bonds e introduziria mais flexibilidade nos dispositivos de taxa de juros.[17]

Quase não vale a pena falar sobre as ações preferenciais não conversíveis, uma vez que seu status fiscal especial torna aquelas que são seguras muito mais cobiçadas pelas empresas, por exemplo as companhias seguradoras, do que pelos indivíduos. As de pior qualidade quase sempre sofrem fortes oscilações, em termos percentuais, não muito diferentes das ações ordinárias. Não podemos oferecer outro comentário útil sobre elas. A Tabela 16-2, na p. 446, apresenta algumas informações sobre as mudanças nos preços das ações preferenciais não conversíveis de qualidade inferior entre dezembro de 1968 e dezembro de 1970. A queda média foi de 17%, contra 11,3% para o índice composto S&P de ações ordinárias.

17 Conforme mencionado no Comentário sobre o Capítulo 2, os Títulos do Tesouro Protegidos da Inflação, ou TIPS, são uma versão nova e melhorada daquilo que Graham está sugerindo aqui.

COMENTÁRIO SOBRE O CAPÍTULO 8
POR JASON ZWEIG

Quando todo mundo está se movendo em direção à degradação, ninguém parece estar se movendo; mas, se alguém para, mostra aos outros que eles estão correndo, ao servir como ponto fixo.

– Blaise Pascal[1]

> O verdadeiro investidor raramente *é forçado a vender* suas ações e está livre, grosso modo, para desconsiderar a cotação atual. Ele precisa prestar atenção no preço e levá-lo em consideração em suas atividades na medida em que isso interessa a ele, e nada mais. Portanto, o investidor que se deixa influenciar pela massa ou se preocupar sem razão com o efeito de quedas de mercado injustificadas sobre sua carteira está transformando, de forma perversa, sua vantagem básica em uma desvantagem básica. Esse indivíduo estaria, então, em uma melhor situação se suas ações não fossem cotadas em bolsa, pois seria poupado da angústia causada pelos erros de avaliação *de outras pessoas*.

Na edição anterior, escrevi sobre essas palavras do Capítulo 8: "É possível que esse seja o parágrafo mais importante de todo o livro de Graham".

Eu estava errado: essas palavras podem muito bem ser o parágrafo mais importante sobre investimentos já escrito.

CONHEÇA O SR. MERCADO

Neste capítulo, Graham apresenta a brilhante metáfora do Sr. Mercado. Digamos que você seja dono de um negócio, talvez um restaurante, uma loja de bicicletas, um estúdio de ioga, uma loja de roupas ou uma empresa de consultoria de software. O Sr. Mercado é um sócio imaginário da sua empresa. Todos os dias ele bate à sua porta e lhe diz o quanto acha que vale o negócio.

O humor do Sr. Mercado é instável e suas estimativas são determinadas tanto por como ele está se sentindo quanto pelo desempenho de sua empresa.

---

1 PASCAL, Blaise. *Pensées*. Penguin, 1995. p. 220.

Normalmente, ele diz uma cifra que parece correta. No entanto, em alguns dias, o Sr. Mercado está eufórico e atribui ao negócio um valor ridiculamente alto. Em outros, ele está melancólico e diz uma cifra absurdamente baixa.

Antes de ele bater à sua porta, você nunca sabe como o Sr. Mercado está se sentindo. Quanto mais extremas forem as mudanças de humor dele, mais intensamente ele vai pressioná-lo a negociar com ele pelos preços malucos que ele inventa.

Você deve deixar que o seu próprio humor ou sua própria avaliação do valor do negócio sejam determinados por esse indivíduo? Você deve comprar dele quando ele quiser vender? Você deve vender para ele quando ele quiser comprar?

O Sr. Mercado, claro, é mais do que uma metáfora. Ele é o mercado de ações: uma fera coletiva composta por milhões de mentes, geralmente sensatas, mas às vezes estúpidas e às vezes trágicas. Não é possível ser um investidor inteligente – seja defensivo ou empreendedor – se você se tornar refém emocional dele.

INDIVÍDUOS *VERSUS* INSTITUIÇÕES

Na frase...

> Portanto, o investidor que se deixa influenciar pela massa ou se preocupar sem razão com o efeito de quedas de mercado injustificadas sobre sua carteira está transformando, de forma perversa, sua vantagem básica em uma desvantagem básica.

... o que Graham quer dizer com "vantagem básica" do investidor?

Ele quer dizer que ouvir o Sr. Mercado é uma *opção*, não uma *obrigação*. Você não precisa negociar com ele só porque ele quer, e não precisa deixar que a perspectiva dele se torne a sua.

Por que isso é a sua vantagem básica?

O negócio dos investidores profissionais não é maximizar os retornos dos portfólios que eles administram. O negócio deles é maximizar as *taxas* sobre os portfólios que eles administram.

Você é o *diretor*; um gestor de investimentos é apenas seu *agente*. Um agente tem incentivos e preferências diferentes dos seus.

TABELA 8-2 Instituições *vs.* Indivíduos

As instituições devem...	*Você pode...*
... responder aos clientes, aos órgãos reguladores e à imprensa	... não responder a ninguém além de você mesmo
... medir o desempenho em relação ao mercado anualmente, trimestralmente, mensalmente, semanalmente, diariamente	... medir o desempenho em relação às metas pessoais de longo prazo e ignorar as flutuações de curto prazo do mercado
... evitar estratégias que divirjam amplamente do mercado, criem "risco de reputação" ou coloquem em risco as taxas de administração	... ser tão inconvencional quanto quiser
... comprar e vender em grandes quantidades	... comprar e vender em pequenas quantidades
... pagar altos custos de negociação	... incorrer em custos de negociação próximos a zero
... esquivar-se das críticas vendendo ações nas quais incorrem em grandes perdas	... manter-se firme após grandes perdas na expectativa de uma eventual recuperação
... vender normalmente uma ação pequena que se torna grande	... manter uma ação anteriormente pequena, não importa o quão grande ela se torne
... manter o mínimo de dinheiro em caixa possível	... manter o tanto de dinheiro em caixa que quiser
... cobrar taxas de administração, reduzindo o retorno líquido	... evitar totalmente as taxas de administração
... geralmente negociar sem levar em conta as consequências fiscais	... negociar de forma apropriada para minimizar a responsabilidade fiscal
... comprar mais nas altas e vender mais nas baixas	... comprar ou vender somente quando quiser

Décadas atrás, as instituições tinham vantagem sobre os indivíduos. Elas podiam negociar a um custo menor e diversificar com mais facilidade. Podiam obter acesso privilegiado aos gerentes das empresas e descobrir pesquisas originais fora do alcance dos investidores individuais.

Esses dias estão no passado.

Como as instituições administram portfólios gigantescos, muitas vezes precisam comprar milhões de dólares de uma ação típica para criar uma posição grande o suficiente para contribuir de forma significativa para o desempenho. Suas compras aumentam o preço das ações que elas querem possuir antes mesmo que concluam a compra. Por outro lado, quando vendem, fazem o preço cair antes mesmo de se desfazerem de sua participação.

Os indivíduos podem comprar e vender praticamente qualquer ação sem afetar o preço. Eles podem diversificar completamente, a um custo extremamente baixo, com um fundo de índice do mercado de ações total. As reformas regulatórias há muito tempo eliminaram as divulgações seletivas que davam às instituições uma vantagem informativa.[2]

Como os clientes dão mais dinheiro aos gestores de portfólio quando os mercados estão aquecidos e o retiram quando os retornos são ruins, os profissionais são impelidos a comprar ações quando elas ficam mais caras e a vendê-las quando ficam mais baratas. Você é livre para fazer o contrário.

Pequenas empresas geram seus melhores retornos à medida que se transformam em grandes empresas. Muitos gestores de portfólio são forçados a vender cedo demais, porque os fundos de ações pequenas não devem possuir ações grandes.[3] Você pode mantê-las indefinidamente.

Grandes fundos se desfazem regularmente de ações nas quais tiveram grandes perdas, para que seus clientes não os acusem de má gestão. Você pode manter as ações perdedoras que acredita que possam se recuperar. Instituições também tendem a não comprar ações que sofreram graves perdas recentes; você pode comprá-las.

No curto prazo, um fundo de investimentos que ignora o Sr. Mercado sem dúvida vai gerar retornos que se desviam muito da média – o que fará com que os clientes se assustem e retirem seu dinheiro, reduzindo o ganho do fundo com taxas de administração.

No longo prazo, para ter alguma chance de superar a média do mercado, um gestor de portfólio "deve ser excêntrico, inconvencional e impetuoso aos olhos do senso comum", escreveu o economista John Maynard Keynes em 1936. No entanto, Keynes acrescentou:

> Se ele for bem-sucedido, isso apenas confirmará a crença geral em sua impetuosidade; e se, no curto prazo, ele não for bem-sucedido, o que é muito provável, não terão muita piedade dele. A sabedoria mundana ensina [aos gestores de fundos] que é melhor para a reputação fracassar de forma convencional do que ter sucesso de forma não convencional.[4]

---

2 As instituições ainda têm acesso a mais e melhores dados, que podem ser processados e analisados com maior rapidez do que por indivíduos, embora apenas algumas instituições tenham apresentado desempenho superior de forma consistente em consequência disso. Ver ZUCKERMAN, Gregory. *The man who solved the market*: how Jim Simons launched the quant revolution. Portfolio, 2019.

3 FAMA, Eugene F.; FRENCH, Kenneth R. Migration. Disponível em: bit.ly/44W1O26.

4 KEYNES, John Maynard. *The general theory of employment, interest, and money*. Macmillan, 1936. Capítulo 12. Disponível em: bit.ly/3rF2SsN.

Essa matriz simples na Figura 8-1 mostra como os clientes comparam as decisões de um gestor de portfólio com as do restante do mercado.

FIGURA 8-1
Errado e sozinho

		Decisão do gerente de portfólio	
		Sozinho	**Junto com a multidão**
Resultado da decisão	**Certo**	idiossincrático	reconfortante
	Errado	imprudente	compreensível

Fonte: Adaptado de Mark Kritzman, Windham Capital Management.

Um gestor que segue o rebanho ao escolher uma ação boa ou ruim (ver coluna da direita) provavelmente não será criticado nem demitido. No entanto, os clientes verão um gestor que escolhe sozinho uma boa ação (canto superior esquerdo) como sortudo ou excêntrico, ao passo que, se uma escolha pouco ortodoxa de ações perder dinheiro (canto inferior esquerdo), o gestor será considerado perigoso.

Investidores profissionais nunca querem estar no canto inferior esquerdo, "errados e sozinhos", onde os clientes podem abandoná-los. Portanto, eles seguem a multidão – minimizando, assim, a chance de que seus clientes tenham um desempenho acima da média, mas maximizando as chances de que suas próprias taxas não sejam prejudicadas. Você, no entanto, não precisa ceder a esse tipo de pressão.[5]

---

5 KRITZMAN, Mark. Wrong and alone, Peter L. Bernstein, Inc. Economics & Portfolio Strategy, 1998; VAYANOS, Dimitri; WOOLLEY, Paul. An institutional theory of momentum and reversal. Disponível em: bit.ly/3Kcbg9t; ZWEIG, Jason. The velocity of learning and the future of active management. Disponível em: bit.ly/3Yhl4VH.

À medida que os mercados se movem mais rapidamente e as negociações se tornam mais voláteis, a vantagem básica dos indivíduos se torna ainda maior. Ninguém pode demitir você por comprar uma ação impopular. Você é livre para buscar valor nas empresas mais obscuras e encontrar esperança nos momentos mais sombrios. Sua capacidade de investir a longo prazo em um mundo de curto prazo é um superpoder.[6]

Você *pode* superar os profissionais, porque não tem as desvantagens de tamanho, miopia, rigidez, conformidade e alto custo deles. No entanto, para vencer os profissionais, você não pode jogar o jogo deles. Você deve jogar seu próprio jogo. Você deve colocar o Sr. Mercado no lugar dele, negociando somente quando for do seu interesse, não do dele.

COMO O SR. MERCADO MEXE COM A SUA MENTE

Dar ouvidos ao Sr. Mercado vai acabar com a sua individualidade. Quando você começa a se mover de acordo com a multidão, sua mente deixa de ser exclusivamente sua.

Se você estivesse investindo em uma ilha deserta, se preocuparia apenas com as probabilidades e as consequências das suas decisões. No entanto, como não está em uma ilha deserta, provavelmente também se preocupa com as decisões das outras pessoas, com o que elas pensam sobre as suas decisões e com o que elas pensam sobre você.

COMO TRANSFORMAR SUA VANTAGEM BÁSICA EM UMA DESVANTAGEM

O grande investidor Charlie Munger, vice-presidente da Berkshire Hathaway até sua morte, em 2023, gostava de resolver problemas analisando-os "de trás para a frente". Para descobrir como ter sucesso, pense no que seria necessário para fracassar.

- Se a *opção* de vender a custo baixo fizer com que você sinta que tem a *obrigação* de vender com a mesma frequência que os profissionais, vai acabar jogando dinheiro fora e aumentando o volume de impostos a pagar.

6 Em um discurso em 1974, Graham disse: "Estou convencido de que um *investidor* individual com princípios sólidos e bem assessorado pode se sair muito melhor no longo prazo do que uma grande instituição". Meio século depois, as desvantagens das instituições se tornaram pesadas como grilhões, enquanto as desvantagens enfrentadas anteriormente pelos indivíduos diminuíram.

- Se a *opção* de diversificar de forma barata cria um senso de *obrigação* de diversificar indiscriminadamente, você vai acabar detendo um fundo com alavancagem tripla que usa inteligência artificial para escolher startups de lítio socialmente responsáveis sediadas no sudeste do Saara Ocidental.[7]
- Se você deixar que a *opção* de poder ignorar o Sr. Mercado se transforme em uma *obrigação* de agir a cada capricho dele, vai acabar alimentando seu próprio ego e se esquecendo da importância de tomar decisões estruturadas.

O economista James Tobin, ganhador do Nobel, escreveu que os curadores de um fundo patrimonial, como uma universidade ou fundação de caridade, são "os guardiões do futuro contra as reivindicações do presente". A tarefa deles é "preservar o patrimônio ao longo de gerações".[8]

De forma análoga, você é o guardião do seu próprio futuro contra as reivindicações do presente. Também deve preservar o patrimônio ao longo de gerações.

Para cumprir essas responsabilidades, você precisa saber diferenciar opções de obrigações. Caso contrário, vai transformar suas vantagens básicas em desvantagens comprometedoras.

Fazer parte da multidão parece mais seguro, principalmente se você for novato, estiver enfrentando desafios desconhecidos ou correndo altos riscos. É possível que você tenda a se submeter ainda mais ao senso comum quando as decisões são mais difíceis, porque a sensação de poder se esquivar da culpa por grandes erros é ainda melhor.

Quando você presta atenção à mesma coisa ao mesmo tempo que outras pessoas, você se lembra melhor, experimenta emoções mais intensas, faz julgamentos mais extremados e se sente mais motivado a agir. Pense na diferença entre assistir a uma reprise de um evento esportivo sozinho em casa e assisti-lo ao vivo em um estádio – ou mesmo apenas assisti-lo ao vivo em seu celular.[9]

A internet e as redes sociais criam comunidades sem fronteiras nas quais milhares, até mesmo milhões, de pessoas podem se concentrar juntos no mesmo assunto ou evento. Quando todos têm acesso mútuo e simultâneo às informações, cada um pode ver e ouvir imediatamente que todo mundo está

7 Para fundos alavancados, ver o Comentário sobre o Capítulo 9.

8 TOBIN, James. What is permanent endowment income? Disponível em: bit.ly/3OnubR3.

9 ZEIN, Marwa El; BAHRAMI, Bahador. Joining a group diverts regret and responsibility away from the individual. Disponível em: bit.ly/452X2zx; SHTEYNBERG, Garriy. A collective perspective: shared attention and the mind. Disponível em: bit.ly/3OvXWzt.

prestando atenção à mesma coisa ao mesmo tempo. Nesse estado de atenção compartilhada, você é capaz de sentir a mente de outras pessoas convergindo com a sua. Sua experiência é coletiva. Sua confiança aumenta por saber que você não está sozinho naquilo em que acredita. *Você* se torna *nós*.

Os seres humanos evoluíram para cooperar em clãs ou pequenos grupos; a capacidade de inúmeras pessoas, não importa o quanto estejam dispersas, de se unirem em uma mente coletiva não tem precedentes na história da humanidade. Nossos cérebros individuais ainda não aprenderam a lidar com isso.

A tecnologia transformou o Sr. Mercado em um monstro.

As pessoas que formaram um bando para comprar ações-memes como AMC Entertainment e GameStop em 2020 e 2021 exemplificam as armadilhas desse fenômeno.

O WallStreetBets, fórum on-line, fechou dezembro de 2020 com 1,8 milhão de assinantes. Um mês depois, tinha 8,4 milhões. Em 26 de janeiro de 2021 – o dia em que Elon Musk twittou "Gamestonk!!!" –, os assinantes do WallStreetBets publicaram impressionantes 352.597 comentários, a maioria sobre a GameStop. Em 28 de janeiro, o WallStreetBets gerou mais de 271 milhões de page-views, o que o tornou o terceiro site mais visitado do mundo naquele dia, atrás apenas do Google e do YouTube. Do preço de fechamento em 21 de janeiro até a alta em 28 de janeiro, as ações da GameStop subiram mais de 1.020%.[10]

Algumas pessoas, que venderam no auge, ganharam dinheiro.

A maioria se manteve firme, esperando por mais. Elas sofreram perdas enormes quando as ações entraram em um mergulho kamikaze em fevereiro, caindo 69%.

Com a atenção compartilhada intensificando sua memória, suas emoções e sua motivação, muitos ainda se lembram de cada oscilação nos preços de suas ações, continuam indignados com suas perdas, acreditam em teorias de conspiração infundadas e se recusam a vender, mesmo que seus ativos tenham murchado diante de seus olhos.

COMO O SR. MERCADO MEXE COM O SEU CORAÇÃO

As variações de humor do mercado de ações podem provocar um estrago nos seus sentimentos. Os psicólogos demonstraram que as emoções moldam tanto

---

10 Tweet de Elon Musk, disponível em: bit.ly/3Ur5OUC; BRADLEY, Daniel *et al*. Place your bets? Disponível em: bit.ly/453LdcE. "Stonk", como em "Game*stonk*", é um erro ortográfico intencional de "stock" (ação) que os comentaristas usam na internet para exibir indiferença em relação às análises convencionais de investimentos.

nossas percepções quanto nossas ações, criando *vieses inconscientes* que podem orientar nosso comportamento, mesmo que jamais tenhamos consciência disso. Até mesmo um leve sopro de emoção pode afetar suas decisões:

A **raiva** ativa a urgência, a confiança e a sensação de estar no controle. Pessoas com raiva confiam mais em julgamentos rápidos. Elas também acham que é mais provável que coisas boas – e menos provável que coisas ruins – aconteçam com elas do que com os outros. Pessoas com raiva, principalmente homens, se expõem a riscos maiores.[11]

A **ansiedade** deixa você mais sensível à magnitude de uma possível recompensa do que à probabilidade de recebê-la. Apostas de longo prazo parecem melhores quando você está ansioso, principalmente se estiver perdendo dinheiro.[12]

A **solidão** pode deixar você menos propenso a buscar informações que contradigam aquilo em que você já acredita. Ela também pode aumentar sua ansiedade, comprometer seu raciocínio e reduzir sua capacidade de atenção. O tédio da solidão pode minar seu autocontrole e deixá-lo mais impulsivo.[13]

A **tristeza** faz com que as pessoas prefiram recompensas menores mais cedo a recompensas maiores mais tarde. Ela também pode aumentar o preço que você está disposto a pagar para obter algo que não possui. O sentimento de tristeza faz com que as apostas mais arriscadas pareçam mais atraentes e com que adiar a gratificação fique mais difícil. A tristeza é um veneno emocional para a paciência.[14]

O **estresse** prejudica a memória de trabalho e dificulta a concentração em metas de longo prazo; pode levar à teimosia, quando as pessoas repetem os mesmos comportamentos fracassados independentemente do feedback. Sob estresse, você pode tirar conclusões precipitadas e negligenciar soluções novas

---

11 LERNER, Jennifer S. *et al.* Emotion and decision making. Disponível em: bit.ly/3q37okj; FERRER, Rebecca A. *et al.* Revisiting the effects of anger on risk-taking Disponível em: bit.ly/3Kccp0O.

12 HARTLEY, Catherine A.; PHELPS, Elizabeth A. Anxiety and decision-making. Disponível em: bit.ly/3uaGYPg; LOEWENSTEIN, George F. *et al.* Risk as feelings. Disponível em: bit.ly/3Y76rnr; ZWEIG, Jason. Fear. Disponível em: bit.ly/3Do3CF8.

13 CACIOPPO, John T.; HAWKLEY, Louise C. Perceived social isolation and cognition. Disponível em: bit.ly/3O8ctQe.

14 LERNER, Jennifer S. *et al.* The financial costs of sadness. Disponível em: bit.ly/3Kw0MSH; RAGHUNATHAN, Rajagopal; PHAM, Michel Tuan. All negative moods are not equal. Disponível em: bit.ly/43vHjrK.

para os problemas. O estresse também pode desencadear um aumento na disposição a correr riscos.[15]

É de se admirar que, durante a pandemia de covid, quando centenas de milhões de pessoas estavam com raiva, ansiosas, solitárias, tristes e estressadas, dezenas de milhões começaram a operar impetuosamente no trading?

Reagindo ao Sr. Mercado

Hoje, o mercado de ações caiu mais de 30%.

Seu celular está repleto de alertas de notícias, os tickers eletrônicos de ações formam um rastro vermelho interminável, o presidente está pedindo às pessoas que mantenham a calma, os especialistas estão na televisão aos berros dizendo que todo mundo deveria vender tudo, amigos e parentes estão mandando mensagens de texto para que você se desfaça de suas ações enquanto pode. Quer você perceba ou não, seu coração está disparado, seus músculos estão tensos, as palmas das suas mãos estão suando.

O Sr. Mercado está com o rosto vermelho quando bate à sua porta, gritando que cada dólar que você tinha em ações ontem vale menos de US$ 0,70 hoje.

Como você responde a ele?

Você tem a *opção de* vender, mas a *obrigação* de pensar antes de agir.

Vá para um cômodo onde haja silêncio e imagine que outra pessoa acabou de sofrer essas perdas e está lhe pedindo conselhos. Isso deve levá-lo a refletir sobre questões como:

- Além dos preços das ações, quais aspectos específicos das empresas que você possui mudaram?
- Qual o valor dos impostos que incorreriam se você vendesse?
- Se essa ação ou fundo fosse um presente, em vez de uma compra, você o devolveria à pessoa que lhe deu agora que o preço caiu?
- Essa ação ou fundo já caiu tanto assim antes? Se sim, você teria se saído melhor se tivesse vendido – ou se tivesse comprado mais?
- Se você gostou desse ativo o suficiente para comprá-lo a um preço mais alto, não deveria gostar mais ainda dele agora que o preço caiu?

---

15 PORCELLI, Anthony J.; DELGADO, Mauricio R. Stress and decision making. Disponível em: bit.ly/3rxcEgj; STARCKE; Katrin; BRAND, Matthias. Decision making under stress. Disponível em: bit.ly/44C4Ngk; PHELPS, Elizabeth A. *et al*. Emotion and decision making. Disponível em: bit.ly/3q1R0R3.

Essas perguntas vão exigir alguma pesquisa para serem respondidas – e é assim que deve ser. Dessa forma, você impede que a reação exagerada do Sr. Mercado a uma mudança no *preço* contamine sua visão do *valor* subjacente. Ele pode estar certo; ele pode estar errado. Somente ao comparar o preço com o valor é que você será capaz de saber.

Você pode usar a mesma abordagem se uma única ação, um setor ou todo o mercado entrar em colapso. Você também pode se fazer as perguntas de trás para frente sempre que os preços subirem mais – e mais rápido – do que o esperado.

Mais cedo ou mais tarde, o Sr. Mercado vai sair dos trilhos.

Esteja preparado para se manter no caminho certo.

CAPÍTULO 9
COMO INVESTIR EM FUNDOS DE INVESTIMENTO

Uma opção disponível ao investidor defensivo é aplicar seu dinheiro em cotas de companhias de investimento. As resgatáveis mediante solicitação, pelo valor líquido dos ativos, são comumente denominadas "fundos mútuos" ("fundos de capital aberto" ou "fundos open-end"). As cotas da maioria deles são ativamente vendidas por um grupo de vendedores. Os fundos com cotas não resgatáveis são chamados fundos ou companhias de capital fechado (closed-end); e o número de suas cotas permanece relativamente constante. Todos os fundos de porte significativo são registrados na Comissão de Valores Mobiliários (SEC, na sigla em inglês) e estão sujeitos a seus controles e regulamentações.

Esse setor é muito grande. No final de 1970, havia 383 fundos registrados na SEC com ativos que totalizavam US$ 54,6 bilhões. Desse total de fundos, 356 companhias, com US$ 50,6 bilhões, eram fundos mútuos e 27 companhias, com US$ 4,0 bilhões, eram de capital fechado.[1]

Há várias maneiras de classificar os fundos. Uma dessas classificações se baseia na composição da carteira; "fundos balanceados" são aqueles que detêm um componente significativo (em geral, cerca de um terço) de títulos, enquanto "fundos de ações" são aqueles cujos recursos são quase exclusivamente aplicados em ações ordinárias. (Existem algumas outras variedades, tais como "fundos de obrigações", "fundos de hedge", "fundos de letter stock" etc.)[2] Outra classificação baseia-se nos objetivos do fundo, seja seu objetivo principal receita, estabilidade de preços ou apreciação do capital ("crescimento"). Outra distinção é pelo método de venda. Os chamados "load funds" acrescentam

---

1 No final de 2023, nos Estados Unidos, 6.973 fundos mútuos detinham um total de US$ 18,82 trilhões em ativos líquidos; 426 fundos fechados detinham US$ 243 bilhões; e 3.076 fundos negociados em bolsa detinham US$ 7,63 trilhões. Em todo o mundo, os ativos dos fundos mútuos totalizavam US$ 63,39 trilhões.

2 Os fundos de ações não existem mais, enquanto os fundos de hedge geralmente não estão disponíveis em formato de fundo mútuo.

encargos de venda (em geral, de aproximadamente 9% do valor dos ativos sobre compras mínimas) ao valor antes dos encargos.[1] Outros, conhecidos como fundos "no load", não fazem tal cobrança; os administradores se contentam com as taxas de consultoria de investimento usuais para aplicarem o capital. Já que não podem pagar comissões a vendedores, o tamanho dos fundos no load tende a ser menor.[3] Os preços de compra e venda dos fundos closed-end não são fixados pelas companhias, e sim flutuam no mercado aberto, assim como fazem as ações corporativas ordinárias.

A maioria dessas companhias opera segundo dispositivos especiais da legislação do imposto de renda, projetados para aliviar os acionistas da dupla taxação sobre seus rendimentos. De fato, os fundos são obrigados a distribuir virtualmente toda a sua receita ordinária, isto é, dividendos e juros recebidos, após a dedução das despesas. Além disso, eles podem distribuir seus lucros realizados de longo prazo sobre a venda de investimentos – na forma de "dividendos de ganhos de capital" –, os quais são tratados pelos acionistas como se fossem oriundos de sua própria negociação de papéis. (Existe outra opção, a qual omitimos para evitar confusão.)[4] Quase todos os fundos possuem apenas uma classe de papel negociada no mercado. Uma novidade, introduzida em 1967, divide a capitalização em ações preferenciais, as quais recebem toda a receita ordinária, e ações de capital ou ações ordinárias, as quais recebem todos os lucros sobre as vendas de papéis. (Estes são denominados "fundos de duplo objetivo".)[5]

Muitas das companhias que declaram que seu objetivo principal é o ganho de capital se concentram na compra das assim chamadas "growth stocks" e, muitas vezes, incluem a palavra "crescimento" em seu nome. Algumas se especializam em um ramo específico, tais como produtos químicos, aviação,

---

3 Hoje, a carga máxima de vendas em um fundo de ações tende a ficar em torno de 5,75%, embora a maioria dos consultores financeiros dispense a cobrança inicial; em vez disso, você pagará "taxas de distribuição" que podem chegar a 1% ao ano.

4 Quase todos os fundos mútuos são atualmente taxados como uma "companhia de investimento regulada" (RIC, na sigla em inglês), as quais são isentas do imposto de renda de pessoas jurídicas, contanto que distribuam essencialmente toda a sua receita aos acionistas. Na "opção" que Graham omite "para evitar confusão", um fundo pode solicitar à SEC permissão especial para distribuir um de seus investimentos diretamente aos acionistas do fundo, como fez a Graham-Newman Corp., em 1948, ao distribuir ações da Geico para os próprios investidores da Graham-Newman. Esse tipo de distribuição é extraordinariamente raro.

5 Os fundos de duplo objetivo, populares no final da década de 1980, desapareceram.

investimentos em países estrangeiros; em geral, essa especialização é indicada em seus nomes.

O investidor que deseja ter um envolvimento inteligente com as cotas de fundos tem, portanto, à sua disposição uma gama de escolhas ampla e um tanto confusa, a qual não é muito diferente daquela oferecida no caso do investimento direto. Neste capítulo, lidaremos com algumas das principais questões, a saber:

1. Há alguma maneira pela qual o investidor possa assegurar-se de obter resultados acima da média pela escolha dos fundos certos? (Subquestão: Que tal os "fundos de desempenho"?)[6]
2. Caso contrário, como ele poderá evitar escolher fundos que lhe darão resultados inferiores à média?
3. Ele pode fazer escolhas inteligentes entre os diferentes tipos de fundo, por exemplo, balanceados *versus* só ações, de capital aberto *versus* fechado, com encargos *versus* sem encargos?

Desempenho dos fundos de investimento como um todo

Antes de tentar responder a essas questões, precisamos avaliar o desempenho da indústria de fundos como um todo. Ela tem feito um bom trabalho para seus acionistas? Grosso modo, como os investidores em fundos se saíram em comparação com aqueles que fizeram seus investimentos diretamente? Estamos convencidos de que, como um todo, os fundos foram úteis. Eles promoveram bons hábitos de poupança e investimento, protegeram inúmeros indivíduos contra erros custosos no mercado acionário e trouxeram, para seus participantes, renda e lucros compatíveis com os retornos gerais das ações ordinárias. Em termos comparativos, poderíamos arriscar um palpite de que o indivíduo médio que aplicou seu dinheiro exclusivamente em cotas de fundos de investimento nos últimos dez anos se saiu melhor do que a pessoa média que comprou ações ordinárias diretamente.

O último ponto é provavelmente verdadeiro, muito embora o desempenho efetivo dos fundos não pareça ter sido melhor do que o das ações ordinárias

---

6 Os "fundos de desempenho" estavam na moda no final da década de 1960. Depois de um ou dois anos de alta, eles queimaram seus investidores e depois esfriaram.

como um todo, e apesar do custo de investimento em fundos mútuos ser possivelmente mais alto do que o das compras diretas. A escolha verdadeira do indivíduo médio não tem sido entre construir e adquirir uma carteira de ações ordinárias bem equilibrada ou fazer a mesma coisa, de forma um pouco mais cara, por meio da compra de fundos. Mais provavelmente, sua escolha tem sido entre sucumbir à astúcia dos vendedores de porta em porta dos fundos mútuos, por um lado, e sucumbir aos ainda mais astuciosos, e bem mais perigosos, mascates que oferecem novos lançamentos de segunda e de terceira categoria. Não conseguimos deixar de pensar também que o indivíduo médio que abre uma conta de corretagem com a ideia de fazer investimentos conservadores em ações ordinárias provavelmente será assediado por influências perniciosas em favor da especulação e das perdas especulativas; essas tentações devem ser bem menores no caso do comprador de fundos mútuos.

Porém, como os fundos de investimento se saíram em comparação com o mercado em geral? Esse é um assunto um tanto controverso, mas tentaremos lidar com ele de modo simples, porém adequado. A Tabela 9-1 fornece alguns resultados calculados para o período 1961-1970 para os dez maiores fundos de ações no final de 1970, mas escolhendo apenas o maior dos fundos geridos em cada uma das gestoras. Ela resume o retorno geral de cada um desses fundos em 1961-1965, 1966-1970 e nos anos isolados de 1969 e 1970. Apresentaremos também resultados médios com base na soma de uma cota de cada um dos dez fundos. Essas administradoras controlavam um conjunto de ativos com valor superior a US$ 15 bilhões no final de 1969, ou seja, aproximadamente um terço de todos os fundos de ações ordinárias. Portanto, elas devem ser bastante representativas da indústria como um todo. (Em teoria, deveria haver um viés nessa lista a favor de um desempenho superior ao da indústria, uma vez que essas companhias melhores deveriam ter uma expansão mais rápida e maior do que as outras; mas isso pode não ter ocorrido na prática.)

Alguns fatos interessantes podem ser constatados analisando-se essa tabela. Primeiro, concluímos que os resultados gerais dos dez fundos para o período 1961-1970 não foram muito diferentes daqueles do índice composto de 500 ações da Standard & Poor's (ou do índice de 425 ações industriais da S&P).

TABELA 9-1 Resultados de gestão dos dez maiores fundos mútuos[a]

	(Indicado) 5 anos, 1961-1965 (todos +)	*5 anos, 1966-1970*	*10 anos, 1961-1970 (todos +)*	*1969*	*1970*	*Patrimônios líquidos, dezembro de 1970 (milhões)*
Affiliated Fund	71%	+ 19,7%	105,3%	- 14,3%	+ 2,2%	US$1.600
Dreyfus	97	+ 18,7	135,4	- 11,9	- 6,4	2.232
Fidelity Fund	79	+ 31,8	137,1	- 7,4	+ 2,2	819
Fundamental Inv.	79	+ 1,0	81,3	- 12,7	- 5,8	1.054
Invest. Co. of Am.	82	+ 37,9	152,2	- 10,6	+ 2,3	1.168
Investors Stock Fund	54	+ 5,6	63,5	- 80,0	- 7,2	2.227
Mass. Inv. Trust	18	+ 16,2	44,2	- 4,0	+ 0,6	1.956
National Investors	61	+ 31,7	112,2	+ 4,0	- 9,1	747
Putnam Growth	62	+ 22,3	104,0	- 13,3	- 3,8	684
United Accum.	74	- 2,0	72,7	- 10,3	- 2,9	1.141
Média	72	18,3	105,8	- 8,9	- 2,2	US$13.628 (total)
Índice composto da Standard & Poor's	77	+ 16,1	104,7	- 8,3	+ 3,5	
DJIA	78	+ 2,9	83,0	- 11,6	+ 8,7	

[a] Essas são as gestoras de fundos de ações que possuíam os maiores patrimônios líquidos no final de 1970, mas usando apenas um fundo de cada administradora. Os dados foram fornecidos pela Wiesenberger Financial Services.

Porém, eles foram definitivamente melhores do que aqueles do DJIA. (O que suscita a questão instigante sobre a razão de os trinta gigantes do DJIA terem um desempenho inferior ao de uma lista heterogênea e muito mais numerosa usada pela Standard & Poor's.)[7] Um segundo ponto se refere ao desempenho agregado dos fundos, que, com relação ao índice S&P, mostrou certa melhora nos últimos cinco anos se comparado com os cinco anteriores. O ganho dos fundos foi um pouco inferior ao do mesmo índice em 1961-1965 e um pouco acima do S&P em 1966-1970. O terceiro ponto se refere à existência de uma ampla variação entre os resultados dos fundos individuais.

Não pensamos que a indústria de fundos mútuos deva ser criticada por não ter um desempenho acima do mercado como um todo. Seus gestores e concorrentes profissionais administram uma parcela tão grande de todas as ações ordinárias negociáveis que o que acontece com o mercado como um todo deve necessariamente acontecer (de forma aproximada) com a soma de seus fundos. (Observe que os ativos dos serviços de administração de bens de terceiros [*trust departments*] de bancos comerciais assegurados incluíam US$ 181 bilhões de ações ordinárias no final de 1969. Se acrescentarmos a esse valor as ações ordinárias em contas administradas por consultores de investimento e mais os US$ 56 bilhões de fundos mútuos e similares, chegaremos à conclusão de que o conjunto de decisões tomadas por esses profissionais determina, em grande medida, os movimentos dos índices de ações e que o movimento desses índices determina, em grande parte, os resultados agregados dos fundos.)

Existem fundos acima da média? O investidor pode selecioná-los a fim de obter resultados superiores para si mesmo? Obviamente, todos os investidores não poderiam fazer isso, uma vez que, nesse caso, logo estaríamos de volta ao ponto de partida onde nenhum consegue alcançar um desempenho melhor do que o outro. Consideremos, em primeiro lugar, a questão de forma simplificada. Por que o investidor não poderia descobrir qual fundo teve o melhor desempenho em um número suficiente de anos no passado, presumir daí que seus administradores seriam mais capazes e, portanto,

7 Para períodos tão longos quanto 10 anos, os retornos do Dow e da S&P 500 podem ser muito diferentes. Ao longo de uma vida de investimento típica, no entanto, digamos de 25 a 50 anos, seus retornos tendem a se assemelhar bastante.

teriam um desempenho acima da média no futuro, e aplicar seu dinheiro naquele fundo? Essa ideia parece mais viável ainda porque, no caso dos fundos mútuos, o investidor poderia obter essa "administração mais capaz" sem pagar qualquer prêmio especial por ela em comparação com outros fundos. (Em contrapartida, entre as empresas não financeiras, as companhias mais bem administradas são negociadas a preços correspondentemente altos em relação a seus lucros e ativos atuais.)

Os indícios a esse respeito têm sido conflitantes ao longo dos anos. Porém, a Tabela 9-1, que abrange os dez maiores fundos, indica que os resultados apresentados pelos cinco de melhor desempenho entre 1961 e 1965 continuaram, *em grande medida*, entre 1966 e 1970, muito embora dois integrantes desse conjunto não tenham se saído tão bem quanto dois dos outros cinco. Nossos estudos indicam que o investidor em cotas de fundos mútuos pode considerar, de forma apropriada, o desempenho comparativo ao longo de um período de, digamos, pelo menos cinco anos no passado, *contanto que* os dados não representem um grande movimento ascendente do mercado como um todo. Nesse caso, resultados espetacularmente favoráveis podem ser obtidos de formas pouco ortodoxas, conforme será demonstrado na seção a seguir, que abordará os fundos de "desempenho". Tais resultados em si podem indicar apenas que os gestores de fundos estão assumindo riscos especulativos indevidos e evitando suas consequências *por enquanto*.

Fundos de "desempenho"

Um dos fenômenos novos observado em anos recentes foi o surgimento do culto ao "desempenho" na gestão dos fundos de investimento (e mesmo de muitos trust funds [fundos fiduciários]). Devemos começar esta seção com a ressalva importante de que ela não se aplica à grande maioria dos fundos bem estabelecidos, mas apenas a uma parte relativamente pequena da indústria que tem atraído um volume desproporcional de atenção. A história é bastante simples. Alguns dos que estão no comando buscaram obter resultados muito acima da média (ou do DJIA). Eles conseguiram tais resultados durante um tempo, acumulando publicidade considerável e recursos adicionais para administrar. O objetivo era em si legítimo; infelizmente, parece que, no contexto do investimento de recursos realmente substanciais, o objetivo não pode ser realizado sem incorrer em riscos consideráveis. E, em um espaço de tempo comparativamente curto, os riscos cobraram seu preço.

Várias das circunstâncias que envolvem o fenômeno do "desempenho" foram objeto de desaprovação por parte daqueles entre nós cuja experiência era extensa, até mesmo remontando à década de 1920, e cujos pontos de vista, precisamente por essa razão, foram considerados antiquados e irrelevantes a essa (segunda) "Nova Era". Em primeiro lugar, e pertinente ao ponto em questão, quase todos esses executores brilhantes eram jovens – entre 30 e 50 anos – cuja experiência financeira direta estava limitada ao mercado de alta, praticamente ininterrupto, que durou de 1948 a 1968. Em segundo lugar, eles agiam muitas vezes como se a definição de um "investimento seguro" fosse uma ação que provavelmente teria uma subida significativa nos meses imediatamente seguintes. Essa postura levou-os a fazer grandes investimentos em empresas novas a preços completamente desproporcionais em comparação com os ativos ou lucros registrados. A única justificativa possível para tal decisão seria a combinação de uma esperança ingênua nas realizações futuras dessas companhias com uma aparente esperteza na exploração dos entusiasmos especulativos de um público desinformado e ganancioso.

Esta seção não mencionará nomes de pessoas. Porém, temos muitos motivos para apresentarmos exemplos concretos de companhias. O "fundo de desempenho" mais conhecido do público foi indubitavelmente o Manhattan Fund, Inc., organizado no final de 1965. Sua primeira oferta foi de 27 milhões de cotas a um preço entre US$ 9,25 e US$ 10 por cota. A companhia iniciou suas operações com um capital de US$ 247 milhões. Ela enfatizava, claro, os ganhos de capital. A maioria de seus recursos era investida em ações vendidas com altos multiplicadores de lucros correntes, que não pagavam dividendos (ou pagavam dividendos muito reduzidos), apresentavam um grande componente especulativo e oscilações de preço espetaculares. O fundo apresentou um ganho total de 38,6% em 1967, comparados aos 11% do índice composto S&P. No entanto, seu desempenho deixou muito a desejar daí em diante, conforme mostrado na Tabela 9-2.

TABELA 9-2 Uma carteira de um fundo de desempenho e seu desempenho

(Principais aplicações do Manhattan Fund, 31 de dezembro de 1969)

Ações em carteira (milhões)	*Ação*	*Preço*	*Lucro 1969*	*Dividendo 1969*	*Valor de mercado (milhões)*
60	Teleprompter	99	US$0,99	Nenhum	US$6,0
190	Deltona	60½	2,32	Nenhum	11,5
280	Fedders	34	1,28	US$0,35	9,5
105	Horizon Corp.	53½	2,68	Nenhum	5,6
150	Rouse Co.	34	0,07	Nenhum	5,1
130	Mattel Inc.	64¼	1,11	0,20	8,4
120	Polaroid	125	1,90	0,32	15,0
244[a]	Nat'l Student Mkt'g	28½	0,32	Nenhum	6,1
56	Telex Corp.	90½	0,68	Nenhum	5,0
100	Bausch & Lomb	77¾	1,92	0,80	7,8
190	Four Seasons Nursing	66	0,80	Nenhum	12,3[b]
20	Int. Bus. Machines	365	8,21	3,60	7,3
41,5	Nat'l Cash Register	160	1,95	1,20	6,7
100	Saxon Ind.	109	3,81	Nenhum	10,9
105	Career Academy	50	0,43	Nenhum	5,3
285	King Resources	28	0,69	Nenhum	8,1
					US$130,6
			Outras ações ordinárias		93,8
			Outras aplicações		19,6
			Total dos investimentos[c]		US$244,0

[a] Após desdobramento 2 por 1.

[b] Inclui US$1,1 milhão de ações afiliadas.

[c] Excluindo os equivalentes em dinheiro.

Desempenho anual comparado com o índice composto S&P

	1966	*1967*	*1968*	*1969*	*1970*	*1971*
Manhattan Fund	- 6,0%	+ 38,6%	- 7,3%	- 13,3%	- 36,9%	+ 9,6%
S & P Composite	- 10,1%	+ 23,0%	+ 10,4%	- 8,3%	+ 3,5%	+ 13,5%

A carteira do Manhattan Fund no final de 1969 poderia ser considerada, sem qualquer exagero, como pouco ortodoxa. É um fato extraordinário que dois de seus maiores investimentos fossem em companhias que pediram falência em seis meses a partir daquela data, e uma terceira enfrentou cobrança judicial de credores em 1971. Constitui outro fato extraordinário as ações de pelo menos uma dessas companhias condenadas terem sido compradas não apenas por fundos de investimento, mas por fundos patrimoniais de universidades, pelos departamentos de administração de trust funds de grandes instituições bancárias e por entidades similares.[8] Um terceiro fato extraordinário foi que o *gestor* fundador do Manhattan Fund vendeu sua participação em uma companhia de gestão, organizada em separado, para outra empresa grande por mais de US$ 20 milhões em ações da companhia compradora; naquele momento, a companhia de gestão vendida administrava menos de US$ 1 milhão em ativos. Isso é indubitavelmente uma das maiores disparidades de todos os tempos entre os resultados do "administrador" e dos "administrados".

Um livro publicado no final de 1969[II] apresentou perfis de dezenove homens "os quais são líderes no exigente jogo de administrar bilhões de dólares do dinheiro de terceiros". O resumo nos diz ainda que "eles são jovens... alguns ganham mais de um milhão de dólares ao ano... são uma nova casta financeira... todos têm uma fascinação imensa pelo mercado... e uma aptidão espetacular para escolher vencedores". Uma ideia razoável das realizações desse grupo de líderes pode ser obtida ao examinarmos os resultados publicados dos fundos que gerenciam. Os resultados dos fundos dirigidos por doze das dezenove pessoas descritas em *The Money Managers* estão disponíveis ao público. Em geral, eles se saíram bem em 1966 e brilhantemente em 1967. Em 1968, seu desempenho continuou bom em termos agregados, mas com altos e baixos no que se refere a fundos individuais. Em 1969, todos apresentaram perdas, tendo apenas um alcançado um desempenho pouco superior ao do índice composto S&P. Em 1970, seu desempenho comparativo foi ainda pior do que em 1969.

---

8 Uma das companhias "condenadas" à qual Graham se refere foi a National Student Marketing Corp., uma trapaça travestida de ação cuja saga foi contada de forma brilhante por Andrew Tobias em seu livro *The funny money game* (New York: Playboy Press, 1971). Entre os investidores supostamente sofisticados que foram iludidos pelo fundador carismático da NSM, Cort Randell, estavam os fundos patrimoniais de Cornell e Harvard e os departamentos de administração de bens de terceiros de bancos prestigiosos, como o Morgan Guaranty e o Bankers Trust.

Apresentamos esse quadro para extrair uma moral, que talvez seja mais bem expressa pelo velho provérbio francês: "Quanto mais as coisas mudam, mais ficam iguais". Pessoas brilhantes e com muita energia – em geral bastante jovens – prometem fazer milagres com o "dinheiro de terceiros" desde tempos imemoriais. Usualmente, elas conseguem fazer isso durante um tempo – ou, pelo menos, parecem conseguir fazer isso –, trazendo inevitavelmente prejuízos para o público no final.[9] Há aproximadamente um século, os "milagres" eram muitas vezes acompanhados por manipulação flagrante, balanços corporativos enganosos, estruturas de capitalização escandalosas e outras práticas financeiras semifraudulentas. Tudo isso ensejou um sistema elaborado de controle financeiro por parte da SEC, assim como uma atitude cautelosa para com as ações ordinárias por parte do público em geral. As operações dos novos "gestores de dinheiro" em 1965-1969 ocorreram pouco mais de uma geração completa após as espertezas de 1926-1929.[10] Aquelas práticas erradas especificamente proibidas após a quebra de 1929 não foram mais usadas, pois envolviam o risco de prisão. Porém, em muitas esquinas de Wall Street, elas foram substituídas por brinquedos e truques mais novos que acabaram produzindo resultados muito semelhantes. A manipulação flagrante de preços desapareceu, mas existem muitos outros métodos de chamar a atenção do público ingênuo para as possibilidades de lucros com ações "quentes". Blocos de letter stock,[III] sujeitos a restrições não reveladas sobre sua venda, podiam ser comprados bem abaixo do preço de mercado. Esse tipo de ação podia ser imediatamente lançado nos balanços ao valor de mercado pleno, mostrando um lucro encantador e ilusório. E assim por diante. É

---

9 Como prova mais recente de que "quanto mais as coisas mudam, mais ficam iguais", considere que Ryan Jacob, um garoto-prodígio de 29 anos, lançou o Jacob Internet Fund no final de 1999, após produzir um retorno de 216% em seu fundo de internet anterior. Os investidores despejaram quase US$ 300 milhões no fundo de Jacob nas primeiras semanas de 2000. O fundo então perdeu 79,1% em 2000, 56,4% em 2001 e 13% em 2002, um colapso acumulado de 92%. Essa perda pode ter tornado os investidores de Jacob ainda mais velhos e sábios do que haviam tornado o próprio.

10 Curiosamente, o ciclo desastroso de boom e derrocada no período de 1999 a 2002 também surgiu cerca de 35 anos após o ciclo anterior de insanidade. Talvez leve aproximadamente 35 anos para os investidores que se lembram da loucura da última "Nova Economia" se tornarem menos influentes do que aqueles que não se lembram. Se essa intuição estiver correta, o investidor inteligente deve tomar cuidado especial próximo ao ano de 2030.

surpreendente, em uma atmosfera completamente diferente em termos de regulação e proibição, Wall Street ter sido capaz de duplicar muitos excessos e erros da década de 1920.

Sem dúvida, novos regulamentos e novas proibições surgirão. Os abusos específicos do final da década de 1960 serão banidos de Wall Street de forma razoavelmente eficaz. Porém, talvez seja demais esperar que o impulso para especular desapareça algum dia ou que a exploração desse impulso possa ser abolida de vez. Faz parte do armamento do investidor inteligente conhecer essas "Ilusões Populares Extraordinárias"[IV] e manter-se o mais longe possível delas.

A situação da maioria dos fundos de desempenho é ruim se começarmos a analisá-los *após* seu desempenho espetacular em 1967. Com a inclusão dos números de 1967, seu desempenho geral não é de forma alguma desastroso. Nessa base, um dos operadores citados no livro *Gestores de recursos* teve um desempenho bastante superior ao do índice composto S&P, três se saíram nitidamente pior e seis mais ou menos empataram. Para fins de verificação, analisemos outro grupo de fundos de desempenho – os dez que tiveram o melhor desempenho em 1967, com ganhos variando de 84% até 301% naquele único ano. Desses, quatro tiveram, em quatro anos, um desempenho total melhor do que o índice S&P, se os ganhos de 1967 forem incluídos, e dois superaram o índice em 1968-1970. Nenhum desses fundos era grande e seu tamanho médio era de aproximadamente US$ 60 milhões. Portanto, existe uma indicação forte de que ser pequeno é um fator necessário para a obtenção de resultados destacados e contínuos.

O relato precedente contém a conclusão implícita de que pode haver riscos especiais associados à busca de um desempenho superior por parte dos gestores de fundos de investimento. Toda a experiência financeira até o presente indica que os fundos grandes, administrados com sensatez, podem produzir, na melhor das hipóteses, resultados apenas um pouco superiores à média ao longo dos anos. Se forem administrados de forma insensata, podem produzir lucros espetaculares, mas completamente ilusórios durante certo tempo, seguidos inevitavelmente por perdas calamitosas. Houve casos de fundos que superaram, de forma consistente, os índices de mercado ao longo de, digamos, dez anos ou mais. No entanto, eles constituem exceções raras, têm a maioria de suas operações em áreas especializadas, com limites autoimpostos sobre o capital empregado, e não são ativamente vendidos ao público.[11]

Fundos de capital aberto *versus* capital fechado

Quase todos os fundos mútuos ou fundos de capital aberto, que oferecem a seus proprietários o direito de transformarem suas cotas em dinheiro ao valor da carteira no dia, têm uma maquinaria correspondente para vender novas cotas. Dessa forma, a maioria deles cresceu em tamanho ao longo dos anos. Os fundos fechados, quase todos organizados há muito tempo, têm uma estrutura de capital fixa e, portanto, sua importância relativa diminuiu em termos do volume de dólares sob sua administração. Fundos abertos estão sendo vendidos por milhares de vendedores enérgicos e persuasivos, enquanto as cotas em fundos fechados não têm ninguém em especial interessado em distribuí-las. Consequentemente, tem sido possível vender a maioria dos "fundos mútuos" ao público a um prêmio fixo de cerca de 9% acima do valor líquido dos ativos (para cobrir comissões de vendedores etc.), enquanto a maioria das cotas em fundos fechados tem sido consistentemente negociada *abaixo* do valor de seus ativos. Esse deságio no preço varia entre os fundos individuais, e o deságio médio para o grupo como um todo também varia de uma data para outra. A Tabela 9-3 apresenta os números para 1961-1970.

Não é necessária muita inteligência para suspeitar que o menor preço relativo das cotas em fundos fechados em comparação com as dos fundos abertos tem muito pouco a ver com a diferença nos resultados totais de investimento entre os dois grupos. A verdade desse fato é comprovada pela comparação dos resultados anuais de 1961 a 1970 dos dois grupos incluída na Tabela 9-3.

---

11 O equivalente hoje da expressão "exceções raras" de Graham tende a ser os fundos de capital aberto que se fecham a novos investidores, o que significa que os gestores pararam de aceitar mais dinheiro. Embora essa atitude reduza as taxas de administração que possam ganhar, ela maximiza os retornos que os cotistas existentes podem obter. Já que a maioria dos gestores de fundos preferiria cuidar de si mesma em vez de obter um melhor desempenho, fechar um fundo a novos investidores é um passo raro e corajoso.

TABELA 9-3 Alguns dados sobre fundos fechados, fundos mútuos e o índice composto S&P

Ano	*Deságio médio de fundos fechados*	*Resultados médios de fundos fechados*[a]	*Resultados médios de fundos mútuos de ações*[b]	*Resultados do índice S&P*[c]
1970	- 6%	empate	- 5,3%	+ 3,5%
1969		- 7,9%	- 12,5	- 8,3
1968	(+ 7)[d]	+13,3	+ 15,4	+ 10,4
1967	- 5	+ 28,2	+ 37,2	+ 23,0
1966	- 12	- 5,9	- 4,1	- 10,1
1965	- 14	+ 14,0	+ 24,8	+ 12,2
1964	- 10	+ 16,9	+ 13,6	+ 14,8
1963	- 8	+ 20,8	+ 19,3	+ 24,0
1962	- 4	- 11,6	- 14,6	- 8,7
1961	- 3	+ 23,6	+ 25,7	+ 27,0
Média de dez anos		+ 9,14%	+ 9,95%	+ 9,79%

[a] Média Wiesenberger de dez companhias diversificadas.
[b] Média das cinco médias Wiesenberger de fundos de ações ordinárias a cada ano.
[c] Em todos os casos, as distribuições são reinvestidas.
[d] Ágio.

Assim, chegamos a uma das poucas regras claramente evidentes para as escolhas dos investidores. Se você deseja colocar seu dinheiro em fundos de investimento, compre uma cota em um fundo fechado com um deságio de, digamos, 10% a 15% sobre o valor dos ativos, em vez de pagar um prêmio de aproximadamente 9% acima do valor dos ativos para cotas de um fundo aberto. Presumindo que as mudanças no valor dos ativos e os dividendos futuros continuem a ser aproximadamente iguais para os dois grupos, você terá então um ganho aproximadamente 20% superior com as cotas em fundos fechados.[12]

12 Na década de 2020, os fundos fechados geralmente apresentam várias desvantagens: são pouco negociados, frequentemente alavancados com dinheiro emprestado e têm altas despesas anuais. Isso os torna mais arriscados e caros do que ETFs ou fundos mútuos convencionais. Portanto, com raras exceções (principalmente durante uma queda do mercado), fundos fechados não valem a pena explorar, a menos que possam ser adquiridos com descontos de pelo menos 15% abaixo do valor patrimonial líquido.

O vendedor de fundo mútuo rapidamente levantará um contra-argumento: "Ah, mas se você possui cotas em um fundo fechado, nunca poderá saber com certeza qual o preço de venda. O deságio pode ser maior do que é hoje, e você sofrerá por causa do spread maior. Com nossas cotas, você terá garantido o direito de revendê-las por um preço igual a 100% do valor dos ativos, nunca inferior". Examinemos um pouco esse argumento: será um interessante exercício de lógica e simples bom senso. Pergunta: supondo que o deságio sobre cotas fechadas aumente, qual a probabilidade de você ter um desempenho pior com aquelas cotas do que com uma compra equivalente de cotas em um fundo aberto?

Isso requer um pouco de aritmética. Suponha que o Investidor A compre algumas cotas open-end a 109% do valor dos ativos e o Investidor B compre cotas closed-end a 85%, mais 1,5% de comissão. Ambos os conjuntos de cotas ganham e pagam 30% desse valor de ativos em, digamos, quatro anos e terminam com um valor igual ao inicial. O Investidor A resgata suas cotas a 100% de seu valor, perdendo o prêmio de 9% que pagou. Seu retorno total para o período é 30% menos 9%, ou seja, 21% sobre o valor dos ativos. Isso, por sua vez, representa 19% sobre o valor investido. Qual a taxa que o Investidor B precisa obter de suas cotas closed-end para realizar o mesmo retorno sobre o investimento que o Investidor A? A resposta é 73% ou um deságio de 27% a partir do valor dos ativos. Em outras palavras, o investidor closed-end poderia sofrer uma ampliação de 12 pontos (ou seja, aproximadamente o dobro) no deságio de mercado antes que seu retorno caísse até aquele do investidor open-end. Uma mudança adversa dessa magnitude raramente ocorre, se é que alguma vez ela aconteceu, na história das cotas closed-end. Em consequência, é muito improvável que você obtenha um retorno total inferior de um fundo fechado (representativo), comprado com deságio, se o desempenho do investimento for aproximadamente igual àquele de um fundo mútuo representativo. Se um fundo com encargos baixos (ou nenhum encargo) substituir um com os encargos usuais de "8,5%", a vantagem dos investimentos closed-end é, claro, reduzida, mas ela persiste.

TABELA 9-4 Resultados médios de fundos fechados diversificados, 1961-1970[a]

	1970	*5 anos* *1966-1970*	*10 anos* *1961-1970*	*Ágio ou deságio,* *dezembro de 1970*
Três fundos vendidos com ágio	- 5,2%	+ 25,4%	+ 115,0%	11,4% ágio
Dez fundos vendidos com deságio	+ 1,3	+ 22,6	+ 102,9	9,2% deságio

[a] Dados da Wiesenberger Financial Services

O fato de alguns poucos fundos fechados serem vendidos com um ágio maior do que a carga efetiva de 9% que incide sobre a maior parte dos fundos mútuos introduz uma pergunta separada para o investidor. Essas companhias vendidas com prêmio têm gestão superior com um valor suficientemente comprovado para justificar seus preços elevados? Se a resposta for procurada nos resultados comparativos que abrangem os últimos cinco ou dez anos, a resposta parece ser negativa. Três dos seis fundos vendidos com ágio se concentram em investimentos estrangeiros. Uma característica notável delas é a grande variação de preços em um curto período de tempo; no final de 1970, um fundo foi negociado a apenas um quarto de seu valor mais alto, o segundo a um terço e o terceiro a menos da metade. Se considerarmos os três fundos domésticos que vendem acima do valor dos ativos, encontramos que a média de seus retornos totais decenais foi um pouco melhor do que a dos dez fundos com deságios, mas aconteceu o oposto nos últimos cinco anos. Apresentamos uma comparação dos históricos, entre 1961 e 1970, da Lehman Corp. e da General American Investors, dois dos maiores e mais antigos fundos fechados, na Tabela 9-5. Um deles vendeu 14% acima e o outro, 7,6% abaixo do valor líquido dos ativos no final de 1970. A diferença nas razões preço/patrimônios líquidos não parece justificada por esses números.

TABELA 9-5 Comparação entre dois importantes fundos fechados[a]

	1970	*5 anos* *1966-1970*	*10 anos* *1961-1970*	*Ágio ou deságio,* *dezembro de 1970*
General Am. Investors Co.	- 0,3%	+ 34,0%	+ 165,6%	7,6% deságio
Lehman Corp.	- 7,2	+ 20,6	+ 108,0	13,9% ágio

[a] Dados da Wiesenberger Financial Services

Investimento em fundos balanceados

Os 23 fundos balanceados incluídos no relatório da Wiesenberger mantinham de 25% a 59% de seus ativos em ações preferenciais e títulos, a média sendo de 40%. O saldo era mantido em ações ordinárias. Pareceria mais lógico para o investidor típico fazer seus investimentos diretamente em instrumentos do tipo obrigação, em vez de tê-los como parte de uma aplicação em um fundo mútuo. O retorno médio mostrado pelos fundos balanceados em 1970 foi de apenas 3,95% ao ano sobre o valor dos ativos, ou cerca de 3,6% sobre o preço de venda. A melhor escolha para o componente de títulos seria a compra de savings bonds do governo dos Estados Unidos, ou obrigações privadas americanas cuja classificação fosse A ou superior, ou obrigações isentas de impostos para a carteira de títulos do investidor.

COMENTÁRIO SOBRE O CAPÍTULO 9

POR JASON ZWEIG

[Gestores de fundos] alocam os fundos entre eles e seus clientes da maneira clássica antiga, ou seja, ao final do dia eles pegam todo o dinheiro e o jogam para o alto. Tudo o que grudar no teto pertence aos clientes.

– Fred Schwed, Jr.[1]

Durante décadas, o setor de fundos enganou o público investidor.

A partir da década de 1920, os gestores de fundos começaram a se disfarçar de milagreiros capazes de minimizar os riscos, encontrar vencedores e evitar perdedores, além de superar o mercado até o limite, fazendo com que valesse a pena pagar grandes comissões e gordas taxas anuais.

Somente após a crise financeira global de 2008-2009 é que o público finalmente acordou.

A FUTILIDADE DOS FUNDOS

Ano após ano, profissionais bem formados e altamente treinados, munidos de grandes quantidades de dados e poder de computação, tentam escolher investimentos que rendam retornos mais altos do que uma média de mercado, como o índice S&P 500. Ano após ano, a maioria desses fundos ativamente geridos fracassa.

Em 2022, 43% dos fundos mútuos e ETFs ativamente geridos nos Estados Unidos superaram a média de seus respectivos mercados, de acordo com a Morningstar, contra 47% no ano anterior. Apenas 10,5% dos fundos que investem em grandes ações norte-americanas sobreviveram pelos dez anos inteiros encerrados em 30 de junho de 2023 *e* superaram seu índice de referência.

Entre os fundos mútuos que superam o mercado em determinado ano, quase nenhum repete o feito:

---

1 SCHWED JR., Fred. *Where are the customers' yachts?* Wiley, 2006. p. 140.

TABELA 9-6 É solitário estar no topo

Metade superior dos fundos de ações dos EUA em dezembro de 2020 (número)	Permaneceram na metade superior até dezembro de 2021 (percentual)	Permaneceram na metade superior até dezembro de 2022 (percentual)
975	32,1%	7,2%
Quarto superior dos fundos de ações dos EUA em dezembro de 2020 (número)	Permaneceram no quarto superior até dezembro de 2021 (percentual)	Permaneceram no quarto superior até dezembro de 2022 (percentual)
488	4,1%	0,0%

Fonte: S&P Dow Jones Indices. Disponível em: bit.ly/3rPkBO8.

Três principais desvantagens prejudicam os gestores de fundos e seus investidores.

Pressão por ativos. À medida que os fundos crescem, a compra de ações menores se torna mais difícil. Um fundo com US$ 100 milhões pode colocar 1% em qualquer ação; isso é apenas US$ 1 milhão. Um fundo com US$ 10 bilhões que aplique 1% em uma ação terá de comprar US$ 100 milhões dessa ação – uma parcela proibitivamente grande da maioria das pequenas empresas. Os custos de negociação também podem aumentar à medida que um fundo se torna um gigante. E, quanto mais dinheiro os investidores acrescentam, maior é a pressão para comprar alguma coisa, qualquer coisa, que possa colocar todo esse dinheiro novo para trabalhar.

Taxas. Nos Estados Unidos, os fundos de ações cobraram em média 1,15% em despesas anuais em 2022, de acordo com o Investment Company Institute.

Custos de negociação. Imagine que um fundo tenha uma taxa de rotatividade de carteira de 100%, o que significa que os gestores mantêm suas ações típicas por um ano. Digamos que ele incorra em 0,25% em custos de corretagem para comprar e vender uma ação. A negociação custaria aos investidores desse fundo 0,5% ao ano.

Se um fundo cobra 1,15% em despesas e acumula 0,5% em custos de corretagem, isso representa um arrasto anual de 1,65%. Se o mercado subir 10% em um ano, o fundo precisará ganhar 11,65% antes das despesas apenas para igualar o retorno do mercado após as despesas. Isso significa que o fundo deve ter um desempenho 16,5% melhor, antes das taxas, para evitar um desempenho inferior depois dos descontos![2]

---

2 Os custos de negociação dos fundos geralmente são superiores a 0,25%; ver MACKINTOSH, Phil. How much does trading cost the buy side? Disponível em: bit.ly/3Dychoy. Os custos de

Não é apenas vencer o mercado que é difícil para os gestores de fundos. Até mesmo *igualar* o mercado é difícil.

QUANDO A "MÉDIA" É MELHOR DO QUE A MÉDIA

Graham entendeu tudo isso – décadas antes da maioria das pessoas. Já em 1951, ele sugeriu que os investidores estariam em melhor situação se pudessem investir em uma média de mercado. Graham enfatizou essa ideia várias vezes até sua morte, em 1976. Nesse mesmo ano, John C. Bogle, do Vanguard Group, apresentou o fundo mútuo de índice.[3]

Os fundos de índice mantêm praticamente todos os investimentos em um benchmark de mercado, como o S&P 500, o MSCI All-Country World Index ou o Bloomberg U. S. Aggregate Bond Index. Eles buscam igualar o retorno do mercado (antes das taxas), e não superá-lo. Eles não precisam gastar grandes quantias em pesquisa nem pagar altos custos de negociação, pois não estão tentando escolher os melhores investimentos e evitar os piores – mas apenas comprar e manter todos eles.

Automaticamente, os vencedores vão crescer e os perdedores vão definhar, sem a necessidade de o gestor analisá-los ou negociá-los. Os custos totais em um fundo de índice podem ser inferiores a 0,05% ao ano – bem menos de um décimo do custo dos fundos tradicionais que buscam superar o mercado. E, pelo fato de negociarem muito raramente, os fundos de índice quase nunca geram impostos elevados.

Ao se contentar com a média, você acaba se saindo muito melhor do que a média. Se um investidor ganha em uma operação, outro precisa ter perdido a mesma quantia; em todo o mercado, toda essa atividade resulta em soma zero. E isso antes dos custos. Descontadas as despesas de pesquisa e negociação, a maioria dos investidores que tenta superar o mercado é derrotada por ele.

Em vez disso, possua um fundo de índice e você vai igualar o mercado antes dos custos, ultrapassando, assim, quase todos os amadores e profissionais que

---

negociação não são informados nas despesas anuais de um fundo mútuo ou ETF; em vez disso, são deduzidos de seu retorno bruto. Se o mercado subisse apenas 5%, o fundo em nosso exemplo precisaria subir 6,65% para igualá-lo após as despesas; isso é 33% mais do que o retorno do mercado.

3 ZWEIG, Jason. Would Benjamin Graham have hated index funds? Disponível em: bit.ly/3qb7iXS.

tentam superá-lo, depois de pagarem suas despesas muito mais altas. Assim, ao "se contentar com a média", você pode garantir resultados acima da média.[4]

FUNDOS EXTREMAMENTE TENTADORES

Você pode indexar seu portfólio com fundos mútuos, ou exchange-traded funds (ETFs). Ao contrário dos fundos mútuos, que nos Estados Unidos você pode comprar ou vender apenas a um preço no final do dia de trading, os ETFs podem ser negociados a qualquer momento.

Eles são extremamente baratos, com despesas tão baixas quanto 0,03%, ou apenas US$ 3 por ano em um investimento de US$ 10.000.

Os fundos mútuos de índice podem ser quase tão baratos. No entanto, um fundo mútuo tradicional, que busca superar o mercado e cobra uma média de 1,15% ao ano, é quase quarenta vezes mais caro. Décadas de pesquisa mostram que o fator determinante mais importante do sucesso de um fundo é se suas taxas são baixas.

O perigo dos ETFs é que você pode negociá-los a qualquer momento do dia, e muitas pessoas o fazem.

Se você usasse os ETFs dessa forma, transformaria sua vantagem básica em uma desvantagem. Por que você iria querer pegar um ativo que pode ser mantido a custo quase zero por décadas e transformá-lo em um brinquedo de negociação de curto prazo?

Outro problema em potencial: você pode encontrar um ETF para todas as finalidades imagináveis, e algumas inimagináveis também.

Em 2023, vários ETFs:

- ofereceram exposição a empresas de mídia coreanas;
- detinham ações de mineração de níquel;
- compraram apenas ações negociadas por membros Democratas do Congresso dos Estados Unidos;
- perderam 2% para cada 1% de ganho diário em ações brasileiras;
- ofereceram entre 25% e 200% de exposição apenas às ações da Tesla Inc., dependendo das condições do mercado;
- usaram inteligência artificial para escolher empresas agrícolas;

---

4 SHARPE, William F. The arithmetic of active management. Disponível em: bit.ly/4572gud. Ver também PEDERSEN, Lasse Heje. Sharpening the arithmetic of active management. Disponível em: bit.ly/3OgJucZ.

- procuraram gerar retornos que são o oposto daqueles obtidos pelo especialista financeiros Jim Cramer;
- capturaram o desempenho das ações durante a noite, mas não durante o dia; ou
- usaram dinheiro emprestado para negociar ações de cannabis.

TABELA 9-7 ETFs

ETF	*Ticker*	*Média diária de ativos líquidos*	*Média diária do volume de negociações*	*Taxa de rotatividade diária*	*Taxa de rotatividade anualizada*
SPDR S&P 500	SPY	US$ 394.849.683.157	US$ 34.405.432.438	8,7%	2.196%
iShares Core S&P 500	IVV	US$ 327.548.869.939	US$ 1.780.984.598	0,5%	137%
Vanguard S&P 500	VOO	US$ 308.258.084.527	US$ 1.551.640.052	0,5%	127%
Vanguard Total Stock Market	VTI	US$ 297.061.149.892	US$ 641.958.257	0,2%	54%
Invesco QQQ Trust Série 1	QQQ	US$ 186.230.121.010	US$ 17.957.771.186	9,6%	2.430%
Vanguard FTSE Developed Markets	VEA	US$ 110.636.676.983	US$ 460.759.200	0,4%	105%
Vanguard Value	VTV	US$ 100.219.303.401	US$ 325.980.613	0,3%	82%
Vanguard Total Bond Market	BND	US$ 92.587.446.741	US$ 410.510.468	0,4%	112%
iShares Core MSCI EAFE	IEFA	US$ 96.881.684.514	US$ 582.906.057	0,6%	152%
Vanguard Growth	VUG	US$ 86.279.720.336	US$ 244.972.436	0,3%	72%

Nota: Dados de 2023. Uma taxa de rotatividade anual de 100% implica um período de retenção de doze meses; 200% de rotatividade anual se traduz em um período de retenção de seis meses; 2.400% de rotatividade anual equivale a um período de retenção de duas semanas. A taxa anualizada pressupõe 252 dias de negociação.
Fonte: Strategas Securities.

Em 31 de dezembro de 2023, os Estados Unidos tinham 3.383 ETFs (e produtos relacionados), com ativos de US$ 8,12 trilhões, de acordo com a ETFGI, uma empresa de pesquisa de Londres; o resto do mundo tinha 8.486 ETFs, com ativos de US$ 3,51 trilhões.

Muitos ETFs preenchem nichos bastante restritos, detendo poucas participações, em vez da mais ampla gama possível de títulos. Eles geralmente se baseiam em índices com histórico curto, o que faz com que o desempenho passado seja um guia ainda mais fraco do que o normal. Como tendem a ser pequenos, cobram taxas muito mais altas e têm muito mais probabilidade de fechar as portas.[5]

Muitos desses ETFs são *inversos* ou *alavancados*. Os fundos inversos geram o oposto do retorno de um índice de referência – por exemplo, ganham 1% em um dia em que o índice subjacente perdeu 1%. Os fundos alavancados usam dinheiro emprestado ou outras técnicas para ampliar seus ganhos e perdas. Um fundo alavancado pode dobrar ou até triplicar o ganho diário de uma média de mercado. Por definição, ele também dobrará ou triplicará qualquer *perda* diária. Se você não souber o que está fazendo, experimentar esses fundos é como brincar com fósforos em um depósito de dinamite.

Em vez de diversificar seu portfólio, esses ETFs especializados fazem o que Peter Lynch, ex-gerente do Fidelity Magellan Fund, chama de "diversirriscar": eles sobrecarregam seu portfólio com grupos arriscados de ativos estranhos.

Você tem a *opção* de comprar ETFs excêntricos. No entanto, não tem a *obrigação*.

COMO ESCOLHER UM ETF

Com milhares de ETFs, como escolher o mais adequado para você?

Elisabeth Kashner, diretora de análise de fundos globais da FactSet Research Systems, sugere um mnemônico simples:

> **E**fficiency (Eficiência),
> **T**radability (Facilidade de negociação) e
> **F**it (Adequação)

Eficiência significa despesas anuais baixas, de preferência 0,1% ou menos. "Quanto maior o tempo pelo qual você planeja manter o ETF, mais esse custo

---

5 Morningstar. Mining for alpha with index funds. Disponível em: bit.ly/3YhHZjw.

é importante", diz Kashner, porque as despesas são um obstáculo constante ao desempenho.

A facilidade de negociação mede o custo de compra ou venda de um ETF. Nos Estados Unidos, pelo menos US$ 250.000 das ações de um fundo devem ser negociadas diariamente. O spread de compra e venda, ou a diferença entre o que os compradores estão dispostos a pagar e o que os vendedores aceitam, deve ser de 0,05% ou menos – idealmente, 0,01%. "Quanto maior o tempo pelo qual você planeja manter o ETF, menos esse custo importa", diz Kashner, porque é um custo único que você não terá de pagar novamente até vender o fundo. Negocie somente com uma *ordem de limite* que especifique o preço mais alto que você está disposto a pagar se estiver comprando e o mais baixo que você aceitará se estiver vendendo.

Adequação é outra palavra para diversificação: você quer que seu fundo se envolva confortavelmente com o conjunto de ativos mais amplo possível. Os ETFs de mercado total são ideais. "Um que cubra seu próprio país e outro que cubra o resto do mundo" lhe servirão bem, diz Kashner.

Quanto mais restrito for o índice que o ETF rastreia, menos dinheiro você deve investir nele. (Se um pedacinho de um ETF restrito pertence a algum lugar, esse lugar é a sua conta de "dinheiro da loucura".)[6]

Os fundos mútuos de índice tradicionais funcionam tão bem quanto os ETFs, desde que suas taxas sejam igualmente baixas.

Um fundo mútuo ou ETF com gestão ativa pode fazer sentido se – mas *somente* se – suas taxas também forem baixas, ele mantiver ações por anos a fio e seu portfólio for drasticamente diferente do mercado.

ARTIFÍCIOS EXTREMAMENTE HIPÓCRITAS?

A última moda em Wall Street são os fundos ESG, que pretendem tornar as empresas e o mundo *[E]nvironmentally cleaner* (Mais limpos em termos ambientais), *[S]ocially fairer* (Mais justos em termos sociais), e *[G]overned better* (Mais bem administrados). Eles permitem que você faça o bem e se saia bem ao mesmo tempo, dizem os profissionais de marketing. Possuir um fundo ESG lhe dará aquele brilho de justiça por sentir que está do lado dos anjos, e alguns

---

6 Ver p. 70. Você pode pesquisar a amplitude da diversificação de um ETF em seu próprio site e nos sites ETF.com, Finominal.com, PortfolioVisualizer.com ou VettaFi.com.

estudos sugerem que os fundos ESG tiveram um desempenho tão bom quanto os portfólios convencionais.

Infelizmente, você pode se sair bem ou não, mas pagará mais para se sentir bem.

Como James Mackintosh demonstrou em uma série brilhante de colunas no *Wall Street Journal*, os fundos ESG prometem demais e entregam de menos. Poluidores e outras corporações nocivas já venderam suas ações ao público, portanto, recusar-se a comprar suas ações não tem efeito direto sobre eles. Se todas as empresas "boas" se desfizerem de seus ativos "ruins", as minas, os poços de petróleo e as fábricas acabarão nas mãos de operadores que não se importam com a opinião pública, causando mais danos do que nunca. Além disso, a intensa popularidade dos ESGs ajudou a elevar os preços das ações de muitos dos queridinhos do movimento, como a fabricante de veículos elétricos Tesla, a alturas tão sobrenaturais que os retornos futuros certamente serão menores.

Além disso, muitos fundos ESG nem mesmo fingem possuir empresas "boas"; eles possuem as menos ruins. Com a demanda dos investidores excedendo em muito a oferta de empresas ESG, as firmas que fazem a triagem acabam promovendo "as mais verdes dentro de um setor sujo".

Em 2021, uma grande participação no Índice Global de Prevenção da Poluição da MSCI, e em muitos fundos ESG, era de uma empresa que havia sido processada pelo estado de Nova Jersey por supostamente liberar odores tão pútridos que os moradores das proximidades sofriam de enxaqueca. Outros fundos ESG correram para investir em uma empresa que minerava o fundo do oceano em busca de metais raros, apesar de os ambientalistas considerarem isso uma abominação.[7]

Por fim, muitos fundos ESG praticamente não diferem do restante do mercado. Uma equipe de economistas descobriu em 2022 que 68% das participações dos fundos ESG se sobrepõem perfeitamente às dos fundos convencionais. Isso significa que você paga altas taxas sobre 100% do seu investimento, embora apenas um terço dele seja personalizado. Isso é como pagar uma taxa tripla – estimada pelos economistas em 0,63% ao ano.

---

7 MACKINTOSH, James. Sustainable investing. Disponível em: bit.ly/3rJxMA2; SCHECK, Justin *et al*. Environmental investing frenzy stretches meaning of "green". Disponível em: bit.ly/3QkkvIE.

De modo geral, os fundos ESG provavelmente não fazem muita coisa para tornar o mundo um lugar melhor. Talvez, no entanto, você não espere que um fundo torne o mundo melhor; você simplesmente não quer que seu dinheiro seja investido em empresas que você acha que estejam tornando o mundo pior.

Nesse caso, você está comprando o fundo não porque ele tem um bom valor, mas porque ele permite que você tenha a sensação de que está agindo de acordo com os *seus* bons valores. É justo – desde que você evite altas taxas, confira se o fundo não possui nenhuma empresa que você desaprove, e seja capaz de conviver com retornos que possam ser menores. Você também deve estar ciente de que, se quiser tornar o mundo um lugar melhor, terá de agir por conta própria. Os fundos mútuos e ETFs são cestas de investimentos; não são curandeiros que podem fazer cessar o que aflige o planeta.

QUANDO OS INVESTIMENTOS FAZEM DINHEIRO, MAS OS INVESTIDORES, NÃO

Imagine um fundo que começa o ano a US$ 10 por ação. Ele também termina o ano em US$ 10. Ele oscilou durante o ano, mas não pagou dividendos. Isso representa um retorno anual de 0%.

Todos os seus investidores tiveram um retorno de 0%?

É claro que não. Alguns compraram o fundo quando ele estava sendo negociado abaixo de US$ 10, enquanto outros pagaram mais de US$ 10. Outros, ainda, venderam antes do fim do ano – alguns com lucro, alguns com prejuízo.

O desempenho dos investidores do fundo depende não apenas dos retornos do fundo, mas também de suas atitudes. Se a maioria deles comprou em uma alta do mercado ou vendeu em uma baixa do mercado, eles obterão coletivamente retornos mais baixos do que o portfólio do fundo em si.

Em casos extremos, os investidores podem perder bilhões de dólares em um fundo que ganhou dinheiro. Poucos exemplos foram mais extremos do que os fundos ARK, administrados pela celebridade de escolha de ações Cathie Wood.

O ARK Innovation, o principal ETF dessa frota, ganhou 87% em 2017. Na época, ele era pequeno, com apenas US$ 12 milhões em ativos no início do ano, de modo que esse enorme ganho foi obtido por apenas alguns investidores. O ARK Innovation teve um retorno surpreendente de 153% em 2020. No início daquele ano, todavia, tinha apenas US$ 1,9 bilhão em ativos totais.

Por fim, em 2020, o dinheiro do público começou a jorrar. Os ativos do fundo triplicaram para US$ 6 bilhões entre março e julho de 2020. De setembro de 2020 a março de 2021, os investidores inundaram o ARK Innovation com US$ 13 bilhões em dinheiro novo.

Bem nessa hora, o desempenho atingiu seu teto. O ARK Innovation perdeu 23% em 2021 e 67% em 2022.

Os poucos investidores iniciais que obtiveram os maiores ganhos do fundo foram ofuscados pelos bandos de retardatários que sofreram as piores perdas. Coletivamente, os acionistas do ARK Innovation perderam até US$ 10 bilhões, apesar de o fundo ter acumulado alguns dos maiores ganhos da história – e mesmo depois de o fundo ter subido 68% em 2022.[8]

FIGURA 9-1

Uma ARKK com um furo

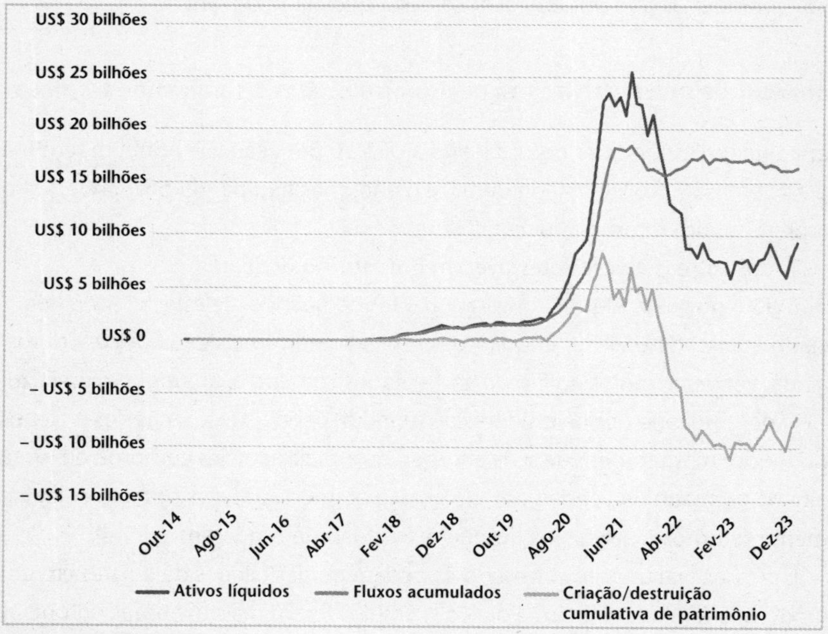

Fonte: Morningstar.

As lições? São os investidores, e não os investimentos, que ganham ou perdem dinheiro. O comportamento do seu fundo é muito menos importante do que o seu comportamento. E se você ficar correndo atrás do desempenho mais "quente", vai acabar se queimando.

---

8 ZWEIG, Jason. How a flood of money swamped Cathie Wood's ARK. Disponível em: bit.ly/3OeNDyo; ARNOTT, Amy. Why ARKK Shareholders are still underwater. Disponível em: bit.ly/3qdh7Vb.

CAPÍTULO 10
O INVESTIDOR E SEUS ASSESSORES

O investimento financeiro é singular entre as operações comerciais, no sentido de que está quase sempre baseado, em alguma medida, na assessoria recebida de terceiros. Os investidores, em sua grande maioria, são amadores. Naturalmente, sentem que podem se beneficiar de uma orientação profissional na escolha de títulos para sua carteira. No entanto, existem peculiaridades inerentes ao próprio conceito de assessoria de investimento.

Se a razão para as pessoas investirem é ganhar dinheiro, então, ao buscar uma assessoria, elas estão pedindo a outros que lhes digam como fazer isso. Essa ideia contém um elemento de ingenuidade. Os empresários buscam assessoria profissional em vários aspectos de seus negócios, mas não esperam que lhes digam o que fazer para obterem lucro. Essa é a sua área de atividade. Quando eles, ou pessoas que não estão ligadas aos negócios, confiam em outros para obterem *lucros de investimento,* esperam um tipo de resultado para o qual não existe uma contrapartida verdadeira na prática comercial comum.

Se presumirmos que há resultados de *receita* normais ou padrões a serem obtidos com o investimento de dinheiro em valores mobiliários, então o papel do assessor pode ser mais facilmente determinado. Ele usará seu treinamento e sua experiência superiores para proteger seus clientes de erros e para se certificar de que obterão os resultados aos quais seu dinheiro fizer jus. Quando o investidor demanda um retorno acima da média ou quando seu assessor se compromete a alcançar um desempenho superior ao normal, surge a questão: está-se exigindo ou prometendo mais do que provavelmente se poderá cumprir?

A assessoria em investimentos pode ser obtida de várias fontes, que incluem: (1) um parente ou amigo, teoricamente conhecedor do mercado;

(2) um banco local (comercial); (3) uma corretora ou banco de investimento; (4) uma publicação ou um serviço financeiro; e (5) um assessor de investimentos. O caráter heterogêneo dessa lista sugere que nenhuma abordagem lógica ou sistemática a essa questão se cristalizou, até hoje, na mente dos investidores.

Certas considerações de bom senso se relacionam com o critério de resultados normais ou padrões mencionados anteriormente. Nossa tese básica é a seguinte: se o investidor confiar principalmente nos conselhos de terceiros para administrar seus recursos, ele deve limitar suas operações a formas de investimento estritamente padrão, conservadoras e até mesmo não criativas, ou deve ter um conhecimento íntimo incomum e favorável da pessoa que dirigirá seus recursos para outros fins. No entanto, caso exista uma relação profissional ou de negócios entre o investidor e seus assessores, ele pode ser receptivo a sugestões *menos convencionais* apenas na medida em que ele mesmo tenha aumentado seu conhecimento e experiência e tenha se tornado competente para avaliar, de forma independente, as recomendações de terceiros. Ele terá então passado da categoria de investidor defensivo ou passivo para investidor agressivo ou ativo.

Assessoria de investimento e os serviços de administração de bens prestados por bancos

Os assessores de investimento verdadeiramente profissionais – isto é, as firmas de assessoria de investimento estabelecidas, que cobram emolumentos anuais substanciais – são bastante modestas em suas promessas e pretensões. A maioria aplica os recursos de seus clientes em títulos padrão que rendem juros e dividendos e confiam, sobretudo, na experiência de investimento normal para obter seus resultados globais. De maneira geral, é duvidoso que mais de 10% do fundo total seja, a qualquer momento, investido em papéis que não sejam de companhias com grau de investimento, além de em obrigações do governo (incluindo papéis estaduais e municipais); nem existe um esforço sério por parte desses assessores para tirar vantagem dos movimentos do mercado como um todo.

As principais firmas de assessoria de investimento não se gabam de ser brilhantes; elas se orgulham de serem cautelosas, conservadoras e competentes. Seu objetivo primeiro é conservar o valor do principal ao longo dos anos e produzir uma taxa de retorno conservadoramente aceitável. Qualquer realização além dessa – e eles se esforçam para ultrapassar esse objetivo – é considerada por eles como um serviço extra bem prestado. Talvez o principal valor desse tipo de assessoria para seus clientes resida em protegê-los de erros custosos. Eles oferecem aquilo que o investidor defensivo tem direito de esperar de um assessor que atenda o público em geral.

O que dissemos sobre as firmas de assessoria de investimento estabelecidas se aplica, em geral, aos serviços de administração de bens e de assessoria de bancos grandes.

Serviços financeiros

Os assim chamados "serviços financeiros" são organizações que enviam boletins uniformes (às vezes na forma de telegramas) a seus assinantes. Os assuntos cobertos por esses boletins podem incluir o estado e as perspectivas da economia, o comportamento e a previsão dos mercados de valores mobiliários, além de informações e assessoria com relação a papéis individuais. Existe, com frequência, um "departamento de consulta" que pode responder a questões que afetam assinantes individuais. O custo do serviço é, em geral, muito inferior aos emolumentos cobrados pelos assessores de investimento dos clientes individuais. Algumas organizações – principalmente a Babson's e a Standard & Poor's – operam, em níveis separados, como serviço financeiro e como assessoria de investimento. (Incidentalmente, outras organizações – tais como a Scudder, Stevens & Clark – operam separadamente como assessoria de investimento e como um ou mais fundos de investimento.)

Os serviços financeiros são voltados, como um todo, para um segmento do público muito diferente do alvo das empresas de assessoria de investimentos. Os clientes das últimas, em geral, desejam se livrar da preocupação e da necessidade da tomada de decisões. Os serviços financeiros oferecem informações e orientações àqueles que administram seus próprios investimentos ou mesmo àqueles que aconselham terceiros. Muitos desses serviços se restringem exclusivamente, ou quase exclusivamente, à previsão dos movimentos do mercado por meio de vários métodos "técnicos". Devemos descartá-los com a observação de que seu trabalho não envolve os "investidores", na forma como o termo é utilizado neste livro.

Por outro lado, alguns dos mais conhecidos – tais como a Moody's Investment Service e a Standard & Poor's – são identificados como organizações estatísticas que compilam dados estatísticos volumosos, os quais formam a base de estudos profundos do mercado de valores mobiliários. Esses serviços possuem uma clientela variada, abrangendo desde o investidor mais conservador ao especulador mais empedernido. Por isso, podem encontrar dificuldades em aderir a qualquer filosofia bem definida ou fundamental para chegarem às suas opiniões e recomendações.

É óbvio que os serviços há muito estabelecidos, do tipo da Moody's e outros, devem fornecer algo que valha a pena para uma classe ampla de investidores. O que seria isso? Grosso modo, eles abordam as questões nas quais o investidor-especulador ativo médio está interessado, sendo seus pontos de vista sobre essas questões vistos como categorizados ou, pelo menos, mais confiáveis do que aqueles do cliente não assessorado.

Por anos a fio, os serviços financeiros fizeram previsões acerca do mercado acionário sem que ninguém levasse muito a sério essa atividade. Como todo mundo no ramo, às vezes acertaram e às vezes não. Sempre que possível, esses serviços moderam suas opiniões para evitar o risco de serem considerados completamente errados. (Há uma arte bem desenvolvida de linguajar délfico que se ajusta com sucesso a tudo que o futuro trouxer.) De nossa perspectiva – talvez preconceituosa –, esse segmento de seu trabalho não tem real significância, exceto no que ele revela sobre o comportamento humano nos mercados de valores mobiliários. Quase todo mundo interessado em ações ordinárias deseja que lhe digam como o mercado se comportará. Havendo tal demanda, ela precisa ser atendida.

Suas interpretações e previsões das condições dos negócios, claro, são muito mais embasadas e informativas. Constituem parte importante do grande corpo de inteligência econômica que se espalha continuamente entre compradores e vendedores de títulos e que tende a criar preços razoavelmente racionais para as ações e obrigações na maioria das situações. Sem dúvida, o material publicado pelos serviços financeiros aumenta o repertório de informações disponíveis e reforça as avaliações de seus clientes sobre os investimentos.

É difícil avaliar as recomendações de papéis individuais. Cada serviço tem direito a ser julgado separadamente, e uma avaliação justa precisaria ser baseada em um estudo profundo e abrangente que cobrisse muitos anos. Em nossa experiência, observamos entre eles uma atitude enraizada, que, a nosso ver, tende a prejudicar o que poderia de outra forma ser um trabalho de assessoria mais útil. Trata-se da visão geral de que uma ação deveria ser comprada se as perspectivas da empresa no curto prazo fossem favoráveis e deveria ser vendida se essas condições fossem desfavoráveis – *qualquer que seja o preço atual.* Tal princípio superficial muitas vezes impede que os serviços façam o trabalho analítico sensato que suas equipes são capazes de fazer, a saber, verificar se uma dada ação parece super ou subvalorizada, se comparadas com o preço atual, à luz de sua capacidade de rendimento futuro a longo prazo.

O investidor inteligente não fará suas compras e vendas com base apenas nas recomendações recebidas de um serviço financeiro. Uma vez entendido esse ponto, o papel do serviço financeiro – de fornecedor de informações e sugestões – torna-se útil.

Assessoria de corretoras

É provável que a maior parte do volume de informações e assessoria para o público que possui valores mobiliários venha das corretoras de ações. Essas corretoras são membros da Bolsa de Valores de Nova York, e de outras bolsas, que executam ordens de compra e venda em troca de uma comissão-padrão. Praticamente, todas as casas que lidam com o público mantêm um departamento analítico ou de "estatísticas", o qual responde a perguntas e faz recomendações. Um grande volume de literatura analítica, parte da qual é bastante elaborada e cara, é distribuída gratuitamente aos fregueses das firmas, mais pomposamente chamados de clientes.

Dá-se muita importância à questão aparentemente inocente do nome mais apropriado ser "freguês" ou "cliente". Um negócio tem fregueses; um indivíduo ou uma organização profissional tem clientes. A fraternidade dos corretores de Wall Street tem provavelmente os padrões éticos mais elevados de qualquer *negócio*, mas ela ainda engatinha em direção aos padrões e ao status de uma profissão de verdade.[1]

---

1 Mais de meio século depois de Graham ter escrito isso, o setor de consultoria financeira "ainda está tateando em direção aos padrões e à posição de uma verdadeira profissão", sem um conjunto único de requisitos educacionais, qualificações de competência ou critérios éticos.

No passado, Wall Street prosperou principalmente com a especulação, ficando os especuladores do mercado acionário, como um todo, quase certamente fadados a perderem dinheiro. Portanto, tem sido logicamente impossível para as corretoras operarem em bases puramente profissionais. Isso teria exigido que eles direcionassem seus esforços para reduzir seus negócios, ao invés de aumentá-los.

O máximo que certas corretoras fizeram – e mais não poderia ter sido esperado delas – foi se absterem de induzir ou encorajar qualquer um a especular. Tais casas restringem-se a executar as ordens dadas a elas, fornecer informações e análises financeiras, além de dar opiniões sobre os méritos do investimento em certos títulos. Portanto, em teoria pelo menos, elas estão isentas de qualquer responsabilidade pelos lucros ou prejuízos de seus fregueses especuladores.[2]

A maioria das corretoras, no entanto, ainda adere ao velho lema de que sua função é ganhar comissões e que o caminho para o sucesso nos negócios é dar aos fregueses aquilo que desejam. Uma vez que os fregueses mais lucrativos desejam assessoria e sugestões especulativas, o pensamento e as atividades da corretora típica estão muito intimamente ligados à operação diária do mercado. Portanto, ela faz um grande esforço para ajudar seus fregueses a ganhar dinheiro com uma atividade regida por leis da matemática que, ao fim, os condena a perder.[3] Em outras palavras, queremos dizer que a parte especulativa de suas operações não pode ser lucrativa, a longo prazo, para a maioria dos fregueses das casas de corretagem. Porém, na medida em que essas operações se assemelharem a investimentos verdadeiros, elas podem produzir ganhos de investimentos que mais do que compensam as perdas especulativas.

O investidor obtém assessoria e informações das corretoras por meio de dois tipos de empregado, hoje conhecidos oficialmente como "corretores pessoais" (ou "gerentes de conta") e analistas financeiros.

---

2 No final da década de 1990, e novamente em 2020-2021, Wall Street impôs ações de baixa qualidade ao público sem nenhum sinal de remorso.

3 Curiosamente, essa dura crítica, que em sua época Graham dirigia às corretoras de serviço completo, acabou se aplicando às corretoras de desconto na internet no final da década de 1990 e aos aplicativos de negociação no início da década de 2020. Essas empresas gastaram milhões de dólares em marketing chamativo que incitava seus clientes a negociar mais e mais rápido. A maioria desses clientes acabou esvaziando os próprios bolsos, em vez de pagar alguém para fazer isso por eles.

O corretor pessoal, também chamado de "representante registrado", carrega formalmente o título menos digno de "homem do freguês". Hoje, em grande parte, são indivíduos de bom caráter e considerável conhecimento sobre os valores mobiliários e que operam de acordo com um código rígido de conduta. Mesmo assim, já que seu negócio é ganhar comissões, é difícil que não tenham uma mentalidade especulativa. Portanto, o comprador de títulos que deseja evitar ser influenciado por considerações especulativas terá, em geral, de ser cauteloso e explícito ao lidar com seu corretor pessoal; ele precisará mostrar claramente, por meio de palavras e atos, que não está interessado em nada que, nem de longe, pareça uma "dica" do mercado acionário. Assim que o corretor pessoal entender claramente que tem um investidor real em suas mãos, ele respeitará esse ponto de vista e cooperará com ele.

O analista financeiro, anteriormente conhecido como analista de valores mobiliários, é uma pessoa com a qual este autor se preocupa especificamente, por ter ele próprio desempenhado essa função durante mais de cinco décadas e ter ajudado a educar muitos outros. Nessa altura, nos referimos apenas aos analistas financeiros empregados pelas casas de corretagem. A função do analista de valores mobiliários pode ser deduzida a partir do título de seu cargo. É ele quem prepara os estudos detalhados de papéis individuais, desenvolve comparações cuidadosas de vários papéis em um mesmo ramo e forma uma opinião especializada da segurança ou atratividade ou valor intrínseco dos diferentes tipos de ações e títulos.

No que pode parecer uma idiossincrasia para o não iniciado, não há exigências formais para se tornar um analista de títulos. Compare esse fato com a necessidade de o corretor pessoal ser aprovado em um exame, atender aos testes de caráter e ser devidamente aceito e registrado pela Bolsa de Valores de Nova York. Do ponto de vista prático, quase todos os analistas jovens receberam treinamento extensivo em escolas de administração e os mais antigos adquiriram o equivalente, pelo menos, na escola da vida. Na grande maioria dos casos, pode-se esperar que as corretoras que os empregam assegurem-se das qualificações e da competência de seus analistas.[4]

---

4 Isso continua sendo verdade, embora, em uma peculiaridade ainda mais estranha, quase não haja requisitos formais de licenciamento, formação acadêmica ou competência para administrar os investimentos de outras pessoas. Em muitos estados dos EUA, é mais difícil se tornar um cosmetologista do que um consultor financeiro.

O freguês de uma firma de corretagem pode lidar com os analistas de valores mobiliários diretamente ou seu contato pode ser indireto, ou seja, por meio do corretor pessoal. Em qualquer um dos casos, o analista está disponível ao cliente para fornecer uma quantidade considerável de informações e conselhos. Façamos aqui uma afirmação enfática. A serventia do analista de valores mobiliários para o investidor depende, em grande medida, da própria atitude do investidor. Se o investidor fizer as perguntas certas ao analista, provavelmente obterá respostas corretas – quem sabe até valiosas. Estamos convencidos de que os analistas contratados pelas corretoras sofrem da grande desvantagem de haver um sentimento geral de que supostamente são também analistas de mercado. Quando lhes perguntam se determinada ação ordinária é "sólida", a questão muitas vezes significa "é provável que essa ação suba nos próximos meses?". Em consequência, muitos deles são compelidos a fazer suas análises com um olho nas cotações do mercado, uma postura que não conduz a um pensamento sensato ou a conclusões que valham a pena.

Na próxima seção deste livro, trataremos de alguns dos conceitos e realizações possíveis da análise de valores mobiliários. Muitos dos analistas que trabalham para corretoras de ações podem ser fontes de auxílio valioso para o investidor legítimo que deseja se certificar de que obtém um valor justo e, possivelmente, um pouco mais por seu dinheiro. Como no caso do corretor pessoal, é necessário que o analista entenda claramente, desde o início, as atitudes e os objetivos do investidor. Após o analista se convencer de que está lidando com um indivíduo focado no valor e não nas cotações, há uma excelente chance de que suas recomendações sejam de real benefício.

O certificado CFA para analistas financeiros

Um passo importante foi dado em 1963 para atribuir status e responsabilidade profissionais aos analistas financeiros. O título oficial de analista financeiro credenciado (CFA, na sigla em inglês) é agora concedido àqueles praticantes graduados aprovados em exames compulsórios e que atendem a outros testes de probidade.[I] As matérias abrangidas incluem a análise de valores mobiliários e a gestão de carteiras. A analogia com o título profissional, há muito estabelecido, de contador público credenciado (CPA, na sigla em inglês) é evidente e intencional. Esse mecanismo relativamente novo de reconhecimento e controle deverá servir para elevar os padrões dos analistas financeiros e, por fim, colocar seu trabalho em bases verdadeiramente profissionais.[5]

Como lidar com corretoras

Uma das novidades mais inquietantes do período durante o qual escrevemos esta revisão foram as dificuldades financeiras – mais especificamente, falências ou quase falências – de um número bastante elevado de firmas da Bolsa de Valores de Nova York, incluindo pelo menos duas de tamanho substancial.[6] Essa é a primeira vez em mais de cinquenta anos que tal coisa acontece e é alarmante por mais de um motivo. Ao longo de muitas décadas, a Bolsa de Valores de Nova York tem procurado obter um controle mais rígido e estreito das operações e condições financeiras de seus membros, incluindo exigências mínimas de capital, auditorias sem aviso prévio etc. Além disso, tivemos 37 anos de controle sobre as bolsas e seus membros pela SEC. Finalmente, a indústria de corretagem de ações em si operou sob condições favoráveis, a saber, um grande aumento de volume, taxas de comissão mínimas fixas (eliminando, em grande parte, a concorrência que cobrava emolumentos) e um número limitado de firmas membros.

Os primeiros problemas financeiros das corretoras (em 1969) foram atribuídos ao aumento do volume em si. Esse fato, alegou-se, teria excedido a capacidade de suas infraestruturas, aumentado os custos fixos e criado muitos problemas na liquidação financeira. Cabe destacar que essa foi, provavelmente, a primeira vez na história que empresas importantes quebraram por terem mais negócios do que conseguiam administrar. Em 1970, à medida que aumentaram as quebras de corretoras, estas foram

---

5 Benjamin Graham foi a força principal por trás do poder do programa CFA, o qual defendeu por quase duas décadas antes de ele se tornar uma realidade.

6 As duas firmas que Graham tinha em mente eram provavelmente a Du Pont, Glore, Forgan & Co. e a Goodbody & Co. A Du Pont (fundada pelos herdeiros da fortuna química) foi salva da insolvência em 1970 somente após o empresário texano H. Ross Perot emprestar mais de US$ 50 milhões para a firma; a Goodbody, quinta maior firma de corretagem dos Estados Unidos, teria quebrado em 1970 se a Merril Lynch não a tivesse comprado. A Hayden, Stone & Co. também teria tido o mesmo destino não tivesse também sido adquirida. Em 1970, não menos que sete firmas de corretagem quebraram. A história ridícula da expansão frenética de Wall Street no final da década de 1960 é contada de forma apaixonante por John Brooks em seu livro *The go-go years* (Nova York: John Wiley & Sons, 1999.)

atribuídas principalmente à "queda no volume". Uma reclamação estranha quando lembramos que o volume total negociado na Bolsa de Nova York em 1970 totalizou 2.937 milhões de ações, o *maior* volume de sua história e mais de duas vezes superior ao de qualquer ano anterior a 1965. Durante os quinze anos de mercado de alta encerrados em 1964, o volume anual foi de "apenas" 712 milhões de ações – um quarto do número de 1970 –, mas o ramo da corretagem havia gozado a maior prosperidade de sua história. Se, como parece, as firmas membros como um todo haviam permitido que suas despesas fixas e outros gastos aumentassem a uma taxa que seria insustentável mesmo em face de uma redução pequena do volume em parte de um ano, isso não constitui uma demonstração positiva de sua capacidade administrativa ou seu conservadorismo financeiro.

Uma terceira explicação dos problemas financeiros finalmente emergiu de uma névoa de ocultação, e suspeitamos que essa é a mais plausível e significativa das três. Parece que boa parte do capital de certas casas de corretagem era constituído de ações ordinárias de propriedade dos sócios individuais. Algumas dessas ações parecem ter sido altamente especulativas e avaliadas a valores inflados negociando com casas de corretagem. Quando o mercado declinou em 1969, as cotações de tais títulos caíram drasticamente e uma parte substancial do capital das firmas sumiu junto com elas.[II] Na verdade, os sócios estavam especulando com o capital, o qual teoricamente deveria proteger seus clientes contra os perigos financeiros comuns do ramo de corretagem, para obter um lucro duplo. Essa conduta é imperdoável; nos abstemos de falar mais sobre esse caso.

O investidor deveria usar sua inteligência não apenas para formular sua política financeira, mas também os detalhes a ela associados, os quais incluem a escolha de um corretor que goze de boa reputação para executar suas ordens. Até agora, foi suficiente aconselhar nossos leitores a lidar apenas com membros da Bolsa de Valores de Nova York, a menos que tivessem razões fortes para usar uma firma não membro. Relutantemente, devemos acrescentar um conselho adicional nessa área. As pessoas que não possuem contas de margem – e em nosso vocabulário isso significa *todos os investidores* não profissionais – deveriam ter a entrega e o recebimento de seus títulos administrados por seu banco. Ao dar uma ordem de compra a seu corretor, você pode instruí-lo a entregar os títulos comprados ao banco contra o pagamento correspondente pelo banco; de forma inversa, ao vender, você pode instruir seu banco a entregar os títulos a um corretor contra o pagamento da receita. Esses serviços custarão um pouco mais, mas a despesa valerá a pena em termos de segurança e paz de espírito. Esse conselho pode ser desconsiderado, por ser desnecessário, após o investidor estar seguro de que todos os problemas das corretoras tenham sido resolvidos, mas não antes disso.[7]

Bancos de investimento

O termo "banco de investimento" aplica-se às firmas que se envolvem, de forma significativa, na organização, subscrição e venda de lançamentos de ações e obrigações. (Subscrição significa garantir a uma companhia ou a outra entidade emissora que o título será inteiramente vendido.) Várias corretoras têm alguma participação nas atividades de subscrição. Em geral, essa participação é restrita a grupos de subscrição organizados por bancos de investimentos importantes. Há uma tendência adicional para as corretoras originarem e patrocinarem um volume pequeno de financiamentos de lançamentos de papéis, principalmente na forma de lançamentos de pequeno porte de ações ordinárias quando um mercado de alta está em plena efervescência.

Os bancos de investimento são talvez o segmento mais respeitado da comunidade de Wall Street, já que é aqui que as finanças desempenham seu papel construtivo de fornecer capital novo para a expansão da indústria. Na verdade, boa parte da justificativa teórica para a existência dos mercados acionários ativos, a despeito de seus frequentes excessos especulativos, reside no fato de que as bolsas de valores organizadas facilitam o lançamento de obrigações e ações. Se os investidores ou especuladores não puderem contar

---

7 Quase todas as transações das corretoras são agora conduzidas eletronicamente, e os títulos não são mais fisicamente "entregues". Graças ao estabelecimento da Securities Investor Protection Corporation [Corporação de Proteção ao Investidor em Títulos], ou SIPC, na sigla em inglês, em 1970, os investidores têm, em geral, a certeza de recuperar seu investimento total se sua corretora se tornar insolvente. O SIPC é um consórcio de corretores que recebeu um mandato do governo; todos os membros concordam em reunir seus ativos em um fundo comum para cobrir as perdas incorridas pelos clientes de qualquer firma que se torne insolvente. A proteção da SIPC elimina a necessidade de os investidores fazerem pagamentos e efetuarem o recebimento por meio de um banco intermediário, como insiste Graham.

com um mercado líquido para absorver os títulos novos a eles oferecidos, é possível que se recusem a comprá-los.

A relação entre o banco de investimento e o investidor é basicamente igual àquela entre o vendedor e o comprador em potencial. Por muitos anos, grande parte das novas ofertas consistiu no lançamento de títulos que foram comprados, sobretudo, por instituições financeiras, tais como bancos e companhias de seguro. Nesse ramo, os vendedores de títulos lidam com compradores astutos e experientes. Portanto, qualquer recomendação feita pelos bancos de investimento a tais clientes precisa passar por um crivo cuidadoso e cético. Logo, essas transações são quase sempre efetuadas de igual para igual.

Porém, uma situação diferente ocorre na relação entre o comprador de títulos *individual* e os bancos de investimento, incluindo as corretoras que agem como subscritoras. Nesse caso, o comprador é frequentemente inexperiente e pouco astuto. Ele é facilmente influenciado por aquilo que o vendedor lhe diz, sobretudo, no caso dos lançamentos de ações ordinárias, uma vez que muitas vezes seu desejo não confesso na hora da compra é sobretudo obter um lucro rápido. O resultado de tudo isso é que a proteção do investidor de mercado reside menos em sua própria capacidade crítica do que nos escrúpulos e na ética das casas subscritoras.[III]

A capacidade de conciliar razoavelmente bem os papéis discordantes de assessor e vendedor constitui um tributo à honestidade e à competência das firmas subscritoras. No entanto, é imprudente para o comprador confiar no julgamento do vendedor. Em 1959, afirmamos a essa altura: "Os resultados ruins dessa atitude insensata apresentam-se recorrentemente no ramo das subscrições e com efeitos notáveis na venda de lançamentos de ações ordinárias durante períodos de especulação ativa". Logo em seguida, essa advertência provou-se urgentemente necessária. Como já apontado, os anos de 1960-1961 e, novamente, 1968-1969 foram marcados por uma avalanche sem precedentes de lançamentos da mais baixa qualidade, vendidos ao público a preços absurdamente altos e, em muitos casos, empurrados muito mais alto ainda pela especulação imprudente e por certa semimanipulação. Várias das casas mais importantes de Wall Street participaram, em certa medida, dessas atividades dignas de pouco crédito, as quais demonstraram que a combinação familiar de ganância, insensatez e irresponsabilidade não foi exorcizada da cena financeira.

O investidor inteligente prestará atenção nos conselhos e recomendações recebidos dos bancos de investimento, sobretudo, aqueles conhecidos por ele como dotados de uma excelente reputação, mas precisará compará-los com uma avaliação sensata e independente de sua própria autoria, se for competente para tal, assim como as fornecidas por algum outro tipo de assessor.[8]

Outros assessores

É um velho e bom costume, sobretudo em cidades pequenas, consultar um banqueiro local sobre investimentos. Um banqueiro comercial pode não ser um especialista em investimentos financeiros, mas tem experiência e é conservador. Ele é, sobretudo, útil para o investidor inexperiente, que muitas vezes é tentado a se desviar do caminho reto e pouco emocionante de uma política defensiva e que precisa da influência constante de uma mente prudente. O investidor mais alerta e agressivo, que busca assessoria na seleção de títulos a preços convidativos, raramente achará o ponto de vista do banqueiro comercial talhado para seus objetivos.[9]

Assumimos uma atitude mais crítica com relação ao costume amplamente disseminado de solicitar assessoria sobre investimentos a parentes ou amigos. O solicitante sempre acha que tem boas razões para presumir que a pessoa consultada possui experiência ou conhecimentos superiores aos seus. Porém, nossa experiência indica que é quase tão difícil selecionar satisfatoriamente assessores leigos quanto selecionar os títulos apropriados sem ajuda. Muitos maus conselhos são fornecidos gratuitamente.

Resumo

Os investidores dispostos a pagar uma taxa pela gestão de seus recursos podem com segurança selecionar alguma firma de assessoria de investimentos estabelecida e bem recomendada. Outra alternativa é utilizar o departamento de investimentos de uma grande administradora de bens ou

---

8 Aqueles que seguiram o conselho de Graham não teriam sido induzidos a comprar IPOs de internet em 1999 e 2000, ou SPACS em 2020 e 2021.

9 Esse papel tradicional dos banqueiros foi assumido, em grande parte, por planejadores financeiros.

o serviço de supervisão, fornecido mediante pagamento de honorários, de várias corretoras importantes da Bolsa de Valores de Nova York. Os resultados a serem esperados não são excepcionais, porém equivalentes aos da média dos investidores bem informados e cautelosos.

A maioria dos compradores de títulos mobiliários obtém assessoria sem pagar por ela de forma específica. Portanto, é lógico que, na maioria dos casos, eles não tenham direito a resultados melhores que a média e tampouco devam esperá-los. Eles devem ter cautela com todas as pessoas, sejam elas corretores pessoais ou vendedores de títulos, que prometem rendimentos ou lucros espetaculares. Isso se aplica tanto à seleção de títulos quanto à orientação na arte difícil (e talvez ilusória) de operar no mercado.

Em geral, os investidores defensivos, conforme nossa definição, não estarão equipados para fazer uma avaliação independentemente das recomendações de investimentos feitas por seus assessores. No entanto, podem declarar de forma explícita – e até mesmo repetitiva – o tipo de papel que desejam comprar. Se seguirem nossa receita, esses investidores se restringirão às obrigações de alta qualidade e às ações ordinárias para investidores defensivos de companhias importantes, preferencialmente aquelas que podem ser compradas em níveis de preços individuais que não são altos à luz da experiência e da análise. O analista de títulos de qualquer corretora de valores respeitada pode preparar uma lista apropriada de tais ações ordinárias e informar ao investidor, com base em sua experiência nesse campo, se os níveis de preço atuais são razoavelmente conservadores.

Em geral, o investidor agressivo cooperará ativamente com seus assessores. Ele desejará que as recomendações deles sejam explicadas em detalhes e insistirá em revelar suas próprias avaliações. Isso significa que o investidor ajustará suas expectativas e a natureza de suas operações com títulos à evolução de seu próprio conhecimento e experiência no campo. Apenas em casos excepcionais, nos quais a integridade e a competência dos assessores tenham sido plenamente demonstradas, o investidor deve agir de acordo com o conselho de terceiros sem entender e aprovar a decisão tomada.

Sempre existiram vendedores de ações sem princípios e corretores de ações pouco escrupulosos, portanto – como questão de princípio –, avisamos aos leitores para restringirem suas transações, se possível, aos membros da Bolsa de Valores de Nova York. No entanto, somos relutantemente compelidos a acrescentar conselhos ainda mais cautelosos no sentido de que a entrega de títulos e os pagamentos sejam feitos por intermédio do banco do investidor. O quadro aflitivo das corretoras de Wall Street pode se resolver completamente em poucos anos, porém, no final de 1971, ainda sugerimos: "Melhor prevenir do que remediar".

COMENTÁRIO SOBRE O CAPÍTULO 10

POR JASON ZWEIG

Os prudentes são coroados com o conhecimento.

– Provérbios 14:18

Um bom consultor financeiro pode fazer ou economizar uma fortuna ao impedir que você mesmo seja o seu pior inimigo.

Bons consultores podem impedi-lo de comprar na alta e vender na baixa. Podem ajudá-lo a descobrir como comprar uma casa, pagar a faculdade, cuidar de seus pais idosos e navegar pelas complexidades kafkianas do planejamento tributário, patrimonial e de aposentadoria. Eles podem ajudá-lo a evitar golpes e fraudes.

Muitos investidores – defensivos e empreendedores – poderiam se beneficiar dos conselhos de um bom consultor. Se você tem muitas dívidas, luta para controlar seus gastos, perdeu muito dinheiro com trading, está fazendo malabarismos com um amontoado de ativos que parecem não funcionar juntos ou simplesmente não consegue lidar com decisões financeiras difíceis, um bom consultor pode ser uma dádiva divina. No entanto, encontrar o consultor certo não é nem de longe tão fácil quanto deveria ser.

É PRECISO OLHAR PARA O TODO

Como adverte Graham:

> A maioria dos compradores de títulos mobiliários obtém assessoria sem pagar por ela de forma específica. Portanto, é lógico que, na maioria dos casos, eles não tenham direito a resultados melhores que a média e tampouco devam esperá-los.

Imagine duas pessoas indo ao mesmo dentista. Mais tarde, elas descobrem que a conta de um paciente é cinco vezes maior, embora tenham recebido o mesmo tratamento. Quando o paciente com a conta mais alta exige uma explicação, a secretária do dentista responde: "Sua carteira de investimentos é cinco vezes maior".

VALE A PENA USAR ROBÔS?

As consultorias digitais, que usam software para montar carteiras de investimento on-line a baixo custo, tornaram-se populares. Essas "consultorias robóticas" surgiram na última década e administram cerca de US$ 750 bilhões nos Estados Unidos. As taxas são geralmente de cerca de 0,25% ao ano; os clientes recebem um portfólio de ETFs, rebalanceamento periódico e vendas seletivas de posições perdedoras para maximizar a eficiência fiscal. Esse serviço básico pode fazer sentido para investidores defensivos que não têm tempo livre ou energia para monitorar seus próprios portfólios.[1]

Algumas consultorias-robô também oferecem consultoria de planejamento financeiro, geralmente de um funcionário humano. No entanto, essas empresas se especializam na gestão automatizada de portfólios, de modo que o planejamento financeiro personalizado não é uma prioridade.

Eventualmente, a inteligência artificial poderá preencher essa lacuna. No xadrez profissional, os "centauros" (a combinação de um ser humano e um computador) tendem a ser capazes de vencer os melhores enxadristas humanos ou um computador bem treinado. O planejamento financeiro pode acabar empregando seus próprios centauros: um planejador financeiro experiente aliado a uma ferramenta de inteligência artificial capaz de gerar orientações precisas e úteis. Por enquanto, porém, a maioria dos clientes prefere que um ser humano faça seu planejamento financeiro.

Alguém – incluindo o paciente que pagou menos – acharia isso justo?

No entanto, é assim que funciona o negócio de consultoria financeira. A maioria dos consultores não cobra honorários com base nos serviços que prestam – por exemplo, para calcular sua renda projetada durante a aposentadoria ou para analisar seus planos imobiliários. Em vez disso, eles cobram uma taxa anual com base nos *ativos sob gestão* (AUM, na sigla em inglês): o volume de dinheiro que eles supervisionam para você.

As taxas de AUM fazem o consultor ter uma participação no desempenho da sua carteira. Quanto mais ela subir, mais seu consultor vai ganhar. Isso pode ser melhor do que pagar aos corretores uma comissão a cada transação, o que pode criar um incentivo para que eles comprem e vendam com

1 Se você está lendo este livro, provavelmente não é *tão* defensivo assim.

a maior frequência possível. No entanto, as taxas de AUM também criam incentivos perversos:

- recompensam os consultores não pela qualidade dos conselhos, mas pela quantidade de dinheiro que você tem;
- criam pressão para assumir riscos e tomar atitudes, necessárias ou não, para justificar o "ganho" dessas taxas;
- incentivam os consultores a promover investimentos "caseiros" que geralmente são inferiores;
- remuneram os consultores por fornecer gestão de investimentos, que é uma commodity disponível praticamente sem custo por meio dos fundos de índice, ao mesmo tempo que não se paga nada pelo planejamento financeiro personalizado, que pode ser extraordinariamente valioso.

Expresso como percentagem, 1% parece um número pequeno. Em uma conta de US$ 1 milhão, contudo, são US$ 10.000 por ano. Se os investidores percebessem mais claramente o quanto estão pagando, certamente procurariam menores taxas.[2]

Diferentes pesquisas com mais de mil consultores financeiros nos Estados Unidos, realizadas pelos analistas do setor Bob Veres e Michael Kitces, em 2020 e 2022, respectivamente, descobriram que os consultores cobravam em média de 0,9% a 1,0% ao ano para aconselhar contas de até US$ 1.000.000. Mesmo contas de US$ 5 milhões pagavam de 0,6% a 0,7%. Essas taxas mal se alteraram em décadas – embora, recentemente, o custo de investir por meio de fundos mútuos e ETFs tenha caído 90% ou mais.

Isso coloca os investidores na posição absurda de ter de pagar muito mais para alguém que *escolhe* os fundos do que para as pessoas que os *administram*. Você pode comprar fundos mútuos de índice ou ETFs por bem menos de 0,1% ao ano – e depois deixá-los intocados por décadas. Por que deveria pagar 1% ao ano a um consultor por isso? E por que a consultoria financeira complexa é gratuita, mas a simples escolha de fundos sai tão cara?

---

2 No que o economista comportamental Richard Zeckhauser chama de "cegueira do denominador", as pessoas tendem a ignorar os valores totais nos quais os julgamentos de frequência ou magnitude devem se basear. Profissionais de marketing inteligentes concentram a atenção das pessoas em um número pequeno, como uma percentagem, que as distrai dos altos custos que estão pagando. Ver YAMAGISHI, Kimihiko. When a 12.86% mortality is more dangerous than 24.14%. Disponível em: bit.ly/3QnX5St.

CONHEÇA MAX, O MELHOR PLANEJADOR FINANCEIRO QUE SEQUER TEM UMA MESA

É provável que seu médico, advogado ou contador tenha apenas um ou dois documentos emoldurados pendurados na parede: um diploma de medicina, direito ou contabilidade. Os consultores financeiros, no entanto, costumam exibir uma parede inteira repleta de certificados e prêmios emoldurados, com a mesma aparência de diplomas.

Como não existem padrões públicos nacionais de conhecimento, competência e ética profissional para consultores financeiros, organizações privadas que alegam conferir reconhecimento oficial se proliferaram. Algumas, como a Chartered Financial Analyst ou a Certified Public Accountant, exigem anos de estudo e treinamento rigorosos. Outras, como a Certified Financial Planner, exigem uma preparação menos onerosa, mas ainda assim diligente.

Muitas, porém, não têm valor nenhum. Algumas concedem um título financeiro, perfeito para ser emoldurado, a qualquer pessoa viva disposta a desembolsar algumas centenas de dólares.

Se você tiver uma licença ou diploma relevante e três anos de "experiência profissional na área", o certificado de Master Financial Planner, ou MFP, pode ser seu por US$ 349, mais US$ 29 de frete. Não é necessário estudo nem prova.[3]

As descrições de cargos também são elásticas. "Gerente de patrimônio" parece impressionante, mas é apenas um título autoproclamado sem definição legal.

Por fim, é extremamente fácil de se obter prêmios. Homenageado como um dos "Melhores Planejadores Financeiros dos Estados Unidos" em 2009, Maxwell Tailwagger ganhou o prêmio depois que o planejador financeiro Allan Roth, de Colorado Springs, Colorado, o "indicou" enviando um cheque de US$ 183. Em troca, Max recebeu uma placa chamativa que ele poderia exibir com destaque em sua mesa – se, por acaso, ele *tivesse* uma mesa.

O Consumers' Research Council of America, que visa "ajudar a educar e auxiliar os consumidores a obter os melhores serviços profissionais", concedeu o prêmio a Max, embora ele não fosse um planejador financeiro.

Max era o filhote de Dachshund de seis meses do Sr. Roth.

Nada disso faz sentido. Procure um consultor que cobre *taxas por serviço*: que precifica cada tarefa de acordo com o tempo e o conhecimento necessários,

3 Ver FINRA. Professional designations. Disponível em: bit.ly/47oJosS; ZWEIG, Jason; PILON, Mary. Is your adviser pumping up his credentials? Disponível em: bit.ly/3KvRkOO.

e não de acordo com o dinheiro que você tem. Alguns consultores cobram por hora, aceitam adiantamentos ou até mesmo cobram assinaturas mensais. Muitos estão dispostos a negociar seus honorários – se você pedir.

EM BUSCA DE UM CONSULTOR

O primeiro passo para obter uma boa consultoria financeira é saber o que você precisa. Você quer um consultor que gerencie principalmente seus investimentos? (Provavelmente não, a menos que você seja um investidor extremamente defensivo.) Ou um que possa ajudar principalmente com as complexidades do planejamento financeiro?

Em segundo lugar, insista para que o consultor atue como *fiduciário*, com a obrigação de prestar consultoria no seu melhor interesse, de divulgar todos os fatos relevantes sobre custos e conflitos de interesse, e de garantir que os conflitos não comprometam a qualidade da consultoria. A contratação de um fiduciário não garante que você receberá uma boa orientação, mas é o pré-requisito básico para um relacionamento baseado na confiança.

Nos Estados Unidos, comece visitando NAPFA.org e LetsMakeAPlan.org, que permitem que você procure um planejador financeiro em sua região.

Quando encontrar alguns consultores que pareçam ideais, faça uma rápida análise de antecedentes. Pesquise sobre os consultores *e* suas consultorias. Fique atento a reclamações de clientes, ações judiciais e arbitragens, punições de órgãos reguladores, questões penais e falências pessoais.

Em seguida, baixe o folheto do Form ADV Part 2, disponível ao pesquisar o nome da pessoa ou empresa em adviserinfo.sec.gov. Se as taxas forem de 1% ou mais, se as informações disciplinares não corresponderem ao que você viu no site brokercheck.finra.org, se o consultor administrar uma agência de seguros baseada em comissões, ou se o consultor receber pagamentos extras por indicar clientes para determinados investimentos, procure outra pessoa.

Busque no documento pelo uso frequente dos termos "anuidades", "mapeamento", "análise técnica", "tática" e "fundos privados".

As anuidades – contratos de seguro que geram renda, geralmente ao longo do tempo após uma compra inicial – raramente são apropriadas. Elas são um dos últimos bastiões das taxas elevadas, às vezes com comissões de até 10% e despesas anuais que podem passar dos 2%. Alguns consultores usam as anuidades de forma criteriosa. Outros as enfiam goela abaixo dos clientes como criadores de gansos enfiando ração goela abaixo dos bichos para obter *foie gras*.

O mapeamento, assim como a análise técnica, busca prever preços futuros estudando o padrão de preços passados. Essa é uma arte obscura pouco confiável quando praticada por especialistas bem formados; nas mãos amadoras de muitos consultores financeiros, ela gera taxas mais altas, impostos desnecessários e um desempenho precário.

Os consultores táticos vivem comprando e vendendo. Se pudessem prever com segurança quando os mercados vão subir ou cair, estariam sentados em um escritório apertado tentando colocar as mãos no seu dinheiro? Ou estariam em um iate, contando o próprio dinheiro?

Os fundos privados são extremamente caros e repletos de conflitos; os consultores financeiros que oferecem fundos privados "proprietários" têm um forte estímulo para não recomendar outros investimentos, mesmo que qualquer outra coisa seja melhor para você. Com raras exceções, os fundos privados são outro fator que depõe contra um potencial consultor.

FAZENDO AS PERGUNTAS CERTAS

Depois de reduzir sua lista de possíveis consultores para três a cinco candidatos, marque uma entrevista pessoalmente com eles.

Faça a cada um o mesmo conjunto de perguntas.

Aqui estão algumas que são fundamentais, seguidas da resposta desejável:

> Você vai sempre agir como um fiduciário, e vai declarar isso por escrito? (Sim.)
>
> Você se concentra principalmente na gestão de investimentos ou também presta consultoria sobre impostos, imóveis e aposentadoria, orçamento, gestão de dívidas ou seguros? (Aqui, suas próprias necessidades vão determinar a resposta correta.)
>
> Você ganha mais (em dinheiro ou outros incentivos) por recomendar determinados produtos ou serviços? (Não.)
>
> Você recebe honorários por aconselhar um fundo privado ou outros investimentos que possa recomendar aos clientes? (Não.)
>
> Seus honorários são negociáveis e você cobra por hora ou por serviço, em vez de por ativos sob gestão? (Sim.)

Os clientes apresentaram reclamações por escrito ou reivindicações de arbitragem contra você ou sua empresa? Você ou sua empresa foram processados por clientes? (Não.)[4]

Você acredita que pode vencer o mercado? (Não.)

Qual é a expectativa razoável para o retorno médio anual futuro da minha carteira, após despesas, suas taxas, inflação e impostos? (4%, no máximo. Qualquer pessoa que diga um valor muito maior é um tolo, ou acha que você é um tolo.)[5]

Quem faz a gestão do seu dinheiro? (Eu mesmo, e invisto nos mesmos ativos que recomendo aos meus clientes.)

Se fazer tantas perguntas pessoalmente parecer incômodo, envie-as por e-mail de antemão. Peça a cada consultor que responda por escrito; eles poderão sempre fornecer detalhes adicionais quando vocês se encontrarem pessoalmente.

Com antecedência, prepare um bloco de notas ou uma planilha para manter um registro das suas perguntas e das respostas dos consultores. Classifique cada resposta em uma escala numérica de 1 (a mais baixa) a 5 (a melhor). Ao pontuar todas as respostas na mesma escala, você evita que uma resposta específica seja arbitrariamente mais valorizada.

Atribua a pontuação a cada uma assim que o consultor responder. Se possível, você e seu cônjuge ou parceiro (ou seu amigo ou parente mais próximo, se não for casado) devem avaliar as respostas de forma independente.[6]

---

4 Uma reclamação isolada não é necessariamente motivo de preocupação; um padrão persistente de reclamações é motivo de alerta. As regulamentações norte-americanas permitem que os próprios consultores determinem se eventos como processos civis, reclamações de clientes e reivindicações de arbitragem são "relevantes" o suficiente para serem divulgados em seu Formulário ADV, portanto, você também deve perguntar sobre isso pessoalmente. Ver ZWEIG, Jason. You don't know what you don't know about your financial adviser. Disponível em: bit.ly/44VryMo.

5 Imagine que seu portfólio esteja 100% em ações. Após a inflação, o retorno de longo prazo das ações tem sido, em média, de cerca de 7% ao ano. A menos que esteja totalmente em fundos de índices amplos, as despesas podem reduzir esse retorno para 6%. Uma taxa de consultoria de 1% reduz esse retorno para 5%, e os impostos poderiam facilmente fazê-lo cair para 4%. Se os retornos futuros forem menores do que no passado (como é bem possível que sejam) e seu portfólio consistir parcialmente em dinheiro e títulos (como é provável que consista), até mesmo 4% é alto.

6 Para saber mais sobre essas entrevistas, ver ZWEIG, Jason. The 19 questions to ask your financial adviser. Disponível em: bit.ly/45kjlRJ; e The special trick to find the right financial adviser. Disponível em: bit.ly/440yq9T.

PALAVRAS DE ADVERTÊNCIA

Ao entrevistar um consultor em potencial, fique atento a palavras e frases destinadas a alimentar o medo ou a ganância, a invocar a ilusão de certeza e a induzi-lo a tomar medidas urgentes. O consultor está sempre mudando de assunto, das suas metas e circunstâncias para frases de efeito como as abaixo?

nossos algoritmos exclusivos
nosso modelo de tempo
nosso modelo de portfólios
estratégia de opções
garantido
isso é uma certeza
retornos mensais
nossos fundos privados exclusivos
nesse mercado, você precisa ter investimentos alternativos
podemos lhe dar acesso a
qualidade institucional
nós entendemos os mercados
sabemos como identificar...
nossas recomendações de ações estão em alta de __%
menos volatilidade, menor risco, maior retorno
faremos todo o trabalho para você
todo mundo está investindo nisso
não perca essa oportunidade
você precisa se apressar
essa é a melhor decisão que você pode tomar
as vantagens são potencialmente ilimitadas
nos dê a chance de mostrar o que podemos fazer por você
não temos nenhum conflito de interesse[7]

Depois de se encontrar com o consultor, dê mais duas notas na mesma escala de cinco pontos: uma para a comunicação e outra para sua impressão geral.

---

7 A comissária de valores mobiliários de Ohio, Andrea Seidt, e a comissária de valores mobiliários de Maryland, Melanie Senter Lubin, ajudaram a compilar essa lista. Para saber mais sobre propostas de investimentos tóxicos, ver BROWN, Joshua M. *Backstage Wall Street*. McGraw-Hill, 2012.

O consultor o bombardeou com clichês? Ou você ouviu explicações claras e específicas sobre taxas, estratégias e conflitos? Classifique isso na mesma escala de 1 a 5.

Agora, avalie sua intuição sobre o quanto o consultor é competente, atencioso e confiável. Não pense demais; feche os olhos e classifique rapidamente sua impressão intuitiva de 1 a 5.

Depois de entrevistar os consultores e anotar todas as suas classificações, esqueça sua intuição: você acabou de contabilizá-la em sua contagem. Some as pontuações de cada consultor e contrate aquele que tiver a maior.

Não olhe para tudo isso como trabalhoso demais: você está prestes a entregar seu patrimônio atual e seu futuro financeiro nas mãos dessa pessoa. Em vez de escolhê-la com base em um palpite ou em uma indicação aleatória, não faz sentido empregar um processo cuidadoso e deliberado?

CAPÍTULO 11

ANÁLISE DE VALORES MOBILIÁRIOS PARA O INVESTIDOR LEIGO: UMA ABORDAGEM GERAL

A análise financeira tornou-se uma profissão ou semiprofissão bem estabelecida e próspera. As várias entidades de analistas que constituem a Federação Nacional dos Analistas Financeiros possuem mais de 13 mil membros, a maioria dos quais ganha a vida com esse tipo de atividade mental. Os analistas financeiros possuem livros didáticos, um código de ética e um periódico trimestral.[1] Eles têm também diversos problemas a serem resolvidos. Uma tendência a substituir o conceito geral de "análise de valores mobiliários" pela "análise financeira" surgiu recentemente. A segunda expressão tem uma abrangência mais ampla e é mais bem talhada para descrever o trabalho da maioria dos analistas graduados de Wall Street. Seria útil conceber a análise de títulos como limitada, em grande parte, ao exame e à avaliação das ações e dos títulos, enquanto a análise financeira abarcaria esse trabalho, mais a determinação da política de investimentos (seleção de carteira), além de uma porção substancial de análise econômica geral.[I] Neste capítulo, usaremos a designação que seja mais pertinente, com ênfase principalmente no trabalho do analista de títulos em si.

O analista de títulos lida com o passado, o presente e o futuro de qualquer valor mobiliário. Ele descreve a companhia; resume os resultados de suas operações e posição financeira; apresenta os pontos fortes e fracos, as perspectivas e os riscos; estima sua lucratividade futura com base em vários pressupostos ou como um "melhor palpite". Ele faz comparações detalhadas entre várias companhias ou analisa uma mesma companhia em momentos diversos. Finalmente, ele expressa uma opinião em relação à segurança do

---

1 A Federação Nacional de Analistas Financeiros agora é o CFA Institute, com mais de 190.000 membros em todo o mundo.

papel, caso seja uma obrigação ou ação preferencial de empresa com grau de investimento, ou em relação à sua atratividade, caso seja uma ação ordinária.

Ao fazer tudo isso, o analista de títulos utiliza várias técnicas, abrangendo da mais elementar à mais obscura. Ele pode modificar substancialmente os dados dos relatórios anuais das companhias, muito embora eles ostentem o selo sagrado de um contador público credenciado. Acima de tudo, procura itens nesses relatórios que possam significar muito mais ou muito menos do que aparentam.

O analista de títulos desenvolve e aplica padrões de segurança por meio dos quais podemos avaliar se dado título ou dada ação preferencial podem ser considerados suficientemente sólidos a ponto de justificar sua compra para fins de investimento. Esses padrões referem-se, sobretudo, aos lucros médios do passado, mas envolvem também a estrutura de capital, o capital de giro, os valores dos ativos e outras questões.

Até recentemente, o analista de títulos, ao lidar com ações ordinárias, quase nunca aplicava padrões de valor tão bem definidos quanto eram seus padrões de segurança para os títulos e ações preferenciais. Na maioria das vezes, ele se contentava com um resumo do desempenho passado, uma previsão do futuro mais ou menos geral – com ênfase especial nos doze meses seguintes – e uma conclusão bastante arbitrária. A última era, e ainda é, com frequência, elaborada com um olho nas cotações ou nos gráficos de mercado. Nos últimos anos, no entanto, muita atenção foi dada pelos analistas praticantes ao problema da avaliação dos preços das growth stocks. Muitas delas foram negociadas a preços tão altos em relação aos lucros atuais e do passado que aqueles que as recomendaram sentiram-se na obrigação de justificar sua compra por meio de projeções razoavelmente definidas dos lucros esperados durante um prazo relativamente longo. Certas técnicas matemáticas bastante sofisticadas têm sido, por força das circunstâncias, invocadas para apoiar as avaliações divulgadas.

Lidaremos com essas técnicas, de forma resumida, mais adiante. No entanto, cabe ressaltar um paradoxo problemático, que é o das avaliações matemáticas terem prevalecido mais precisamente naquelas áreas em que podem ser consideradas menos confiáveis. Isso porque, à medida que a avaliação se torna mais dependente das projeções do futuro – e quanto menos ela está amarrada a um número demonstrado pelo desempenho passado –, mais vulnerável ela se torna a possíveis erros de cálculo e tropeços sérios.

Grande parte do valor encontrado para as growth stocks com múltiplos altos é derivada de projeções do futuro que diferem acentuadamente do desempenho do passado, exceto talvez na taxa de crescimento em si. Portanto, pode-se dizer que os analistas de títulos hoje são compelidos a se tornarem mais matemáticos e "científicos" justamente nas situações que menos se prestam a um tratamento exato.[2]

Prossigamos, no entanto, com nossa discussão acerca dos elementos e técnicas mais importantes da análise de títulos. O tratamento altamente condensado que se segue é dirigido às necessidades do investidor não profissional. No mínimo, ele deveria entender aquilo que os analistas de títulos estão falando e pretendendo; além disso, ele deveria, se possível, ter as ferramentas necessárias para distinguir entre a análise superficial e a sensata.

A análise de títulos para o investidor leigo inicia-se pela interpretação do balanço anual de uma companhia. Tratamos desse assunto em um livro separado, dirigido a leigos, intitulado *The Interpretation of Financial Statements*.[II] Não consideramos necessário ou apropriado percorrer o mesmo percurso neste capítulo, sobretudo porque a ênfase do presente livro é em princípios e atitudes, em vez de em informações e descrições. Abordaremos duas questões básicas que fundamentam a escolha de investimentos. Quais são os principais testes de segurança das obrigações ou ações preferenciais de uma companhia? Quais são os principais fatores que afetam a avaliação de uma ação ordinária?

Análise de títulos

O ramo mais confiável e, portanto, mais respeitável da análise de títulos é voltado para a segurança ou qualidade das obrigações e ações preferenciais de baixo nível de risco. O principal critério usado para as obrigações corporativas é o número de vezes em que o total dos encargos de juros é coberto

---

2 Quanto maior a taxa de crescimento projetada e maior o período futuro ao longo do qual ela é projetada, mais sensível a previsão se torna ao menor erro. Se, por exemplo, você estima que uma companhia que lucra US$ 1 por ação pode aumentar esse lucro em 15% ao ano ao longo dos próximos quinze anos, seus lucros terminariam em US$ 8,14. Se o mercado avalia a companhia em 35 vezes os lucros, a ação terminaria o período a aproximadamente US$ 285. Porém, se os lucros crescerem a 14% em vez de 15%, a companhia ganharia US$ 7,14 ao final do período e, chocados com esse desempenho abaixo do previsto, os investidores não mais estariam dispostos a pagar 35 vezes os lucros. A, digamos, vinte vezes os lucros, a ação terminaria valendo cerca de US$ 140, ou um preço mais do que 50% inferior.

pelos lucros auferidos durante certo número de anos no passado. No caso das ações preferenciais, é o número de vezes que são cobertos os juros das obrigações e os dividendos das ações preferenciais combinados.

Os padrões exatos aplicados variarão conforme as diferentes autoridades. Já que, em última análise, os testes são arbitrários, não há forma de determinar precisamente os critérios mais apropriados. Na revisão de 1961 de nosso livro *Security Analysis* recomendamos certos padrões de "cobertura", os quais aparecem na Tabela 11-1.[3]

TABELA 11-1 "Cobertura" mínima recomendada para obrigações e ações preferenciais

A. *Para obrigações de investment grade*

Razão mínima entre lucros e encargos fixos totais:

	Antes do IR		Após o IR	
Ramo de negócios	*Média dos últimos 7 anos*	*Alternativa medida pelo "ano mais fraco"*	*Média dos últimos 7 anos*	*Alternativa medida pelo "ano mais fraco"*
Concessionárias de serviços públicos	4 vezes	3 vezes	2,65 vezes	2,10 vezes
Ferrovias	5	4	3,20	2,65
Indústrias	7	5	4,30	3,20
Varejistas	5	4	3,20	2,65

B. *Para ações preferenciais de empresa com grau de investimento*
Os mesmos números mínimos apresentados anteriormente devem ser mostrados pela razão entre os lucros antes do imposto de renda e a soma dos encargos fixos mais duas vezes os dividendos das ações preferenciais.
NOTA: A inclusão dos dividendos das ações preferenciais por duas vezes compensa o fato de que os dividendos preferenciais não são dedutíveis do imposto de renda, enquanto que os encargos de juros o são.

C. *Outras categorias de obrigações e ações preferenciais*
Os padrões mostrados não são aplicáveis a (1) concessionárias de serviços públicos; (2) companhias financeiras; e (3) companhias imobiliárias. Os requisitos para esses grupos especiais foram omitidos aqui.

3 Em 1972, um investidor em obrigações corporativas tinha pouca escolha a não ser montar sua própria carteira de investimentos. Hoje, aproximadamente quinhentos fundos mútuos investem em obrigações corporativas, criando uma cesta de títulos convenientes e bem diversificados. Visto que não é viável montar uma carteira de obrigações diversificada sozinho, a menos que você tenha, pelo menos, US$ 100.000, o típico investidor inteligente se sairá melhor simplesmente comprando um fundo de obrigações de custo baixo e deixando o trabalho árduo de pesquisas de crédito para seus administradores.

Nosso teste básico é aplicado apenas aos resultados *médios* relativos a um período anual. Outras autoridades exigem também que um nível *mínimo* de cobertura seja mostrado em cada ano analisado. Aprovamos o teste de "ano mais fraco" como uma *alternativa* ao teste da média dos sete anos; seria suficiente que a obrigação ou a ação preferencial atendesse a um desses critérios.

Pode-se alegar que o grande aumento nas taxas de juros das obrigações desde 1961 justificaria alguma redução compensatória na cobertura necessária dos encargos. Obviamente, seria muito mais difícil para uma companhia industrial mostrar uma cobertura de juros equivalente a sete vezes os encargos de juros a 8% do que a 4,5%. Para dar conta dessa situação alterada, sugerimos agora uma exigência alternativa relacionada ao percentual de lucro sobre o valor do *principal* da dívida. Esses números devem ser 33% antes dos impostos para uma companhia industrial, 20% para uma de serviços públicos e 25% para uma ferrovia. Devemos nos lembrar aqui que a taxa de juros efetivamente paga pela maioria das companhias sobre sua dívida total é consideravelmente menor do que os patamares vigentes de 8%, uma vez que elas têm o benefício de terem lançado obrigações mais antigas com taxas de juros inferiores. O requisito do "ano mais fraco" podia ser estabelecido a aproximadamente dois terços do índice mínimo de sete anos.

Além do teste de cobertura dos lucros, vários outros são comumente aplicados e incluem o seguinte:

1. *Tamanho da companhia*. Existe um padrão mínimo em termos do volume de faturamento, no caso de uma companhia – variando entre indústrias, concessionárias de serviços públicos e ferrovias –, e de população, no caso das municipalidades.
2. *Razão entre o capital social e o patrimônio*. Essa é a relação entre o preço de mercado das ações juniores[4] e o valor nominal total da dívida ou da dívida mais as ações preferenciais. É uma medida aproximada da proteção ou "colchão" proporcionada pela presença de um investimento júnior que deve ser o primeiro a absorver o impacto de mudanças desfavoráveis. Esse fator inclui a avaliação pelo mercado das perspectivas futuras da companhia.

4 Por "ações juniores", Graham quer dizer ações ordinárias. As ações preferenciais são consideradas "seniores" em relação às ações ordinárias porque a companhia precisa pagar todos os dividendos sobre as preferenciais antes de pagar qualquer dividendo sobre as ordinárias. Ver Capítulo 4.

3. *Valor dos ativos*. O valor dos ativos, conforme mostrado no balanço ou conforme avaliado, era anteriormente considerado a principal fonte de segurança e proteção para uma obrigação. A experiência tem mostrado que, na maioria dos casos, a segurança reside na lucratividade e, se ela é deficiente, os ativos perdem grande parte de seu valor estimado. O valor dos ativos, no entanto, permanece importante como teste em separado da ampla segurança das obrigações e ações preferenciais em três ramos de negócios: serviços públicos (porque as tarifas podem depender, em grande medida, dos investimentos em ativos), empresas imobiliárias e companhias de investimento.

Nessa altura, o investidor atento deveria perguntar: "Até que ponto os testes de segurança que são medidos pelo desempenho passado e pelo desempenho presente são confiáveis, haja vista que o pagamento de juros e do investimento inicial depende do que o futuro trará?" A resposta pode ser baseada somente na experiência. A história dos investimentos mostra que as obrigações e ações preferenciais que passaram por rigorosos testes de segurança, baseados no desempenho passado, têm sido capazes, na grande maioria dos casos, de enfrentar as adversidades do futuro com sucesso. Isso foi admiravelmente demonstrado no campo importante das obrigações das ferrovias – um ramo que tem sido marcado pela frequência calamitosa de falências e prejuízos sérios. Em quase todos os casos, as ferrovias que tiveram problemas tinham há muito sido caracterizadas pelo lançamento excessivo de obrigações, haviam mostrado uma cobertura inadequada dos encargos fixos em períodos de prosperidade média e teriam sido, portanto, rejeitadas por investidores que aplicassem testes de segurança rigorosos. Por outro lado, praticamente todas as ferrovias aprovadas em tais testes escaparam de dificuldades financeiras. Nossa premissa foi notadamente comprovada pela história financeira de várias ferrovias reorganizadas na década de 1940 e em 1950. Todas elas, com uma exceção, começaram suas carreiras com os encargos fixos reduzidos a um ponto em que a cobertura atual das necessidades fixas de pagamento de juros era ampla ou, pelo menos, respeitável. A exceção foi a New Haven Railroad, que, em seu ano de reorganização – 1947 – teve um lucro igual a apenas aproximadamente 1,1 vez os novos encargos. Consequentemente, enquanto todas as outras ferrovias foram capazes de enfrentar tempos difíceis sem que sua solvência ficasse abalada, a New Haven pediu proteção contra os credores (pela terceira vez) em 1961.

No Capítulo 17, abordaremos alguns aspectos da falência da Penn Central Railroad, a qual estremeceu a comunidade financeira em 1970. Um fato elementar nesse caso foi que a cobertura dos encargos fixos não atendia a padrões conservadores desde o início de 1965; portanto, um investidor em obrigações que fosse prudente teria evitado ou negociado as obrigações do sistema muito antes de seu colapso financeiro.

Nossas observações sobre a adequação dos registros do passado para julgar a segurança do futuro se aplicam, e em um grau ainda maior, às concessionárias de serviços públicos, as quais constituem um campo de grande relevância para o investimento em obrigações. O recurso à proteção contra os credores por parte de uma concessionária ou de um sistema de serviços públicos (elétricos) adequadamente capitalizado é quase impossível. Após a instituição do controle pela Securities and Exchange Commission,[5] juntamente com o desmembramento da maioria dos sistemas de companhias holdings, o financiamento das concessionárias de serviços públicos foi efetuado de forma sólida, sendo desconhecida qualquer falência. Os problemas financeiros das companhias de serviços públicos elétricos e de gás na década de 1930 foram causados quase exclusivamente por excessos financeiros e gestão equivocada, os quais claramente deixaram suas marcas nas estruturas de capitalização das companhias. Testes de segurança simples, porém rígidos, no entanto, teriam afastado o investidor das obrigações que mais tarde se tornaram inadimplentes.

Entre as obrigações industriais, o desempenho de longo prazo tem sido diferente. Embora o grupo industrial como um todo tenha apresentado um crescimento maior de sua lucratividade do que as ferrovias e as concessionárias de serviços públicos, ele revelou um grau menor de estabilidade inerente das companhias individuais e dos ramos de atividade. Portanto, no passado, pelo menos, houve razões convincentes para confinar a compra de obrigações e ações preferenciais industriais a companhias que não apenas eram de grande porte, mas que também haviam demonstrado capacidade para aguentar uma depressão séria no passado.

Ocorreram poucas inadimplências de obrigações industriais desde 1950, mas esse fato é, em parte, atribuível à ausência de uma depressão significativa

---

5 Após investidores perderem bilhões de dólares em ações de concessionárias de serviços públicos reunidas de forma imprudente em 1929-1932, o Congresso autorizou a SEC a regulamentar o lançamento de ações de serviços públicos por meio da Lei das Companhias Holding de Serviços Públicos de 1935.

durante esse longo período. Desde 1966, houve uma evolução adversa na posição financeira de muitas companhias industriais. Surgiram dificuldades consideráveis como resultado de expansão imprudente. De um lado, essa expansão envolveu aumentos grandes de empréstimos bancários e de endividamento de longo prazo; por outro lado, frequentemente produziu perdas operacionais em vez dos lucros esperados. No início de 1971, foi calculado que, nos sete anos anteriores, os pagamentos de juros de todas as firmas não financeiras haviam aumentado de US$ 9,8 bilhões, em 1963, para US$ 26,1 bilhões, em 1970, e que os pagamentos de juros correspondiam a 29% dos lucros brutos antes dos juros e impostos em 1971, contra apenas 16% em 1963.[III] Obviamente, a carga sobre várias firmas individuais havia aumentado muito mais do que isso. Casos de companhias com um endividamento excessivo em obrigações se tornaram demasiadamente corriqueiros. Há muitas razões para repetir a advertência expressa em nossa edição de 1965:

> Não pretendemos sugerir que o investidor possa contar com uma continuação indefinida dessa situação favorável e, portanto, relaxar seus padrões de escolha de obrigações do grupo industrial ou de qualquer outro.

Análise das ações ordinárias

A forma ideal de análise das ações ordinárias gera uma avaliação delas que pode ser comparada ao seu preço atual para determinar se o papel é, ou não, uma compra atraente. Essa avaliação, por sua vez, seria comumente realizada ao se estimar os lucros médios ao longo de um período de anos no *futuro* e depois multiplicar tal estimativa por um "fator de capitalização" apropriado.

O procedimento-padrão atual para estimar a lucratividade futura começa com dados médios do passado relativos ao volume físico, aos preços recebidos e às margens operacionais. As vendas futuras em dólares são então projetadas com base em premissas acerca de como o volume e o nível de preços mudarão com relação à base anterior. Essas estimativas, por sua vez, são fundamentadas primeiramente nas previsões econômicas gerais do produto nacional bruto e, em seguida, em cálculos especiais aplicáveis ao ramo industrial e à companhia em questão.

Uma ilustração desse método de avaliação pode ser vista em nossa edição de 1965 e atualizada com a inclusão dos acontecimentos desde então. A Value Line, um serviço de investimento importante, elabora previsões de ganhos e dividendos futuros usando o procedimento delineado anteriormente e, em seguida, deriva uma "potencialidade de preço" (ou valor de mercado projetado) por meio da aplicação, a cada ação, de uma fórmula de avaliação baseada, em grande parte, em certas relações do passado. Na Tabela 11-2, reproduzimos as projeções para 1967-1969, feitas em junho de 1964, e as comparamos com os lucros e o preço médio de mercado efetivamente registrados em 1968 (os quais correspondem, grosso modo, ao período de 1967-1969).

As previsões como um todo provaram estar um pouco inferiores ao efetivamente ocorrido, mas não muito. As previsões correspondentes realizadas seis anos antes haviam se mostrado excessivamente otimistas quanto aos lucros e dividendos; porém, isso havia sido compensado pelo uso de um multiplicador baixo, resultando em uma "potencialidade de preço", o qual foi aproximadamente igual ao preço médio real registrado em 1963.

O leitor notará que um número razoável de previsões individuais estava significativamente equivocado. Esse é um exemplo que dá sustentação à nossa visão geral de que as estimativas do índice composto ou de grupos tendem a ser bem mais confiáveis do que aquelas de companhias individuais. Teoricamente talvez, o analista de títulos devesse escolher as três ou quatro companhias cujo futuro ele acredita conhecer melhor e concentrar os próprios interesses e os de seus clientes em suas previsões sobre elas. Infelizmente, parece ser quase impossível distinguir antecipadamente entre aquelas previsões individuais que são confiáveis e as que estão fortemente sujeitas a erro. Em última análise, essa é a razão da ampla diversificação praticada pelos fundos de investimento, pois é indubitavelmente melhor concentrar em uma ação que você *tem certeza* que acabará sendo altamente rentável do que diluir seus resultados e colher resultados medíocres, somente por causa da busca pela diversificação. No entanto, isso não acontece, por não poder ser feito de forma *confiável*.[IV] A predominância de diversificação ampla é em si um repúdio pragmático ao fetiche da "seletividade", o qual Wall Street constantemente defende da boca para fora.[6]

---

6 Para investidores inegavelmente qualificados como Warren Buffett, diversificar amplamente seria tolice, pois diluiria a força concentrada de algumas poucas grandes ideias. Mas para o gestor de fundos típico ou investidor individual, não diversificar é tolice, visto que é muito difícil selecionar um número limitado de ações que inclua a maioria das vencedoras e exclua a maioria das perdedoras. À medida que você possui mais ações, o dano que qualquer perdedora pode

TABELA 11-2 O Índice Industrial Dow Jones
Previsão da Value Line para 1967-1969 (feita em meados de 1964) comparada com os resultados efetivamente registrados de 1968.

	Lucros				
	Previstos 1967-1969	*Registrados 1968*[a]	*Preço 30 de junho de 1964*	*Preço previsto 1967-1969*	*Preço médio 1968*[a]
Allied Chemical	US$3,70	US$1,46	54½	67	36½
Aluminum Comp. of Am.	3,85	4,75	71½	85	79
American Can	3,50	4,25	47	57	48
American Tel. & Tel.	4,00	3,75	73½	68	53
American Tobacco	3,00	4,38	51½	33	37
Anaconda	6,00	8,12	44½	70	106
Bethlehem Steel	3,25	3,55	36½	45	31
Chrysler	4,75	6,23	48½	45	60
DuPont	8,50	7,82	253	240	163
Eastman Kodak	5,00	9,32	133	100	320
General Electric	4,50	3,95	80	90	90½
General Foods	4,70	4,16	88	71	84½
General Motors	6,25	6,02	88	78	81½
Goodyear Tire	3,25	4,12	43	43	54
Internat. Harvester	5,75	5,38	82	63	69
Internat. Nickel	5,20	3,86	79	83	76
Internat. Paper	2,25	2,04	32	36	33
Johns Manville	4,00	4,78	57½	54	71½
Owens-Ill Glass	5,25	6,20	99	100	125½
Procter & Gamble	4,20	4,30	83	70	91
Sears Roebuck	4,70	5,46	118	78	122½
Standard Oil of Cal.	5,25	5,59	64½	60	67
Standard Oil of N.J.	6,00	5,94	87	73	76
Swift & Co.	3,85	3,41[b]	54	50	57
Texaco	5,50	6,04	79½	70	81
Union Carbide	7,35	5,20	126½	165	90

causar diminuirá e as chances de possuir pelo menos algumas grandes vencedoras aumentarão. A escolha ideal para a maioria dos investidores é um fundo de índice de ações total, uma maneira de baixo custo de manter todas as ações que valem a pena possuir.

	Lucros				
	Previstos 1967-1969	*Registrados 1968*[a]	*Preço 30 de junho de 1964*	*Preço previsto 1967-1969*	*Preço médio 1968*[a]
United Aircraft	4,00	7,65	49½	50	106
U.S. Steel	4,50	4,69	57½	60	42
Westinghouse Elec.	3,25	3,49	30½	50	69
Woolworth	2,25	2,29	29½	32	29½
Total	**138,25**	**149,20**	**2222**	**2186**	**2450**
DJIA (total % 2,67)	52,00	56,00	832	820	918[c]
DJIA efetivo 1968	57,89				906[c]
DJIA efetivo 1967-1969	56,26				

[a] Ajustado para desdobramentos de ações desde 1964.
[b] Média de 1967-1969.
[c] Diferença devida a mudança no divisor.

Fatores que afetam a taxa de capitalização

Embora teoricamente os lucros médios futuros sejam o principal determinante do valor, o analista de títulos leva em consideração vários outros fatores. A maioria deles se expressa na taxa de capitalização, a qual pode variar amplamente, dependendo da "qualidade" da ação. Portanto, embora duas companhias possam ter tido os mesmos lucros previstos por ação em 1973-1975 – digamos, US$ 4 –, o analista pode avaliar a primeira a um nível tão baixo quanto 40 e a segunda tão alto quanto 100. Consideremos alguns aspectos que afetam esses multiplicadores divergentes.

1. *Perspectivas gerais de longo prazo.* Ninguém realmente sabe o que acontecerá no futuro distante, mas mesmo assim os analistas e os investidores possuem pontos de vista fortes sobre o assunto. Essas perspectivas são refletidas nos diferenciais substanciais entre as razões preço/lucro de companhias individuais e de grupos industriais. A essa altura, acrescentamos na edição de 1965:

> Por exemplo, no final de 1963, as ações das companhias de produtos químicos do DJIA estavam sendo negociadas a multiplicadores consideravelmente mais altos do que as petrolíferas, o que indicava maior confiança nas perspectivas das primeiras do que das últimas. Tais distinções feitas pelo

mercado muitas vezes possuem uma fundamentação lógica, mas quando ditadas principalmente pelo desempenho passado, é provável que estejam tão erradas quanto certas.

Apresentaremos, na Tabela 11-3, material sobre as ações de companhias petrolíferas e químicas no DJIA no final de 1963 e acompanharemos seus lucros até o final de 1970. Pode ser visto que as companhias químicas, apesar de seus multiplicadores altos, praticamente não obtiveram qualquer melhora nos lucros no período após 1963. As companhias petrolíferas tiveram um desempenho muito melhor do que as químicas, ficando aproximadamente em linha com o crescimento implícito em seus multiplicadores de 1963.[V] Portanto, nosso exemplo das ações do setor químico provou ser um dos casos em que os multiplicadores de mercado estavam errados.[7]

2. *Gestão*. Em Wall Street, muito se fala sobre esse assunto, mas muito pouco dessa conversa é realmente útil. Até que testes de competência gerencial objetivos, quantitativos e razoavelmente confiáveis sejam projetados e aplicados, esse fator continuará a ser examinado em meio a um nevoeiro. É justo presumir que as companhias destacadamente bem-sucedidas têm uma gestão atipicamente boa. Isso já terá se manifestado no desempenho do passado; isso se mostrará novamente nas estimativas relativas aos cinco anos seguintes e uma vez mais no fator previamente discutido das perspectivas de longo prazo. A tendência para contar isso ainda mais uma vez como uma consideração altista em separado só pode facilmente levar a uma supervalorização cara. O fator de gestão é mais útil, acreditamos, naqueles casos em que uma mudança recente tenha ocorrido e que ainda não tenha tido tempo de mostrar seu significado em termos de resultados efetivos.

---

7 O ponto de vista de Graham sobre as companhias químicas e petrolíferas na década de 1960 se aplica a quase todo setor em quase qualquer período de tempo. O consenso de opinião em Wall Street a respeito do futuro de qualquer setor determinado é usualmente otimista demais ou pessimista demais. Pior, o consenso fica mais otimista justamente quando a maioria das ações está cara demais e mais pessimista justamente quando estão baratas demais. O exemplo mais recente, claro, é o das ações de tecnologia e de telecomunicações, as quais atingiram níveis altos quando seu futuro parecia mais promissor em 1999 e no início de 2000 e, depois, despencaram durante todo o ano de 2002. A história prova que os previsores "especialistas" de Wall Street são igualmente incapazes de prever o desempenho de (1) o mercado como um todo; (2) ramos da indústria; e (3) ações específicas. Conforme Graham destaca, as probabilidades de que os investidores individuais consigam um desempenho melhor não são boas. O investidor inteligente se destaca ao tomar decisões que não dependem da precisão das previsões de ninguém, inclusive das suas próprias. Ver Capítulo 8.

TABELA 11-3 Desempenho de ações químicas e petrolíferas do DJIA, 1970 *versus* 1964

	Preço de fechamento	*1963 lucro por ação*	*Razão P/L*	*Preço de fechamento*	*1970 lucro por ação*	*Razão P/L*
Companhias químicas						
Allied Chemical	55	2,77	19,8 x	24⅛	1,56	15,5 x
DuPont[a]	77	6,55	23,5	133½	6,76	19,8
Union Carbide[b]	60¼	2,66	22,7	40	2,60	15,4
			25,3 em média			
Companhias petrolíferas						
Standard Oil of Cal.	59½	4,50	13,2 x	54½	5,36	10,2 x
Standard Oil of N.J.	76	4,74	16,0	73½	5,90	12,4
Texaco[b]	35	2,15	16,3	35	3,02	11,6
			15,3 em média			

[a] Dados de 1963 ajustados para distribuição de ações da General Motors.
[b] Dados de 1963 ajustados para desdobramentos de ações subsequentes.

Duas ocorrências espetaculares desse tipo foram associadas à Chrysler Motor Corporation. A primeira aconteceu nos idos de 1921, quando Walter Chrysler assumiu o comando da quase moribunda Maxwell Motors e, em poucos anos, transformou-a em uma companhia grande e altamente rentável, enquanto inúmeras outras montadoras de automóveis foram forçadas a deixar o mercado. A segunda aconteceu mais recentemente, em 1962, quando a Chrysler tinha caído muito desde seu auge glorioso e suas ações estavam sendo negociadas ao preço mais baixo registrado em muitos anos. Foi então que novos interessados, associados à Consolidation Coal, assumiram o comando. Os lucros cresceram de US$ 1,24 por ação em 1961 para o equivalente a US$ 17 em 1963, e o preço aumentou de um ponto mínimo de 38,5 em 1962 para o equivalente a aproximadamente 200 no ano seguinte.[VI]

3. *Força financeira e estrutura de capital.* As ações de uma companhia com um grande volume de dinheiro em caixa e sem quaisquer credores com prioridade superior à das ações ordinárias são claramente uma compra melhor (ao mesmo preço) do que outras com o mesmo lucro por ação, mas grandes

dívidas bancárias e títulos seniores. Tais fatores são apropriada e cuidadosamente avaliados pelos analistas de títulos. Uma quantidade modesta de obrigações ou ações preferenciais, no entanto, não é necessariamente uma desvantagem para as ações ordinárias, tampouco é o uso modesto de crédito bancário de forma sazonal. (Incidentalmente, uma estrutura pesada em seu ápice – muito poucas ações ordinárias em relação às obrigações e preferenciais – pode, em condições favoráveis, resultar em um lucro *especulativo* grande para as ordinárias. Esse é o fator conhecido como "alavancagem".)

4. *Histórico de dividendos.* Um dos testes mais persuasivos da alta qualidade é um registro ininterrupto de pagamentos de dividendos que retrocede muitos anos. Acreditamos que um histórico contínuo de pagamentos de dividendos pelos últimos vinte anos ou mais é um fator positivo importante na classificação de qualidade de uma companhia. Na verdade, o investidor defensivo pode ter razão em restringir suas compras às aprovadas com base nesses testes.

5. *Taxa de dividendos atual.* Este último fator adicional é o mais difícil de tratar de forma satisfatória. Felizmente, a maioria das companhias tem seguido o que podemos chamar de um padrão de política de dividendos. Isso significa a distribuição de aproximadamente dois terços de seus lucros médios, com exceção do período recente de lucros altos e demandas inflacionárias por mais capital, quando os números tenderam a ser inferiores. (Em 1969, foi 59,9% para as ações do índice Dow Jones e 55% para todas as companhias americanas.)[8] Nos casos em que os dividendos têm uma relação normal com os lucros, a avaliação pode ser feita em ambas as bases sem afetar o resultado de forma substancial. Por exemplo, uma típica companhia de segunda linha com lucros médios esperados de US$ 3 e dividendos esperados de US$ 2 pode ser avaliada tanto em doze vezes seus lucros ou dezoito vezes seus dividendos, o que gerará um valor de 36 em ambos os casos.

No entanto, um número crescente de companhias de crescimento rápido está deixando de cumprir a política-padrão de distribuição de 60% ou mais dos lucros na forma de dividendos, com base na alegação de que os objetivos dos acionistas estarão mais bem servidos com a retenção de quase

---

8 Esse número, hoje conhecido como "índice de pagamento de dividendos", caiu consideravelmente desde os dias de Graham à medida que a legislação fiscal americana desencorajava os investidores a buscarem dividendos e as corporações de os pagarem. No final de 2023, o índice de distribuição era de aproximadamente 38% para o S&P 500. Incluindo os efeitos das recompras de ações, esse número é consideravelmente maior. Veja o Comentário sobre o Capítulo 19.

todos os lucros para financiar a expansão. A questão apresenta problemas e exige distinções cuidadosas. Decidimos adiar nossa discussão sobre a questão vital da política de dividendos apropriada para uma seção posterior – o Capítulo 19 –, onde lidaremos com ela como parte do problema geral das relações entre acionistas e administradores.

Taxas de capitalização para as growth stocks

A maioria dos textos escritos pelos analistas de títulos sobre avaliações formais aborda o valor das growth stocks. Após estudarmos vários métodos, sugerimos uma fórmula curta e bastante simples para calcular o valor das growth stocks, a qual pretende produzir números bastante próximos dos que resultam de cálculos matemáticos mais rebuscados. Nossa fórmula é:

Valor = lucros (normais) atuais X (8,5 acrescido
de duas vezes a taxa de crescimento anual esperada)

A taxa de crescimento deverá ser a esperada nos sete a dez anos seguintes.[VII]

Na Tabela 11-4, mostramos como nossa fórmula funciona para várias taxas de crescimento presumido. É fácil fazer o cálculo inverso e determinar qual taxa de crescimento rápido é prevista pelo preço de mercado atual, supondo que nossa fórmula seja válida. Na última edição deste livro, fizemos esse cálculo para o DJIA e para seis ações importantes. Esses números são reproduzidos na Tabela 11-5. Comentamos naquela altura:

> A diferença entre a taxa de crescimento anual implícita de 32,4% para a Xerox e os extremamente modestos 2,8% para a General Motors é, de fato, surpreendente. Ela é explicável em parte pelo sentimento do mercado acionário de que os lucros de 1963 da General Motors – os maiores de qualquer companhia na história – dificilmente poderiam ser mantidos e, na melhor das hipóteses, apenas modestamente excedidos. A razão preço/lucro da Xerox, por outro lado, é bastante representativa do entusiasmo especulativo associado a uma companhia que fez grandes realizações e prometia talvez ainda mais.
>
> A taxa de crescimento implícita ou esperada de 5,1% para o DJIA se compara ao crescimento anual de 3,4% (composto) entre 1951-1953 e 1961-1963.

TABELA 11-4 Multiplicadores de lucros anuais com base em taxas de crescimento esperadas, baseados em uma fórmula simplificada

Taxa de crescimento esperada	0,0%	2,5%	5,0%	7,2%	10,0%	14,3%	20,0%
Crescimento em dez anos	0,0	28,0%	63,0%	100,0%	159,0%	280,0%	319,0%
Multiplicador de lucros atuais	8,5	13,5	18,5	22,9	28,5	37,1	48,5

TABELA 11-5 Taxas de crescimento implícitas ou esperadas, dezembro de 1963 e dezembro de 1969

Ação	*Razão P/L, 1963*	*Taxa de crescimento projetada[a], 1963*	*Lucro por ação 1963*	*Lucro por ação 1969*	*Crescimento anual efetivo, 1963-1969*	*Razão P/L, 1969*	*Taxa de crescimento projetada[a], 1969*
American Tel. and Tel.	23,0 x	7,3%	3,03	4,00	4,75%	12,2 x	1,8%
General Electric	29,0	10,3	3,00	3,79[b]	4,0	20,4	6,0
General Motors	14,1	2,8	5,55	5,95	1,17	11,6	1,6
IBM	38,5	15,0	3,48[c]	8,21	16,0	44,4	17,9
International Harvester	13,2	2,4	2,29[c]	2,30	0,1	10,8	1,1
Xerox	25,0	32,4	0,38[c]	2,08	29,2	50,8	21,2
DJIA	18,6	5,1	41,11	57,02	5,5	14,0	2,8

[a] Baseada na fórmula da p. 323.

[b] Média de 1968 e 1970, já que os lucros de 1969 foram reduzidos em função de uma greve.

[c] Ajustado para desdobramentos de ações.

Deveríamos ter acrescentado um alerta como o seguinte: as avaliações do valor das ações com uma alta taxa de crescimento esperada estão necessariamente subestimadas se presumirmos que tais taxas de crescimento serão efetivamente realizadas. De fato, de acordo com a aritmética, se presumirmos que uma companhia crescerá a uma taxa igual ou superior a 8% *indefinidamente* no futuro, seu valor seria infinito e nenhum preço seria alto demais para pagar por suas ações. O que o avaliador efetivamente faz nesses casos é introduzir uma *margem de segurança* em seus cálculos – semelhante ao que um engenheiro faz ao elaborar as especificações de uma estrutura.[9] Nessas bases, as compras alcançariam seu objetivo designado (em 1963, um retorno futuro global de 7,5% ao ano) mesmo se a taxa de crescimento efetivamente realizada provasse ser substancialmente menor do que a projetada pela fórmula. É claro, então, que se tal taxa fosse realmente atingida, o investidor certamente gozaria de um retorno adicional generoso. De fato, não há uma forma de avaliar uma companhia de alto crescimento (com uma taxa esperada superior, digamos, a 8% ao ano), pela qual o analista possa adotar hipóteses realistas a respeito *tanto* do múltiplo apropriado para os lucros atuais *quanto* do múltiplo esperado para os lucros futuros.

Na verdade, o crescimento real da Xerox e da IBM acabou ficando muito próximo das taxas altas derivadas de nossa fórmula. Conforme explicado, esse belo desempenho inevitavelmente produziu um grande aumento no preço de ambas as ações. O crescimento do DJIA em si ficou também aproximadamente alinhado com o projetado pelo preço de mercado ao fechamento de 1963. Porém, a taxa moderada de 5% não envolveu o dilema matemático da Xerox e da IBM. Verifica-se que o aumento de preço de 23% até o final de 1970, mais os 28% referentes ao retorno dos dividendos agregados recebidos, resultou em uma taxa parecida com os 7,5% de ganho anual total calculados por meio de nossa fórmula. No caso das outras quatro companhias, basta dizer que seu crescimento não se igualou às expectativas implícitas no preço de 1963 e que suas cotações não cresceram tanto quanto o DJIA. *Aviso*: Esses dados são fornecidos apenas para propósitos ilustrativos e em função da necessidade inescapável, na análise de títulos, de projetar a taxa de crescimento futuro da maioria das companhias estudadas. Não deixemos que o leitor seja levado a pensar que tais projeções têm um alto grau de confiabilidade ou, de forma contrária, que é provável que os preços futuros assim se comportarão, à medida que as profecias forem realizadas, superadas ou descartadas.

Devemos destacar que qualquer avaliação "científica" de ações ou, pelo menos razoavelmente confiável, baseada em resultados futuros previstos, deve levar em consideração as taxas de juros futuras. Um dado fluxo de

---

9 Veja Capítulo 20 e seu Comentário.

lucros ou dividendos esperados terá um valor presente menor se presumirmos uma taxa de juros mais alta em vez de uma mais baixa.[10] Tais hipóteses sempre foram difíceis de fazer com qualquer grau de confiança, e as recentes oscilações violentas nas taxas de juros de longo prazo tornam previsões desse tipo quase presunçosas. Portanto, mantivemos a nossa velha fórmula simplesmente porque nenhuma nova parecia mais plausível.

Análise setorial

Em função das perspectivas gerais de uma companhia terem um grande peso no estabelecimento dos preços de mercado, é natural que o analista de títulos dedique grande atenção à posição econômica do setor e da companhia individual dentro desse setor. Estudos desse tipo podem entrar nos mínimos detalhes. Eles constituem, às vezes, fontes de ideias valiosas sobre fatores importantes que vigorarão no futuro, sendo insuficientemente apreciados pelo mercado atual. Nos casos em que uma conclusão desse tipo pode ser tirada com alto grau de confiança, ela proporcionará uma base sólida para as decisões de investimento.

Nossas próprias observações, no entanto, nos levam a minimizar, em certa medida, o valor prático da maioria dos estudos setoriais que são disponibilizados para os investidores. Em geral, o material desenvolvido é de um tipo com o qual o público já está familiarizado, já tendo exercido considerável influência nas cotações de mercado. Raramente se encontra um estudo de uma corretora de valores que indique, com base em fatos convincentes, que um setor popular tende a despencar ou que um não popular está prestes a prosperar. A visão de Wall Street do longo prazo é notoriamente falível e isso necessariamente se aplica àquela parte importante de suas investigações, que está voltada para a previsão do comportamento dos lucros em setores diversos.

---

10 Por que isso? Pela "Regra de 72", a juros de 10%, determinada quantia de dinheiro dobra em pouco mais de sete anos, enquanto a 7% ela dobra em pouco mais de dez anos. Quando as taxas de juros são altas, a quantidade de dinheiro que você precisa separar hoje para atingir um dado valor no futuro é *menor*, uma vez que aquelas taxas de juros altas possibilitarão seu crescimento a uma taxa mais rápida. Portanto, uma elevação das taxas de juros hoje torna menos valioso um fluxo futuro de lucros ou dividendos, já que a alternativa de investir em títulos se torna relativamente mais atraente.

Devemos reconhecer, no entanto, que o crescimento rápido e geral da tecnologia em anos recentes teve um efeito significativo sobre a atitude e o trabalho dos analistas de títulos. Mais do que no passado, o progresso ou retrocesso da companhia típica na década seguinte pode depender de sua relação com novos produtos e processos, os quais o analista pode ter a oportunidade de estudar e avaliar *antecipadamente*. Portanto, sem dúvida existe uma área promissora para o trabalho efetivo por parte do analista, baseado em incursões no campo, entrevistas com pesquisadores e investigação tecnológica intensiva por conta própria. Existem perigos associados a conclusões de investimento derivadas em grande parte de tais vislumbres do futuro e que não são respaldadas por qualquer valor palpável na atualidade. Entretanto, existem perigos talvez iguais em se ater aos limites de valor estabelecidos por cálculos sensatos baseados nos resultados atuais. O investidor não pode ter as duas coisas ao mesmo tempo. Ele pode ser imaginativo e buscar obter grandes lucros que são as recompensas para uma visão que tenha se provado sensata pela evolução dos eventos; mas então ele precisará correr um risco substancial de cálculos errôneos de grande ou pequena monta. Ou ele pode ser conservador e se recusar a pagar mais do que um prêmio pequeno por possibilidades ainda não comprovadas; porém, nesse caso, ele deverá estar preparado para posteriormente contemplar oportunidades de ouro perdidas.

Um processo de avaliação em duas partes

Voltemos por um momento à ideia da valoração ou avaliação de uma ação ordinária, que começamos a discutir na p. 316. Muita reflexão sobre o assunto nos levou a concluir que isso deveria ser feito de forma bastante diferente da prática atualmente estabelecida. Sugerimos que os analistas calculem primeiro o que chamamos de "valor do desempenho passado", o qual está baseado apenas em registros do passado. Esse cálculo indicaria o valor da ação – em termos absolutos ou como uma porcentagem do DJIA ou do índice composto da S&P – se presumirmos que seu desempenho relativo no passado continuará imutável no futuro. (Inclui-se nessa avaliação a hipótese de que sua taxa de crescimento relativa, conforme demonstrada nos últimos sete anos, também permanecerá constante nos próximos sete.) Esse processo poderia ser implementado de forma mecânica por meio da aplicação de uma fórmula que confere pesos individuais aos resultados de lucratividade do passado, à estabilidade e ao crescimento, assim como às condições financeiras atuais. A segunda parte da análise consideraria em que medida um valor baseado apenas no desempenho passado deveria ser modificado à luz de novas condições esperadas no futuro.

Tal procedimento dividiria o trabalho entre analistas seniores e juniores da seguinte forma: (1) o analista sênior estabeleceria a fórmula a ser aplicada a todas as companhias para determinar o valor do desempenho passado; (2) os analistas juniores calculariam tais fatores para as companhias designadas, de forma bastante mecânica; (3) o analista sênior então determinaria em que medida o desempenho de uma companhia – em termos absolutos ou relativos – pode divergir de seu registro passado e que mudança deveria ser realizada no valor para refletir tais mudanças previstas. O ideal seria se o relatório do analista sênior mostrasse tanto a estimativa original quanto a modificada e também as razões da mudança.

Vale a pena realizar um trabalho desse tipo? Nossa resposta é afirmativa, mas nossas razões podem parecer um tanto cínicas para o leitor. Duvidamos que as avaliações a que se chegar se provarão suficientemente confiáveis no caso de uma companhia industrial típica, grande ou pequena. Ilustraremos as dificuldades desse trabalho em nossa discussão sobre a Aluminum Company of America (Alcoa) no próximo capítulo. Não obstante, ele deveria ser feito para tais ações ordinárias. Por quê? Primeiro, muitos analistas de títulos precisam fazer avaliações atuais ou projetadas como parte de seu trabalho rotineiro. O método que propomos seria melhor do que os atualmente usados. Segundo, porque o trabalho de avaliação deveria fornecer uma experiência útil e facilitar a percepção dos analistas que utilizam o método. Terceiro, porque trabalhos desse tipo poderiam produzir um corpo valioso de experiências registradas – como ocorre há muito tempo com a medicina –, que poderia levar a melhores procedimentos e a um conhecimento útil de suas possibilidades e limitações. As ações das concessionárias de serviços públicos podem acabar se tornando uma área importante na qual essa abordagem mostrará um valor pragmático real. Com o passar do tempo, o analista inteligente se restringirá aos grupos para os quais o futuro parece razoavelmente previsível,[11] ou onde a margem de segurança do valor do

---

11 Esses ramos industriais, idealmente, não seriam excessivamente dependentes de fatores imprevisíveis, como taxas de juros flutuantes ou o rumo futuro dos preços de matérias-primas,

desempenho passado relativo ao preço atual é tão grande que ele poderá correr riscos com relação às variações futuras, conforme faz ao selecionar títulos seniores altamente seguros.

Nos capítulos seguintes, forneceremos exemplos concretos da aplicação de técnicas analíticas. Porém, eles serão apenas ilustrações. Se o leitor considerar interessante o assunto, deve pesquisá-lo de forma sistemática e profunda antes de considerar-se qualificado para fazer, por conta própria, uma avaliação final sobre a compra e a venda de títulos.

---

como petróleo ou metais. Algumas possibilidades podem ser encontradas em setores como os de jogos de azar, cosméticos, bebidas alcoólicas, clínicas de saúde ou gestão de resíduos.

COMENTÁRIO SOBRE O CAPÍTULO 11

POR JASON ZWEIG

Se você quiser comprar a mesma coisa que é popular entre seus amigos ou popular entre os analistas de investimento, não vai conseguir um bom negócio. Se comprar o mesmo que eles compram, terá o mesmo desempenho que eles têm. Se quiser ter um desempenho superior, terá de comprar o que as outras pessoas não estão comprando, ou até mesmo o que elas estão vendendo.

– Sir John Templeton[1]

Como investidor inteligente, se você espera ter sucesso na análise de ações em um mercado sempre competitivo e geralmente eficiente, deve seguir os princípios essenciais de Graham: ser diferente da multidão e ser disciplinado.

Não é possível atingir nenhuma dessas metas agindo por capricho. No entanto, se conseguir se tornar disciplinado e assim permanecer, você será diferente da multidão – por definição.[2]

"GENTIL" *VERSUS* "PERVERSO"

Comece entendendo que o quanto qualquer um de nós pode aprender com nossa experiência depende da qualidade do feedback que recebemos. Robin Hogarth, psicólogo da Universitat Pompeu Fabra, em Barcelona, descreveu dois tipos de ambientes de aprendizado. Um ambiente "gentil" oferece feedback imediato, preciso e inequívoco sobre se o que você está fazendo funciona. Um ambiente "perverso" oferece feedback atrasado, impreciso e ambíguo.[3]

---

1 Investments, insights and inspiration: words of wisdom from sir John Templeton. Franklin Templeton Investments.

2 Como Graham escreveu na primeira edição deste livro: "O investidor não pode entrar na arena do mercado de ações com qualquer esperança real de sucesso, a menos que esteja munido de armas mentais que o distingam em *espécie* – não em um *grau* superior imaginado – do público investidor."

3 HOGARTH, Robin M. *Educating intuition*. University of Chicago Press, 2001.

O mercado de ações está entre os ambientes de aprendizado mais perversos do mundo, com feedback obscuro em constante fluxo. Digamos que você esteja convencido de que uma empresa vale de US$ 14 a US$ 16 por ação. Você compra a ação às 11h42 por US$ 10. Às 11h48, ela está em US$ 10,87: *O mercado já está concordando comigo!* Uma hora depois, a ação caiu para US$ 9,94: *O mercado está errado!* No dia seguinte, as negociações reabrem – e fecham – em US$ 10: *Bem, pelo menos estou no zero a zero.* Uma semana depois, a ação está em US$ 11,50: *Oba! Subiu 15%!* Na semana seguinte, cai para US$ 9, depois para US$ 8,50 e, em seguida, para US$ 8: *Não! Perdi 20%!* No mês seguinte, as ações caem para US$ 6,66 e, nesse momento, você entra em pânico e vende antes de perder mais de um terço do seu dinheiro.

Mais tarde, naquele mesmo dia, um concorrente anuncia que está comprando a empresa por US$ 14 por ação.

Você estava certo? Você estava errado?

Não será possível saber se você não documentou seu raciocínio. Essa é a única forma de obter um feedback gentil em um ambiente de aprendizado perverso. Antes de comprar, faça um registro do seu raciocínio: que evidências específicas você tem em relação à empresa que outros investidores não estão percebendo, e por que eles não perceberam? Por que você acha que a empresa vale de US$ 14 a US$ 16 por ação? Quanto tempo deve levar para atingir esse preço? Qual é o seu grau de confiança de que está correto? 80%? 50%? 100%?

PROVA DE FOGO

Uma das melhores maneiras de criar um registro da sua lógica e estruturar seu feedback é com um checklist.

Ao impor uma regra a si mesmo – *jamais comprar uma ação sem antes fazer um checklist* –, você pode evitar a dor de cabeça decorrente da venda em pânico na sequência de uma compra por impulso. E pode ajudar a determinar se você estava certo pelos motivos certos ou se apenas teve sorte. Um checklist não faz milagres: ele não vai permitir, por si só, que você encontre a próxima Amazon ou Apple. No entanto, elimina grande parte da perversidade do feedback do mercado. Ele o obriga a ser consistente, e garante que você não subestime nem ignore os fatores nos quais pretende confiar. Acima de tudo, ele permite que você aprenda o que funciona, o que não funciona, e como melhorar suas análises.[4]

---

4 GAWANDE, Atul. *The checklist manifesto*. Metropolitan, 2009. Ver também as diretrizes de checklist compiladas por Phil Ordway, da Anabatic Investment Partners, em bit.ly/43ue88u; Meb

O checklist de cada investidor será diferente: ele deve se basear, em parte, no que você aprendeu com seus erros e acertos, e nem todas as empresas ou setores podem ser analisados da mesma forma. No mínimo, porém, seu checklist deve redirecionar sua atenção das *ações* para os *negócios*. Ele pode incluir elementos como:

- **Eu li pelo menos os três últimos relatórios anuais e os relatórios trimestrais do ano anterior?** Os relatórios financeiros de uma empresa consistem em três componentes principais: o balanço patrimonial, a demonstração de resultados e a demonstração de fluxo de caixa. Eu entendo o balanço patrimonial suficientemente bem para saber se a empresa está perigosamente endividada? Posso dizer, com base na demonstração de resultados, se os custos estão sob controle e os lucros estão aumentando? O que a demonstração de fluxo de caixa diz sobre como a empresa gera e gasta dinheiro? A empresa está gerando consistentemente mais caixa com o passar do tempo? Com base na parte narrativa dos relatórios da empresa, o que posso aprender sobre seus maiores concorrentes? Qual é o grau de dependência da empresa em relação a algumas poucas fontes de matérias-primas, vendas em determinada região ou um punhado de grandes clientes? Ela cresceu adquirindo outras empresas ou expandindo internamente? A gerência aloca o capital excedente de forma inteligente, ou fez repetidas baixas contábeis para cobrir os custos de investimentos ou aquisições que não deram certo?[5]
- **Eu li o último relatório aos acionistas?** Em relação a outras empresas do mesmo setor, o comando dessa empresa é remunerado de forma justa? Os gerentes estão envolvidos em extensas "transações com partes relacionadas" ou recebendo regalias generosas que geram conflitos de interesse preocupantes? Os diretores têm participações significativas em ações? Os principais executivos estão usando seu próprio dinheiro para comprar ações, ou estão simplesmente tirando proveito de opções de

---

Faber, da Cambria Investment Management, em bit.ly/3uvjg0x; e o investidor Brett Caughran, em bit.ly/45DGZsD.

5 Por "relatório anual", estou me referindo ao demonstrativo financeiro completo da empresa. Nos Estados Unidos, ele é chamado de Form 10-K e está disponível gratuitamente no site EDGAR da Securities and Exchange Commission, em sec.gov/edgar. *Não* estou me referindo ao relatório enviado aos acionistas, um documento promocional em papel brilhante com fotos bonitas e propaganda.

ações? A remuneração de incentivo está vinculada a medidas sensatas de lucratividade e solidez financeira de longo prazo, como o crescimento do retorno sobre o patrimônio líquido ou o valor contábil por ação em horizontes de vários anos, ou puramente ao preço bruto das ações ou a métricas fictícias, como o crescimento do "EBITDA ajustado"?[6]

- **A empresa tem vantagens duradouras?** Como Warren Buffett disse: "A chave para investir é (...) determinar a vantagem competitiva de determinada empresa e, acima de tudo, a durabilidade dessa vantagem." Quão dominantes são suas marcas, e por quê? A empresa tem patentes ou outra propriedade intelectual que a isola da concorrência? A empresa cobre continuamente os preços de seus rivais, oferecendo aos consumidores um valor atraente? A empresa gera um "efeito cascata", nos quais seus produtos ou serviços se tornam mais valiosos à medida que mais pessoas os utilizam? Se a empresa desaparecesse amanhã, quão difícil seria para os clientes encontrar um fornecedor à altura?[7]
- **Os gerentes são operadores ou promotores?** Os altos executivos dizem o que vão fazer e fazem o que dizem? Eles prometem menos e fazem mais? Eles admitem erros imediatamente? Seguem consistentemente regras contábeis conservadoras, ou mudam repetidas vezes a forma como a empresa divulga seus resultados financeiros? Eles se concentram no valor de longo prazo do negócio ou no preço de curto prazo das ações?
- **Eu fiz uma "autópsia"?** Entendo o negócio suficientemente bem para imaginar os pontos fracos da concorrência que poderiam matá-lo? Faça de conta que é daqui a um ano e que a empresa acabou de entrar em concordata. O que deu errado? A nova gerência não conseguiu dar uma guinada nos negócios, o aumento das taxas de juros transformou sua dívida em um fardo insuportável, os consumidores abandonaram um produto em alta do qual a empresa era excessivamente dependente, uma aquisição se transformou em um desastre?

---

6 Ver o Comentário sobre o Capítulo 19.

7 LOOMIS, Carol. Mr. Buffett on the stock market. Disponível em: bit.ly/3Dbxi8x. Para um debate clássico sobre a identificação de empresas com vantagens duradouras, ver FISHER, Philip A. *Common stocks and uncommon profits*. Wiley, 1996. Sobre "fossos" competitivos e efeitos de rede, ver DORSEY, Pat. *The little book that builds wealth*. Wiley, 2009; MAUBOUSSIN, Michael J.; CALLAHAN, Dan. Market share. Disponível em: bit.ly/44u1hVg; e The economics of customer businesses. Disponível em: bit.ly/3XSyK98. Para que seu fosso perdure, uma empresa deve ser capaz de estabelecer preços sem ações arbitrárias dos órgãos reguladores do governo.

- **Qual é a minha vantagem?** O que, exatamente, eu entendo sobre essa empresa que a maioria dos outros investidores não entende, e por quê?
- **Quais são as probabilidades?** Com base na minha experiência, qual é o grau de confiança que eu tenho de que estou certo? Quanto tempo estimo que a ação vai levar para atingir minha meta?
- **Se o mercado de ações fechasse pelos próximos cinco anos, eu ficaria feliz em ter uma parte dessa empresa?** Escreva de três a cinco motivos – que não tenham nada a ver com o preço das ações – pelos quais essa é uma boa empresa que deverá ser ainda melhor daqui a cinco anos.

Acima de tudo, siga esta regra: *Se eu não tiver agido de acordo com todos os passos do meu checklist, não posso fazer esse investimento.*[8]

Se cumprir todos os itens de um *checklist* parecer muito trabalhoso, você deve repensar se, afinal de contas, é mesmo um investidor empreendedor. A menos que esteja pronto e disposto a dedicar muito tempo e esforço para analisar uma empresa antes de investir nela, você é um investidor defensivo. E não há nada de errado nisso.

---

8 A única exceção permitida a essa regra seria se você fizesse a compra em sua conta de "dinheiro da loucura" (ver o Capítulo 1 e seu Comentário) – nesse caso, você não pode colocar mais do que uma quantia minúscula nela.

CAPÍTULO 12

CONSIDERAÇÕES SOBRE OS LUCROS POR AÇÃO

Este capítulo começará dando dois conselhos ao investidor que têm implicações inerentemente contraditórias. O primeiro é: não leve a sério os lucros de um único ano. O segundo é: caso queira analisar os lucros de curto prazo, fique alerta para as armadilhas existentes na divulgação dos lucros por ação. Se nosso primeiro conselho for seguido à risca, o segundo não será necessário. Porém, é esperar demais que a maioria dos acionistas possa vincular todas as suas decisões no campo das ações ordinárias ao histórico e às perspectivas de longo prazo. Os resultados trimestrais e sobretudo os anuais são objeto de grande atenção nos círculos financeiros, e essa ênfase não pode deixar de ter seu impacto no pensamento do investidor. Ele também pode precisar de alguma instrução nesse campo onde abundam as possibilidades de enganos.

Enquanto este capítulo estava sendo escrito, o balanço da Aluminum Company of America (Alcoa) referente a 1970 era publicado no *Wall Street Journal*. Os primeiros números apresentados foram

	1970	1969
Lucro por ação[a]	US$ 5,20	US$ 5,58

O pequeno [a] no início é explicado na nota de rodapé como referência ao "lucro primário" antes de encargos especiais. Há muito mais material na nota de rodapé; na verdade, ela ocupa duas vezes o espaço ocupado pelos números básicos em si.

Para o trimestre encerrado em dezembro isoladamente, os "lucros por ação" são informados como sendo de US$ 1,58 em 1970, em comparação com US$ 1,56 em 1969.

O investidor ou especulador interessado nas ações da Alcoa, ao ler aquelas informações, poderia dizer para si mesmo: "Nada mau. Sei que 1970 foi um ano de recessão para o alumínio. Porém, o quarto trimestre mostra um ganho maior que o de 1969, com lucros equivalentes a US$ 6,32 ao ano. Deixe-me ver. A ação está sendo negociada a 62. Ora, isso é menos que dez vezes os lucros. Isso faz com que ela pareça bastante barata, comparada com dezesseis vezes para a International Nickel etc., etc."

No entanto, se nosso amigo investidor-especulador tivesse se dado ao trabalho de ler a nota de rodapé toda, ele teria descoberto que, em vez de um dado para os lucros por ação referente ao ano de 1970, na verdade existiam *quatro*, a saber:

	1970	1969
Lucro primário	US$ 5,20	US$ 5,58
Lucro líquido (após encargos especiais)	4,32	5,58
Plenamente diluído, antes de encargos especiais	5,01	5,35
Plenamente diluído, após encargos especiais	4,19	5,35

Com referência ao quarto trimestre, somente dois números são apresentados:

Lucro primário	US$ 1,58	US$ 1,56
Lucro líquido (após encargos especiais)	0,70	1,56

O que significam todos esses lucros adicionais? Quais são os lucros verdadeiros para o ano e para o trimestre de dezembro? Se o último lucro fosse considerado de US$ 0,70, ou seja, o lucro líquido após encargos especiais, a taxa anual seria de US$ 2,80 em vez de US$ 6,32, e o preço de 62 equivaleria a "22 vezes os lucros", no lugar das dez vezes com que começamos.

Parte da questão acerca dos "lucros verdadeiros" da Alcoa pode ser respondida muito facilmente. A redução de US$ 5,20 para US$ 5,01, a fim de compensar os efeitos de "diluição", é claramente justificada. A Alcoa tem uma série de obrigações conversíveis em ações ordinárias; para calcular o "poder de lucro" das ordinárias, com base nos resultados de 1970, deve ser presumido que o privilégio da conversão será exercido caso seja rentável para os proprietários das obrigações fazê-lo. No caso da Alcoa, a quantidade envolvida é relativamente pequena e quase não mereceria comentário detalhado. No entanto, em outros casos, o cálculo do impacto dos direitos de conversão – e a existência de bônus de subscrição de ações – pode reduzir os lucros aparentes pela metade, ou até mais. Apresentaremos a seguir exemplos de um fator de diluição realmente significativo (p. 450). (Os serviços financeiros nem sempre são consistentes no que se refere ao cálculo do fator de diluição em seus relatórios e análises.)[1]

Deixe-nos voltar à questão dos "encargos especiais". O número US$ 18.800.000 ou US$ 0,88 por ação, deduzido no quarto trimestre, é importante. Será que ele deve ser totalmente ignorado, ou plenamente reconhecido como uma redução dos lucros ou parcialmente reconhecido e parcialmente ignorado? O investidor atento deve também questionar sobre a razão do surgimento de uma virtual epidemia de tais baixas contábeis especiais após 1970, mas não em anos anteriores? Será que mãos italianas[2] habilidosas mexeram na contabilidade, porém, claro, sempre dentro dos limites permitidos? Ao olharmos de perto, podemos descobrir que tais prejuízos, descontados antes de efetivamente ocorrerem, podem desaparecer como num passe de mágica, sem qualquer efeito negativo sobre os "lucros primários", tanto do passado quanto do futuro. Em alguns casos extremos, eles podem ser usados para fazer com que certos lucros subsequentes pareçam quase duas vezes maiores do que na realidade são, por meio do tratamento mais ou menos mirabolante dos créditos fiscais envolvidos.

Ao lidar com os encargos especiais da Alcoa, a primeira coisa a ser elucidada é como eles surgiram. As notas de rodapé são suficientemente claras. As deduções vieram de quatro fontes, ou seja:

1. Estimativa, elaborada pela administração da companhia, dos custos previstos de fechamento da divisão de produtos manufaturados.
2. Idem para o fechamento das fábricas da Alcoa Castings Co.

---

1 "Diluição" é uma das muitas palavras que descrevem as ações na linguagem da dinâmica dos fluidos. Uma ação com alto volume de negociação é denominada "líquida". Quando uma companhia se torna pública por meio de um IPO, ela "flutua" seu capital. No passado, uma companhia que diluía drasticamente suas ações (com quantidades grandes de dívidas conversíveis ou ofertas múltiplas de ações ordinárias) era considerada como "aguando" as ações. Acredita-se que esse termo surgiu com o lendário manipulador do mercado Daniel Drew (1797-1879), que começou sua carreira como comerciante de gado. Ele trazia sua boiada para o sul rumo a Manhattan, forçando os animais a comer sal ao longo do caminho. Quando eles chegavam ao Harlem River, bebiam grandes quantidades de água para aplacar a sede. Drew então os levava ao mercado, aonde chegavam mais pesados em função da água que haviam bebido. Isso lhe permitia obter um preço mais alto, pois o gado em pé é vendido com base no peso. Mais tarde, Drew aguou as ações da Erie Railroad ao fazer grandes lançamentos de novas ações sem qualquer aviso.

2 Graham se refere à elegante caligrafia dos escribas medievais e renascentistas na Itália. A expressão mais tarde se tornou sinônimo de "prestidigitação". Contadores, da mesma forma, conseguem transformar fatos financeiros simples em padrões complexos e até incompreensíveis.

3. Idem para os prejuízos com a desativação gradual da Alcoa Credit Co.
4. E, ainda, custos estimados de US$ 5,3 milhões associados à conclusão de um contrato para um "muro de contenção".

Todos esses itens se relacionam com custos e prejuízos futuros. É fácil dizer que eles não são parte dos "resultados operacionais regulares" de 1970, mas, se é assim, a que lugar pertencem? São tão "extraordinários e não recorrentes" que não pertencem a lugar algum? Um empreendimento de grande porte, tal como a Alcoa, com um faturamento anual de US$ 1,5 bilhão, deve ter muitos departamentos, divisões, afiliadas e afins. Não seria normal, em vez de extraordinário, que um ou mais provasse ser pouco lucrativo e exigisse fechamento? O mesmo se aplica a coisas como um contrato para a construção de um muro. E se cada vez que uma companhia registrasse um prejuízo em qualquer parte de seus negócios, ela tivesse a brilhante ideia de considerar a baixa contábil como um "item especial" e, portanto, de divulgar seus "lucros primários" por ação de modo a incluir apenas os contratos e as operações rentáveis? Essa estratégia se assemelha ao relógio de sol do rei Eduardo VII, que marcava apenas as "horas ensolaradas".[3]

O leitor deveria notar dois aspectos engenhosos no procedimento da Alcoa em discussão. O primeiro é que, ao *antecipar perdas futuras,* a companhia foge da necessidade de alocar a um ano identificável os prejuízos em si. Eles não pertencem a 1970, porque não ocorreram efetivamente naquele ano, e não serão *mostrados* no ano em que realmente ocorrerem, porque já foram lançados antecipadamente. Trata-se de um trabalho criativo, mas não seria um tanto enganador?

A nota de rodapé da Alcoa nada diz sobre as reduções de impostos futuros derivadas desses prejuízos. (A maior parte das outras afirmações desse tipo afirma especificamente que foi dada baixa apenas no "efeito pós-

---

3 Provavelmente, o rei tirou sua inspiração do famoso ensaio escrito por William Hazlitt, o qual contemplou um relógio de sol perto de Veneza que tinha gravadas as palavras *Horas non numero nisi serenas* ou "conto apenas as horas que são serenas". As companhias que cronicamente excluem as más notícias de seus resultados financeiros sob o pretexto de que eventos negativos são "extraordinários" ou "não recorrentes" estão copiando Hazlitt, que incitou seus leitores a "não prestarem atenção ao tempo exceto por seus benefícios, a olharem apenas para os sorrisos e ignorarem as carrancas do destino, a compor nossas vidas com momentos brilhantes e gentis, buscando o lado ensolarado das coisas e deixando o resto deslizar de nossa imaginação, desprezado ou esquecido!" (HAZLITT, William. On a sun-dial. ca. 1827). Infelizmente, os investidores precisam sempre contar ambas as horas, tanto as ensolaradas quanto as escuras.

-tributação".) Se os números da Alcoa representam prejuízos futuros antes do crédito fiscal relacionado, então não somente os lucros futuros estarão livres do peso desses encargos (à medida que forem realmente incorridos), mas serão *aumentados* pelo crédito fiscal em aproximadamente 50%. É difícil acreditar que as contas serão tratadas dessa forma. Porém, é fato que certas companhias que registraram grandes prejuízos no passado foram capazes de divulgar lucros futuros sem lançar os impostos normais que incidiriam sobre eles – aparentando dessa forma uma lucratividade muito boa – com base, paradoxalmente, nas desgraças do passado. (Os créditos fiscais resultantes dos prejuízos em *anos anteriores* estão agora sendo mostrados em separado como "itens especiais", mas entrarão nas estatísticas futuras como parte dos números finais de "lucro líquido". No entanto, uma reserva estabelecida agora para prejuízos *futuros*, caso *líquida* do crédito fiscal previsto, não deveria criar um acréscimo desse tipo ao lucro líquido em anos posteriores.)

Outra característica engenhosa é o uso, pela Alcoa e por muitas outras companhias, precisamente do final do ano de 1970 para fazer tais baixas especiais. O mercado acionista passou pelo que pareceu ser um banho de sangue na primeira metade de 1970. Todos esperavam resultados anuais relativamente fracos para a maioria das companhias. Wall Street previa resultados melhores em 1971, 1972 etc. Que arranjo simpático seria então fazer o maior volume de baixas possível em um ano ruim, o qual já havia sido mentalmente descartado e virtualmente esquecido, deixando o caminho aberto para números agradavelmente engordados em anos seguintes! Talvez isso seja bom em termos de contabilidade, políticas de negócios e relacionamentos entre acionistas e administradores. No entanto, nós temos reservas.

A combinação de operações amplamente (ou deveria ser desordenadamente?) diversificadas com o impulso de fazer uma faxina no final de 1970 produziu algumas notas de rodapé estranhas nos relatórios anuais. O leitor pode se divertir com as explicações a seguir, as quais foram fornecidas por uma companhia listada na Bolsa de Valores de Nova York (que permanecerá anônima), a respeito de "itens especiais" que somavam US$ 2.357.000 ou aproximadamente um terço do lucro antes das baixas contábeis: "Consistem em provisionamentos relativos ao fechamento das operações da Spalding United Kingdom; provisionamento relativo às despesas de reorganização de uma divisão; custos de venda de uma pequena companhia de roupas e artigos para bebê; venda de uma participação parcial em uma companhia de aluguel de carros espanhola; e liquidação de um fabricante de botas de esqui."[4]

Anos atrás, as companhias fortes costumavam estabelecer "reservas de contingência" utilizando os lucros dos *anos bons* para absorver alguns dos efeitos negativos dos anos de depressão posteriores. A ideia subjacente era mais ou menos equalizar os lucros divulgados e melhorar o fator de estabilidade no histórico da companhia. Um motivo aparentemente nobre; porém, os contadores muito corretamente foram contrários à prática por apresentar os lucros verdadeiros de maneira enganosa. Eles insistiram que os resultados de cada ano fossem apresentados do jeito que eram, bons ou ruins, e que os acionistas e analistas fizessem tal nivelamento por si mesmos. Parece que agora testemunhamos o fenômeno oposto, com todo mundo dando baixa, na medida do possível, no já esquecido ano de 1970, para começar 1971 com uma ficha não apenas limpa, mas cuidadosamente preparada para mostrar lucros por ação aprazíveis em anos vindouros.

É hora de voltarmos à nossa primeira questão. Quais foram então os lucros verdadeiros da Alcoa em 1970? A resposta correta seria: US$ 5,01 por ação após "diluição" *menos* a parcela dos US$ 0,82 de "encargos especiais" que poderia, de forma apropriada, ser atribuída a ocorrências em 1970. Porém, não sabemos qual o tamanho dessa parcela e, *portanto, não podemos afirmar de forma correta quais foram os lucros verdadeiros para o ano.* Os administradores e os auditores deveriam ter nos apresentado sua melhor avaliação desse ponto, porém, eles não o fizeram. Ademais, os administradores e os auditores deveriam ter previsto a dedução do saldo desses encargos dos *lucros ordinários* durante um número apropriado de anos futuros, digamos, não superior a cinco. É evidente que eles também não farão isso, uma vez que já deram baixa, convenientemente, no montante inteiro como um encargo especial em 1970.

Quanto mais os investidores levam a sério os dados de lucro por ação publicados, mais necessário se torna ficarem alertas com relação aos fatores contábeis de um tipo ou de outro, os quais possam atrapalhar a possibilidade de fazer uma comparação verdadeira entre números. Já mencionamos três

---

4 A companhia à qual Graham se refere de forma tão melindrosa parece ser a American Machine & Foundry (ou AMF Corp.), um dos conglomerados mais confusos do final dos anos 1960.

tipos desses fatores: o uso de *encargos especiais*, os quais jamais podem ser refletidos nos lucros por ação; a redução na dedução normal do *imposto de renda* em função de prejuízos passados; e o fator de *diluição* implícito na existência de quantidades substanciais de títulos e certificados conversíveis.[1] Um quarto item que teve um efeito significativo, no passado, sobre os lucros divulgados é o método de tratamento da depreciação, sobretudo entre os cronogramas "lineares" e os "acelerados". Abstemo-nos de fornecer detalhes aqui. Porém, como exemplo atual, mencionaremos o balanço da Trane Co. relativo a 1970. Essa empresa apresentou um aumento de quase 20% nos lucros por ação em relação a 1969 – US$ 3,29 *versus* US$ 2,76 –, mas metade disso é derivada do retorno ao método de depreciação linear anteriormente utilizado, que pesa menos sobre os lucros do que o método acelerado usado no ano anterior. (A companhia continuará a usar a taxa acelerada em sua declaração de imposto de renda, postergando assim os pagamentos de imposto de renda sobre a diferença.) Outro fator, importante às vezes, é a escolha entre alocar os custos de pesquisa e desenvolvimento ao ano em que aconteceram ou amortizá-los ao longo de um período de vários anos. Finalmente, mencionaremos a escolha entre os métodos de avaliação de inventários PEPS (primeiro a entrar e primeiro a sair) e UEPS (último a entrar e primeiro a sair).

Uma observação óbvia nessa altura é a de que os investidores não deveriam prestar qualquer atenção a essas variáveis contábeis se as quantias envolvidas forem relativamente pequenas. No entanto, sendo Wall Street do jeito que é, até mesmo itens pequenos podem merecer serem levados a sério. Dois dias antes do aparecimento do relatório da Alcoa no *Wall Street Journal*, o jornal publicou uma discussão acirrada sobre o balanço correspondente da Dow Chemical. Ele fechou com a observação de que "muitos analistas" estavam preocupados com o fato de que a Dow havia incluído um item de US$ 0,21 como sendo lucro normal de 1969, em vez de tratá-lo como um item de "lucro extraordinário". Por que tanto estardalhaço? Porque, evidentemente, avaliações da Dow Chemical que envolviam vários milhões de dólares ao todo pareciam depender exatamente de qual havia sido o aumento percentual em 1969 em comparação com 1968, sendo, nesse caso, 9% ou 4%. Isso nos parece um tanto absurdo; é muito improvável que pequenas diferenças envolvidas nos resultados de um ano poderiam ter qualquer efeito nos lucros ou crescimento médios no futuro e em uma avaliação realista e conservadora do negócio.

Para efeitos de comparação, considere outro relatório que também apareceu em janeiro de 1971. Ele dizia respeito ao balanço da Northwest Industries Inc. referente a 1970.[5] A companhia estava planejando dar baixa, como um encargo especial, em nada menos que US$ 264 milhões de uma só tacada. Desses, US$ 200 milhões representavam o prejuízo a ser assumido na venda proposta de sua subsidiária ferroviária aos próprios empregados e o restante a baixa contábil gradual de uma compra de ações recente. Essas somas representariam um prejuízo de aproximadamente US$ 35 por ação ordinária antes da compensação pela diluição ou duas vezes o preço de mercado atual. Aqui, temos algo realmente significativo. Se a transação for concretizada e a legislação tributária não for alterada, esse prejuízo lançado em 1970 permitirá que a Northwest Industries realize aproximadamente US$ 400 milhões de lucros futuros (nos próximos cinco anos) derivados de suas outras participações diversificadas sem pagar imposto de renda em cima desse montante.[6] Quais seriam então os lucros reais daquela empresa? Eles deveriam ser calculados com ou sem provisão para os quase 50% de imposto de renda que não serão necessários pagar? Em nossa opinião, o modo apropriado de cálculo seria primeiro considerar o poder de lucro indicado com base no pagamento integral do imposto de renda e derivar alguma ideia aproximada do valor da ação com base em tal estimativa. A isso deve ser acrescentado algum montante adicional, representando o valor por ação da isenção de impostos importante, mas temporária, que a companhia gozará. (Também deve ser levada em conta uma possível diluição em grande escala nesse caso. Na verdade, os títulos de dívidas e bônus de subscrição

5 A Northwest Industries foi a companhia controladora da Chicago and Northwestern Railway Co. e da Union Underwear (o produtor das marcas de roupa íntima BVD e Fruit of the Loom), entre outras companhias. Em 1985, ela foi comprada pelo financista superendividado William Farley, que depenou a companhia. A Fruit of the Loom foi comprada em um processo de falência pela Berkshire Hathaway Inc., controlada por Warren Buffett, no início de 2002.

6 Graham se refere aos dispositivos da legislação tributária federal que permitem que as corporações "tragam para a frente" seus prejuízos operacionais líquidos. De acordo com o código tributário atual, esses prejuízos podem ser trazidos para a frente por até vinte anos, reduzindo o passivo tributário da companhia durante o período como um todo (e, portanto, aumentando seus lucros após a tributação). Logo, os investidores precisam avaliar se os prejuízos severos no passado recente poderiam, na verdade, *melhorar* os lucros líquidos da companhia no futuro.

conversíveis superariam em mais de duas vezes as ações ordinárias emitidas se os privilégios forem exercidos.)

Tudo isso pode parecer confuso e fatigante para nossos leitores, mas faz parte de nossa história. A contabilidade empresarial é muitas vezes enganosa; a análise de títulos pode ser complicada; as avaliações dos preços das ações são realmente confiáveis apenas em casos excepcionais. Para a maioria dos investidores, seria provavelmente melhor se certificarem em obter um bom valor pelo preço pago e ficarem nisso.

Uso de lucros médios

No passado, analistas e investidores dedicaram atenção considerável aos lucros médios relativos a um período razoavelmente longo, em geral de sete a dez anos. Esse "número médio"[7] foi útil para eliminar os frequentes altos e baixos do ciclo econômico e era visto como capaz de oferecer uma ideia mais precisa do potencial de lucratividade da companhia do que os resultados isolados do último ano. Uma vantagem importante de tal processo de cálculo é que ele resolve o problema de o que fazer com relação a quase todos os encargos e créditos especiais. Eles precisam ser *incluídos* no lucro médio, pois, seguramente, a maioria dessas perdas e desses ganhos representa uma parte da história das operações da companhia. Se aplicássemos esse procedimento à Alcoa, os lucros médios para 1961-1970 (dez anos) seriam de US$ 3,62, e para os sete anos, entre 1964-1970, seriam de US$ 4,62 por ação. Se tais números forem usados em conjunto com as avaliações do crescimento e da estabilidade dos lucros durante o mesmo período, eles poderão oferecer um quadro efetivamente informativo do desempenho da companhia no passado.

Cálculo da taxa de crescimento passado

É de suma importância que o fator crescimento histórico de uma companhia seja considerado de forma adequada. Nos casos em que o crescimento tenha sido grande, os lucros recentes serão substancialmente superiores à média de sete ou dez anos e os analistas podem considerar esses números de longo

---

7 "Número médio" se refere à média simples, ou aritmética, que Graham descreve no trecho anterior.

prazo irrelevantes. Isso não é necessário. Os lucros podem ser apresentados *tanto* em termos da média *quanto* do dado mais recente. Sugerimos que a própria taxa de crescimento seja calculada pela comparação da *média* dos últimos três anos com dados correspondentes dos dez anos anteriores. (Onde houver um problema de "encargos ou créditos especiais", ele deve ser tratado em bases conciliatórias.) Observe os cálculos a seguir para o crescimento da Alcoa em comparação com a Sears Roebuck e com o índice DJIA como um todo.

TABELA 12-1

	Alcoa	*Sears Roebuck*	*DJIA*
Lucros médios 1968-1970	US$ 4,95[a]	US$ 2,87	US$ 55,40
Lucros médios 1958-1960	2,08	1,23	31,49
Crescimento	141,0%	134,0%	75,0%
Taxa anual (composta)	9,0%	8,7%	5,7%

[a] Três quintos dos encargos especiais de US$ 0,82 em 1970 foram deduzidos aqui.

Comentário: Esse pequeno conjunto de dados poderia se tornar o cerne de uma longa discussão. Eles provavelmente mostram, tanto quanto quaisquer outros números derivados de um tratamento matemático sofisticado, o crescimento efetivo dos lucros para o longo período entre 1958-1970. Porém, qual a relevância desse resultado, em geral considerado de suma importância na avaliação das ações ordinárias, no caso da Alcoa? Sua taxa de crescimento no passado foi excelente, efetivamente um pouco melhor do que aquela da aclamada Sears Roebuck e bem superior à do índice composto DJIA. No entanto, o preço de mercado no início de 1971 parecia não prestar qualquer atenção a esse desempenho positivo. A Alcoa era negociada a apenas 11,5 vezes a média dos três anos mais recentes, enquanto a Sears era negociada a 27 vezes e o próprio DJIA a 15 ou mais vezes. Como isso aconteceu? É evidente que Wall Street tem pontos de vista bastante pessimistas a respeito dos lucros futuros da Alcoa em comparação com seu histórico. Surpreendentemente, o preço máximo da Alcoa foi registrado em 1959. Naquele ano, ela foi negociada a 116, ou 45 vezes os lucros. (Isso se compara com um preço máximo ajustado em 1959 de 25,5 para a Sears Roebuck ou vinte vezes os lucros na época.) Muito embora os lucros da Alcoa mostrassem excelente crescimento em anos posteriores, é evidente que nesse caso as possibilidades futuras foram muito superestimadas pelo preço do mercado. Ela fechou 1970 a exatamente metade do preço máximo de 1959, ao mesmo tempo que a Sears triplicava de preço e o DJIA subia quase 30%.

Cabe ressaltar que o lucro da Alcoa sobre seu capital[8] tem sido, na melhor das hipóteses, apenas medíocre, e isso pode ser um fator decisivo nesse caso. Os múltiplos altos são *mantidos* no mercado acionário apenas se a companhia mantiver uma lucratividade acima da média.

A essa altura, aplicaremos à Alcoa a sugestão que fizemos no capítulo anterior de um "processo de avaliação em duas partes".[9] Tal abordagem poderia resultar em um "valor de desempenho passado" para a Alcoa de 10% do DJIA, ou US$ 84 por ação com base no preço de fechamento de 840 do DJIA em 1970. Nessas bases, as ações pareceriam muito atraentes ao seu preço de 57,25.

Em que medida o analista experiente deveria aplicar um desconto ao "valor de desempenho passado" que compensasse a evolução adversa prevista no futuro? Francamente, não fazemos a menor ideia. Suponhamos que ele estivesse certo em acreditar que os lucros de 1971 seriam tão baixos quanto US$ 2,50 por ação, uma queda grande com relação ao número de 1970, se comparada com uma subida esperada do DJIA. Muito provavelmente, o mercado acionário consideraria esse desempenho fraco, mas isso seria suficiente para qualificar a outrora poderosa Aluminum Company of America como um negócio relativamente *não rentável*, merecedora de uma valoração inferior aos ativos tangíveis por trás das ações?[10] (Em 1971, o preço caiu de um pico de 70 em maio para um mínimo de 36 em dezembro, comparado com um valor contábil de 55.)

---

8 Graham parece estar usando "lucros sobre o capital" no sentido tradicional de retorno sobre o valor contábil; em resumo, o lucro líquido dividido pelos patrimônios líquidos tangíveis da companhia.

9 Ver pp. 327-329.

10 A história recente e uma montanha de pesquisas financeiras mostraram que o mercado é muito duro com as companhias de crescimento rápido que repentinamente divulgam uma queda nos lucros. As companhias com crescimento mais moderado e estável, como foi a Alcoa nos dias de Graham ou são a Anheuser-Busch e a Colgate-Palmolive em nossa época, tendem a sofrer declínios um tanto mais brandos quando divulgam lucros decepcionantes. Grandes expectativas levam a grandes decepções se não forem atendidas; um fracasso em atender a expectativas moderadas leva a uma reação bem mais branda. Portanto, um dos maiores riscos de possuir growth stocks não é que seu crescimento cessará, mas simplesmente que ele diminuirá. E, no longo prazo, isso não é simplesmente um risco, mas quase uma certeza.

A Alcoa é certamente uma gigantesca empresa industrial, mas acreditamos que sua história de preço/lucro é mais incomum, até mesmo contraditória, do que a da maioria das outras empresas de grande porte. No entanto, esse exemplo dá razão, em certa medida, às dúvidas que expressamos no último capítulo quanto à confiabilidade dos procedimentos de avaliação quando aplicados a companhias industriais em geral.

COMENTÁRIO SOBRE O CAPÍTULO 12

POR JASON ZWEIG

Não se trata de um delírio paranoico – os emissores de demonstrações financeiras estão mesmo querendo pegar você!

– Martin S. Fridson[1]

Quando as empresas reportam seus lucros, uma questão é importante acima de tudo: esses números divulgados representam de forma honesta a lucratividade do negócio subjacente?

Quem dera fosse tão fácil de responder a essa pergunta quanto é de fazê-la.

ATENÇÃO AO GAAP

De acordo com os princípios contábeis geralmente aceitos (GAAP, na sigla em inglês), receitas e despesas são normalmente registradas no período fiscal em que ocorrem. Isso parece sensato, mas pode dar uma imagem enganosa.

Imagine uma indústria que comprou um fabricante de produtos químicos no ano anterior. Neste ano, os órgãos reguladores ambientais multaram a empresa em US$ 80 milhões para limpar a poluição na área de uma fábrica que a subsidiária recém-adquirida fechou há dezessete anos. A empresa já nem mesmo produz o produto químico que contaminou a área.

De acordo com as regras do GAAP, essa multa por atividades em anos anteriores é uma despesa que reduz o lucro líquido do presente ano. Entretanto, é – ou pelo menos deveria ser – uma despesa única ou não recorrente, e não um custo perene dos negócios. Esse custo diz pouco sobre a saúde fundamental da empresa neste ano, e quase nada sobre sua capacidade de gerar caixa e lucro nos próximos anos.

Da mesma forma, digamos que uma empresa ganhe US$ 1 bilhão em um processo de violação de patente contra seu único concorrente de peso. Isso

---

1 Correspondência pessoal.

aumentará a receita segundo o GAAP, mas é quase certo que se trata de um evento único. Seria estupidez contar com a repetição dele.

Como o GAAP não é perfeito, as empresas dependem cada vez mais de relatórios não GAAP, nos quais excluem vários itens de despesa ou receita. As empresas reportam esses números alternativos em seus anúncios de lucros, em partes de suas demonstrações financeiras e em teleconferências. Analistas e investidores se baseiam neles. A remuneração dos executivos corporativos costuma se basear neles também.[2]

As cifras "obscuras" se tornaram pelo menos tão importantes quanto as reais. "Todo o sistema foi condicionado a aceitar essas noções não GAAP como medidas legítimas", diz Lauren Taylor Wolfe, sócia-gerente da Impactive Capital, uma firma de investimentos de Nova York.

Conforme afirmou a Comissão de Valores Mobiliários dos Estados Unidos, se um ajuste não GAAP às despesas ou receitas é correto ou enganoso "depende dos fatos e circunstâncias particulares de uma empresa". O órgão afirma que os demonstrativos financeiros não GAAP devem tratar os itens de forma consistente ao longo do tempo; não devem subtrair "despesas operacionais normais, recorrentes e em dinheiro"; e não devem incluir ganhos não recorrentes se os encargos não recorrentes forem excluídos no mesmo período.

Em princípio, os números não GAAP devem desconsiderar quaisquer custos ou receitas inusitados ou extraordinários, criando uma imagem mais clara do desempenho da empresa e da probabilidade de ela ser lucrativa no futuro.

Na prática, os números não GAAP tornaram-se a oficina do diabo. Nenhum padrão regulatório ou contábil determina exatamente o que pode ser excluído, quando, e por quê. As empresas podem alterar suas métricas não GAAP sempre que quiserem, sem aviso ou explicação. Quanto de quais tipos de receitas ou despesas deve ser ajustado? O que constitui um custo normal do negócio? O que define se é improvável que uma fonte de renda se repita? Como uma empresa deve determinar – e comunicar – se seus ajustes são justos, sensatos e consistentes? Tudo isso depende dos executivos de cada empresa; o julgamento é feito por eles, e são eles que contam a história.

---

2 Fora dos Estados Unidos, a maioria das empresas usa o International Financial Reporting Standards (IFRS) em vez do GAAP; ele também pode apresentar números de desempenho alternativos que levantam questões semelhantes de correção e comparabilidade.

BEM-VINDO À TERRA NÃO GAAP

Naturalmente, quando as empresas se tornam contadoras de histórias, muitas optam pelos contos de fadas. Essas fantasias são ambientadas em um lugar que eu chamo de Terra Não GAAP.

Nesse mundo mágico, todo sapo é um príncipe, todo pé de feijão cresce até a estratosfera, e o imperador está sempre vestido. Na Terra Não GAAP, as empresas podem fazer com que as despesas desapareçam e um rendimento efêmero pareça tão durável quanto mármore:

- Em 2011, a Groupon, Inc. criou uma medida de lucratividade não GAAP chamada receita operacional ajustada do segmento consolidado (ACSOI, na sigla em inglês). No período de três anos encerrado em 31 de dezembro de 2010, o Groupon teve prejuízo de US$ 423 milhões de acordo com as regras GAAP. Usando sua medida ACSOI, no entanto, a empresa "lucrou" US$ 63 milhões. Na Terra Não GAAP, a Groupon – uma empresa de marketing on-line! – decidiu que era justo excluir as despesas de marketing on-line de sua medida de ganhos. (A SEC – Comissão de Valores Mobiliários – posteriormente obrigou a Groupon a incluí-las.)
- Em 2018, a WeWork Cos., uma startup de coworking, criou uma medida de suposta lucratividade chamada "EBITDA ajustado à comunidade". Isso eliminou os custos de vendas, marketing e administração. Também tratou efetivamente os descontos iniciais dos proprietários como uma fonte de renda perene, e não transitória. No mundo real, de acordo com as regras GAAP, a empresa teve um prejuízo de US$ 933 milhões no ano anterior. Na Terra Não GAAP, a WeWork "lucrou" US$ 233 milhões. (A WeWork fracassou em sua tentativa de oferta de ações em 2019; depois de finalmente abrir o capital em 2021, ela entrou com pedido de concordata no final de 2023.)[3]
- Ano após ano, as medidas de receita não GAAP de gigantes farmacêuticas como Bristol-Myers Squibb Co., Eli Lilly & Co. e Pfizer Inc. excluíram parte dos custos de pesquisa e desenvolvimento – embora a pesquisa e o desenvolvimento de novos medicamentos sejam o cerne de seus negócios. Isso acrescentou bilhões de dólares aos seus "lucros" na Terra Não GAAP.

---

3 BROWN, Eliot; FARRELL, Maureen. *The cult of we*. Crown, 2021. pp. 196-198, 321-322.

(Em 2022, sob pressão dos órgãos reguladores, as empresas finalmente mudaram essa prática.)[4]

VOCÊ ACREDITA EM MÁGICA?

Em outras partes da Terra Não GAAP, algumas companhias aéreas excluem parte do custo do aluguel de aviões; empresas de energia eliminam parte do custo de exploração de petróleo e gás; empresas de software eliminam parte do custo de desenvolvimento de softwares.

Como você não vive na Terra Não GAAP, provavelmente está pensando: *Eu não posso fingir que as minhas despesas não reduzem minha receita. Por que uma empresa pode fazer isso?*

A resposta: os investidores profissionais concordam com a farsa. Se ninguém questionar abertamente uma prática comercial, mais empresas começam a adotá-la. Uma vez que as ações sobem devido ao aparente crescimento dos lucros, exigir o crescimento real dos lucros soa como um capricho. E se uma maré alta levanta todos os barcos, ninguém quer balançar nenhum barco.

No entanto, as pessoas sabem a verdade.

Uma pesquisa com 169 diretores financeiros de empresas de capital aberto perguntou o que tornava os lucros divulgados "de alta qualidade". Para 94% dos CFOs, os lucros devem refletir "escolhas consistentes de relatórios ao longo do tempo"; mais de dois terços disseram que os lucros não devem incluir "itens únicos ou especiais".

Em outra pesquisa, mais da metade dos analistas e investidores profissionais disseram que muitos ajustes não GAAP são, sempre ou quase sempre, inadequados.

No entanto, muitos desses CFOs supervisionam a produção de relatórios financeiros que apresentam fantasias – e muitos desses investidores profissionais detêm ações das próprias empresas cuja contabilidade eles consideram inadequada.

A pesquisa com os CFOs constatou que 93% acreditam que as empresas que deturpam os lucros o fazem para sustentar o preço de suas ações e para satisfazer a "pressão externa" por lucros divulgados cada vez maiores. E 89%

4 USVYATSKY, Olga. In-depth: how pharma firms use non-GAAP. Disponível em: bit.ly/47R3BYa.

acham que as empresas que deturpam os lucros querem "influenciar" – ou seja, inflar – a remuneração dos executivos.[5]

A pesquisa também indica que as empresas que habitualmente excluem itens dos lucros não GAAP tendem a ser mais jovens e menores; elas têm ampla propriedade institucional, altos retornos de ações recentes e, portanto, grandes expectativas de retornos mais elevados no futuro.[6]

As empresas apresentam contos de fadas porque seu público não quer que o feitiço seja quebrado. Quando os investidores querem acreditar em mágica, as empresas fazem com que seus desejos pareçam se tornar realidade.

JURAMOS QUE ISSO NUNCA MAIS VAI ACONTECER... ATÉ O ANO QUE VEM

Uma forma pela qual as empresas podem maquiar seu desempenho é excluir os encargos de reestruturação dos resultados não GAAP. Uma empresa pode incorrer em tais custos quando vende ativos com prejuízo, fecha uma divisão ou demite funcionários.

No mundo real, isso são despesas. Na Terra Não GAAP, elas podem desaparecer.

Em princípio, uma empresa saudável não deveria estar se desfazendo cronicamente de ativos e dispensando funcionários. O pagamento além do normal por aquisições e a expansão exagerada da força de trabalho não fazem parte do custo normal dos negócios.

Na prática, entretanto, toda empresa precisa mudar de rumo de vez em quando, de modo que encargos de reestruturação surgem a cada poucos anos. Excluí-los de sua avaliação da lucratividade de uma empresa pode fazer sentido: um custo que ocorre esporadicamente no curto prazo provavelmente não restringirá os lucros no longo prazo.

Se, no entanto, os encargos de reestruturação se repetirem com frequência, eles começam a se assemelhar a uma característica regular de como a empresa opera – e, nesse caso, seria ingênuo ignorá-los.

Muitas empresas, no entanto, estão dizendo aos investidores para fazerem justamente isso.

---

5 DICHEV, Ilia *et al.* The misrepresentation of earnings. Disponível em: bit.ly/3YNVA27; e Earnings quality: evidence from the field. Disponível em: bit.ly/3stivng.

6 DECHOW, Patricia *et al.* A rating system to evaluate non-GAAP exclusion quality. Disponível em: bit.ly/3KSOfc6.

De acordo com a Calcbench, uma empresa de dados financeiros, 68 empresas do S&P 500 assumiram encargos de reestruturação *todos os anos* de 2013 a 2022. Dessas, 36 reajustaram seus números em 2022, adicionando os encargos de reestruturação de volta às suas medidas informadas de receita não GAAP.

Essas empresas estão efetivamente provocando os investidores com a mesma postura de Chico Marx no clássico filme *O diabo a quatro*: "Bem, em quem você vai acreditar: em mim ou em seus próprios olhos?"

Veja com seus próprios olhos a HP Inc.

Ao longo dos dez anos completados em 2023, a HP assumiu encargos de reestruturação por dez vezes; ela também assumiu encargos de "aquisição e desinvestimento" em cada um desses anos (embora de apenas US$ 1 milhão em 2015). Esses encargos totalizaram quase US$ 5,1 bilhões – um oitavo dos US$ 42,7 bilhões em lucros operacionais acumulados da HP (pela medida GAAP convencional). Depois que a HP limpou esses encargos de suas demonstrações financeiras, ela informou um lucro operacional acumulado de US$ 49,5 bilhões não GAAP.

A HP diz que essas cobranças cobrem "custos não recorrentes" que são "inconsistentes em quantidade e frequência" e não representam as despesas operacionais futuras esperadas. Depois de se repetir ano após ano, isso é um pouco como dizer que a letra de "Parabéns pra você" não é repetitiva porque nem todas as pessoas têm o mesmo nome.

"ACIONANDO" OS LUCROS

Outro item que infla as medidas de "receita" na Terra Não GAAP é a remuneração baseada em ações: o custo que as empresas incorrem para pagar funcionários e executivos com ações ou opções. Principalmente entre as empresas de software e outras empresas de tecnologia, esse é um custo enorme – e regular – do negócio. Na maioria, é o componente dominante da remuneração.

Ao longo dos dez anos fiscais terminados em maio de 2023, o lucro operacional acumulado não GAAP da Oracle Corp. de US$ 178,9 bilhões foi mais de um terço maior do que o lucro operacional relatado de acordo com as regras GAAP. Isso se deve, em parte, ao fato de que a gigante do software pagou US$ 15,6 bilhões em remuneração baseada em ações para sua gerência e funcionários – e adicionou essa despesa de volta ao seu lucro operacional não GAAP.

FIGURA 12-1
Uma recorrência comum?

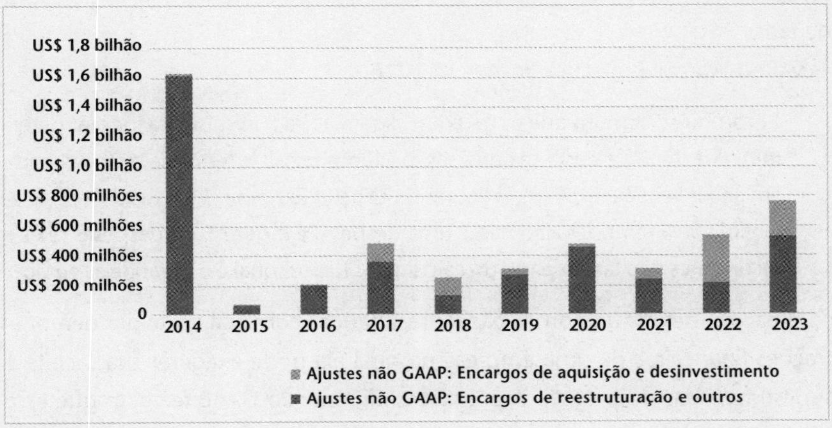

Fonte: Relatório de lucros da HP, SEC.gov.

A Oracle admite em seus relatórios de lucros que "as despesas com remuneração baseada em ações serão recorrentes em períodos futuros", mas "continuamos a avaliar nosso desempenho comercial excluindo as despesas com remuneração baseada em ações".

No mesmo período, outra gigante do software, a Salesforce, Inc., informou US$ 25,6 bilhões de receita operacional acumulada em seus relatórios não GAAP. No entanto, a receita operacional acumulada da empresa, conforme medida convencionalmente pelo GAAP, totalizou apenas US$ 3,1 bilhões.

Como os ganhos da Salesforce ficaram oito vezes maiores na Terra Não GAAP do que no mundo real? Pegando os US$ 14,1 bilhões que havia pago aos funcionários e à gerência em despesas de compensação em ações e declarando que *não era* uma despesa.

A Salesforce explicou que acrescenta a remuneração baseada em ações (e outras despesas) em seus cálculos de receita não GAAP porque esses custos não incorrem para "aumentar a receita em um período específico, mas sim para o benefício de longo prazo da empresa em vários períodos".

No entanto, no mesmo período de dez anos, a Microsoft Corp. pagou o enorme valor de US$ 48,1 bilhões em remuneração baseada em ações. Quanto dessa despesa a Microsoft incluiu em sua receita não GAAP?

Zero.

Ao fazer isso, a Microsoft assumiu a remuneração baseada em ações como o que ela é: um custo normal e recorrente dos negócios que as empresas e os investidores não deveriam adicionar a uma medida de rendimentos de conto de fadas.

Como Warren Buffett escreveu em 2016:

> ... tornou-se comum que os gerentes digam aos acionistas para ignorar determinados itens de despesas que são bastante reais. A "remuneração baseada em ações" é o exemplo mais flagrante. O próprio nome já diz tudo: "remuneração". Se a remuneração não é uma despesa, é o quê? E, se despesas reais e recorrentes não fazem parte do cálculo dos lucros, qual é o lugar delas então?[7]

Uma vez, defini "demonstração de resultados" como "a parte das demonstrações financeiras de uma empresa na qual ela pode exagerar sua receita e subestimar suas despesas".[8] A praga dos ajustes não GAAP fez com que essa piada virasse algo extremamente sério.

Algumas empresas, para seu crédito, usam números não GAAP não para camuflar ou confundir, mas para esclarecer. Muitas outras, não. Uma das tarefas mais importantes – e desafiadoras – para os investidores empreendedores é descobrir se os números não GAAP apresentam um quadro justo ou uma fantasia.[9]

---

7 Relatório anual de 2015 da Berkshire Hathaway, disponível em: bit.ly/3YQPgaj, p. 16.

8 ZWEIG, Jason. *The devil's financial dictionary.* PublicAffairs, 2015. p. 114.

9 Para investidores empreendedores, um excelente guia forense sobre a confiabilidade das demonstrações financeiras das empresas é SCHILIT, Howard M. *et al. Financial shenanigans.* McGraw-Hill, 2018. Ver também NISSIM, Doron. Earnings quality, fundamental analysis and valuation. Disponível em: bit.ly/3R2pkX8.

TABELA 12-2 Ajustes não GAAP

Companhia	Ano terminado em										
Salesforce. Inc.	**31/1/14**	**31/1/15**	**31/1/16**	**31/1/17**	**31/1/18**	**31/1/19**	**31/1/20**	**31/1/21**	**31/1/22**	**31/1/23**	**Acumulado**
Receita operacional GAAP	(286)	(146)	115	64	454	535	297	455	548	1.030	3.066
Adicional: despesa da remuneração baseada em ações	503	565	594	820	997	1.283	1.785	2.190	2.779	3.259	14.775
Adicional: outros ajustes (total)	147	155	121	225	287	447	792	1.121	1.624	2.779	7.698
Receita operacional não GAAP	364	574	830	1110	1738	2.265	2.874	3.766	4.951	7.068	25.540
Oracle Corp.	**31/5/14**	**31/5/15**	**31/5/16**	**31/5/17**	**31/5/18**	**31/5/19**	**31/5/20**	**31/5/21**	**31/5/22**	**31/5/23**	**Acumulado**
Receita operacional GAAP	14.759	13.871	12.604	12.710	13.264	13.535	13.896	15.213	10.926	13.093	133.871
Adicional: despesa da remuneração baseada em ações	795	928	793	981	1.245	1.293	1.590	1.837	2.613	3.547	15.622
Adicional: outros ajustes (total)	2.524	2.567	2.379	2.305	2.599	2.536	1.892	1.948	6.054	4.262	29.066
Receita operacional não GAAP	18.109	17.393	15.786	16.167	17.155	17.384	17.382	19.000	19.593	20.902	178.871
Microsoft Corp.	**30/6/14**	**30/6/15**	**30/6/16**	**30/6/17**	**30/6/18**	**30/6/19**	**30/6/20**	**30/6/21**	**30/6/22**	**30/6/23**	**Acumulado**
Receita operacional GAAP	27.759	18.161	20.182	22.326	35.058	42.959	52.959	69.916	83.383	88.523	461.226
Adicional: despesa da remuneração baseada em ações	-	-	-	-	-	-	-	-	-	-	-
Adicional: outros ajustes (total)	127	10.011	7.753	7.013	-	-	-	-	-	1.171	26.075
Receita operacional não GAAP	27.886	28.172	27.935	29.339	35.058	42.959	52.959	69.916	83.383	89.694	487.301

Nota: Todas as cifras em milhões de dólares. Os totais de receita operacional não GAAP podem não corresponder exatamente à soma dos itens acima deles devido a arredondamentos e outras discrepâncias menores.

Fontes: Relatórios de lucros anuais das respectivas empresas.

CAPÍTULO 13

UMA COMPARAÇÃO ENTRE QUATRO COMPANHIAS LISTADAS EM BOLSA

Neste capítulo, gostaríamos de apresentar uma amostra da análise de títulos em funcionamento. Selecionamos, mais ou menos aleatoriamente, quatro companhias que aparecem uma após a outra, em ordem alfabética, na lista da Bolsa de Valores de Nova York. São elas: a Eltra Corp. (uma fusão da Electric Autolite e da Mergenthaler Linotype), a Emerson Electric Co. (um fabricante de produtos elétricos e eletrônicos), a Emery Air Freight (um serviço de frete aéreo americano) e a Emhart Corp. (originalmente um fabricante de maquinaria para engarrafamento apenas, mas agora também de equipamento de construção).[1] Existem algumas semelhanças significativas entre as três empresas, mas as diferenças parecerão mais significantes. Deve haver uma diversidade suficiente nos dados financeiros e operacionais para tornar interessante a análise.

Na Tabela 13-1, apresentamos um resumo de como estavam sendo negociadas as quatro companhias no mercado no final de 1970 e alguns dados de suas operações nesse ano. Em seguida, detalhamos certos índices-chave, os quais se referem, por um lado, ao *desempenho* da empresa e, por outro, ao *preço* da ação. É necessário um comentário sobre como os vários aspectos do padrão de desempenho se alinham com o padrão de preços correspondente. Finalmente, vamos rever quatro companhias, sugerindo algumas comparações e relações e avaliando cada uma em termos das exigências de um investidor conservador em ações ordinárias.

---

1 Dos quatro exemplos de Graham, apenas a Emerson Electric ainda existe na mesma forma.

TABELA 13-1 Uma comparação entre quatro companhias listadas em bolsa

	Eltra	Emerson Electric	Emery Air Freight	Emhart Corp.
A. Capitalização				
Preço das ordinárias, 31 dez/1970	27	66	57¾	32¾
Número de ações ordinárias	7.714.000	24.884.000[a]	3.807.000	4.932.000
Valor de mercado das ordinárias	US$208.300.000	US$1.640.000.000	US$220.000.000	US$160.000.000
Títulos e ações preferenciais	8.000.000	42.000.000		9.200.000
Capitalização total	216.300.000	1.682.000.000	220.000.000	169.200.000
B. Itens de receita				
Faturamento, 1970	US$454.000.000	US$657.000.000	US$108.000.000	US$227.000.000
Lucro líquido, 1970	20.773.000	54.600.000	5.679.000	13.551.000
Lucro por ação, 1970	US$2,70	US$2,30	US$1,49	US$2,75[b]
Lucro por ação, média, 1968-1970	2,78	2,10	1,28	2,81
Lucro por ação, média, 1963-1965	1,54	1,06	0,54	2,46
Lucro por ação, média, 1958-1960	0,54	0,57	0,17	1,21
Dividendo atual	1,20	1,16	1,00	1,20
C. Itens do balanço, 1970				
Ativos circulantes	US$205.000.000	US$307.000.000	US$20.400.000	US$121.000.000
Passivos circulantes	71.000.000	72.000.000	11.800.000	34.800.000
Patrimônios líquidos para ações ordinárias	207.000.000	257.000.000	15.200.000	133.000.000
Valor contábil por ação	US$27,05	US$10,34	US$3,96	US$27,02

[a] Presume a conversão de ações preferenciais.
[b] Após encargo especial de US$ 0,13 por ação.
[c] Ano encerrado em setembro de 1970.

TABELA 13-2 Uma comparação entre quatro companhias listadas em bolsa (cont.)

	Eltra	*Emerson Electric*	*Emery Air Freight*	*Emhart Corp.*
B. Razões				
Preço/lucro, 1970	10,0 x	30,0 x	38,5 x	11,9 x
Preço/lucro, 1968-1970	9,7 x	33,0 x	45,0 x	11,7 x
Preço/valor contábil	1,00 x	6,37 x	14,3 x	1,22 x
Lucro líquido/vendas, 1970	4,6%	8,5%	5,4%	5,7%
Lucro líquido por ação/valor contábil	10,0%	22,2%	34,5%	10,2%
Taxa de dividendos	4,45%	1,78%	1,76%	3,65%
Ativo circulante sobre passivo circulante	2,9 x	4,3 x	1,7 x	3,4 x
Capital de giro/dívida	Muito grande	5,6 x	Nenhuma dívida	9,4 x
Crescimento dos lucros por ação:				
1968-1970 *vs.* 1963-1965	+ 81%	+ 87%	+135%	+14%
1968-1970 *vs.* 1958-1970	+ 400%	+ 250%	Muito grande	+132%
C. Histórico de preços				
1936-1968 Mínimo	¾	1	⅛	3⅝
Máximo	50¾	61½	66	58¼
1970 Mínimo	18⅝	42⅛	41	23½
1971 Máximo	29⅜	78¾	72	44⅜

O fato mais surpreendente sobre as quatro companhias é que as razões preço/lucro atuais variam muito mais amplamente do que o desempenho operacional ou a condição financeira. Duas empresas – Eltra e Emhart – foram modestamente avaliadas a apenas 9,7 vezes e doze vezes os lucros médios para 1968-1970, se comparado com um número correspondente de 15,5 vezes no caso do DJIA. As outras duas – Emerson e Emery – mostraram múltiplos muito maiores, de 33 e 45 vezes tais lucros. Deve haver uma explicação para uma diferença dessa magnitude. Essa explicação pode ser encontrada no crescimento maior dos lucros das companhias favorecidas em anos recentes, sobretudo, pelo serviço de frete (muito embora os dados de crescimento das duas outras empresas não fossem insatisfatórios).

Para realizarmos uma análise mais abrangente, revisemos sucintamente os principais elementos de desempenho conforme aparecem em nossos dados.

1. *Lucratividade.* (*a*) Todas as companhias apresentam lucros satisfatórios com relação ao valor contábil, mas os dados da Emerson e da Emery são muito mais elevados do que os das outras duas. Uma taxa alta de retorno sobre o capital investido muitas vezes acompanha uma alta taxa de crescimento anual dos lucros por ação. Todas as companhias, exceto a Emery, apresentaram lucros melhores com relação ao valor contábil em 1969 do que em 1961; mas os números da Emery foram excepcionalmente altos em ambos os anos. (*b*) Para as companhias industriais, os dados de lucros por dólar de faturamento são usualmente uma indicação de força ou fraqueza comparativa. Usamos aqui a "razão lucro operacional com relação às vendas", conforme apresentado no *Relatório de ações listadas* da Standard & Poor's. Aqui novamente os resultados são satisfatórios para as quatro companhias, com um desempenho bastante notável da Emerson. As mudanças entre 1961 e 1969 variam consideravelmente entre as companhias.
2. *Estabilidade.* Isso é medido pela redução máxima nos lucros por ação em qualquer um dos dez anos passados contra a média dos três anos anteriores. A ausência de quedas significa 100% de estabilidade, o que foi registrado pelas duas companhias mais populares. Entretanto, as quedas da Eltra e da Emhart foram bastante moderadas no "ano fraco" de 1970, tendo essas companhias alcançado apenas 8% cada, de acordo com nossas medidas, em comparação com os 7% do DJIA.
3. *Crescimento.* As duas companhias com múltiplos baixos apresentam taxas de crescimento muito satisfatórias; em ambos os casos elas se saíram melhor do que o Índice Dow Jones. Os números da Eltra são muito expressivos quando comparados com sua baixa razão preço/lucro. O crescimento é, claro, mais expressivo para a dupla com múltiplos altos.
4. *Posição financeira.* As três companhias industriais estão em condições financeiras saudáveis, tendo uma posição melhor do que o índice-padrão de US$ 2 em ativos circulantes para cada US$ 1 de passivos circulantes. A Emery Air Freight tem um índice inferior; mas ela se enquadra em uma categoria diferente, e com um histórico bom não teria nenhum problema para conseguir dinheiro se fosse necessário. Todas as companhias têm um endividamento de longo prazo relativamente baixo. Uma observação sobre "diluição": a Emerson Electric havia emitido ações preferenciais conversíveis de baixo dividendo com um valor de mercado de US$ 163

milhões no final de 1970. Em nossa análise, levamos em conta o fator de diluição da forma usual ao tratar as preferenciais como se fossem convertidas em ordinárias. Esse ajuste reduziu os lucros recentes em aproximadamente US$ 0,10 por ação, ou cerca de 4%.

5. *Dividendos*. O que realmente conta é um histórico de continuidade ininterrupta. O melhor registro aqui é o da Emhart, a qual não suspende um pagamento desde 1902. O histórico da Eltra é muito bom, o da Emerson é bastante satisfatório e a Emery Freight é nova. As variações na porcentagem de pagamento não parecem muito significativas. O *dividend yield** é duas vezes mais alto na "dupla barata" do que na "dupla cara", correspondendo às razões preço/lucro.
6. *Histórico de preço*. O leitor deve estar impressionado pelo aumento percentual observado no preço de todas essas quatro ações, conforme medido desde os pontos mínimos aos máximos durante os últimos 34 anos. (Em todos os casos, o preço mínimo foi ajustado para desdobramentos de ações subsequentes.) Observe que para o DJIA a diferença do mínimo ao máximo foi da ordem de 11 para 1; para nossas companhias, a diferença variou de "apenas" 17 para 1, no caso da Emhart, para não menos de 528 para 1, no caso da Emery Air Freight.[2] Esses aumentos de preço grandes são característicos das ações ordinárias mais antigas e indicam as grandes oportunidades de lucros que existiram nos mercados acionários do passado. (No entanto, podem também indicar os declínios excessivos nos mercados de baixa anteriores a 1950, quando foram registrados os preços mínimos.) Tanto a Eltra quanto a Emhart registraram quedas de preços superiores a 50% na retração de 1969-1970. A Emerson e a Emery tiveram declínios sérios, mas menos preocupantes; a primeira se recuperou até chegar a um novo máximo antes do fim de 1970, a última no início de 1971.

---

2 Em cada caso, Graham se refere à Seção C da Tabela 13-2 e divide o preço máximo durante o período 1936-1968 pelo mínimo. Por exemplo, o preço máximo da Emery de 66 dividido por seu preço mínimo de 1/8 é igual a 528 ou uma relação de 528 para 1 entre o máximo e o mínimo.

* *Dividend yield* – Relação entre dividendos pagos e preço da ação. [N. E.]

Observações gerais sobre as quatro companhias

A *Emerson Electric* tem um valor de mercado global enorme, superando em muito o das três outras companhias somadas.[3] É um de nossos "gigantes intangíveis" a serem comentados mais tarde. Um analista financeiro abençoado (ou prejudicado) por possuir uma boa memória poderia fazer uma analogia entre a Emerson Electric e a Zenith Radio, o que não seria animador. A Zenith teve um histórico de crescimento brilhante durante muitos anos; ela também era negociada no mercado por US$ 1,7 bilhão (em 1966), mas seu lucro caiu de US$ 43 milhões em 1968 para apenas metade disso em 1970, e na queda vertiginosa naquele ano seu preço caiu para 22,5 contra o pico anterior de 89. As cotações altas implicam riscos altos.

A *Emery Air Freight* deve ser a mais promissora das quatro companhias em termos de crescimento futuro para justificar, mesmo em parte, a razão preço/lucro de quase quarenta vezes seu mais alto lucro divulgado. O crescimento passado, claro, foi muito impressionante. Porém, esses números podem não ser tão significativos no futuro se considerarmos que eles começaram bastante pequenos, ou seja, com apenas US$ 570.000 de lucro líquido em 1958. Com frequência, é muito mais difícil continuar a crescer a taxas altas após o faturamento e os lucros já terem alcançado totais elevados. O aspecto mais surpreendente da história da Emery é que seus lucros e sua cotação de mercado continuaram a crescer a taxas similares em 1970, o pior ano da indústria americana de transporte aéreo de passageiros. Esse é um resultado de fato extraordinário, mas ele levanta a questão sobre os lucros futuros poderem ou não ser vulneráveis a evoluções adversas em função do aumento da concorrência, pressão para novas disposições entre as empresas de logística e as transportadoras aéreas etc. Um estudo elaborado é necessário antes de podermos chegar a um julgamento balizado a respeito desses pontos, mas o investidor conservador não pode deixá-los de fora de sua avaliação geral.

Emhart e *Eltra*. A Emhart se saiu melhor nos negócios do que no mercado acionário nos últimos catorze anos. Em 1958, ela era negociada a um preço tão alto quanto 22 vezes os lucros da época, aproximadamente a mesma taxa que o DJIA. Desde então, seus lucros triplicaram se comparados a um aumento inferior a 100% do Dow, mas seu preço de fechamento em 1970 foi de apenas um terço acima do pico de 1958 *versus* 43% para o Dow.

---

3 No final de 1970, o US$ 1,6 bilhão em valor de mercado da Emerson era verdadeiramente "enorme" à luz do tamanho médio das ações naquele momento. No início de 2024, as ações ordinárias da Emerson tinham um valor de mercado total de aproximadamente US$ 54 bilhões.

O histórico da Eltra é bastante semelhante. Parece que nenhuma dessas companhias possui *glamour* ou "poder de sedução" no mercado atual, mas em todos os levantamentos estatísticos elas aparecem surpreendentemente bem. Suas perspectivas futuras? Não temos nenhum comentário sábio a fazer a esse respeito, mas isto é o que a Standard & Poor's tinha a dizer sobre as quatro companhias em 1971:

> *Eltra* – "Perspectivas de longo prazo: certas operações são cíclicas, mas a posição competitiva e a diversificação estabelecidas são fatores compensatórios."
>
> *Emerson Electric* – "Embora cotadas adequadamente (a 71) nas condições atuais, as ações são atraentes no longo prazo... Uma política de aquisição continuada, juntamente com uma posição forte no campo industrial e um programa internacional acelerado, sugere um aumento continuado do faturamento e dos lucros."
>
> *Emery Air Freight* – "As ações parecem supervalorizadas (a 57) nas perspectivas atuais, mas vale a pena mantê-las no longo prazo."
>
> *Emhart* – "Embora restritos este ano pela queda nos gastos de capital na indústria de vasilhames de vidro, os lucros devem ser ajudados por um ambiente de negócios melhor em 1972. Vale a pena manter as ações (a 34)."

Conclusões: Vários analistas financeiros considerarão as ações da Emerson e da Emery mais interessantes e atraentes do que as outras duas, primeiramente talvez por causa de sua melhor "movimentação de mercado" e, em segundo lugar, por causa do crescimento dos lucros mais rápido no passado recente. Segundo nossos princípios de investimento conservadores, a primeira não é uma razão válida para seleção, é uma brincadeira para especuladores. A segunda tem validade, mas dentro de limites. Podem o crescimento passado e as possíveis boas perspectivas da Emery Air Freight justificar um preço superior a sessenta vezes seus lucros recentes?[I] Nossa resposta seria: talvez para alguém que tenha feito um estudo aprofundado das perspectivas dessa companhia e tenha chegado a conclusões excepcionalmente firmes e otimistas. No entanto, *não* para o investidor cuidadoso que deseja estar razoavelmente certo com alguma antecedência para não cometer aquele erro típico de Wall Street de se entusiasmar em excesso com um bom desempenho nos lucros e no mercado acionário.[4] As mesmas

---

4 Graham estava certo. Das "cinquenta ações mais cobiçadas" que eram mais conhecidas e altamente valorizadas em 1972, a Emery teve um dos piores desempenhos.

afirmações cautelosas parecem se aplicar ao caso da Emerson Electric, com especial referência à avaliação atual do mercado em mais de um bilhão de dólares devido a fatores intangíveis ou ao poder de lucro. Deveríamos acrescentar que a "indústria eletrônica", outrora a menina dos olhos do mercado acionário, tem passado por dias horrorosos. A Emerson é uma ilustre exceção, mas precisará continuar a ser uma tal exceção por muitos anos no futuro antes de o preço de fechamento de 1970 ser plenamente justificado pelo desempenho subsequente.

Em contrapartida, tanto a Eltra a 27 quanto a Emhart a 33 têm as características de companhias com valor suficiente por trás dos preços para constituírem investimentos razoavelmente protegidos. Aqui, o investidor pode, se desejar, considerar-se basicamente o proprietário de uma participação naqueles negócios, a um custo correspondente àquele que os balanços mostram ser o dinheiro neles investido.[5] O rendimento do capital investido tem sido satisfatório há muito tempo; a estabilidade de lucros também; e, surpreendentemente, da mesma forma, a taxa de crescimento passada. As duas companhias atendem às nossas sete exigências *estatísticas* para inclusão na carteira de um investidor defensivo. Elas serão desenvolvidas no próximo capítulo, mas as resumimos a seguir:

1. Tamanho adequado.
2. Condição financeira suficientemente forte.
3. Dividendos ininterruptos durante, pelo menos, os últimos vinte anos.
4. Nenhum *déficit* de lucros nos últimos dez anos.
5. Crescimento decenal de, pelo menos, um terço nos lucros por ação.
6. Preço da ação de, no máximo, 1,5 vez o valor dos patrimônios líquidos.
7. Preço não superior a quinze vezes os lucros médios dos últimos três anos.

Não fazemos qualquer previsão acerca do desempenho futuro dos lucros da Eltra ou da Emhart. Na lista diversificada do investidor em ações ordinárias, há algumas que acabam por decepcionar, e esse pode ser o caso de uma ou ambas desse par. Porém, a lista diversificada em si, baseada nos princípios de seleção explicitados acima, acrescidos de qualquer outro critério sensato

5 O ponto levantado por Graham aqui é que, com base em seus preços naquele momento, um investidor poderia comprar ações dessas duas companhias por pouco mais do que seu valor contábil, conforme mostrado na terceira linha da Seção B na Tabela 13-2.

que o investidor pode desejar aplicar, deveria resultar em um desempenho bastante bom ao longo dos anos. Pelo menos a longa experiência nos diz isso.

Uma observação final: um analista de títulos experiente, mesmo se aceitasse nossas conclusões gerais a respeito dessas quatro companhias, teria hesitado em recomendar que um acionista da Emerson ou da Emery *trocasse* suas ações pelas da Eltra ou da Emhart no final de 1970, a menos que o acionista entendesse claramente a filosofia por trás da recomendação. Não havia razão para esperar que, em um período curto de tempo, a dupla com múltiplos baixos ultrapassaria as duas com múltiplos altos. As últimas eram bem consideradas no mercado e, portanto, tinham um grau considerável de dinamismo por trás delas, o que deve continuar por um período indefinido. A base sensata para preferir a Eltra e a Emhart à Emerson e à Emery seria a decisão deliberada do cliente de preferir investimentos do tipo valor aos do tipo *glamour*. Assim, em grande medida, a política de investimento em ações ordinárias deve depender da atitude do investidor individual. Essa abordagem é tratada com maior profundidade no próximo capítulo.

COMENTÁRIO SOBRE O CAPÍTULO 13
POR JASON ZWEIG

Como cientista, acredito em provas sem certeza, enquanto outras pessoas tendem a acreditar em certeza sem provas.
– Ashley Montagu[1]

No Capítulo 13, Graham o lembra de mudar seu foco do superficial para o fundamental. Como um investidor inteligente, você deve olhar além do preço da ação, para o desempenho do negócio que ela representa. Graham mapeia seis dimensões nas quais você pode medir o desempenho: lucratividade, estabilidade, crescimento, posição financeira, dividendos e histórico de preços. Apenas a última tem algo a ver diretamente com as ações; todas as outras exigem que você aprenda sobre a empresa.

QUATRO CAMINHOS

Das quatro empresas que Graham comparou neste capítulo, apenas a Emerson Electric ainda existe de forma independente. Vamos ver o que podemos aprender observando a Emerson e três outras empresas contemporâneas cujos nomes começam com a letra E: Energizer Holdings Inc., Eastman Kodak Co. e Exact Sciences Corp.

A *Emerson* é uma gigante da manufatura e engenharia com mais de US$ 15 bilhões em receita anual e um valor de mercado de ações que ultrapassou US$ 54 bilhões no início de 2024. Ela produz ferramentas e tecnologias essenciais: válvulas, motores elétricos, sensores de temperatura, análise sísmica, equipamentos de solda a laser, software de controle de processos, aspiradores de pó para serviços pesados e muitos outros dispositivos e serviços. Como muitos conglomerados, a Emerson frequentemente compra outras empresas, e muitas vezes vende algumas também; ela está continuamente se refazendo e se redesenhando. A Emerson faz parte do índice S&P 500 desde 1965.

---

1 *Current Anthropology*, v. 36, n. 5, 1995, p. 836.

A *Energizer* tem sua sede a apenas 32 quilômetros da Emerson, perto de St. Louis, Missouri, e seu símbolo de registro, ENR, é bem parecido com o da Emerson (EMR). No entanto, as duas empresas estão longe de ser gêmeas. O principal negócio da Energizer é a fabricação de pilhas sob as marcas Energizer, Eveready e Rayovac; ela também produz ceras, fragrâncias e aditivos de combustível para carros e caminhões. O negócio de pilhas vem perdendo força há anos, pois os smartphones substituíram câmeras, relógios, calculadoras, lanternas, rádios, consoles de videogame e gravadores de áudio e vídeo. Em 2024, a Energizer estava concentrada na tentativa de voltar a ter uma lucratividade estável, em grande parte por meio do corte de custos.

A *Eastman Kodak* foi o colosso do setor fotográfico por mais de um século. Depois, desbotou como uma foto deixada ao sol. Depois de inventar a fotografia digital em 1975, a Kodak levou quase duas décadas para comercializar suas próprias câmeras digitais para os consumidores. Como ganhava a maior parte de seu dinheiro vendendo filmes fotográficos, a empresa relutava em avançar com um produto que não os usava. Os concorrentes ultrapassaram a Kodak; mais tarde, os smartphones transformaram as câmeras tradicionais em dinossauros e o filme em um fóssil. Entre 1993 e 2022, as receitas anuais da Kodak encolheram 93%; em 2012, a empresa entrou com pedido de concordata, e seguiu cambaleando. No início de 2020, os contadores da Kodak alertavam que ela poderia não sobreviver.

A *Exact Sciences*, que desenvolve testes de rastreamento de câncer, vendeu ações ao público pela primeira vez no início de 2001. Em seus primeiros anos, ela gastou muito em pesquisa e desenvolvimento, bem como em vendas e marketing. Em seus primeiros oito anos como empresa de capital aberto, gerou apenas US$ 21 milhões em vendas, mas US$ 149 milhões em perdas líquidas acumuladas. No final de 2008, seu valor no mercado de ações havia caído para menos de US$ 20 milhões. Somente em 2014 a Food and Drug Administration finalmente aprovou seu teste de triagem para câncer colorretal, o Cologuard. Nesse momento, o negócio explodiu, com as receitas anuais subindo de menos de US$ 2 milhões em 2014 para US$ 454 milhões em 2018. A empresa também produz testes que podem detectar câncer de mama, câncer de próstata e o vírus da covid-19.

SEIS DIMENSÕES

Agora, vamos analisar brevemente cada empresa de acordo com as seis dimensões de Graham.

1. *LUCRATIVIDADE*

Embora a Emerson tenha sido lucrativa todos os anos entre 1993 e 2022, seu crescimento foi um tanto espasmódico. O lucro por ação de operações contínuas cresceu apenas 8% cumulativamente nos cinco anos fiscais encerrados em 2023, e mal ultrapassou o nível de 2015. O retorno sobre o patrimônio líquido foi de 13,8% em 2022, abaixo de uma média de mais de 26% nos cinco anos anteriores, em parte porque a venda de operações descontinuadas aumentou o patrimônio líquido da Emerson em 2023.

Os lucros da Energizer têm sido irregulares; a empresa lucrou US$ 201 milhões em 2017, mas teve prejuízo de US$ 231 milhões em 2022. Em 2023, obteve um lucro líquido de US$ 141 milhões. Pior ainda, a empresa emitiu novas ações ao longo do caminho; seus ganhos tiveram que ser divididos por um número aproximadamente 20% maior de ações. O retorno sobre o patrimônio líquido da Energizer foi extremamente volátil, oscilando de mais de 700% em 2017 para 95% negativos em 2022 e 82% positivos em 2023, de acordo com a FactSet.

A Eastman Kodak teve prejuízos de US$ 3,3 bilhões nas últimas duas décadas, e foi lucrativa em apenas oito desses anos. Em 2022, ela apresentou lucro, obtendo um retorno sobre o patrimônio líquido de 1,4%; nos primeiros nove meses de 2023, a Eastman Kodak lucrou US$ 70 milhões, ante US$ 19 milhões no mesmo período de 2022.

Como muitas empresas de tecnologia de rápido crescimento, a Exact Sciences sacrificou os ganhos de curto prazo para buscar crescimento e lucratividade de longo prazo. Em 2023, suas receitas anuais haviam aumentado para US$ 2,5 bilhões, mais de mil vezes em uma década. Durante esse período, as perdas acumuladas da Exact Sciences ultrapassaram US$ 3,1 bilhões – uma quantia que parecerá insignificante se (mas somente se) o crescimento da empresa tiver continuidade.

2. *ESTABILIDADE*

Graham define "estabilidade" como nenhum declínio nos lucros (medido em relação à média dos três anos anteriores) em nenhum dos últimos dez anos.

Nenhuma das nossas quatro empresas passou nesse teste, sendo que a Kodak e a Exact Sciences foram as que se saíram pior.

3. *CRESCIMENTO*

Aqui, Graham quer que comparemos as taxas de crescimento dos lucros por ação das empresas em períodos de vários anos. Dessa forma, levamos em conta a expansão e a contração da economia global; também minimizamos os efeitos de breves surtos de desempenho superior (ou inferior) que podem ser resultado de sorte ou de causas que não se repetirão.

Vamos usar dois períodos de cinco anos: 2014-2018 e 2019-2023. O primeiro consistiu quase inteiramente em um boom econômico; o segundo inclui tanto a quase depressão induzida pela pandemia de 2020-2021 quanto a rápida recuperação posterior.

O lucro por ação da Emerson proveniente de operações contínuas cresceu em uma média lenta de 2% ao ano de 2014 a 2018 e, em seguida, terminou 2023 em US$ 3,72, menor que o valor de US$ 3,74 em 2019.

De 2015, seu primeiro ano de independência de sua antiga empresa controladora, até 2018, os ganhos da Energizer cresceram de uma perda de US$ 0,06 por ação para um ganho de US$ 1,52; depois, entre 2019 e 2023, oscilaram de um ganho de US$ 0,58, uma perda de US$ 3,37, e um ganho de US$ 1,94.

As perdas por ação da Eastman Kodak foram moderadas, passando de um terrível valor de US$ 2,95 por ação em 2014 para sombrios US$ 0,84 em 2018; ela perdeu US$ 2,74 e US$ 9,77 por ação em 2019 e 2020, depois foi ligeiramente lucrativa a partir de 2021, com um ganho modesto projetado para 2023.

Na Exact Sciences, de 2014 a 2018, as perdas aumentaram a uma taxa média anual de quase 3%. Elas atingiram o pico, pelo menos até agora, de mais de US$ 820 milhões em 2020. No final de 2023, parecia que a empresa poderia apresentar seu primeiro lucro anual em breve.

4. *POSIÇÃO FINANCEIRA*

A Emerson tem ativos totais de quase US$ 43 bilhões e valor contábil de quase US$ 21 bilhões, embora grande parte desse valor seja atribuível a ativos intangíveis, como o patrimônio de marca (o valor acima do patrimônio líquido que a Emerson pagou por muitas de suas aquisições). Sua dívida total de US$ 16 bilhões parece administrável.

Os US$ 3,3 bilhões em dívidas de longo prazo da Energizer são substanciais, especialmente em sua pequena base de US$ 211 milhões em patrimônio líquido e US$ 223 milhões em caixa. A empresa quitou mais de US$ 200 milhões em dívidas durante 2023.

A Eastman Kodak conseguiu aumentar seu caixa em US$ 29 milhões nos primeiros nove meses de 2023, embora ainda estivesse com mais de US$ 450 milhões em dívidas de longo prazo.

A Exact Sciences tem mais de US$ 700 milhões em caixa. Tem mais de US$ 2,3 bilhões em notas conversíveis, que provavelmente serão transformadas em novas ações ordinárias em algum momento, o que vai diluir os ganhos futuros por um número maior de ações, deixando menos para cada acionista. Além disso, a empresa tem poucas dívidas.

5. *Dividendos*

A Emerson tem aumentado seus dividendos todos os anos desde 1956. A Energizer aumentou seus dividendos de US$ 0,25 em 2015 para US$ 1,20 em 2019, e os vem mantendo desde então. A Kodak não paga dividendos desde 2003; a Exact Sciences nunca pagou.

6. *Histórico de preços*

Após um longo período de alto desempenho, a Emerson tem se esforçado para manter o ritmo. Durante a década que terminou em 2023, seu desempenho foi inferior ao do índice S&P 500 em 5,7 pontos percentuais por ano.

A Energizer ganhou uma média de 2% ao ano desde que se tornou uma empresa independente, em 2015, ficando muito atrás do mercado.

Os retornos da Eastman Kodak foram pontuados por dois absurdos. No início de 2018, as ações mais do que dobraram em um dia, quando a Kodak anunciou que lançaria sua própria criptomoeda – um empreendimento que logo foi abandonado. Em 2020, as ações da empresa dispararam de US$ 2 para US$ 60 em três dias, quando vazou a notícia de que o governo norte-americano poderia emprestar US$ 765 milhões à empresa para que ela desenvolvesse uma divisão farmacêutica – empréstimo que nunca se concretizou. Durante a década que terminou em 2023, as ações da Kodak caíram mais de 88%.

As ações da Exact Sciences tiveram um retorno médio de mais de 20% ao ano durante os dez anos que terminaram em 2023. Isso se deu por meio de ganhos e perdas intermediários estupendos. De 2017 até o início de setembro de 2019, as ações subiram 817%. Em seguida, caíram 55% até março de 2020. Em seguida, subiram 180% em menos de um ano, depois que a celebridade da escolha de ações Cathie Wood adquiriu mais de cinco milhões de ações para seus fundos ARK. Depois, em 2021 e 2022, a Exact Sciences perdeu mais de 80% em um período de dezoito meses antes de se recuperar parcialmente. Em 2023, a empresa subiu 49%.

E-VOLUÇÃO

Empresas são organizações artificiais de ativos físicos, mas se assemelham a organismos vivos naturais. Elas nascem, crescem rapidamente, sua expansão desacelera, elas se tornam pesadas, envelhecem e, muitas vezes, morrem.

As plantas recém-germinadas e os animais recém-nascidos podem crescer de forma extraordinariamente rápida – se escaparem dos riscos sempre presentes de morrer de doenças, perecer em condições climáticas extremas ou ser comidos por predadores. Algumas criaturas, como tubarões, tartarugas e pinheiros, podem viver por séculos, ou até milênios.

A Emerson, fundada em 1890, está se reformulando na esperança de uma explosão de crescimento rejuvenescedor. A Energizer, cuja história também remonta à década de 1890, talvez tenha que fazer as pazes com a estagnação. A Eastman Kodak, constituída em 1892, luta para sobreviver sem nenhum resquício significativo de seu negócio original. A Exact Sciences por pouco não sobreviveu à infância; depois de apenas sete anos, suas ações quase foram retiradas da bolsa em 2009. No início de 2024, essas ações tinham uma capitalização de mercado de US$ 12 bilhões.

Recentemente, as ações de todas as quatro empresas subiram, pelo menos temporariamente. Se você se concentrasse apenas no embalo do preço das ações, poderia facilmente ter se deixado levar pela extrapolação de uma tendência de crescimento que, muitas vezes, acaba por se revelar uma ilusão.

Quando, em vez disso, você avalia uma empresa de acordo com as seis dimensões de Graham, você reajusta seu foco do preço das ações para o negócio por trás delas – e pode avaliar melhor em que período do ciclo de vida corporativo ela provavelmente está. Nunca é possível ter certeza sobre o futuro de uma empresa, mas desviar metodicamente sua atenção do preço das ações é a melhor forma de avaliar se a próxima fase de um negócio é a distinção ou a extinção.

TABELA 13-3 E-valuation

	Emerson Electric	*Energizer Holdings*	*Eastman Kodak*	*Exact Sciences*
Capitalização				
Preço das ações ordinárias, 31 de dezembro de 2023, US$ por ação	97,33	31,68	3,90	73,98
Retorno total, 2023, %	3,8	-2,2	27,9	49,4
Valor de mercado das ações ordinárias, 31 de dezembro de 2023, US$ milhões	55.954	2.360	315	13.996
Itens de receita				
Crescimento da receita, últimos 5 anos fiscais, % cumulativo	-17,4	18,7	-8,0	185,0
Lucro por ação (LPA), últimos 12 meses, US$	3,72	1,94	0,63	-1,58
LPA, média dos últimos 5 anos fiscais, US$	3,98	-0,35	-2,29	-2,97
Itens do balanço patrimonial (30 de setembro de 2023)				
Caixa e investimentos de curto prazo, US$ milhões	8.051	223	255	734
Total de passivos / total de ativos, %	37,8	95,3	50,5	51,4
Valor contábil por ação, US$	36,17	2,95	12,06	17,26
Avaliação, fim do último ano fiscal				
Preço/lucro	26,0	16,5	6,7	N/D
Preço/valor contábil	2,7	10,9	0,3	4,0
Preço/vendas (receita total)	3,7	0,8	0,3	5,2
Retorno sobre o patrimônio líquido comum, %	13,8	82,3	6,2	-9,1
Retorno sobre o capital investido, %	9,0	3,8	5,0	-5,1
Rendimento de dividendos, %	2,2	3,7	0	0
Capital de giro / total do passivo	0,54	0,19	0,37	0,20
Histórico de preços (US$ por ação)				
Máxima e mínima de 10 anos	105,70-38,08	65,06-25,14	37,20-1,55	155,01-4,94
Máxima e mínima de 2023	100,12-77,68	37,55-28,80	6,17-3,11	99,04-47,19

Nota: Preços e índices em agosto de 2023. Números de acordo com o GAAP.

Fonte: FactSet.

CAPÍTULO 14

A ESCOLHA DE AÇÕES PARA O INVESTIDOR DEFENSIVO

É hora de nos voltarmos para algumas aplicações mais amplas das técnicas de análise de títulos. Como já descrevemos, em termos gerais, as políticas de investimento recomendadas para nossas duas categorias de investidores,[1] seria lógico que indicássemos agora como a análise de títulos desempenha um papel na implementação dessas políticas. O investidor defensivo que segue nossas sugestões comprará, além de uma lista diversificada de ações ordinárias importantes, apenas obrigações com grau de investimento. Ele deve se certificar de que os preços pagos na compra das ações não sejam indevidamente altos à luz dos padrões aplicáveis.

Ao estabelecer essa lista diversificada, ele pode escolher entre duas abordagens, a carteira tipo DJIA e a carteira quantitativamente testada. Na primeira, ele adquire uma amostra verdadeiramente representativa das principais ações, as quais incluirão algumas companhias de crescimento rápido escolhidas a dedo, cujas ações vendem a múltiplos especialmente altos, e também empresas menos populares e mais baratas. Isso poderia ser feito, na forma mais simples possível, pela compra de determinadas quantidades de todas as trinta ações do Índice Industrial Dow Jones (DJIA). Dez ações de cada, a um nível de 900 pontos para o índice, custaria um montante de aproximadamente US$ 16.000.[1] Com base no desempenho passado, o investidor poderia esperar aproximadamente os mesmos resultados futuros ao comprar cotas de vários fundos de investimento representativos.[2]

Sua segunda abordagem consistiria em aplicar uma bateria de testes a cada compra para se certificar de obter (1) um mínimo de *qualidade* no desempe-

---

1 Graham descreve suas políticas de investimento recomendadas nos Capítulos 4 a 7.

2 Conforme discutimos em Comentários sobre os Capítulos 5 e 9, o investidor defensivo de hoje pode atingir esse objetivo simplesmente comprando um fundo de índice de custo baixo, idealmente um que acompanhe o retorno total do mercado acionário americano.

nho passado e na posição financeira atual da companhia e também (2) um mínimo de *quantidade* em termos de lucros e ativos a cada dólar do preço. No encerramento do capítulo anterior, listamos sete critérios de qualidade e quantidade sugeridos para a escolha de ações ordinárias específicas. Vamos descrevê-los na ordem.

1. Tamanho adequado da empresa

Todos os nossos valores mínimos são arbitrários, sobretudo, os relacionados à questão do tamanho exigido. Nosso objetivo é excluir companhias pequenas que possam estar sujeitas a adversidades acima do normal, principalmente no setor industrial. (Com frequência, existem boas oportunidades em tais empresas, mas não as consideramos apropriadas para as necessidades do investidor defensivo.) Vamos usar números redondos: não inferiores a US$ 100 milhões de faturamento anual no caso de uma companhia industrial, e não inferior a US$ 50 milhões em ativos totais, no caso de uma concessionária de serviços públicos.

2. Uma condição financeira suficientemente forte

No caso das companhias industriais, o ativo circulante deveria ser, pelo menos, o dobro do passivo circulante, um assim chamado índice de liquidez normal de dois para um. Da mesma forma, o endividamento de longo prazo não deveria exceder os patrimônios líquidos circulantes (ou "capital de giro"). No caso das concessionárias de serviços públicos a dívida não deveria exceder duas vezes o capital social (avaliado ao valor contábil).

3. Estabilidade de lucros

Algum lucro para as ações ordinárias em cada um dos dez anos passados.

4. Histórico de dividendos

Pagamentos ininterruptos durante, pelo menos, os últimos vinte anos.

5. Crescimento dos lucros

Um aumento mínimo de, pelo menos, um terço nos lucros por ação durante os últimos dez anos usando médias trienais no início e no fim.

6. Razão preço/lucro moderada

O preço atual não deveria ser mais do que quinze vezes os lucros médios dos últimos três anos.

7. Razão preço/ativos moderada

O preço atual não deveria ser mais do que 1,5 vez o último valor contábil divulgado. No entanto, um múltiplo de lucros inferior a 15 poderia justificar um múltiplo de ativos correspondentemente maior. Como uma regra de bolso, sugerimos que o *produto* do múltiplo vezes a razão preço/valor contábil não deva exceder 22,5. (Esse número corresponde a quinze vezes os rendimentos e 1,5 vez o valor contábil. O resultado admitiria uma ação negociada a apenas nove vezes os lucros e 2,5 vezes o valor do ativo etc.).

Comentários gerais: Essas exigências foram estabelecidas especialmente para as necessidades e o temperamento dos investidores defensivos. Elas eliminarão a grande maioria das ações ordinárias como candidatos para sua carteira e por duas razões opostas.

Por um lado, excluirão companhias que (1) são pequenas demais; (2) estão em condições financeiras relativamente fracas; (3) têm o estigma de prejuízo em seus registros dos últimos dez anos, e (4) não possuem um histórico longo e ininterrupto de pagamento de dividendos. Desses testes, o mais severo, segundo as condições financeiras recentes, são os que medem a força financeira. Um número considerável de empresas grandes e anteriormente fortes teve seu índice de liquidez normal enfraquecido ou expandiu em excesso sua dívida, ou ambos, em tempos recentes.

Pelo outro lado, nossos dois últimos critérios seguem na direção oposta aos primeiros, ao demandar mais lucros e mais ativos por dólar de preço do que os fornecidos por ações populares. Esse não é absolutamente o ponto de vista padrão entre os analistas financeiros; na verdade, a maioria insistirá que mesmo os investidores conservadores deveriam estar preparados para pagar preços generosos por ações de companhias seletas. Expusemos anteriormente nosso ponto de vista contrário a essa ideia; ele se baseia na falta de um *fator de segurança* adequado quando uma parcela grande demais do preço depende de lucros sempre crescentes no futuro. O leitor terá que decidir essa questão importante por conta própria após pesar os argumentos dos dois lados.

Não obstante, optamos por incluir um requisito modesto de crescimento ao longo da última década. Sem isso, a companhia típica mostraria um retrocesso, pelo menos em termos de lucro por dólar de capital investido. Não há razão para o investidor defensivo incluir tais companhias – embora, caso o preço seja suficientemente baixo, elas possam ser classificadas como oportunidades de subvalorização.

O número *máximo* sugerido de quinze vezes os lucros pode muito bem resultar em uma carteira típica com um múltiplo *médio* de, digamos, doze a treze vezes. Observe que, em fevereiro de 1972, a American Tel. & Tel. foi negociada a onze vezes os lucros trienais (e correntes) e a Standard Oil of California a menos de dez vezes os lucros mais recentes. Nossa recomendação básica é a de que a carteira de ações, quando adquirida, deveria ter uma razão lucro/preço geral – o inverso da razão P/L – pelo menos tão alto quanto a taxa de juros das obrigações com grau de investimento. Isso significaria uma razão P/L não superior a 13,3 comparada com o rendimento das obrigações AA de 7,5%.[3]

Aplicação de nossos critérios ao DJIA no fim de 1970

Todos os critérios sugeridos foram atendidos pelas ações do DJIA no final de 1970, mas em dois casos apenas por pouco. Apresentamos abaixo uma pesquisa com base no preço de fechamento de 1970 e os números relevantes. (Os dados básicos para cada companhia são mostrados nas Tabelas 14-1 e 14-2.)

1. O tamanho é mais do que suficiente para cada companhia.
2. A condição financeira é adequada no *agregado*, mas não para todas as companhias.[II]
3. Algum dividendo foi pago pelas companhias desde, pelo menos, 1940. Cinco dos registros de dividendos retrocedem ao último século.
4. Os lucros agregados foram muito estáveis na última década. Nenhuma das companhias apresentou um *déficit* na fase de prosperidade entre 1961 e 1969, mas a Chrysler divulgou um pequeno prejuízo em 1970.
5. O crescimento total – comparando médias trienais separadas por uma década – foi de 77%, ou aproximadamente 6% ao ano. No entanto, cinco das firmas cresceram menos que um terço.
6. O índice entre o preço no final do ano relativo aos lucros médios trienais foi de 839 para US$ 55,5 ou 15 para 1, no teto de nossa faixa sugerida.
7. O índice entre o preço e o valor dos patrimônios líquidos foi de 562, também se enquadrando por pouco dentro de nosso limite sugerido de 1,5 a 1.

---

3 No início de 2024, o rendimento dos títulos corporativos de alta classificação era de cerca de 4,9%, sugerindo – pela fórmula de Graham – que uma carteira de ações deveria ter uma relação lucro/preço pelo menos tão alta. Tomando o inverso desse número (dividindo 4,9 por 100), podemos derivar uma relação P/L "máxima sugerida" de 20,4. No início deste parágrafo, Graham recomenda que a ação "média" seja precificada cerca de 20% abaixo da taxa "máxima". Isso sugere que Graham consideraria ações vendidas a aproximadamente dezesseis vezes a média dos lucros de três anos como potencialmente atraentes, dadas as taxas de juros e as condições de mercado recentes.

TABELA 14-1 Dados básicos de trinta ações do Índice Industrial Dow Jones em 30 de setembro de 1971

		"Lucros por ação"[a]					
	Preço 30 set. 1971	*30 set. 1971*	*Média 1968-1970*	*Média 1958-1960*	*Div. desde*	*Valor líquido ativos*	*Div. atual*
Allied Chemical	32½	1,40	1,82	2,14	1887	26,02	1,20
Aluminum Co. of Am.	45½	4,25	5,18	2,08	1939	55,01	1,80
Amer. Brands	43½	4,32	3,69	2,24	1905	13,46	2,10
Amer. Can	33¼	2,68	3,76	2,42	1923	40,01	2,20
Amer. Tel. & Tel.	43	4,03	3,91	2,52	1881	45,47	2,60
Anaconda	15	2,06	3,90	2,17	1936	54,28	Nenhuma
Bethlehem Steel	25½	2,64	3,05	2,62	1939	44,62	1,20
Chrysler	28½	1,05	2,72	(0,13)	1926	42,40	0,60
DuPont	154	6,31	7,32	8,09	1904	55,22	5,00
Eastman Kodak	87	2,45	2,44	0,72	1902	13,70	1,32
General Electric	61¼	2,63	1,78	1,37	1899	14,92	1,40
General Foods	34	2,34	2,23	1,13	1922	14,13	1,40
General Motors	83	3,33	4,69	2,94	1915	33,39	3,40
Goodyear	33½	2,11	2,01	1,04	1937	18,49	0,85
Inter. Harvester	28½	1,16	2,30	1,87	1910	42,06	1,40
Inter. Nickel	31	2,27	2,10	0,94	1934	14,53	1,00
Inter. Paper	33	1,46	2,22	1,76	1946	23,68	1,50
Johns-Manville	39	2,02	2,33	1,62	1935	24,51	1,20
Owens-Illinois	52	3,89	3,69	2,24	1907	43,75	1,35
Procter & Gamble	71	2,91	2,33	1,02	1891	15,41	1,50
Sears Roebuck	68½	3,19	2,87	1,17	1935	23,97	1,55
Std. Oil of Calif.	56	5,78	5,35	3,17	1912	54,79	2,80
Std. Oil of N.J.	72	6,51	5,88	2,90	1882	48,95	3,90
Swift & Co.	42	2,56	1,66	1,33	1934	26,74	0,70
Texaco	32	3,24	2,96	1,34	1903	23,06	1,60
Union Carbide	43½	2,59	2,76	2,52	1918	29,64	2,00
United Aircraft	30½	3,13	4,35	2,79	1936	47,00	1,80
U.S. Steel	29½	3,53	3,81	4,85	1940	65,54	1,60
Westinghouse	96½	3,26	3,44	2,26	1935	33,67	1,80
Woolworth	49	2,47	2,38	1,35	1912	25,47	1,20

[a] Ajustado para dividendos de ações e desdobramentos de ações.

[b] Em geral, refere-se a períodos de doze meses encerrados em 30 de junho de 1971.

TABELA14-2 Índices significativos das ações do DJIA em 30 de setembro de 1971

	Preço/lucro Set. 1971	Preço/lucro 1968-1970	Rend. atual dos dividendos	Crescimento lucros 1968-1970 vs. 1958-1960	Ativo circulante/Passivo circulante[a]	ACL/Dívida[b]	Preço/Valor líq. ativos
Allied Chemical	18,3 x	18,0 x	3,7%	(-15,0%)	2,1 x	74%	125%
Aluminum Co. of Am.	10,7	8,8	4,0	149,0%	2,7	51	84
Amer. Brands	10,1	11,8	5,1	64,7	2,1	138	282
Amer. Can	12,4	8,9	6,6	52,5	2,1	91	83
Amer Tel. & Tel.	10,8	11,0	6,0	55,2	1,1	—[c]	94
Anaconda	5,7	3,9	—	80,0	2,9	80	28
Bethlehem Steel	12,4	8,1	4,7	16,4	1,7	68	58
Chrysler	27,0	10,5	2,1	—[d]	1,4	78	67
DuPont	24,5	21,0	3,2	(-9,0)	3,6	609	280
Eastman Kodak	35,5	35,6	1,5	238,9	2,4	1764	635
General Electric	23,4	34,4	2,3	29,9	1,3	89	410
General Foods	14,5	15,2	4,1	97,3	1,6	254	240
General Motors	24,4	17,6	4,1	59,5	1,9	1071	247
Goodyear	15,8	16,7	2,5	93,3	2,1	129	80
Inter. Harvester	24,5	12,4	4,9	23,0	2,2	191	66
Inter. Nickel	13,6	16,2	3,2	123,4	2,5	131	213
Inter. Paper	22,5	14,0	4,6	26,1	2,2	62	139
Johns-Manville	19,3	16,8	3,0	43,8	2,6	—	158
Owens-Illinois Glass	13,2	14,0	2,6	64,7	1,6	51	118
Procter & Gamble	24,2	31,6	2,1	128,4	2,4	400	460
Sears Roebuck	21,4	23,8	1,7	145,3	1,6	322	285

	Preço/lucro Set. 1971	Preço/lucro 1968-1970	*Rend. atual dos dividendos*	*Crescimento lucros 1968-1970 vs. 1958-1960*	*Ativo circulante/Passivo circulante*[a]	*ACL/Dívida*[b]	*Preço/Valor líq. ativos*
Std. Oil of Calif.	9,7	10,5	5,0	68,8	1,5	79	102
Std. Oil of N.J.	11,0	12,2	5,4	102,8	1,5	94	115
Swift & Co.	16,4	25,5	1,7	24,8	2,4	138	158
Texaco	9,9	10,8	5,0	120,9	1,7	128	138
Union Carbide	16,6	15,8	4,6	9,5	2,2	86	146
United Aircraft	9,7	7,0	5,9	55,9	1,5	155	65
U.S. Steel	8,3	6,7	5,4	(-21,5)	1,7	51	63
Westinghouse El.	29,5	28,0	1,9	52,2	1,8	145	2,86
Woolworth	19,7	20,5	2,4	76,3	1,8	185	1,90

[a] Números tirados dos resultados das empresas no fim do ano fiscal de 1970.
[b] Números tirados do *Moody's Industrial Manual* (1971).
[c] Balanço negativo para ACL (ACL = ativos circulantes líquidos).
[d] Prejuízo divulgado em 1958-1960.

Se, no entanto, aplicássemos os mesmos sete critérios a cada companhia individual, descobriríamos que apenas cinco delas atenderiam a *todas* as nossas exigências. Elas seriam: American Can, American Tel. & Tel., Anaconda, Swift e Woolworth. Os totais para essas cinco aparecem na Tabela 14-3. Naturalmente, elas têm um desempenho estatístico muito melhor do que o DJIA como um todo, exceto na taxa de crescimento passada.[III]

Nossa aplicação de critérios específicos a esse grupo selecionado de ações industriais indica que o número que atende a cada um de nossos testes será uma porcentagem relativamente pequena de *todas* as ações industriais. Arriscamos o palpite de que cerca de cem ações desse tipo poderiam ser encontradas no *Guia de ações* da Standard & Poor's no final de 1970, apenas aproximadamente o mínimo suficiente para dar ao investidor uma gama satisfatória de escolhas pessoais.

A "solução" das concessionárias de serviços públicos

Se voltarmos para o campo das ações das concessionárias de serviços públicos, encontraremos uma situação muito mais confortável e convidativa para o investidor. Aqui, a grande maioria das ações parece ser apropriada, por seu histórico de desempenho e seus índices de preço, às necessidades do investidor defensivo como as concebemos. Excluímos um critério de nossos testes de ações no caso das concessionárias de serviços públicos, a saber, o índice de ativos circulantes para passivos circulantes. O fator de capital de giro toma conta de si mesmo nessa indústria como parte do financiamento contínuo de seu crescimento por meio da venda de obrigações e ações. No entanto, exigimos uma proporção adequada entre capital social e dívidas.[IV]

TABELA 14-3 Ações do DJIA que atendem a certos critérios de investimento no final de 1970

	American Can	*American Tel. & Tel.*	*Anaconda*	*Swift*	*Woolworth*	*Média, 5 companhias*
Preço de 31 de dezembro de 1970	39¾	48⅞	21	30⅛	36½	
Preço/lucro, 1970	11,0 x	12,3 x	6,7 x	13,5 x	14,4 x	11,6 x
Preço/lucro, 3 anos	10,5 x	12,5 x	5,4 x	18,1 x[b]	15,1 x	12,3 x
Preço/valor contábil	99%	108%	38%	113%	148%	112%
Ativo circulante/passivo circulante	2,2 x	n.a.	2,9 x	2,3 x	1,8 x[c]	2,3 x
Patrimônio líquido circulante/dívida	110%	n.a.	120%	141%	190%	140%
Índice de estabilidade[a]	85	100	72	77	99	86
Crescimento[a]	55%	53%	78%	25%	73%	57%

[a] Ver definição na p. 362.

[b] Em vista do bom desempenho da Swift no ano ruim de 1970, ignoraremos aqui a deficiência de 1968-1970.

[c] A deficiência pequena aqui abaixo de 2 para 1 foi compensada pela margem para financiamento adicional por meio de endividamento.

n.a. = não aplicável. A dívida American Tel. & Tel. era menor que seu capital social.

Na Tabela 14-4, apresentamos um resumo das quinze ações do Índice de Serviços Públicos Dow Jones. Para fins de comparação, a Tabela 14-5 oferece um quadro semelhante de uma seleção aleatória de quinze outras concessionárias tiradas da lista da Bolsa de Valores de Nova York.

No início de 1972, o investidor defensivo tinha à sua disposição uma ampla gama de ações ordinárias de concessionárias de serviços públicos, e cada uma delas atendia às nossas exigências de desempenho e preço. Essas companhias ofereciam-lhe tudo que ele tinha direito de exigir de investimentos em ações ordinárias escolhidos de forma simples. Em comparação com as principais companhias industriais, conforme representadas pelo DJIA, elas ofereceram um histórico quase tão bom em termos do crescimento passado, além de flutuações menores nos resultados anuais, ambos a um preço inferior em relação aos lucros e ativos. O retorno dos dividendos foi significativamente maior. Por serem monopólios regulados, as concessionárias apresentam seguramente mais vantagens do que desvantagens para o investidor conservador. De acordo com a lei, elas têm direito de cobrar tarifas suficientemente remunerativas para atrair o capital de que precisam para sua expansão ininterrupta, e isso implica compensações adequadas para custos ascendentes. Embora o processo de regulação tenha muitas vezes sido pouco ágil, e talvez mesmo vagaroso, ele não evitou que as concessionárias registrassem um retorno sobre o capital investido justo e crescente ao longo de muitas décadas.

Para o investidor defensivo, o apelo central das ações das concessionárias de serviços públicos nesse momento deveria ser sua disponibilidade a um preço moderado relativo ao valor contábil. Isso significa que ele pode ignorar as considerações do mercado acionário, caso assim deseje, e considerar-se primariamente como dono de participações em negócios bem estabelecidos e bastante lucrativos. As cotações do mercado estão sempre presentes para ele aproveitar em momentos propícios, tanto para compras em níveis baixos extraordinariamente atraentes quanto para vendas quando os preços parecerem definitivamente altos demais.

O histórico de mercado dos índices de serviços públicos – condensados na Tabela 14-6, juntamente com aqueles dos outros grupos – indica que esses investimentos proporcionaram amplas possibilidades de lucro no passado. Embora a alta não tenha sido tão grande quanto a do índice industrial, as concessionárias de serviços públicos tomadas de forma individual mostraram mais estabilidade de preços na maioria dos períodos do que o fizeram outros grupos. É surpreendente observar nessa tabela que as razões preço/lucro relativas das indústrias e das concessionárias de serviços públicos trocaram de posição durante as duas últimas décadas.

TABELA 14-4 Dados sobre quinze ações do Índice de Serviços Públicos Dow Jones em 30 de setembro de 1971

	Preço de 30 de setembro de 1971	*Lucro*[a]	*Dividendo*	*Valor contábil*	*Preço/ lucro*	*Preço/lucro contábil*	*Dividendos*	*Lucros por ação 1970 vs. 1960*
Am. Elec. Power	26	2,40	1,70	18,86	11 x	138%	6,5%	+87%
Cleveland El. Ill.	34¾	3,10	2,24	22,94	11	150	6,4	86
Columbia Gas System	33	2,95	1,76	25,58	11	129	5,3	85
Commonwealth Edison	35½	3,05	2,20	27,28	12	130	6,2	56
Consolidated Edison	24½	2,40	1,80	30,63	10	80	7,4	19
Consd. Nat. Gas	27¾	3,00	1,88	32,11	9	86	6,8	53
Detroit Edison	19¼	1,80	1,40	22,66	11	84	7,3	40
Houston Ltg. & Power	42¾	2,88	1,32	19,02	15	222	3,1	135
Niagara-Mohawk Pwr.	15½	1,45	1,10	16,46	11	93	7,2	32
Pacific Gas & Electric	29	2,65	1,64	25,45	11	114	5,6	79
Panhandle E. Pipe L.	32½	2,90	1,80	19,95	11	166	5,5	79
Peoples Gas Co.	31½	2,70	2,08	30,28	8	104	6,6	23
Philadelphia El.	20½	2,00	1,64	19,74	10	103	8,0	29
Public Svs. El. & Gas	25½	2,80	1,64	21,81	9	116	6,4	80
Sou. Calif. Edison	29¼	2,80	1,50	27,28	10	107	5,1	85
Média	28½	2,66	1,71	23,83	10,7 x	121%	6,2%	+65%

[a] Estimado para o ano de 1971.

TABELA 14-5 Dados relativos a uma segunda lista de ações de concessionárias de serviços públicos em 30 de setembro de 1971

	Preço de 30 de setembro de 1971	*Lucro*	*Dividendos*	*Valor contábil*	*Preço/ lucro*	*Preço/lucro contábil*	*Dividendos*	*Lucros por ação 1970 vs. 1960*
Alabama Gas	15½	1,50	1,10	17,80	10 x	87%	7,1%	+34%
Allegheny Power	22½	2,15	1,32	16,88	10	134	6,0	71
Am. Tel. & Tel.	43	4,05	2,60	45,47	11	95	6,0	47
Am. Water Works	14	1,46	0,60	16,80	10	84	4,3	187
Atlantic City Elec.	20½	1,85	1,36	14,81	11	138	6,6	74
Baltimore Gas & Elec.	30¼	2,85	1,82	23,03	11	132	6,0	86
Brooklyn Union Gas	23½	2,00	1,12	20,91	12	112	7,3	29
Carolina Pwr. & Lt.	22½	1,65	1,46	20,49	14	110	6,5	39
Cen. Hudson G. & E.	22¼	2,00	1,48	20,29	11	110	6,5	13
Cen. Ill. Lt.	25¼	2,50	1,56	22,16	10	114	6,5	55
Cen. Maine Pwr.	17¾	1,48	1,20	16,35	12	113	6,8	62
Cincinnati Gas and Elec.	23¼	2,20	1,56	16,13	11	145	6,7	102
Consumers Power	29½	2,80	2,00	35,59	11	90	6,8	89
Dayton Pwr. & Lt.	23	2,25	1,66	16,79	10	137	7,2	94
Delmarva Pwr. & Lt.	16½	1,55	1,12	14,04	11	117	6,7	78
Média	23½	2,15	1,50	21,00	11 x	112%	6,5%	+71%

TABELA 14-6 Evolução dos preços e razões preço/lucro para vários índices da Standard & Poor's, 1948-1970

	Indústrias		Ferrovias		Concessionárias	
Ano	*Preço*[a]	*Razão preço/ lucro*	*Preço*[a]	*Razão preço/ lucro*	*Preço*[a]	*Razão preço/ lucro*
1948	15,34	6,56	15,27	4,55	16,77	10,03
1953	24,84	9,56	22,60	5,42	24,03	14,00
1958	58,65	19,88	34,23	12,45	43,13	18,59
1963	79,25	18,18	40,65	12,78	66,42	20,44
1968	113,02	17,80	54,15	14,21	69,69	15,87
1970	100,00	17,84	34,40	12,83	61,75	13,16

[a] Preços ao fechamento do ano.

Essas reversões farão mais sentido para o investidor ativo do que para o passivo. Porém, elas sugerem que mesmo as carteiras defensivas deveriam ser alteradas de vez em quando, sobretudo, se os títulos comprados já tiverem um crescimento aparentemente excessivo e puderem ser substituídos por papéis com preços muito mais razoáveis. Que pena! Será necessário pagar impostos sobre os ganhos de capital, os quais para o investidor típico parecem significar a mesma coisa que pagar ao diabo. Nosso velho aliado, a experiência, nos diz aqui que é melhor vender e pagar o imposto do que não vender e arrepender-se.

Investimentos em ações de empresas financeiras

Uma variedade considerável de companhias pode ser classificada sob a rubrica de "companhias financeiras". Estas incluiriam bancos, companhias seguradoras, cadernetas de poupança, companhias de crédito e pequenos empréstimos, de hipotecas e "companhias de investimento" (por exemplo, fundos mútuos). É característica de todas essas empresas que elas tenham uma parcela relativamente pequena de seus ativos na forma de coisas materiais (tais como ativos fixos e estoques de mercadorias); no entanto, por outro lado, a maioria das categorias tem compromissos de curto prazo bastante superiores ao seu capital social. A questão da solidez financeira é, portanto, mais relevante aqui do que no caso do empreendimento industrial ou comercial típico. Isso, por sua vez, tem levado a várias formas de regulamentação e supervisão, com o objetivo e o resultado geral de prevenir contra práticas financeiras pouco ortodoxas.

Grosso modo, as ações das companhias financeiras têm produzido resultados de investimentos semelhantes àqueles de outros tipos de ações ordinárias. A Tabela 14-7 mostra as mudanças nos preços entre 1948 e 1970 nos seis grupos representados nos índices de preços de ações da Standard & Poor's. A média para 1941-1943 é considerada igual a dez, ou seja, o nível base.

TABELA 14-7 Movimentos relativos dos preços das ações de vários tipos de companhias financeiras entre 1948 e 1970

	1948	*1953*	*1958*	*1963*	*1968*	*1970*
Seguradoras de vida	17,1	59,5	156,6	318,1	282,2	218,0
Seguradoras de propriedades e responsabilidade	13,7	23,9	41,0	64,7	99,2	84,3
Bancos da cidade de Nova York	11,2	15,0	24,3	36,8	49,6	44,3
Bancos fora da cidade de Nova York	16,9	33,3	48,7	75,9	96,9	83,3
Companhias financeiras	15,6	27,1	55,4	64,3	92,8	78,3
Financeiras com foco em pequenas empresas	18,4	36,4	68,5	118,2	142,8	126,8
Índice composto Standard & Poor's	13,2	24,8	55,2	75,0	103,9	92,2

Obs: Números de fim de ano dos índices de preço das ações da Standard & Poor's. Média de 1941-1943 = 10.

Os valores do índice no final do ano de 1970 variaram entre 44,3 para os nove bancos de Nova York e 218 para as onze ações de seguradoras de vida. Durante os subintervalos, houve considerável variação nos respectivos movimentos de preço. Por exemplo, as ações dos bancos da cidade de Nova York se comportaram bem entre 1958 e 1968; por outro lado, o grupo das seguradoras de vida perdeu espaço espetacularmente entre 1963 e 1968. Esses movimentos inversos são encontrados em muitos, talvez na maioria, dos numerosos setores incluídos nos índices da Standard & Poor's.

Não temos comentários muito úteis para oferecer a respeito dessa ampla área de investimentos a não ser aconselhar que os mesmos padrões aritméticos para preços em relação ao lucro e ao valor contábil sejam aplicados à escolha das companhias nesses grupos, conforme sugerimos para os investimentos em indústrias e concessionárias de serviços públicos.

Ações de ferrovias

A história das ferrovias é bem diferente daquela das concessionárias de serviços públicos. Os transportadores sofreram severamente com a combinação de uma concorrência acirrada com a regulação rigorosa. Seu problema com o custo da mão de obra tem sido, é claro, também difícil, mas isso não ocorre só com as ferrovias. Automóveis, ônibus e linhas aéreas conquistaram a maior parte do volume de transporte de passageiros e deixaram o resto desse serviço em uma situação altamente desvantajosa, e os caminhões tomaram uma grande parte do tráfego de frete. Mais da metade da extensão das ferrovias americanas encontrava-se em estado falimentar ou pediu proteção dos credores em diversos momentos ao longo dos últimos cinquenta anos.

No entanto, essa metade de século não foi totalmente negativa para os transportadores. Houve períodos de prosperidade para o setor, sobretudo, durante os anos de guerra. Algumas linhas conseguiram manter sua lucratividade e seus dividendos, apesar das dificuldades gerais.

O índice da Standard & Poor's se multiplicou em sete vezes desde a baixa de 1942 até a alta de 1968, não muito abaixo do ganho percentual do índice de concessionárias de serviços públicos. A falência da Penn Central Transportation Co., a mais importante ferrovia americana, em 1970, chocou o mundo financeiro. Nos últimos dois anos, a ação havia sido negociada a preços próximos dos mais altos de sua longa história e ela havia pago dividendos ininterruptos por mais de 120 anos! (Na p. 470, apresentamos uma análise sucinta dessa ferrovia para ilustrar como um analista competente poderia ter detectado a crescente fraqueza da situação da companhia e emitido uma recomendação contrária à compra desses papéis.) O nível de mercado das ações da ferrovia como um todo foi seriamente afetado por esse desastre financeiro.

É, em geral, insensato fazer recomendações generalizadas a respeito de categorias inteiras de títulos e há objeções iguais com relação a condenações amplas. O histórico de preços das ações das ferrovias na Tabela 14-6 mostra que o grupo como um todo tem, com frequência, oferecido oportunidades de lucro interessantes. (No entanto, em nossa opinião, as grandes subidas, em si mesmas, não se justificaram.) Confinemos nossa sugestão ao seguinte: não há razão determinante para o investidor possuir ações de ferrovias; antes de comprar qualquer uma, ele deveria se certificar de poder obter tanto valor por seu dinheiro que seria irracional procurar outra qualquer.[4]

---

4 Apenas algumas poucas ações de ferrovias grandes ainda existem, incluindo a Burlington Northern, CSX, Norfolk Southern e Union Pacific. O conselho nesta seção é, pelo menos, tão relevante para as ações das companhias aéreas hoje – com seus gigantescos prejuízos atuais e

Seletividade para o investidor defensivo

Todo investidor gostaria que sua carteira fosse melhor ou mais promissora do que a média. Portanto, o leitor se perguntará, caso consiga um consultor ou analista de títulos competente, se ele não poderia contar com receber um pacote de investimentos com qualidades realmente superiores. "Afinal", ele pode dizer, "as regras que você delineou são bastante simples e fáceis de implementar. Um analista altamente treinado deve ser capaz de usar todas as suas habilidades e técnicas para obter um desempenho superior a algo tão óbvio quanto a lista Dow Jones. Caso contrário, para que servem todos os seus cálculos, estatísticas e avaliações prepotentes"?

Suponha, como um teste prático, que tivéssemos solicitado a uma centena de analistas de títulos para escolher as cinco "melhores" ações do índice Dow Jones a serem compradas no final de 1970. Poucos teriam apresentado escolhas idênticas e muitas das listas teriam diferido completamente uma da outra.

Isso não é tão surpreendente como pode parecer à primeira vista. A razão fundamental é que o preço atual de cada ação destacada reflete muito bem os fatores de destaque em seu histórico financeiro, além da opinião geral a respeito de suas perspectivas futuras. Portanto, a visão de qualquer analista de que uma ação é uma compra melhor do que o resto delas deve derivar, em grande medida, de suas preferências e expectativas pessoais ou da ênfase dada por ele a um conjunto de fatores em vez de a outros em seu trabalho de avaliação. Se todos os analistas concordassem que uma ação específica era melhor do que todas as demais, essa ação cresceria rapidamente até chegar a um preço que anularia todas as suas vantagens anteriores.[5]

---

meio século de resultados quase incessantemente fracos – quanto era para as ferrovias na época de Graham.

5 Graham está resumindo a "hipótese de mercados eficientes", ou HME, uma teoria acadêmica de que o preço de cada ação incorpora todas as informações publicamente disponíveis sobre a companhia. Com milhões de investidores esquadrinhando o mercado todos os dias, é improvável que erros de preço substanciais possam persistir por um longo tempo. Uma velha piada diz que dois professores de finanças andavam pela calçada quando um viu uma nota de US$ 20 e agachou-se para pegá-la. O outro professor agarrou seu braço e disse: "Não vale a pena. Se fosse de fato uma nota de US$ 20, alguém já teria pego". Embora o mercado não seja perfeitamente eficiente, chega bem perto disso na maior parte do tempo, portanto, o investidor inteligente se agachará para pegar as ações de US$ 20 do mercado só depois de pesquisá-las profundamente e minimizar os custos de transação e dos impostos.

Nossa afirmação de que o preço atual reflete tanto os fatos conhecidos quanto as expectativas futuras pretendeu enfatizar a base dupla das cotações do mercado. Correspondendo a esses dois tipos de elementos de valor, existem duas abordagens basicamente diferentes para a análise de títulos. É verdade que todo analista competente olha ansiosamente para o futuro em vez de ficar contemplando o passado, e tem consciência de que seu trabalho provará ser bom ou mau com base naquilo que *acontecerá* e não naquilo que *aconteceu*. Mesmo assim, o futuro em si pode ser abordado de duas maneiras diferentes, as quais podem ser chamadas de modos de *previsão* (ou projeção) e de *proteção*.[6]

Aqueles que enfatizam a previsão se esforçam para prever com bastante precisão exatamente o que a companhia realizará em anos futuros, em particular se os rendimentos mostrarão um crescimento acentuado e persistente. Essas conclusões podem basear-se em um estudo muito cuidadoso de fatores, tais como a oferta e a demanda no setor – ou volume, preço e custos –, ou ainda podem ser derivadas, de forma um tanto ingênua, da projeção no futuro da linha de crescimento passado. Se essas autoridades estão convencidas de que as perspectivas de longo prazo são extraordinariamente favoráveis, elas quase sempre recomendarão a compra da ação sem prestar grande atenção ao nível no qual ela é negociada. Tal, por exemplo, foi a atitude geral no que concerne às ações das linhas aéreas – uma atitude que persistiu por muitos anos, apesar dos resultados muito ruins mostrados várias vezes após 1946. Na Introdução deste livro, comentamos a disparidade entre os fortes movimentos de preço e o histórico de lucros relativamente decepcionantes desse setor.

Em contrapartida, aqueles que enfatizam a proteção têm sempre uma preocupação especial com o preço da ação no momento do estudo. Seu

---

6 Esse é um dos pontos centrais do livro de Graham. Todos os investidores trabalham sob uma ironia cruel: investimos *no* presente, mas investimos *para* o futuro. E, infelizmente, o futuro é quase inteiramente incerto. A inflação e as taxas de juros não são confiáveis; as recessões econômicas vão e vêm aleatoriamente; convulsões sociais, como guerras, escassez de bens primários e terrorismo chegam sem aviso; e o destino de companhias individuais e de seus setores acaba sendo, com frequência, o oposto do que a maioria dos investidores esperava. Portanto, investir com base na *projeção do futuro* é uma atitude tola; mesmo as previsões dos assim chamados especialistas são menos confiáveis do que o giro de uma moeda no cara e coroa. Para a maioria das pessoas, investir com base na *proteção* – do pagamento em excesso por uma ação e da confiança em excesso na qualidade de seu próprio julgamento – é a melhor solução. Ver Capítulo 20 e seu Comentário.

esforço principal é assegurar-se de uma margem substancial acima do preço do mercado no valor presente indicado, a qual poderia absorver uma evolução desfavorável no futuro. Grosso modo, portanto, não é tão necessário para eles estarem entusiasmados com as perspectivas de longo prazo da companhia, contanto que estejam razoavelmente confiantes de que a empresa será bem-sucedida.

A primeira abordagem, ou preditiva, poderia também ser chamada de abordagem qualitativa, uma vez que ela enfatiza perspectivas, gestão e outros fatores não mensuráveis, embora altamente importantes, os quais se enquadram no conceito de qualidade. A segunda, ou protetora, pode ser chamada de abordagem quantitativa ou estatística, uma vez que enfatiza as relações mensuráveis entre o preço de venda e os lucros, ativos, dividendos etc. A propósito, o método quantitativo é, na verdade, uma extensão – para o caso das ações ordinárias – do ponto de vista do que a análise de títulos acredita ser sensato na escolha de obrigações e ações preferenciais para investir.

Em nossa atitude e trabalho profissional, sempre estivemos comprometidos com a abordagem quantitativa. Desde o início, queríamos ter certeza de obter um amplo valor por nosso dinheiro em termos concretos e demonstráveis. Não estamos dispostos a aceitar as perspectivas e promessas do futuro como compensações para a falta de um valor suficiente no presente. Esse não tem, sem dúvida, sido o ponto de vista padrão entre as "autoridades" de investimento; na verdade, a maioria provavelmente apoiaria a visão de que as perspectivas, qualidade de gestão, outros intangíveis e o "fator humano" mais do que compensam as indicações fornecidas por qualquer estudo do desempenho passado, dos balanços e todos os outros números frios.

Portanto, essa questão da escolha das melhores "ações" é, no fundo, altamente controversa. Nosso conselho ao investidor defensivo é que ele a deixe de lado. Deixe-o enfatizar a diversificação mais do que a seleção individual. Incidentalmente, a ideia universalmente aceita da diversificação é, em parte pelo menos, a negação das pretensões ambiciosas de seletividade. Se um indivíduo *pudesse* selecionar as melhores ações sem qualquer erro, ele estaria perdendo ao praticar a diversificação. No entanto, dentro dos limites das quatro regras gerais de escolha de ações ordinárias sugeridas para o investidor defensivo (na p. 145), há espaço para uma liberdade bastante considerável de preferência. Na pior das hipóteses, seguir tais preferências não faria nenhum mal; além disso, pode acrescentar algo que valha a pena aos resultados. Com o impacto crescente dos desenvolvimentos tecnológicos sobre os resultados corporativos de longo prazo, o investidor não pode deixá-los fora de seus cálculos. Aqui, como em outro lugar, ele deve buscar um meio-termo entre o descaso e a ênfase exagerada.

COMENTÁRIO SOBRE O CAPÍTULO 14

POR JASON ZWEIG

A tentação de "fazer alguma coisa" é uma das piores que os investidores enfrentam. A felicidade parece sempre estar em algum outro lugar.

– John C. Bogle

No Capítulo 14, Graham faz um alerta.

Embora ele forneça algumas diretrizes gerais sobre como os investidores defensivos podem escolher ações, não é com isso que ele está preocupado. Graham lista sete critérios que as ações devem cumprir. No entanto, no final do capítulo, ele aconselha os investidores defensivos a não se preocuparem com isso:

> (...) essa questão da escolha das melhores "ações" é, no fundo, altamente controversa. Nosso conselho ao investidor defensivo é que ele a deixe de lado. Deixe-o enfatizar a diversificação mais do que a seleção individual.

Portanto, se você se enquadra na definição de Graham de investidor defensivo – se não estiver disposto ou não for capaz de dedicar muito tempo e esforço à formação de uma carteira –, ele acha que você não deve ficar escolhendo ações.

No entanto, isso não o isenta de responsabilidade. Embora não seja necessário aprender a escolher ações, você precisa aprender a seguir um plano.

LUTANDO CONTRA SEU VIGARISTA INTERIOR

Já falamos, nos Capítulos 5 e 8 e nos Comentários sobre eles, como o negócio da corretagem e o contágio social podem conspirar para transformá-lo em um especulador.

No entanto, o maior desafio para qualquer investidor defensivo é se proteger do vigarista que existe dentro de você. Garantir que você não engane a si mesmo é a luta mais difícil de todas.

Enquanto investidor defensivo, você pode se enganar de duas formas básicas:

- por achar que sabe menos do que sabe;
- por achar que sabe mais do que sabe.

Se você tiver *confiança* de menos em seu conhecimento e em suas habilidades, terá medo de investir em mercados que parecem ser aqueles em que somente os especialistas podem ter sucesso.

Se você tiver *confiança* demais, vai se achar um desses especialistas e terá certeza em excesso de que sabe o que o futuro lhe reserva.

Você pode superar a falta de confiança seguindo as diretrizes de Graham para investidores defensivos e colocando seu comportamento no piloto automático com fundos de índice, custo médio em dólares e reequilíbrio.[1]

Corrigir o excesso de confiança, no entanto, é um desafio maior. Basta obter algumas grandes vitórias no mercado – mesmo que tenham sido por pura sorte –, e o excesso de confiança vai comprometer sua capacidade de agir como um investidor defensivo.

Contentar-se em ficar na defensiva é quase uma violação da natureza humana. Nossa tendência é achar que temos mais controle do que realmente temos sobre um mundo que é geralmente governado pelo acaso. Achamos que entendemos o passado melhor do que de fato entendemos, e que podemos prever o futuro com mais precisão do que o possível.

Décadas atrás, dois psicólogos pediram a motoristas da região de Seattle que avaliassem suas habilidades ao volante. Eles trabalharam com dois grupos: alguns com a ficha limpa, outros que tinham acabado de sofrer um acidente. Aqui está uma amostra dos resultados:

Ao todo, esses motoristas causaram a perda total de 28 de seus próprios carros e de seis outros veículos; três passageiros morreram, e muitos dos motoristas sofreram concussões e fraturas, sendo que pelo menos um ficou paralisado. Um motorista que disse não saber se dirigia bem ou não, segundo os pesquisadores, tinha se "envolvido em um 'racha' no momento do acidente".[2]

Quantos disseram que eram maus motoristas? Nenhum.

---

1 Ver os Comentários sobre os Capítulos 9, 5 e 4, respectivamente.

2 PRESTON, Caroline E.; HARRIS, Stanley. Psychology of drivers in traffic accidents. Disponível em: bit.ly/3EziGAx.

Às vezes, os psicólogos chamam essas autoavaliações infladas de *ilusões positivas*, mas o quão positivas elas são depende do cenário. Se você estiver saindo para um encontro ou se candidatando a um emprego, superestimar suas chances de sucesso pode lhe dar coragem para correr um risco que pode mudar sua vida. Se estiver dirigindo um carro ou pilotando um avião, superestimar suas habilidades pode arruinar ou acabar com sua vida. E, se estiver investindo, o excesso de confiança pode acabar com sua vida financeira.

TABELA 14-8 Aulas de direção

Entre cinquenta motoristas que sofreram acidentes automobilísticos graves recentemente, quantos...	
Negaram responsabilidade	30
Admitiram responsabilidade parcial	5
Admitiram responsabilidade total	15
Não tinham seguro de automóvel	10
Haviam sido multados anteriormente por excesso de velocidade ou infrações semelhantes	29
Admitiram ter ingerido bebida alcoólica antes do acidente	21
Já haviam sido multados por dirigir de forma negligente, imprudente ou embriagados	11
Admitiram ter sido reprovados na prova de direção pelo menos uma vez	11
Tiveram a carteira de motorista cassada pelo menos uma vez	6
Foram acusados de dirigir de forma negligente após o acidente	15
Foram acusados de dirigir de forma imprudente após o acidente	3
Foram acusados de outros delitos após o acidente	4
Disseram que sua direção na ocasião era "normal", "usual", "boa", "100%" ou "muito boa"	32
Disseram que estavam dirigindo pior do que o normal	16
Não sabiam se estavam dirigindo bem	2
Responderam à pesquisa enquanto estavam hospitalizados com ferimentos causados pelo acidente	50
Se descreveram como motoristas "ruins" ou "muito ruins"	0

Fonte: PRESTON, Caroline E.; HARRIS, Stanley. *Psychology of drivers in traffic accidents*. 1965.

O excesso de confiança é o choque entre as nossas crenças e a realidade. Ele assume três formas principais: *excesso de estima* – achar que nosso desempenho é melhor do que de fato é –; *excesso de posicionamento* – exagerar nosso desempenho em relação ao de outras pessoas – e *excesso de precisão* – ter a certeza de que sabemos a resposta exata, embora a realidade seja muitas vezes aleatória e obscura.[3]

Um fenômeno relacionado é o *otimismo irrealista*, ou seja, acreditar que é mais provável que coisas boas aconteçam conosco do que com os outros. Uma pesquisa com dois mil adultos norte-americanos revelou que 54% acreditam que irão para o céu após a morte, mas apenas 2% esperam ir para o inferno.[4] Essa talvez seja a expressão máxima do otimismo irrealista.

EU SOU O MAIOR

Quando quase todos os ativos sobem, como aconteceu em 2021, a impressão de que você se tornou um investidor brilhante pode ser quase irresistível. Não admira que expressões como "wen moon" (*when will the price soar to the moon?*, "quando o preço vai chegar até a lua?") e "WAGMI" (*we're all gonna make it*, "todos nós vamos conseguir") tenham se tornado virais.

Quanto mais e mais rápido seus ativos subirem, maior também será sua autoestima. Em pouco tempo seu vigarista interior vai estar sussurrando em seu ouvido: *Olha só como você é bom nisso! Por que você está desperdiçando seu tempo no trabalho quando poderia estar ganhando muito dinheiro negociando ações, opções e criptomoedas?*

EU ESTOU NO CONTROLE

Outra forma de autoengano é achar que está no controle mesmo quando não tem influência nenhuma sobre a situação.

Os neurocientistas descobriram que a sensação de estar no controle (mesmo que você não esteja) ativa o córtex pré-frontal medial, uma região do cérebro que ajuda a inibir o estresse e as emoções negativas. Enganar a si mesmo julgando que está no comando pode afastar a ansiedade que, de outra forma, seria experimentada diante da incerteza.[5]

Se você estiver apostando, pode soprar nos dados para dar sorte, sacudi--los por mais tempo até que "pareçam" certos, ou lançá-los com mais força

---

3 Para uma excelente visão geral do excesso de confiança, ver MOORE, Don A. *Perfectly confident*. HarperCollins, 2020.

4 Cultural Research Center. American worldview inventory 2020. Disponível em: bit.ly/44ruIrE.

5 LEOTTI, Lauren A. *et al*. Born to choose: the origins and value of the need for control. Disponível em: bit.ly/48cIrnA.

quando precisar de um número alto. Apertar o botão do elevador várias vezes não vai fazer com que ele chegue mais rápido, mas, de alguma forma, isso *parece* acontecer. As loterias estaduais decolaram nos Estados Unidos somente depois que o advento das raspadinhas deu aos jogadores a sensação de que eles estavam criando seus próprios bilhetes.

Décadas atrás, a psicóloga Ellen Langer identificou os fatores que alimentam a ilusão de controle: escolha, familiaridade, envolvimento pessoal e competição. Saber qual é sua meta e ser bem-sucedido nela também são importantes.[6]

Esses fatores tornam o mercado financeiro a matéria-prima ideal a partir da qual seu vigarista interior pode conjurar ilusões de controle: você escolhe o que, quando e quanto investir; os mercados parecem tão familiares quanto as manchetes de hoje; você pode observar (e negociar) seu portfólio sem parar; você compete com centenas de milhões de pessoas; sua meta é ganhar dinheiro; e você *vai* ganhar dinheiro algumas vezes, mesmo que não tenha a menor ideia do que está fazendo, por pura sorte.

Em um ambiente sobre o qual você tem pouco ou nenhum controle, é difícil *não* superestimar o controle que tem.

Basta olhar para os operadores profissionais. Em um estudo realizado em bancos de investimento em Londres, 107 operadores jogaram uma simulação de computador na qual lhes foi dito que "talvez" pudessem fazer um índice financeiro subir ou descer pressionando botões no teclado. Na verdade, os botões não tinham efeito nenhum sobre os preços do índice. Após quatro rodadas, perguntaram aos operadores qual era o nível de controle que eles tinham.

Muitos achavam que tinham exercido pelo menos alguma influência sobre o índice do mercado. E descobriu-se que aqueles que eram mais propensos a essa ilusão tinham uma capacidade analítica pior, contribuíam menos para os lucros do banco, recebiam uma remuneração anual total menor e não eram muito bons em gerenciar riscos.[7]

Quando o excesso de autoestima cruza a linha do autoengano, é provável que você resista a ouvir conselhos de outras pessoas – e que trate as perdas inevitáveis não como avisos de que está fora do controle, mas apenas como

---

6 LANGER, Ellen J. The illusion of control. Disponível em: bit.ly/460LptO; THOMPSON, Suzanne C. Illusions of control: how we overestimate our personal influence. Disponível em: bit.ly/3Qsnmyr.

7 FENTON-O'CREEVY, Mark *et al*. Trading on illusions: unrealistic perceptions of control and trading performance. Disponível em: bit.ly/46aUFv8.

sinais de que seu sucesso está prestes a ser retomado. Acreditar que tem mais controle do que realmente tem é uma forma segura de obter retornos menores do que poderia.

EU SABIA O TEMPO TODO

Veja este detalhe de uma foto que tirei de um envelope da FedEx:

FIGURA 14-1

Crédito: Jason Zweig

Muitas pessoas sabem que há algo embutido no logotipo além das letras *F, e, d, E* e *x*. No entanto, nem todo mundo. Ou você percebe instantaneamente, ou não consegue encontrar.

Dê mais uma olhada. Está vendo alguma coisa?

Se não estiver, olhe a próxima página e observe a Figura 14-2, que é simplesmente um detalhe ampliado da mesma foto.

Agora, tente outra coisa. Olhe novamente para o logotipo completo da FedEx e tente não ver a seta entre o *E* e o *x*. Se esforce ao máximo para retomar seu estado de ignorância visual anterior a saber que a seta estava lá.

Você consegue ver apenas as letras, sem a seta?

De forma bastante parecida, quando *já* sabemos o que aconteceu nos mercados financeiros, fica praticamente impossível lembrar que não sabíamos o que ia acontecer.

E enganar a si mesmo achando que você sabia o que *ia* acontecer pode iludi-lo, fazendo você acreditar que sabe o que *vai* acontecer.

Os psicólogos chamam isso de "viés de retrospectiva". Ele pega resultados que pareciam improváveis ou impossíveis antes de acontecerem e os transforma em inevitáveis – porque agora sabemos que eles de fato aconteceram. Como o ganhador do Nobel Daniel Kahneman gostava de dizer, o viés de retrospectiva "faz com que as surpresas desapareçam".

FIGURA 14-2

Crédito: Jason Zweig

Depois que os mercados têm uma alta acentuada, você vai se lembrar de esperar que eles subissem mais do que de fato esperava. Se caírem vertiginosamente, você vai se lembrar de estar mais pessimista do que de fato estava. A visão em retrospectiva não é apenas míope; ela é praticamente cega.[8]

O efeito é tão poderoso que os investidores que não tinham a menor ideia do que aconteceria no ano seguinte vão olhar para trás, doze meses mais tarde, e se lembrar de que esperavam que o mercado tivesse um desempenho quase idêntico ao que teve. Essa é mais uma forma pela qual seu vigarista interior vai tentar persuadi-lo a abandonar sua determinação em ser um investidor defensivo: *Você sabia o tempo todo o que o mercado estava prestes a fazer! Isso significa que você sabe o que ele vai fazer em seguida. Aja de acordo com isso antes que seja tarde demais!*

O viés de retrospectiva se funde à memória seletiva para criar uma mistura tóxica de autoilusão. Ao olhar para trás, para suas decisões de investimento, é provável que você "se lembre" de ter tido ainda mais ganhos e menos perdas do que teve. Seu vigarista interior o leva a achar não apenas que você previu

8 FISCHHOFF, Baruch; BEYTH, Ruth. I knew it would happen: remembered probabilities of once-future things. Disponível em: bit.ly/45PPH7u; ROESE, Neal J.; VOHS, Kathleen D. Hindsight bias. Disponível em: bit.ly/3PCeGFB; ZWEIG, Jason. *Your money and your brain.* Simon & Schuster, 2007.

o que estava por vir, mas que as decisões que tomou com base nessa previsão foram melhores do que de fato foram.[9]

ALGEMANDO SEU VIGARISTA INTERIOR

Você não é um investidor inteligente porque suas ações simplesmente subiram muito.

Você é um investidor inteligente porque conhece suas limitações.

E você é um investidor *defensivo* porque já chegou à conclusão de que não está disposto, ou não é capaz, de dedicar o tempo e o esforço que são os pré-requisitos para o sucesso como investidor *empreendedor*.

O excesso de confiança se alimenta de generalidades. É fácil acreditar que você é um investidor melhor do que é se você se basear no fato de o valor de mercado do seu portfólio ter subido. Por outro lado, perguntas específicas são a criptonita do excesso de confiança. Quando seu vigarista interior começar a lhe dizer que você é um investidor brilhante, obrigue-se a responder a perguntas concretas como estas:

- Quanto meu portfólio subiu *em relação ao mercado*?
- O que exatamente eu sei sobre esse ativo que a maioria das outras pessoas não sabe?
- Como eu descobri isso? Por que os outros não descobriram?
- Eu saberia citar três motivos detalhados pelos quais esse ativo ainda está subvalorizado?

Confiar em perguntas específicas o deixará mais próximo do que o psicólogo Don Moore chama de "confiança baseada em evidências": um senso de suas habilidades baseado não em pensamentos ilusórios, mas em medidas objetivas da realidade.

Suas respostas podem demonstrar que você tem uma vantagem significativa sobre outros investidores e, nesse caso, você deve se redefinir como um investidor empreendedor. Porém, o mais provável é que, quando terminar de responder à terceira pergunta, já tenha silenciado esse diabinho em seu ombro. Ponha-o de lado, comprometa-se novamente a seguir as diretrizes de Graham, e volte a viver sua vida.

---

9 ZWEIG, Jason. The Panic of 2020? Oh, I Made a Ton of Money — and So Did You. Disponível em: bit.ly/3RnXWTM; Mirror, Mirror on the Wall, Who Knew That Stocks Would Fall. Disponível em: bit.ly/45NHbWz; Busting Your Hindsight Blas. Disponível em: bit.ly/3r3aJ3u; GÖDKER, Katrin *et al*. Investor Memory. Disponível em: bit.ly/3EDKDXS.

O DESTRUIDOR DO VIÉS DE RETROSPECTIVA

Quase todos os investidores, tanto amadores quanto profissionais, passam a vida cegos em relação ao seu viés de retrospectiva. No entanto, você pode abrir os olhos para enfrentar o seu. Basta manter um registro das suas previsões! O que eu chamo de destruidor do viés de retrospectiva toma apenas alguns minutos por ano.

Todo mês de janeiro, faça duas cópias do formulário em branco a seguir e preencha uma delas. Em seguida, após 31 de dezembro, assim que os resultados do ano inteiro estiverem disponíveis, tente se lembrar de suas previsões originais da forma mais precisa possível. *Sem olhar para o formulário preenchido,* escreva suas lembranças no formulário em branco extra. A seguir, compare suas previsões originais com as do formulário em que você as recompôs de memória.

É quase certo você descobrir que sua lembrança daquilo que esperava foi distorcida pelo que efetivamente aconteceu.

Em 31 de dezembro, o que você acha que vai ser...

... o valor final do Dow Jones Industrial Average?

____

... o retorno total do S&P 500 para o ano-calendário?

________%

... o rendimento do título de dez anos do Tesouro?

________%

... a taxa de inflação oficial (última variação de doze meses no Índice *de Preços ao Consumidor)?*

________%

... o preço do bitcoin?

$________

... o preço do ouro?

$________ por grama.

... o preço do petróleo bruto?

$________ por barril

... o principal ativo financeiro com melhor desempenho?

____

Fazer esse exercício por alguns anos seguidos pode curá-lo da ilusão de que você sabe prever os mercados e da vontade de agir de acordo com essas previsões. (Se você trabalha com consultores financeiros, peça para eles fazerem o mesmo.)

CAPÍTULO 15

A ESCOLHA DE AÇÕES PARA O INVESTIDOR EMPREENDEDOR

Nos capítulos anteriores, tratamos da escolha de ações ordinárias e apresentamos grupos grandes de papéis aceitáveis, com base nos quais o investidor defensivo pode elaborar qualquer lista que ele ou seu assessor preferir, contanto que haja uma diversificação adequada. Nossa ênfase na seleção tem sido principalmente no sentido de excluir, desaconselhando tanto a compra de qualquer ação de qualidade reconhecidamente ruim quanto as de mais alta qualidade, caso seus preços estejam tão altos que envolvam um risco especulativo considerável. Neste capítulo, dirigido ao investidor empreendedor, consideraremos as possibilidades e os meios de se fazer seleções *individuais* que possam acabar sendo mais lucrativas do que a média geral.

E quais são as chances de se fazer isso de forma bem-sucedida? Seríamos pouco francos, para usar um eufemismo, se desde o início não expressássemos certas reservas graves a esse respeito. A princípio, o argumento em favor da seleção bem-sucedida parece bastante evidente. Obter resultados médios – por exemplo, o equivalente ao desempenho do DJIA – não exige nenhum tipo de capacidade especial. Tudo de que se precisa é de uma carteira idêntica ou semelhante àquelas trinta ações de destaque. Evidentemente, pelo exercício de um grau até mesmo moderado de habilidade – derivada do estudo, da experiência e da capacidade inata –, deveria ser possível obter resultados substancialmente superiores aos do DJIA.

Há, no entanto, provas consideráveis e impressionantes de que é muito difícil conseguir esses resultados, muito embora as credenciais dos que tentam alcançar esse objetivo sejam as melhores. Essas provas residem no histórico de numerosas companhias de investimento ou "fundos", as quais operam há muitos anos. A maioria desses fundos é grande o suficiente para contar com os serviços dos melhores analistas financeiros ou de títulos do ramo, juntamente com todos os outros elementos constituintes de um departamento de pesquisa adequado. Suas despesas operacionais, quando distribuídas por seu considerável capital, ficam em média em torno de metade de 1% ao ano daquele capital, ou menos. Esses custos não são desprezíveis, mas quando comparados ao retorno total anual de aproximadamente 15% sobre as ações ordinárias na década de 1951-1960, e mesmo ao retorno de 6% em 1961-1970, não chegam a pesar muito. Uma capacidade, mesmo limitada, para fazer boas escolhas poderia facilmente ter superado essa desvantagem das despesas e gerado um resultado líquido superior para os cotistas do fundo.

Em geral, porém, durante um bom tempo, os fundos compostos exclusivamente de ações ordinárias não conseguiram gerar um retorno tão bom quanto o do índice de 500 ações da Standard & Poor's ou do mercado como um todo. Essa conclusão foi sustentada por vários estudos abrangentes. Citamos o mais recente que encontramos e que cobre o período de 1960-1968.[1]

> Com base nesses resultados, parece que as carteiras de ações, escolhidas de forma aleatória, da Bolsa de Valores de Nova York com um investimento igual em cada ação se saíram, em média, melhor ao longo do período do que os fundos mútuos na mesma classe de risco. As diferenças foram bastante substanciais para as carteiras de baixo e médio risco (3,7% e 2,5%, respectivamente, ao ano), mas bastante pequenas para as carteiras de alto risco (0,2% ao ano).[I]

Conforme destacamos no Capítulo 9, esses números comparativos de forma alguma invalidam a utilidade dos fundos de investimento como uma instituição financeira. A razão para tal é que eles tornam disponível a todos os investidores a possibilidade de obterem resultados aproximadamente médios com suas carteiras de ações ordinárias. Por várias razões, a maioria das pessoas que aplica seu dinheiro em ações ordinárias escolhidas por conta própria não obtém resultados comparáveis. No entanto, para o observador objetivo, a incapacidade dos fundos de superar o desempenho de um índice amplo é uma indicação de que tal façanha em vez de ser fácil é, na verdade, extremamente difícil.

Por que isso acontece? Podemos pensar em duas explicações diferentes, podendo cada uma delas ser parcialmente aplicável. A primeira é a possibi-

1 Dezenas de estudos acadêmicos rigorosos nas últimas décadas chegaram à mesma conclusão geral: que os fundos mútuos, em média, têm um desempenho inferior ao do mercado em uma margem aproximadamente igual às suas despesas operacionais e custos de negociação.

lidade de que o mercado acionário na verdade reflete nos preços não apenas o desempenho atual e todos os fatos importantes ocorridos no passado das companhias, mas também qualquer expectativa que possa ser razoavelmente formada e que possa afetar seu futuro. Se assim é, os diferentes movimentos do mercado que subsequentemente acontecem – e muitas vezes eles são extremos – devem ser o resultado de novos acontecimentos e probabilidades que não poderiam ser previstos com confiança. Grosso modo, essa situação tornaria os movimentos de preços fortuitos e aleatórios. Caso isso seja verdade, o trabalho do analista de títulos – por mais inteligente e profundo que seja – deve ser pouco útil, já que, em essência, ele estaria tentando prever o imprevisível.

A própria multiplicação do número de analistas de títulos pode ter desempenhado um papel importante para explicar esse resultado. Com centenas, mesmo milhares, de especialistas estudando os fatores geradores de valor por trás de cada ação ordinária importante, seria natural esperar que seu preço atual refletisse de forma muito próxima o consenso da opinião informada a respeito de seu valor. Aqueles que a preferissem a outras ações o fariam por razões pessoais ou por um otimismo que poderia estar tão certo quanto errado.

Com muita frequência, lembramos a analogia entre o trabalho da multidão de analistas de títulos em Wall Street e o desempenho dos jogadores de bridge mestres em um torneio de bridge duplicado. Os primeiros tentam escolher as ações com "mais probabilidade de sucesso"; os últimos, obter os pontos máximos em cada mão jogada. Apenas poucos podem realizar ambos os objetivos. Na medida em que todos os jogadores de bridge têm um nível similar de perícia, os vencedores podem ser determinados por acasos de vários tipos, em vez de pela capacidade superior. Em Wall Street, o processo de nivelamento é auxiliado pelo coleguismo que existe na profissão, por meio do qual as ideias e descobertas são muito livremente compartilhadas em inúmeros encontros de diversos tipos. É quase como se, no torneio análogo de bridge, os vários especialistas estivessem olhando por cima dos ombros uns dos outros e dando palpites sobre cada carta jogada.

A segunda possibilidade é bem diferente. Talvez muitos analistas de títulos sejam prejudicados por um defeito em sua abordagem básica do problema da escolha de ações. Eles buscam os setores com as melhores perspectivas de crescimento e as companhias nesses setores que apresentem a melhor gestão, além de outras vantagens. A implicação nessa estratégia é que comprarão ações em tais setores e tais companhias a qualquer preço, por mais alto que seja, e evitarão os setores e as companhias menos promissoras, não importando quão baixo o preço de suas ações esteja. Esse procedimento seria o único correto se tivéssemos certeza de que os lucros das companhias boas cresceriam indefinidamente no futuro e a uma taxa veloz, pois assim, em teoria, seu valor seria infinito. Ao mesmo tempo, se as companhias menos promissoras estivessem destinadas à extinção, sem nenhuma salvação, os analistas estariam certos em não as considerarem atraentes, independentemente de seu preço.

A verdade sobre as sociedades anônimas é muito diferente. Muito poucas companhias têm sido capazes de exibir uma taxa alta de crescimento ininterrupto por longos períodos de tempo. Um número igualmente ínfimo das maiores companhias acaba completamente extinto. Para a maioria, a história é de adversidades, de altos e baixos, de mudanças na posição relativa. Em algumas, as variações "da pobreza para a riqueza e de volta para a pobreza" têm se repetido de forma quase cíclica – a frase costumava ser dita em relação à indústria siderúrgica –, enquanto, para outras, mudanças espetaculares foram identificadas como causadas pela deterioração ou pela melhoria da gestão.

Como o questionamento anterior se aplica ao investidor empreendedor que gostaria de fazer seleções individuais com o objetivo de gerar resultados superiores? Esse questionamento sugere, em primeiro lugar, que o investidor empreendedor está assumindo uma tarefa difícil e talvez impraticável. Os leitores deste livro, por mais inteligentes e conhecedores que sejam, dificilmente poderiam esperar fazer um trabalho melhor de seleção de carteira do que os melhores analistas do país. No entanto, se é verdade que um segmento razoavelmente grande do mercado acionário é muitas vezes discriminado ou inteiramente desprezado pelas seleções analíticas usuais, então o investidor inteligente pode ter condições para lucrar com as subvalorizações daí resultantes.

Porém, para fazer isso, ele precisa seguir métodos específicos que não são geralmente aceitos em Wall Street, uma vez que os métodos lá aceitos não parecem produzir os resultados que todos gostariam de obter. Seria bastante estranho se – com todo o capital intelectual que trabalha profissionalmente no mercado acionário – existissem abordagens que fossem sensatas e relativamente impopulares. No entanto, nossa carreira e reputação foram baseadas nesse fato improvável.[2]

Um resumo dos métodos da Graham-Newman

Para dar concretude à última afirmativa, vale a pena oferecer um breve relato dos tipos de operação que empreendemos durante os trinta anos de vida da Graham-Newman Corporation, entre 1926 e 1956.[3] Elas foram classificadas em nossos registros da seguinte forma:

> *Arbitragens* – A compra de um papel e a venda simultânea de um ou mais outros papéis pelos quais o primeiro seria trocado de acordo com um plano de reorganização, fusão ou processo similar.
>
> *Liquidações* – Compra de ações que receberiam um ou mais pagamentos em dinheiro por ocasião da liquidação dos ativos da companhia.
>
> As operações dessas duas classes foram selecionadas com base em (a) um retorno anual calculado igual ou superior a 20% e (b) nossa avaliação de que a probabilidade de um resultado positivo era, pelo menos, de 80%.
>
> *Hedges relacionados* – A compra de obrigações conversíveis ou ações preferenciais conversíveis e a venda simultânea da ação ordinária pela qual elas poderiam ser trocadas. As posições eram estabelecidas em um nível próximo à paridade, isto é, a uma perda máxima pequena se a ação sênior tivesse realmente de ser convertida e a operação concluída dessa forma. Porém, um lucro seria obtido se a ação ordinária caísse consideravelmente mais do que a ação sênior e a posição fosse desfeita no mercado.
>
> *Ações com ativos circulantes líquidos (ou "subvalorizações")* – A ideia aqui era adquirir o maior número de ações possível a um custo, em cada caso, inferior ao valor contábil em termos dos ativos circulantes líquidos apenas,

---

2 Nesta seção, assim como ele fez nas pp. 391-394, Graham resume a hipótese de mercados eficientes. A despeito dos acontecimentos recentes, o problema com o mercado acionário hoje não é que tantos analistas financeiros sejam idiotas, mas o contrário, que muitos deles sejam muito espertos. À medida que mais e mais pessoas espertas vasculham o mercado atrás de subvalorizações, o próprio ato de pesquisa torna aquelas subvalorizações mais raras – e, em um paradoxo cruel, faz parecer que os analistas não têm inteligência suficiente para justificar a pesquisa. O advento de ferramentas de inteligência artificial como o ChatGPT, ao tornar a análise ainda mais eficiente, provavelmente tornará o mercado mais difícil de ser superado, e não mais fácil.

3 Graham lançou a Graham-Newman Corp. em janeiro de 1936 e a dissolveu quando se aposentou da gestão ativa de ativos em 1956; ela foi a sucessora de uma sociedade denominada Benjamin Graham Joint Account, a qual dirigiu de janeiro de 1926 a dezembro de 1935.

> isto é, sem atribuir qualquer valor às instalações fabris e a outros ativos. Nossas compras foram realizadas tipicamente em um nível igual ou inferior a dois terços de tal valor líquido de ativos. Na maior parte dos anos, praticamos uma diversificação ampla nesse tipo de papel com, pelo menos, cem ações diferentes.

Deveríamos acrescentar que, de tempos em tempos, tivemos algumas aquisições de grande escala em que assumimos o controle, mas elas não são relevantes para a presente discussão.

Acompanhamos de perto os resultados mostrados em cada tipo de operação. Consequentemente, descontinuamos dois campos mais amplos, os quais não mostraram resultados gerais satisfatórios. O primeiro foi a compra de ações aparentemente atraentes – baseada em nossa análise geral –, as quais não eram negociadas a um valor inferior ao do capital de giro apenas. O segundo eram operações de hedging "não relacionadas", nas quais o papel comprado não poderia ser trocado pelas ações ordinárias vendidas. (Tais operações correspondem, grosso modo, àquelas recentemente realizadas pelo novo conjunto de "fundos de hedge" na área de companhias-investimento.)[4] Em ambos os casos, um estudo dos resultados obtidos por nós ao longo de um período de dez anos ou mais nos levou a concluir que os lucros não foram suficientemente confiáveis – e as operações não eram suficientemente "à prova de dor de cabeça" – para justificar sua continuidade.

Assim, de 1939 em diante, nossas operações foram limitadas às situações do tipo "autoliquidantes", hedges relacionados, subvalorizações de capital de giro e um pequeno número de operações de controle. Cada um desses tipos de operação nos trouxe resultados consistentemente satisfatórios, com a característica especial de os hedges relacionados renderem bons lucros em mercados de baixa, justamente quando nossas "ações subvalorizadas" não se saíam tão bem.

Hesitamos em recomendar nossa receita a um número grande de investidores inteligentes. É claro que as técnicas profissionais que seguimos não são adequadas ao investidor defensivo, o qual é um amador por definição.

---

4 Um hedge "não relacionado" envolve a compra de uma ação ou título emitido por uma companhia e a venda a descoberto (ou aposta na queda) de um título emitido por uma companhia diferente. Um hedge "relacionado" envolve comprar e vender ações ou obrigações diferentes emitidas pela mesma companhia. O "novo conjunto" de fundos de hedge descritos por Graham estava amplamente disponível por volta de 1968, mas regulamentações posteriores da SEC restringiram o acesso aos fundos de hedge por parte do público em geral.

No que concerne ao investidor agressivo, talvez apenas uma minoria tenha o tipo de temperamento necessário para se limitar de forma tão rígida a apenas uma parte relativamente pequena do mundo dos papéis. A maioria dos praticantes com postura ativa preferiria se aventurar por caminhos mais amplos. Seus locais naturais de caça seriam o campo inteiro dos papéis financeiros que eles acreditam (a) certamente não estarem supervalorizados, conforme medido por padrões conservadores; e (b) parecerem decididamente mais atraentes – por causa de suas perspectivas ou seu desempenho passado ou ambos – do que a ação ordinária média. Em tais escolhas, os investidores deveriam aplicar vários testes de qualidade e de consistência de preço em linha com aqueles que propusemos para o investidor defensivo. Porém, eles deveriam ser menos inflexíveis e permitir que uma avaliação muito positiva em uma categoria possa compensar uma negativa em outra. Por exemplo, não deveriam descartar uma companhia que tivesse apresentado um prejuízo em um ano tal como 1970 se lucros médios elevados e outros atributos importantes fizerem a ação parecer barata. O investidor empreendedor pode restringir sua escolha aos setores e companhias sobre os quais ele mantém uma visão otimista, mas recomendamos fortemente não pagar um preço alto por uma ação (em relação aos lucros e ativos) por causa de tal entusiasmo. Se ele seguisse nossa filosofia nesse campo, muito provavelmente seria o comprador de empreendimentos cíclicos importantes – tais como ações siderúrgicas, talvez – quando sua situação estivesse desfavorável, as perspectivas de curto prazo fossem ruins e os preços baixos refletissem plenamente o pessimismo do momento.[5]

Companhias secundárias

A próxima categoria a ser examinada, e possivelmente escolhida, seria a das companhias secundárias que mostram um bom desempenho, têm um registro passado satisfatório, mas não parecem atraentes ao público. Elas seriam negócios na linha da Eltra e da Emhart a seus preços de fechamento de 1970. (Ver Capítulo 13.) Há várias formas de procurar tais companhias.

---

5 Hoje, um investidor empreendedor que siga a linha de pensamento de Graham pode estar buscando oportunidades entre (por exemplo) pequenas ações, empresas imobiliárias, concessionárias de energia elétrica, ações europeias e talvez empresas listadas na China. A história mostra que os perdedores de ontem muitas vezes são os vencedores de amanhã.

Gostaríamos de tentar uma abordagem nova aqui e apresentar uma exposição razoavelmente detalhada de um exercício de escolha de ações. Nosso propósito é duplo. Muitos de nossos leitores podem encontrar um valor prático substancial no método que defendemos ou este pode sugerir métodos comparáveis para serem testados. Além disso, nossa exposição poderá ajudá-los a entender melhor o mundo real das ações ordinárias e apresentá-los a uma das mais fascinantes e valiosas publicações que existem. Trata-se do *Guia de ações* da Standard & Poor's, publicado mensalmente e disponibilizado ao público em geral mediante assinatura anual. Além disso, muitas corretoras distribuem o *Guia* a seus clientes (quando solicitado).[6]

A maior parte do *Guia* é preenchida por aproximadamente 230 páginas de informações estatísticas condensadas sobre as ações de mais de 4.500 companhias. Esses papéis incluem todas as listadas em várias bolsas, digamos três mil, mais cerca de 1.500 papéis não listados. A maioria dos itens necessários a uma primeira e até mesmo uma segunda olhada em dada companhia está presente nesse compêndio. (A nosso ver, a lacuna mais importante refere-se ao valor líquido dos ativos ou valor contábil por ação, o qual pode ser encontrado nas publicações maiores da Standard & Poor's e em outras fontes.)

O investidor que se deleita com estatísticas de empresas se deliciará com o *Guia de ações*. Ao abrir em qualquer página, ele terá diante dos olhos um panorama condensado do esplendor e do amargor do mercado acionário, com os preços máximos e mínimos desde 1936, quando disponíveis. Ele encontrará companhias que multiplicaram seus preços duas mil vezes, do mínimo minúsculo ao máximo majestoso. (No caso da prestigiosa IBM, o crescimento foi de "apenas" 333 vezes naquele período.) Ele encontrará (não tão excepcionalmente) uma companhia cujas ações avançaram de 0,375 para 68 e, em seguida, retrocederam novamente para 3.[II] Na coluna que registra os dividendos, ele encontrará pagamentos que remontam a 1791, desembolsados pelo Industrial National Bank of Rhode Island (o qual recentemente achou por bem mudar sua razão social antiga).[7] Ao olhar o *Guia* do ano de 1969, o investidor lerá que a Penn Central Co. (como sucessora da

---

6 O S&P Stock Guide não é mais distribuído, mas dados básicos e gratuitos sobre ações estão amplamente disponíveis on-line e em aplicativos de corretagem.

7 Após muitas fusões, o Industrial National Bank of Rhode Island acabou sendo absorvido pelo Bank of America Corp.

Pennsylvania Railroad) pagava dividendos ininterruptamente desde 1848; mas que, desafortunadamente, estava destinada a falir poucos meses depois. Ele encontrará uma companhia sendo negociada a apenas duas vezes os últimos lucros divulgados e outra vendendo a 99 vezes tais lucros.[III] Na maioria dos casos, ele terá dificuldades em saber o ramo de negócios com base apenas na razão social da companhia; para cada U. S. Steel haverá três com nomes como ITI Corp. (artigos de padaria) ou Santa Fe Industries (principalmente a grande ferrovia). Ele pode se deleitar com uma variedade extraordinária de histórias de preços, dividendos e lucros, posições financeiras, estruturas de capitalização e tudo o mais. O conservadorismo antiquado, companhias sem características marcantes, as combinações mais peculiares de "negócio principal", todos os tipos de engenhocas e artefatos de Wall Street estão lá, esperando para serem vistos ou estudados com um objetivo sério.

Em colunas separadas, o *Guia* apresenta os rendimentos atuais de dividendos e das razões preço/lucro, com base nos resultados dos últimos doze meses, sempre que pertinente. É esse último item que nos coloca no caminho do nosso exercício de escolha de ações ordinárias.

Peneirando o *Guia de ações*

Vamos supor que buscamos uma indicação *prima facie* simples de que uma ação está barata. A primeira dica que vem à mente é um preço baixo em relação a seus lucros recentes. Façamos uma lista preliminar de ações vendidas a um múltiplo igual ou inferior a nove no final de 1970. Esse dado é convenientemente fornecido na última coluna das páginas com números pares. Para uma amostra ilustrativa, tomaremos as vinte primeiras ações de múltiplo baixo; elas começam com a sexta ação listada, a Aberdeen Mfg. Co., a qual fechou o ano a 10,25, ou nove vezes os lucros divulgados de US$ 1,25 por ação para os doze meses terminados em setembro de 1970. A vigésima tal ação é a American Maize Products, a qual fechou a 9,5 e também com um multiplicador de 9.

O grupo pode parecer medíocre, com dez ações negociadas abaixo de US$ 10 por ação. (Esse fato não é muito importante; provavelmente – não necessariamente – sugeriria cautela, por parte do investidor defensivo, com tal lista, mas a inferência para os investidores empreendedores pode ser favorável em última análise.)[8] Antes de fazermos um exame minucioso, façamos alguns cálculos. Nossa lista representa aproximadamente uma em dez das primeiras duzentas ações analisadas. Nessa base, o *Guia* renderia, digamos, 450 ações negociadas a múltiplos inferiores a 10. Isso representaria uma quantidade convidativa de candidatos a uma futura seleção.

Apliquemos então alguns critérios adicionais à nossa lista, bastante semelhantes àqueles que sugerimos para o investidor defensivo, porém não tão severos. Sugerimos o seguinte:

1. Condição financeira: (a) ativo circulante pelo menos 50% superior ao passivo circulante e (b) dívida não superior a 110% dos ativos circulantes líquidos (para companhias industriais).
2. Estabilidade de lucros: nenhum prejuízo nos últimos cinco anos cobertos pelo *Guia de ações*.
3. Histórico de dividendos: alguns dividendos atuais.
4. Crescimento de lucros: lucros do último ano superiores aos de 1966.
5. Preço: inferior a 120% dos ativos tangíveis líquidos.

Em geral, os dados de lucro no *Guia* se referem ao fechamento de 30 de setembro de 1970, portanto, não incluem o que pode ter sido um trimestre ruim no final daquele ano. Porém, um investidor inteligente não pode querer tudo isso e o céu também, pelo menos no início. Observe que não estabelecemos qualquer limite inferior com relação ao tamanho da empresa. Companhias pequenas podem oferecer segurança suficiente se compradas com cuidado e como parte de um grupo.

Após a aplicação dos cinco critérios adicionais, nossa lista de vinte candidatos se reduziu a apenas cinco. Continuemos nossa pesquisa até que as primeiras 450 ações do *Guia* tenham rendido uma "carteira" pequena de quinze ações que atendem às nossas seis exigências. (Elas estão apresentadas na Tabela 15-1, juntamente com alguns dados relevantes.) O grupo, claro,

---

8 Para o investidor de hoje, o corte deve mais provavelmente ser feito em US$ 1 por ação, sendo este o nível abaixo do qual muitas ações são "deslistadas" ou declaradas inelegíveis para negociação nas principais bolsas. Apenas monitorar os preços das ações dessas companhias pode exigir esforços consideráveis, tornando-as impraticáveis para os investidores defensivos. Os custos de transação das ações de baixo preço podem ser muito altos. Finalmente, as companhias com preços de ação muito baixos têm uma tendência aflitiva para falirem. No entanto, uma carteira diversificada de dezenas dessas companhias atribuladas ainda pode atrair alguns investidores empreendedores hoje em dia.

é apresentado apenas para efeitos ilustrativos e não necessariamente teria sido escolhido por nosso investidor crítico.

A verdade é que o usuário de nosso método teria uma escolha muito mais ampla. Se nossa abordagem-peneira tivesse sido aplicada a todas as 4.500 companhias no *Guia de ações* e se a proporção para os primeiros 10% se mantivesse no universo como um todo, terminaríamos com aproximadamente 150 companhias atendendo aos nossos seis critérios de seleção. O investidor empreendedor seria então capaz de seguir seu raciocínio – ou suas preferências e preconceitos – ao fazer uma terceira escolha de, digamos, uma em cinco nessa lista ampla.

O material do *Guia de ações* inclui "Classificações de lucros e dividendos", os quais se baseiam na estabilidade e no crescimento desses fatores durante os últimos oito anos. (Portanto, a atratividade do *preço* não é um fator nesse caso.) Incluímos as classificações da S&P em nossa Tabela 15-1. Dez das quinze ações são classificadas B+ (= média) e uma (American Maize) recebeu a classificação "alta" (A). Se nosso investidor empreendedor desejasse acrescentar um sétimo critério mecânico à sua escolha, ao considerar apenas ações classificadas pela Standard & Poor's como de qualidade média para cima, ele ainda teria cerca de cem tais ações entre as quais escolher. Seria possível dizer que um grupo de ações de qualidade, pelo menos, média, atendendo também ao critério de condição financeira, passível de ser adquirido a um múltiplo baixo dos lucros atuais e abaixo do valor dos ativos, deveria oferecer uma boa possibilidade de resultados de investimentos satisfatórios.

TABELA 15-1 Exemplo de carteira de ações industriais com múltiplos baixos
(As primeiras quinze ações no *Guia de ações* referente a 31 de dezembro de 1971 que atendem às seis exigências.)

	Preço dez. 1970	*Lucro por ação últimos 12 meses*	*Valor contábil*	*Classificação S&P*	*Preço fev. 1972*
Aberdeen Mfg.	10¼	US$ 1,25	US$ 9,33	B	13¾
Alba-Waldensian	6⅜	0,68	9,06	B+	6⅜
Albert's Inc.	8½	1,00	8,48	n.c.[a]	14
Allied Mills	24½	2,68	24,38	B+	18¼
Am. Maize Prod.	9¼	1,03	10,68	A	16½
Am. Rubber & Plastics	13¾	1,58	15,06	B	15
Am. Smelt. & Ref.	27½	3,69	25,30	B+	23¼

	Preço dez. 1970	*Lucro por ação últimos 12 meses*	*Valor contábil*	*Classificação S&P*	*Preço fev. 1972*
Anaconda	21	4,19	54,28	B+	19
Anderson Clayton	37¾	4,52	65,74	B+	52½
Archer-Daniels-Mid.	32½	3,51	31,35	B+	32½
Bagdad Copper	22	2,69	18,54	n.c.[a]	32
D. H. Baldwin	28	3,21	28,60	B+	50
Big Bear Stores	18½	2,71	20,57	B+	39½
Binks Mfg.	15¼	1,83	14,41	B+	21½
Bluefield Supply	22¼	2,59	28,66	n.c.[a]	39½[b]

[a] n.c. = não classificado

[b] Ajustado para desdobramentos de ações.

Critérios simples para a escolha de ações ordinárias

Um leitor curioso pode muito bem perguntar se a escolha de uma carteira acima da média não poderia ser um processo mais simples do que o esboçado. Seria possível encontrar um critério plausível e simples capaz de obter uma vantagem boa, tal como uma razão preço/lucro baixa ou um retorno de dividendos alto ou um valor de ativos grande? Os dois métodos desse tipo que vimos dar resultados bons e bastante consistentes no longo prazo foram (a) a compra de ações com múltiplos baixos de companhias importantes (tais como as da lista do DJIA) e (b) a escolha de um grupo diversificado de ações vendidas abaixo do valor do ativo circulante líquido (ou valor do capital de giro). Já ressaltamos que o critério de múltiplo baixo para o DJIA no final de 1968 funcionou mal quando os resultados foram medidos até meados de 1971. O histórico das compras de ações ordinárias realizadas a um preço abaixo do valor do capital de giro não tem tal marca negativa contra ele; o problema nesse caso foi a diminuição de tais oportunidades durante a maior parte da década passada.

Que tais outras bases de escolha? Ao escrever este livro, fizemos uma série de "experiências", cada uma baseada em um critério simples e bastante óbvio. Os dados usados podem ser facilmente encontrados no *Guia de ações* da Standard & Poor's. Em todos os casos, presumiu-se que uma carteira de trinta ações tivesse sido adquirida aos preços de fechamento de 1968 e depois reavaliada em 30 de junho de 1971. Os critérios individuais usados foram os seguintes, conforme aplicados a escolhas de outra forma aleatórias: (1) um múltiplo baixo dos lucros recentes (não restringido às ações do DJIA); (2) uma taxa de dividendos alta; (3) um histórico de dividendos muito longo; (4) uma empresa muito grande, conforme medido pelo número de ações em circulação; (5) uma posição financeira forte; (6) um preço baixo em termos de dólares por ação; (7) um preço baixo em relação ao preço máximo anterior; e (8) uma classificação de qualidade alta por parte da Standard & Poor's.

Cabe ressaltar que o *Guia de ações* tem, pelo menos, uma coluna relativa a cada um dos critérios acima. Isso indica a crença do editor de que esses dados têm importância na análise e na escolha das ações ordinárias. (Conforme destacamos acima, gostaríamos que outro dado fosse acrescentado: o valor dos patrimônios líquidos por ação.)

O fator mais importante que emerge de nossos vários testes se relaciona com o desempenho das ações compradas de forma aleatória. Testamos esse desempenho em três carteiras de trinta ações, cada uma formada por ações encontradas na primeira linha do *Guia de ações* de 31 de dezembro de 1968 e também na edição de 31 de agosto de 1971. Entre essas duas datas o S&P composto ficou praticamente estável, tendo o DJIA perdido aproximadamente 5%. Porém, as nossas noventa ações escolhidas aleatoriamente declinaram 22% em média, sem contar as dezenove que foram excluídas do *Guia* e provavelmente apresentaram perdas ainda maiores. Esses resultados comparativos sem dúvida refletem a tendência das ações de empresas menores e de qualidade inferior a serem relativamente supervalorizadas em mercados de alta e não apenas sofrerem declínios mais sérios do que as ações mais fortes no colapso de preços subsequente, mas também atrasarem sua recuperação completa, em muitos casos, indefinidamente. A moral para o investidor inteligente é, logicamente, evitar as ações de qualidade secundária na construção de uma carteira, a menos – para o investidor empreendedor – que elas sejam subvalorizações comprovadas.

Outros resultados de nossos estudos sobre carteiras podem ser resumidos da seguinte forma:

Apenas três dos grupos estudados tiveram um desempenho melhor do que o índice composto da S&P (e, portanto, melhor do que o DJIA), a saber: (1) as indústrias com a classificação de qualidade mais alta (A+). Elas cresceram 9,5% no período contra uma queda de 2,4% das indústrias do S&P e 5,6% do DJIA. (No entanto, as dez ações de concessionárias de serviços públicos classificadas como A+ caíram 18% em comparação com a queda de 14% do índice de serviços públicos do S&P composto por 55 ações.) Vale mencionar que as classificações da S&P se saíram muito bem nesse teste individual. Em cada caso, uma carteira baseada em uma classificação mais alta se saiu melhor do que uma de classificação inferior. (2) As companhias com mais de 50 milhões de ações em circulação não mostraram qualquer alteração como um todo, em comparação com um declínio pequeno no caso dos índices. (3) Muito estranhamente, as ações negociadas a preços unitários altos (acima de 100) mostraram, como um todo, um ligeiro crescimento (1%).

Um de nossos vários testes tomou como base o valor contábil, um dado não informado no *Guia de ações*. Descobrimos – contrariamente à nossa filosofia de investimento – que as companhias que combinaram grande porte com um componente intangível significativo em seu preço de mercado se saíram muito bem como um todo no período de 2,5 anos. (Por "componente intangível", queremos dizer a parte do preço que excede o valor contábil.)[9] Nossa lista de "gigantes intangíveis" foi composta por trinta ações, cada uma das quais tinha um componente intangível superior a um bilhão de dólares e que representava mais da metade de seu preço de mercado. O valor total de mercado desses itens intangíveis no final de 1968 foi superior a US$ 120 bilhões! Apesar dessas avaliações otimistas do mercado, o grupo como um todo mostrou uma subida de preço superior a 15% por ação entre dezembro de 1968 e agosto de 1971 e conseguiu o melhor resultado entre as cerca de vinte listas analisadas.

Um fato como esse não deve ser ignorado em um estudo sobre políticas de investimento. Está claro que, no mínimo, se associa um *dinamismo* considerável a essas companhias que combinam as virtudes de tamanho grande, um excelente histórico de lucros no passado, a expectativa do

---

9 Nos termos de Graham, uma grande porção intangível pode ter duas causas: uma empresa pode adquirir outras companhias por um valor substancialmente superior ao de seus ativos, ou suas próprias ações podem ser negociadas a um preço substancialmente superior ao seu valor contábil.

público de um crescimento continuado dos lucros no futuro e uma forte movimentação de mercado ao longo de muitos anos passados. Mesmo que o preço possa parecer excessivo por nossos padrões quantitativos, é provável que o dinamismo subjacente do mercado carregue tais ações por um prazo mais ou menos indefinido. (Naturalmente, essa hipótese não se aplica a todas as ações individuais na categoria. Por exemplo, o líder incontestável dos intangíveis, a IBM, caiu de 315 para 304 no período de trinta meses.) É difícil aferir até que ponto o desempenho de mercado superior demonstrado se deve a méritos de investimento "verdadeiros", ou objetivos, e até que ponto à popularidade há muito estabelecida. Sem dúvida, ambos os fatores têm um papel importante. Obviamente, tanto o desempenho recente do mercado quanto o de longo prazo dos gigantes intangíveis os recomendaria para uma carteira diversificada de ações ordinárias. Nossa preferência, no entanto, continua a recair sobre outros tipos que mostram uma combinação de fatores de investimento favorável, incluindo valores de ativos equivalentes a, pelo menos, dois terços do preço de mercado.

Os testes que usam outros critérios indicam em geral que as listas aleatórias que se baseiam em um único fator favorável tiveram um resultado melhor do que as listas aleatórias escolhidas pelo fator oposto; por exemplo, as ações de múltiplos baixos tiveram um declínio menor nesse período do que as ações de múltiplos altos, e os pagadores de dividendos de longo prazo perderam menos do que aqueles que não estavam pagando dividendos no final de 1968. Nesse sentido, os resultados apoiam nossa recomendação de que as ações selecionadas atendam a uma combinação de critérios quantitativos ou tangíveis.

Finalmente, gostaríamos de tecer comentários acerca da razão pela qual nossas listas, como um todo, tiveram um desempenho mais fraco em comparação com o histórico de preços do S&P composto. O S&P é ponderado pelo tamanho de cada empresa, enquanto nossos testes são baseados na escolha de uma ação de cada companhia. Evidentemente, a ênfase maior dada às empresas de grande porte pelo método S&P faz uma diferença significativa nos resultados e demonstra novamente sua maior estabilidade de preço em comparação com as companhias medianas.

Ações subvalorizadas ou ações abaixo do valor do ativo circulante líquido

Nos testes discutidos anteriormente, não incluímos os resultados da compra de trinta ações a um preço inferior ao valor do ativo circulante líquido. A razão para tal foi que seria possível encontrar, no máximo, apenas um punhado de tais ações no *Guia de ações* no final de 1968. No entanto, o quadro foi alterado pela queda de 1970 e, aos preços mínimos daquele ano, um número considerável de ações ordinárias poderia ter sido comprado abaixo do valor do seu capital de giro. Sempre pareceu, e ainda parece, ridiculamente simples dizer que, se for possível adquirir um grupo diversificado de ações ordinárias a um preço inferior a apenas o ativo circulante líquido correspondente – após deduzir todas as contingências prévias e avaliar como *zero* os ativos fixos e outros –, os resultados deveriam ser muito satisfatórios. Eles assim foram, em nossa experiência, por mais de trinta anos – digamos, entre 1923 e 1957 –, excluindo uma época de reais complicações em 1930-1932.

Será que essa abordagem possui alguma relevância no início de 1971? Nossa resposta seria um "sim" com reservas. Um olhar rápido no *Guia de ações* revelaria cerca de cinquenta ações que pareceram ser negociadas a um valor igual ou abaixo do valor do ativo circulante líquido. Conforme seria de se esperar, muitas delas tiveram um desempenho ruim no difícil ano de 1970. Se eliminássemos aquelas que divulgaram prejuízos líquidos no último período de doze meses, sobrariam ainda ações suficientes para formar uma lista diversificada.

TABELA 15-2 Ações de companhias importantes negociadas ao valor do ativo circulante líquido em 1970 ou abaixo dele

Companhia	*Preço 1970*	*Valor do ativo circ. líquido por ação*	*Valor contábil por ação*	*Lucro por ação, 1970*	*Dividendo atual*	*Preço máx. antes de 1970*
Cone Mills	13	US$ 18	US$ 39,3	US$ 1,51	US$ 1,00	41½
Jantzen Inc.	11⅛	12	16,3	1,27	0,60	37
National Presto	21½	27	31,7	6,15	1,00	45
Parker Pen	9¼	9½	16,6	1,62	0,60	31¼
West Point Pepperell	16¼	20½	39,4	1,82	1,50	64

Incluímos na Tabela 15-2 alguns dados sobre cinco ações que foram negociadas abaixo do valor de capital de giro[10] a seus preços *mínimos* de 1970. Eles nos dão insumos para uma reflexão sobre a natureza das flutuações de preço das ações. Como é que companhias bem estabelecidas, cujas marcas são conhecidas no país inteiro, poderiam ser cotadas a preços tão baixos, ao mesmo tempo que outras companhias (com uma taxa de crescimento dos lucros melhor, é claro) estavam sendo negociadas por bilhões de dólares acima do valor mostrado em seus balanços? Para citar os "dias de ontem" uma vez mais, a ideia do fundo comercial (*goodwill*) como um elemento de valor intangível foi, em geral, associada ao "nome comercial". Tais nomes, como Lady Pepperell, no ramo de lençóis, Jantzen, no de roupas de natação, e Parker, em canetas, seriam considerados ativos de grande valor de fato. Porém, hoje, se o "mercado não gosta de uma companhia", não apenas nomes comerciais renomados, mas terras, maquinaria e edifícios, e o que você desejar, podem todos valer zero para ele. Pascal disse que "o coração tem razões que a própria razão desconhece".[11] Em vez de "coração", leia "Wall Street".

Surge ainda outro contraste. Quando tudo anda bem e ações novas são facilmente vendidas, os lançamentos de ações sem qualidade nenhuma começam a aparecer. Elas logo encontram compradores; após o lançamento, seus preços são muitas vezes cotados entusiasticamente em níveis tais, em relação aos ativos e lucros, que envergonhariam a IBM, a Xerox e a Polaroid. Wall Street absorve bem essa loucura sem que haja qualquer esforço por parte de qualquer pessoa para solicitar uma parada antes do colapso inevitável dos preços. (A SEC não pode fazer muito mais do que insistir na divulgação de informações, às quais o público especulativo não presta a mínima atenção, ou anunciar investigações e diversas punições, em geral leves, após a lei ter sido claramente violada.) Quando muitos desses empreendimentos minúsculos, mas exageradamente inflados, desaparecem de vista, ou quase,

---

10 Tecnicamente, o valor do capital de giro de uma ação é o ativo circulante por ação menos o passivo circulante por ação, dividido pelo número de ações no mercado. Aqui, no entanto, Graham quer dizer "valor de capital de giro *líquido*", ou o valor por ação do ativo circulante menos o passivo *total*.

11 *Le coeur a ses raisons que la raison ne connaît point.* Esse trecho poético é um dos argumentos conclusivos na discussão do grande teólogo francês sobre o que ficou conhecido como "aposta de Pascal". Ver Comentários sobre o Capítulo 20.

tudo é considerado "parte do jogo" do ponto de vista filosófico. Todos juram que não farão mais tais extravagâncias indesculpáveis, até a próxima vez.

Obrigado pelo sermão, diz o leitor gentil. No entanto, e as "ações subvalorizadas"? É possível realmente ganhar dinheiro com elas sem correr riscos sérios? Sim, de fato, *se* você puder encontrar um número suficiente delas a ponto de formar um grupo diversificado e *se* você não perder a paciência caso elas deixem de subir logo após tê-las comprado. Às vezes, a paciência necessária pode ter de ser bastante grande. Em nossa edição anterior, arriscamos um exemplo simples, o qual era atual no momento em que escrevíamos. Foi a Burton-Dixie Corp., cujas ações eram negociadas a 20 contra o valor do ativo circulante líquido de 30 e valor contábil de cerca de 50. O lucro sobre aquela compra não teria sido imediato. Porém, em agosto de 1967 todos os acionistas receberam uma proposta de 53,75 por suas ações, aproximadamente igual ao valor contábil. Um investidor paciente, que tivesse comprado ações em março de 1964 a 20, teria tido um lucro de 165% em 3,5 anos, um retorno anual não composto de 47%. Com base em nossa experiência, a maioria das ações subvalorizadas não precisou de tanto tempo para mostrar bons lucros, mas também não apresentou um rendimento tão alto. Para examinar uma situação bastante semelhante, atual no momento em que escrevemos, veja nossa discussão sobre a National Presto Industries na p. 510.

Situações especiais ou *workouts* (recuperações)

Vamos tocar brevemente nessa área agora, uma vez que teoricamente ela é passível de inclusão no programa de operações de um investidor empreendedor. Ela foi comentada, mas, aqui, forneceremos alguns exemplos do gênero e alguns comentários adicionais sobre o que esse campo pode oferecer a um investidor atento e aberto a ideias novas.

Três dessas situações, entre outras, eram atuais em 1971 e poderiam ser resumidas da seguinte forma:

- SITUAÇÃO 1. Aquisição da Kayser-Roth pela Borden. Em janeiro de 1971, a Borden Inc. anunciou um plano para adquirir o controle da Kayser-Roth ("vestuário diversificado") oferecendo 1,33 ação de suas próprias ações em troca de cada ação da Kayser-Roth. No dia seguinte, em um bom volume de transações, a Borden fechou a 26 e a Kayser-Roth a 28. Se um "operador" tivesse comprado trezentas ações da Kayser-Roth e vendido quatrocentas da Borden a esses preços e se o negócio fosse consumado mais tarde nos termos anunciados, ele teria tido um lucro de 24%, menos comissões e alguns outros itens. Pressupondo que a negociação tivesse durado seis meses, seu lucro final poderia ser aproximadamente 40% a uma taxa anualizada.

- SITUAÇÃO 2. Em novembro de 1970, a National Biscuit Co. quis adquirir o controle da Aurora Plastics Co. por US$ 11/ação em dinheiro. A ação era negociada a aproximadamente 8,5; ela fechou o mês a 9 e continuou a ser negociada nesse nível até o fim do ano. Aqui, o lucro bruto indicado foi originalmente de cerca de 25%, sujeito a riscos de não consumação e ao prazo.
- SITUAÇÃO 3. A Universal-Marion Co., que havia encerrado suas operações, pediu a seus acionistas que ratificassem a dissolução da companhia. O tesoureiro indicou que a ação ordinária tinha um valor contábil de cerca de US$ 28,5 por ação, uma parte substancial da qual se encontrava em forma líquida. A ação fechou 1970 a 21,5, indicando nesse caso um eventual lucro bruto superior a 30% se o valor contábil fosse realizado por ocasião da liquidação.

Se operações desse tipo, conduzidas em bases diversificadas para diluir o risco, pudessem consistentemente render lucros anuais iguais ou superiores a, digamos, 20%, elas seriam, sem dúvida, mais do que meramente compensadoras. Já que este não é um livro sobre "situações especiais", não vamos entrar em detalhes sobre o negócio, pois ele é realmente um negócio. Vamos destacar duas evoluções contraditórias ocorridas recentemente. Por um lado, o número de operações passíveis de serem escolhidas aumentou enormemente, conforme comparado com, digamos, dez anos atrás. Essa é uma consequência do que poderia ser denominada a mania de companhias para diversificar suas atividades por meio de vários tipos de aquisição etc. Em 1970, o número de "anúncios de fusão" somou mais de cinco mil, uma queda comparada com os mais de seis mil registrados em 1969. Os valores totais de dinheiro envolvidos nesses negócios somavam muitos, muitos bilhões. Talvez apenas uma pequena fração dos cinco mil anúncios apresentasse uma oportunidade bem delineada para compra de ações por um especialista em situações especiais, mas essa fração seria ainda grande o suficiente para mantê-lo ocupado estudando, separando e escolhendo.

O outro lado desse quadro é que uma proporção crescente das fusões anunciadas deixou de ser consumada. Em tais casos, claro, o lucro objetivado não é realizado e provavelmente deverá ser substituído por um prejuízo mais ou menos sério. As razões para o insucesso são numerosas, incluindo intervenções em defesa da concorrência, oposição dos acionistas, mudança nas "condições de mercado", indicações desfavoráveis reveladas por estudos posteriores, falta de acordo a respeito de detalhes, entre outros. A proeza, claro, é ter uma capacidade de avaliação própria, apoiada pela experiência, para escolher os negócios que mais provavelmente serão bem-sucedidos e também aqueles que provavelmente ocasionarão o menor prejuízo se fracassarem.

Comentários adicionais aos exemplos anteriores

- KAYSER-ROTH. Os diretores dessa companhia já haviam rejeitado (em janeiro de 1971) a proposta da Borden quando este capítulo foi escrito. Se a operação tivesse sido "desfeita" imediatamente, o prejuízo total, incluindo as comissões, teria sido aproximadamente 12% do custo das ações da Kayser-Roth.
- AURORA PLASTICS. Por causa do desempenho ruim dessa companhia em 1970, os termos da fusão foram renegociados e o preço reduzido para 10,5. As ações foram pagas no final de maio. A taxa anual de retorno realizada nesse caso foi de aproximadamente 25%.
- UNIVERSAL-MARION. Essa companhia prontamente efetuou uma distribuição inicial em dinheiro e ações no valor de US$ 7 por ação, reduzindo o investimento a aproximadamente 14,5. No entanto, o preço de mercado caiu a níveis tão baixos quanto 13 desde então, lançando dúvidas sobre o resultado final da liquidação.

Considerando que os três exemplos dados são bastante representativos das oportunidades de "recuperação ou arbitragem" como um todo em 1971, é claro que elas não são atraentes se escolhidas de forma aleatória. Esse tem sido um campo, mais do que nunca, para profissionais com experiência e capacidade de avaliação.

Há um detalhe interessante sobre nosso exemplo da Kayser-Roth. Mais tarde, em 1971, o preço caiu abaixo de 20 enquanto a Borden foi negociada a 25, equivalente a 33 para a Kayser-Roth, de acordo com os termos da oferta de troca de ações. Ao que parece, os diretores cometeram um grande erro ao recusarem aquela oportunidade ou as ações da Kayser-Roth estavam agora fortemente subvalorizadas pelo mercado. Algo a ser investigado por um analista de títulos.

COMENTÁRIO SOBRE O CAPÍTULO 15

POR JASON ZWEIG

Não espere que a sensação de perigo desapareça:
O caminho é certamente curto e angular,
Por mais gradual que daqui pareça;
Olhe se quiser, mas você terá que pular.
– W. H. Auden[1]

Se você é um investidor empreendedor e está tentando encontrar ações subavaliadas que possam gerar retornos superiores, está diante de um desafio que poucas pessoas conseguem vencer. Superar o mercado de forma consistente, escolhendo ações específicas, é extremamente difícil.

É por isso que você deve dedicar suas energias analíticas à tomada de apenas algumas poucas decisões. Em geral, a maioria das ações não estará tão grosseiramente subavaliada de modo a justificar o esforço de analisar o quanto estão subavaliadas.

INVESTIMENTO SOYA

De acordo com Warren Buffett, os investidores estariam em melhor situação se todas as compras e vendas de sua vida tivessem que caber em um cartão com vinte espaços para serem perfurados. Cada decisão de investimento que eles tomassem usaria um dos furos. "Eles não vão ter vinte ideias brilhantes durante a vida", disse Buffett. "Vão ter cinco, ou três, ou sete, e você pode ficar rico com cinco, ou três, ou sete. No entanto, o que não dá é para ficar rico tentando ter uma ideia brilhante todos os dias."

O parceiro de negócios de longa data de Buffett, Charlie Munger, descreveu a mesma ideia de forma mais direta. Na maioria das vezes, disse Munger, você deve "ficar com a bunda sentada" (*sit on your ass*) esperando por uma das raras ocasiões em que o Sr. Mercado fica maluco. (Por educação, vou abreviar a ideia de Munger como "SOYA".) Você não deve nem comprar nem vender enquanto espera, mas deve aprender: estudar continuamente os setores, ler

---

1 AUDEN, W. H. Leap before you look. 1940.

relatórios anuais e fazer uma lista de algumas ações que gostaria de comprar caso os preços despenquem.[2] Mais cedo ou mais tarde – talvez anos, ou até décadas depois – elas vão cair. Então, e somente então, você deve comprar – e comprar agressivamente.

Enquanto isso, deixe a maior parte do seu dinheiro em um fundo de índice; dessa forma, enquanto espera por uma oportunidade específica, o tempo todo você vai fazer parte do crescimento geral do mercado.

Ser um investidor SOYA é, portanto, o oposto da concepção equivocada e popular daquilo que um investidor empreendedor faz: em vez de comprar e vender com frequência, você quase nunca o faz.

Ao minimizar suas atividades, você maximiza a probabilidade de ganhar dinheiro.

PRIMEIRO, OLHE-SE NO ESPELHO

Como Max Heine, o falecido gerente do fundo de ações Mutual Shares, gostava de dizer: "Existem muitos caminhos para Jerusalém". Você pode ser um investidor empreendedor buscando:

- as ações mais baratas e de "valor profundo" da atualidade, pechinchas até mesmo para os padrões de Graham;
- grandes empresas a bons preços, graças a más notícias;
- as super-ações do futuro, empresas que raramente são negociadas a preços baixos, mas que têm potencial de crescimento elevado no longo prazo.[3]

A escolha depende do seu temperamento. *O quanto você é empreendedor* importa menos do que *como você é empreendedor*. Você gosta de correr atrás de oportunidades em brechós e usar o sistema a seu favor para maximizar os programas de pontos dos seus cartões de crédito? Então o valor profundo pode se adequar ao seu espírito. Você é o tipo de pessoa que evita a multidão e desconfia do senso comum? Então pode se dar bem pesquisando empresas prejudicadas por más notícias. Você gosta de fazer apostas ousadas em busca de ganhos potencialmente grandes? Então as super-ações podem ser uma boa opção para você.

---

2 Sobre listas de observação, ver o Comentário sobre o Capítulo 7.

3 Investidores individuais empreendedores também podem considerar áreas rejeitadas por instituições, como cisões, nas quais empresas oferecem ações negociadas publicamente em uma subsidiária pela primeira vez, e "órfãos", ou ações que são removidas de um índice de mercado.

Independentemente da abordagem empreendedora que experimentar, você deve seguir os mandamentos de Graham para ser disciplinado e diferenciado.

O PORÃO DA PECHINCHA

Se você quiser um valor profundo, poderá comprar um fundo denominado "fator" ou "smart beta", que detém dezenas ou centenas de ações que cumprem um conjunto de requisitos estatísticos de subavaliação, como baixos índices de preço em relação a vendas, lucros e valor contábil.

No entanto, o ponto principal de ser um investidor empreendedor é que você tem a disposição e a capacidade de dedicar tempo e esforço na tentativa de superar o desempenho do mercado – em vez de delegar este trabalho a terceiros. A compra de um fundo de valor faz sentido para um investidor defensivo, mas provavelmente deixará um investidor empreendedor ansioso e insatisfeito.

A medida de Graham do valor mais profundo era se uma ação estava cotada abaixo do valor do ativo corrente líquido do negócio subjacente. Isso significa que as ações são negociadas abaixo do valor do caixa, das contas a receber, dos estoques e de outros ativos de liquidez imediata da empresa, subtraídos todos os passivos.

No final de 2023, oitenta das cerca de 3.100 ações norte-americanas negociadas regularmente – cerca de 2,5% do total – estavam cotadas a um preço inferior ao valor líquido atual dos ativos, de acordo com a AJO Vista, uma empresa de investimentos da Filadélfia.

A maioria delas era de pequenas startups de biotecnologia ou farmacêuticas que negociavam em baixo volume; o investidor institucional típico não chegaria perto delas. Um indivíduo empreendedor, no entanto, poderia formar uma carteira com todas as oitenta; se uma das empresas descobrir um novo medicamento importante, ou se algumas delas forem compradas por empresas maiores, a carteira poderá ter um bom desempenho, mesmo que a maioria das demais desapareça ou vá à falência.[4]

---

4 Essa abordagem é extremamente arriscada e seria uma rara exceção à nossa regra (ver os Comentários sobre os Capítulos 4 e 20) de que, depois de diversificar amplamente, colocando a maior parte de seu dinheiro em um fundo de índice do mercado de ações total, você pode concentrar o restante dos seus ativos em algumas empresas. As ações de biotecnologia são tão voláteis que possuir apenas um punhado delas é uma má ideia. Antes de cogitar até mesmo essa abordagem diversificada, ver Verdad Capital. The biotech boneyard. Disponível em: bit.ly/48TDksc.

Você também poderia se concentrar em "microcaps", empresas cujas ações têm um valor total de mercado inferior a US$ 100 milhões. Também nesse caso, a maioria das instituições não teria como competir.

Por outro lado, nos Estados Unidos e em muitos mercados desenvolvidos, ações de valor profundo são notavelmente escassas – pelo menos até que a próxima queda do mercado crie uma nova safra delas.

QUANDO A OPORTUNIDADE BATE À PORTA, ELA SOA COMO PERIGO

É mais provável que as ações sejam extremamente subavaliadas quando uma empresa sofre um revés alarmante – o fracasso de um produto, um tropeço estratégico, a rotatividade dos altos executivos – ou quando a economia está um caos, como em 2008-2009 ou 2020.

Essas reações exageradas geralmente geram subvalorização. Paradoxalmente, quando o risco percebido aumenta, o risco real geralmente diminui. A percepção de um risco maior cria preços mais baixos; preços mais baixos geram o potencial para retornos futuros maiores.

Acima de tudo, choques em uma empresa ou em todo o mercado de ações criam valor ao desviar a atenção da questão mais importante: qual a probabilidade de essa empresa ser capaz de produzir quantidades consistentemente maiores de dinheiro nos próximos anos?

Considere a W. W. Grainger, Inc., uma distribuidora atacadista de equipamentos de manutenção e reparo. Em abril de 2017, sob a concorrência feroz da Amazon.com, a Grainger anunciou repentinamente que cortaria seus preços "em toda a linha". Por causa dos cortes de preços, advertiu a Grainger, seus ganhos em 2017 provavelmente seriam de 9% a 12% menores do que o previsto anteriormente.

Isso deixou o Sr. Mercado de cabelo em pé.

As ações da Grainger despencaram 11% naquele dia e continuaram a cair por meses. Em julho, a empresa anunciou que seus lucros do segundo trimestre haviam caído 43% em relação ao ano anterior. Entre seu pico, em fevereiro de 2017, e o momento em que finalmente chegou ao fundo do poço, em agosto, quase 40% do valor da Grainger no mercado de ações tinham virado fumaça.

E quanto ao negócio? Ele havia perdido mais de um terço do seu valor?

TRIAGEM

Usando os rastreadores de ações gratuitos em sites e aplicativos como Koyfin, FinViz, Finchat.io, Finbox, TIKR ou Yahoo Finance, você pode definir filtros para identificar grupos de empresas que atendam a diversos critérios.[5]

Seguindo o espírito de Graham, você poderia fazer uma triagem para conferir se há pouca dívida e baixos índices de preço/lucro (P/L) e preço/livro (P/B), bem como altos rendimentos de dividendos. Se estiver procurando por super-ações (ver p. 434), pode definir filtros para identificar empresas com crescentes fluxos de caixa operacional líquido, retorno sobre ativos e retorno sobre o capital investido. (Lembre-se de fazer a média dos resultados ao longo de três a cinco anos.)[6]

Você provavelmente vai se sentir muito esperto na primeira vez que fizer uma triagem de ações e encontrar empresas das quais nunca ouviu falar e que parecem ser pechinchas incríveis. É altamente improvável, no entanto, que tenha encontrado um filão de grandes empresas não descobertas por nenhum investidor profissional, que tem o auxílio de supercomputadores, inteligência artificial e orçamentos de pesquisa multimilionários, que fazem uma varredura dos mercados o dia todo.

É por isso que você não deve olhar para o resultado da sua seleção de ações como uma lista de compras; é apenas uma lista de empresas que você pode estudar e monitorar como um investidor SOYA, à espera de que o preço delas caia.

Os clientes não fugiram em massa da Grainger. Tampouco continuaram migrando para a Amazon; em vez disso, compraram ainda mais da Grainger, que era famosa por seu serviço especializado e entrega confiável. Ao aumentar o estoque em seus armazéns centralizados para suprir a corrida dos compradores

5 Os rastreadores de ações também estão disponíveis por meio de assinaturas relativamente baixas em AAII.com, Morningstar.com e YCharts.com. A maioria das principais corretoras oferece *screeners* de ações em seus sites ou aplicativos. Além disso, as ferramentas que aplicam inteligência artificial à análise de investimentos estão se proliferando rapidamente, mas com qualidade irregular. Antes de se inscrever para usar qualquer rastreador, certifique-se de que a ferramenta não foi projetada para induzi-lo a fazer negociações com frequência.

6 Quanto mais critérios você adotar, maiores serão as chances de que a lista resultante acabe sendo arbitrária e frágil demais para ser útil. Se você usar, digamos, treze critérios diferentes e a triagem acabar não funcionando, boa sorte para descobrir quais dos treze você deve ajustar ou eliminar. Os modelos de previsão simples tendem a funcionar melhor do que os complexos Ver DAWES, Robyn M. The robust beauty of improper linear models in decision making. Disponível em: bit.ly/3PQp5xy. Menos é mais!

on-line, a Grainger não precisou expandir seu número de filiais locais, o que ajudou a manter seus lucros altos.

Em 2018, as vendas da Grainger aumentaram 8% em relação a 2017; o lucro líquido subiu 33%; seu fluxo de caixa operacional líquido se manteve estável. Durante todo esse tempo, a empresa permaneceu lucrativa. (Ver Tabela 15-3.)

Nos cinco anos seguintes à reação exagerada do Sr. Mercado aos cortes de preços da Grainger, as ações subiram a uma média anual de 22,2%, superando o desempenho do S&P 500 em 6,8% ao ano.

Em 2023, parecia justo perguntar se a Grainger não estava, na verdade, sendo lucrativa demais. Ela vinha obtendo retornos tão altos que um cético poderia se perguntar se a empresa não estaria tratando seus acionistas de forma injusta ao não devolver a eles mais do seu excedente de capital.[7]

REAÇÃO EXAGERADA

Um investidor empreendedor é livre para tentar passar para o outro lado da negociação quando o Sr. Mercado reage exageradamente ao que ocorre em uma empresa ou no mundo.

Veja o que aconteceu com a Fair Isaac Corp. durante a crise financeira global de 2008-2009. O software da Fair Isaac fornece as pontuações de crédito FICO que classificam os consumidores que querem fazer um empréstimo ou comprar uma casa.

Do seu auge, em novembro de 2006, até o ponto mais baixo, em março de 2009, as ações da Fair Isaac caíram 76%. Depois disso, elas foram avaliadas em apenas uma vez o valor das vendas, um pouco mais de uma vez o valor contábil, quatro vezes o fluxo de caixa e nove vezes os lucros – uma queda, em cada uma dessas medidas, de cerca de dois terços desde 2006.

O negócio tinha se saído tão mal assim?

Entre o pico do trimestre encerrado em 31 de dezembro de 2006 e as profundezas da crise de crédito no trimestre encerrado em 31 de março de 2009, as vendas da Fair Isaac encolheram 23%, e seu lucro líquido caiu 43%. No entanto, durante esse período, o retorno sobre o capital investido e o retorno sobre os ativos caíram apenas cerca de 25% cada, enquanto o retorno sobre o patrimônio líquido quase não caiu, pois a Fair Isaac recomprou ações de forma agressiva.

---

7 Ver o Comentário sobre o Capítulo 19.

TABELA 15-3 Mudança de paradigma para a Grainger

	W.W. Grainger, Inc., anos terminados em 31/dez										
	2012	*2013*	*2014*	*2015*	*2016*	*2017*	*2018*	*2019*	*2020*	*2021*	*2022*
Vendas (US$ milhões)	8.950,0	9.437,8	9.965,0	9.973,4	10.137,2	10.424,9	11.221,0	11.486,0	11.797,0	13.022,0	15.228,0
Receita líquida (US$ mihões)	677,5	785,4	792,2	761,4	600,5	581,0	776,0	849,0	695,0	1.043,0	1.547,0
Lucro por ação (US$)	9,52	11,13	11,45	11,58	9,87	10,02	13,73	15,46	12,94	19,98	30,27
Margem líquida (%)	7,6	8,3	7,9	7,6	5,9	5,6	6,9	7,4	5,9	8,0	10,2
Retorno sobre ativos (%)	13,9	15,3	15,0	13,7	10,4	10,1	13,3	14,3	11,3	16,2	21,8
Retorno sobre patrimônio (%)	24,0	25,0	24,5	27,8	29,5	33,3	43,0	45,0	37,7	56,3	71,7
Retorno sobre capital investido (%)	21,5	21,9	21,7	20,9	16,5	15,3	19,5	21,4	16,7	23,3	32,2
Dividendos por ação (US$)	3,06	3,59	4,17	4,59	4,83	5,06	5,36	5,68	5,94	6,39	6,78
Payout ratio (%)	32,1	32,3	36,4	39,6	48,9	50,5	39,0	36,7	45,9	32,0	22,4

Fonte: FactSet.

Enquanto isso, o fluxo de caixa líquido das operações aumentou mais de 10%.

Durante a década que se seguiu ao seu fundo do poço, em março de 2009, as ações da Fair Isaac subiram mais de 2.400%, crescendo em uma média de 38,2% ao ano – superando o S&P 500 em uma média de 20,6 pontos percentuais por ano.

Outro exemplo:

Em fevereiro e março de 2020, durante o pior momento de pânico em relação à pandemia de covid, as ações da NVR, Inc. caíram 45,1% – muito pior do que o S&P 500.

A NVR é uma das maiores construtoras dos Estados Unidos. Se a pandemia durasse anos ou matasse dezenas de milhões de norte-americanos, como parecia possível nos primeiros dias, a demanda por casas entraria em colapso.

No entanto, se a covid durasse anos e matasse dezenas de milhões de pessoas, você teria problemas muito maiores do que perder o dinheiro que poderia ter investido nas ações da NVR.

Há muito tempo, a NVR vinha sendo excepcionalmente lucrativa, com um retorno sobre o capital investido muito acima da média em quinze dos vinte anos anteriores, caindo apenas durante a crise imobiliária que se seguiu à crise financeira de 2008-2009.

Para todo o ano de 2020, as vendas e o lucro líquido da NVR aumentaram ligeiramente, e seu lucro operacional líquido subiu 7%, atingindo um recorde histórico.

Desde a queda do mercado em 2020 até o final de 2023, as ações da NVR subiram 222%, superando em muito o ganho de 127% do S&P 500.

O QUE FAZ AS SUPER-AÇÕES SEREM SUPER

Muitas pessoas acreditam que as ações de melhor desempenho provêm quase exclusivamente do setor de tecnologia. Uma olhada nas trinta principais super-ações dos últimos trinta anos – cada uma com retornos totais acumulados para além dos 10.000% – mostra que isso não é verdade.

O silício e os celulares estão na lista, mas também estão piscinas, carros usados, tabaco e equipamentos para policiais.

Alerta: a lucratividade de muitas das empresas da Tabela 15-4 parece já estar se desvanecendo. Não é possível encontrar futuros vencedores apenas escolhendo cegamente vencedores do passado.

TABELA 15-4 Super-ações

Empresa	*Receita total acumulada, 1/1/1994–31/12/2023*	*Negócio*
Monster Beverage Corp.	210,588%	bebidas energéticas
Amazon.com	155,073%	varejo on-line e computação
NVIDIA Corp.	131,500%	hardware e software de computador
Apple Inc.	89,085%	smartphones e computadores
NVR Inc.	71,699%	construção civil
Pool Corp.	57,572%	suprimentos e equipamentos para piscinas
HEICO Corp.	55,427%	aviação e eletrônica
Axon Enterprise Inc.	45,155%	equipamento policial
Ross Stores Inc.	44,932%	varejo de roupas
Netflix Inc.	40,594%	entretenimento
Cognizant Technology Solutions Corp.	39,511%	serviços de tecnologia
Cooper Companies Inc.	37,529%	lentes de contato e dispositivos médicos
Fair Isaac Corp.	36,728%	software financeiro e pontuação de crédito
Balchem Corp.	35,382%	nutrição humana, ração animal e produtos químicos industriais
Middleby Corp.	34,609%	serviços e equipamentos de alimentação
Copart Inc.	32,064%	leilões de veículos on-line
ResMed Inc.	30,161%	aparelhos médicos
Biogen Inc.	29,200%	biotecnologia
Gilead Sciences Inc.	28,973%	biotecnologia
Vector Group Ltd.	27,056%	cigarros e imóveis
O'Reilly Automotive Inc.	26,109%	peças automotivas
Old Dominion Freight Line Inc.	24,072%	transporte rodoviário
Microsoft Corp.	23,924%	software
Watsco Inc.	23,419%	ar-condicionado
Adobe Inc.	22,458%	software
Coherent Corp.	22,187%	lasers e eletrônicos
Badger Meter Inc.	21,945%	medidores de água e equipamentos
AAON Inc.	21,154%	ar-condicionado
National Beverage Corp.	20,955%	água com gás e outras bebidas
Intuit Inc.	19,581%	software

Fonte: Center for Research in Security Prices.

Um dos motivos pelos quais essas ações obtiveram retornos tão altos nos últimos trinta anos é que elas pegaram Wall Street de surpresa. A maioria dos analistas e investidores profissionais quer o que eles chamam de crescimento "consistente": lucros que aumentam de forma suave e constante ao longo do tempo. O mundo real é tão confuso e imprevisível que nenhuma empresa pode aumentar seus lucros em todos os trimestres – e ninguém pode prever de forma confiável os lucros corporativos com uma precisão de centavos. No entanto, Wall Street adora empresas que repetidamente "atendem às expectativas".

As super-ações provocaram um arraso nas expectativas, principalmente em seus primeiros anos. Elas não crescem como autômatos. Elas crescem rapidamente – mas aos trancos e barrancos, e com grandes oscilações.

Se estiver tentando identificar a próxima super-ação, você deve procurar por uma combinação de vantagens qualitativas e quantitativas.

Super-ações:

- têm gerentes que se concentram em cinco a dez anos no futuro, e não nos próximos três meses, de modo que não se preocupam em produzir um crescimento suave dos lucros trimestrais nem em seguir as expectativas dos analistas;
- têm "fossos" que os protegem dos concorrentes: processos, produtos, serviços, redes ou tecnologias tão difíceis de serem superados que os clientes se tornam firmemente leais;[8]
- geram quantidades crescentes de caixa, mesmo que seu lucro líquido não aumente de forma consistente (um dos motivos pelos quais Graham sugere calcular a média dos lucros dos últimos três a cinco anos);
- geralmente não são fabricantes de commodities, como empresas de mineração ou energia, e raramente são encontradas em setores sazonais, como companhias aéreas, produtos químicos e hotéis;
- crescem não por meio de aquisições, mas por meio de inquisições, questionando-se constantemente sobre seus produtos, serviços e tecnologias de modo a encontrar novas formas de extrair receita das linhas de negócios já existentes.

---

8 Para saber mais sobre fossos, ver o Comentário sobre o Capítulo 11.

Em seus primeiros dezoito trimestres como empresa de capital aberto, a Amazon perdeu US$ 2,9 bilhões, pois o fundador Jeff Bezos tomou, em suas próprias palavras, "decisões de investimento ousadas, em vez de tímidas (...) [a partir de] visões de liderança de mercado de longo prazo, em vez de visões de lucratividade de curto prazo ou reações de curto prazo de Wall Street".

A Balchem Corp., uma super-ação cujo ganho acumulado de 35.382% em trinta anos superou em muito até mesmo a Microsoft, desenvolve técnicas para revestir nutrientes e minerais. Décadas atrás, um de seus engenheiros observou que seus sais nutricionais poderiam evitar que a argila absorvesse muita água. Anos se passaram até que o *fracking* de petróleo e gás transformasse essa antiga tecnologia em um novo mercado para a Balchem, gerando dezenas de milhões de dólares em receitas adicionais.[9]

OS INTANGÍVEIS

O economista John Burr Williams escreveu em 1938 que "uma ação vale *apenas o que você pode obter dela*" – o valor, hoje, de todo o dinheiro líquido que se espera que ela gere no futuro.[10] É por isso que Warren Buffett há muito tempo enfatiza que "o crescimento é *sempre* um componente no cálculo do valor".

Na época de Graham, predominavam setores como ferrovias, automóveis, produtos químicos e aço. O valor provinha, em grande parte, dos ativos *tangíveis*, ou físicos, no balanço patrimonial de uma empresa: seus imóveis, fábricas, maquinário e outros equipamentos.

Atualmente, dominam os setores de software, saúde, finanças e consumo. O valor geralmente vem em grande parte de ativos *intangíveis*, que podem ser tratados como despesas na demonstração de resultados de uma empresa: desenvolvimento de software, treinamento de funcionários, publicidade e marketing, patentes, licenças, marcas registradas e outras formas de propriedade intelectual.

---

9 ZWEIG, Jason. The best stock of the last 30 years? You've never heard of it. Disponível em: bit.ly/3PorE8C; e How you can get big gains that Wall Street can't. Disponível em: bit.ly/3ZtVKw0. Para saber mais sobre como identificar empresas com crescimento sustentável, ver GREENWALD, Bruce *et al*. *Value investing*: from Graham to Buffett and beyond. Wiley, 2021. Capítulos 6-8.

10 WILLIAMS, John Burr. *The theory of investment value*. North-Holland, 1938. p. 57.

O logotipo, o visual, o software e a marca da Apple não são objetos físicos, mas são imensamente valiosos. O mesmo acontece com a emblemática imagem da Coca-Cola, o sistema logístico da Amazon para atender e entregar pedidos, e os algoritmos do Google para pesquisar, organizar e apresentar informações – tudo resultado do investimento de bilhões de dólares em publicidade, capital humano, pesquisa e desenvolvimento.

O desabrochar dos intangíveis é um lembrete de algo que sempre foi verdade: o valor é apenas uma estimativa – ou, se sua análise for intelectualmente honesta, uma *gama* de estimativas. O futuro é incerto, o futuro distante é ainda mais incerto, e determinar o valor das partes mais importantes de uma empresa é uma ciência imprecisa.

RETORNO SOBRE O CAPITAL INVESTIDO

Se você pensar em uma empresa como um organismo vivo, o retorno sobre o capital investido (*return on invested capital*, ou ROIC) é uma ferramenta de diagnóstico vital para medir como o dinheiro flui por seu sistema circulatório. Com base na média de vários anos, a receita está crescendo? Os fluxos de caixa estão sendo desviados para áreas que não são essenciais à sobrevivência e ao crescimento do organismo? Acima de tudo, a empresa não está gerando lucro suficiente? Está tendo uma hemorragia de capital?

Você pode calcular o ROIC de várias maneiras, mas, em sua forma mais simples, é o seguinte:

> *lucro operacional líquido após impostos, dividido pelo valor contábil do capital investido (patrimônio líquido mais dívida, menos excesso de caixa).*

Nem todas as empresas optam por informar o ROIC em suas demonstrações financeiras, mas várias versões dessa medida estão disponíveis em provedores de dados terceirizados. O retorno típico de longo prazo sobre o capital investido na maioria dos setores norte-americanos é de aproximadamente 9%.

Um ROIC alto ou em constante crescimento sugere não apenas que uma empresa está se tornando mais lucrativa, mas também que seus gerentes são bons em identificar oportunidades lucrativas e alocar capital para elas. O ajuste do ROIC para os intangíveis é uma etapa fundamental, que requer uma análise detalhada.[11]

---

11 Para obter orientação sobre como calcular e ajustar o retorno sobre o capital investido, ver MAUBOUSSIN, Michael J.; CALLAHAN, Dan. Return on invested capital. Disponível em:

Veja uma das super-ações dos últimos trinta anos, a Pool Corp:

FIGURA 15-1
Altos retornos de um negócio pouco glamouroso

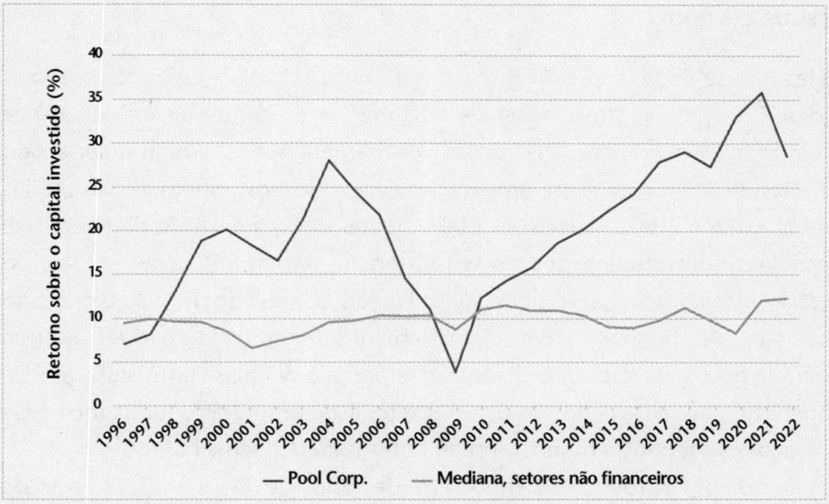

Nota: Não ajustado para intangíveis.
Fontes: FactSet, Morgan Stanley.

Apesar de seu negócio pouco glamouroso de distribuição de suprimentos para piscinas, essa empresa gerou retornos sobre o capital investido – exceto em 2009, durante a crise financeira global – que seriam invejados por setores mais prestigiados, como o de software ou varejo on-line. E, principalmente nos primeiros anos, o ROIC aumentou mais rápido do que a avaliação das ações da Pool; no final da década de 1990, suas ações eram vendidas por um preço bem abaixo da média da relação preço/lucro do mercado. Naquela época, a Pool era pequena, seguida por poucos analistas, e tinha poucos investidores institucionais. (No final do período, seu crescimento havia se tornado tão impressionante que a Pool estava indiscutivelmente *supervalorizada*.)

---

bit.ly/3L8ccMJ; ROIC and the investment process. Disponível em: bit.ly/45cvLus; ROIC and intangible assets. Disponível em: bit.ly/3GGRRvh; e WU, Kai. Intangible value: a sixth factor. Disponível em: bit.ly/48g91f0. O ROIC pode muito bem ser a melhor forma de medir a qualidade de uma empresa *e* de seus gerentes; ver The Siberian solution. In: PRASAD, Pulak. *What I learned about investing from Darwin*. Columbia Business School, 2023.

Se existe uma oportunidade para empreendedores individuais identificarem super-ações antes de Wall Street, provavelmente será em empresas semelhantes à Pool.

SEGURA A ONDA

Mas não se iluda. São extremamente baixas as chances de você conseguir identificar hoje as super-ações de amanhã – e de conseguir mantê-las por tempo suficiente, apesar das quedas violentas, até que se tornem super-ações.

Das 28.114 ações norte-americanas cujos retornos podem ser rastreados entre 1926 e 2022, mais de 16.000 – quase 59% – perderam dinheiro para os investidores durante todo o seu histórico. Apenas 966 ações – 3,4% do total – foram responsáveis pelo ganho líquido acumulado de todo o mercado acionário dos Estados Unidos. E pouco menos de um terço de toda a riqueza gerada para os investidores durante esse período de quase um século veio de apenas 25 ações – menos de 0,09% de todas as empresas. Outros mercados de ações ao redor do mundo apresentam resultados semelhantes.[12]

Inclusive, em todos os períodos de dez anos de 1926 a 2022, as ações típicas tiveram um desempenho inferior ao do mercado total em 27,1 pontos percentuais acumulados, ou uma média de mais de dois pontos percentuais por ano. Essa defasagem de 2% significa que os investidores em ações individuais normalmente sacrificam cerca de um quinto da taxa média de retorno de longo prazo das ações ao optarem por não manter todo o seu dinheiro no mercado inteiro.

Em períodos de vinte anos, a chance de que o investimento em determinada ação valha menos da metade do que valeria no portfólio do mercado é de quase uma em três. Apenas 0,55% das ações tornam-se grandes vencedoras, superando o mercado em 1.000% ou mais no longo prazo.[13]

Tentar encontrar a próxima super-ação é como comprar um bilhete de loteria que oferece uma chance remota de ganhar um grande prêmio em anos

---

12 O "ganho líquido cumulativo" e a "riqueza criada" são medidos em relação ao retorno dos Títulos do Tesouro Norte-Americano; ver BESSEMBINDER, Hendrik. Shareholder wealth enhancement, 1926 to 2022. Disponível em: bit.ly/44yB08i, e BESSEMBINDER, Hendrik *et al.* Long-term shareholder returns: evidence from 64,000 global stocks. Disponível em: bit.ly/3ROcJXz.

13 PETAJISTO, Antti. Underperformance of concentrated stock positions. Disponível em: bit.ly/48BFpd2. Os resultados são para a mediana das ações negociadas regularmente em relação à carteira de ações norte-americana ponderada pela capitalização de mercado do CRSP.

ou décadas no futuro, mas que também exige que você analise intensamente os riscos antes de comprá-lo, e depois durante todo o tempo em que o tiver em mãos.

O LADO POSITIVO DE EMPREENDER

Diante de probabilidades tão longas e desanimadoras, faz algum sentido tentar escolher ações individuais por conta própria?

Pode fazer.

Embora seja improvável que você tenha sucesso na escolha de ações individuais com desempenho superior, isso não é impossível. Você pode ser habilidoso. Ou pode ser que você tenha sorte.[14]

Tampouco o desempenho superior é fundamental para o sucesso.

Desde que você siga as diretrizes de procedimento de Graham e o princípio SOYA de Munger, vai obter retornos decentes sobre o restante do seu portfólio enquanto espera por oportunidades empreendedoras – e, se encontrar alguma, enquanto espera para ver se ela terá um desempenho superior.

Ser um investidor empreendedor também pode proporcionar recompensas psicológicas, mesmo que não proporcione um desempenho superior em termos convencionais.

Se você joga xadrez, futebol ou basquete por diversão, seria burrice desistir só porque nunca vai ser tão bom quanto Magnus Carlsen, Kylian Mbappé ou LeBron James. Da mesma forma, ser um investidor empreendedor pode ser divertido, aprimorar suas habilidades e permitir que você passe tempo com pessoas de quem gosta, mesmo que jamais consiga superar o mercado.

Além disso, a disciplina de estudar ações a fundo aprimora suas ferramentas analíticas, estimula você a pensar de forma independente, desenvolve sua capacidade de adiar a gratificação e aprofunda sua visão sobre o que distingue as boas empresas – e as boas ideias – das más.

Esses hábitos podem render enormes dividendos durante sua vida, mesmo que nenhuma das ações que você escolher venha a se tornar uma super-ação.

---

14 Como Graham escreve no Posfácio, "um golpe de sorte ou uma decisão extremamente inteligente – é possível separá-las? – pode contar mais do que uma vida de esforços" (p. 580). Na nota de rodapé que acompanha o texto, ele confessa que o maior investimento de sua carreira pode ter sido atribuído à "sorte".

CAPÍTULO 16
EMISSÕES CONVERSÍVEIS E BÔNUS DE SUBSCRIÇÃO

No passado recente, as obrigações conversíveis e ações preferenciais conquistaram uma importância muito grande no campo dos financiamentos seniores. Acompanhando essa evolução, os bônus de subscrição de opções de ações – os quais constituem direitos de longo prazo de compra de ações ordinárias a preços estipulados – tornaram-se mais e mais numerosos. Mais de metade das ações preferenciais agora cotadas no *Guia de ações* da Standard & Poor's possui privilégios de conversão, assim como a maior parte das *obrigações* privadas em 1968-1970. Existem, pelo menos, sessenta séries diferentes de bônus de subscrição de opções de ações negociadas na American Stock Exchange. Em 1970, pela primeira vez em sua história, a Bolsa de Valores de Nova York listou uma emissão de bônus de subscrição de longo prazo, que conferem direitos de compra de 31.400.000 ações da American Tel. & Tel. a US$ 52 cada. Com a "Mother Bell" agora liderando o desfile, é certo que muitos novos fabricantes de bônus de subscrição seguirão seu exemplo. (Conforme destacaremos mais tarde, eles são uma fraude em mais de um sentido.)[1]

Em termos gerais, as emissões conversíveis são classificadas como muito mais importantes do que os bônus de subscrição, e por essa razão serão abordadas em primeiro lugar. Há dois aspectos principais a serem considerados do ponto de vista do investidor. Primeiro, como é que eles devem ser classificados em termos de oportunidades de investimento e risco? Segundo, como sua existência afeta o valor das ações ordinárias a eles relacionadas?

As emissões conversíveis são promovidas como sendo especialmente vantajosas tanto para o investidor quanto para a companhia emissora.

---

1 Graham detestava bônus de subscrição, conforme deixa claro na p. 452.

O investidor recebe a proteção adicional de uma obrigação ou ação preferencial, além de uma oportunidade para participar de qualquer aumento substancial no valor da ação ordinária. A emissora é capaz de aumentar seu capital a um custo moderado em termos da taxa de juros ou dos dividendos preferenciais, e se a prosperidade esperada se materializar, a emissora se livrará da obrigação sênior na troca pela ação ordinária. Portanto, ambos os lados do negócio terão razões para comemorar.

Obviamente, o parágrafo precedente exagera o argumento em algum ponto, pois não é possível, por meio de um mero dispositivo engenhoso, tornar um negócio muito melhor para ambos os lados. Em geral, em troca do privilégio de conversão, o investidor desiste de algo importante em termos de qualidade ou rendimento, ou ambos.[1] Da mesma forma, se a companhia obtém seu dinheiro a um custo mais baixo por causa do dispositivo de conversão, ela precisará ceder, em troca, parte do direito dos acionistas ordinários de participar em uma futura melhora. Sobre esse assunto, existem diversos argumentos complexos a favor e contra. A conclusão mais segura a ser tirada é que as emissões conversíveis são como qualquer outra *forma* de valor mobiliário, no sentido de que, em si mesma, a forma não garante a atratividade, a qual dependerá de todos os fatos que cercam a emissão individual.[2]

Sabemos, no entanto, que o grupo de emissões conversíveis lançado durante a parte derradeira de um mercado de alta está fadado a gerar resultados insatisfatórios como um todo. (Foi justamente em tais períodos de otimismo exagerado, infelizmente, que a maioria dos financiamentos conversíveis ocorreu no passado.) As consequências adversas são inevitáveis, como resultado do momento histórico, uma vez que um declínio amplo no mercado acionário invariavelmente torna a conversão um privilégio muito menos atraente, e com frequência também coloca em questão a segurança subjacente do papel em si. Como uma ilustração de tal grupo, mantivemos o exemplo, usado em nossa primeira edição, do comportamento relativo dos preços das preferenciais conversíveis e diretas (não conversíveis) negociadas

---

2 Graham está enfatizando que, apesar da retórica promocional geralmente ouvida pelos investidores, as emissões conversíveis não oferecem automaticamente "o melhor dos dois mundos". Rendimentos mais altos e riscos mais baixos *nem sempre* andam juntos. O que Wall Street dá com uma das mãos, em geral, tira com a outra. Um investimento pode oferecer o melhor de um mundo ou o pior de outro, mas o melhor de ambos raramente estará disponível em um único pacote.

em 1946, ano de encerramento do mercado de alta anterior à subida extraordinária iniciada em 1949.

TABELA 16-1 Histórico de preço de novas emissões de ações preferenciais ofertadas em 1946

Mudança de preço desde o lançamento ao ponto mínimo antes de julho de 1947	*Papéis "convencionais"*	*Papéis conversíveis e participantes*
	(número de lançamentos)	
Nenhum declínio	7	0
Declínio 0-10%	16	2
10-20%	11	6
20-40%	3	22
40% ou mais	0	12
	37	42
Declínio médio	cerca de 9%	cerca de 30%

É difícil fazer uma apresentação semelhante para os anos de 1967-1970, porque quase não houve novas ofertas de obrigações não conversíveis naqueles anos. Porém, é fácil demonstrar que o declínio do preço médio das ações preferenciais conversíveis entre dezembro de 1967 e dezembro de 1970 foi maior do que o das ações ordinárias como um todo (as quais perderam apenas 5%). Da mesma forma, as conversíveis parecem ter tido um desempenho pouco pior do que as ações preferenciais diretas mais antigas durante o período de dezembro de 1968 a dezembro de 1970, conforme ilustrado pela amostra de vinte ações de cada tipo na Tabela 16-2. Essas comparações indicam que, como um todo, as emissões conversíveis têm uma qualidade relativamente ruim como papéis seniores e também estão vinculadas a ações ordinárias, que se saem pior do que o mercado em geral, exceto durante movimentos ascendentes especulativos. Essas observações não se aplicam a todos os papéis conversíveis, é claro. Sobretudo em 1968 e 1969, um número razoável de companhias sólidas fez uso de emissões conversíveis para combater as taxas de juros excepcionalmente altas até para as obrigações com grau de investimento. Porém, vale mencionar que, em nossa amostra de vinte ações preferenciais conversíveis, apenas uma mostrou um aumento e catorze sofreram quedas sérias.[3]

3 Mudanças estruturais recentes no mercado de títulos conversíveis refutaram algumas dessas críticas. Entre 1973 e 2020, os títulos conversíveis superaram ligeiramente o S&P 500, com

TABELA 16-2 Histórico de preços de ações preferenciais, ações ordinárias e bônus de subscrição, dezembro de 1970 *versus* dezembro de 1968
(Baseado em amostras aleatórias de vinte ações cada)

	Ações preferenciais convencionais				
	Classificadas A ou superior	*Classificadas abaixo de A*	*Ações preferenciais conversíveis*	*Ações ordinárias listadas*	*Cauções listadas*
Aumentos	2	0	1	2	1
Declínios					
0-10%	3	3	3	4	0
10-20%	14	10	2	1	0
20-40%	1	5	5	6	1
40% ou mais	0	0	9	7	18
Declínios médios	10%	17%	29%	33%	65%

(O índice composto de 500 ações ordinárias da Standard & Poor's caiu 11,3%.)

A conclusão a ser tirada desses números não é a de que os papéis conversíveis são em si mesmos menos desejáveis do que os papéis não conversíveis ou "diretos". Tudo o mais constante, o oposto é verdadeiro. Porém, observamos claramente que tudo o mais *não* está constante na prática e que a inclusão do privilégio de conversão muitas vezes – talvez quase sempre – denota a ausência de uma qualidade de investimento genuína do papel.

É verdade, claro, que uma preferencial conversível é mais segura do que uma ação ordinária da mesma companhia, pois oferece menor risco de uma eventual perda do capital investido. Consequentemente, aqueles que compram novas conversíveis em vez das ações ordinárias correspondentes são lógicos nesse ponto. No entanto, na maioria dos casos, ao preço vigente, a ação ordinária não teria sido uma compra inteligente para começo de conversa, e a substituição pela preferencial conversível não melhoraria o quadro suficientemente. Ademais, uma boa parte da compra de conversíveis foi feita por investidores que não tinham interesse especial ou confiança nas ações ordinárias – isto é, nunca cogitariam comprar a ação ordinária naquele momento –, mas foram tentados pelo que parecia ser uma combinação ideal de um direito prioritário com um

---

menor volatilidade. No entanto, fundos de baixo custo especializados em títulos conversíveis não existiram durante a maior parte desse período.

privilégio de conversão próximo ao preço atual. Em alguns casos, essa combinação funcionou bem, mas as estatísticas parecem mostrar que é mais provável que ela seja uma furada.

Com relação à propriedade de ações conversíveis, há um problema especial que a maioria dos investidores em conversíveis deixa de perceber. Mesmo quando há lucro, ele traz consigo um dilema. Será que o proprietário deveria vender quando há uma pequena alta, ou esperar por um aumento bem maior? Se a opção de compra for exercida – como frequentemente ocorre quando a ação ordinária sobe consideravelmente –, ele deve então vender ou fazer a conversão e manter a ação ordinária?[4]

Falemos em termos concretos. Você compra uma obrigação de 6% a 100, conversível em ações a 25, isto é, à proporção de quarenta ações para cada obrigação de US$ 1.000. A ação sobe para 30, elevando o valor da obrigação para pelo menos 120, sendo, portanto, negociada a 125. Você pode vendê-la ou mantê-la. Se pretender mantê-la, na espera de um preço mais alto, você estará em uma posição parecida com a de um acionista ordinário, já que, se a ação cair, sua obrigação cairá também. Uma pessoa conservadora provavelmente dirá que acima de 125 sua posição se tornaria especulativa demais e, portanto, ela venderia e obteria um lucro gratificante de 25%.

Até agora, tudo bem. No entanto, analisemos um pouco mais esse assunto. Em muitos casos, o proprietário vende a 125, e a ação ordinária continua a subir, trazendo a conversível a tiracolo, o que o faz sentir aquela dor típica de quem vendeu cedo demais. Na próxima vez, ele decide segurar até chegar a 150 ou 200. O papel sobe a 140, e ele não vende. Então, o mercado cai violentamente, e sua obrigação despenca para 80. Novamente ele não fez a coisa certa.

Além da angústia envolvida quando fazemos essas adivinhações erradas – e elas parecem ser quase inevitáveis –, existe um problema de cálculo real nas operações com emissões conversíveis. Pode-se supor que uma política rígida e uniforme de vender com lucro de 25% ou 30% funcione melhor quando aplicada a muitos investimentos. Esse percentual então marcaria o limite máximo dos lucros e seria realizado apenas nos papéis que se saíssem melhor. No entanto, se – como parece ser verdade – esses papéis muitas

---

4 Uma obrigação é "recomprada" quando a companhia emissora a paga plenamente antes da data de vencimento acordada ou da data de vencimento final para pagamentos de juros.

vezes não têm uma segurança subjacente adequada e tendem a ser lançados e comprados nos estágios derradeiros de um mercado de alta, então uma proporção considerável deles deixará de subir para 125, mas não deixará de despencar quando o mercado começar a descer. Portanto, as oportunidades espetaculares em títulos conversíveis acabam sendo ilusórias na prática, e a experiência geral fica marcada tanto por prejuízos substanciais – pelo menos de uma natureza temporária – quanto por ganhos de magnitude semelhante.

Em função da duração extraordinária do mercado de alta de 1950-1968, os papéis conversíveis, como um todo, tiveram um bom desempenho durante dezoito anos. No entanto, isso significa apenas que a grande maioria das ações ordinárias desfrutou de grandes aumentos, dos quais a maioria dos papéis conversíveis pôde compartilhar. O principal teste da solidez de um investimento em papéis conversíveis é seu desempenho em um mercado acionário descendente, e, na maioria das vezes, essa experiência tem sido decepcionante.

Em nossa primeira edição (1949), apresentamos um exemplo desse problema especial do "que fazer" com uma conversível quando ela sobe. Acreditamos que ele continua a merecer inclusão aqui. Como várias de nossas referências, ele deriva de nossas próprias operações de investimento. Fomos membros de um "grupo seleto", principalmente de fundos de investimento, o qual participou de uma oferta privada de debêntures conversíveis com taxa de 4,5% da Eversharp Co. ao par, conversíveis em ações ordinárias a US$ 40 por ação. A ação subiu rapidamente para 65,5 e, em seguida (após um desdobramento três por dois), para o equivalente a 88. O último preço fez as debêntures conversíveis valerem nada menos que 220. Durante esse período, as duas emissões foram "recompradas" por um pequeno prêmio; portanto, foram praticamente todas convertidas em ações ordinárias, as quais foram mantidas em carteira por muitos fundos de investimento compradores originais. Em seguida, o preço começou a cair vertiginosamente e, em março de 1948, a ação foi negociada tão baixo quanto 7,375. Isso representou um valor de apenas 27 para as debêntures ou uma perda de 75% do preço original em vez de um lucro superior a 100%.

A verdadeira lição dessa história é que alguns dos compradores originais converteram suas obrigações em ações e as mantiveram durante o grande declínio. Ao fazê-lo, eles foram de encontro a um antigo ditado de Wall Street, o qual diz: "Nunca converta uma obrigação conversível". Por que esse conselho? Porque, ao fazer uma conversão, você perde sua combinação estratégica de prioridade no pagamento de juros e a oportunidade de um lucro atraente. Provavelmente, você passou de investidor a especulador e, com muita frequência, em um momento pouco propício (porque a ação já teve um aumento grande). Se "nunca converta uma conversível" é uma boa regra, como é possível que administradores de fundos experientes tenham trocado suas obrigações da Eversharp por ações para perderem de forma constrangedora mais tarde? A resposta, sem dúvida, é que eles se deixaram levar pelo entusiasmo em torno das perspectivas da companhia, assim como pela "movimentação de mercado favorável" de suas ações. Wall Street possui alguns princípios prudentes; o problema é que eles são sempre esquecidos quando são mais necessários. Logo, cabe aqui lembrar aquele outro ditado famoso dos velhos tempos: "Faça o que eu digo, não faça o que eu faço".

Nossa atitude geral para com as novas emissões conversíveis é, portanto, de descrença. Queremos dizer com isso, como em outras observações semelhantes, que o investidor deveria pensar mais de duas vezes antes de comprá-las. Após tal escrutínio hostil, ele pode encontrar algumas ofertas excepcionais que são boas demais para serem recusadas. A combinação ideal, claro, é uma emissão conversível com fortes garantias e intercambiável com uma ação ordinária que seja ela mesma atraente e esteja a um preço apenas ligeiramente mais alto do que o mercado atual. De vez em quando, aparece uma nova oferta que atende a essas exigências. Pela própria natureza do mercado financeiro, contudo, é mais provável que você encontre tal oportunidade em algum papel mais antigo que esteja em uma posição mais favorável do que em novos lançamentos. (Se um papel novo é realmente forte, é pouco provável que tenha privilégios de conversão interessantes.)

O equilíbrio delicado entre o que é dado e o que é mantido em uma emissão conversível-padrão é bem ilustrado pelo uso extensivo desse tipo de papel no financiamento da American Telephone & Telegraph Company. Entre 1913 e 1957, a companhia vendeu, pelo menos, nove séries diferentes de obrigações conversíveis, a maioria delas através de direitos de subscrição para os acionistas. As obrigações conversíveis ofereciam a vantagem importante para a companhia de abranger uma variedade muito maior de compradores do que teria sido possível no caso de uma oferta de ações, uma vez que as obrigações eram populares entre muitas instituições financeiras que possuíam recursos imensos, mas que não eram autorizadas a negociar ações. Em geral, o retorno de juros sobre as obrigações tem sido inferior à metade dos rendimentos de dividendos correspondentes sobre as ações – um fator que foi calculado para compensar os direitos prioritários dos detentores de obrigações. O fato de a companhia ter mantido sua taxa de dividendos em US$ 9 por quarenta anos (de 1919 até o desdobramento de ações em 1959) resultou na conversão posterior de quase todas as obrigações conversíveis em ações ordinárias. Logo, os compradores dessas conversíveis se saíram bem ao longo dos anos, mas não tão bem quanto se tivessem comprado ações ordinárias desde o início. Esse exemplo mostra a solidez da American Telephone & Telegraph, mas não a atração intrínseca das obrigações conversíveis. Para considerá-las sólidas na prática, seria necessário termos alguns exemplos nos quais o papel conversível funcionasse bem ainda que a ação ordinária fosse uma decepção. Tais exemplos não são fáceis de encontrar.

Efeito dos papéis conversíveis sobre a situação das ações ordinárias

Em um grande número de casos, as conversíveis foram emitidas por causa de fusões ou de novas aquisições. Talvez o exemplo mais marcante desse tipo de operação financeira tenha sido a emissão pela NVF Corp. de quase US$ 100.000.000 de obrigações conversíveis com taxa de 5% (mais bônus de subscrição) em troca da maioria das ações ordinárias da Sharon Steel Co. Esse negócio extraordinário é discutido nas pp. 474-478. De maneira geral, esse tipo de transação resulta em um aumento *pro forma* nos lucros por ação ordinária divulgados; as ações sobem em resposta aos chamados lucros maiores, mas também porque a gestão deu prova de sua energia, seu empreendedorismo e sua capacidade de ganhar mais dinheiro para os acionistas. No entanto, há dois fatores compensadores, um dos quais é quase totalmente e o outro é totalmente ignorado em mercados otimistas. O primeiro é a diluição efetiva dos lucros atuais e futuros das ações ordinárias que deriva aritmeticamente dos novos direitos de conversão. Essa diluição pode ser quantificada quando consideramos os lucros recentes, ou presumimos algum outro resultado, e calculamos os lucros ajustados por ação se todas as ações ou obrigações conversíveis forem realmente convertidas. Na maioria das companhias, a redução do resultado por ação não é significativa. Porém, há exceções numerosas a essa afirmação e risco de elas crescerem a uma velocidade desconfortável. Os "conglomerados" em rápida expansão têm sido os principais praticantes de artimanhas conversíveis. Na Tabela 16-3, listamos sete companhias com quantidades grandes de ações por emitir em caso de conversões ou contra bônus de subscrição.[5]

TABELA 16-3 Companhias com quantidades grandes de ações e cauções conversíveis no final de 1969 (ações em milhares)

	Ações ordinárias adicionais passíveis de emissão				
		Após conversão de			
	Ações ordinárias em circulação	*Obrigações*	*Ações preferenciais*	*Cauções*	*Ações ordinárias adicionais total*
Avco Corp.	11.470	1.750	10.436	3.085	15.271
Gulf & Western Inc.	14.964	9.671	5.632	6.951	22.260
International Tel. & Tel.	67.393	190	48.115		48.305
Ling-Temco--Vought	4.410[a]	1.180	685	7.564	9.429
National General	4.910	4.530		12.170	16.700
Northwest Industries[b]	7.433		11.467	1.513	12.980
Rapid American	3.591	426	1.503	8.000	9.929

[a] Inclui "ações especiais".
[b] No final de 1970.

Trocas recomendadas de ações ordinárias por preferenciais

Por décadas, em anos anteriores a, digamos, 1956, em uma mesma companhia, as ações ordinárias renderam mais do que as preferenciais. Esse fato foi particularmente verdade no caso das ações preferenciais com um privilégio de conversão próximo ao preço de mercado. De maneira geral, atualmente acontece o contrário. Consequentemente, há um número considerável de ações preferenciais que são claramente mais atraentes do que as ações ordinárias correspondentes. Os detentores de ações ordinárias

5 Recentemente, as obrigações conversíveis têm sido muito emitidas por companhias nos setores financeiro, de assistência médica e de tecnologia.

não têm nada a perder, havendo vantagens significativas na troca de ações juniores por seniores.

EXEMPLO: Um exemplo típico foi apresentado pela Studebaker-Worthington Corp. ao fechamento de 1970. A ação ordinária era negociada a 57, enquanto a preferencial conversível de US$ 5 fechava a 87,5. Cada ação preferencial poderia ser trocada por 1,5 ação ordinária, que eram negociadas a 85,5. Isso indicaria uma diferença pequena em dinheiro desfavorável para o comprador da preferencial. No entanto, os dividendos sobre as ordinárias eram pagos a uma taxa anual de US$ 1,20 (ou US$ 1,80 por 1,5 ação), contra os US$ 5 recebidos de cada ação preferencial. Portanto, a diferença de preço inicial provavelmente seria compensada em menos de um ano, após o qual a preferencial provavelmente apresentaria um rendimento de dividendos significativamente superiores ao da ordinária por um prazo bastante longo. Contudo, mais importante, claro, seria a posição sênior que o acionista ordinário ganharia com a troca. Aos preços *mínimos* de 1968, e novamente em 1970, a preferencial foi negociada 15 pontos acima de 1,5 ação ordinária. Seu privilégio de conversão garantia que ela nunca seria vendida abaixo das ações ordinárias.[II]

Bônus de subscrição de opções de ações

Vamos falar sem rodeios desde o início. Consideramos o desenvolvimento recente dos bônus de subscrição de opções sobre ações quase uma fraude, uma ameaça presente e um desastre em potencial. Eles criaram imensos "valores" monetários do nada. Eles não têm qualquer razão para existirem, exceto na medida em que induzem especuladores e investidores ao erro. Eles deveriam ser proibidos por lei ou, pelo menos, rigorosamente limitados a uma parte pequena da capitalização total de uma companhia.[6]

Em uma analogia com a história geral e a literatura, remetemos o leitor ao trecho de *Fausto* (parte 2), no qual Goethe descreve a invenção do papel-moeda. Como um precedente preocupante na história de Wall Street, podemos mencionar os bônus de subscrição da American & Foreign Power Co., os quais em 1929 tinham um valor de mercado cotado superior a US$ 1

6 As cauções eram uma técnica extremamente difundida de finanças corporativas no século XIX e eram bastante comuns até mesmo na época de Graham. Desde então, perderam importância e popularidade, apesar de um breve e vergonhoso retorno entre as SPACs no início da década de 2020.

bilhão, embora aparecessem apenas em uma nota de rodapé do balanço da companhia. Em 1932, esse bilhão havia encolhido para US$ 8 milhões e, em 1952, os bônus de subscrição desapareceram na recapitalização da companhia, muito embora ela tivesse se mantido solvente.

Originalmente, os bônus de subscrição de opções de ações eram anexados vez por outra aos lançamentos de obrigações e, em geral, eram equivalentes a um privilégio parcial de conversão. Eles não eram importantes em valor, portanto, não causavam dano. Seu uso se expandiu no final da década de 1920, juntamente com muitos outros abusos financeiros, mas tiveram pouca visibilidade por muitos anos desde então. Sua volta era inevitável e, desde 1967, eles se tornaram "instrumentos de financiamento" familiares. Na verdade, um procedimento-padrão foi desenvolvido a fim de levantar capital para novos empreendimentos imobiliários, controlados por bancos grandes, por meio da venda de unidades de um número igual de ações ordinárias e de bônus de subscrição para a compra de ações ordinárias adicionais ao mesmo preço. *Exemplo*: Em 1971, a CleveTrust Realty Investors vendeu 2.500.000 dessas combinações de ações ordinárias (ou "ações de interesse benéfico") e bônus de subscrição por US$ 20 a unidade.

Consideremos por um momento o que está realmente envolvido nesse arranjo financeiro. Em geral, uma ação ordinária tem prioridade na compra de ações ordinárias adicionais quando os diretores da companhia acharem desejável levantar capital dessa maneira. Esse assim chamado "direito prioritário" é um dos elementos de valor associados à posse de uma ação ordinária, juntamente com o direito de receber dividendos, participar no crescimento da companhia e votar na diretoria. Quando bônus de subscrição separados são emitidos com o direito de subscrever capital adicional, esse lançamento retira parte do valor inerente à ação ordinária e o transfere para um certificado separado. Um resultado análogo poderia ser conseguido por meio da emissão de certificados separados para o direito de receber dividendos (por um prazo limitado ou ilimitado), ou de compartilhar as receitas da venda ou liquidação da empresa, ou de votar as ações. Por que então esses bônus de subscrição são criados como parte da estrutura de capital original? Simplesmente porque as pessoas entendem pouco de assuntos financeiros. Elas não percebem que a ação ordinária vale menos com bônus de subscrição em circulação do que sem eles. Portanto, o pacote de ações e bônus de subscrição em geral obtém um preço melhor no mercado do que as ações isoladamente. Observe que, nos balanços cotidianos de uma companhia, os rendimentos por ação são (ou foram) computados sem compensar o efeito dos bônus de subscrição em circulação de forma apropriada. O resultado, é claro, exagera a verdadeira relação entre os lucros e o valor de mercado do capital social da companhia.[7]

O método mais simples, e provavelmente o melhor, de compensar a existência de bônus de subscrição é acrescentar o equivalente a seu valor de mercado ao capital das ações ordinárias, aumentando, portanto, o preço de mercado "verdadeiro" por ação. Nos casos em que grandes quantidades de bônus de subscrição foram emitidos em conexão com a venda de papéis seniores, é costume fazer a compensação supondo que a receita proveniente do pagamento pelas ações será usada para aposentar as respectivas obrigações ou ações preferenciais. Esse método não leva em conta de forma adequada o "valor de prêmio" usual de um bônus de subscrição acima do valor de exercício. Na Tabela 16-4, comparamos o efeito de dois métodos de cálculo no caso da National General Corp. com referência ao ano de 1970.

TABELA 16-4 Cálculo do "Preço de mercado verdadeiro" e razão preço/ lucro ajustado de uma ação ordinária com grande quantidade de bônus de subscrição em circulação

(Exemplo: National General Corp. em junho de 1971)

1. Cálculo de "Preço de mercado verdadeiro"	
Valor de mercado de três séries de bônus de subscrição, 30 de junho de 1971	US$ 94.000.000
Valor de bônus de subscrição por ação ordinária	US$ 18,80
Preço das ações ordinárias isoladamente	24,50
Preço corrigido das ordinárias, ajustado para bônus de subscrição	43,30

2. Cálculo da razão preço/lucro para compensar a diluição dos bônus de subscrição

(lucros em 1970)	*Antes da diluição dos bônus de subscrição*	*Após diluição dos bônus de subscrição* — Cálculo da companhia	*Após diluição dos bônus de subscrição* — Nosso cálculo
A. Antes de itens especiais			
Lucro por ação	US$ 2,33	US$ 1,60	US$ 2,33
Preço da ordinária	24,50	24,50	43,30 (adj.)
Razão preço/lucro	10,5 x	15,3 x	18,5 x

7 Se alguém alguma vez lhe oferecer a venda de "unidades" em qualquer empresa, pode ter a certeza de que estão envolvidos cauções e que é um mau negócio.

B. Após itens especiais			
Lucro por ação	US$ 0,90	US$ 1,33	US$ 0,90
Preço da ordinária	24,50	24,50	43,30 (adj.)
Razão preço/lucro	27,2 x	18,4 x	48,1 x

Observe que, após os ajustes especiais, o efeito do cálculo da companhia é o aumento dos lucros por ação e a redução da razão preço/lucro. Isso é um absurdo total. De acordo com nosso método recomendado, o efeito da diluição é o aumento substancial da razão preço/lucro, como deveria ser.

Será que a companhia em si retira qualquer vantagem da criação desses bônus de subscrição, no sentido de garantir, em alguma medida, o recebimento de capital adicional quando for necessário? De forma alguma. Em geral, não há maneira de a companhia exigir que os donos de bônus de subscrição exerçam seus direitos e, portanto, forneçam capital novo para a companhia antes da data de vencimento dos bônus de subscrição. Enquanto isso, se a companhia deseja levantar recursos adicionais por meio de ações ordinárias, ela deve oferecer tais ações a seus acionistas da forma costumeira, isto é, abaixo do preço de mercado vigente. Os bônus de subscrição não oferecem ajuda em tais operações; eles meramente complicam a situação ao exigir, com frequência, uma revisão para baixo no próprio preço de subscrição. Uma vez mais, afirmamos que emissões grandes de bônus de subscrição de opções de ações não servem a propósito algum, exceto fabricar valores de mercado imaginários.

O dinheiro de papel com o qual Goethe estava familiarizado, quando escreveu *Fausto*, consistia dos notórios *assignats* franceses que haviam sido saudados como uma invenção maravilhosa e estavam destinados por fim a perder todo seu valor, como também o perderam os bônus de subscrição cotados a US$ 1 bilhão da American & Foreign Power.[8] Alguns dos comentários do poeta se aplicam igualmente bem a uma invenção ou outra, tal como a seguinte:

8 Os "notórios *assignats* franceses" foram emitidos durante a Revolução de 1789. Eram originalmente dívidas do governo revolucionário, supostamente garantidas pelo valor das propriedades que os radicais haviam sequestrado da Igreja Católica e da nobreza. Porém, os revolucionários não eram bons administradores financeiros. Em 1790, a taxa de juros recebida pelos *assignats* foi reduzida; logo, eles pararam totalmente de receber juros, sendo reclassificados como papel-moeda. No entanto, o governo se recusou a resgatá-los por ouro ou prata e emitiu quantidades enormes de novos *assignats*. Foram oficialmente declarados sem valor em 1797.

FAUSTO: E a fantasia, em seu voo supremo,
Se esforça, e nunca chega àquele extremo,
MEFISTÓFELES (o inventor): Pra quem quiser metal, tem-se um cambista,
BOBO (finalmente): Com os papéis mágicos...

Posfácio prático

O crime do bônus de subscrição foi ele "ter nascido".[9] Tendo nascido, ele funciona como outras formas de valores mobiliários e oferece oportunidades de lucro, assim como de prejuízo. Quase todos os bônus de subscrição mais novos têm um prazo de validade limitado, geralmente entre cinco e dez anos. Os bônus de subscrição mais antigos muitas vezes eram perpétuos e provavelmente tiveram trajetórias de preço fascinantes ao longo dos anos.

EXEMPLO: Os livros de recordes mostrarão que os bônus de subscrição da Tri-Continental Corp., que datam de 1929, foram negociados a desprezíveis 0,03125 de dólar cada um nas profundezas da Depressão. A partir desse fundo do poço, os preços subiram para magníficos 75,75 em 1969, um aumento astronômico de cerca de 242.000%. (Os bônus de subscrição eram negociados em níveis muito superiores aos das ações em si; isso é o tipo de coisa que ocorre em Wall Street por meio de desenvolvimentos técnicos, tais como os desdobramentos de ações.) Um exemplo recente são os bônus de subscrição da Ling-Temco-Vought, que subiram de 2,5 para 12,5 na primeira metade de 1971 e posteriormente caíram para 4.

Não há dúvida de que operações interessantes podem ser executadas com bônus de subscrição de tempos em tempos, mas o assunto é técnico demais para ser discutido aqui. Poderíamos dizer que os bônus de subscrição tendem a ser negociados a preços relativamente mais altos do que os componentes de mercado correspondentes relacionados ao privilégio de conversão de obrigações ou ações preferenciais. Nesse sentido, há um argumento válido a favor da venda de obrigações com bônus de subscrição anexados em vez de criar uma diluição equivalente por meio de um papel conversível. Se o total dos bônus de subscrição é relativamente pequeno, não há razão para levar o aspecto teórico tão a sério; se o total dos bônus de subscrição é grande em comparação com as ações em circulação, provavelmente a companhia

---

9 Graham, um leitor entusiasmado da literatura espanhola, está parafraseando uma linha da peça *La vida es sueño*, escrita por Pedro Calderón de la Barca (1600-1681): "O maior crime do homem foi ter nascido".

tem uma capitalização sênior pesada demais. Em vez disso, ela deveria estar vendendo ações ordinárias adicionais. Portanto, o principal objetivo de nosso ataque aos bônus de subscrição como mecanismo financeiro não é condenar seu uso em conexão com lançamentos de obrigações de tamanho moderado, mas questionar a criação leviana de grandes monstruosidades de "dinheiro de papel" desse gênero.

COMENTÁRIO SOBRE O CAPÍTULO 16

POR JASON ZWEIG

Coloquei dois filhos em Harvard negociando opções.
Infelizmente, foram os filhos do meu corretor.
– velha piada de Wall Street[1]

Atualmente, a maioria dos títulos conversíveis nos Estados Unidos é negociada de forma privada: somente investidores institucionais têm permissão para comprá-los quando inicialmente emitidos, e somente as pessoas físicas mais ricas podem comprá-los posteriormente. Mesmo assim, a maioria dos corretores reluta em oferecer títulos conversíveis a investidores individuais por receio de responsabilidade regulatória e legal. (No entanto, fundos mútuos e ETFs especializados em conversíveis estão amplamente disponíveis.)[2]

Apesar de todas as críticas sobre títulos conversíveis e bônus de subscrição que Graham inclui no Capítulo 16, jamais teria ocorrido a ele alertar os investidores para serem cautelosos com as opções de ações – que nem sequer eram negociadas de forma padronizada em uma bolsa nacional até 1973. Hoje, milhões de pessoas as negociam. Muitas mal entendem as opções; algumas as utilizam com sabedoria; outras abusam delas de forma imprudente.

POR QUE VOCÊ PAGA O PRÊMIO?

Uma opção – do latim *optio*, "escolha" – dá a você o direito de comprar ou vender um ativo, geralmente uma ação ou um índice de mercado, a um preço específico em uma data fixa. Uma opção de compra é conhecida como *call*; uma opção de venda é uma *put*. (Um título conversível é um tipo de dívida corporativa que apresenta uma opção de compra sobre as ações ordinárias da empresa.)

---

1 Conforme relatado por Michael LeBoeuf, 2001.

2 MAITLAND, Tracy V. *et al. Convertible securities*. McGraw-Hill, 2022. É um manual abrangente para qualquer pessoa interessada em aprender mais sobre títulos conversíveis.

As opções são uma forma de seguro; essa é uma das razões pelas quais o preço que você paga por elas é chamado de "prêmio". Você pode fazer um seguro contra o risco de perdas, o risco de perder ganhos, ou o risco de flutuações específicas para cima ou para baixo dentro de uma faixa de preço predeterminada.

As opções redesenham os riscos e os retornos. Compre opções de *call* de uma ação em alta e você ganhará muito mais, em termos percentuais, do que ganharia com a própria ação se ela subir muito rapidamente – mas o valor das suas opções pode chegar a zero se a ação cair, não subir o suficiente, ou não subir dentro do prazo. Ao vender opções de *call* de uma ação que você já possui, você reduz o risco de perda com a queda de seu preço – mas, se a ação acabar subindo muito, você vai perder a maior parte dos seus ganhos futuros. Da mesma forma, as opções de *put*, e as combinações de *put* e *call*, reformulam o risco e a recompensa de uma ação ou outro ativo subjacente.

Pelo fato de expirarem e de seu preço depender das flutuações de outro ativo, raramente as opções são um investimento do tipo "comprar e esquecer". Lidar com opções é apenas para investidores empreendedores.

"É preciso estar envolvido em uma análise de risco realmente profunda para usar as opções com sucesso como uma alternativa à posse de uma ação, para obter renda, ou para reformular os retornos", diz Joanne Hill, consultora-chefe de pesquisa da Vest Financial, uma consultoria de investimentos em McLean, Virgínia. "É raro encontrar pessoas que tenham tempo e conhecimento para se dedicar a uma estratégia de opções ou a uma especulação de opções por conta própria."

No entanto, é comum encontrar pessoas que *acham* que têm.

POR QUE SEU APLICATIVO CONTINUA INSISTINDO PARA QUE VOCÊ NEGOCIE OPÇÕES?

Você pode negociar opções diretamente ou comprar fundos que as utilizam para gerenciar riscos ou gerar renda. A primeira coisa que deve ser entendida sobre a negociação direta de opções é que Wall Street tem um incentivo gigantesco para que você o faça.

Pouco tempo atrás, os corretores podiam ganhar 5% ou mais quando você comprava um fundo mútuo e 1% ou mais quando você comprava (ou vendia) uma ação. Após a concorrência acirrada dos fundos de índice, ETFs e tecnologia ultrarrápida, essas altas comissões desapareceram.

Nas opções, entretanto, as corretoras ainda ganham muito dinheiro. Os formadores de mercado, as empresas que medeiam as negociações, pagam aos corretores comissões muito maiores pelo direito de lidar com ordens sobre opções do que sobre ações. E, ao contrário das ações, as opções expiram – geralmente em alguns meses, no máximo. Isso significa que você precisa negociar repetidamente para manter a mesma posição, gerando mais dinheiro para seu corretor a cada vez.

Como mostra a Figura 16-1, nos primeiros seis meses de 2023 a Robinhood obteve uma receita de US$ 260 milhões com as negociações de opções de seus clientes. Isso foi cinco vezes mais do que com as transações envolvendo ações, embora os clientes negociassem ações com uma frequência 2,5 vezes maior.

Não admira que as corretoras estejam constantemente instigando os clientes a experimentar negociar opções. Essa é a melhor opção para *eles* ganharem muito dinheiro com você.

APOSTAR SEM SABER AS REGRAS

Para a sorte do setor de corretagem, muitas pessoas não entendem muito sobre a negociação de opções – e nem mesmo têm consciência de que não sabem.

Uma pesquisa com mais de 2.800 investidores norte-americanos no final de 2021 descobriu que quase um em cada sete havia negociado opções. Entre eles, 62% responderam incorretamente o que deveria ter sido uma pergunta constrangedoramente fácil:

FIGURA 16-1
Onde estão as taxas

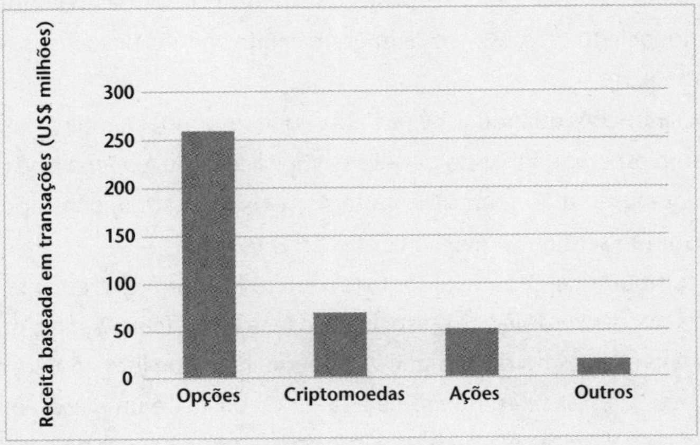

Nota: Dados do primeiro semestre de 2023.
Fonte: Robinhood.

FIGURA 16-2

O fracasso é uma opção

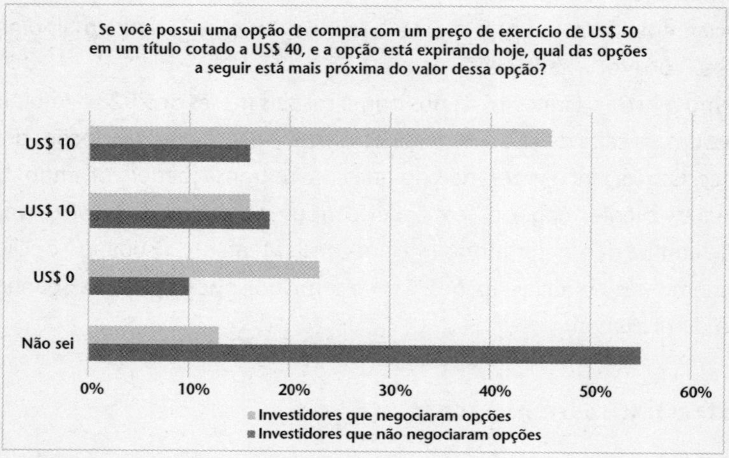

Fonte: FINRA Foundation.

A opção descrita aqui lhe dá o direito de pagar US$ 50 por uma ação que está sendo negociada a US$ 40. Como não faz sentido pagar US$ 50 hoje por algo que pode ser adquirido por US$ 40, ninguém vai comprar essa opção de você e, portanto, ela vai expirar sem valor nenhum. Seu valor é US$ 0.

No entanto, quase metade dos entrevistados na pesquisa que haviam negociado opções achavam que ela valia US$ 10. Eles tinham três vezes mais probabilidade de escolher a resposta errada do que as pessoas que nunca haviam negociado opções. Também eram muito menos propensos a admitir que não sabiam.

Negociar opções quando você não consegue responder a uma pergunta tão fácil é como esperar ganhar no pôquer se você acha que *four of a kind* (quadra) significa qualquer mão com uma carta 4. Você não está apenas apostando. Está apostando sem nem mesmo conhecer as regras.

Esses comportamentos arriscados foram intensificados pela crescente popularidade das opções zero-dia até o vencimento (*zero-days-to-expiration*, ou 0DTE), que expiram no mesmo dia em que você negocia, o que lhes confere máxima volatilidade. Apostar seu dinheiro na alta ou na baixa de uma ação ou de um índice até o final do dia é o mais próximo que se pode chegar de um risco não adulterado nos mercados financeiros. Se você estiver certo, ganhará muito mais do que o seu dinheiro no final daquele dia. Se estiver errado, poderá perder todo o seu dinheiro com a mesma rapidez. É emocionante – se você ganhar –, mas é como se você estivesse apostando em qual ponto a próxima gota de chuva vai cair em um para-brisa.

NEGOCIAÇÕES RÁPIDAS, PERDAS RÁPIDAS

"O mercado, assim como Deus, ajuda aqueles que se ajudam", escreveu Warren Buffett. "Mas, ao contrário de Deus, o mercado não perdoa aqueles que não sabem o que fazem."

Um estudo com mais de 26 mil pessoas que negociaram opções em uma corretora on-line holandesa constatou que, após a contabilização dos custos de negociação, seus retornos foram piores do que os dos clientes da mesma empresa que só negociaram ações – em 2,75 pontos percentuais *por mês*.

Pesquisadores estimaram recentemente que as pessoas perderam um total de US$ 2,1 bilhões em opções de negociação nos Estados Unidos entre novembro de 2019 e junho de 2021. Ao longo do caminho, elas incorreram em US$ 7,3 bilhões em custos de corretagem – uma transferência maciça de riqueza canalizada da Main Street para Wall Street.

Entre 2010 e 2021, os investidores que apostaram em opções relacionadas aos anúncios de lucros das empresas perderam uma média de 5% a 9%, ou aproximadamente US$ 3 bilhões, segundo um estudo recente.[3]

Nada disso significa que negociar opções não faz sentido nunca. Significa, sim, que você deve negociá-las somente quando elas puderem atingir objetivos específicos que outros ativos não podem. As opções são tributadas de forma diferente, têm custos de corretagem mais altos e exigem um monitoramento mais vigilante do que outros investimentos, portanto, precisam superar um obstáculo maior.

DESCOBRINDO *CALLS* COBERTAS

As estratégias conservadoras de opções, quando combinadas com uma ação que você possui, podem reduzir o risco, gerar renda, ou ambos. Quando você

---

3 BAUER, Rob *et al*. Option trading and individual investor performance. Disponível em: bit.ly/3ZITgdp; BRYZGALOVA, Svetlana *et al*. Retail trading in options and the rise of the big three wholesalers. Disponível em: bit.ly/46yemh2; SILVA, Tim de *et al*. Losing is optional. Disponível em: bit.ly/3FqiPX7.

vende opções de compra de uma ação que já possui, transforma seus retornos incertos no futuro em renda certa no presente. Os prêmios que você ganha antecipadamente ajudam a proteger contra qualquer queda de preço no curto prazo. Em troca, você abre mão do direito de participar dos ganhos futuros da ação além de determinado nível.

A venda de opções de compra cobertas funcionará melhor em uma ação ou índice que gere um retorno moderado. Se as ações caírem muito, a receita da venda das opções de compra não compensará toda a perda. Se as ações acabarem subindo muito, o comprador da opção de compra poderá tirar as ações de você por uma quantia baixa, pelo preço de exercício; assim, você perderá o potencial de quaisquer ganhos futuros, a menos que compre as opções de volta com prejuízo. Como o principal motivo pelo qual a maioria dos investidores possui ações é colher o crescimento futuro, abrir mão desse crescimento é uma grande desvantagem.

No entanto, se a ação flutuar em uma faixa estreita, a venda de opções de compra cobertas gerará uma renda consistente e reduzirá o risco de manter a ação apenas. Você pode escolher um preço de exercício compatível com seu preço-alvo para a ação; quanto mais alto for o preço de exercício pelo qual a ação está coberta, menor será sua receita inicial de prêmio, mas maior será seu potencial de ganho.

Depois que as ações e os títulos sofreram uma queda em 2022, os fundos de compra coberta decolaram. O JPMorgan Equity Premium Income ETF reuniu a impressionante quantia de US$ 26 bilhões em dinheiro novo de investidores do início de 2022 até o final de 2023; seu irmão, o JPMorgan Nasdaq Equity Premium Income ETF, recebeu US$ 8 bilhões.

Esses fundos, e a emissão de opções de compra cobertas em geral, geralmente cumprem o prometido: você obtém grande parte dos ganhos das ações, com menos perdas e mais renda ao longo do caminho. Os chamados fundos *buffered*, que usam outras estratégias de opções, combinam a exposição a um índice de ações com opções de compra e venda, sacrificando o potencial de grandes ganhos em troca da redução do risco de grandes quedas. Eles também eliminam a necessidade de os investidores negociarem as opções por conta própria.

Porém, outras formas de reduzir o risco das ações são mais baratas e mais simples.

As taxas de juros aumentaram desde 2021, permitindo que você ganhe 5% ou mais em fundos mútuos do mercado monetário, títulos do Tesouro Norte-Americano de curto prazo e certificados de depósito. Isso significa que uma alocação de 20% em dinheiro acrescenta 1% ao retorno de um portfólio composto inteiramente de ações. Nenhum método de geração de renda é mais seguro ou mais simples do que manter mais dinheiro junto com suas ações.

Como alternativa, você poderia extrair mais renda do seu portfólio de ações vendendo uma pequena parcela todos os meses. Nos Estados Unidos, os rendimentos seriam tributados à alíquota máxima de ganhos de capital de cerca de 20% (ou, se você vender algumas posições com prejuízo, até mesmo reduziria o que deve de impostos). A renda obtida com a venda de opções de compra cobertas normalmente é tributada a uma alíquota muito mais alta.

QUANDO OPTAR POR OPÇÕES

Aqui estão alguns cenários hipotéticos nos quais as opções podem fazer sentido.

- Você quer reservar cerca de US$ 100.000 a US$ 160.000 para dar entrada em uma casa daqui a quinze meses. Você possui duzentas ações da Eli Lilly and Co. Em determinado momento no final de 2023, as ações foram negociadas a cerca de US$ 600 por ação – valendo um total de pouco mais de US$ 120.000. Você poderia vender opções de compra de duzentas ações, exercíveis quinze meses no futuro a um preço de exercício de US$ 800, por US$ 7.000. Ao mesmo tempo, poderia comprar opções de venda de duzentas ações, exercíveis na mesma data, a um preço de exercício de US$ 500, por US$ 7.000. Você não poderá vender por mais de US$ 800 por ação, mas garantiu – sem nenhum custo líquido para você – que não terá de vender por menos de US$ 500. Você obteve um valor final antes dos impostos entre US$ 100.000 e US$ 160.000, independentemente do valor da ação.
- Sua tia acaba de falecer; no testamento, ela lhe deixou ações de um fundo de índice S&P 500 no valor de US$ 100.000. Você vai receber as ações em seis meses e gostaria de doá-las para sua instituição de caridade favorita. Para garantir que o valor da sua doação não seja inferior a US$ 100.000, você pode comprar opções de venda do S&P 500. Você vai pagar um prêmio de opção de alguns milhares de dólares, que perderá se o mercado subir. Em troca, tem a certeza de que o valor da sua doação daqui a seis meses não cairá abaixo de US$ 100.000.
- Se quiser especular em sua conta de dinheiro da loucura (ver o Comentário sobre o Capítulo 1), pode valer a pena adquirir uma opção de compra de

uma ação que você quer possuir. Como o prêmio das opções sobre cem ações custa muito menos do que comprar as cem ações de uma vez só, você pode obter um ganho percentual maior comprometendo menos capital. No entanto, essa estratégia incorre em altos custos de corretagem e exige negociações frequentes e monitoramento rigoroso. Você corre o risco de perder 100% do prêmio da opção se a ação cair, em vez de subir – ou se não subir o *suficiente*. Pior ainda, você corre o risco de perder sua identidade como investidor se a adrenalina da negociação de opções o transformar em um especulador.

CAPÍTULO 17

QUATRO ESTUDOS DE CASO EXTREMAMENTE INSTRUTIVOS

A palavra "extremamente", usada no título, é um tipo de trocadilho, uma vez que esses casos representam extremos de vários tipos que ocorreram em Wall Street recentemente. Eles fornecem lições e advertências graves para qualquer um que tenha uma conexão forte com o mundo das ações e obrigações, não apenas para os investidores e especuladores comuns, mas também para profissionais, analistas de títulos, administradores de fundos e trusts, e até mesmo para os banqueiros que emprestam dinheiro a empresas. As quatro companhias e os diferentes extremos que elas ilustram são:

- *Penn Central (Railroad) Co.* Um exemplo extremo da incapacidade daqueles que tinham obrigações ou ações desse sistema sob sua supervisão de perceber os mais elementares sinais de alerta de debilidade financeira. Um preço de mercado absurdamente alto para a ação de um gigante cambaleante.
- *Ling-Temco-Vought Inc.* Um exemplo extremo de "construção de império" rápida e insensata e de colapso posterior praticamente inevitável, mas auxiliado por uma política de empréstimos demasiadamente liberal.
- *NVF Corp.* Um exemplo extremo de uma aquisição de empresa, na qual uma companhia pequena absorveu outra sete vezes maior, incorrendo em uma dívida enorme e empregando certos dispositivos contábeis alarmantes.
- *AAA Enterprises.* Um exemplo extremo do financiamento público por ações de uma companhia pequena; seu valor estava baseado em pouco mais do que a palavra mágica "franquia" e era patrocinada por corretoras de valores importantes. A falência aconteceu em um intervalo de dois anos após o lançamento da ação e da duplicação do preço inicial inflacionado pelo mercado acionário imprudente.

O caso Penn Central

Esta é a maior ferrovia do país em termos de ativos e receitas brutas. Sua falência em 1970 chocou o mundo financeiro. Ela deixou de pagar a maioria de suas obrigações e corre risco de encerrar suas operações definitivamente. O preço de seus papéis caiu drasticamente, com a ação ordinária desabando de um nível máximo de 86,5, tão recentemente quanto 1968, para um mínimo de 5,5 em 1970. (Parece não haver dúvidas de que essas ações perderão seu valor por completo por conta da reorganização.)[1]

Nosso argumento básico é que a aplicação das mais simples regras de análise de títulos e dos padrões mais simples de investimento sensato teria revelado a fraqueza fundamental do sistema Penn Central bem antes de sua falência – certamente em 1968, quando as ações eram negociadas a seu recorde pós-1929 e a maioria de suas obrigações poderia ter sido trocada em igualdade de condições por obrigações de concessionárias de serviços públicos altamente seguras e que pagavam taxas de juros idênticas. Os comentários a seguir são pertinentes:

1. De acordo com o *Guia de obrigações* da S&P, as despesas com juros do sistema foram cobertas 1,91 vez em 1967 e 1,98 vez em 1968. A cobertura mínima recomendada para obrigações ferroviárias em nosso livro *Security Analysis* é cinco vezes antes do imposto de renda e 2,9 vezes após o imposto de renda às alíquotas usuais. Até onde sabemos, a validade desses padrões nunca foi questionada por qualquer autoridade do ramo dos investimentos. Com base em nossa exigência de lucros *pós-tributação*, a Penn Central ficou aquém das exigências de segurança. Porém, nossa exigência líquida é baseada em um índice bruto de *cinco* vezes, com o imposto de renda usual deduzido após o pagamento de juros das obrigações. No caso da Penn Central, ela não havia pago *qualquer imposto* nos últimos onze anos! Portanto, o índice bruto de cobertura de suas despesas com juros era inferior a dois, um

1 Qual o tamanho do "choque" sofrido pelo mundo financeiro com a falência da Penn Central, declarada durante o fim de semana de 20-21 de junho de 1970? O preço pago na última transação com ações da Penn Central na sexta-feira, 19 de junho, foi de US$ 11,25 por ação, longe de ser um preço de liquidação. Em tempos mais recentes, ações como as da Enron e da WorldCom também foram negociadas a preços relativamente altos pouco antes da declaração de proteção contra credores.

número totalmente inadequado se comparado com nossa exigência conservadora de cinco vezes.

2. O fato de a companhia não haver pago imposto de renda durante um período tão longo deveria ter levantado dúvidas sérias sobre a *validade* dos lucros informados.
3. As obrigações do sistema Penn Central poderiam ter sido trocadas em 1968 e 1969, sem qualquer prejuízo em termos de preço ou receita, por papéis com uma segurança maior. Por exemplo, em 1969, a Pennsylvania RR de 4,5%, com vencimento em 1994 (parte da Penn Central), foi negociada em uma faixa de 61 a 74,5, enquanto a Pennsylvania Electric Co. de 4,375%, com vencimento em 1994, operava numa faixa de 66,25 a 76,25. A concessionária de serviços públicos obteve lucros equivalentes a 4,20 vezes sua conta de juros pré-tributação em 1968 contra apenas 1,98 vez do sistema Penn Central; durante 1969, o desempenho comparativo deste último se deteriorou. Uma troca desse tipo claramente se fazia necessária e teria sido uma tábua de salvação para o detentor de obrigações da Penn Central. (No final de 1970, as obrigações da ferrovia de 4,25% estavam inadimplentes e sendo negociadas a apenas 18,5, enquanto a obrigação de 4,375% da concessionária de serviços públicos fechava a 66,5.)
4. A Penn Central divulgou lucros de US$ 3,80 por ação em 1968; seu preço máximo de 86,5 naquele ano foi 24 vezes tais lucros. No entanto, qualquer analista que fizesse jus ao seu salário teria questionado o grau de "realidade" de lucros desse tipo divulgados sem a necessidade de pagar qualquer imposto de renda incidente.
5. Para 1966, a companhia[2] recém-fundida divulgou "lucros" de US$ 6,80 por ação, levando a ação ordinária ao seu pico de 86,5. Esse valor representava uma avaliação de mais de US$ 2 bilhões para o capital social. Quantos desses compradores sabiam naquele tempo que esses lucros tão bonitos foram calculados *antes* de um ajuste especial de US$ 275 milhões ou US$ 12 por ação, a ser contabilizado em 1971, relativo a "custos e perdas" incorridos com a fusão? Só em um reino do faz de conta como Wall Street uma companhia pode anunciar "lucros" de

2 A Penn Central foi o produto da fusão, anunciada em 1966, da Pennsylvania Railroad com a New York Central Railroad.

US$ 6,80 por ação em um lugar e "custos e perdas" especiais de US$ 12 em outro e os acionistas e especuladores pularem de alegria![3]

6. Um analista de ferrovias teria há muito percebido que o quadro operacional da Penn Central era muito ruim em comparação com o das rodovias mais lucrativas. Por exemplo, seu índice de transporte foi de 47,5% em 1968 em comparação com os 35,2% de sua vizinha, a Norfolk & Western.[4]
7. Ao longo do caminho, houve algumas transações estranhas com resultados contábeis peculiares.[I] Os detalhes são complicados demais para serem abordados aqui.

Conclusão: Poderíamos questionar se uma gestão melhor teria salvado a Penn Central da falência. Porém, não há qualquer dúvida de que nenhuma obrigação e nenhuma ação do sistema Penn Central deveria ter permanecido após 1968, ao mais tardar, em qualquer carteira de investimentos administrada por um analista de títulos, administrador de fundos ou consultor de investimentos competente. *Moral da história*: os analistas de títulos deveriam fazer seu dever de casa antes de estudarem os movimentos do mercado acionário, olharem fixamente para bolas de cristal, fazerem cálculos matemáticos elaborados ou viajarem com todas as despesas pagas pelas companhias que analisam.[5]

Ling-Temco-Vought Inc.

Essa é uma história de expansão acelerada e dívidas aceleradas, que terminou em prejuízos terríveis e em um emaranhado de problemas financeiros. Como em geral acontece em tais casos, um "jovem gênio" ou estrela do

---

3 Esse tipo de truque contábil, no qual os lucros são divulgados como se os ajustes "incomuns" ou "extraordinários" ou "não recorrentes" não importassem, antecipa a recente dependência de demonstrações financeiras não GAAP (veja o Comentário sobre o Capítulo 12).

4 O "índice de transporte" de uma ferrovia (agora mais comumente chamado de índice operacional) mede as despesas de gestão dos trens divididas pelas receitas totais da ferrovia. Quanto maior a taxa, menor a eficiência da ferrovia. Hoje, até mesmo uma taxa de 60% seria considerada excelente.

5 Hoje, a Penn Central é uma memória esmaecida. Em 1976, foi absorvida pela Consolidated Rail Corp. (Conrail), uma companhia holding financiada pelo governo federal que salvou várias ferrovias com problemas. A Conrail vendeu ações ao público em 1987 e, em 1997, foi comprada pelas CSX Corp. e Norfolk Southern Corp.

futuro foi o principal responsável pela criação do grande império e por sua queda humilhante. No entanto, há muita culpa a ser distribuída entre outras personagens também.[6]

A ascensão e a queda da Ling-Temco-Vought podem ser contadas pela apresentação de contas de receita resumidas e dos itens de balanço referentes a cinco anos entre 1958 e 1970. Isso é feito na Tabela 17-1. A primeira coluna mostra o início modesto da companhia em 1958, quando seu faturamento era de apenas US$ 7 milhões. A segunda mostra os números de 1960; a empresa havia crescido vinte vezes em apenas dois anos, mas ainda era comparativamente pequena. Em seguida, vieram os anos de auge de 1967 e 1968, nos quais o faturamento novamente cresceu vinte vezes, para US$ 2,8 bilhões, com a dívida crescendo de US$ 44 milhões para a cifra impressionante de US$ 1.653.000.000. Em 1969, vieram novas aquisições, mais um aumento imenso da dívida (para um total de US$ 1.865.000.000!) e o começo de problemas sérios. Um prejuízo grande, após itens extraordinários, foi divulgado para aquele ano; o preço da ação caiu do máximo de 169,5, registrado em 1967, para o mínimo de 24; o jovem gênio foi afastado da direção da companhia. Os resultados de 1970 foram ainda mais pavorosos. A empresa divulgou um prejuízo líquido final de quase US$ 70 milhões; a ação caiu para um mínimo de 7,125 e sua principal série de obrigações foi cotada certa vez a míseros US$ 0,15. A política de expansão da companhia foi drasticamente revertida, vários de seus ativos importantes foram colocados à venda e houve certo avanço na redução de suas obrigações gigantescas.

---

6 A Ling-Temco-Vought Inc. foi fundada em 1955 por James Joseph Ling, um empreiteiro do ramo elétrico que vendeu seu primeiro US$ 1 milhão em ações ao público ao se tornar seu próprio banqueiro de investimento, distribuindo literatura promocional de uma cabine instalada na Feira Estadual do Texas. Seu sucesso nessa atividade o levou a adquirir dezenas de companhias diferentes, quase sempre usando ações da LTV para pagá-las. Quanto mais companhias a LTV adquiria, mais alto subiam suas ações e mais companhias ela podia comprar. Em 1969, a LTV era a 14ª maior firma na lista da *Fortune* das quinhentas maiores companhias americanas. Depois, conforme Graham mostra, o castelo de cartas desabou. (A LTV Corp., que agora fabricava apenas aço, terminou buscando proteção contra os credores no final de 2000.) As companhias que crescem principalmente por meio de aquisições são chamadas de "compradoras em série", e a semelhança com o termo "assassino em série" não é mera coincidência. Como demonstra o caso da LTV, as compradoras em série quase sempre deixam um rastro de morte e destruição financeira. Os investidores que tivessem entendido essa lição de Graham teriam evitado fiascos posteriores como Conseco, Tyco, WorldCom e Valeant.

TABELA 17-1 Ling-Temco-Vought Inc., 1958-1970 (em milhões de dólares, exceto lucros por ação)

	1958	*1960*	*1967*	*1969*	*1970*
A. Resultados operacionais					
Receita	US$6,9	US$143,0	US$1.833,0	US$3.750,0	US$374,0
Lucro líquido antes de impostos e juros	0,552	7,287	95,6	124,4	88,0
Despesas com juros	0,1 (est.)	1,5 (est.)	17,7	122,6	128,3
(como múltiplo dos lucros)	(5,5x)	(4,8x)	(54x)	(1,02x)	(0,68x)
Imposto de renda	0,225	2,686	35,6	*cr.* 15,2	4,9
Itens especiais				*dr.* 40,6	*dr.* 18,8
Lucro líquido após itens especiais	0,227	3,051	34,0	*dr.* 38,3	*dr.* 69,6
Saldo para ações ordinárias	0,202	3,051	30,7	*dr.* 40,8	*dr.* 71,3
Lucro por ação ordinária	0,17	0,83	5,56	*def.* 10,59	*def.* 17,18
B. Posição financeira					
Ativos totais	6,4	94,5	845,0	2.944,0	2.582,0
Dívida pagável dentro de um ano	1,5	29,3	165,0	389,3	301,3
Dívida de longo prazo	0,5	14,6	202,6	1.500,8	1.394,6
Capital social	2,7	28,5	245,0[a]	*def.* 12,0b	*def.* 69,0[b]
C. Razões					
Ativos circulantes/ passivos circulantes	1,27x	1,45x	1,80x	1,52x	1,45x
Patrimônio/dívida de longo prazo	5,4x	2,0x	1,2x	0,17x	0,13x
Faixa de preços do mercado		28-20	169½-109	97¾-24⅛	29½-7⅛

[a] Conforme publicado, cr.: crédito; dr.: débito; def.: prejuízo
[b] Excluído o desconto de dívidas como um ativo e deduzidas as ações preferenciais ao valor de resgate.

Os números em nossa tabela soam tão eloquentes que poucos comentários se fazem necessários. No entanto, aqui estão alguns:

1. O período de expansão da companhia não foi ininterrupto. Em 1961, ela mostrou um prejuízo operacional pequeno, mas – adotando uma prática que se popularizou nos relatórios de 1970 – evidentemente

decidiu jogar todos os ajustes e reservas possíveis naquele ano ruim.[7] Esses lançamentos contábeis somaram aproximadamente US$ 13 milhões, um valor superior aos lucros líquidos acumulados dos três anos anteriores. Ela estava agora pronta para mostrar "lucros recordes" em 1962 etc.

2. No final de 1966, os ativos tangíveis líquidos foram apresentados com o valor de US$ 7,66 por ação ordinária (ajustada para um desdobramento 3 por 2). Portanto, o preço de mercado em 1967 atingiu 22 vezes (!) o valor dos ativos divulgados naquele momento. No final de 1968, o balanço mostrou US$ 286 milhões disponíveis para 3.800.000 ações ordinárias e de Classe AA, ou aproximadamente US$ 77 por ação. No entanto, se deduzíssemos as ações preferenciais por seu valor pleno e excluíssemos os itens intangíveis e o imenso "ativo"[8] de deságio de obrigações, restariam US$ 13 milhões para as ações ordinárias, meros US$ 3 por ação. Esse capital tangível foi pulverizado pelos prejuízos dos anos seguintes.
3. Quase no fim de 1967, dois importantes bancos americanos ofereceram seiscentas mil ações da Ling-Temco-Vought a US$ 111 por ação. Elas haviam sido negociadas em níveis tão altos quanto 169,5. Em menos de três anos, o preço caiu para 7,125.
4. No final de 1967, os empréstimos bancários atingiram US$ 161 milhões e chegaram a US$ 414 milhões no ano seguinte, número esse que deveria ter sido apavorante. Além disso, a dívida de longo prazo subiu para US$ 1.237.000.000. Em 1969, a dívida total atingiu um montante de US$ 1.869.000.000. Essa pode ter sido a maior dívida total de uma companhia industrial em qualquer momento da história, com a única exceção da poderosa Standard Oil de Nova Jersey.

---

7 A tradição sórdida de disfarçar o verdadeiro quadro de lucros da companhia ainda está presente entre nós. Juntar todos os ajustes possíveis em um ano é às vezes chamado de contabilidade *"big bath"* ou *"kitchen sink"*. Esse truque contábil permite que as companhias mostrem, com facilidade, um aparente crescimento no ano seguinte, mas os investidores não deveriam considerar isso um indicativo da boa situação da empresa.

8 O "ativo de deságio de obrigações" parece significar que a LTV havia comprado algumas obrigações abaixo de seu valor de paridade e tratava aquele deságio como um ativo, como se as obrigações pudessem em algum momento ser vendidas ao par. Graham repudia esse procedimento, uma vez que raramente existe um meio de saber qual será o preço de mercado de uma obrigação em determinada data no futuro. Se as obrigações pudessem ser vendidas apenas a um valor *abaixo* da paridade, esse "ativo" seria na verdade um passivo.

5. Os prejuízos em 1969 e 1970 excederam em muito os lucros totais desde a formação da companhia.

Moral da história: A principal questão levantada pelo percurso da Ling--Temco-Vought é saber como os banqueiros comerciais poderiam ter sido convencidos a emprestar à companhia quantidades de dinheiro tão grandes durante seu período de expansão. Em 1966, e mesmo antes disso, a cobertura das despesas com juros da companhia não atendia aos padrões conservadores, ocorrendo o mesmo com as razões entre o ativo circulante e o passivo circulante e entre o capital social e a dívida total. No entanto, nos dois anos seguintes, os bancos emprestaram à empresa mais quase US$ 400 milhões para diversificação "adicional". Isso não foi um bom negócio para eles, sendo pior ainda para os acionistas da companhia. Se o caso da Ling-Temco-Vought servir para evitar que os bancos comerciais ajudem e incentivem expansões insensatas desse tipo no futuro, alguma coisa boa poderá sair daí afinal.[9]

A aquisição da Sharon Steel pela NVF (um item de colecionador)

No final de 1968, a NVF Company era uma companhia com uma dívida de longo prazo de US$ 4,6 milhões, capital social de US$ 17,4 milhões, vendas de US$ 31 milhões e lucro líquido de US$ 502.000 (antes de um crédito especial de US$ 374.000). Seu negócio era descrito como "fibra vulcanizada e plásticos". Seus gestores decidiram adquirir a Sharon Steel Corp., a qual tinha dívida de longo prazo de US$ 43 milhões, US$ 101 milhões de capital social, vendas de US$ 219 milhões e lucro líquido de US$ 2.929.000. A companhia que ela queria comprar era, portanto, sete vezes o tamanho da NVF. No início de 1969, ela fez uma oferta por todas as ações da Sharon. Os termos por ação eram: títulos subordinados da NVF com juros de 5% e valor nominal de US$ 70, com vencimento em 1994, mais bônus de subscrição para a compra de 1,5 ação da NVF a US$ 22 por ação da NVF. A administração da Sharon resistiu arduamente a essa tentativa de aquisição, mas em vão.

9 Graham teria ficado decepcionado, embora certamente não surpreso, ao ver os bancos comerciais incentivando cronicamente "expansões insensatas". A Enron e a WorldCom, dois dos maiores colapsos da história empresarial, foram ajudadas e favorecidas por bilhões de dólares em empréstimos bancários.

A NVF adquiriu 88% das ações da Sharon de acordo com os termos da oferta, emitindo, portanto, US$ 102 milhões de suas obrigações de 5% e bônus de subscrição para 2.197.000 de suas ações. Tivesse a oferta sido aceita em sua totalidade, a empresa consolidada teria, no ano de 1968, dívidas de US$ 163 milhões, apenas US$ 2,2 milhões em patrimônio tangível e vendas de US$ 250 milhões. Teria sido difícil calcular o resultado líquido, mas a companhia subsequentemente divulgou-o como uma perda líquida de US$ 0,50 por ação da NVF antes de receber um crédito extraordinário e um lucro líquido de US$ 0,03 por ação após tal crédito.[10]

Primeiro comentário: Entre todas as aquisições efetuadas no ano de 1969, essa foi, sem dúvida, a mais extremada no que se refere às suas desproporções financeiras. A companhia compradora assumiu a responsabilidade por uma dívida nova e pesada e mudou na mesma hora seus resultados calculados referentes a 1968 de lucro para prejuízo. Um sinal dos danos causados à posição financeira da companhia por essa alteração é o fato de que as novas obrigações de 5% não foram negociadas em níveis superiores a US$ 0,42 durante o ano de seu lançamento. Isso indicaria grandes dúvidas a respeito da segurança das obrigações e do futuro da companhia. No entanto, os gestores efetivamente se aproveitaram do preço das obrigações de forma a poupar a companhia de impostos de renda anuais no valor de aproximadamente US$ 1.000.000, como será mostrado mais adiante.

O relatório de 1968, publicado após a aquisição da Sharon, continha um resumo de seus resultados com base na posição de fim de ano. Ele continha dois itens decididamente incomuns:

1. Lista US$ 58.600.000 de "despesas de dívidas diferidas" como um ativo. Essa soma é maior do que todo o "capital social", avaliado em US$ 40.200.000.
2. No entanto, não estava incluído no patrimônio líquido um item de US$ 20.700.000 designado como "capital acima do custo de investimento na Sharon".

---

10 Em junho de 1972 (logo após Graham terminar esse capítulo), um juiz federal concluiu que o presidente da NVF, Victor Posner, havia de maneira imprópria desviado ativos de pensão da Sharon Steel "para ajudar companhias afiliadas em suas aquisições de outras empresas". A Sharon Steel, a qual Graham havia avistado, com seu olho frio e cético, ficou conhecida entre os piadistas de Wall Street como "roubada acionária" [*Nota da tradutora*: um jogo de palavras entre "share and steal" e "Sharon Steel"].

Segundo comentário: Se eliminássemos a despesa de dívida como um ativo, o qual ela dificilmente parece ser, e incluíssemos o outro item no capital social (lugar ao qual normalmente pertenceria), então teríamos uma avaliação mais realista do valor tangível das ações da NVF, a saber, US$ 2.200.000. Portanto, o primeiro efeito do negócio foi reduzir o "patrimônio real" da NVF de US$ 17.400.000 para US$ 2.200.000, ou de US$ 23,71 por ação para aproximadamente US$ 3 por ação, sobre 731.000 ações. Além disso, os acionistas da NVF haviam cedido a terceiros o direito de compra de 3,5 vezes mais ações adicionais a seis pontos abaixo do preço do mercado no fechamento de 1968. O valor de mercado inicial das cauções foi cerca de US$ 12 cada, ou um total de US$ 30 milhões para os envolvidos na proposta de aquisição. Na verdade, o valor de mercado das cauções excedia em muito o valor de mercado total das ações da NVF em circulação, outra evidência da natureza de "rabo abanando o cachorro" da transação.

Os truques contábeis

Quando passamos desse balanço *pro forma* para o relatório do ano seguinte, encontramos alguns itens de aparência estranha. Além da despesa básica com juros (pesados US$ 7.500.000), há uma dedução de US$ 1.795.000 para "amortização de despesa de dívida diferida". No entanto, esse último item é quase inteiramente compensado na próxima linha por outra receita altamente incomum: "amortização de patrimônio acima do custo de investimento em subsidiária: Cr. US$ 1.650.000". Em uma das notas de rodapé, encontramos um item que não aparece em qualquer outro balanço que conhecemos: parte do patrimônio está lá designada como "valor de mercado de cauções emitidas em conexão com aquisições etc., US$ 22.129.000".

O que de fato significam todos esses itens? Nenhum deles sequer é mencionado no texto descritivo do relatório de 1969. O analista de títulos treinado precisa desvendar esses mistérios por si mesmo, como se fosse um detetive. Ele descobriria que a ideia subjacente era derivar uma vantagem fiscal do preço baixo inicial das debêntures de 5%. Para os leitores que podem estar interessados nesse arranjo engenhoso, apresentamos nossa solução no Apêndice 6 (ver página 621 da edição publicada pela HarperCollins em 2017).

Outros itens incomuns

1. Logo após o final de 1969, a companhia recomprou nada menos que 650.000 cauções a um preço de US$ 9,38, cada. Esse fato foi extraordinário

se considerarmos que (a) a própria NVF tinha apenas US$ 700.000 em caixa no final do ano e US$ 4.400.000 de dívida vencendo em 1970 (evidentemente, os US$ 6 milhões pagos pelas cauções tiveram que ser tomados emprestados); e (b) ela estava recomprando esse "dinheiro de papel" em forma de cauções em um momento em que suas obrigações de 5% eram negociadas a menos de US$ 0,40, em geral um sinal de dificuldades financeiras iminentes.

2. Como uma compensação parcial, a companhia pagou US$ 5.100.000 de suas obrigações juntamente com 253.000 cauções em troca de uma quantidade equivalente de ações ordinárias. Isso foi possível porque, pelos caprichos do mercado de investimentos, as pessoas estavam negociando as obrigações de 5% a menos de quarenta, enquanto as ordinárias eram negociadas a um preço médio de 13,5, e não pagavam dividendos.
3. A companhia planejava vender a seus empregados não apenas ações, como também um número maior de bônus de subscrição para a compra de ações. Ambas seriam pagas da seguinte maneira: 5% à vista e o saldo em prestações facilitadas. Esse é o único plano de compra de bônus de subscrição por empregados que conhecemos. Será que alguém inventará em breve e venderá em prestações um direito de compra sobre um direito de compra de uma ação e assim por diante?
4. No ano de 1969, a recém-controlada Sharon Steel Co. mudou o método de cálculo dos custos de seu fundo de pensão e também adotou taxas de depreciação mais baixas. Essas mudanças contábeis acrescentaram aproximadamente US$ 1 por ação aos lucros divulgados pela NVF antes da diluição.
5. No final de 1970, o *Guia de ações* da Standard & Poor's informou que as ações da NVF estavam sendo negociadas a uma razão preço/lucro de apenas 2, o número mais baixo de todas as 4.500 ações incluídas no guia. Conforme o ditado popular de Wall Street, isso seria "importante se fosse verdadeiro". A razão se baseava no preço de fechamento de 8,75 daquele ano, e os "lucros" computados de US$ 5,38 por ação nos doze meses encerrados em setembro de 1970. (Usando esses dados, as ações eram negociadas a apenas 1,6 vez os lucros.) No entanto, esse índice não levava em conta o grande fator de diluição,[11] nem os resultados

11 O "maior fator de diluição" seria acionado quando os empregados da NVF exercessem suas cauções para comprar ações ordinárias. A companhia então teria que emitir mais ações e seus lucros líquidos seriam divididos por um número bem maior de ações em circulação.

adversos efetivamente ocorridos no último trimestre de 1970. Quando os números completos do ano finalmente apareceram, eles mostraram um lucro de apenas US$ 2,03 por ação, antes de levar em conta a diluição, e US$ 1,80 após a diluição. Observe também que o valor de mercado agregado das ações e das cauções naquela data foi de aproximadamente US$ 14 milhões em comparação com uma dívida em obrigações de US$ 135 milhões, uma posição patrimonial de fato periclitante.

AAA Enterprises

História

Há aproximadamente quinze anos, um estudante universitário chamado Williams começou a vender casas móveis (que eram então denominadas trailers).[12] Em 1965, ele abriu o capital de seu negócio. Naquele ano, vendeu US$ 5.800.000 de casas móveis e lucrou US$ 61.000 antes do imposto de renda. Em 1968, ele havia se juntado ao movimento de "franquias" e estava vendendo a outros o direito de vender casas móveis sob o nome de sua empresa. Ele também concebeu a brilhante ideia de entrar no negócio de preparar declarações de imposto de renda, usando casas móveis como escritórios. Formou uma companhia subsidiária chamada Mr. Tax of America e, claro, começou a vender franquias para outros usarem a ideia e o nome. Ele multiplicou o número de ações da empresa para 2.710.000 e estava pronto para emitir ações ao público. Williams descobriu que uma de nossas maiores corretoras de valores, juntamente com outras, estava disposta a conduzir o negócio. Em março de 1969, eles ofereceram ao público 500.000 ações

---

12 Jackie G. Williams fundou a AAA Enterprises em 1958. Em seu primeiro dia de negociação, a ação subiu 56% e fechou a US$ 20,25. Williams anunciou mais tarde que a AAA apresentaria um novo conceito de franquia a cada mês (se as pessoas entravam em um trailer para terem seus impostos de renda preparados pelo "Mr. Tax of America", imagine só o que mais eles poderiam fazer dentro desse trailer!). Porém, o dinheiro e o tempo da AAA acabaram antes das ideias de Williams. A história da AAA Enterprises lembra a saga de uma companhia posterior com gestão carismática e ativos escassos: o valor de mercado das ações da ZZZZ Best atingiu aproximadamente US$ 200 milhões no final da década de 1980, muito embora seu suposto negócio de limpeza industrial fosse pouco mais do que um telefone e um escritório alugado por um adolescente chamado Barry Minkow. A ZZZZ Best quebrou e Minkow foi preso. Enquanto você lê esta nota, outra companhia semelhante está sendo formada e uma nova geração de "investidores" será lesada. Ninguém que tivesse lido Graham, no entanto, teria sido enganado.

da AAA Enterprises a US$ 13 cada ação. Dessas, 300.000 foram vendidas para a conta pessoal do Sr. Williams e 200.000 para a conta da companhia, acrescentando US$ 2.400.000 a seus recursos. O preço da ação prontamente dobrou para 28, ou um valor contábil de US$ 84 milhões comparado com um valor contábil de, digamos, US$ 4.200.000 e lucros máximos divulgados de US$ 690.000. A ação era negociada, portanto, a 115 vezes seus lucros atuais (e máximos) por ação. Sem dúvida o Sr. Williams havia selecionado o nome AAA Enterprises para que a companhia fosse encontrada entre os primeiros da lista telefônica e das páginas amarelas. Um efeito colateral dessa estratégia era sua companhia aparecer como o primeiro nome no *Guia de ações* da Standard & Poor's. Da mesma forma que Abou Ben Adhem, esse começo gerou todo o resto.[13] Essa é uma razão especial para selecioná-la como um exemplo arrepiante dos novos financiamentos e das "hot issues" de 1969.

Comentário: Esse não foi um mau negócio para o Sr. Williams. As 300.000 ações que ele vendeu tinham um valor contábil em dezembro de 1968 de US$ 180.000 e ele, portanto, recebeu vinte vezes mais ou US$ 3.600.000. Os subscritores e distribuidores ratearam US$ 500.000 entre si, antes das despesas.

1. Esse não parecia ser um negócio tão brilhante para os clientes das corretoras encarregadas da venda. Eles foram solicitados a pagar aproximadamente dez vezes o valor contábil da ação após a operação de autoalavancagem que aumentou o valor de cada ação de US$ 0,59 para US$ 1,35 usando o próprio dinheiro.[14] Antes de seu melhor ano, registrado em 1968, os lucros máximos da companhia haviam sido ridículos US$ 0,07 por ação. Existiam planos ambiciosos para o futuro, claro, mas o público estava sendo solicitado a pagar adiantado um preço salgado pela possível realização desses planos.

---

13 Em "Abou Ben Adhem", de autoria do poeta romântico inglês Leigh Hunt (1784-1859), um muçulmano honrado vê um anjo escrevendo em um livro dourado "os nomes daqueles que amam o Senhor". Quando o anjo diz a Abou que seu nome não está entre aqueles, Abou diz: "Rogo-lhe, então, que escreva meu nome na lista dos que amam seus semelhantes". O anjo retorna na noite seguinte para mostrar a Abou o livro no qual agora o "nome de Ben Adhem encabeça todos os outros".

14 Ao comprar mais ações ordinárias pagando um ágio sobre o valor contábil, o público investidor aumentou o valor patrimonial por ação da AAA. No entanto, os investidores estavam apenas iludindo a si mesmos, uma vez que a maior parte do aumento no patrimônio dos acionistas derivou da própria vontade do público de pagar um valor inflado pelas ações.

2. Não obstante, o preço da ação dobrou logo após seu lançamento original, e qualquer um dos clientes de corretoras poderia ter saído com um lucro considerável. Esse fato altera a avaliação do lançamento? Ou a possibilidade de um eventual aumento exonera os distribuidores originais do papel da responsabilidade por essa oferta pública e suas consequências posteriores? Essa não é uma questão fácil de ser respondida, mas ela merece consideração cuidadosa por parte de Wall Street e das agências regulatórias do governo.[15]

História subsequente

Com seu capital aumentado, a AAA Enterprises ingressou em dois outros negócios. Em 1969, ela abriu uma cadeia de lojas de tapetes a varejo e adquiriu uma fábrica que produzia casas móveis. Os resultados divulgados para os primeiros nove meses não foram exatamente brilhantes, mas foram um pouco melhores do que os do ano anterior, ou seja, US$ 0,22 por ação contra US$ 0,14. O que aconteceu nos meses seguintes foi literalmente inacreditável. A companhia perdeu US$ 4.365.000 ou US$ 1,49 por ação. Isso consumiu todo seu capital antes do financiamento, mais os US$ 2.400.000 inteiros recebidos pela venda de ações e mais dois terços da quantia divulgada como lucro nos primeiros nove meses de 1969. Sobraram patéticos US$ 242.000, ou US$ 0,08 por ação, de capital para os acionistas públicos que haviam pagado US$ 13 pelo novo lançamento apenas sete meses antes. Não obstante essa situação, as ações fecharam o ano de 1969 com interessados em sua compra a 8,125, ou uma "avaliação" da companhia superior a US$ 25 milhões.

Comentários adicionais:

1. É uma ilusão acreditar que a companhia havia realmente lucrado US$ 686.000 de janeiro a setembro de 1969 e depois perdido US$ 4.365.000 nos três meses seguintes. Havia algo triste, ruim e culposo no relatório de 30 de setembro.

15 A questão de Graham aqui é que os bancos de investimento não têm direito de se considerarem responsáveis pelos ganhos que uma *hot stock* pode produzir logo após sua oferta inicial ao público, a menos que também estejam dispostos a assumir a culpa pelo desempenho da ação no longo prazo. Muitos IPOs de internet subiram 1.000% ou mais em 1999 e no início de 2000; a maioria deles perdeu mais de 95% nos três anos subsequentes.

2. O preço de fechamento do ano com interessados na compra a 8,125 foi uma demonstração da insensatez completa dos preços do mercado acionário ainda maior do que havia sido o preço de oferta original de 28. Essa cotação original, pelo menos, estava baseada no entusiasmo e na esperança, desprovida de qualquer relação com a realidade e com o bom senso, mas era, pelo menos, compreensível. A avaliação de fim de ano de US$ 25 milhões foi dada a uma companhia que havia perdido tudo exceto um remanescente minúsculo de seu capital, sendo iminente sua condição de insolvência completa. Logo, as palavras "entusiasmo" ou "esperança" só poderiam ser sarcasmos amargos. (É verdade que os números de fim de ano não haviam sido publicados até 31 de dezembro, mas faz parte do negócio das corretoras de Wall Street associadas a uma companhia obter relatórios operacionais mensais e uma ideia bastante acurada do que está acontecendo.)

Capítulo final

A companhia divulgou um prejuízo adicional de US$ 1 milhão relativo ao primeiro semestre de 1970. Ela agora tinha um *déficit* de capital significativo. Só não precisou pedir falência por causa de empréstimos efetuados pelo Sr. Williams que totalizaram US$ 2.500.000. Aparentemente, não se divulgou qualquer outro comunicado até que, em janeiro de 1971, a AAA Enterprises finalmente pediu falência. A cotação do papel no final do mês ainda foi de interessados na compra a US$ 0,50 por ação ou US$ 1.500.000 por todo o capital social, o qual evidentemente só prestava para papel de parede. Fim.

Moral da história e questões: O público especulativo é incorrigível. Em termos financeiros, não consegue contar até dez. Ele comprará qualquer coisa a qualquer preço, se parecer haver alguma "jogada" em andamento, e se deixará seduzir por qualquer companhia identificada com "franquias", computadores, eletrônica, ciência, tecnologia, ou o que seja, se ela estiver na moda. É claro que nossos leitores, todos investidores sensatos, estão acima de tais bobagens. No entanto, permanecem algumas questões, tais como: não deveriam as corretoras responsáveis ser honestas e evitar se identificarem com tais empreendimentos, nove em dez dos quais podem estar fadados a um eventual fracasso? (Essa era realmente a situação quando o autor entrou em Wall Street, em 1914. Se fizermos uma análise comparativa, parece que os padrões éticos do mercado caíram em vez de subirem nos 57 anos seguintes, apesar de todos os controles e reformas.) Será que a SEC poderia e deveria receber poderes adicionais para proteger o público, além dos que ela já possui, os quais são limitados à exigência da publicação de todos os fatos relevantes no prospecto de oferta? Deveria ser criado algum tipo de placar para ofertas públicas de vários tipos e publicado de forma visível? Deveria todo prospecto, e talvez toda confirmação de venda oriunda de uma oferta original, possuir algum tipo de garantia formal de que o preço de oferta do papel não está substancialmente fora de linha se comparado com os preços vigentes de papéis semelhantes já estabelecidos no mercado? Enquanto escrevemos esta edição, está em curso um movimento em favor de uma reforma para combater os abusos de Wall Street. Será difícil impor mudanças que valham a pena no campo das novas ofertas, já que os abusos são, em grande medida, resultado da própria insensatez e ganância do público. No entanto, o assunto merece consideração prolongada e cuidadosa.[16]

---

16 Assim como a advertência do Ministério da Saúde em um maço de cigarros não impede ninguém de fumar, nenhuma reforma regulatória evitará que os investidores ingiram uma overdose de sua própria ganância. (Nem mesmo o comunismo conseguiu acabar com as bolhas de mercado; o mercado de ações chinês subiu vertiginosos 101,7% no primeiro semestre de 1999 e depois entrou em colapso.) Nem os bancos de investimento poderão eliminar inteiramente sua compulsão para vender qualquer ação a qualquer preço que o mercado aguente. O círculo pode ser rompido apenas por um investidor e um assessor financeiro de cada vez. Dominar os princípios de Graham (ver sobretudo os Capítulos 1, 8 e 20) é a melhor maneira de começar.

COMENTÁRIO SOBRE O CAPÍTULO 17
POR JASON ZWEIG

> *Uma determinação inabalável de levar em conta todas as evidências é o único método de preservação contra os extremos flutuantes da opinião da moda. Esse parece um conselho muito fácil mas, na verdade, é muito difícil segui-lo.*
>
> – Alfred North Whitehead[1]

No espírito de Graham, vamos analisar quatro empresas que "representam extremos de vários tipos que ocorreram em Wall Street recentemente". Assim como os exemplos originais de Graham, essas empresas também "fornecem lições e advertências graves para qualquer um que tenha conexão forte" com investimentos.

As quatro empresas, e os extremos que elas exemplificam, são:

- *Nikola Corp.*, uma empresa superestimada em um setor superestimado. À medida que as ações subiam, os especuladores ignoravam os alertas vermelhos que orbitavam em torno da empresa. O principal produto da Nikola, um caminhão elétrico, se revelou falso; seu fundador foi condenado por fraude.
- *Peloton Interactive Inc.*, uma ação de exercícios em casa em um boom de curto prazo que os traders fizeram subir até as alturas. Na pandemia de 2020, parecia que ninguém jamais sairia de casa ou frequentaria uma academia de novo. Quando a vida voltou ao normal – como normalmente acontece –, a Peloton desapareceu.
- *Virgin Galactic Holdings Inc.*, uma empresa de aquisições para fins especiais promovida por Chamath Palihapitiya, um onipresente entusiasta da febre das ações-meme. Ele e outros insiders lucraram centenas de milhões de dólares. Os investidores de fora perderam mais de 80% de seu dinheiro.

---

1 WHITEHEAD, Alfred North. *Science and the Modern World.* Free Press, 1967. p. 187.

- *Albemarle Corp.*, uma antiga fabricante de produtos químicos especializados envolvida em uma nova onda de especulação. Ela se tornou uma batata quente jogada de um lado para o outro por traders que tentavam pegar qualquer ação que pudesse se beneficiar do aumento da demanda por uma tecnologia da moda. Então, esfriou.

CADÊ O CAMINHÃO?

A Nikola alegou estar prestes a produzir caminhões elétricos que poderiam transportar cargas usando células de combustível de hidrogênio. Ela abriu o capital em 4 de junho de 2020, quando milhões de pessoas presas em quarentena por causa da covid estavam comprando e vendendo ações como loucos. As ações subiram 136% em três dias. Em seu pico de US$ 79,73, a capitalização de mercado das ações da Nikola ultrapassou US$ 30 bilhões, tornando a empresa mais valiosa do que a Ford Motor Co. ou a Fiat Chrysler Automobiles (hoje Stellantis N.V.), duas das maiores montadoras de automóveis do mundo. No entanto, a Nikola não tinha receita, estava sofrendo perdas de dezenas de milhões de dólares e não havia vendido – nem mesmo desenvolvido – um único veículo.

Apenas três meses depois, a firma de investimentos Hindenburg Research publicou na internet um relatório devastador, sobre supostamente mais de uma década de mentiras e fracassos comerciais do fundador da Nikola, Trevor Milton. O relatório demonstrou que um vídeo do caminhão da Nikola dirigindo por uma rodovia em alta velocidade era, na verdade, um filme do caminhão descendo uma ladeira movido apenas pela gravidade. O veículo não podia se impulsionar sozinho, e a Nikola tinha muito pouco da tecnologia de baterias ou de hidrogênio, alegou a Hindenburg.

As ações da Nikola caíram 24% em dois dias, ficando abaixo de US$ 35. A SEC e o Departamento de Justiça norte-americano logo deram início a uma investigação. O *Wall Street Journal* noticiou que a Nikola, que alegava estar desenvolvendo suas próprias baterias, há muito tempo planejava secretamente obtê-las de um fornecedor externo.

Mesmo assim, a Nikola se manteve entre as ações mais populares no Robinhood, onde em determinado momento mais de 200 mil investidores a possuíam. Incentivados pelos tweets agressivos de Milton, os especuladores individuais ajudaram a sustentar o preço das ações, que permaneceram acima de US$ 20 por meses, e até se recuperaram para US$ 34,50 em novembro de 2020.

De 2020 a 2022, a Nikola teve um prejuízo de US$ 1,5 bilhão, com apenas US$ 51 milhões em vendas.

Em outubro de 2022, Trevor Milton foi condenado por fraude de títulos e fraude eletrônica. Ele foi condenado a quatro anos de prisão.[2]

No final de 2023, as ações da Nikola haviam caído para menos de US$ 0,90, uma queda de 98% em relação ao seu primeiro dia de negociação.[3]

INVESTIMENTO NO FINAL DO CICLO

Para sua oferta pública inicial em setembro de 2019, a Peloton Interactive, Inc., a empresa de bicicletas e exercícios de alta tecnologia, declarou em seu prospecto que poderia conquistar 45 milhões de residências nos Estados Unidos como "membros" ou clientes pagantes. Isso seria uma em cada três residências do país.

Alguns meses depois, essa meta audaciosa parecia plausível para muitos especuladores. Milhões de pessoas viciadas em exercícios estavam enlouquecendo em 2020 durante a quarentena provocada pela pandemia – e estavam cheias de dinheiro dos cheques de incentivo do governo. Pagar US$ 2.495 por uma bicicleta ergométrica que você poderia usar na segurança da sua própria casa – e conectar-se a aulas ao vivo em vídeo – não parecia uma extravagância.

---

2 Milton, condenado em dezembro de 2023. (Em 2025, ele recebeu o perdão do presidente Donald Trump – [N. E.])

3 O relato definitivo sobre Nikola é o podcast em seis partes *do Wall Street Journal, Bad Bets*, de Ben Foldy, em on.wsj.com/3VycmT1. Ver também Hindenburg Research, disponível em: bit.ly/3Mb091p, e Robintrack, disponível em: bit.ly/46K2VDm.

FIGURA 17-1
Impasse

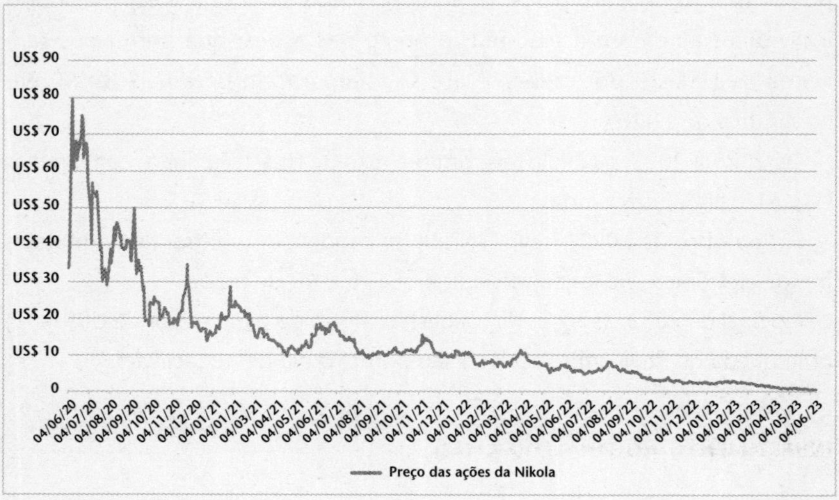

Fonte: FactSet.

Em julho de 2020, a Peloton tinha uma carteira de pedidos de mais de 100 mil bicicletas. Seu valor no mercado de ações atingiu US$ 38 bilhões, aproximadamente o mesmo valor do eBay Inc., o gigante varejista on-line, embora as vendas do eBay nos doze meses anteriores tivessem sido aproximadamente seis vezes maiores.

Durante todo o ano de 2020, as ações da Peloton subiram 434%.

A Peloton e os especuladores que monopolizaram suas ações insistiam que, mesmo depois do fim da pandemia, as pessoas ainda prefeririam se exercitar em casa. "Quando as pessoas falam em 'voltar ao normal após a covid', não vemos isso", proclamou o cofundador John Foley durante uma conferência sobre resultados em setembro de 2020. No entanto, em meados de 2021, a economia estava se reabrindo, e os consumidores estavam saindo de casa – e voltando para a academia. Uma vez que não estavam mais trancadas, as pessoas não queriam mais suar em casa sozinhas, em uma bicicleta ergométrica.

Wall Street tem um ditado que diz: "*The trend is your friend*" ("A moda é sua amiga"). Porém, ela não é mais sua amiga quando chega ao fim.

A Peloton teve perdas totais de US$ 3,9 bilhões em 2021 e 2022. Em 2023, a empresa tinha apenas 6,5 milhões de membros – muito abaixo de sua meta original de 45 milhões.

FIGURA 17-2
Redução de marcha

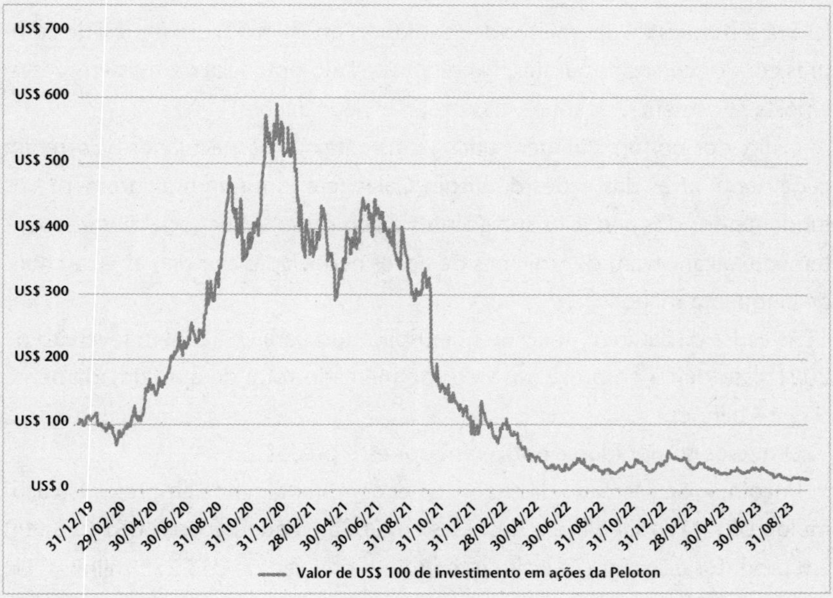

Fonte: FactSet.

Depois de seu enorme ganho em 2020, as ações caíram 76% em 2021, outros 78% em 2022, e 23% em 2023.

Se você tivesse investido US$ 10.000 na Peloton no início de 2020, no final de 2023 você teria menos de US$ 2.150.

No final de 2023, as bicicletas usadas da Peloton estavam sendo colocadas à venda no eBay por apenas US$ 300.[4]

UNLIKE A VIRGIN

A Virgin Galactic Holdings, Inc., originalmente conhecida pelo grandiloquente nome de Social Capital Hedosophia Holdings Corp., é uma empresa de viagens espaciais que lançou sua oferta pública inicial de ações em outubro de 2019 a um preço inicial de US$ 12,34 por ação.

4 Prospecto da IPO da Peloton, disponível em: bit.ly/3FrLZFs; TERLEP, Sharon. Inside a year at peloton: from pandemic winner to HBO punchline. Disponível em: bit.ly/497qCXO.

A IPO da Virgin Galactic foi realizada por meio de um acordo com uma empresa de aquisição de propósito específico, liderada pelo "Rei da SPAC" Chamath Palihapitiya. O bilionário e ex-executivo do Facebook regularmente levava seus mais de um milhão de seguidores no Twitter a um frenesi de compras com discursos populistas, vangloriava-se do potencial de suas empresas, e postava comentários sobre suas próprias negociações.

Instigados por um "influenciador" carismático, os especuladores correram cegamente atrás das ações da Virgin Galactic e ignoraram alegremente os fundamentos dos negócios subjacentes da empresa. As negociações frequentemente alcançavam dez milhões de ações negociadas por dia, às vezes mais de cinquenta milhões.

As ações dispararam, mais do que triplicando para US$ 59 em fevereiro de 2021. Isso deu à empresa um valor de mercado total de aproximadamente US$ 14 bilhões.

O que os compradores obtiveram por esse preço?

Imagine o Sr. Mercado dizendo: "Quer comprar a minha empresa? Ela acumulou US$ 117 milhões em despesas em 2020, vendeu apenas US$ 238.000 em produtos e serviços, e acabou tendo um prejuízo de US$ 273 milhões. Ela é sua por US$ 14 bilhões".

Você aceitaria essa proposta?

Graças às redes sociais em sua manifestação mais tóxica, foi justamente isso que aconteceu.

Como foi possível?

Depois que as suas ações atingiram a estratosfera no início de 2021, os negócios da Virgin Galactic geraram perdas de US$ 1,25 bilhão no final de 2023. Perto do ponto mais baixo em outubro de 2023, seu valor de mercado havia caído para cerca de US$ 550 milhões – 96% abaixo de seu pico.

Palihapitiya, que havia instigado tantas pessoas a comprar ações da Virgin Galactic, há muito tempo já havia se desfeito delas. Ele obteve um lucro de pelo menos US$ 166 milhões ao vender a maior parte de suas ações – que havia comprado a preço de banana como um insider – quando estavam perto do auge.[5]

---

5 RUDEGEAIR, Peter; FARRELL, Maureen. When SPAC-Man Chamath Palihapitiya speaks, Reddit and Wall Street listen. Disponível em: bit.ly/3QFwbWh; McGINTY, Tom *et al*. Company insiders made billions before SPAC bust. Disponível em: bit.ly/3rXfSdy.

FIGURA 17-3

Um caso espacial

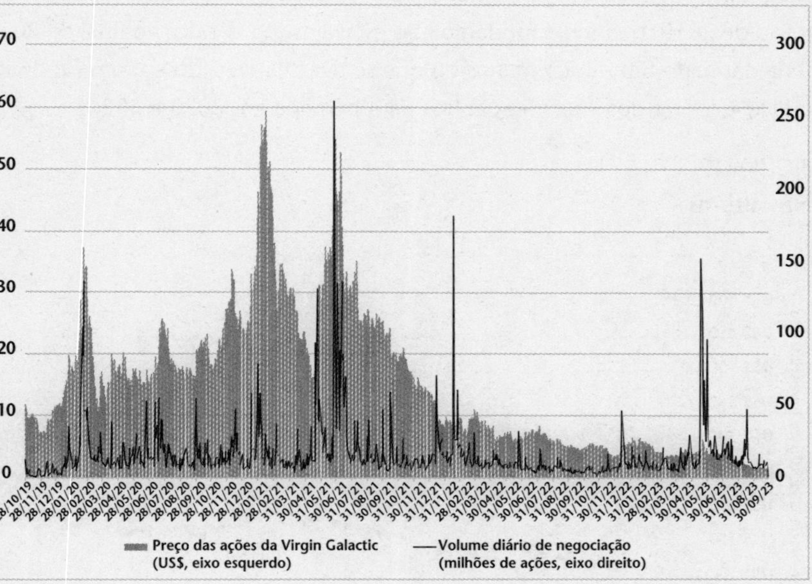

Fonte: FactSet.

QUENTE, MORNO, FRIO

A história da Albemarle Corp. remonta a uma fabricante de papel fundada em 1887. Mais tarde, ela se transformou em uma fabricante de lítio, bromo e outras substâncias químicas.

A Albemarle não teve um crescimento rápido; suas vendas não foram maiores no início de 2020 do que em 2011. Recentemente, em 2017, o lítio representava apenas um terço das suas vendas líquidas.

Então, o crescente mercado de baterias para veículos elétricos gerou uma demanda por lítio, e as expectativas de crescimento futuro explodiram. Em 2019, as vendas de lítio da Albemarle cresceram quase 11%; em 2020, as ações subiram 102%. Em 2021, suas vendas de lítio aumentaram 19%, e as ações subiram mais 58%.

No final de 2021, as ações da Albemarle estavam sendo negociadas a mais de oito vezes as vendas e 218 vezes os lucros – de longe, os preços mais altos da história da empresa.

Como um excesso de lítio foi extraído das minas, o preço do metal caiu mais da metade entre outubro de 2022 e o final de 2023. As ações da Albemarle caíram 7% em 2022 e 33% em 2023. Se você tivesse comprado a Albemarle no início de 2019, quando a moda do lítio estava esquentando, no final de 2023 teria ganhado um pouco menos do que se tivesse investido em um fundo de índice – apesar dos enormes ganhos da Albemarle em 2020 e 2021.

FIGURA 17-4
Nas alturas

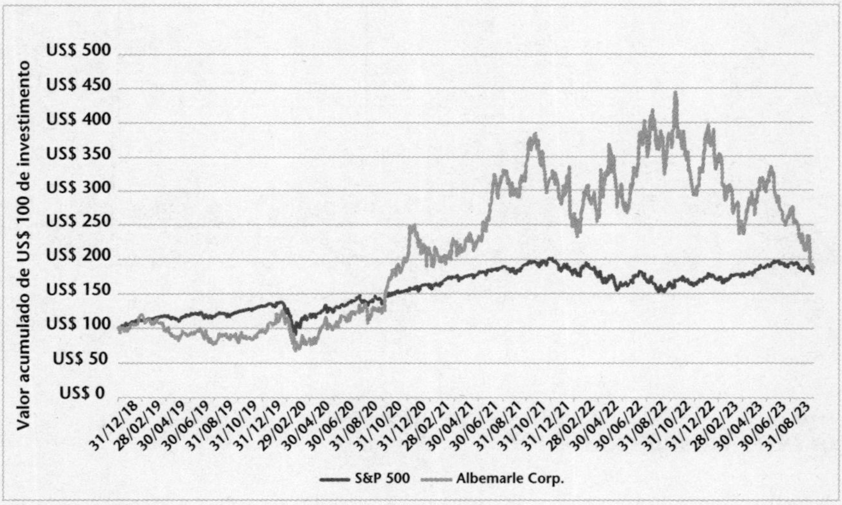

Fonte: FactSet.

No final de 2023, as ações estavam sendo negociadas a menos de três vezes o valor das vendas e menos de sete vezes o valor dos lucros – quase o valor mais baixo da história da Albemarle.

Quanto mais cara a Albemarle se tornava, mais o Sr. Mercado a adorava. Depois, ele se queimou – e quanto mais barata ela ficava, mais ele a detestava.

DOMANDO O TIGRE

Como diz Graham, "O público especulativo é incorrigível". Em agosto de 2023, uma fabricante de veículos elétricos vietnamita, a VinFast Auto Ltd., vendeu ações ao público. Foi como se ninguém tivesse aprendido nada. Em mais um frenesi de IPO, as ações da VinFast subiram mais de oito vezes, chegando a

US$ 93 por ação em menos de duas semanas, atingindo brevemente uma capitalização de mercado total de US$ 190 bilhões. Esse valor era o dobro do valor de mercado da Ford Motor Co. e da General Motors Co. *juntas*, embora a VinFast tivesse vendido apenas 740 veículos nos Estados Unidos e estivesse perdendo cerca de US$ 7 milhões por dia.

Nos dois meses seguintes, as ações caíram mais de 90%.

Desde que as empresas e os mercados existem, os especuladores chegam a extremos – comprando quando não sabem nada sobre uma ação, exceto que outras pessoas a estão comprando, ignorando os sinais de alerta mais óbvios, extrapolando para a eternidade tendências de curto prazo, pagando preços quase infinitos por promessas infundadas. A natureza humana não muda, e algumas pessoas vão correr atrás de sonhos de ganância até o fim dos tempos.

Você deve se juntar a elas?

Alguém que comprou a Nikola, a Peloton, a Virgin Galactic ou a Albemarle no início de suas altas e vendeu no pico absoluto pode ter ganhado muito dinheiro. No entanto, isso é como subir nas costas de um tigre selvagem, se segurar até que ele esteja correndo a 60 quilômetros por hora, e pular sem ser atacado.

Em algum lugar do mundo, alguém pode ser capaz de fazer isso.

No entanto, as hordas de especuladores que acharam que poderiam estavam se iludindo – e você também está, se acha que pode ficar rico ao aproveitar as ações em disparada e se desfazer delas antes que seja tarde demais.

CAPÍTULO 18

UMA COMPARAÇÃO ENTRE OITO PARES DE COMPANHIAS

Neste capítulo, tentaremos uma forma diferente de apresentação. Ao selecionar oito pares de companhias que aparecem próximas umas das outras na lista da bolsa de valores, esperamos destacar de forma concreta algumas das muitas variedades de caráter, estrutura financeira, políticas, desempenho e vicissitudes das empresas, além das atitudes relativas ao investimento e à especulação encontradas na área financeira no passado recente. Em cada comparação, comentaremos apenas aqueles aspectos que tenham sentido e importância especial.

Dupla 1: Real Estate Investment Trust (lojas, escritórios, fábricas etc.) e Realty Equities Corp. of New York (investimento imobiliário; construção em geral)

Nesta primeira comparação, não adotamos a ordem alfabética usada na escolha das outras duplas. Ela tem um significado especial para nós, uma vez que a primeira companhia parece reunir tudo que tem sido razoável, estável e bom nos métodos tradicionais de lidar com o dinheiro dos outros, em contraste – caso da segunda companhia – com a expansão descuidada, as espertezas financeiras e as oscilações bruscas tão frequentemente encontradas no mundo empresarial de hoje. As duas empresas têm nomes semelhantes e por muitos anos apareceram lado a lado na lista da American Stock Exchange. Suas abreviações de mercado – REI e REC – poderiam ser confundidas com facilidade. Porém, uma delas é um pacato trust de Nova Inglaterra, gerenciado por três administradores, com operações que datam de aproximadamente um século e pagamentos ininterruptos de dividendos desde 1889. Durante todo esse tempo, a companhia se ateve ao mesmo tipo de investimento prudente, limitando sua expansão a uma taxa moderada e sua dívida a cifras facilmente administráveis.[1]

A outra é uma empresa típica de crescimento repentino baseada em Nova York, a qual em oito anos expandiu seus ativos de US$ 6,2 milhões para US$ 154 milhões, e suas dívidas em igual proporção. A Realty Equities extrapolou as operações imobiliárias comuns ao ingressar em uma miscelânea de atividades, incluindo dois hipódromos, 74 cinemas, três agências literárias, uma firma de relações públicas, hotéis, supermercados e a participação de 26% em uma grande firma de cosméticos (a qual faliu em 1970).[2] Essa combinação de atividades foi acompanhada por uma variedade correspondente de papéis privados, incluindo os seguintes:

1. Uma ação preferencial com direito a dividendos anuais de US$ 7, mas com um valor de paridade de apenas US$ 1 e contabilizada como passivo ao valor de US$ 1 por ação.
2. Um valor declarado das ações ordinárias de US$ 2.500.000 (US$ 1 por ação), mais do que compensado por uma dedução de US$ 5.500.000, que representa o custo de 209.000 ações recompradas.
3. Três séries de bônus de subscrição de opções sobre ações, que concedem direitos para a compra de um total de US$ 1.578.000 ações.
4. Pelo menos seis tipos diferentes de dívidas, na forma de hipotecas, debêntures, notas mantidas pelo público, notas pagáveis a bancos, "notas, empréstimos e contratos pagáveis" e empréstimos pagáveis à Small Business Administration, totalizando mais de US$ 100 milhões em março de 1969. Além disso, a companhia precisava pagar os impostos e as contas de praxe.

Apresentaremos primeiro alguns números das duas companhias conforme apareciam em 1960 (Tabela 18-1A). Aqui, encontramos as ações da Trust sendo negociadas no mercado a nove vezes o valor agregado das ações da Equities. A empresa Trust tinha uma dívida relativamente menor e uma razão melhor entre lucro líquido e faturamento bruto, mas o preço da ordinária era maior em relação aos lucros por ação.

---

1 Aqui Graham está descrevendo a Real Estate Investment Trust, a qual foi adquirida pela San Francisco Real Estate Investors em 1983 pelo preço de US$ 50 por ação. O próximo parágrafo descreve a Realty Equities Corp. of New York.

2 O ator Paul Newman foi, por um breve tempo, um grande acionista da Realty Equities Corp. of New York após ela ter comprado sua companhia produtora de cinema, a Kayos, Inc., em 1969.

TABELA 18-1A Dupla 1. Real Estate Investment Trust *versus* Realty Equities Corp. em 1960

	Real State Investment Trust	*Realty Equities Corp. of New York*
Faturamento bruto	US$ 3.585.000	US$ 1.484.000
Lucro líquido	485.000	150.000
Lucro por ação	0,66	0,47
Dividendo por ação	nenhum	0,10
Valor contábil por ação	US$ 20	US$ 4
Faixa de preço	20-12	5⅜-4¾
Ativos totais	US$ 22.700.000	US$ 6.200.000
Passivos totais	7.400.000	5.000.000
Valor contábil das ordinárias	15.300.000	1.200.000
Valor de mercado médio das ordinárias	12.200.000	1.360.000

Na Tabela 18-1B, apresentamos a situação oito anos mais tarde. A Trust manteve sua trajetória discreta, aumentando tanto sua receita quanto seus lucros por ação em aproximadamente três quartos.[3] Enquanto isso, a Realty Equities havia se transformado em algo monstruoso e vulnerável.

Como é que Wall Street reagiu a essas evoluções diferentes? Prestando pouca atenção à Trust e muita à Realty Equities. Em 1968, a segunda saltou de 10 para 37,75 e as cauções listadas de 6 para 36,5, com base em vendas conjuntas de 2.420.000 ações. Enquanto isso acontecia, as ações da Trust cresciam tranquilamente de 20 a 30,25 com um volume modesto. O balanço de março de 1969 da Equities apresentou um valor de ativos de apenas US$ 3,41 por ação, menos do que um décimo de seu preço máximo naquele ano. O valor contábil das ações da Trust foi de US$ 20,85.

TABELA 18-1B Dupla 1

	Real State Investment Trust	*Realty Equities Corp. of New York*
Preço, 31 de dezembro de 1968	26½	32½
Número de ações ordinárias	1.423.000	2.311.000 (março de 1969)
Valor de mercado das ordinárias	US$ 37.800.000	US$ 75.000.000
Valor de mercado estimado dos bônus de subscrição	—	30.000.000[a]

3 Graham, um ávido leitor de poesia, está citando "Elegy Written in a Country Churchyard", de Thomas Gray (1716-1771).

	Real State Investment Trust	*Realty Equities Corp. of New York*
Valor de mercado estimado das ordinárias e dos bônus de subscrição	—	105.000.000
Dívida	9.600.000	100.800.000
Ações preferenciais	—	2.900.000
Capitalização total	US$ 47.400.000	US$ 208.700.000
Valor de mercado por ação ordinária, ajustado para cauções	—	45 (est.)
Valor contábil por ação	US$ 20,85 (nov.)	US$ 3,41
	novembro de 1968	*março de 1969*
Faturamento	US$ 6.281.000	US$ 39.706.000
Líquido após juros	2.696.000	11.182.000
Despesas com juros	590.000	6.684.000
Imposto de renda	58.000[b]	2.401.000
Dividendo preferencial		174.000
Líquido para ordinárias	2.048.000	1.943.000
Itens especiais	245.000 *cr.*	1.896.000 *dr.*
Líquido final para ordinárias	2.293.000	47.000
Lucro por ação antes de itens especiais	US$ 1,28	US$ 1,00
Lucro por ação após itens especiais	1,45	0,20
Dividendo das ordinárias	1,20	0,30
Lucro como múltiplo das despesas com juros	4,6 x	1,8 x

[a] Existiam cauções para a compra de 1.600.000 ou mais ações a diversos preços. Uma série listada foi negociada a 30,5 por caução.

[b] Sendo um trust imobiliário, essa empresa não estava sujeita ao imposto de renda federal em 1968.

No ano seguinte, ficou claro que a Equities estava em dificuldades, e então seu preço caiu para 9,5. Quando o balanço de março de 1970 foi publicado, os acionistas devem ter sentido um grande choque ao lerem que a empresa havia sofrido um prejuízo líquido de US$ 13.200.000, ou US$ 5,17 por ação, quase destroçando seu já magro patrimônio. (Esse número desastroso incluía uma reserva de US$ 8.800.000 para perdas futuras com investimentos.) Não obstante, os diretores corajosamente (?) declararam um dividendo extra de U$ 0,05 imediatamente após o fechamento do ano fiscal. No entanto, mais problemas estavam por vir. Os auditores da companhia se recusaram a aprovar os balanços financeiros relativos a 1969-1970, sendo a negociação de suas ações suspensa pela American Stock Exchange. No mercado de balcão, as propostas de compra caíram para menos de US$ 2 por ação.[4]

As ações da Real Estate Investment Trust apresentaram oscilações de preço típicas após 1969. O mínimo em 1970 foi de 16,5, recuperando-se para 26,87 no início de 1971. Os últimos lucros divulgados foram de US$ 1,50 por ação, a qual estava sendo negociada a US$ 21,60, moderadamente acima de seu valor contábil de 1970. A ação pode ter sido um pouco supervalorizada ao preço máximo registrado em 1968, mas os acionistas tinham sido honestamente bem servidos pelos administradores. A história da Real Estate Equities é diferente e vergonhosa.

Dupla 2: Air Products and Chemicals (gases industriais e médicos etc.) e Air Reduction Co. (gases e equipamentos industriais; produtos químicos)

Mais até que nossa primeira dupla, essas duas companhias lembram uma a outra tanto no nome quanto no ramo de negócios. A comparação que elas sugerem é, portanto, do tipo convencional na análise de títulos, enquanto a maioria de nossas outras duplas é mais heteróclita por natureza.[5] A "Products" é uma companhia mais nova do que a "Reduction" e, em 1969, tinha menos de metade do volume da outra.[6] Não obstante, no agregado, suas ações eram negociadas a um valor 25% superior ao das ações da Air Reduction. Conforme mostra a Tabela 18-2, a razão pode estar na maior lucratividade da Air Reduction e seu histórico de crescimento mais forte. Encontramos aqui as consequências típicas da demonstração de uma melhor "qualidade". A Air Products foi negociada a 16,5 vezes seus últimos lucros contra apenas 9,1 vezes no caso da Air Reduction. Da mesma forma, a Air Products era negociada bem acima do valor do ativo, enquanto a

---

4 A Realty Equities foi removida da lista da American Stock Exchange em setembro de 1973. Em 1974, a Securities and Exchange Commission autuou os contadores da Realty Equities por fraude. O fundador da Realty Equities, Morris Karp, foi condenado mais tarde por estelionato. Em 1974-1975, o superendividamento que Graham critica levou a uma crise financeira entre aqueles bancos grandes, incluindo o Chase Manhattan, que haviam emprestado pesadamente aos trusts imobiliários mais agressivos.

5 "Heteróclito" é um termo técnico derivado do grego clássico que Graham usa para conotar anormal ou incomum.

6 Por "volume", Graham se refere a vendas ou faturamento, a quantidade total em dólares dos negócios de cada companhia.

Air Reduction poderia ser comprada a apenas 75% do valor contábil.[7] A Air Reduction pagou um dividendo mais generoso, mas isso pode ser considerado um reflexo da maior atratividade da retenção dos lucros para fins de reinvestimento no negócio por parte da Air Products. A Air Reduction também tinha uma posição de capital de giro mais confortável. (Nesse ponto, podemos observar que uma companhia lucrativa pode sempre dar um jeito em sua posição atual por meio de alguma forma de financiamento permanente. No entanto, segundo nossos padrões, o endividamento em obrigações da Air Products era excessivo.)

Se um analista fosse chamado para escolher entre as duas companhias, ele não teria dificuldade em concluir que as perspectivas da Air Products pareciam mais promissoras do que as da Air Reduction. Contudo, isso tornava a Air Products mais atraente a seu preço relativo consideravelmente mais alto? Duvidamos que essa pergunta possa ser respondida de forma definitiva. Em geral, Wall Street privilegia a "qualidade" acima da "quantidade" e, provavelmente, a maioria dos analistas de títulos optaria pela "melhor", porém mais cara, Air Products, contra a "pior", porém mais barata, Air Reduction. Se essa escolha é a certa dependerá mais provavelmente do futuro imprevisível do que de qualquer princípio de investimento demonstrável. Nesse exemplo, a Air Reduction parece pertencer ao grupo de companhias importantes com múltiplos baixos. Se, conforme indicam os estudos citados anteriormente,[8] for mais provável que esse grupo *como um todo* tenha um desempenho melhor do que as ações com múltiplos maiores, então a Air Reduction deveria ser logicamente a preferida, mas apenas como parte de uma operação diversificada. (Ademais, um estudo profundo de cada companhia poderia levar o analista a uma conclusão oposta, mas apenas por razões além daquelas já refletidas no histórico passado.)

---

7 "Cobertura de ativos" e "valor contábil" são sinônimos. Na Tabela 18-2, a relação entre o preço e o valor contábil pode ser vista dividindo-se a primeira linha ("Preço, 31 de dezembro de 1969") pelo "Valor contábil por ação".

8 Graham está citando sua pesquisa sobre ações de valor, a qual ele discute no Capítulo 15 (ver pp. 409-411).

TABELA 18-2 Dupla 2

	Air Products & Chemicals	*Air Reduction*
Preço, 31 de dezembro de 1969	39½	16⅜
Número de ações ordinárias	5.832.000[a]	11.279.000
Valor de mercado das ordinárias	US$ 231.000.000	US$ 185.000.000
Dívida	113.000.000	179.000.000
Capitalização total de mercado	344.000.000	364.000.000
Valor contábil por ação	US$ 22,89	US$ 21,91
Faturamento	US$ 221.500.000	US$ 487.600.000
Lucro líquido	13.639.000	20.326.000
Lucro por ação, 1969	US$ 2,40	US$ 1,80
Lucro por ação, 1964	1,51	1,51
Lucro por ação, 1959	0,52	1,95
Taxa de dividendos atual	0,20	0,80
Dividendos desde	1954	1917
Índices		
Preço/lucro	16,5 x	9,1 x
Preço/valor contábil	165,0%	75,0%
Rendimento dos dividendos	0,5%	4,9%
Líquido/faturamento	6,2%	4,25%
Lucro/valor contábil	11,0%	8,2%
Ativos/passivos circulantes	1,53 x	3,77 x
Capital de giro/dívida	0,32 x	0,85 x
Crescimento dos lucros por ação		
1969 *versus* 1964	+59%	+19%
1969 *versus* 1959	+362%	diminuição

[a] Supondo a conversão das ações preferenciais.

SEQUÊNCIA: A Air Products se saiu melhor do que a Air Reduction na quebra de 1970, com um declínio de 16% contra 24%. No entanto, a Reduction teve um repique maior no início de 1971, tendo seu preço se elevado 50% acima do fechamento de 1969 contra 30% no caso da Products. Nesse caso, a ação de múltiplo baixo saiu em vantagem, pelo menos temporariamente.[9]

---

9 A Air Products and Chemicals, Inc. ainda existe como uma ação negociada publicamente e está presente no índice de 500 ações da Standard & Poor's. A Air Reduction Co. tornou-se uma subsidiária de propriedade integral da da British Oxygen, agora parte da Linde PLC, em 1978.

Dupla 3: American Home Products Co. (medicamentos, cosméticos, produtos domésticos, doces) e American Hospital Supply Co. (distribuidor e produtor de artigos e equipamentos hospitalares)

Essas duas companhias tinham "bilhões de dólares de intangíveis" no final de 1969, representavam segmentos diferentes da "indústria de saúde" e eram de crescimento rápido e imensamente lucrativas. Vamos nos referir a elas como Home e Hospital, respectivamente. Dados selecionados de ambas as companhias são apresentados na Tabela 18-3. Elas tinham os seguintes pontos favoráveis em comum: crescimento excelente, sem qualquer revés desde 1958 (*i.e.*, estabilidade de lucros de 100%) e condição financeira forte. A taxa de crescimento da Hospital até o fim de 1969 foi consideravelmente superior à da Home. Por outro lado, a Home gozou de uma taxa de lucratividade substancialmente melhor, tanto com relação às vendas quanto ao capital.[10] (Na verdade, a taxa relativamente baixa dos lucros sobre o capital da Hospital em 1969 – apenas 9,7% – levanta questões intrigantes sobre a verdadeira lucratividade do negócio, o qual na verdade não seria tão lucrativo assim, apesar do excepcional crescimento das vendas e dos lucros no passado.)

Se compararmos preços, a Home oferecia uma oportunidade muito melhor em termos de lucros e dividendos atuais (ou passados). O valor contábil muito baixo da Home ilustra uma ambiguidade ou contradição básica na análise das ações ordinárias. Por um lado, isso significa que a companhia está obtendo um retorno alto sobre seu capital, o qual, em geral, é um sinal de força e prosperidade. Por outro lado, isso significa que o investidor, ao preço atual, estaria especialmente vulnerável a qualquer mudança adversa significativa na situação de lucros da companhia. Uma vez que a Hospital era negociada a mais de quatro vezes seu valor contábil em 1969, esse tom de cautela se aplicaria às duas companhias.

---

10 Você poderá determinar a lucratividade, conforme medida pelo retorno sobre as vendas e o capital, na Tabela 18-3. "Líquido/faturamento" mede o retorno sobre as vendas; "Lucro/valor contábil" mede o retorno sobre o capital.

TABELA 18-3 Dupla 3

	American Home Products	*American Hospital Supply*
Preço, 31 de dezembro de 1969	72	45⅛
Número de ações ordinárias	52.300.000	33.600.000
Valor de mercado das ordinárias	US$ 3.800.000.000	US$ 1.516.000.000
Dívida	11.000.000	18.000.000
Capitalização total de mercado	3.811.000.000	1.534.000.000
Valor contábil por ação	US$ 5,73	US$ 7,84
Faturamento	US$ 1.193.000.000	US$ 446.000.000
Lucro líquido	123.300.000	25.000.000
Lucro por ação, 1969	US$ 2,32	US$ 0,77
Lucro por ação, 1964	1,37	0,31
Lucro por ação, 1959	0,92	0,15
Taxa de dividendos atual	1,40	0,24
Dividendos desde	1919	1947
Razões		
Preço/lucro	31,0 x	58,5 x
Preço/valor contábil	1250,0%	575,0%
Rendimento dos dividendos	1,9%	0,55%
Líquido/faturamento	10,7%	5,6%
Lucro/valor contábil	41,0%	9,5%
Ativos/passivos circulantes	2,6 x	4,5 x
Crescimento dos lucros por ação		
1969 *versus* 1964	+75%	+142%
1969 *versus* 1959	+161%	+405%

CONCLUSÕES: Nossa opinião definitiva é de que ambas as companhias estavam claramente "caras" demais aos preços atuais para serem consideradas pelo investidor que decidiu seguir nossas ideias a respeito de uma seleção conservadora. Isso não significa que as companhias não fossem promissoras. O problema era, ao contrário, que *seu preço continha "promessa" demais e desempenho efetivo de menos*. Para as duas empresas juntas, o preço de 1969 refletia intangíveis cotados a quase US$ 5 bilhões. Quantos anos de lucros excelentes no futuro seriam necessários para "realizar" o fator intangível em forma de dividendos ou ativos tangíveis?

SEQUÊNCIA DE CURTO PRAZO: No final de 1969, o mercado evidentemente tinha as perspectivas de lucros da Hospital em mais alta consideração do que as da Home, uma vez que ele negociava a primeira a quase duas vezes o múltiplo da segunda. Na sequência, a ação favorecida mostrou um *declínio* microscópico de lucros em 1970, enquanto a Home obteve um ganho respeitável de 8%. O preço de mercado da Hospital reagiu de forma significativa à decepção daquele ano. Ela foi negociada a 32 em fevereiro de 1971 – uma perda de aproximadamente 30% em comparação com seu fechamento de 1969 –, enquanto a Home foi cotada ligeiramente acima de seu nível correspondente.[11]

Dupla 4: H&R Block, Inc. (serviço de imposto de renda) e Blue Bell, Inc. (fabricante de uniformes, roupas de trabalho etc.)

Essas companhias convivem como relativas novatas na Bolsa de Valores de Nova York, onde representam duas histórias de sucesso muito diferentes. A Blue Bell penou para chegar ao topo de um setor altamente competitivo, no qual mais tarde a empresa se tornou o principal ator. Seus lucros têm oscilado em linha com as condições do setor, mas seu crescimento desde 1965 tem sido impressionante. As operações da companhia remontam a 1916, e seu histórico contínuo de dividendos a 1923. No final de 1969, o mercado acionário não mostrava qualquer entusiasmo pela ação, dando a ela uma razão preço/lucro de apenas 11, comparada com aproximadamente 17 para o índice composto S&P.

Diferentemente, a subida da H&R Block foi meteórica. Seus primeiros registros datam apenas de 1961, ano em que ela obteve um lucro de US$ 83.000 sobre receitas de US$ 610.000. No entanto, oito anos mais tarde, em nossa data de comparação, suas receitas haviam decolado para US$ 53,6 milhões e o lucro líquido para US$ 6,3 milhões. Nesse momento, o mercado acionário parecia extasiado com essa empresa de alto desempenho. O preço de 55 ao fechamento de 1969 foi mais do que cem vezes os lucros divulgados nos doze meses anteriores, os quais, claro, foram os maiores da história. O valor de mercado agregado de US$ 300 milhões das ações era aproximadamente

11 A American Home Products Co. foi posteriormente incorporada à Pfizer Inc. A American Hospital Supply Co. foi adquirida pela Baxter Healthcare Corp. em 1985.

trinta vezes superior aos ativos tangíveis por trás delas.[12] Isso era quase inédito nos anais das cotações sérias do mercado acionário. (Naquela época, a IBM estava sendo negociada a cerca de nove vezes e a Xerox a onze vezes o valor contábil.)

A Tabela 18-4 apresenta, em dólares e índices, a discrepância extraordinária nas cotações comparativas da Block e da Blue Bell. É verdade que a Block apresentava duas vezes a lucratividade da Blue Bell por dólar de capital, e o crescimento percentual de seus lucros ao longo dos últimos cinco anos (partindo praticamente do zero) tinha sido muito maior. No entanto, como uma empresa cotada em bolsa, a Blue Bell estava sendo negociada a menos de um terço do valor total da Block, embora a Blue Bell faturasse quatro vezes mais, lucrasse 2,5 vezes mais por ação, tivesse 5,5 vezes mais em investimentos tangíveis e apresentasse quatro vezes o rendimento de dividendos relativo ao preço.

TABELA 18-4 Dupla 4

	H&R Block	*Blue Bell*
Preço, 31 de dezembro de 1969	55	49¾
Número de ações ordinárias	5.426.000	1.802.000[a]
Valor de mercado das ordinárias	US$ 298.000.000	US$ 89.500.000
Dívida	—	17.500.000
Capitalização total de mercado	298.000.000	107.000.000
Valor contábil por ação	US$ 1,89	US$ 34,54
Faturamento	US$ 53.600.000	US$ 202.700.000
Lucro líquido	6.380.000	7.920.000
Lucro por ação, 1969	US$ 0,51 (outubro)	US$ 4,47
Lucro por ação, 1964	0,07	2,64
Lucro por ação, 1959	—	1,80
Taxa de dividendos atual	0,24	1,80
Dividendos desde	1962	1923

12 "Aproximadamente 30 vezes" está refletido na cifra de 2.920% para "Preço/valor contábil" na seção Índices da Tabela 18-4. A H&R Block permanece uma companhia de capital aberto, enquanto o capital da Blue Bell foi fechado em 1984 a US$ 47,50 por ação.

	H&R Block	*Blue Bell*
Razões		
Preço/lucro	108,0 x	11,2 x
Preço/valor contábil	2920%	142%
Rendimento dos dividendos	0,4%	3,6%
Líquido/faturamento	11,9%	3,9%
Lucro/valor contábil	27%	12,8%
Ativos/passivos circulantes	3,2 x	2,4 x
Capital de giro/dívida	nenhuma dívida	3,75 x
Crescimento dos lucros por ação		
1969 *versus* 1964	+630%	+68%
1969 *versus* 1959	—	+148%

[a] Supondo a conversão das ações preferenciais.

Conclusões indicadas: Um analista experiente notaria o desenvolvimento acelerado da Block, a qual gerava excelentes perspectivas de crescimento no futuro. Ele talvez tivesse alguma dúvida sobre os perigos de uma concorrência acirrada no ramo dos prestadores de serviços de imposto de renda, atraído pelo alto retorno sobre o capital realizado pela Block.[1] No entanto, levando em conta o sucesso continuado de companhias destacadas, tais como a Avon Products, em áreas altamente competitivas, ele teria hesitado em prever um achatamento rápido da curva de crescimento da Block. Sua preocupação principal seria simplesmente se a cotação de US$ 300 milhões para a companhia já não englobava plenamente, ou até mais do que isso, tudo que se poderia razoavelmente esperar dessa excelente companhia. Em contrapartida, o analista não hesitaria em recomendar a Blue Bell como uma companhia boa, cotada de forma bastante conservadora.

Sequência até março de 1971: O quase pânico de 1970 arrasou com um quarto do preço da Blue Bell e com aproximadamente um terço do da Block. Ambas, em seguida, participaram da recuperação extraordinária do mercado geral. O preço da Block aumentou para 75 em fevereiro de 1971, mas a Blue Bell cresceu consideravelmente mais – para o equivalente a 109 (após um desdobramento três por dois). Claramente, a Blue Bell havia se mostrado uma compra melhor do que a Block, se considerarmos a situação no final de 1969. No entanto, o fato de que a Block foi capaz de crescer mais de 35% a partir daquele valor aparentemente inflado indica o quanto analistas e investidores precisam ter cautela ao menosprezar companhias boas – tanto em palavras quanto em atos –, independentemente de quão elevada possa parecer sua cotação.[13]

Dupla 5: International Flavors & Fragrances (sabores etc. para outros negócios) e International Harvester Co. (fabricante de caminhões, máquinas agrícolas e de construção)

Essa comparação deveria trazer mais de uma surpresa. Todo mundo conhece a International Harvester, um dos trinta gigantes que compõem o índice industrial Dow Jones.[14] Quantos de nossos leitores já ouviram falar da International Flavors & Fragrances, vizinha de porta da Harvester na lista da Bolsa de Nova York? No entanto, *mirabile dictu*, no fim de 1969, a IFF era efetivamente negociada a um valor de mercado agregado mais alto do que a Harvester – US$ 747 milhões *versus* US$ 710 milhões. Esse fato é ainda mais surpreendente quando se percebe que a Harvester tinha dezessete vezes o capital acionário da Flavors e 27 vezes suas vendas anuais. Na verdade, apenas três anos antes, os *lucros líquidos* da Harvester tinham sido maiores do que as *vendas* da Flavors em 1969! Como essas disparidades extraordinárias se desenvolveram? A resposta está em duas palavras mágicas: lucratividade e crescimento. A Flavors teve um desempenho notável nas duas categorias, enquanto a Harvester deixou muito a desejar.

A história é contada na Tabela 18-5. Nela, encontramos a Flavors com um lucro sensacional de 14,3% sobre as vendas (antes do imposto de renda, o número era de 23%), comparado com meros 2,6% no caso da Harvester. Da mesma forma, a Flavors registrou um lucro de 19,7% sobre seu capital acionário, comparado com o lucro inadequado de 5,5% da Harvester. Em cinco anos, os lucros líquidos da Flavors quase dobraram, enquanto os da

13 Graham está alertando os leitores para uma forma da "falácia do apostador", na qual os investidores acreditam que uma ação supervalorizada vai cair simplesmente porque está supervalorizada. Assim como não é mais provável que uma moeda dê cara após ter dado coroa nove vezes seguidas, uma ação (ou o mercado acionário!) supervalorizada pode permanecer assim por um período surpreendentemente longo. Isso torna a venda a descoberto, ou uma aposta de que as ações cairão, muito arriscada para meros mortais.

14 A International Harvester foi a herdeira da McCormick Harvesting Machine Co., fabricante da ceifeira McCormick, que ajudou a transformar os estados do Meio-Oeste no "celeiro do mundo". No entanto, a International Harvester passou por dificuldades na década de 1970 e, em 1985, vendeu seu negócio de máquinas agrícolas para a Tenneco. A International Flavors & Fragrances é membro do S&P 500.

Harvester não mostraram qualquer evolução. A comparação entre os anos de 1969 e 1959 mostra resultados semelhantes. Essas diferenças de desempenho produziram uma divergência típica na avaliação do mercado acionário. Em 1969, a Flavors foi negociada a 55 vezes os últimos lucros divulgados, enquanto a Harvester a apenas 10,7 vezes. Da mesma forma, a Flavors era cotada a 10,4 vezes o valor contábil, enquanto a Harvester estava sendo negociada a um *desconto* de 41% sobre o patrimônio líquido.

TABELA 18-5 Dupla 5

	International Flavors & Fragrances	*International Harvester*
Preço, 31 de dezembro de 1969	65½	24¾
Número de ações ordinárias	11.400.000	27.329.000
Valor de mercado das ordinárias	US$ 747.000.000	US$ 710.000.000
Dívida	4.000.000	313.000.000
Capitalização total de mercado	751.000.000	1.023.000.000
Valor contábil por ação	US$ 6,29	US$ 41,70
Faturamento	US$ 94.200.000	US$ 2.652.000.000
Lucro líquido	13.540.000	63.800.000
Lucro por ação, 1969	US$ 1,19	US$ 2,30
Lucro por ação, 1964	0,62	3,39
Lucro por ação, 1959	0,28	2,83
Taxa de dividendos atual	0,50	1,80
Dividendos desde	1956	1910
Razões		
Preço/lucro	55,0 x	10,7 x
Preço/valor contábil	1050,0%	59,0%
Rendimento dos dividendos	0,9%	7,3%
Líquido/faturamento	14,3%	2,6%
Lucro/valor contábil	19,7%	5,5%
Ativos/passivos circulantes	3,7 x	2,0 x
Capital de giro/dívida	grande	1,7 x
Juros recebido	—	(antes dos impostos) 3,9 x
Crescimento dos lucros por ação		
1969 *versus* 1964	+93%	+9%
1969 *versus* 1959	+326%	+39%

Comentários e conclusões: O primeiro fato a observar é que o sucesso comercial da Flavors baseou-se inteiramente no desenvolvimento de seu negócio principal e não envolveu nenhuma das artimanhas, programas de aquisição, estruturas de capitalização pesadas e outras práticas familiares de Wall Street em anos recentes. A companhia se manteve fiel ao seu negócio básico extremamente lucrativo e sua história se resume a ele. O histórico da Harvester levanta questões inteiramente diferentes, mas elas também nada têm a ver com as "altas finanças". Por que tantas companhias boas se tornam relativamente pouco lucrativas mesmo durante períodos prolongados de prosperidade geral? Qual a vantagem de faturar US$ 2,5 bilhões se a empresa não consegue um lucro suficiente para justificar o investimento dos acionistas? Não nos cabe receitar a solução para esse problema. No entanto, insistimos que não apenas os gestores, mas também os acionistas comuns, deveriam estar conscientes de que o problema existe e requer mais inteligência e esforços para resolvê-lo.[15] Do ponto de vista da seleção das ações ordinárias, nenhuma das duas ações atenderia a nossos padrões de um investimento sólido, razoavelmente atraente e com preço moderado. A Flavors foi um exemplo típico de uma companhia com sucesso brilhante, mas generosamente avaliada; o desempenho da Harvester foi medíocre demais para torná-la realmente atraente mesmo a seu preço de desconto. (Sem dúvida existiam melhores oportunidades disponíveis entre as ações razoavelmente cotadas.)

Sequência até 1971: O preço baixo da Harvester no final de 1969 protegeu--a de um declínio ainda maior na quebra de 1970. Ela perdeu apenas mais 10%. A Flavors mostrou-se mais vulnerável e baixou para 45, uma perda de 30%. Na recuperação subsequente, ambas avançaram para níveis bem acima dos fechamentos de 1969. No entanto, a Harvester logo voltou ao nível de 25.

---

15 Para conhecer mais ideias de Graham sobre ativismo dos acionistas, ver Capítulo 19 e seu Comentário. Ao criticar a Harvester por sua recusa em maximizar o valor dos acionistas, Graham antecipou de forma clarividente o comportamento da futura administração da companhia. Em 2001, a maioria dos acionistas votou a favor de retirar as restrições da Navistar às tentativas de aquisição por terceiros, mas a diretoria simplesmente se recusou a realizar o desejo dos acionistas. É impressionante como uma tendência antidemocrática na cultura de algumas companhias pode durar décadas.

Dupla 6: McGraw-Edison (concessionária de serviços públicos e equipamentos; artigos domésticos) e McGraw-Hill, Inc. (livros, filmes, sistemas de instrução; editoras de revistas e jornais; serviços de informação)

Este par com nomes tão semelhantes – que por vezes chamaremos de Edison e Hill – são duas empresas grandes e bem-sucedidas em campos completamente diferentes. Escolhemos 31 de dezembro de 1968 como a data de nossa comparação, desenvolvida na Tabela 18-6. As ações eram negociadas a aproximadamente o mesmo preço; contudo, em função da maior capitalização da Hill, esta era cotada cerca de duas vezes o valor total da outra. Essa diferença deveria ser um tanto surpreendente, uma vez que a Edison tinha um faturamento aproximadamente 50% maior e lucros líquidos 25% maiores. Como resultado, vemos que o índice-chave – o múltiplo dos lucros – era mais de duas vezes maior no caso da Hill do que no da Edison. Esse fenômeno parece explicável principalmente pela persistência do entusiasmo forte e da disposição exibidos pelo mercado para com as ações das editoras de livros, várias das quais foram apresentadas pela primeira vez à negociação pública no final da década de 1960.[16]

Na verdade, no final de 1968, ficou evidente que esse entusiasmo tinha sido exagerado. As ações da Hill foram negociadas a 56 em 1967, mais do que quarenta vezes os lucros recorde de 1966 que acabavam de ser divulgados. No entanto, um declínio pequeno surgiu em 1967 e outro em 1968. Portanto, o múltiplo alto atual de 35 estava sendo aplicado a uma companhia que já havia sofrido dois anos de lucros decrescentes. Não obstante, a ação ainda era cotada a mais de oito vezes o valor de seus ativos tangíveis, indicando um componente intangível de quase um bilhão de dólares! Logo, *o preço parecia ilustrar – na frase famosa do dr. Johnson – "o triunfo da esperança sobre a experiência"*.

Em contrapartida, a McGraw-Edison parecia estar cotada a um preço razoável com relação ao nível geral (alto) do mercado e ao desempenho global e à posição financeira da companhia.

---

16 A McGraw-Hill e a McGraw-Edison não são mais negociadas publicamente.

TABELA 18-6 Dupla 6

	McGraw-Edison	*McGraw-Hill*
Preço, 31 de dezembro de 1968	37⅝	39¾
Número de ações ordinárias	13.717.000	24.200.000[a]
Valor de mercado das ordinárias	US$ 527.000.000	US$ 962.000.000
Dívida	6.000.000	53.000.000
Capitalização total de mercado	533.000.000	1.015.000.000
Valor contábil por ação	US$ 20,53	US$ 5,00
Faturamento	US$ 568.600.000	US$ 398.300.000
Lucro líquido	33.400.000	26.200.000
Lucro por ação, 1968	US$ 2,44	US$ 1,13
Lucro por ação, 1963	1,20	0,66
Lucro por ação, 1958	1,02	0,46
Taxa de dividendos atual	1,40	0,70
Dividendos desde	1934	1937
Razões		
Preço/lucro	15,5x	35,0x
Preço/valor contábil	183,0%	795,0%
Rendimento dos dividendos	3,7%	1,8%
Líquido/faturamento	5,8%	6,6%
Lucro/valor contábil	11,8%	22,6%
Ativos/passivos circulantes	3,95x	1,75x
Capital de giro/dívida	Grande	1,75x
Crescimento dos lucros por ação		
1969 *versus* 1964	+104%	+71%
1969 *versus* 1959	+139%	+146%

[a] Supondo a conversão das ações preferenciais.

SEQUÊNCIA ATÉ O INÍCIO DE 1971: O declínio dos lucros da McGraw-Hill continuou por todo 1969 e 1970, caindo para US$ 1,02 e depois para US$ 0,82 por ação. No revés de maio de 1970, seu preço despencou para dez, menos de um quinto da cifra de dois anos antes. Ela mostrou uma recuperação boa daí em diante, mas o pico de 24 em maio de 1971 ainda representava apenas 60% do preço de fechamento de 1968. A McGraw-Edison teve um desempenho melhor, caindo para 22 em 1970 e se recuperando completamente, subindo para 41,5 em maio de 1971.[17]

17 No "revés de maio de 1970", a que Graham se refere, o mercado acionário americano perdeu 5,5%. Do fim de março ao fim de junho de 1970, o índice S&P 500 perdeu 19% de seu valor, uma das piores rentabilidades trimestrais já registradas.

A McGraw-Hill continua a ser uma companhia forte e próspera. No entanto, seu histórico de preços exemplifica – como em tantos outros casos – o perigo especulativo de tais ações criado por Wall Street através de suas ondas indisciplinadas de otimismo e pessimismo.

Dupla 7: National General Corp. (um conglomerado grande) e National Presto Industries (aparelhos elétricos diversos, munição)

Essas duas companhias se prestam à comparação principalmente por serem tão diferentes. Vamos chamá-las de "General" e "Presto". Selecionamos o fim de 1968 para nosso estudo, já que os ajustes contábeis feitos pela General em 1969 tornaram os números daquele ano ambíguos demais. A plenitude das atividades díspares da General não poderia ser avaliada no ano anterior, mas ela já era conglomerada o suficiente para o gosto de qualquer um. A descrição condensada no *Guia de ações* dizia: "cadeia de cinemas nacional, produtora de filmes e TV, caderneta de poupança, editora de livros." À qual poderíamos acrescentar, naquela data ou logo após, "seguros, banco de investimento, gravadoras, editora de música, serviços computadorizados, imóveis e 35% da Performance Systems Inc. (nome recentemente alterado da Minnie Pearl's Chicken System Inc.)". A Presto também instituiu um programa de diversificação, mas este era muito modesto em comparação com o da General. Começando como um dos principais fabricantes de panelas de pressão, ela se diversificou em vários outros utensílios domésticos e aparelhos elétricos. Em uma ampliação brusca para outro ramo de negócios, assumiu diversos contratos de fornecimento de munições, tendo como cliente o governo americano.

A Tabela 18-7 resume o desempenho das companhias no final de 1968. A estrutura de capitalização da Presto era a mais simples possível, nada além de 1.478.000 ações ordinárias, avaliadas pelo mercado em US$ 58 milhões. De forma contrária, a General tinha duas vezes mais ações ordinárias, além de uma série de preferenciais conversíveis, mais três séries de cauções de ações com potencial de criar uma quantidade enorme de ordinárias, mais uma enorme série de obrigações conversíveis (recém-lançada em troca das ações de uma companhia seguradora), mais um volume considerável de obrigações não conversíveis. Tudo isso totalizava uma capitalização de mercado de US$ 534 milhões, desconsiderando o lançamento previsto de obrigações conversíveis, e de US$ 750 milhões, considerando tal lançamento. Apesar de sua capitalização bem maior, a National General efetivamente faturou bem menos, em termos brutos, do que a Presto em anos fiscais comparáveis, mostrando apenas 75% do lucro líquido da Presto.

TABELA 18-7 Dupla 7

	National General	*National Presto Industries*
Preço, 31 de dezembro de 1968	44¼	38⅝
Número de ações ordinárias	4.330.000[a]	1.478.000
Valor de mercado das ordinárias	US$ 192.000.000	US$ 58.000.000
Valor de mercado adicional de três séries de cauções	221.000.000	—
Valor total das ordinárias e das cauções	413.000.000	—
Papéis seniores	121.000.000	—
Capitalização total de mercado	534.000.000	58.000.000
Valor de mercado das ordinárias ajustado para cauções	98	—
Valor contábil por ação	US$ 31,50	US$ 26,30
Faturamento	US$ 117.600.000	US$ 152.200.000
Lucro líquido	6.121.000	8.206.000
Lucro por ação, 1968	US$ 1,42 (dezembro)	US$ 5,61
Lucro por ação, 1963	0,96 (setembro)	1,03
Lucro por ação, 1958	0,48 (setembro)	0,77
Taxa de dividendos atual	0,20	0,80
Dividendos desde	1964	1945
Razões		
Preço/lucro	69,0 x[b]	6,9 x
Preço/valor contábil	310,0%	142,0%
Rendimento dos dividendos	0,5%	2,4%
Líquido/faturamento	5,5%	5,4%
Lucro/valor contábil	4,5%	21,4%
Ativos/passivos circulantes	1,63 x	3,40 x
Capital de giro/dívida	0,21 x	nenhuma dívida
Crescimento dos lucros por ação		
1969 *versus* 1964	+48%	+450%
1969 *versus* 1959	+195%	+630%

[a] Supondo a conversão das ações preferenciais.
[b] Ajustado para o preço de mercado das cauções.

A determinação do *valor de mercado verdadeiro* do capital das ações ordinárias da General apresenta um problema interessante para os analistas de títulos e tem implicações importantes para qualquer um que esteja interessado na ação com qualquer intenção mais séria do que uma aposta no escuro. O volume relativamente pequeno de preferenciais conversíveis de US$ 4,5 pode ser rapidamente incluído se presumirmos sua conversão em ordinárias, quando estas forem negociadas em um nível de mercado apropriado. Fizemos isso na Tabela 18-7. No entanto, as cauções exigem um tratamento diferente. Ao calcular a base de "diluição completa", a companhia pressupõe o exercício de todas as cauções e a aplicação da receita resultante no abatimento de dívida e o uso de qualquer saldo na compra de ações ordinárias no mercado. Essas hipóteses efetivamente não produziram quase nenhum efeito sobre os lucros por ação no ano-calendário de 1968, os quais foram divulgados como sendo de US$ 1,51 tanto antes como depois do ajuste para diluição. Consideramos esse tratamento ilógico e irrealista. De nosso ponto de vista, as cauções representam uma parte do "pacote de ações ordinárias", sendo seu valor de mercado parte do "valor de mercado efetivo" da parcela de ações ordinárias do capital social. (Ver nossa discussão sobre esse assunto nas pp. 453-454.) Essa técnica simples de adicionar o preço de mercado das cauções ao das ordinárias tem um efeito radical sobre o desempenho da National General no final de 1968, conforme demonstrado no cálculo da Tabela 18-7. Na realidade, o "verdadeiro preço de mercado" da ação ordinária acaba sendo mais do que duas vezes o número cotado. Portanto, o múltiplo verdadeiro dos lucros de 1968 é mais do que dobrado, atingindo o número inerentemente absurdo de 69 vezes. O valor total de mercado dos "equivalentes a ações ordinárias" torna-se então US$ 413 milhões, um valor três vezes superior aos ativos tangíveis que o embasam.

Esses números parecem ainda mais anormais quando comparados com os da Presto. Pode-se perguntar como poderia a Presto possivelmente ser avaliada a apenas 6,9 vezes os lucros atuais quando o múltiplo da General era aproximadamente dez vezes maior. Todos os índices da Presto são muito satisfatórios, embora, na verdade, a taxa de crescimento pareça um tanto suspeita. Com isso, queremos dizer que a companhia, sem dúvida, se beneficiava consideravelmente de suas encomendas militares e os acionistas deveriam estar preparados para alguma queda nos lucros em tempos de paz. Entretanto, em termos gerais, a Presto atendia a todos os requisitos de um investimento sensato e razoavelmente cotado, enquanto a General tinha todas as características de um "conglomerado" típico do final da década clássica de 1960, cheia de engenhocas empresariais e gestos grandiosos, mas sem mostrar valores substanciais por trás das cotações de mercado.

Sequência: A General continuou sua política de diversificação em 1969, com certo aumento de sua dívida. No entanto, precisou fazer um ajuste negativo de milhões, principalmente no valor de seu investimento na Minnie Pearl Chicken. Os números finais mostraram um prejuízo de US$ 72 milhões antes de um crédito fiscal e de US$ 46,4 milhões após tal crédito fiscal. O preço das ações caiu para 16,5 em 1969 e tão baixo quanto 9 em 1970 (apenas 15% do máximo de 60 registrado em 1968). Os lucros para 1970 foram divulgados como sendo de US$ 2,33 por ação diluída, tendo o preço se recuperado para 28,5 em 1971. A National Presto aumentou um pouco seus lucros por ação em 1969 e 1970, perfazendo dez anos ininterruptos de crescimento de lucros. Mesmo assim, seu preço caiu para 21,5 na baixa acentuada de 1970. Esse foi um número interessante, uma vez que ele era menos do que quatro vezes os últimos lucros divulgados e menos do que o ativo circulante líquido disponível para as ações naquele momento. Mais tarde, em 1971, encontramos o preço da National Presto 60% mais alto, a 34, mas os índices continuaram a surpreender. O capital de giro ampliado ainda é aproximadamente igual ao preço atual, o qual, por sua vez, é apenas 5,5 vezes os últimos lucros divulgados. Se o investidor pudesse encontrar agora dez ações parecidas, para efeitos de diversificação, ele poderia se sentir confiante em obter resultados satisfatórios.[18]

Dupla 8: Whiting Corp. (equipamentos de manipulação de materiais) e Willcox & Gibbs (conglomerado pequeno)

Essas duas companhias estão perto uma da outra, mas não chegam a ser vizinhas na lista da American Stock Exchange. A comparação – apresentada na Tabela 18-8A – coloca em questão a racionalidade de Wall Street como instituição. A companhia com faturamento e lucro menores e metade dos ativos tangíveis disponíveis para as ações ordinárias foi negociada a aproximadamente quatro vezes o valor agregado da outra. A companhia

---

18 A National Presto permanece uma companhia negociada em bolsa. A National General foi adquirida em 1974 por outro conglomerado controverso, a American Financial Group, a qual teve, ao longo do tempo, participações em negócios como televisão a cabo, bancos, imobiliárias, fundos mútuos, seguros e bananas.

mais bem cotada estava prestes a divulgar um grande prejuízo após ajustes especiais; ela não havia pago um dividendo em treze anos. A outra tinha um histórico longo de lucros satisfatórios, pagava dividendos ininterruptamente desde 1936 e apresentava atualmente uma das maiores taxas de dividendos entre todas as ações ordinárias da lista. Para evidenciar mais a disparidade no desempenho das duas companhias, acrescentamos na Tabela 18-8B os lucros e o histórico de preços para 1961-1970.

TABELA 18-8A Dupla 8

	Whiting	*Willcox Gibbs*
Preço, 31 de dezembro de 1969	17¾	15½
Número de ações ordinárias	570.000	2.381.000
Valor de mercado das ordinárias	US$ 10.200.000	US$ 36.900.000
Dívida	1.000.000	5.900.000
Ações preferenciais	—	1.800.000
Capitalização total de mercado	US$ 11.200.000	US$ 44.600.000
Valor contábil por ação	US$ 25,39	US$ 3,29
Faturamento	US$ 42.200.000 (outubro)	US$ 29.000.000 (dezembro)
Lucro líquido antes de item especial	1.091.000	347.000
Lucro líquido após item especial	1.091.000	*prej. 1.639.000*
Lucro por ação, 1969	US$ 1,91 (outubro)	US$ 0,08[a]
Lucro por ação, 1964	1,90 (abril)	0,13
Lucro por ação, 1959	0,42 (abril)	0,13
Taxa de dividendos atual	1,50	—
Dividendos desde	1954	(nenhum desde 1957)
Razões		
Preço/lucro	9,3 x	muito grande
Preço/valor contábil	70,0%	470,0%
Rendimento dos dividendos	8,4%	—
Líquido/faturamento	3,2%	0,1%[a]
Lucro/valor contábil	7,5%	2,4%[a]
Ativos/passivos circulantes	3,0 x	1,55 x
Capital de giro/dívida	9,0 x	3,6 x
Crescimento dos lucros por ação		
1969 *versus* 1964	empate	diminuição
1969 *versus* 1959	+354%	diminuição

[a] Antes de ajuste especial. *Prej.: prejuízo.*

TABELA 18-8B Histórico de dez anos dos preços e lucros da Whiting e da Willcox & Gibbs

	Whiting Corp.		*Willcox & Gibbs*	
Ano	*Lucro por ação*[a]	*Faixa de preço*	*Lucro por ação*	*Faixa de preço*
1970	$ 1,81	22½-16¼	$ 0,34	18½-4½
1969	2,63	37-17¾	0,05	20⅝-8¾
1968	3,63	43⅛-28¼	0,35	20⅛-8⅓
1967	3,01	36½-25	0,47	11-4¾
1966	2,49	30¼-19¼	0,41	8-3¾
1965	1,90	20-18	0,32	10⅜-6⅛
1964	1,53	14-8	0,20	9½-4½
1963	0,88	15-9	0,13	14-4¾
1962	0,46	10-6½	0,04	19¾-8¼
1961	0,42	12½-7¾	0,03	19½-10½

[a] Ano encerrado em 30 de abril do ano seguinte.

A história das duas companhias lança uma luz interessante sobre o desenvolvimento das empresas de médio porte nos Estados Unidos em contraste com as companhias de porte maior que têm ocupado estas páginas. A Whiting foi incorporada em 1896 e, portanto, remonta a, pelo menos, 75 anos. Parece ter se mantido bastante fiel ao ramo de manipulação de materiais e obteve bons resultados ao longo de décadas. A Willcox & Gibbs é ainda mais antiga – data de 1866 – e há muito era conhecida em seu ramo de atividade como uma produtora renomada de máquinas de costura industrial. Durante a última década, ela adotou uma política de diversificação, a qual parecia seguir um padrão um tanto bizarro. Por um lado, ela possuía um número extraordinariamente grande de companhias subsidiárias (pelo menos 24), as quais comercializavam uma variedade surpreendente de produtos, mas, por outro lado, o conglomerado inteiro valia migalhas pelos padrões normais de Wall Street.

A evolução dos lucros da Whiting é bastante característica das empresas americanas. Os números mostram um crescimento, constante e relativamente espetacular, de US$ 0,41 por ação em 1960 para US$ 3,63 em 1968. No entanto, não havia qualquer garantia de que esse desempenho passado persistiria indefinidamente. O declínio subsequente para apenas US$ 1,77 nos doze meses encerrados em janeiro de 1971 pode ter sido nada mais do que um reflexo da desaceleração geral da economia. Porém, o preço da ação reagiu de modo severo, caindo aproximadamente 60% de seu pico de 1968 (43,5) no fechamento de 1969. Nossa análise indicaria que essas ações representavam um investimento sensato e atraente entre as emissões secundárias, apropriado para o investidor empreendedor como parte de um grupo de tais aplicações.

SEQUÊNCIA: A Willcox & Gibbs apresentou um prejuízo operacional pequeno em 1970. Seu preço caiu drasticamente para um mínimo de 4,5, recuperando-se de forma típica para 9,5 em fevereiro de 1971. Seria difícil justificar esse preço com base nas estatísticas. A Whiting teve um declínio relativamente menor, ou seja, para 16,75 em 1970. (Àquele preço, ela estava sendo negociada a um valor aproximadamente igual ao ativo circulante disponível para as ações.) Seus lucros permaneceram estáveis, US$ 1,85 por ação, até julho de 1971. No início de 1971, o preço da ação subiu para 24,5, o qual parecia bastante razoável, mas não mais uma subvalorização, segundo nossos padrões.[19]

Observações gerais

Os papéis usados nessas comparações foram selecionados com segundas intenções, portanto, não é possível afirmar que eles apresentam uma amostra aleatória da lista de ações ordinárias. Eles também são limitados a indústrias; assim, as áreas importantes de concessionárias de serviços públicos, transportadoras e empresas financeiras não aparecem. No entanto, eles variam suficientemente em tamanho, ramo de negócios e aspectos qualitativos e quantitativos para transmitir uma ideia razoável das escolhas de ações ordinárias que confrontam o investidor.

A relação entre o preço e o valor indicado também varia muito de um caso para outro. Na maior parte das vezes, as companhias com melhor histórico de crescimento e maior lucratividade foram negociadas a múltiplos maiores dos lucros atuais, o que é bastante lógico em geral. Se as diferenças específicas entre as razões preço/lucro são "justificadas" pelos fatos ou o serão por desenvolvimentos futuros, não podemos responder com certeza. Por outro lado, existem vários exemplos aqui nos quais se pode fazer uma avaliação válida. Eles incluem virtualmente todos os casos em que há grande atividade de mercado em companhias cuja solidez subjacente é questionável. Tais ações não apenas eram especulativas – o que significa que elas eram inerentemente arriscadas –, mas com frequência estavam e estão obviamente supervalorizadas. Outras ações pareciam ter um valor superior

19 A Whiting Corp. e a Willcox & Gibbs não são mais negociadas publicamente.

ao de seus preços, sendo afetadas pelo tipo oposto de atitude de mercado – a qual poderíamos denominar "subespeculação" – ou por um pessimismo injustificado por causa de uma redução nos lucros.

Na Tabela 18-9, fornecemos alguns dados sobre as oscilações de preço das ações avaliadas neste capítulo. A maioria delas teve declínios acentuados entre 1961 e 1962, assim como de 1969 a 1970. Portanto, o investidor deve estar preparado para esse tipo de movimento adverso do mercado acionário no futuro. Na Tabela 18-10, mostramos as oscilações ano a ano das ações ordinárias da McGraw-Hill no período 1958-1970. Vê-se que em cada um dos últimos treze anos o preço aumentou ou diminuiu em uma proporção de, pelo menos, três por dois entre um ano e o seguinte. (No caso da National General, oscilações com pelo menos essa amplitude, tanto para cima como para baixo, ocorreram a cada período de dois anos.)

TABELA 18-9 Algumas oscilações de preço de dezesseis ações ordinárias (ajustado para desdobramentos de ações até 1970)

	Faixa de preços 1936-1970	*Declínio 1961 a 1962*	*Declínio 1968-1969 a 1970*
Air Products & Chemicals	1⅜-49	43¼-21⅝	49-31⅜
Air Reduction	9⅜-45¾	22½-12	37-16
American Home Products	⅞-72	44¾-22	72-51⅛
American Hospital Supply	¾-47½	11⅝-5¾	47½-26¾[a]
H & R Block	¼-68½	—	68½-37⅛[a]
Blue Bell	8¾-55	25-16	44¾-26½
International Flavors & Fragrances	4¾-67½	8-4½	66⅜-44⅞
International Harvester	6¼-53	28¾-19¼	38¾-22
McGraw-Edison	1¼-46¼	24⅜-14[b]	44¾-21⅝
McGraw-Edison	⅛-56½	21½-9⅛	54⅝-10¼
National General	3⅝-60½	14⅞-4¾[b]	60½-9
National Presto Industries	½-45	20⅝-8¼	45-21½
Real Estate Investment Trust	10½-30¼	25⅛-15¼	30¼-16⅜
Realty Equities of N.Y.	3¾-47¾	6⅞-4½	37¾-2
Whiting	2⅞-43⅜	12½-6½	43⅜-16¾
Willcox & Gibbs	4-20⅝	19½-8¼	20⅜-4½

[a] Máximo e mínimo, ambos em 1970.
[b] 1959 a 1960.

TABELA 18-10 Oscilações grandes ano a ano da McGraw-Hill, 1958-71[a]

De	*Para*	*Subidas*	*Declínios*
1958	1959	39-72	
1959	1960	54-109¾	
1960	1961	21¾-43⅛	
1961	1962	18¼-32¼	43⅛-18¼
1963	1964	23⅜-38⅞	
1964	1965	28⅜-61	
1965	1966	37½-79½	
1966	1967	54½-112	
1967	1968		56¼-37½
1968	1969		54⅝-24
1969	1970		39½-10
1970	1971	10-24⅛	

[a] Preços não ajustados para desdobramentos de ações.

Ao estudar a lista de ações para escrever este capítulo, ficamos impressionados novamente com a grande diferença entre os objetivos comuns da análise de títulos e aqueles que consideramos confiáveis e compensadores. A maioria dos analistas de títulos tenta selecionar os papéis que darão a melhor rentabilidade no futuro em termos principalmente de sua movimentação de mercado, mas também considerando a evolução dos lucros. Somos francamente céticos sobre a possibilidade de se fazer esse tipo de seleção e obter resultados satisfatórios. Preferiríamos que o trabalho do analista fosse buscar casos excepcionais ou minoritários nos quais fosse possível chegar a uma conclusão razoavelmente segura de que o preço estivesse muito abaixo do valor. Ele deveria ser suficientemente capaz de fazer esse trabalho e produzir resultados médios satisfatórios ao longo do tempo.

COMENTÁRIO SOBRE O CAPÍTULO 18
POR JASON ZWEIG

São poucos os campos da atividade humana em que a história tem tão pouca importância quanto no mundo das finanças. A experiência passada, na medida em que faz parte da memória, é descartada como o refúgio primitivo daqueles que não têm a percepção necessária para apreciar as incríveis maravilhas do presente.

– John Kenneth Galbraith[1]

No Capítulo 18, Graham compara e contrasta oito pares de empresas com nomes ou tickers semelhantes.

Qual a principal lição que ele oferece?

Não existem ações boas ou ruins. Existem apenas *preços* de ações bons ou ruins. Quanto mais alto for o preço das ações de uma empresa, mais pessoas vão querer comprá-las; quanto mais baratas forem as ações, menos pessoas vão querer possuí-las. A mesma ação, em momentos diferentes, pode ser considerada barata ou cara.

Vamos nos debruçar sobre oito comparações de mercados recentes e ver o que Graham poderia ter dito sobre elas.

DUPLA 1: AMC ENTERTAINMENT HOLDINGS INC. (CINEMAS) E AMETEK, INC. (DISPOSITIVOS ELETROELETRÔNICOS)

Em 2021-2022, a AMC personificava uma "ação-meme": uma cadeia de cinemas com perspectivas pálidas de crescimento, dívidas perigosas e hordas de especuladores fazendo seu preço subir, motivados por teorias da conspiração e deliberadamente cegos para a saúde debilitada do negócio envolvido.

"Esta não é uma negociação sobre fundamentos. Simplesmente, não é", disse um fã da AMC em julho de 2021. Ele argumentou que os "macacos", como os especuladores on-line se autodenominavam para exibir seu desprezo

1 GALBRAITH, John Kenneth. *A short history of financial euforia*. Penguin, 1994. p. 13.

pela análise tradicional, usariam seu poder de compra coletivo para elevar o preço das ações – e as vantagens eram quase ilimitadas.

Os macacos juraram que iriam HODL, ou seja, *hold on for dear life* (se apegar com todas as forças) até o MOASS, *mother of all short squeezes* (o maior de todos os *short squeezes*). No MOASS, os fundos de hedge e outros investidores profissionais que apostassem contra a AMC seriam forçados a comprar, as ações subiriam para US$ 100.000 ou mais, e os macacos ficariam ricos.

E em menos de cinco meses, no início de 2021, os macacos fizeram com que o preço das ações da AMC subisse impressionantes 3.050%.

A AMETEK, que fornece equipamentos para clientes dos setores aeroespacial, de defesa, de automação e médico, não teve um exército de macacos para impulsionar suas ações. No mesmo período, a AME subiu 14%, o que é insignificante, em comparação.

No entanto, a AMC estava às portas da morte em 2021, enquanto a AME era um negócio razoavelmente lucrativo.

Desde 2017, as vendas da AMC caíram pela metade, ela obteve apenas um lucro anual, insignificante, sua dívida dobrou, e ela estava sofrendo uma hemorragia de caixa.

Na AME, as vendas e os lucros cresceram de forma constante, a dívida era moderada, e o caixa abundante.

O MOASS nunca se concretizou. As ações da AMC perderam 76% em 2022 e outros 83% ao longo do ano de 2023. Algumas pessoas que compraram a AMC no fundo do poço e venderam no topo fizeram uma fortuna. Inúmeras outras compraram no topo e se deram mal.

→ **A lição:** no curto prazo, os fundamentos geralmente não são importantes. No longo prazo, sempre são.[2]

---

2 GLADSTONE, Alexander; SCHWARTZEL, Erich. Inside AMC's crazy, bonkers, upside-down year of apes, memes and shorts. Disponível em: bit.ly/40jSILe; McCABE, Caitlin; OSIPOVICH, Alexander. GameStop investors still awaites riches from epic short squeeze. Disponível em: bit.ly/40mH0PT.

TABELA 18-11 AMC *vs.* AME

AMC	*12 meses terminados em*						*9 meses terminados em*
	31/12/17	*31/12/18*	*31/12/19*	*31/12/20*	*31/12/21*	*31/12/22*	*30/9/23*
Variação no preço das ações (%)	-55,1	-18,7	-41,0	-70,7	1.183,0	-75,6	-77,8
Vendas (milhões de dólares)	5.079	5.461	5.471	1.242	2.528	3.911	3.708
Lucro líquido (milhões de dólares)	-487	110	-149	-4.589	-1.269	-974	-215
Margem de lucro líquido (%)	-9,6	2,0	-2,7	-369,4	-50,2	-24,9	-5,8
Retorno sobre o capital investido (%)	-7,3	1,6	-1,7	-48,8	-15,7	-12,9	-7,4
Lucro por ação (US$)	-33,53	3,62	-12,67	-345,46	-23,46	-8,20	-1,43
Valor contábil por ação (US$)	146,03	119,18	103,16	-113,48	-30,72	-18,65	-10,78
Ativos	9.806	9.496	13.676	10.276	10.822	9.136	8.793
Capital de giro	-537	-547	-1.260	-1.092	82	-811	-571
Dívida de longo prazo	4.799	5.201	9.737	10.737	10.116	9.427	8.778
Dívida total como percentagem do capital	69,8	79,1	89,5	134,1	120,0	135,5	129,8
Fluxo de caixa livre	-68	-53	61	-1.229	-707	-831	-295

AME	*12 meses terminados em*						*9 meses terminados em*
	31/12/17	*31/12/18*	*31/12/19*	*31/12/20*	*31/12/21*	*31/12/22*	*30/9/23*
Variação no preço das ações (%)	49,1	-6,6	47,3	21,3	21,6	-5,0	6,3
Vendas (milhões de dólares)	4.300	4.846	5.159	4.540	5.547	6.151	4.866
Lucro líquido (milhões de dólares)	681	778	861	872	990	1.160	970
Margem de lucro líquido (%)	15,8	16,1	16,7	19,2	17,9	18,9	19,9
Retorno sobre o capital investido (%)	12,2	12,5	12,3	11,0	11,3	12,2	13,0
Lucro por ação (US$)	2,94	3,34	3,75	3,77	4,25	5,01	4,19
Valor contábil por ação (US$)	17,42	18,68	22,33	25,81	29,66	32,50	36,15
Ativos	7.796	8.662	9.845	10.358	11.898	12.431	13.093
Capital de giro	796	577	600	1.447	565	964	1.445
Dívida de longo prazo	1.866	2.274	2.414	2.410	2.358	2.288	1.856
Dívida total como percentagem do capital	35,1	38,3	36,6	30,3	28,4	25,5	21,8
Fluxo de caixa livre	758	843	1.012	1.207	1.050	1.010	1.445

Nota: Ações em circulação, totalmente diluídas; o capital de giro é igual ao ativo circulante menos o passivo circulante; o fluxo de caixa livre é igual ao fluxo das operações menos as despesas de capital fixo. Os valores nas células sombreadas referem-se aos doze meses encerrados em 30/9/23.

Fontes: As respectivas empresas, FactSet.

DUPLA 2: ARCIMOTO INC. (VEÍCULOS ELÉTRICOS) E ARCONIC CORP. (ALUMÍNIO)

Em 2020, as ações da Arcimoto, a minúscula fabricante de uma motocicleta elétrica de três rodas chamada Fun Utility Vehicle ("FUV®"), subiram mais de 720%. Seu CEO apareceu em inúmeros podcasts e vídeos, muitas vezes zunindo alegremente em um FUV, incentivando os investidores a comprarem suas ações.

Quando esses investidores a apelidaram de "a próxima Tesla", as ações da Arcimoto ganharam um impulso de alta voltagem.

Os negócios da Arcimoto, no entanto, estavam um caos.

Ela entregou apenas 97 veículos de varejo aos clientes em 2020. Naquele ano, a empresa gerou um valor insignificante de US$ 2 milhões em vendas, mas US$ 18 milhões em perdas líquidas.

A Arcimoto alegou ter "milhares de pré-encomendas". No entanto, conseguiu entregar apenas 192 veículos de varejo em 2021 e 228 em 2022.

A empresa teve um prejuízo total de US$ 144 milhões de 2021 a 2023. As ações caíram 41% em 2021, 98% em 2022 e outros 74% em 2023.

A Arconic também era volátil, mas por motivos diferentes.

Em fevereiro de 2019, sua matriz corporativa anunciou que a Arconic Corp., que fabricava produtos de alumínio, seria desmembrada como uma empresa separada. Um ano depois, a economia global entrou em *lockdown* para combater a pandemia de covid. As novas ações da Arconic começaram a ser negociadas em 1º de abril de 2020, o "Dia da Mentira".

Com a paralisação da produção e o estrangulamento das cadeias de suprimentos em todo o mundo, a demanda industrial por alumínio derreteu. Nos primeiros três meses da Arconic como empresa autônoma, suas vendas despencaram 38% em relação ao mesmo período do ano anterior, e ela passou de um lucro de US$ 5 milhões para um prejuízo de US$ 92 milhões.

As ações caíram 54% no próprio 1º de abril. No dia seguinte, afundou mais 11%.

Assim como as pessoas que compraram a Arcimoto extrapolaram suas promessas, as pessoas que se desfizeram da Arconic extrapolaram seus problemas.

A empresa refinanciou sua dívida, economizou caixa e cortou centenas de milhões de dólares em custos. Com o fim da quarentena e a recuperação da demanda por alumínio, as vendas da Arconic se recuperaram e seu lucro operacional disparou. Em junho de 2021, as ações da empresa atingiram US$ 38, um aumento de mais de 500% em relação ao mínimo registrado no ano anterior.

Em agosto de 2023, a Arconic foi adquirida a US$ 30 por ação por um grupo liderado pela Apollo Global Management.

→ **A lição:** no longo prazo, altos retornos não vêm de grandes expectativas. Muitas vezes, eles vêm da reversão de expectativas *sombrias*.

DUPLA 3: BED BATH & BEYOND (UTENSÍLIOS DOMÉSTICOS) E BEST BUY (ELETROELETRÔNICOS DOMÉSTICOS)

A atmosfera repleta de testosterona da febre das ações-meme de 2021 demorou a se dissipar. Por cerca de mais de dois anos, hordas de investidores individuais fizeram com que as ações disparassem periodicamente em explosões de compras coordenadas, independentemente de os negócios subjacentes valerem alguma coisa. Buscando punir os investidores profissionais por apostarem contra as empresas, esses traders esperavam criar "short squeezes" que forçassem os profissionais a comprar e fazer com que as ações subissem ainda mais.

FIGURA 18-1
Tomando banho... e além

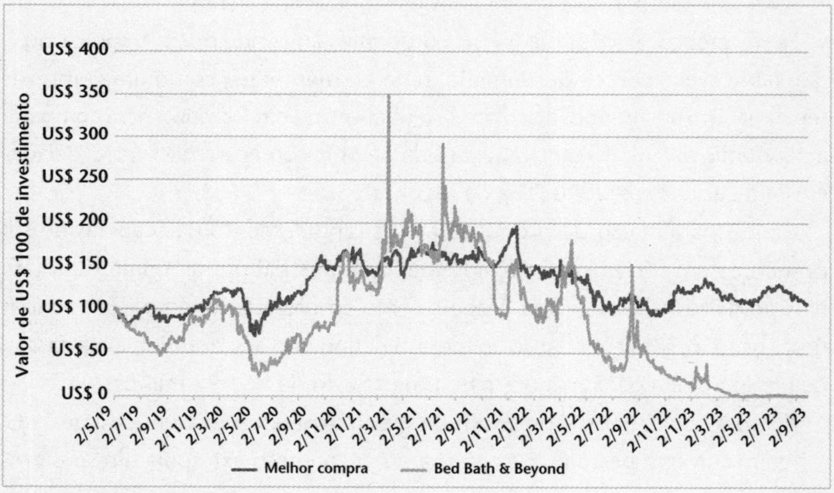

Fonte: FactSet.

Enquanto negócio, a Bed Bath & Beyond não tinha conserto. Em seu ano fiscal encerrado em fevereiro de 2021, as vendas haviam somado US$ 9,2 bilhões – 17% a menos do que no ano anterior e abaixo do total da empresa nove anos antes. Ela havia tido prejuízo de US$ 900 milhões nos três anos anteriores, e seu passivo total quase triplicou em dez anos. Com uma fraca presença on-line, os negócios da empresa foram esmagados quando a covid fechou suas lojas.

Pior ainda, desde 2012, a Bed Bath tinha gastado incríveis US$ 8,3 bilhões recomprando suas ações a preços que frequentemente ultrapassavam US$ 40 por ação. No final de 2022, estas tinham caído para menos de US$ 4.

A Bed Bath & Beyond havia demitido seu CEO, seu CFO havia cometido suicídio, e a empresa tinha torrado cerca de US$ 1 bilhão do caixa em doze meses. Suas demonstrações financeiras advertiam que a BBBY poderia não sobreviver.

Em resposta, os especuladores compraram as ações em massa.

"Acho que a Bed Bath & Beyond, mesmo em processo de falência, é um dos melhores negócios do mercado de ações", disse um deles em maio de 2023. "Podem me acusar de teórico da conspiração."

Repetidamente, desde 2021 até que as ações da Bed Bath & Beyond finalmente pararam de ser negociadas, em setembro de 2023, os traders investiram nas ações com base em uma confabulação após a outra: *Vamos nos vingar desses fundos de hedge! O empresário Ryan Cohen vai resgatar a empresa! A falência não vai fazer com que as ações não tenham valor!*

No entanto, os fundos de hedge riram por último depois que a Bed Bath & Beyond entrou com pedido de concordata em abril de 2023. Cohen vendeu toda a sua participação depois de apenas alguns meses. Todas as ações foram extintas, sem valor, em setembro de 2023.

Ao mesmo tempo, outra varejista, a Best Buy (*ticker*: BBY), continuou a avançar. Suas vendas on-line se mantiveram e seus clientes fizeram uma farra de gastos com a reabertura da economia após o fim da pandemia. As vendas, o lucro líquido e o lucro por ação da Best Buy atingiram níveis recordes no ano que terminou em janeiro de 2022.

Mais tarde, em 2022 e em 2023, os negócios da Best Buy despencaram devido à inflação e às taxas de juros mais altas. Após uma subida de 66% em 2019 e ganhos moderadamente positivos em 2020 e 2021, as ações da Best Buy caíram 21% em 2022 e mais 2% em 2023.

No entanto, os investidores da BBY se saíram muito melhor do que os da BBBY, porque não estavam buscando altos retornos de curto prazo, nem correndo atrás da fantasia de punir outras pessoas, tampouco fingindo que a falência os deixaria ricos.

→ **A lição**: você pode *achar* que uma ação o deixará rico mesmo em caso de falência, mas seus sentimentos não podem mudar os fatos. Além disso, você não fica nem um centavo mais pobre se outra pessoa estiver ganhando mais dinheiro do que você, e não é função do mercado de ações igualar a riqueza de todo mundo. Os gestores de fundos de hedge podem se tornar bilionários, mas eles não estão tirando esse dinheiro de você *a menos que você escolha estar do outro lado da negociação.*

DUPLA 4: H&R BLOCK (DECLARAÇÃO DE IMPOSTOS) E BLOCK, INC. (PAGAMENTOS ON-LINE)

Entre o início de 1973, quando Graham escreveu sua última versão deste capítulo, e o início de 2013, as ações da H&R Block tiveram um aumento notável de 625 vezes – quintuplicando de valor quatro vezes, um feito alcançado no longo prazo por menos de 2,5% de todas as empresas norte-americanas.[3] No entanto, a maior parte desse aumento ocorreu nos primeiros anos. Entre o início de 2013 e o final de 2023, a H&R Block subiu uma média de 8,7% ao ano, bem abaixo do retorno médio anual de 13% do S&P 500.

A concorrência das ferramentas on-line de declaração de impostos e do Free File do Internal Revenue Service, que permite que as pessoas façam suas próprias declarações, ajudou a desacelerar o crescimento da H&R Block de uma enxurrada para uma goteira. Cerca de 48% dos contribuintes norte-americanos fizeram as próprias declarações em 2022 e 2023, em comparação com cerca de 34% em 2012-2013. Alguns usaram as próprias ferramentas on-line da H&R Block para isso, mas muitos outros usaram serviços de concorrentes.

Em parte, como consequência disso, entre os anos fiscais de 2018 e 2023 a receita da H&R Block cresceu apenas de US$ 3,2 bilhões para US$ 3,5 bilhões, e seu lucro líquido caiu de US$ 625 milhões para US$ 560 milhões.

Com a desaceleração do crescimento dos negócios, as ações – ricamente avaliadas em mais de vinte vezes os lucros uma década antes – foram negociadas no final de 2023 por apenas nove vezes os lucros da H&R Block nos doze meses anteriores. Isso era muito mais barato do que a avaliação geral do mercado de 21 vezes os lucros.

A Block, Inc., antiga Square, Inc., permite que pequenas empresas – até mesmo vendedores em feiras de produtores rurais – usem um smartphone ou tablet para receber pagamentos com cartão de crédito. Esse é o tipo de mágica eletrônica que deixa Wall Street deslumbrada. Em 2021, a Square mudou seu nome para Block, em parte para evocar a tecnologia blockchain que é a base das criptomoedas.

---

3 BESSEMBINDER, Hendrik. Long-run stock market returns: probabilities of big gains and post-event returns. Disponível: bit.ly/3QKh11N.

A empresa inicialmente vendeu ações ao público em novembro de 2015 a US$ 9 por ação. Menos de três anos depois, as ações atingiram US$ 99. Somente em 2020, as ações subiram 248%.

No final de 2020, as ações da Block, Inc. estavam sendo negociadas a mais de 550 vezes o lucro, de acordo com a FactSet.

Por quê? Ao contrário da H&R Block, a Block, Inc. estava crescendo. Ela cresceu de US$ 1,2 bilhão em vendas e um prejuízo líquido de US$ 212 milhões em 2015 para US$ 9,5 bilhões em vendas e um lucro líquido de US$ 213 milhões em 2020.

No entanto, nenhuma empresa pode continuar crescendo dessa forma por muito tempo. Em 2022, a receita da Block, Inc. se estabilizou e ela teve prejuízo de US$ 541 milhões. As ações caíram 26% em 2021, 61% em 2022 e, em outubro de 2023, haviam perdido quase 38%. Em seguida, ela fez um retorno surpreendente nos últimos dois meses do ano, fechando o período com alta de 23%, à medida que o bitcoin disparava.

Enquanto isso, embora a H&R Block esteja longe de sua antiga glória, ela se recuperou, subindo 49% em 2021, 55% em 2022 e 37% em 2023.

FIGURA 18-2
Bloco de corte

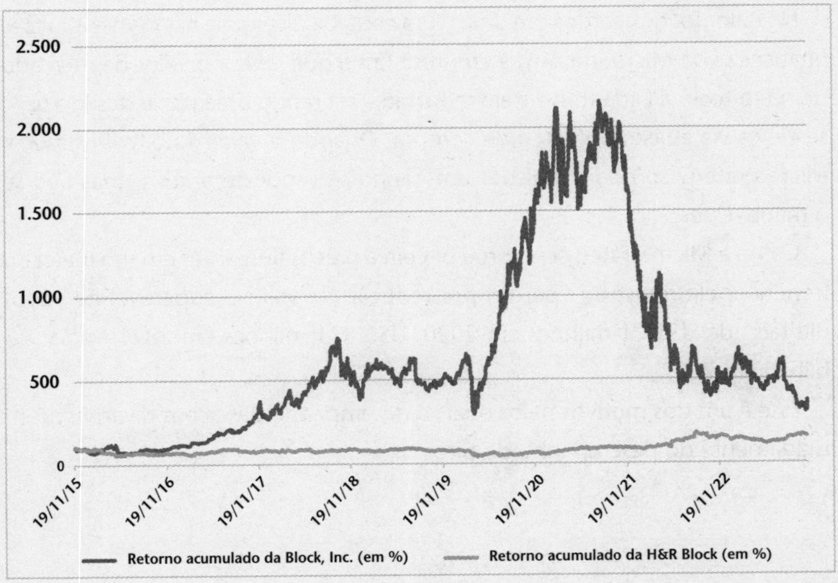

Fonte: FactSet.

Até o final de 2023, você teria ganhado três vezes mais com a Block, Inc. do que com a H&R Block, mas teria que sobreviver a uma louca jornada que incluiu uma queda quase fatal de 86%.

→ **A lição**: não importa a velocidade de crescimento de uma empresa se você pagar caro demais pelas ações ou não for capaz de aguentar o tranco.

DUPLA 5: MICROSOFT CORP. (SOFTWARES) E MICROSTRATEGY INC. (BITCOIN)

Embora ambas estejam ostensivamente no negócio de softwares, a Microsoft de fato está, enquanto a MicroStrategy funciona principalmente como um receptáculo corporativo para uma das maiores participações de bitcoin do mundo.

De 2012 a 2019, as receitas da MicroStrategy caíram 19%; seu negócio de software de análise de dados existente era lucrativo, mas estagnado. Em 2020, quando o preço do bitcoin estava disparando, o CEO Michael Saylor começou a transferir as amplas reservas de caixa da MicroStrategy para bitcoin.

Investidores do tipo que correm atrás de tendências não só se empolgaram com o bitcoin, como também compraram a MicroStrategy. Naquele ano, as ações da empresa deram um salto de 172%.

No entanto, de acordo com uma regra contábil divulgada nas demonstrações financeiras da MicroStrategy, a empresa tinha que revisar o valor de mercado de seu bitcoin a cada trimestre e reduzi-lo – retirando uma parte dos lucros –, se ele caísse abaixo do preço de compra. Quando o valor do bitcoin subia, a MicroStrategy só podia registrar um ganho se vendesse o ativo, mas não se o mantivesse.[4]

Como a MicroStrategy comprou bitcoin a preços flutuantes em um mercado frenético, ela registrou "perdas por redução ao valor recuperável de ativos digitais" de US$ 71 milhões em 2020, US$ 831 milhões em 2021 e US$ 1,3 bilhão em 2022.

Esse é um dos motivos pelos quais o desempenho das ações divergiu acentuadamente do desempenho do bitcoin:

---

4 Essa assimetria contábil foi eliminada pelos reguladores em 2023.

TABELA 18-12 Moedas *vs.* Ações

	2020	*2021*	*2022*	*2023*
Retorno do bitcoin (%)	303,9	59,9	-64,3	156,9
Retorno das ações da MicroStrategy (%)	172,4	40,1	-74,0	346,2

Fontes: Dow Jones Market Data, FactSet.

No final de 2023, a posição de US$ 2,5 bilhões da MicroStrategy em bitcoin representava mais de três quartos de seus US$ 3,4 bilhões em ativos totais. Era mais um fundo de hedge do que uma empresa de software – mas um fundo cujos retornos frequentemente se distanciavam dos do bitcoin.

Apenas nos primeiros quinze dias de negociação de 2024, as ações da MicroStrategy caíram 29%, uma vez que os órgãos reguladores norte-americanos finalmente aprovaram ETFs que podem deter bitcoin diretamente – criando uma nova concorrência para a MicroStrategy como uma forma de possuir a moeda digital.

A Microsoft Corp. está no outro extremo: ela toma conta da própria vida, ou melhor, negócios. A empresa fez grandes aquisições, pagando US$ 26 bilhões pelo LinkedIn e US$ 69 bilhões pela produtora de games Activision Blizzard, além de um investimento de mais de US$ 10 bilhões no grupo de inteligência artificial OpenAI. Todavia, continua focada em seus principais pontos fortes em software.

Sua contabilidade conservadora e suas vastas reservas de mais de US$ 144 bilhões em caixa fazem da Microsoft a mais estável entre as gigantescas empresas de tecnologia. No entanto, suas ações têm sido ágeis, superando o desempenho do S&P 500 nos últimos anos. A Microsoft parece – pelo menos até agora – estar desafiando a esclerose que atinge quase todas as empresas de tecnologia à medida que envelhecem.

→ **A lição:** se você quiser investir em uma empresa, compre as ações. Se você quiser ter bitcoin, compre a moeda digital em si, não uma empresa que a detenha.

DUPLA 6: NVIDIA CORP. (CHIPS DE COMPUTADOR COM INTELIGÊNCIA ARTIFICIAL) E NOVO NORDISK ADR (INDÚSTRIA FARMACÊUTICA)

Até mesmo as maiores ações podem ser contaminadas pela febre especulativa se estiverem associadas a uma nova tecnologia da moda.

No final de 2020, a NVIDIA Corp., que fabrica chips para computação gráfica, jogos e outros usos avançados, estava avaliada em mais de US$ 330 bilhões. A Novo Nordisk era a maior empresa da Dinamarca e uma das maiores fabricantes de medicamentos do mundo.

Dois avanços tecnológicos logo causaram um frenesi de compras.

A inteligência artificial capturou a imaginação popular quando o ChatGPT foi lançado em novembro de 2022. A NVIDIA é a produtora dominante dos chips necessários para alimentar softwares de IA.

E os medicamentos para perda de peso da Novo Nordisk, Wegovy e Ozempic, se tornaram virais depois que os usuários começaram a postar sobre eles em 2021 no Facebook e no TikTok – e depois que pessoas influentes, como Elon Musk, disseram nas mídias sociais que os medicamentos as haviam ajudado a emagrecer.

Em maio de 2023, a NVIDIA – cujas ações já haviam subido 109% desde o início do ano – previu que suas vendas trimestrais chegariam a US$ 11 bilhões, 64% a mais do que no ano anterior e muito acima dos US$ 7,2 bilhões que Wall Street esperava.

Os analistas que acompanham a NVIDIA estavam tão entusiasmados quanto adolescentes em um show da Taylor Swift. "Parece que a nova corrida do ouro está chegando", dizia uma nota de pesquisa. "A magnitude da vantagem é impressionante", disse outro. O valor de mercado da NVIDIA rapidamente ultrapassou US$ 1 trilhão.

Então, em agosto de 2023, a NVIDIA surpreendeu Wall Street mais uma vez, relatando vendas e lucros muito acima das previsões dos analistas. Sua receita dobrou em relação ao ano anterior – uma taxa de crescimento notável para uma empresa tão gigantesca. As ações voltaram a subir, aumentando mais de 230% desde 1º de janeiro. Em seu pico, a NVIDIA foi negociada a mais de 250 vezes seus lucros nos doze meses anteriores.

Em novembro de 2023, a NVIDIA superou as expectativas dos analistas mais uma vez – mas, dessa vez, as ações caíram, provavelmente porque sua "surpresa positiva" não foi grande o suficiente.

Com a Novo Nordisk, também, a máquina de manias de Wall Street estava funcionando a todo vapor: analistas previam que os consumidores com apetites agora controláveis comprariam muito menos *junk food*, passageiros mais magros poderiam economizar US$ 80 milhões em custos anuais de combustível para uma companhia aérea típica, e a demanda por tecidos para roupas poderia cair em até 20% se menos pessoas precisassem de tamanhos extragrandes.

Em agosto de 2023, a Novo Nordisk estava sendo negociada a cinquenta vezes seus lucros nos doze meses anteriores – quase o triplo do que os investidores estavam dispostos a pagar por uma ação farmacêutica média.

Esses leviatãs podem continuar crescendo? Para que isso aconteça, os mercados futuros para seus produtos precisam ser não apenas maiores. Eles precisam ser ainda maiores do que a maioria das pessoas espera.

→ **A lição**: grandes empresas também podem ser grandes ações – mas não a qualquer preço. Seus retornos são sempre iguais à realidade futura subtraídas as expectativas presentes – e quanto mais altas forem as expectativas de hoje, menores serão as chances de o futuro corresponder a elas.

DUPLA 7: TESLA INC. (VEÍCULOS ELÉTRICOS) E TETRA TECH, INC. (CONSULTORIA AMBIENTAL)

A Tesla vendeu ações ao público pela primeira vez em 2010. Em meados de 2012, começou a entregar seu Modelo S, um carro elétrico de luxo. À medida que o CEO Elon Musk, um mestre do marketing com uma energia ilimitada, lançava os carros, os críticos os elogiavam, os clientes os compravam, e as ações disparavam.

Já em 2013 e 2014, os analistas alertavam que a valorização das ações da Tesla era injustificada e insustentável. Até agora, pelo menos, a Tesla fez com que os céticos soassem como estúpidos.

Em dezembro de 2020, quando foi adicionada ao índice S&P 500, as ações da Tesla estavam sendo negociadas a mais de 1.100 vezes seus ganhos nos doze meses anteriores – mais de 35 vezes mais caras do que o próprio S&P 500. Do início de 2011 até o final de 2021, um período em que o S&P 500 subiu 360%, as ações da Tesla tiveram um ganho surpreendente de 18.400%.

As ações da Tesla finalmente despencaram em 2022, caindo 65%. No entanto, logo acelerou novamente, subindo 94% em 2023.

No final de 2023, o valor de mercado das ações da Tesla ultrapassou US$ 750 bilhões, mais do que a maioria das principais montadoras do mundo – Ferrari, Ford, General Motors, Honda, Nissan, Renault, Stellantis, Toyota e Volkswagen – *somadas*. Então, nos primeiros cinco meses de 2024, as ações da Tesla caíram 28%.

TABELA 18-13 O céu é o limite?

	2023	*2022*	*2021*	*2020*	*2019*	*2018*	*2017*	*2016*	*2015*	*2014*	*2013*	*2012*
Receita, anos fiscais (milhões de dólares)												
Tesla	96.773,0	81.462,0	53.823,0	31.536,0	24.578,0	21.461,3	11.758,8	7.000,1	4.046,0	3.198,4	2.013,5	413,3
Tetra Tech	4.522,6	3.504,0	3.213,5	2.994,9	3.107,3	2.964,1	2.753,4	2.583,5	2.299,3	2.483,8	2.613,8	2.711,1
Lucro líquido, anos fiscais (milhões de dólares)												
Tesla	14.997,0	12.556,0	5.524,0	690,0	-862,0	-976,1	-1.961,4	-674,9	-888,7	-294,0	-74,0	-396,2
Tetra Tech	273,4	263,1	232,8	173,9	158,7	136,9	117,9	83,8	39,1	108,3	-2,1	104,4
Lucro por ação, anos fiscais (US$)												
Tesla	4,30	3,62	4,90	0,64	-4,92	-5,72	-0,79	-0,31	-0,46	-0,16	-0,04	-0,25
Tetra Tech	5,10	4,86	4,26	3,16	2,84	2,42	2,04	1,42	0,64	1,66	-0,03	1,63
Relação preço/lucro, final do ano fiscal												
Tesla	57,7	34,0	216,0	1.107,5	NM	NM	NM	NM	NM	NM	NM	NM
Tetra Tech	29,8	26,5	35,7	28,9	29,9	28,2	22,8	25,0	38,9	15,2	NM	16,1
Retorno total anual das ações, anos civis (%)												
Tesla	101,7	-65,0	49,8	743,4	25,7	6,9	45,7	-11,0	7,9	47,9	344,1	18,5
Tetra Tech	15,7	-14,5	46,7	34,4	66,4	7,5	11,6	67,7	-1,4	-3,8	5,7	22,5

Nota: Os anos fiscais terminam em 31 de dezembro para a Tesla e no último dia de setembro ou no primeiro dia de outubro para a Tetra Tech.

Fontes: FactSet, SEC.gov, tesla.com.

A Tetra Tech também se beneficiou do boom da energia verde, mas seu crescimento foi morno, assim como o da Tesla. Seu lucro por ação praticamente triplicou entre 2012 e 2022, e os investidores fizeram inflar o valor das ações. No entanto, serviços de consultoria e engenharia são complicados de explicar; os contratos podem levar anos para serem pagos; e a Tetra Tech não tem um produto de consumo glamouroso como carros elétricos e um CEO carismático e onipresente como Elon Musk. As ações da Tetra Tech tiveram altos retornos – talvez até mais altos do que o justificado pelo crescimento do negócio –, mas não empolgaram os investidores da mesma forma que a Tesla.

→ **A lição**: não importa o quanto uma ação pareça supervalorizada, ela pode continuar subindo por muito mais tempo do que até mesmo seus críticos mais ferrenhos podem imaginar.

DUPLA 8: VALEANT PHARMACEUTICALS INTERNATIONAL INC. (INDÚSTRIA FARMACÊUTICA) E VALMONT INDUSTRIES INC. (EQUIPAMENTOS INDUSTRIAIS)

Em 2015, a Valeant parecia ser uma das maiores histórias de sucesso do mercado de ações. Desde 2010, havia adquirido mais de uma dúzia de outros fabricantes de medicamentos. Assim que adquiriu essas empresas, a Valeant prontamente subiu os preços, às vezes, aumentando o custo para os consumidores em pelo menos 500% da noite para o dia.

No entanto, a Valeant não era uma empresa saudável. Ela se valeu de empréstimos, acumulando US$ 31 bilhões em dívidas para fazer tais aquisições. Em seus relatórios de lucros, a Valeant se vangloriava de seu "ganho de caixa" em expansão, uma medida pouco ortodoxa de lucros que excluía quase todas as principais despesas da empresa. Pelos critérios da contabilidade convencional, a Valeant estava tendo prejuízos ou mal chegava ao ponto de equilíbrio em quase todos os trimestres.[5]

Wall Street fez vista grossa. As ações da Valeant subiram quase 1.900% de 2010 a agosto de 2015.

Então, vendedores a descoberto e jornalistas informaram que a Valeant estava usando vendas coercitivas em uma empresa afiliada para aumentar sua receita.

---

5 Para outros abusos da contabilidade não GAAP, ver o Comentário sobre o Capítulo 12.

O congresso norte-americano realizou audiências para saber se a Valeant estava praticando preços abusivos para os pacientes. No final de 2017, as ações da Valeant (hoje conhecida como Bausch Health Companies) haviam caído 97% em relação ao seu pico.

Em 2020, a Valeant pagou US$ 45 milhões em acordos de processos civis de fraude contábil impetrados pela Securities and Exchange Commission.

Enquanto a Valeant estava diluindo seus ativos com bilhões de dólares em dívidas e contabilidade maquiada, a Valmont Industries estava de vento em popa. A Valmont fabrica revestimentos de metal, postes e torres de serviços públicos e equipamentos de irrigação.

Os lucros da Valmont são moderados e esporádicos; o lucro líquido triplicou de 2010 a 2013, depois caiu 38% nos três anos seguintes. Em 2022, seu lucro líquido foi 10% menor do que em 2013.

Do início de 2010 até o final de 2023, as ações da Valmont subiram uma média de 9,6% ao ano, bem abaixo do retorno médio anual de 12,9% do S&P 500. Ainda assim, isso foi muito melhor do que a perda média anual de 3,5% da Valeant (agora Bausch).

→ **A lição:** quando uma empresa cresce apenas comprando outras empresas, geralmente o resultado não é bom – e você precisa dissecar os demonstrativos financeiros com o bisturi de um cético.

O QUE APRENDEMOS?

Graham gostava do ditado francês *Plus ça change, plus c'est la même chose* (Quanto mais as coisas mudam, mais elas permanecem iguais). Os excessos que ele destacou décadas atrás diferem apenas no nome dos excessos de 1999-2000, de meados da década de 2010 e de 2020-2021.

Não importa onde ou quando você esteja lendo isto, uma nova mania, um novo artifício contábil, o mais recente surto de ilusão em massa ou uma extrapolação selvagem de crescimento eterno está fadado a estourar, mais cedo ou mais tarde. Saber que já passamos por isso antes o ajudará a evitar passar por isso no futuro.

CAPÍTULO 19

ACIONISTAS E ADMINISTRADORES: A POLÍTICA DE DIVIDENDOS

Desde 1934, defendemos uma atitude mais inteligente e enérgica por parte dos acionistas com relação aos administradores. Solicitamos que eles tivessem uma atitude generosa para com aqueles que estavam claramente fazendo um bom trabalho. Temos solicitado também que exijam explicações claras e satisfatórias quando os resultados parecem ser piores do que deveriam ser e que apoiem movimentos para melhorar ou remover administradores improdutivos. Os acionistas têm razão ao questionarem a competência dos administradores quando os resultados (1) são insatisfatórios em si; (2) são piores do que aqueles obtidos por outras companhias em situação semelhante; e (3) têm gerado um preço de mercado insatisfatório durante um prazo prolongado.

Nos últimos 36 anos, praticamente não se obteve nada a partir da atuação inteligente da grande massa de acionistas. Um militante sensato – se é que existe algum – interpretaria isso como um sinal de que está perdendo seu tempo e de que a melhor coisa a fazer seria desistir da luta. Na verdade, nossa causa não está perdida; ela foi resgatada por uma mudança externa conhecida como aquisições ou propostas de aquisições. Dissemos no Capítulo 8 que administradores ruins produzem preços de mercado ruins. Os preços de mercado baixos, por sua vez, atraem a atenção de companhias interessadas em diversificar suas operações, e estas agora se tornaram uma multidão. Inúmeras aquisições desse tipo têm sido realizadas por meio de acordos com os administradores existentes ou ainda pelo acúmulo de ações no mercado e por propostas feitas contra a vontade dos controladores. O preço das propostas em geral tem sido compatível com o valor da empresa que se encontra nas mãos de uma administração razoavelmente competente. Portanto, em muitos casos, o acionista público inerte tem sido salvo pelas ações de "forasteiros", os quais, às vezes, podem ser indivíduos ou grupos empreendedores que agem por conta própria.

Pode-se afirmar como uma regra com muito poucas exceções que as administrações ruins não são mudadas pela ação dos "acionistas públicos", mas apenas pela tomada de controle por parte de um indivíduo ou grupo empresarial. Isso ocorre hoje com uma frequência suficiente para colocar os administradores, incluindo a diretoria, de uma típica companhia negociada em bolsa em alerta contra a possibilidade de se tornarem alvo de um movimento de aquisição bem-sucedido, caso os resultados de suas operações e o preço de mercado resultante sejam altamente insatisfatórios. Como consequência, as diretorias provavelmente se tornaram mais atentas para com seu dever fundamental de assegurar que a companhia tenha uma administração satisfatória. As mudanças de presidente têm sido muito mais frequentes do que antigamente.

Nem todas as companhias na categoria insatisfatória se beneficiaram de tais desenvolvimentos. Muitas vezes, a mudança também ocorre após um longo período de resultados ruins sem ações corretivas e depende de um número suficiente de acionistas decepcionados venderem a preços baixos para permitir que forasteiros que agem com energia adquiram uma posição de controle do capital social. Porém, a ideia de que os acionistas públicos podem realmente ajudar a si mesmos ao apoiar movimentos para melhorar a administração e as políticas de gestão se provou quixotesca demais para merecer um espaço maior neste livro. Aqueles acionistas individuais que têm iniciativa suficiente para fazerem sua presença ser sentida nas reuniões anuais – em geral, com resultados completamente inócuos – não precisarão de nossos conselhos sobre os pontos a serem abordados com os administradores. Para outros, o conselho provavelmente seria desperdiçado. Não obstante, vamos fechar esta seção com um apelo para que os acionistas considerem com mente aberta e atenção cuidadosa quaisquer procurações e outros materiais a eles enviados por colegas acionistas que desejam remediar uma gestão empresarial obviamente insatisfatória.

Acionistas e a política de dividendos

No passado, a política de dividendos foi objeto de controvérsias frequentes entre os acionistas individuais, ou minoritários, e os administradores. Em geral, esses acionistas desejavam dividendos mais generosos, enquanto os administradores preferiam manter os lucros dentro do negócio "para fortalecer a companhia". Estes últimos pediam aos acionistas que sacrificassem seus lucros atuais para o bem da empresa e para seu próprio benefício futuro no longo prazo. No entanto, nos últimos anos a atitude dos investidores para com os dividendos tem mudado de maneira gradual, porém significativa. O argumento básico agora para pagar dividendos menores em vez de mais generosos não é que a companhia "precise" de dinheiro, mas, ao contrário, que ela pode usá-lo em benefício direto e imediato dos acionistas ao reter recursos para financiar a expansão lucrativa. Anos atrás, eram as companhias fracas que eram mais ou menos forçadas a reter seus lucros, em vez de distribuir os usuais 60% a 75% em dividendos. O efeito era quase sempre negativo para o preço das ações no mercado. Hoje em dia, é muito provável que a empresa que deliberadamente mantém baixo seus pagamentos de dividendos, com a aprovação tanto de investidores quanto de especuladores, seja forte e crescente.[1]

Sempre houve um forte argumento teórico em favor do reinvestimento de lucros no negócio nos casos em que se poderia ter certeza que tal retenção produziria um aumento considerável dos lucros. Porém, havia vários contra-argumentos, tais como: os lucros "pertencem" aos acionistas e eles têm o direito de recebê-los até os limites da administração prudente; muitos dos acionistas dependem da renda dos dividendos para seu sustento; os lucros recebidos em dividendos são "dinheiro de verdade", enquanto aqueles retidos na companhia podem ou não aparecer mais tarde como valor tangível para os acionistas. Esses contra-argumentos eram tão fortes, na verdade, que o mercado acionário mostrou um viés persistente em favor dos pagadores de dividendos generosos e em detrimento das companhias que não pagavam dividendo algum ou que pagavam um relativamente pequeno.[I]

Nos últimos vinte anos, a teoria do "reinvestimento lucrativo" tem ganhado terreno. Quanto melhor o histórico de crescimento, mais dispostos se tornaram os investidores e especuladores a aceitar uma política de pagamentos baixos. Tanto isso é verdade que, em muitos casos de ações populares de

1 A ironia descrita por Graham aqui aumentou ainda mais na década de 1990, quando quase parecia que quanto mais forte fosse a companhia, menos provável seria que ela pagasse um dividendo ou que seus acionistas quisessem um. O "índice de pagamento" (ou a percentagem do lucro líquido que as companhias pagam em forma de dividendos) caiu de "60% a 75%" na época de Graham para 35% a 40% nos últimos anos.

crescimento rápido, a taxa de dividendos – ou mesmo a ausência de qualquer dividendo – parece não ter quase nenhum efeito sobre o preço do mercado.[2]

Um exemplo marcante dessa evolução pode ser encontrado na história da Texas Instruments, Incorporated. O preço de suas ações ordinárias subiu de 5 em 1953 para 256 em 1960 à medida que os lucros subiram de US$ 0,43 para US$ 3,91 por ação e enquanto nenhum dividendo de qualquer tipo era pago. (Em 1962, foi iniciado o pagamento de dividendos em dinheiro, mas, naquele ano, os lucros haviam caído para US$ 2,14 e o preço havia apresentado uma queda espetacular para um mínimo de 49.)

Outra ilustração extrema é fornecida pela Superior Oil. Em 1948, a companhia divulgou lucros de US$ 35,26 por ação, pagou US$ 3 em dividendos e foi negociada a um preço tão alto quanto 235. Em 1953, o dividendo foi reduzido para US$ 1, mas o preço máximo foi 660. Em 1957, ela *não pagou qualquer dividendo* e foi negociada a 2.000! Essa ação incomum posteriormente caiu para 795 em 1962, quando lucrou US$ 49,50 e pagou US$ 7,50.[3]

A opinião dos investidores a respeito dessa questão da política de dividendos das companhias de crescimento rápido está longe de ser cristalizada. Os pontos de vista conflitantes são bem ilustrados pelos casos de duas das maiores empresas americanas – a American Telephone & Telegraph e a International Business Machines. A American Tel. & Tel. foi considerada uma ação com boas possibilidades de crescimento, conforme mostrado pelo fato de que em 1961 ela foi negociada a 25 vezes os lucros daquele ano. Não obstante, a política de dividendos em dinheiro da companhia continuava a ser uma consideração prioritária no mundo do investimento e da especulação, sua cotação respondendo ativamente até a *rumores* de um aumento iminente na taxa de dividendos. Por outro lado, parece ter sido dada comparativamente pouca atenção aos dividendos em *dinheiro* da IBM, os quais em 1960 renderam apenas 0,5% do preço máximo do ano e 1,5% ao

---

2 No final da década de 1990, as companhias de tecnologia eram fortes defensoras da visão de que todos os lucros deveriam ser reinvestidos no negócio, uma vez que poderiam gerar retornos maiores do que qualquer acionista externo possivelmente conseguiria ao reinvestir o mesmo dinheiro se este fosse distribuído sob forma de dividendos. Por incrível que pareça, os investidores nunca questionaram a verdade desse princípio paternalista e condescendente, ou mesmo perceberam que o dinheiro da companhia pertence aos acionistas, não a seus administradores.

3 O preço da ação da Superior Oil atingiu o máximo de US$ 2.165 por ação em 1959, quando pagou um dividendo de US$ 4. Por muitos anos, a Superior foi a ação mais cara da Bolsa de Valores de Nova York. A Superior, controlada pela família Keck, de Houston, foi adquirida pela Mobil Corp. em 1984.

fechamento de 1970. (No entanto, em ambos os casos, os desdobramentos de ações operaram como uma influência poderosa no mercado acionário.)

A avaliação pelo mercado da política de dividendos em dinheiro parece marchar na seguinte direção: nos casos em que não se coloca a ênfase principal no crescimento, a ação é vista como uma "ação de receita", e a taxa de dividendos retém sua importância antiga como o determinante principal do preço de mercado. No outro extremo, as ações claramente reconhecidas como pertencentes à categoria de crescimento rápido são cotadas principalmente com base na taxa de crescimento esperada, digamos, da década seguinte, sendo a taxa de dividendos em dinheiro mais ou menos desconsiderada.

Embora a afirmação anterior possa descrever as tendências atuais de forma apropriada, ela não é uma regra definitiva aplicável a todas as ações ordinárias e talvez nem mesmo à maioria delas. Em primeiro lugar, muitas companhias ocupam uma posição intermediária entre o crescimento rápido e a ausência de crescimento. É difícil avaliar a importância que deve ser atribuída ao fator de crescimento rápido em tais casos, além de que a visão do mercado de tal relevância pode mudar radicalmente de ano a ano. Em segundo lugar, parece haver algo paradoxal na exigência de que as companhias de crescimento mais lento sejam mais generosas com os dividendos em dinheiro. Pois, em geral, essas são as companhias menos prósperas, sendo que, no passado, quanto mais próspera era a companhia, maior era a expectativa de pagamentos generosos e crescentes.

Acreditamos que os acionistas devem exigir dos administradores uma distribuição normal dos lucros – cerca de, digamos, dois terços – ou que demonstrem claramente que os lucros reinvestidos têm produzido um aumento satisfatório nos lucros por ação. Tal demonstração pode normalmente ser feita no caso de uma companhia de crescimento rápido reconhecida. No entanto, em muitos outros casos, um pagamento baixo é claramente a causa de um preço de mercado medíocre que esteja abaixo do valor justo, e, nesse caso, os acionistas têm todo o direito de questionar e, provavelmente, de reclamar.

Uma política sovina tem, com frequência, sido necessária no caso das companhias com uma posição financeira relativamente fraca e que precisam de todos ou da maioria de seus lucros (mais encargos de depreciação) para pagar dívidas e melhorar sua posição de capital de giro. Quando isso ocorre, não há muito a ser questionado por parte dos acionistas, exceto talvez criticar os administradores por deixar a companhia chegar a tal posição financeira insatisfatória. No entanto, os dividendos são, por vezes, mantidos em níveis baixos por companhias relativamente pouco prósperas com o propósito declarado de expandir o negócio. Acreditamos que tal política é patentemente ilógica e requer tanto uma explicação completa quanto uma defesa convincente antes de os acionistas a aceitarem. Com base no histórico, não há razão *a priori* para acreditar que os donos se beneficiarão de movimentos de expansão, financiados com seu dinheiro, de um negócio que mostra resultados medíocres e mantém os administradores existentes.

Dividendos em ações e desdobramentos de ações

É importante que os investidores entendam a diferença essencial entre um dividendo em ações (na acepção correta do termo) e um desdobramento de ações. O último representa um reordenamento da estrutura acionária – em um caso típico – pela emissão de duas ou três ações a cada uma das antigas. As novas ações não estão relacionadas a lucros específicos reinvestidos em um período passado específico. Seu propósito é estabelecer um preço de mercado por ação mais baixo, presumivelmente porque tal patamar de preço mais baixo seria mais bem aceito por velhos e novos acionistas. Um desdobramento de ações pode ser realizado por meio do que tecnicamente poderia ser denominado um dividendo em ações, o qual envolve uma transferência de montantes de lucros excedentes para a conta de capital; ou então por uma mudança no valor de paridade, a qual não afeta a conta de lucros excedentes.[4]

O *dividendo em ações apropriado* é aquele pago aos acionistas para dar-lhes uma prova ou representação tangível de lucros *específicos* que foram reinvestidos no negócio em seu nome ao longo de algum período relativamente curto no passado recente, digamos, não mais do que os dois anos precedentes. A prática costumeira hoje é cotar tal dividendo em ações ao seu valor aproximado no momento da declaração e transferir uma quantia igual

4 Hoje, quase todos os desdobramentos de ações são realizados por uma mudança de valor. Em um desdobramento dois por um, uma ação se torna duas, cada uma sendo negociada por metade do preço anterior da ação original; em um desdobramento três por um, uma ação se torna três, cada uma sendo negociada a um terço do preço anterior; e assim por diante. Apenas em casos muito raros um montante é transferido "da conta de lucros excedentes para a conta de capital", como acontecia na época de Graham.

a tal valor da conta de lucros excedentes para a conta de capital. Portanto, o valor típico de um dividendo em ações é relativamente pequeno, não superando 5% na maioria dos casos. Em essência, um dividendo em ações desse tipo tem o mesmo efeito geral que o pagamento de uma quantia equivalente de dinheiro dos lucros acompanhado da venda aos acionistas de ações adicionais com um valor total igual. No entanto, um dividendo em ações direto tem uma vantagem fiscal importante em comparação com a combinação, de outra forma equivalente, de dividendos em dinheiro com direitos de subscrição de ações, a qual é uma prática quase padrão no caso das concessionárias de serviços públicos.

A Bolsa de Valores de Nova York estabeleceu o limite de 25% como uma linha divisória prática entre os desdobramentos e os dividendos em ações. Os de 25% ou mais não precisam ser acompanhados pela transferência do valor de mercado dos lucros excedentes para a conta de capital, e assim por diante. Algumas companhias, sobretudo os bancos, ainda seguem a prática antiga de declarar qualquer tipo de dividendo em ações que desejarem – por exemplo, um de 10% não relacionado a lucros recentes –, e esses exemplos perpetuam uma confusão indesejável no mundo financeiro.

Há muito temos defendido uma política sistemática e claramente enunciada com relação ao pagamento de dividendos em dinheiro e em ações. Segundo tal política, os dividendos em ações devem ser pagos periodicamente para capitalizar toda ou uma parcela declarada dos lucros reinvestidos no negócio. Tal política – cobrindo 100% dos lucros reinvestidos – foi seguida pela Purex, a Government Employees Insurance e talvez algumas outras.[5]

A maioria dos acadêmicos que escrevem sobre o assunto desaprova os dividendos em ações de todos os tipos. Eles insistem que esses dividendos não passam de pedaços de papel, que não dão ao acionista nada além do que ele já tinha e envolvem despesas e complicações desnecessárias.[6] De

---

5 Essa política, já incomum na época de Graham, é extremamente rara hoje. Em 1936 e novamente em 1950, aproximadamente metade de todas as ações da NYSE pagaram um assim chamado dividendo especial. Em 1970, no entanto, essa percentagem havia caído para menos de 10% e na década de 1990 estava bem abaixo de 5%.

6 A crítica acadêmica aos dividendos foi elaborada por Merton Miller e Franco Modigliani, cujo influente artigo "Dividend policy, growth, and the valuation of shares" (1961) ajudou-os a ganhar o Prêmio Nobel de Economia. Miller e Modigliani argumentam, em essência, que os dividendos são irrelevantes, uma vez que um investidor não deveria se preocupar com o fato de seu retorno vir em forma do recebimento de dividendos e de um aumento no preço da ação

nosso lado, consideramos esta uma visão completamente doutrinária, a qual deixa de levar em consideração as realidades práticas e psicológicas do investimento. É verdade, um dividendo em ações periódico – digamos de 5% – muda apenas a "forma" do investimento dos donos. Eles possuem 105 ações no lugar de cem, mas sem o dividendo em ações as cem ações originais teriam representado a mesma participação agora incorporada em 105 ações. Mesmo assim, a mudança de forma é efetivamente de real importância e valor para o acionista. Se ele deseja transformar em dinheiro sua parte dos lucros reinvestidos, pode fazê-lo ao vender o novo certificado enviado a ele, em vez de precisar desdobrar seu certificado original. Ele pode esperar receber a mesma taxa de dividendos em dinheiro sobre 105 ações como anteriormente por suas cem ações; uma alta de 5% na taxa de dividendos da ação não seria tão provável sem o dividendo em ações.[7]

As virtudes de uma política de distribuição periódica de dividendos em ações ficam mais evidentes quando ela é comparada com a prática usual das concessionárias de serviços públicos de pagar dividendos generosos em dinheiro e depois retomar dos acionistas uma parte considerável desse dinheiro por meio da venda de ações adicionais (através de direitos de subscrição).[8] Conforme mencionamos anteriormente, os acionistas se encontrariam exatamente na mesma posição se recebessem dividendos em ações em vez da combinação popular de dividendos em dinheiro seguidos por subscrições de ações – exceto pelo fato de que eles economizariam o imposto de renda que seria pago sobre os dividendos em dinheiro. Aqueles que precisam ou desejam maximizar a renda em dinheiro, sem ações adicionais, podem obter esse resultado por meio da venda de seus dividendos em ações, da mesma forma que vendem seus direitos de subscrição segundo a prática presente.

---

ou apenas do aumento no preço da ação, contanto que o retorno total seja o mesmo em ambos os casos.

7 Os investidores de hoje podem com segurança pular esse trecho. Os acionistas não precisam mais se preocupar com "ter de desdobrar" um certificado de ação, uma vez que quase todas as ações agora existem em forma eletrônica em vez de em papel.

8 Os direitos de subscrição, muitas vezes conhecidos simplesmente como "direitos", são usados com menos frequência hoje do que na época de Graham. Eles conferem a um acionista existente o direito de comprar novas ações, às vezes, a um desconto com relação ao preço de mercado. Um acionista que não exerce esse direito terminará possuindo proporcionalmente menos da companhia. Logo, como é o caso com tantas outras coisas que recebem o nome de "direitos", está frequentemente presente alguma coerção. Os direitos são mais comuns hoje entre os fundos de capital fechado e as seguradoras ou outras companhias holding.

O valor total do imposto de renda que poderia ser economizado pela substituição da combinação atual de dividendos em ações mais direitos de subscrição pelos dividendos em ações é enorme. Insistimos que essa mudança seja feita pelas concessionárias de serviços públicos, apesar de seu efeito adverso sobre o Tesouro americano, porque estamos convencidos de que é completamente injusto impor um segundo imposto de renda (pessoal) sobre lucros que não são efetivamente recebidos pelos acionistas, uma vez que as companhias retomam esse dinheiro por meio das vendas de ações.

As empresas eficientes modernizam de forma contínua suas instalações, produtos, contabilidade, programas de treinamento gerenciais e as relações trabalhistas. Já é hora de elas pensarem em modernizar suas principais práticas financeiras, entre as quais está a política de dividendos.

COMENTÁRIO SOBRE O CAPÍTULO 19

POR JASON ZWEIG

Quem é fiel no pouco também é fiel no muito; e quem é desonesto no pouco também é desonesto no muito. Pois se não fostes fiéis no que toca ao dinheiro desonesto, quem vos confiará o verdadeiro bem?

– Lucas 16:10-11

Ao longo da vida deste livro, Graham não mudou nenhum capítulo mais do que este.

Originalmente, fazia parte de uma seção intitulada "O investidor como proprietário da empresa", com quase 34 páginas. Nela, Graham recomendava que os investidores inteligentes se tornassem proprietários inteligentes: vigilantes e francos para garantir que as empresas fossem bem administradas, que os executivos fossem remunerados de forma justa, e que os interesses dos investidores externos fossem protegidos.

Em princípio, escreveu Graham, "os acionistas, enquanto classe, são reis (…), podem contratar e demitir gerentes e submetê-los inteiramente à sua vontade".

Na prática, porém,

> (…) os acionistas são um completo fracasso. (…) Eles votam como ovelhas em tudo o que a diretoria recomenda, independentemente de quão ruim seja o histórico da diretoria. (…) A única forma de inspirar o acionista norte-americano médio a tomar qualquer atitude inteligente seria explodindo um foguete aos pés dele.

Em sua última revisão, em 1971-1972, Graham reduziu o debate a algumas páginas, concentrando-se quase exclusivamente nos dividendos. O esforço para incitar os investidores a agir deve tê-lo deixado exausto.

INSIDERS *VERSUS* OUTSIDERS

A tensão entre gerentes e proprietários é tão antiga quanto o capitalismo. Se não fossem controlados, muitos CEOs se fartariam de comprar outras empresas, despejariam dinheiro em negócios falidos, acumulariam mais capital do que precisariam e pagariam a si mesmos bônus estupendos por um desempenho medíocre.

De fato, muitos fazem isso.

Séculos atrás, os investidores esperavam que os dividendos fossem fixados em altas taxas de 6% a 10%, em parte como um controle sobre poder da administração. Ao transferir dinheiro para acionistas externos, os dividendos elevados impediam que os gerentes roubassem ou desperdiçassem todo o dinheiro.

As recompras, nas quais as empresas usam o excesso de caixa para recomprar algumas das suas ações, parecem ter surgido pelo mesmo motivo.

Os críticos de hoje, que afirmam que as recompras enchem os bolsos da administração e dos investidores gordos, deveriam refletir sobre o que pode acontecer quando as empresas *não* recompram suas ações.

Na década de 1970, com o estouro dos lucros inesperados da alta do preço do petróleo, a Exxon começou a fabricar máquinas de escrever – pouco antes de os computadores pessoais acabarem com esse negócio. A Mobil Oil comprou as lojas de departamentos Montgomery Ward, quando o Walmart estava prestes a esmagar os varejistas tradicionais.

Os gigantes do petróleo desperdiçaram bilhões de dólares em negócios nos quais não tinham que ter se metido. Eles e seus investidores teriam se saído muito melhor se, em vez disso, esse excesso de caixa tivesse sido usado para recomprar ações.

Como um dos primeiros investidores "ativistas" de Wall Street, Graham foi pioneiro na luta contra os gerentes corporativos com remuneração excessiva e baixo desempenho. Ele entendia que o dinheiro estava no centro do conflito entre gerentes e investidores:

> A administração (...) quase sempre deseja obter dos proprietários o máximo de capital possível, a fim de minimizar seus próprios problemas financeiros. Dessa forma, a administração típica operará com mais capital do que o necessário se os acionistas permitirem – o que geralmente acontece.[1]

Quanto melhor as empresas produzirem o que seus clientes querem comprar, mais os lucros se acumulam. Negócios de excelência acabam por acumular mais dinheiro do que sabem o que fazer com ele.

---

1 GRAHAM, Benjamin. *The intelligent investor*. Harper & Row, 1949. p. 233.

Por outro lado, empresas que estão passando por dificuldades se agarrarão ao dinheiro para sobreviver. "Quanto mais duvidosas forem as perspectivas da empresa, (...) mais ansiosa a administração estará para reter todo o dinheiro que puder no negócio", escreveu Graham. "No entanto, um bom conselho seria que os acionistas retirassem todo o capital *que puder ser poupado com segurança*, porque esses fundos são muito mais valiosos para eles se estiverem em seus próprios bolsos ou investidos em outro lugar."[2]

A POLÊMICA DA RECOMPRA

A tarefa mais importante de um CEO é alocar capital para seu uso mais produtivo. Isso pode significar fazer despesas de capital, como a manutenção e a atualização de fábricas ou a substituição de uma frota envelhecida de caminhões ou aviões. Pode significar aplicar o excedente de caixa em pesquisa e desenvolvimento para criar um software melhor, desenvolver medicamentos promissores ou criar produtos ou serviços inovadores. Pode significar a compra de outra empresa para adquirir seus produtos, sua tecnologia ou suas habilidades de marketing. Pode significar contratar mais funcionários ou pagar mais à equipe já existente.[3]

Depois que essas necessidades essenciais forem supridas, o que os gerentes devem fazer com o excedente de caixa?

A menos que a empresa possa usá-lo de forma produtiva, a administração deve devolver o dinheiro aos proprietários, seja por meio de dividendos ou recompras.

As duas opções são fundamentalmente parecidas.

Com um dividendo, você decide se quer ficar com o dinheiro ou reinvesti-lo em mais ações da empresa.

Com uma recompra, você escolhe se aceita a oferta da empresa para comprar suas ações. Se aceitar, você recebe dinheiro em troca. Se não aceitar, acaba por ter uma participação um pouco maior em uma empresa que agora tem menos ações.

---

2 GRAHAM, Benjamin;e DODD, David. *Security analysis*. McGraw-Hill, edição de 1951. p. 600; itálico no original.

3 MAUBOUSSIN, Michael J.; CALLAHAN, Dan. Capital allocation. Disponível em: bit.ly/3MQIBbj.

FIGURA 19-1

O boom das recompras

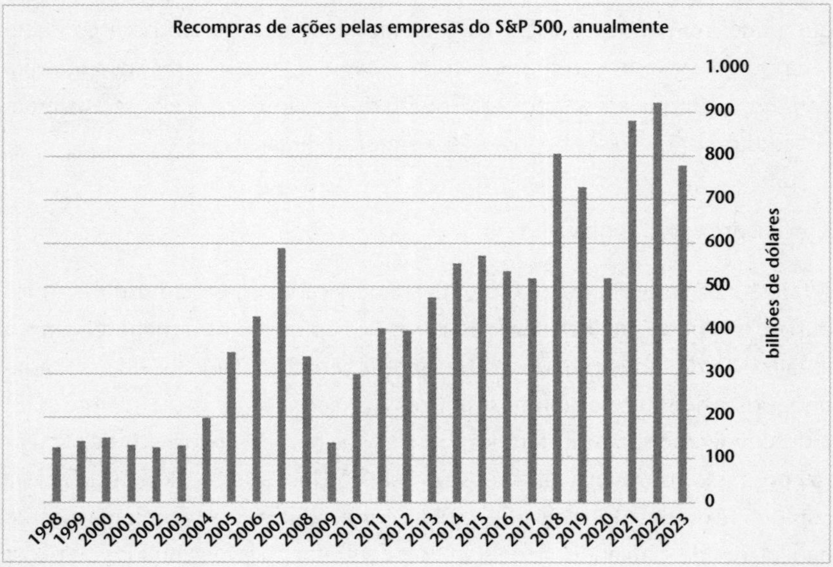

Fonte: S&P Dow Jones Indices.

Em ambos os casos, a empresa tem menos capital, seus proprietários têm mais, e parte de seu retorno foi transferido do futuro incerto para o presente, onde é certo.

As recompras incitaram um debate furioso. De 2014 a 2023, as empresas norte-americanas recompraram a impressionante quantia de US$ 6,8 trilhões de suas próprias ações:

> Em tese, as empresas deveriam recomprar suas ações somente quando elas estivessem baratas. Na prática, elas quase sempre acham que estão. Na primavera de 2020, com a covid em alta e o mercado de ações em queda, 83% dos CFOs achavam que suas ações estavam subvalorizadas. No entanto, mais de 80% dos CFOs também achavam que suas ações estavam subvalorizadas no primeiro trimestre de 2000, durante uma das febres de mercado mais loucas da história! Confiar sempre em suas opiniões subjetivas é uma ideia idiota.[4]

4 GRAHAM, John R. Presidential address: corporate finance and reality. Disponível em: bit.ly/46IcNfG. Para ser justo, os executivos podem achar que suas ações estão subvalorizadas sem necessariamente comprá-las de volta.

O Lehman Brothers Holdings Inc. gastou mais de US$ 4 bilhões na recompra de suas ações em 2007 e 2008. Em setembro de 2008, o Lehman foi à falência devido a apostas imprudentes em riscos complexos, desencadeando a pior crise financeira global desde a Grande Depressão.

O Citigroup Inc. recomprou mais de US$ 20 bilhões em suas ações de 2004 a 2008 e, em seguida, precisou de um resgate de US$ 45 bilhões do governo norte-americano para sobreviver à crise financeira.

Como vimos no Comentário sobre o Capítulo 18, a Bed Bath & Beyond gastou bilhões recomprando suas ações, apenas para acabar entrando com pedido de concordata. Anos antes, o mesmo aconteceu com a Sears, outra varejista falida.

Seu instinto pode ser o de dizer: *Imagina só como essas empresas não teriam se saído melhor se não tivessem desperdiçado todo esse dinheiro recomprando suas ações!*

Seu bom senso deveria lhe dizer isso: *Imagina só quantos danos a mais essas empresas poderiam ter causado com bilhões de dólares extras para gastar com os caprichos de seus gerentes!*

Se as empresas não tivessem recomprado todas essas ações, elas não teriam ficado com tanto dinheiro em caixa que a tentação de pagar a mais para seus CEOs teria sido ainda maior?

A despeito do que dizem os críticos, as evidências de que os CEOs obtêm aumentos gigantescos em seus salários com as recompras não são convincentes; tampouco as ações das empresas que fazem recompras têm grandes aumentos de preço.

O argumento de que os CEOs estão reduzindo as despesas de capital e de pesquisa e desenvolvimento para financiar as recompras também não tem fundamento; o compromisso com essas despesas aumentou para níveis recordes, apesar do aumento nas recompras de ações.[5]

MORAL DA HISTÓRIA NAS RECOMPRAS

O ponto principal é que as recompras não são boas nem más.

Eles são simplesmente uma ferramenta.

Assim como você pode usar um martelo para construir uma casa ou derrubá-la, as recompras podem ser construtivas ou destrutivas. Elas são uma ferramenta

---

5 ZWEIG, Jason. Stock buybacks aren't bad. They aren't good, either. Disponível em: bit.ly/3sAl2N1.

eficaz para distribuir o excedente de caixa quando a empresa não tem um uso melhor para ele – mas uma ferramenta danosa quando a empresa recompra ações sem levar em conta os sinais de alerta sobre seu próprio futuro.

Opor-se cegamente a todas as recompras não faz sentido. Tampouco aplaudi-las cegamente. Como investidor inteligente, você deve avaliar a recompra de qualquer empresa com base nas circunstâncias: quão baratas estão as ações? Quão maravilhosas são as perspectivas de crescimento? A empresa está pegando dinheiro emprestado para financiar a recompra? As recompras estão simplesmente neutralizando a emissão de novas ações para pagar a remuneração de incentivo à administração? A empresa e seus acionistas estariam em melhor situação se o dinheiro fosse gasto para outros fins?

Quando, em agosto de 2023, a NVIDIA anunciou que iria recomprar até US$ 25 bilhões em ações, muitos acionistas se animaram. Em vez disso, eles deveriam ter questionado se era sensato fazer uma grande recompra em meio a uma das avaliações mais altas da história da NVIDIA.[6]

REMUNERAÇÃO POR "DESEMPENHO"

Com músicos e atletas ganhando dezenas de milhões de dólares por ano e, muitas vezes, tornando-se bilionários, não se deve criticar automaticamente os CEOs que ganham quantias semelhantes.

Entretanto, você sempre deve ser cético.

Vejamos a Warner Bros. Discovery, Inc. (WBD).

Após várias aquisições orquestradas por seu CEO, David Zaslav, a WBD é composta por CNN, DC Comics, Discovery Channel, Food Network, HBO, os estúdios de cinema e televisão da Warner Bros. e outros ativos de entretenimento.

A empresa abriu seu capital, como Discovery Communications, Inc., no final de 2008. Nos primeiros cinco anos após a abertura de capital, as ações estavam em alta, subindo uma média de 46% ao ano, enquanto o S&P 500 tinha uma média de 18%. Após esse início brilhante, o conselho de administração

---

6 ASNESS, Cliff *et al*. Buyback derangement syndrome. Disponível em: bit.ly/40Izgbe; EDMANS, Alex. The case for share buybacks. Disponível em: bit.ly/3sGqZbk; KLEMENT, Joachim. About those share buybacks. Disponível em: bit.ly/3umPn2l; MAUBOUSSIN, Michael J.; CALLAHAN, Dan. Thoughts on dividends and buybacks. Disponível em: bit.ly/3G6Plho; O'SHAUGHNESSY, Patrick. High-conviction buybacks. Disponível em: bit.ly/40Mil7y.

concedeu a Zaslav US$ 156 milhões em remuneração total em 2014 – ano em que a Discovery entrou em um declínio que, hoje, já dura uma década.

Na década de 2010 e início da década de 2020, o streaming on-line e móvel provocou estragos nas redes e estúdios tradicionais.

Apesar de seu bom começo, desde sua IPO até o final de 2023, as ações da WBD tiveram um retorno médio anual de 2%, ficando atrás do mercado de ações norte-americano por abismais 8,6% anuais em média. Um investimento de US$ 10.000 na WBD teria subido para pouco mais de US$ 13.400 durante esse período; o mesmo valor no S&P 500 subiu para quase US$ 42.500.

Embora as receitas da Warner Bros. Discovery tenham aumentado mais de dez vezes durante esse período, seu lucro líquido teve altos e baixos; em 2022, a WBD teve perdas de US$ 7,4 bilhões. No final de 2023, ela tinha uma dívida de US$ 45 bilhões.

As ações da WBD tiveram um desempenho um pouco melhor do que as das rivais Paramount Global e Lions Gate Entertainment, mas significativamente pior do que as da Comcast Corp. ou da Walt Disney Co., dois outros gigantes da mídia.

No entanto, de 2009 até o final de 2022, Zaslav, o CEO da WBD, ganhou US$ 956 milhões em compensação potencial total – e levou para casa mais de US$ 750 milhões.[7]

TABELA 19-1 Isso é o showbusiness!

Ano	*Retorno total, ações da Warner Bros, Discovery (%)*	*Retorno total do S&P 500 (%)*	*Capitalização de mercado total da WBD (US$ milhões)*	*Remuneração total do CEO da Warner Bros. Discovery (US$)*
2009	116,6	26,5	13.065	11.655.850
2010	36,0	15,1	17.764	42.589.296
2011	1,8	2,1	16.511	52.404.119
2012	54,9	16,0	25.094	49.932.867
2013	42,4	32,4	34.920	33.349.798
2014	-25,4	13,7	16.567	156.077.912
2015	-22,6	1,4	12.166	32.377.346

7 Grande parte de seu potencial total não foi pago em dinheiro, mas consiste em opções de ações cujo valor final depende de as ações da WBD atingirem metas ambiciosas antes do fim de 2027.

Ano	*Retorno total, ações da Warner Bros, Discovery (%)*	*Retorno total do S&P 500 (%)*	*Capitalização de mercado total da WBD (US$ milhões)*	*Remuneração total do CEO da Warner Bros. Discovery (US$)*
2016	2,7	12,0	11.457	37.192.354
2017	-18.4	21.8	8,639	42,247,984
2018	10.5	-4.4	13,112	129,499,005
2019	32.3	31.5	17,352	45,843,912
2020	-8.1	18.4	14,804	37,710,462
2021	-21.8	28.7	12,005	246,573,481
2022	-59.7	-18.1	23,036	39,288,458
Remuneração cumulativa da Warner Bros. Discovery CEO ($)				**956,742,844**
Retorno anual total (%)	**1.9**	**13.1**		

Fontes: Relatórios aos acionistas da WBD, FactSet.

O comunicado aos acionistas da WBD de 2023 dizia que pagar a alta gerência com ações ajuda a "alinhar os interesses dos nossos executivos com os dos nossos acionistas" e que o "desempenho excepcional" de Zaslav como CEO incluía "a superação dos objetivos estratégicos estabelecidos para ele". (Depois que as ações caíram quase 60% em 2022, o conselho decidiu não conceder "nenhum bônus adicional ou acima da meta" a ele.)

Grande parte da remuneração cumulativa de Zaslav baseou-se em uma medida inventiva de lucros chamada OIBDA ajustado. A empresa acrescenta a *despesa* da remuneração baseada em ações a essa medida de sua *receita* – portanto, quanto mais a WBD paga em ações aos seus principais executivos, maior é o OIBDA ajustado. E um aumento no OIBDA ajustado é uma das coisas pelas quais o CEO é recompensado.

Como vimos no Comentário sobre o Capítulo 12, esse tipo de arranjo está longe de ser incomum, e sua lógica absurda se tornou tão disseminada que Wall Street o trata como normal, embora, como diz David Zion, do Zion Research Group, "seja completamente equivocado".

Se o que parece ser uma remuneração excessiva para um desempenho inexpressivo o incomoda – com razão! –, então, faça valer os seus direitos. Quando receber o comunicado anual aos acionistas, não vote apenas contra um plano de remuneração injusto. Vote contra a reeleição de cada um dos diretores. Eles aprovaram o plano. O mínimo que você pode fazer é expressar sua desaprovação a eles.

Você também pode participar da reunião anual da empresa e se manifestar. Nos Estados Unidos, você pode conferir como seus fundos mútuos e ETFs votaram nos pacotes de remuneração pesquisando seus registros no Form N-PX no banco de dados EDGAR da SEC (sec.gov/edgar/searchedgar/n-px). E pode tentar procurar e se unir a investidores que pensam da mesma forma usando aplicativos e ferramentas on-line como Civex, iconikapp.com e Troop.[8]

Uma vez que você comprou uma ação, deve procurar ser não apenas um investidor inteligente, mas também um proprietário inteligente. Isso significa que você tem a responsabilidade de fazer valer seus direitos.

RECOMPENSANDO AS COISAS CERTAS

Para reduzir o risco de pagar a mais por um desempenho abaixo do esperado, como é que uma empresa *deveria* incentivar sua gerência?

Na Costco Wholesale Corp., os bônus dos executivos dependem principalmente do cumprimento das metas de crescimento das vendas e da receita antes de impostos – duas medidas padrão que são difíceis de serem manipuladas.

A Markel Corp., uma seguradora, baseia a remuneração de incentivo no crescimento do valor contábil por ação e no retorno total das ações ao longo de cinco anos.

Na ExxonMobil Corp., a maior parte do pagamento de incentivos para os principais executivos é feita em ações especiais com direitos de propriedade restritos; 50% são adquiridos após cinco anos, e a outra metade após dez anos. Isso recompensa o foco em metas de longo prazo.

Os investidores devem esperar que a remuneração pelo desempenho seja baseada em medidas simples e claras da saúde e do crescimento da empresa, e não em artifícios contábeis. Os resultados plurianuais devem ter um peso muito maior do que os de curto prazo. E os obstáculos ao desempenho não devem se tornar mais fáceis de serem superados de ano para ano.

8 Seja seletivo; alguns aplicativos vão e vêm rapidamente. E você deve se associar a outros investidores que sejam sérios e analíticos, e não a especuladores que exaltam uns aos outros. Os "macacos de imitação" que compraram ações da AMC em 2021 incentivaram uns aos outros a adorar a administração da empresa, ignorando o fato de que os executivos haviam se desfeito de quase todas as suas próprias ações antes de emitir novas ações que reduziram radicalmente a participação destes mesmos "macacos". Para ser um investidor inteligente, você deve primeiro pensar por si mesmo antes de se juntar a um grupo.

Décadas atrás, Graham defendeu a medição do sucesso dos gerentes corporativos com estes critérios: retorno sobre o capital investido, margem de lucro líquido e as taxas de crescimento das vendas e do lucro líquido. Cada um deles deve ser comparado com o de outras empresas do mesmo setor. Não tenho conhecimento de nenhuma empresa que baseie sua remuneração de incentivo em padrões tão sensatos, mas os conselhos de administração deveriam cogitar a adoção das sugestões de Graham.[9]

9 GRAHAM; Benjamin; DODD, David. *Security analysis*. McGraw-Hill, 1951. pp. 581-583. É fundamental medir o desempenho em relação a outras empresas do mesmo setor, uma vez que os resultados corporativos geralmente são impulsionados mais pela sorte do que pelas estratégias da administração. Quando as taxas de juros caem, por exemplo, a maioria das construtoras de casas prospera mesmo que seus CEOs sejam pouco competentes. Somente os executivos cujas empresas tiveram um desempenho significativamente melhor do que a média do setor em períodos de vários anos devem ser recompensados com grandes incentivos.

CAPÍTULO 20
A "MARGEM DE SEGURANÇA" COMO CONCEITO CENTRAL DOS INVESTIMENTOS

Na lenda antiga, os sábios resumiram a vida mortal em uma única frase: "Isso também passará."[1] Confrontados com um desafio parecido, a saber, resumir o segredo do investimento sensato em três palavras, arriscamos o lema "Margem de segurança". Esse é o fio da meada que perpassa toda a discussão precedente sobre a política de investimento, muitas vezes explicitamente, mas às vezes de forma menos direta. Tentemos agora, brevemente, esboçar essa ideia em um argumento estruturado.

Todos os investidores experientes reconhecem que o conceito da margem de segurança é essencial para a escolha de obrigações e ações preferenciais sólidas. Por exemplo, uma ferrovia deveria ter um lucro superior a cinco vezes seus encargos fixos totais (antes do imposto de renda), ao longo de alguns anos, para que suas obrigações fossem classificadas como de baixo risco (grau de investimento). Essa capacidade *passada* de gerar lucros acima das necessidades de juros constitui a margem de segurança com a qual se conta para proteger o investidor contra prejuízos ou desconfortos, caso algum declínio *futuro* ocorra nos lucros líquidos. (A margem acima dos encargos pode ser medida de outras maneiras – por exemplo, na percentagem pela qual as receitas ou lucros podem declinar antes de desaparecer o saldo após pagamentos de juros –, mas a ideia subjacente é a mesma.)

O investidor em obrigações não espera que os lucros médios futuros sejam iguais aos do passado; se ele tivesse certeza disso, a margem exigida poderia

---

1 "Diz-se que, certa vez, um monarca do Oriente ordenou a seus sábios que inventassem uma frase, para ser sempre vista e que deveria ser verdadeira e apropriada a qualquer tempo e em qualquer situação. Eles lhe apresentaram as palavras: '*E isso também passará.*' Como elas são expressivas! Que golpe no orgulho! Que consolo nas profundezas da aflição! 'E isso também passará.' E, no entanto, esperemos que não seja *muito* verdade" – Abraham Lincoln, discurso para a Sociedade de Agricultura do estado de Wisconsin, 30 de setembro de 1859, bit.ly/3OOT60g.

ser menor. Tampouco ele confia muito em sua avaliação da evolução futura dos lucros. Se ele o fizesse, teria que medir sua margem em termos de uma conta de receita cuidadosamente *projetada*, em vez de enfatizar a margem histórica. Aqui, a função da margem de segurança é, em essência, tornar desnecessária uma estimativa precisa do futuro. Se a margem é grande, então basta presumir que os lucros futuros não cairão muito abaixo do resultado do passado para que o investidor se sinta suficientemente protegido contra as vicissitudes do tempo.

De forma alternativa, a margem de segurança para as obrigações pode ser calculada por meio da comparação do valor total da empresa com o montante da dívida. (Um cálculo semelhante pode ser feito para as ações preferenciais.) Se o negócio deve US$ 10 milhões e efetivamente vale US$ 30 milhões, há espaço para encolhimento de dois terços do valor – pelo menos teoricamente – antes de os proprietários de obrigações sofrerem perdas. O montante desse valor adicional, ou "colchão", acima da dívida, pode ser calculado de forma aproximada pelo uso do preço médio de mercado das ações juniores ao longo de alguns anos. Já que os preços médios de ações estão, em geral, relacionados à boa capacidade de geração de lucro, a margem de "valor do negócio" acima da dívida e a margem dos lucros sobre os encargos produzirão resultados semelhantes na maioria dos casos.

Com isso tratamos do conceito da margem de segurança conforme aplicado aos "investimentos em renda fixa". Será que esse conceito pode ser aplicado ao campo das ações ordinárias? Sim, mas com algumas modificações necessárias.

Há momentos em que uma ação ordinária pode ser considerada sólida porque goza de uma margem de segurança tão grande quanto aquela de uma obrigação boa. Isso ocorrerá, por exemplo, quando uma companhia possuir em circulação apenas ações ordinárias que, sob condições de depressão, estejam sendo negociadas por menos do que o volume de obrigações que poderiam seguramente ser emitidas com base em suas propriedades e seu poder de lucro.[2] Essa era a situação de um grande número de companhias industriais fortemente financiadas aos baixos níveis de preço de 1932-1933.

---

2 "Poder de lucro" é o termo utilizado por Graham para os lucros potenciais de uma companhia ou, como ele diz, a quantidade que "se espera que uma firma lucre ano após ano se a conjuntura dos negócios prevalecente durante o período permanecer inalterada" (*Security analysis*, ed. 1934, p. 354). Graham pretendia que o termo cobrisse períodos iguais ou superiores a cinco anos.

Em tais momentos, o investidor pode obter a margem de segurança associada a uma obrigação, *além de* todas as oportunidades de uma rentabilidade maior e de apreciação do capital investido inerentes a uma ação ordinária. (A única coisa que falta a ele é o poder legal para insistir nos pagamentos de dividendos "ou então", mas isso representa um senão pequeno em comparação com suas vantagens.) As ações ordinárias compradas em tais circunstâncias formarão uma combinação ideal, embora pouco frequente, de segurança com oportunidade de lucro. Um exemplo muito recente dessa condição é novamente a ação da National Presto Industries, que foi negociada a um valor total pela empresa de US$ 43 milhões em 1972. Com US$ 16 milhões de lucros recentes antes dos impostos, a companhia poderia facilmente manter no mercado um volume equivalente de obrigações.

No caso da ação ordinária comum comprada para investimento em condições normais, a margem de segurança reside em um poder de lucro esperado que é consideravelmente superior à taxa vigente para as obrigações. Em edições anteriores, elucidamos esse ponto com os seguintes números:

> Imagine um caso típico em que o poder de lucro seja de 9% sobre o preço e a taxa de juros das obrigações seja de 4%; então o comprador de ações terá uma margem anual média de 5% em seu favor. Parte do excesso é pago a ele na taxa de dividendos; mesmo que estes sejam gastos por ele, ela entra no resultado total dos investimentos. O saldo não distribuído é reinvestido no negócio por sua conta. Em muitos casos, tais lucros reinvestidos deixam de ser acrescentados proporcionalmente ao poder de lucro e ao valor da sua ação. (Essa é a razão pela qual o mercado tem o hábito teimoso de avaliar os lucros desembolsados em forma de dividendos mais generosamente do que a parcela retida no negócio.) Porém, se o quadro é visto como um todo, há uma conexão razoavelmente próxima entre o crescimento dos lucros das empresas por meio do reinvestimento dos lucros e o crescimento dos preços das ações.
>
> Ao longo de um período de dez anos, o típico excesso de poder de lucro das ações sobre os juros das obrigações pode somar 50% do preço pago. Esse número é suficiente para fornecer uma margem muito grande de segurança, a qual, sob condições favoráveis, evitará ou minimizará um prejuízo. Se tal margem estiver presente em cada integrante de uma lista diversificada de vinte ou mais ações, a probabilidade de um resultado favorável sob "condições próximas do normal" se torna muito grande. Essa é a razão pela qual a política de investimento em ações ordinárias representativas

> não exige percepção e previsão agudas para funcionar com sucesso. Se as compras forem feitas no nível médio do mercado ao longo de um intervalo de anos, os preços deverão trazer com eles a garantia de uma margem adequada de segurança. O perigo para os investidores reside na concentração de suas compras nos níveis mais altos do mercado, ou em comprar ações ordinárias não representativas que embutem um risco acima da média de queda no poder de lucro.

Da maneira como vemos, o problema central do investimento em ações ordinárias nas condições de 1972 reside no fato de que "em um caso típico" o poder de lucro é agora muito inferior a 9% sobre o preço pago.[3] Suponhamos que ao se concentrar até certo ponto em ações com múltiplos baixos entre as grandes companhias, um investidor defensivo pode agora adquirir ações a doze vezes os lucros recentes, isto é, com um retorno de lucros de 8,33% sobre o custo. Ele pode obter uma taxa de dividendos de aproximadamente 4% e ter 4,33% de seu custo reinvestido no negócio em seu nome. Nessas bases, o excesso de poder de lucro das ações acima dos juros da obrigação ainda seria pequeno demais, ao longo de um período de dez anos, para constituir uma margem de segurança adequada. Por essa razão, sentimos que neste momento há riscos reais mesmo em uma lista diversificada de ações ordinárias sólidas. Os riscos podem ser plenamente compensados pela eventual lucratividade da lista; e, na verdade, o investidor pode não ter qualquer escolha a não ser correr riscos, pois de outra forma ele pode correr um risco ainda maior se mantiver apenas instrumentos de renda fixa pagáveis em dólares sujeitos a uma constante depreciação. Não obstante, o investidor faria bem em reconhecer, e aceitar da maneira mais filosófica possível, que a combinação antiga de *boas possibilidades de lucro com baixo risco final* não está mais disponível para ele.[4]

---

3 Graham resumiu elegantemente a discussão que se segue em uma palestra proferida em 1972. "A margem de segurança é a diferença entre a rentabilidade da ação ao preço que você paga por ela e a taxa de juros das obrigações, e tal margem de segurança é a diferença que absorveria evoluções insatisfatórias. Na época em que a edição de 1965 de *O investidor inteligente* foi escrita, a ação típica era negociada a onze vezes os lucros, dando um retorno de 9%, aproximadamente, contra 4% das obrigações. Naquele caso, havia uma margem de segurança superior a 100%. Agora (em 1972), não há diferença alguma entre a taxa de lucro sobre as ações e a taxa de juros das obrigações, e digo que não existe margem de segurança... existe uma margem negativa de segurança no caso das ações..."

4 Este parágrafo, que Graham provavelmente escreveu no início de 1972, se aproxima das condições de mercado no início da década de 2020.

No entanto, o risco de pagar um preço alto demais por ações de boa qualidade – embora verdadeiro – não é o principal perigo a ser enfrentado pelo investidor típico. A experiência de muitos anos nos ensinou que as principais perdas para os investidores são oriundas da compra de papéis de *baixa qualidade* em uma conjuntura de negócios favorável. Os compradores encaram os bons lucros do momento como equivalentes a um "poder de lucro" e presumem que prosperidade seja sinônimo de segurança. É nesses anos que as obrigações e ações preferenciais de qualidade inferior conseguem ser vendidas ao público a um preço em torno da paridade, porque carregam uma rentabilidade um pouco maior ou um privilégio de conversão enganosamente atraente. É então também que as ações comuns de companhias obscuras podem ser lançadas a preços muito acima do ativo tangível, com base em dois ou três anos de crescimento excelente.

Tais papéis não oferecem uma margem adequada de segurança em qualquer sentido admissível do termo. A cobertura dos encargos de juros e dividendos preferenciais precisa ser testada ao longo de vários anos, incluindo preferivelmente um ambiente de negócios abaixo do normal, tal como ocorreu em 1970-1971. O mesmo é comumente verdade com relação aos lucros das ações ordinárias para que sejam classificados como indicadores do poder de lucro. Logo, conclui-se que a maioria dos investimentos feitos em tempos bons, adquiridos a preços igualmente bons, está destinada a sofrer quedas de preço perturbadoras quando aparecerem nuvens no horizonte, e muitas vezes antes disso. Tampouco o investidor pode confiar em uma recuperação posterior, embora isso aconteça em alguns casos, pois ele nunca teve uma margem de segurança efetiva para ampará-lo na adversidade.

A filosofia de investimentos em growth stocks se alinha em parte com o princípio da margem de segurança e o nega em parte. O comprador de uma growth stock confia em um poder de lucro previsto que é superior à média registrada no passado. Assim, pode-se dizer que ele substitui o registro histórico pelos lucros previstos ao calcular sua margem de segurança. Na teoria de investimento, não há razão para que os lucros futuros cuidadosamente estimados sejam um guia menos confiável do que o registro histórico; na verdade, a análise de títulos cada vez mais prefere uma avaliação competentemente executada do futuro. Logo, a abordagem das growth stocks pode fornecer uma margem de segurança tão confiável quanto a encontrada no investimento comum, contanto que o cálculo do futuro seja feito de forma conservadora e mostre uma margem satisfatória em relação ao preço pago.

O perigo de um programa de investimento em growth stocks mora precisamente nesse ponto. Para tais ações preferidas, o mercado tende a estabelecer preços que não estarão protegidos de forma adequada por uma projeção *conservadora* dos lucros futuros. (É uma regra básica do investimento prudente que todas as previsões, quando diferirem do desempenho passado, tendam, pelo menos ligeiramente, a serem subestimadas.) A margem de segurança sempre depende do preço pago. Ela será grande a um preço, pequena a algum preço mais alto, inexistente a um preço ainda maior. Se, como sugerimos, o nível de mercado médio da maioria das growth stocks é alto demais para proporcionar uma margem de segurança adequada ao comprador, então uma técnica simples de compras diversificadas nesse campo pode não funcionar de forma satisfatória. Será necessário um grau singular de previsão e bom senso para que as seleções individuais sensatas possam superar os perigos inerentes ao nível costumeiro de mercado de tais ações como um todo.

A ideia da margem de segurança torna-se muito mais evidente quando aplicada ao terreno dos papéis subvalorizados ou subvalorizações. Aqui temos, por definição, uma diferença favorável entre o preço, de um lado, e o valor indicado ou avaliado de outro. Essa diferença é a margem de segurança. Ela existe para amortecer o efeito de cálculos errôneos ou da falta de sorte. O comprador de ações subvalorizadas enfatiza a capacidade do investimento de superar acontecimentos adversos. Na maioria desses casos, ele não está muito entusiasmado com as perspectivas da companhia. A verdade é que se as perspectivas forem definitivamente ruins, o investidor preferirá evitar o papel, qualquer que seja o preço. Porém, o terreno das ações subvalorizadas lida com diversas companhias – talvez a maioria delas – para as quais o futuro não parece nem claramente favorável, tampouco claramente desfavorável. Se as ações dessas companhias forem compradas a preço de banana, mesmo uma queda moderada no poder de lucro não impedirá que o investimento mostre resultados satisfatórios. A margem de segurança terá então servido a seu verdadeiro propósito.

Teoria da diversificação

Há uma ligação lógica e íntima entre o conceito da margem de segurança e o princípio da diversificação. Um está relacionado ao outro. Mesmo com uma margem favorável ao investidor, um papel individual pode ter um desempenho ruim, pois a margem garante apenas que ele terá uma probabilidade maior de lucro do que de perda, e não que essa perda seja impossível. No entanto, à medida que o número de tais compromissos aumenta, mais certeza se terá de que o lucro total excederá as perdas totais. Essa é a base simples do negócio de seguros.

A diversificação é um dogma estabelecido do investimento conservador. Ao aceitá-la tão universalmente, os investidores estão, na verdade, demonstrando sua aceitação do princípio da margem de segurança, da qual a diversificação é companheira. Esse ponto pode ser entendido de forma ilustrativa por uma referência à aritmética da roleta. Se um homem aposta US$ 1 em um único número, ele recebe US$ 35 de lucro quando ganha, mas as chances de ganhar são um em 37. Ele tem uma "margem de segurança negativa". A diversificação seria uma tolice nesse caso. Em quanto mais números ele apostar, menores suas chances de terminar com lucro. Se apostar regularmente US$ 1 em cada número (incluindo 0 e 00), ele certamente perderá US$ 2 em cada giro da roleta. No entanto, suponha que o vencedor recebesse US$ 39 de lucro em vez de US$ 35. Ele teria uma margem de segurança pequena, porém importante. Logo, quanto mais números ele apostasse, maiores suas chances de ganhar. Ele teria certeza de ganhar US$ 2 em cada giro da roleta simplesmente ao apostar US$ 1 em cada um dos números. (Incidentalmente, os dois exemplos apresentados descrevem as posições respectivas do jogador e do proprietário de uma roleta com 0 e 00.)[5]

Critério de investimento *versus* especulação

Já que não existe uma definição simples e amplamente aceita de investimento, os especialistas têm o direito de defini-lo da forma que melhor lhes agradar. Muitos deles negam que haja qualquer diferença útil ou confiável entre os conceitos de investimento e de especulação. Acreditamos que esse ceticismo é desnecessário e prejudicial. Ele é problemático porque incentiva a tendência inata de muitas pessoas em favor da emoção e do risco da especulação no

---

5 Na roleta "americana", a maioria das mesas inclui 0 e 00 juntamente com os números 1 a 36, totalizando 38 casas. O cassino oferece uma premiação máxima de 35 por um. E se você apostar US$ 1 em cada número? Já que a bolinha só pode entrar em apenas uma casa, você ganharia US$ 35 naquela compartição, mas perderia US$ 1 nas outras 37 casas, uma perda líquida de US$ 2. Essa diferença de US$ 2 (ou um spread de 5,26% sobre sua aposta total de US$ 38) é a "vantagem da casa", do cassino, garantindo que, *em média*, os jogadores de roleta sempre perderão mais do que ganharão. Assim como é do interesse dos jogadores de roleta apostar tão raramente quanto possível, é do interesse do cassino manter a roleta girando.

mercado acionário. Sugerimos que o conceito de margem de segurança pode ser bem empregado como uma linha divisória para distinguir as operações de investimento das especulativas.

Provavelmente, a maioria dos especuladores acredita que as probabilidades estão a seu favor quando arriscam, portanto, podem alegar uma margem de segurança em seus procedimentos. Cada um sente que o momento é propício para a compra ou que suas capacidades são superiores à da multidão ou que seu assessor ou sistema é confiável. No entanto, tais afirmações não convencem. Elas se apoiam em conclusões subjetivas e não são sustentadas por qualquer conjunto de provas concretas ou qualquer linha de raciocínio conclusiva. Duvidamos muito que o homem que aposta dinheiro com base em sua opinião de que o mercado irá subir ou descer pode em algum momento estar, de fato, protegido por uma margem de segurança em qualquer sentido útil da expressão.

Por outro lado, o conceito de margem de segurança do investidor – conforme desenvolvido anteriormente neste capítulo – se apoia em um raciocínio aritmético simples e definitivo a partir de dados estatísticos. Acreditamos também que ele está bem fundamentado pela experiência prática no terreno dos investimentos. Não há garantias de que essa abordagem quantitativa fundamental continuará a mostrar resultados favoráveis nas condições desconhecidas no futuro. Porém, da mesma forma, não há razão válida para pessimismo.

Logo, em resumo, afirmamos que um investimento verdadeiro implica uma margem de segurança verdadeira e uma margem de segurança verdadeira é aquela que pode ser demonstrada por números, raciocínio persuasivo e referência a experiências reais.

Extensão do conceito de investimento

Para completar nossa discussão sobre o princípio da margem de segurança, devemos agora fazer uma distinção adicional entre investimentos convencionais e não convencionais. Os investimentos convencionais são apropriados para a carteira típica. Nessa categoria sempre se enquadraram os papéis do governo americano e as ações ordinárias de alta qualidade que pagam dividendos. Acrescentamos as obrigações estaduais e municipais para aqueles que têm meios de se beneficiar suficientemente de sua isenção de impostos. Há também as obrigações privadas com grau de investimento quando, como agora, elas podem ser compradas de modo a ter uma rentabilidade suficientemente superior à das savings bonds dos Estados Unidos.

Os investimentos não convencionais são aqueles apropriados apenas para o investidor empreendedor. Eles abrangem uma vasta gama de papéis. A categoria mais ampla é a de ações ordinárias subvalorizadas de companhias de segunda linha, as quais recomendamos para compra quando podem ser adquiridas a dois terços ou menos de seu valor indicado. Além disso, com frequência há uma ampla gama de obrigações privadas e ações preferenciais de grau médio quando negociadas a preços deprimidos até o ponto de serem obteníveis também a um deságio considerável com relação a seu valor aparente. Nesses casos, o investidor médio estaria inclinado a chamar esses papéis de especulativos, porque para ele a falta de uma classificação de primeira linha é sinônimo da falta de mérito para investimento.

Nosso argumento é o de que um preço suficientemente baixo pode tornar um papel de qualidade medíocre uma oportunidade de investimento sensata, contanto que o comprador esteja informado, seja experiente e pratique uma diversificação adequada. Isso porque se o preço estiver baixo o suficiente para criar uma margem de segurança substancial, o papel atenderá a nossos critérios para investimento. Nosso exemplo favorito é tirado do campo das obrigações do ramo imobiliário. Na década de 1920, foram vendidos bilhões de dólares desses papéis ao par e amplamente recomendados como investimentos saudáveis. Uma proporção grande tinha uma margem de valor acima da dívida suficientemente pequena para ser de fato muito especulativa por natureza. Na Depressão da década de 1930, uma quantidade enorme dessas obrigações deixou de pagar juros e seus preços desabaram, em alguns casos abaixo de US$ 0,10 a cada dólar de valor nominal. Naquele estágio, os mesmos consultores que as recomendaram à paridade como investimentos seguros as rejeitavam como papéis altamente especulativos e pouco atraentes. Porém, na verdade, a depreciação de aproximadamente 90% tornou muitos desses papéis extremamente atraentes e razoavelmente seguros, pois os valores verdadeiros por trás deles eram quatro ou cinco vezes a cotação do mercado.[6]

---

6 Graham está dizendo que não existe tal coisa como uma ação boa ou má; o que há são apenas ações baratas e ações caras. Mesmo a melhor companhia se torna uma "venda" quando o preço de suas ações está alto demais, enquanto vale a pena comprar a pior companhia quando suas ações estão suficientemente baixas.

O fato de que a compra dessas obrigações realmente redundou no que é, em geral, denominado um "grande lucro especulativo" não evitou que elas tivessem qualidades de investimento verdadeiras a patamares de preços baixos. O lucro "especulativo" foi a recompensa do comprador por ter feito um investimento inteligente. Elas poderiam de forma apropriada ser denominadas oportunidades de *investimentos*, uma vez que uma análise cuidadosa teria mostrado que o excesso de valor acima do preço fornecia uma margem de segurança grande. Logo, é provável que a mesma classe de "investimentos em tempos favoráveis" que afirmamos anteriormente ser uma fonte importante de prejuízos sérios para os investidores ingênuos proporcione muitas oportunidades sólidas de lucro para o operador sofisticado capaz de comprá-las mais tarde a um preço mais à sua feição.[7]

Todo o campo das "situações especiais" se enquadraria em nossa definição de operações de investimento, porque a compra sempre se baseia em uma análise profunda que promete uma realização maior do que o preço pago. Novamente, há fatores de risco em cada caso individual, mas eles são previstos nos cálculos e absorvidos nos resultados globais de uma operação diversificada.

Para levar essa discussão a um extremo lógico, poderíamos sugerir que seria possível estabelecer uma operação de investimento defensável ao comprar os valores intangíveis representados por um grupo de "cauções de opções de ações ordinárias" negociado a preços historicamente baixos. (Esse exemplo foi concebido para chocar.)[8] Todo o valor dessas cauções se baseia na possibilidade de que as ações a elas relacionadas podem algum dia subir acima do preço da opção. No momento, elas não possuem valor de exercício. No entanto, uma vez que todos os investimentos se baseiam em expectativas razoáveis do futuro, é apropriado ver essas garantias em

7 As mesmas pessoas que consideraram as ações de tecnologia e de telecomunicações uma "barbada" no final de 1999 e no início de 2000, quando elas estavam alucinadamente supervalorizadas, as rejeitavam como "arriscadas demais" em 2002, muito embora, nas exatas palavras de Graham sobre um período anterior, "a depreciação de aproximadamente 90% tornou muitos desses papéis extremamente atraentes e razoavelmente seguros". Da mesma forma, os analistas de Wall Street sempre tenderam a chamar uma ação de "recomendação forte de compra" quando seu preço é alto e a rotulá-la de "venda" após seu preço cair, o exato oposto do que Graham (e o bom senso) ditaria. Como faz ao longo de todo o livro, Graham está fazendo a distinção entre especulação, ou compra na esperança de que o preço de uma ação continuará a subir, e investimento, ou compra com base no valor do negócio subjacente.

8 Veja as críticas de Graham aos cauções no Capítulo 16.

termos das probabilidades matemáticas de que algum mercado de alta futuro criará um aumento grande no valor indicado e em seus preços. Tal estudo possivelmente chegará à conclusão de que há muito mais a ser ganho em tal operação do que a ser perdido e que as chances de lucro são muito maiores do que as de perda. Se assim for, há uma margem de segurança presente até mesmo nessa forma de papel pouco atraente. Um investidor suficientemente empreendedor poderia então incluir uma operação de cauções de opções em sua miscelânea de investimentos não convencionais.[I]

Para resumir

Investir é mais inteligente quanto mais se parece com um *negócio*. É curioso ver como muitos empresários capazes tentam operar em Wall Street com completa desconsideração por todos os princípios sensatos com base nos quais obtiveram sucesso em seus próprios empreendimentos. No entanto, cada papel privado deve ser visto, em princípio, como um interesse de proprietário ou um crédito contra uma empresa específica. Se uma pessoa decide obter lucros com a compra e venda de papéis, ela está embarcando em um empreendimento comercial próprio, o qual deve ser dirigido de acordo com princípios comerciais aceitos para ter alguma chance de sucesso.

O primeiro e mais óbvio desses princípios é "saber o que você está fazendo, conhecer seu negócio". Para o investidor, isso significa: não tente obter "lucros comerciais" com seus papéis, isto é, retornos acima da receita com juros e dividendos normais, a menos que você saiba tanto sobre os valores dos papéis quanto precisaria saber sobre o valor da mercadoria que você se propôs a fabricar ou comercializar.

Um segundo princípio comercial: "Não deixe qualquer outra pessoa dirigir seu negócio, a menos que (1) você possa supervisionar seu desempenho com a compreensão e o cuidado adequados ou (2) você tenha razões incomuns e fortes para confiar implicitamente na integridade e capacidade dela". Para o investidor, essa regra deveria determinar as condições sob as quais ele permitirá que outra pessoa decida o que fazer com seu dinheiro.

Um terceiro princípio comercial: "Não entre em uma operação – isto é, a fabricação ou comercialização de um item – a menos que um cálculo confiável mostre que ela tem uma chance razoável de render um lucro razoável. Em especial, afaste-se de aventuras nas quais você tenha pouco a ganhar e muito a perder." Para o investidor empreendedor isso significa que as operações que visam ao lucro devem estar baseadas não no otimismo, mas na aritmética. Para todo investidor, isso significa que quando ele limita seu retorno a níveis baixos – como acontecia no passado, pelo menos, com uma obrigação ou ação preferencial convencional –, ele deve exigir provas convincentes de que não está arriscando uma parte substancial de seu principal.

Uma quarta regra é mais positiva: "Confie em seu conhecimento e em sua experiência. Se você concluiu algo a partir de certos fatos e sabe que tem bom senso, aja com base nessa conclusão, muito embora outros possam hesitar ou pensar diferente". (Você não está certo nem errado porque a multidão discorda de você. Você está certo porque seus dados e seu raciocínio estão corretos.) Da mesma forma, no mundo dos papéis, a coragem se torna a virtude suprema, *contanto* que exista um conhecimento adequado e um bom senso respaldado na experiência.

Felizmente para o investidor típico, não é estritamente necessário para seu sucesso que ele utilize essas qualidades na elaboração de seu programa, *contanto* que ele limite sua ambição à sua capacidade e restrinja suas atividades ao caminho seguro e estreito do investimento-padrão defensivo. Atingir resultados de investimento *satisfatórios* é mais fácil do que a maioria das pessoas pensa; atingir resultados *superiores* é mais difícil do que parece.

COMENTÁRIO SOBRE O CAPÍTULO 20
POR JASON ZWEIG

Existem pilotos velhos, e existem pilotos ousados.
No entanto, não existem pilotos velhos e ousados.
– ditado popular entre instrutores de voo[1]

Ter uma margem de segurança é o que distingue um investidor inteligente da multidão.

A maioria dos grandes aviões de passageiros tem dois motores, mas pode voar com segurança por longos períodos com apenas um deles. Os engenheiros projetam os componentes estruturais dos arranha-céus para suportar mais peso do que eles provavelmente terão. Uma ponte que deve suportar uma carga de 40 toneladas é construída para suportar 70 ou 80 toneladas.

A precaução está embutida em aviões, edifícios e pontes. Como resultado, viagens aéreas são extremamente seguras, edifícios altos quase nunca desabam e grandes pontes podem suportar milhões de veículos. Consideramos essa margem de segurança algo óbvio.

"SEMPRE DEPENDE DO PREÇO PAGO"

Quando você investe, a medida mais simples da margem de segurança* é o valor do negócio (V) menos o preço da ação (P):

$$MdS = V - P$$

Quando o valor do negócio excede o preço das ações, a margem de segurança é positiva. Quando o preço das ações é maior do que o valor do negócio, a margem de segurança é negativa.[2]

---

1 Disponível em: bit.ly/413BsdL.

* Em inglês, MoS (Margin of Safety). Adaptado para MdS, para melhor entendimento do leitor. [N. E.]

2 Graham define formalmente a margem de segurança como o rendimento dos lucros (ou recíproco do índice preço/lucros) menos a taxa de juros dos títulos com grau de investimento. Quanto mais baixo for o índice P/L de uma ação, mais alto será o rendimento dos lucros e maior será a probabilidade de que o número resultante exceda o rendimento dos títulos. Quanto mais

"A margem de segurança sempre depende do preço pago", diz Graham. "Ela será grande a um preço, pequena a algum preço mais alto, inexistente a um preço ainda maior".

Para ter um exemplo vívido de como o preço atual afeta os retornos futuros, vejamos o que teria acontecido, anos atrás, se você tivesse comprado a Amazon.com quando a margem de segurança era profundamente negativa ou quando era menos extrema.

Imagine que você investiu na Amazon em 10 de dezembro de 1999, quando as ações atingiram o que, na época, era o seu maior valor de todos os tempos. Depois de expandir para além de sua especialidade original – vender livros –, a jovem e ambiciosa empresa estava perdendo milhões de dólares por dia. Ainda assim, depois de subir quase 970% em 1998, as ações subiram mais 99% até aquele momento em 1999. Como a empresa não tinha lucros, não era possível usar uma relação preço/lucro para estimar o preço da Amazon. No entanto, as ações estavam sendo vendidas por mais de quinze vezes as vendas da empresa no ano anterior – uma relação dez vezes maior do que a do Walmart, o maior varejista do mundo. Para a Amazon, "o cálculo do futuro", como disse Graham, *não* estava sendo feito "de forma conservadora".

Se você tivesse comprado a Amazon naquela época, convencido de que ela se tornaria uma das empresas de maior crescimento da história, estaria absolutamente certo. No entanto, como ela não tinha margem de segurança, você teria que esperar dez anos – e *sobreviver a uma perda de 94% ao longo do caminho* – para obter até mesmo um lucro modesto no final:

Agora, imagine que você esperou até 28 de setembro de 2001 para comprar a Amazon, quando ela chegou ao fundo do poço após o estouro da bolha da internet. As perdas da empresa haviam caído e suas vendas nos quatro trimestres anteriores haviam quase dobrado em relação ao nível de dezembro de 1999. No entanto, as ações tinham sido devastadas: agora era possível comprar a Amazon por uma relação preço/vendas de apenas 0,74, ou seja, menos da metade da relação do Walmart, embora a Amazon estivesse crescendo muito mais rápido. A margem de segurança da varejista digital era muito menos negativa do que antes.

---

baixas forem as taxas de juros, menos será necessário para que o rendimento dos lucros exceda o rendimento dos títulos. Por outro lado, índices P/L e taxas de juros mais altos reduzem a margem de segurança.

FIGURA 20-1

Dez anos longos

Fonte: FactSet.

Seu investimento teria crescido mais de 35 vezes nos dez anos seguintes:

FIGURA 20-2

Dez anos melhores

Fonte: FactSet.

Esses exemplos são hipotéticos; você precisaria de uma sorte inacreditável para comprar na data exata em que a ação estivesse em seu pico absoluto ou em seu ponto mais baixo.

As regras abaixo, porém, são perfeitamente realistas:

- Comprar uma ação quando ela está cara reduz sua margem de segurança.
- Comprar uma ação quando ela estiver extraordinariamente cara reduz sua margem de segurança a zero.
- E comprar uma ação quando ela estiver barata aumenta sua margem de segurança.

O QUE VOCÊ RECEBE

Vista dessa forma, *a margem de segurança é, por si só, uma fonte de retorno.* Compre uma empresa quando as ações estiverem baratas, e essa margem de segurança positiva vai aumentar seu retorno. Compre o mesmo negócio quando as ações estiverem caras, e essa margem de segurança negativa vai reduzir seu retorno. Se o preço excessivamente alto das ações tornar a margem de segurança extremamente negativa, você poderá perder dinheiro mesmo que a empresa prospere nos anos seguintes.

É isso que Graham quis dizer quando afirmou, de acordo com Warren Buffett: "Preço é o que você paga; valor é o que você recebe."

Quanto mais altas forem as expectativas em relação a uma ação e quanto mais no futuro seus eventuais lucros puderem se materializar, maior será a margem de segurança que você deve buscar, pois até mesmo o menor declínio provisório no crescimento pode devastar a ação.

Pense da seguinte forma: invista US$ 100 a uma taxa de crescimento anual médio de 25%, e eles valerão US$ 80.779,00 daqui a trinta anos. Invista US$ 100 a uma taxa de crescimento anual médio de 20%, e eles valerão "apenas" US$ 23.738,00 depois do mesmo período. Os investidores pagarão muito mais por uma taxa de crescimento de longo prazo esperada de 25% do que por 20%, embora qualquer um desses resultados seja espetacular e extraordinariamente raro. (Ver Figura 20-3.)

DISTRIBUINDO AS APOSTAS NO TEMPO E NO ESPAÇO[3]

Hoje em dia, os investidores têm uma vantagem que não tinham na época de Graham: eles podem diversificar de forma fácil, barata e ampla.

---

3 Ver o debate sobre o custo médio em dólares no Capítulo 5 e seu Comentário.

Você pode diversificar ao longo do *tempo*:

- investindo de forma constante por anos e décadas, eliminando o risco de comprar (ou vender) demais em um momento inoportuno.

Você pode diversificar ao longo do *espaço* em fundos de índice que:

- mantêm centenas, até mesmo milhares, de ações, mitigando o risco de que sua estimativa da margem de segurança para uma ou mais de suas participações possa estar errada;
- mantêm ações desconhecidas juntamente com nomes conhecidos, expondo-o à maravilha de grandes retornos que podem vir como surpresas felizes de fontes inesperadas;
- mantêm ações do mundo inteiro, reduzindo o risco de ficar excessivamente concentrado nas ações de seu país.

FIGURA 20-3
Grandes expectativas

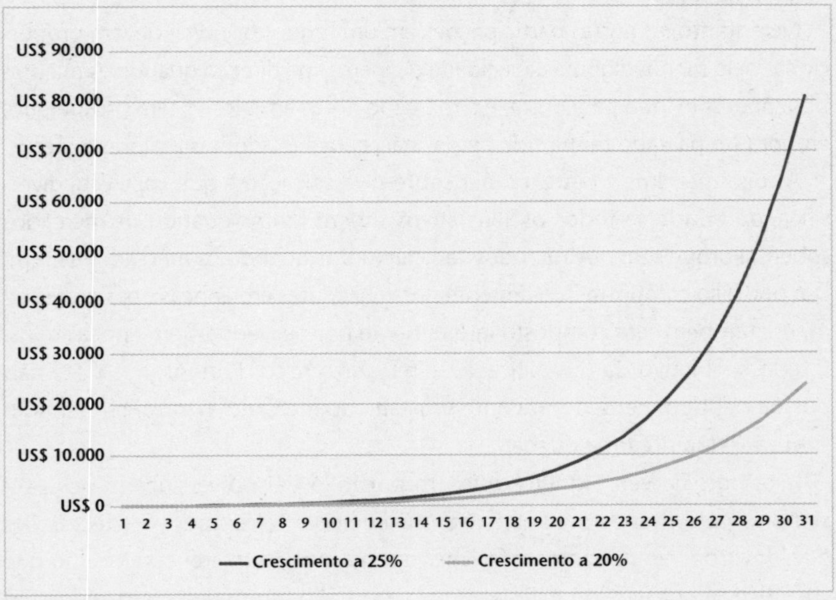

Fonte: Cálculos do autor.

Além disso, manter parte do seu capital em dinheiro, títulos e outros ativos reduz o risco de que o mau desempenho das ações por si só prejudique seus resultados.

À medida que suas decisões individuais se tornam uma pequena parte de um portfólio amplo ao longo do tempo, a diversificação cria uma margem de segurança em torno delas. Um erro não é capaz de destruí-lo: mesmo que você perca 100% em um investimento que equivale a (digamos) 5% do total do seu portfólio, você ainda terá 95% do seu dinheiro, e ele está amplamente distribuído pelos mercados mundiais. Por outro lado, o potencial de alta de qualquer participação é ilimitado: se uma ação ou fundo que corresponde a apenas 5% de seu portfólio subir 1.000% e *o restante de suas participações ficar onde está*, você ainda assim terá um ganho de 50%.

Muitas vezes, apenas algumas ações são responsáveis por grande parte do valor de um fundo de índice, como no caso da Reliance Industries e da Infosys na Índia, e da Tencent Holdings e do Alibaba Group na China. Mesmo nos Estados Unidos, quase todos os retornos dos fundos que seguem os principais índices, como o S&P 500, foram impulsionados nos últimos anos por apenas algumas ações, incluindo Amazon, Apple, Microsoft e NVIDIA. Se quase todo o desempenho de um índice vier de pouquíssimas ações, isso dilui o benefício da diversificação.

No entanto, as outras participações em um fundo de índice devem proporcionar pelo menos alguma capacidade de ir em uma direção quando as maiores posições estão indo para outra, e o mercado norte-americano tem prosperado, embora no passado tenha sido ainda mais concentrado nas maiores ações.[4]

A coisa mais importante a saber sobre diversificação é que você está diversificando errado se todos os seus ativos sobem juntos quando os mercados sobem. Porque sem dúvida todos vão cair juntos quando os mercados caírem. Um portfólio composto inteiramente por vencedores em épocas boas provavelmente também será composto inteiramente por perdedores em épocas ruins. E todo o objetivo da diversificação é reduzir o risco. Portanto, se você não possuir nenhum perdedor durante uma alta do mercado, não vai ter nenhum vencedor durante uma queda.

Isso, por sua vez, significa que um portfólio bem diversificado deve ser sempre, pelo menos parcialmente, decepcionante, embora as decepções devam vir de investimentos diferentes em momentos diferentes. Mesmo que você tivesse conseguido investir em um portfólio hipotético construído com perfeita visão retrospectiva para manter a combinação exata de ativos com

---

4 ZWEIG, Jason. What Amazon's rise to no. 1 says about the stock market. Disponível em: bit.ly/3R2v3ea.

melhor desempenho no longo prazo, ainda assim teria perdido dinheiro em muitos períodos de curto prazo. Como o analista e investidor Brian Portnoy gosta de dizer: "Diversificação significa ter sempre de pedir desculpas".[5]

A diversificação não será boa o tempo *todo*, mas será boa ao longo do tempo. Essa margem de segurança não vem de graça. O preço que você paga é a dor psicológica de curto prazo; o benefício que você obtém é o ganho financeiro de longo prazo.

SUPERPREVISÃO

Para ser um investidor inteligente, você precisa não apenas de uma margem de segurança externa para se proteger do mau comportamento do Sr. Mercado, mas também de uma margem de segurança interna para se proteger de *si mesmo*.

Uma das bênçãos do mundo dos investimentos de hoje é também uma maldição: as informações estão à disposição de forma livre, instantânea e ilimitada. Isso é ótimo, pois o coloca em uma posição mais próxima dos maiores investidores do mundo. Também é terrível, pois as novas informações aumentam muito mais a sua convicção do que o seu conhecimento; qualquer novo fato que ecoe algo em que você já acredita aumentará sua certeza de que suas opiniões estão certas.

Quanto mais informações você encontrar que confirmem seus pontos de vista, menos necessidade sentirá de buscar informações que *não os confirmem*. A abundância de "provas" vai desestimular você a procurar opiniões divergentes, embora devesse ser óbvio que elas também devem ser abundantes.

A melhor forma de criar uma margem de segurança em torno dos seus próprios julgamentos é convertendo suas previsões, passando-as de suposições para um processo formal.

Qualquer pessoa pode – e todos os investidores empreendedores deveriam – se inscrever para participar do Good Judgment Open na internet. Essa competição de previsão também apresenta um programa de treinamento que pode eliminar muitos dos erros comuns que ameaçam prejudicar a boa tomada

---

5 PORTNOY, Brian. Disponível em: bit.ly/4aUtwyz; MAGGIULLI, Nick. The downsides of diversification. Disponível em: bit.ly/47G1gz4; GRAY, Wesley. Even god would get fired as an active investor. Disponível em: bit.ly/3qoTLfz.

de decisões. (Acesse GJOpen.com/training para se registrar e ver os materiais de treinamento; é gratuito.)

O projeto Good Judgment educa as pessoas a pensarem em suas próprias opiniões "como hipóteses a serem testadas, não como tesouros a serem guardados", diz Philip Tetlock, psicólogo da Universidade da Pensilvânia e colíder do programa.

Como a maioria das pessoas é "muito rápida para tomar decisões e muito lenta para mudá-las", diz ele, o projeto foi concebido para forçar os analistas a serem "implacavelmente honestos sobre por que pensam o que pensam". Isso pode transformá-lo no que Tetlock chama de "superprevisor" – se você estiver disposto a investir o tempo e a energia necessários nisso.

> **Comece fazendo uma auditoria em suas fontes de informação.** Certifique-se de que está absorvendo todos os tipos de evidências, não apenas as favoráveis e positivas, mas também as céticas e negativas, o que Tetlock chama de "dieta cognitiva equilibrada".
>
> **Em seguida, estabeleça uma classe de referência.** Em vez de pensar nessa empresa (ou em qualquer ativo) como um caso único, classifique-a como membro de uma categoria: todas as empresas do mesmo setor, todas as que dependem desse tipo de estratégia, todas as que estão em uma fase semelhante de desenvolvimento, todas as que substituíram recentemente seu CEO, ou qualquer outra que constitua um grupo sensato para comparação.
>
> **Em seguida, determine a taxa básica** – a experiência histórica média para a classe de referência, usando os dados de mais longo prazo disponíveis. Vejamos um exemplo cotidiano. Você *poderia* estimar a probabilidade de um casal recém-casado se divorciar observando o quanto eles parecem felizes, mas *deveria* estimá-la sabendo que (nos Estados Unidos) a taxa de divórcio na primeira década de casamento é de aproximadamente 40%. Em seguida, ajuste essa taxa básica para cima ou para baixo de acordo com o que você sabe sobre esse casal.

Da mesma forma, se estiver pensando em investir em uma oferta pública inicial, você *poderia* simplesmente extrapolar a taxa de crescimento anterior da empresa para um futuro indefinido. Em vez disso, você *deveria* determinar o retorno médio de todas as IPOs, prontamente disponível em bit.ly/417ESfh. Essa taxa básica de longo prazo é pelo menos 1,5% menor do que o retorno do mercado de ações em geral. Em seguida, ajuste esse valor para cima ou para baixo com base nas características específicas desse negócio em particular.

Use seu checklist (ver o Comentário sobre o Capítulo 11) para garantir que você baseie suas previsões em critérios consistentes. Seja específico e probabilístico: "Tenho 80% de certeza de que os lucros desta empresa vão dobrar nos próximos cinco anos". Registre seu raciocínio: esse crescimento virá de novos produtos, vendas internacionais, aumentos de preços ou de outros fatores? Dessa forma, mais tarde, você poderá dizer não apenas se estava certo, mas se estava certo pelos motivos certos.

Agora, vejamos o oposto. De que informações você precisaria para provar que sua previsão *não vai* se concretizar? Busque-as, absorva-as e avalie se elas justificam a alteração da sua previsão.

Em seguida, atualize e revise suas visões à medida que novas informações estiverem disponíveis. Como você está focado no futuro de longo prazo, todas as suas estimativas são aproximadas, portanto, suas previsões devem se manter flexíveis.

Uma previsão não é um *evento*; é um *processo* contínuo que consiste no que Tetlock chama de tentar, errar, analisar, ajustar e tentar de novo. Como disse Jeff Bezos, fundador da Amazon.com: "As pessoas que estão certas com frequência mudam de ideia com frequência".[6]

Siga o princípio que o grande investidor Charlie Munger chamou de "over, under, kapow". Munger gostava de dizer que, no treinamento de artilharia, os recrutas militares ajustavam a mira de um alvo errando para mais, errando para menos e, em seguida, atingindo-o com um *kapow!* Munger seguia a mesma prática ao estimar valores, deliberadamente superestimando, subestimando, e então *kapow!* Estar aberto a novas informações é o principal componente da capacidade de acertar o alvo.

Praticar repetidamente esses procedimentos de superprevisão até que se tornem rotina é uma forma de "reprogramação mental", diz Tetlock. Com bastante repetição disciplinada, superar suas respostas intuitivas e emocionais e substituí-las por decisões deliberadas passa a parecer algo natural.[7]

---

6 Disponível em: bit.ly/4boI7mx.

7 TETLOCK, Philip E.; GARDNER, Dan. *Superforecasting*: the art and science of prediction. Crown, 2015; ZWEIG, Jason. The trick to making better forecasts. Disponível em: bit.ly/3GrKgAv; e Five ways to see the financial future. Disponível em: bit.ly/3uKtrhK.

QUANDO SE SOLTAR

A melhor forma de criar uma margem de segurança é vendendo: se você estava errado, vender evita que você perca tudo. No entanto, uma linha tênue separa as bênçãos da autossabotagem. A ação ou o ativo que você vende pode chegar a zero, e, nesse caso, você saiu a tempo – ou pode subir e continuar subindo, e, nesse caso, você perdeu ganhos potencialmente gigantescos.

Aqui estão algumas formas de determinar se faz sentido vender.

Revisar. Sempre que uma ação, fundo ou outro ativo cair um valor predeterminado abaixo do que você pagou, revise automaticamente seus motivos originais de compra para ver se eles ainda se mantêm. Muitas corretoras permitem que você defina esses alertas de preço com antecedência. Fixar esses limites em intervalos que você considera significativos – 25%, 33% e 50%, por exemplo – o obrigará a pensar antes de vender.

Reavaliar. Se você gostava desse ativo a um preço mais alto, não deveria gostar mais dele agora que o preço caiu? Dadas as mesmas circunstâncias, um preço mais baixo significa uma margem de segurança maior, a menos que o valor do negócio também tenha caído. Isso requer uma avaliação à parte, centrada na empresa e em suas operações, não no mercado de ações e em sua insanidade. Pergunte a si mesmo: o que mudou nos fundamentos dessa empresa que poderia justificar essa queda no preço das ações? Baseie esse julgamento em fatos sobre a empresa, não em opiniões do mercado. Se os fatos mudaram, então você deve vender.

Reprecificar. Olhe o valor que você pagou originalmente. Divida esse valor por dez e pergunte se, caso tivesse pago esse preço muito mais baixo, você estaria disposto a mantê-lo. Se a resposta for não, você definitivamente deve vender.

Refletir. Ficar com raiva de todos que discordam de você é um sinal claro de que sua tese de investimento pode estar errada. A profunda compreensão é confiante e tranquila, nunca sensível e defensiva. Se você se pegar zombando ou reclamando dos críticos, reflita e se pergunte: por que estou com raiva? Pode ser que eu esteja com raiva não porque eles estão errados, mas porque eu estou? Obrigue-se a voltar atrás e refazer sua análise.

Reenquadrar. Por fim, vender com prejuízo é difícil porque o obriga a encarar os fatos e admitir que cometeu um erro. Em vez disso, encare isso como uma oportunidade: nos Estados Unidos, você pode deduzir até US$ 3.000 de suas perdas de sua renda tributável anualmente. Você também pode usar uma venda para melhorar sua diversificação. Imagine que você decida que sua análise de determinada ação estava errada. Venda-a e, em seguida, invista os recursos em uma participação amplamente diversificada, como um fundo de índice do mercado de ações total. Ao distribuir um pouco mais de seu dinheiro entre todas as ações, você aumenta gradativamente sua margem de segurança.

ENFIM, SEGURO

Muitas pessoas que se autodenominam investidores, sejam elas meros especuladores ou estejam tentando honestamente investir de forma inteligente, nunca levam em conta uma margem de segurança. Investidores inteligentes sempre o fazem. Isso se deve ao fato de que o sucesso não depende apenas de ganhar dinheiro. Depende também de evitar perdas. Se você incluir uma margem de segurança, seu portfólio vai prosperar com suas boas decisões sem ser destruído pelas más.

Ter uma margem de segurança é o resultado natural e inevitável de seguir as regras, políticas e procedimentos que descrevemos neste livro. Manter uma margem de segurança significa que você estabeleceu com sucesso as bases, tijolo por tijolo, para ser um investidor inteligente.

Durante o resto de sua vida de investidor, com Graham como seu guia, nem mesmo o Sr. Mercado vai conseguir derrubar os alicerces dessa sua fortaleza.

APOSTA DE PASCAL

O matemático e teólogo francês Blaise Pascal (1623-1662) argumentou que não é possível, apenas com a lógica, provar – ou refutar – que Deus existe. Como, então, decidir se você acredita ou não nele? Enquadrando a questão como uma aposta, Pascal perguntou o que o apostador tem a ganhar ou perder. "Vamos pesar o ganho e a perda envolvidos em [apostar] que Deus existe", escreveu ele. "(...) Se você ganhar, ganhará tudo, se perder, não perderá nada."

O especialista em investimentos Peter L. Bernstein explicou a Aposta de Pascal em 2003:

> Suponha que você aja como se Deus existisse e leve uma vida de virtude e abstinência, quando, na verdade, não existe deus nenhum. Você terá deixado passar algumas coisas boas na vida, mas haverá recompensas.

> Agora, suponha que você aja como se Deus não existisse e viva uma vida de pecado, egoísmo e luxúria quando, na verdade, Deus existe. Você pode ter se divertido e experimentado altas emoções durante o período relativamente curto de sua vida, mas, quando chegar o dia do Juízo Final, vai estar em apuros.

Enquadrar as decisões à luz da Aposta de Pascal o ajuda a se concentrar não apenas no quanto você tem a ganhar se estiver certo, mas também no quanto você tem a perder se estiver errado.

As consequências são, no mínimo, tão importantes quanto as probabilidades. Você vai sobreviver aos seus ganhos, mas, talvez, não consiga sobreviver às suas perdas.

Ter uma margem de segurança em todas as suas decisões de investimento é o melhor seguro contra as consequências de estar errado.

POSFÁCIO

Conhecemos bem dois sócios que passaram boa parte de suas vidas administrando seus próprios recursos e os de outros em Wall Street. A experiência dura os ensinou que era melhor privilegiar a segurança e a cautela em vez de tentar ganhar todo o dinheiro do mundo. Eles estabeleceram uma abordagem um tanto singular às operações com papéis, a qual combinava possibilidades de bons lucros com valores sólidos. Evitavam tudo que parecia supervalorizado e eram um tanto apressados em se desfazer de ações que haviam subido a níveis não mais considerados atraentes. Sua carteira estava sempre bem diversificada, com mais de uma centena de ações diferentes. Dessa forma, eles se saíram muito bem ao longo de muitos anos de altos e baixos no mercado geral; alcançaram uma rentabilidade média de 20% ao ano sobre os vários milhões de capital que haviam aceitado gerenciar, ficando seus clientes muito satisfeitos com os resultados.[1]

No ano em que apareceu a primeira edição deste livro, foi oferecida uma oportunidade ao fundo dos sócios de comprar uma participação de metade de uma empresa em ascensão. Por alguma razão, o setor não era considerado interessante por Wall Street naquele momento e o negócio havia sido rejeitado por diversas corretoras importantes. Porém, a dupla ficou impressionada com as perspectivas da companhia; o fator decisivo para eles foi que o preço era moderado em relação aos lucros atuais e ao valor dos ativos. Os sócios decidiram realizar a aquisição, que representava aproximadamente um quinto de seus recursos. Eles se identificaram intimamente com o novo negócio, o qual prosperou.[2]

---

1 Os dois sócios aos quais Graham se refere de forma tão indireta são Jerome Newman e ele próprio.

2 Graham descreve a Government Employees Insurance Co., ou Geico, na qual ele e Newman compraram uma participação de 50% em 1948, por volta da época em que ele terminava de

Na verdade, ele se saiu tão bem que o preço das ações alcançou um nível superior a duzentas vezes o preço pago pela participação de 50%. A alta superou em muito o crescimento efetivo dos lucros, sendo que quase desde o início a cotação parecia alta demais em termos dos padrões de investimento dos próprios sócios. Porém, como eles consideravam a companhia um tipo de "empresa familiar", continuaram a manter um lote substancial das ações, apesar do aumento espetacular de preço. Um número grande de participantes em seus fundos fez o mesmo e eles ficaram milionários por meio de suas participações nesta empresa e em companhias afiliadas posteriormente organizadas.[3]

De forma irônica, o lucro total acumulado resultante dessa única decisão de investimento excedeu em muito a soma de todos os outros realizados ao longo de vinte anos em operações diversas nas áreas de especialização dos sócios, envolvendo muita investigação, ponderações sem fim e inúmeras decisões individuais.

Quais as lições que podem ser extraídas dessa história e que poderiam ser aproveitadas pelo investidor inteligente? Uma, óbvia, é a de que há várias formas diferentes de ganhar e manter dinheiro em Wall Street. Outra, não tão óbvia, é a de que um golpe de sorte ou uma decisão extremamente inteligente – é possível separá-las? – pode contar mais do que uma vida de esforços "de operários". Porém, por trás da sorte ou da decisão crucial, em geral são necessários preparo e capacidade disciplinada. É preciso estar suficientemente estabelecido e ser reconhecido para que essas oportunidades batam à sua porta. Deve-se possuir os meios, a capacidade de avaliação e a coragem de se aproveitar delas.

---

escrever *O investidor inteligente*. Os US$ 712.500 que Graham e Newman colocaram na Geico representavam aproximadamente 25% dos ativos de seu fundo naquele momento. Graham foi membro da diretoria da Geico durante muitos anos. Por um capricho interessante do destino, o melhor aluno de Graham, Warren Buffett, fez uma aposta grande na Geico em 1976, no momento em que a grande seguradora estava à beira da falência. Acabou sendo também um dos melhores investimentos de Buffett.

3 Em função de uma tecnicalidade legal, Graham e Newman foram forçados pela Securities and Exchange Commission a transferir as ações da Geico possuídas pela Graham-Newman Corp. aos acionistas dos fundos. Um investidor que possuísse cem cotas da Graham-Newman no início de 1948 (com valor de US$ 11.413) e tivesse mantido em carteira as ações da Geico transferidas teria US$ 1,66 milhão em 1972. As "companhias afiliadas posteriormente organizadas" da Geico incluíram a Government Employees Financial Corp. e a Criterion Insurance Co.

Claro, não podemos prometer uma experiência igualmente espetacular a todos os investidores inteligentes que se mantiverem prudentes e alertas ao longo dos anos. Não encerraremos com o mote de J. J. Raskob, o qual ridicularizamos no início: "Qualquer um pode ficar rico". No entanto, existem muitas possibilidades interessantes no mundo das finanças, e o investidor empreendedor e inteligente deve ser capaz de encontrar prazer e lucro nesse grande circo. As emoções estão garantidas.

COMENTÁRIO SOBRE O POSFÁCIO

POR JASON ZWEIG

A felicidade humana é produzida não tanto por grandes momentos de boa sorte que raramente acontecem, mas por pequenas vantagens que ocorrem todos os dias.

– Benjamin Franklin[1]

No fim das contas, os conselhos deste livro não se referem apenas ao tipo de investidor que você deseja se tornar.

Eles também têm a ver com o tipo de pessoa que você quer se tornar.

Você quer que o investimento seja principalmente um empreendimento ou um entretenimento? Você quer tratar os custos baixos, as negociações instantâneas e as informações ilimitadas como *obrigações* que devem ser cumpridas constantemente, ou como *opções* que devem ser utilizadas o mais raramente possível?

Você quer correr atrás de cada palpite e intuição? Ou quer seguir políticas, procedimentos e regras que lhe darão um domínio cada vez maior com o passar do tempo?

Você quer viver em uma autoilusão cega, ou quer usar o investimento como um meio de se tornar mais honesto sobre seus pontos fortes e fracos?

Você quer passar o resto da sua vida comprando e vendendo como um maluco? Ou quer tratar o investimento como uma forma de alcançar a serenidade?

Você quer que suas decisões e emoções sejam feitas reféns por milhões de desconhecidos? Quer que o Sr. Mercado lhe diga o que pensar? Ou quer pensar por si mesmo?

Essas escolhas são suas, e não dos outros. E você já sabe qual caminho Graham e eu queremos que você siga.

---

1 *The autobiography of Benjamin Franklin*. Yale University Press. 1964. p. 207.

APÊNDICES

1. Os superinvestidores de Graham e Doddsville

por Warren E. Buffett

NOTA DO EDITOR: *Este artigo é uma transcrição editada de uma palestra proferida na Universidade de Columbia, em 1984, em comemoração ao aniversário de cinquenta anos de* Security Analysis, *escrito por Benjamin Graham e David L. Dodd. Este volume especializado apresentou pela primeira vez as ideias que foram popularizadas mais tarde em* O investidor inteligente. *O ensaio de Buffett oferece um estudo fascinante de como os discípulos de Graham usaram sua abordagem de investimento em valor para alcançar um sucesso fenomenal no mercado acionário.*

Será que a abordagem à análise de investimento de Graham e Dodd que diz "procure valores com uma margem de segurança significativa relativa aos preços" está ultrapassada? Muitos dos professores que hoje escrevem livros dizem que sim. Eles argumentam que o mercado acionário é eficiente, isto é, que os preços das ações refletem tudo que é conhecido sobre as perspectivas das companhias e o estado da economia. Não existem ações subvalorizadas, afirmam esses teóricos, porque há analistas de títulos sabidos que utilizam todas as informações disponíveis para sempre garantirem preços apropriados. Os investidores que parecem superar o mercado ano após ano são apenas sortudos. "Se os preços refletem completamente as informações disponíveis, esse tipo de investimento competente é descartado", escreve um autor contemporâneo.

Bem, pode ser que sim. Porém, desejo apresentar a você um grupo de investidores que tem, ano após ano, batido o índice de 500 ações da Standard & Poor's. A hipótese de que eles fazem isso por puro acaso merece, pelo menos, ser examinada. Crucial a esse exame é o fato de que esses vencedores eram todos bem conhecidos por mim e pré-identificados como investidores superiores, tendo a identificação mais recente ocorrido há mais de quinze anos. Não fosse isso – isto é, se eu tivesse apenas pesquisado recentemente centenas de registros para selecionar alguns nomes para vocês esta manhã –, eu lhes teria aconselhado a parar a leitura aqui mesmo. Acrescentaria que todos esses registros foram verificados por auditores. Eu deveria acrescentar, ainda, que conheci muitas pessoas que investiram com esses gestores e que os cheques recebidos por elas ao longo dos anos foram compatíveis com os históricos apresentados.

Antes de começarmos esse exame, gostaria que vocês imaginassem um concurso nacional de cara ou coroa. Vamos imaginar que consigamos a participação dos 225 milhões de americanos amanhã de manhã e solicitemos que todos apostem US$ 1. Todo dia, ao nascer do sol, eles jogarão uma moeda. Se adivinharem corretamente, ganharão US$ 1 daqueles que apostaram errado. A cada dia os perdedores serão excluídos e no dia seguinte as apostas crescerão à medida que todos os prêmios anteriores forem novamente colocados em jogo. Após dez jogadas em dez manhãs, sobrariam aproximadamente 220 mil pessoas nos Estados Unidos que haviam adivinhado corretamente dez jogadas consecutivas. Cada uma delas ganharia pouco mais de US$ 1.000.

Em seguida, esse grupo provavelmente começaria a ficar um pouco mascarado com esta história, pois faz parte da natureza humana. Eles poderiam tentar ser modestos, mas em coquetéis revelariam ocasionalmente a membros atraentes do sexo oposto a sua técnica e os insights maravilhosos que eles trazem para o terreno do cara ou coroa.

Supondo que os vencedores estão recebendo recompensas apropriadas dos perdedores, em mais dez dias teríamos 215 pessoas que adivinharam com sucesso vinte jogadas de moeda consecutivas. Com esse exercício, cada uma delas teria transformado US$ 1 em pouco mais de US$ 1 milhão. Duzentos e vinte e cinco milhões de dólares teriam sido perdidos e US$ 225 milhões teriam sido ganhos.

A essa altura, esse grupo realmente perderia a cabeça. Provavelmente, seus integrantes escreveriam livros sobre "Como transformei US$ 1 em US$ 1 milhão em vinte dias trabalhando trinta segundos pela manhã". Pior ainda, eles provavelmente começariam a viajar pelo país falando em seminários sobre técnicas eficientes de jogar moedas e confrontando professores céticos com a pergunta: "Se isso é impossível de ser feito, por que existem 215 de nós?".

A essa altura, algum professor de administração provavelmente seria grosseiro o suficiente para levantar a hipótese de que se 225 milhões de orangotangos tivessem realizado o mesmo exercício, os resultados seriam iguais, 215 orangotangos egocêntricos com vinte jogadas vencedoras consecutivas.

Eu afirmaria, entretanto, que *existem* algumas diferenças importantes nos exemplos que apresentarei. Em primeiro lugar, se (a) você tivesse pegado 225 milhões de orangotangos distribuídos, grosso modo, da mesma forma que a população americana; se (b) restassem 215 vencedores após vinte dias; e se (c) visse que quarenta vieram de um zoológico específico em Omaha, você teria certeza de que algo estranho estava acontecendo. Provavelmente, sairia e perguntaria ao zelador do zoológico qual a alimentação dada aos animais, se eles fazem exercícios especiais, que livros eles leem e sabe-se lá mais o quê. Ou seja, se você encontrasse quaisquer concentrações de sucesso realmente extraordinárias, seria interessante identificar concentrações de características incomuns que poderiam ser fatores causais.

A investigação científica naturalmente segue tal padrão. Se você estivesse tentando analisar as possíveis causas de um tipo de câncer raro – com, digamos, 1.500 casos por ano nos Estados Unidos – e descobrisse que quatrocentos deles ocorreram em uma pequena cidade mineradora em Montana, seu interesse seria grande em investigar a água local, a ocupação dos atingidos ou outras variáveis. Você sabe que não é por acaso que quatrocentos vieram de uma área pequena. Você não necessariamente conheceria os fatores causais, mas saberia onde procurar.

Acredito que existem várias maneiras de definir uma origem que não seja a geográfica. Além de origens geográficas, pode existir aquilo que denomino origem *intelectual*. Estou convencido de que você encontrará um número desproporcional de jogadores de moeda bem-sucedidos no mundo dos investimentos oriundos de uma pequena vila intelectual que poderia ser chamada de Graham e Doddsville. Uma concentração de vencedores, que não pode ser explicada simplesmente pelo acaso, mas pode ser rastreada até essa vila intelectual específica.

Poderiam existir condições que tornariam mesmo essa concentração sem importância. Talvez cem pessoas estivessem simplesmente seguindo o palpite de alguma personalidade terrivelmente persuasiva. Quando essa pessoa pedisse cara, cem seguidores automaticamente apostariam da mesma forma. Se o líder for um dos 215 restantes no fim, o fato de que cem tiveram a mesma origem intelectual nada significaria. Você simplesmente estaria identificando um caso com uma centena. Da mesma forma, suponhamos que você viva em uma sociedade fortemente patriarcal e cada família americana convenientemente consista de dez membros. Ademais, suponha que a cultura patriarcal seja tão forte que, quando 225 milhões de pessoas jogarem no primeiro dia, cada membro de uma família se identifique com a jogada do pai. Agora, no final do período de vinte dias, você teria 215 vencedores e descobriria que vieram de apenas 21,5 famílias. Alguns tipos ingênuos poderiam dizer que isso indica um fator de hereditariedade enorme como explicação para o sucesso no cara ou coroa. Porém, claro, essa ocorrência não teria significado algum porque simplesmente significaria que não havia 215 vencedores individuais, mas sim 21,5 famílias aleatoriamente distribuídas que haviam ganhado.

Nesse grupo de investidores bem-sucedidos que desejo considerar, existe um patriarca intelectual comum, Ben Graham. Porém, as crianças que deixaram a casa desse patriarca intelectual preveem os resultados do arremesso de uma moeda de formas muito diferentes. Foram a lugares diferentes e compraram e venderam ações e companhias diferentes. No entanto, têm um desempenho conjunto que simplesmente não pode ser explicado pelo acaso. De forma alguma isso pode ser explicado pelo fato de que todos estão apostando na moeda de forma idêntica por ter um líder sinalizando as jogadas a serem feitas. O patriarca meramente estabeleceu o arcabouço intelectual para apostar no resultado das jogadas, mas cada estudante decidiu sobre sua própria maneira de aplicar a teoria.

O tema intelectual comum dos investidores de Graham e Doddsville é o seguinte: eles buscam discrepâncias entre o *valor* do negócio e o *preço* de pequenas partes daquele negócio no mercado. Essencialmente, eles exploram essas discrepâncias sem a preocupação dos teóricos de mercados eficientes quanto à compra das ações se realizar nas segundas ou nas terças-feiras ou em janeiro ou julho etc. Incidentalmente, quando homens de negócios compram negócios – que é justamente o que os investidores Graham e Dodd fazem por meio de ações negociáveis –, duvido que muitos estejam levando em consideração nessa decisão de compra o dia da semana ou o mês no qual a transação ocorrerá. Se não há diferença alguma quanto ao fato de todo um negócio estar sendo comprado em uma segunda ou sexta-feira, fico pasmado com o fato de os acadêmicos investirem tanto tempo e esforço para verificarem se o dia da semana faz diferença na compra de porções pequenas daqueles mesmos negócios. Nossos investidores Graham & Dodd, desnecessário dizer, não discutem o beta, o modelo de precificação do custo de capital (CAPM) ou a covariância dos retornos de certos papéis. Esses assuntos não têm qualquer interesse para eles. Na verdade, a maioria deles teria dificuldade em definir tais termos. Os investidores simplesmente focam em duas variáveis: preço e valor.

Sempre considerei extraordinário que sejam feitos tantos estudos sobre o comportamento de preço e volume, matéria da análise técnica. Você pode se imaginar comprando um negócio inteiro simplesmente porque o preço do negócio havia *subido* substancialmente na semana passada e na semana retrasada? Claro, a razão pela qual tantos estudos são feitos sobre variáveis como preço e volume é que agora, na era dos computadores, há uma quase infinidade de dados disponíveis. Não é necessariamente porque tais estudos têm qualquer utilidade; é simplesmente porque os dados estão acessíveis e os acadêmicos trabalharam arduamente para aprenderem as técnicas matemáticas necessárias para manipulá-los. Uma vez que essas capacidades tenham sido adquiridas, parece pecaminoso deixar de usá-las, mesmo que o uso não tenha utilidade alguma ou tenha uma utilidade negativa. Como diz um amigo meu, ao homem com um martelo, tudo lhe parece um prego.

Creio que o grupo que identifiquei com base em uma origem intelectual comum vale a pena ser estudado. A propósito, apesar de todos os estudos acadêmicos sobre a influência de variáveis, tais como preço, volume, sazonalidade, volume de capitalização etc., no desempenho das ações, nenhum interesse foi demonstrado no estudo dos métodos dessa concentração incomum de vencedores orientados para o valor.

Começo este estudo de resultados retornando a um grupo de quatro pessoas que trabalharam na Graham-Newman Corporation de 1954 a 1956. Havia apenas quatro – não selecionei esses nomes de milhares. Eu próprio me ofereci para ir trabalhar de graça na Graham-Newman após ter sido aluno de Graham, mas ele considerou a proposta cara. Ele levava essa coisa de valor muito a sério! Após importuná-lo muito, ele finalmente me contratou. Havia três sócios e quatro de nós em um nível de "peão". Todos quatro saíram entre 1955 e 1957, quando a firma foi dissolvida, e é possível rastrear o histórico de três deles.

O primeiro exemplo (ver Tabela 1, pp. 597-598) é o de Walter Schloss. Walter nunca foi à universidade, mas estudou com Ben Graham à noite no

Instituto de Finanças de Nova York. Walter deixou a Graham-Newman em 1955 e obteve o desempenho apresentado aqui ao longo de 28 anos.

Aqui está o que o autor "Adam Smith" – após eu ter-lhe contado sobre Walter – escreveu sobre ele em *Supermoney* (1972):

> Ele não possui conexões ou acesso a informações. Quase ninguém em Wall Street o conhece e ele não recebe quaisquer sugestões. Ele procura números em manuais e manda buscar os relatórios anuais, e isso é tudo.
>
> Ao me apresentar a [Schloss], Warren tinha também, na minha opinião, descrito a si mesmo. "Ele nunca esquece que está lidando com o dinheiro de outras pessoas, e isso reforça sua aversão normal e forte à perda". Ele é totalmente íntegro e possui uma visão realista de si mesmo. Para ele, o dinheiro é real e as ações são reais, surgindo daí uma atração pelo princípio da "margem de segurança".

Walter diversificou enormemente e hoje possui bem mais de cem ações. Ele sabe como identificar papéis negociados a um preço consideravelmente abaixo de seu valor para um proprietário privado. *E isso é tudo que faz.* Ele não se preocupa com o fato de ser janeiro, ou com o fato de ser segunda-feira, e não está nem aí se for um ano de eleições. Ele simplesmente acredita que se um negócio vale US$ 1 e pode ser adquirido por US$ 0,40, algo bom pode acontecer ao comprador. E ele repete esse processo seguidamente. Ele possui muito mais ações do que eu e está muito menos interessado na natureza subjacente do negócio: não parece que tenho muita influência sobre Walter. Esse é um de seus pontos fortes; ninguém tem muita influência sobre ele.

O segundo caso é o de Tom Knapp, que também trabalhou na Graham-Newman comigo. Tom formou-se em química em Princeton antes da guerra; quando voltou da guerra, virou um vagabundo de praia. Um dia, ele leu que Dave Dodd iria lecionar um curso noturno sobre investimentos na Columbia. Tom fez o curso como ouvinte, mas ficou tão interessado no assunto que se inscreveu na Columbia Business School, onde cursou o programa de MBA. Ele fez o curso de Dodd novamente e também o de Ben Graham. Por acaso, 35 anos depois telefonei para Tom com o objetivo de conferir alguns dos fatos aqui descritos e o encontrei novamente na praia. A única diferença é que agora ele era o dono da praia!

Em 1968, Tom Knapp e Ed Anderson, também discípulo de Graham, em conjunto com um ou dois outros colegas com interesses semelhantes, formaram a Tweedy, Browne Partners, e seus resultados de investimento aparecem na Tabela 2. A Tweedy, Browne construiu esse histórico com uma diversificação muito ampla. Ocasionalmente, ela adquiriu o controle de negócios, mas o histórico dos investimentos passivos é igual ao registro dos investimentos em posições de controle.

A Tabela 3 descreve o terceiro membro do grupo que formou a Buffett Partnership em 1957. A melhor coisa que ele fez foi pedir demissão em 1969. Desde então, de certa forma, a Berkshire Hathaway tem sido uma continuação da parceria em alguns aspectos. Não existe qualquer índice único que possa apresentar a vocês que eu consideraria um teste justo da gestão de investimentos feita pela Berkshire. Porém, penso que, seja qual for a forma que você queira calcular, a gestão foi satisfatória.

A Tabela 4 mostra o histórico do Sequoia Fund, o qual é administrado por uma pessoa que conheci em 1951 em uma aula de Ben Graham, Bill Ruane. Após se formar na Harvard Business School, ele rumou para Wall Street. Percebeu que precisava obter uma educação em negócios de verdade e, portanto, foi fazer o curso de Ben na Columbia, onde nos encontramos no início de 1951. O desempenho de Bill de 1951 a 1970, trabalhando com valores relativamente pequenos, foi muito acima da média. Quando encerrei a Buffett Partnership, pedi a Bill que montasse um fundo para lidar com todos os nossos sócios, então ele montou o Sequoia Fund. Ele o montou em um momento terrível, logo antes de minha saída. Ele foi direto para o mercado de dois níveis, com todas as dificuldades que este representava em termos de desempenho comparativo para os investidores orientados para o valor. Tenho prazer em informar que meus sócios, de maneira surpreendente, não apenas permaneceram com ele, mas colocaram mais dinheiro, gerando o resultado feliz aqui apresentado.

Não é uma questão de avaliar o passado com base na visão retrospectiva. Bill foi a única pessoa que recomendei para meus sócios. Também disse, naquele momento, que se ele atingisse uma vantagem de quatro pontos por ano acima do Standard & Poor's, isso teria sido um desempenho sólido. Bill atingiu cifras bem superiores trabalhando com montantes progressivamente maiores de dinheiro. Isso torna as coisas muito mais difíceis. O tamanho é o freio do desempenho. Não há dúvidas sobre isso, o que não significa que não seja possível ter um desempenho acima da média quando se fica maior, mas a margem encolhe. E se você alguma vez estiver administrando US$ 2 trilhões, e isso é a avaliação do valor total dos papéis na economia americana, não pense que conseguirá um desempenho acima da média!

Eu deveria acrescentar que nos registros que examinamos até agora, em todo o período, não houve praticamente qualquer duplicação entre as carteiras. Esses são homens que selecionam papéis com base em discrepâncias entre preço e valor, mas fazem suas escolhas de formas muito diferentes. As maiores propriedades de Walter são nomes "tradicionais" como a Hudson Pulp & Paper, Jeddo Highland Coal, New York Trap Rock Company e todos aqueles outros nomes que vêm imediatamente à mente até do leitor menos assíduo das páginas de negócios. As seleções da Tweedy, Browne têm um grau de identificação ainda menor por parte dos investidores. Por outro lado, Bill trabalhou com grandes companhias. A duplicação entre essas carteiras foi muito, muito pequena. Esses históricos não refletem uma pessoa pedindo cara ou coroa e cinquenta pessoas seguindo sua orientação.

A Tabela 5 é o histórico de um amigo meu que se formou pela Harvard Law School e abriu um grande escritório de advocacia. Voltamos a nos ver em 1960 e eu lhe disse que advogar era bom como diversão, mas que ele podia fazer melhor. Ele montou uma sociedade bem oposta à de Walter. Sua carteira se concentrou em um número pequeno de papéis e, portanto, seus resultados foram muito mais voláteis, mas ele se baseou na mesma abordagem do desconto sobre o valor. Estava disposto a aceitar altas e baixas de desempenho maiores e se revelou uma pessoa com tendência à concentração, conforme os resultados mostrados. Por acaso, esse histórico se refere a Charlie Munger, meu sócio por um longo tempo na operação da Berkshire Hathaway. Quando ele dirigia sua sociedade, no entanto, a composição de sua carteira destoava quase completamente da minha e das dos outros colegas mencionados anteriormente.

A Tabela 6 é o histórico de um colega que foi companheiro de Charlie Munger – outro tipo cuja formação não era em administração de empresas – e que se formara em matemática na USC. Ele trabalhou por algum tempo como vendedor na IBM após se formar. Depois que cheguei ao Charlie, Charlie chamou seu colega. Esse é o histórico de Rick Guerin. As carteiras geridas por Rick, de 1965 a 1983, tiveram um aumento de 22.200%, comparado com o ganho composto de 316% do S&P, um resultado que, provavelmente por ele não ter se formado em uma escola de administração, ele considera estatisticamente significante.

Um aparte aqui: é extraordinário para mim que a ideia de comprar notas de US$ 1 por US$ 0,40 arrebate uma pessoa imediatamente ou então não arrebata nunca mais. É como uma vacina. Se a ideia não pega uma pessoa imediatamente, você pode falar com ela por anos a fio e mostrar-lhe registros que não fará a menor diferença. Ela simplesmente não parece capaz de entender o conceito, por mais simples que seja. Um cara como Rick Guerin, sem qualquer educação formal em negócios, entende logo a abordagem de valor dos investimentos e a aplica cinco minutos mais tarde. Nunca vi ninguém que tenha se convertido gradualmente a essa abordagem ao longo de um período de dez anos. Não parece ser uma questão de QI ou de treinamento acadêmico. Há um reconhecimento instantâneo ou não há nada.

A Tabela 7 é o histórico do Stan Perlmeter. Stan se formou em artes liberais pela Universidade de Michigan e foi sócio da agência de publicidade Bozell & Jacobs. Acabamos trabalhando no mesmo edifício em Omaha. Em 1965, ele percebeu que eu tinha um negócio melhor do que o dele, então deixou a agência. Foram necessários apenas cinco minutos para Stan abraçar a abordagem de valor.

Perlmeter não compra aquilo que Walter Schloss compra, que por sua vez não compra aquilo que Bill Ruane compra. Esses são desempenhos alcançados *de forma independente*. Porém, cada vez que Perlmeter compra uma ação é porque está obtendo mais em troca de seu dinheiro do que está pagando. Essa é a única coisa na qual ele pensa. Ele não se preocupa com as projeções de lucros trimestrais, não se preocupa com os lucros do ano seguinte, não pensa que dia da semana é, não se importa com o que os analistas de investimento de qualquer lugar dizem, não se interessa pela evolução dos preços, volume ou qualquer coisa. Ele simplesmente pergunta: Qual o valor do negócio?

A Tabela 8 e a Tabela 9 são os históricos de dois fundos de pensão com os quais estive envolvido. Eles não foram selecionados a partir de dezenas de fundos de pensões com os quais me envolvi, mas sim os únicos que influenciei. Em ambos os casos, indiquei a eles gestores voltados para o valor. Muito, muito poucos fundos de pensão são administrados com base no valor. A Tabela 8 apresenta o fundo de pensão da Washington Post Company. Ele era gerenciado por um grande banco alguns anos atrás, e sugeri que os resultados seriam melhores se fossem selecionados gestores que tivessem uma orientação para o valor.

Como se pode ver, em geral, o fundo esteve sempre entre os de melhor desempenho após a troca de administradores que sugeri. A Post instruiu os gestores para manterem pelo menos 25% dos recursos em obrigações, o que não necessariamente teriam escolhido por si mesmos. Logo, incluí o desempenho das obrigações simplesmente para mostrar que esse grupo não possui conhecimento especializado sobre obrigações. Eles nunca afirmariam o contrário. Mesmo com o obstáculo da alocação de 25% do fundo para uma área que não era a sua, eles ficaram entre os melhores administradores de fundos. A experiência da Washington Post não cobre um período muito longo, mas representa muitas decisões de investimento feitas por três gestores que foram identificados especificamente por sua orientação para o valor.

A Tabela 9 é o histórico do fundo da FMC Corporation. Eu não administro pessoalmente um centavo dele, mas em 1974 influenciei sua decisão para que fossem selecionados gestores orientados para o valor. Antes daquela época, os gestores eram selecionados da mesma forma que fazem a maioria das companhias maiores. Eles agora são o número um na pesquisa Becker entre os fundos de pensão de porte semelhante desde essa "conversão" para a abordagem de valor. Ano passado, o fundo tinha oito gestores de investimentos com um vínculo superior a um ano. Sete deles tiveram um desempenho acumulado melhor do que o da S&P. Todos os oito tiveram um desempenho melhor no ano passado do que a S&P. A diferença líquida até o presente momento, entre um desempenho mediano e o efetivo do fundo FMC é de US$ 243 milhões. A FMC atribui isso às orientações dadas à companhia a respeito da seleção de gestores. Aqueles gestores não são, necessariamente, os que eu escolheria por minha conta, mas eles têm em comum o fato de selecionarem papéis com base no valor.

Em resumo, esses são nove históricos de "jogadores de moedas" de Graham and Doddsville. Não os selecionei com base no que sei hoje, mas a partir de um universo de milhares. Não é como se eu estivesse recitando os nomes de uma porção de vencedores da loteria – pessoas que nunca vi ou ouvi falar antes de ganharem a loteria. Selecionei essas pessoas há anos por causa de seu arcabouço de tomada de decisões de investimento. Sabia o que haviam aprendido e, além disso, eu tinha algum conhecimento pessoal sobre seu caráter, inteligência e temperamento. É muito importante entender que esse grupo correu muito menos riscos do que a média; observe seu desempenho nos anos em que o mercado geral não estava bem. Embora tenham estilos muito diferentes, esses investidores, mentalmente, sempre *compram o negócio, não compram a ação*. Alguns deles às vezes compram negócios inteiros. Com muito mais frequência, eles simplesmente compram participações pequenas em certos negócios. Suas atitudes, seja na compra de todo, seja na de uma parte ínfima de um negócio, são iguais. Alguns mantêm carteiras com dezenas de ações; outros se concentram em um punhado delas. Porém, todos exploram a diferença entre o preço de mercado de um negócio e seu valor intrínseco.

Estou convencido de que existe muita ineficiência no mercado. Esses investidores de Graham e Doddsville exploraram com sucesso a lacuna existente entre preço e valor. Quando o preço de uma ação pode ser influenciado por uma "manada" em Wall Street, com preços estabelecidos, na margem, pela pessoa mais emocional ou mais gananciosa ou mais deprimida, é difícil defender a posição de que o mercado sempre gera cotações racionalmente. Na verdade, com frequência, os preços de mercado são insensatos.

Gostaria de dizer algo importante sobre risco e recompensa. Às vezes, risco e recompensa são correlacionados de forma positiva. Se alguém me dissesse, "tenho aqui um revólver de seis tiros e acabo de colocar uma bala nele. Por que você não gira o tambor e aperta o gatilho apenas uma vez? Se você sobreviver, lhe dou US$ 1 milhão", eu não aceitaria – talvez afirmando que US$ 1 milhão não é suficiente. Então, ele talvez me oferecesse US$ 5 milhões para apertar o gatilho duas vezes – isso é que seria uma correlação positiva entre risco e recompensa!

No caso do investimento em valor é justamente o contrário. A compra de uma nota de US$ 1 a US$ 0,60 é mais arriscada do que a compra da mesma nota por US$ 0,40, mas a expectativa de recompensa é maior no segundo caso. Quanto maior o potencial de recompensa na carteira de valor, menor o risco.

Um exemplo rápido: a Washington Post Company em 1973 estava sendo negociada pelo mercado por US$ 80 milhões. Naquela época, você poderia vender seus ativos para qualquer um entre dez compradores por pelo menos US$ 400 milhões, provavelmente muito mais. A companhia era dona do *Post* e da *Newsweek,* além de várias estações de televisão em grandes mercados. Aquelas mesmas propriedades, hoje, valem US$ 2 bilhões, portanto, a pessoa que as tivesse comprado por US$ 400 milhões não estaria alucinada.

Agora, se a ação tivesse caído ainda mais, até um preço que representasse uma avaliação de US$ 40 milhões em vez de US$ 80 milhões, seu beta teria sido maior. E para as pessoas que acreditam que o beta mede risco, o preço mais barato teria feito a ação parecer mais arriscada. Isso é verdadeiramente uma situação saída das páginas de *Alice no País das Maravilhas*. Nunca fui capaz de entender por que é mais arriscado comprar US$ 400 milhões em propriedades por US$ 40 milhões em vez de US$ 80 milhões. E, na verdade, se você compra um grupo de tais papéis e conhece algo sobre a cotação dos negócios, não há essencialmente risco algum em comprar US$ 400 milhões por US$ 80 milhões, sobretudo, se você o faz por meio da compra de dez pilhas de US$ 40 milhões por US$ 8 milhões cada. Já que você não tem em mãos US$ 400 milhões, precisa então se certificar de que está se juntando a pessoas honestas e razoavelmente competentes, mas essa não é uma tarefa difícil.

Você também precisa ter conhecimento para ser capaz de fazer uma estimativa muito aproximada do valor intrínseco dos negócios. Porém, não é necessário se preocupar com o último centavo. Isso era o que Ben Graham queria dizer com margem de segurança. Você não tenta comprar negócios que valem US$ 83 milhões por US$ 80 milhões. Você se permite uma enorme margem. Na construção de uma ponte, você insiste que ela deve aguentar uma carga de 15.000kg, mas permite que apenas caminhões de 5.000kg a atravessem. Esse mesmo princípio funciona nos investimentos.

Concluindo, os leitores com um espírito mais empresarial podem se perguntar por que escrevo este artigo. Um grande aumento nos convertidos à abordagem de valor necessariamente causaria uma diminuição nas diferenças entre preço e valor. Posso apenas dizer que o segredo já foi revelado há cinquenta anos, desde que Ben Graham e Dave Dodd escreveram *Security analysis*. No entanto, não vi tendência de aumento no investimento em valor nos 35 anos em que o pratico. Parece haver alguma característica humana perversa que gosta de dificultar as coisas. No mundo acadêmico, em última análise, houve efetivamente um retrocesso no ensino do investimento em valor ao longo dos últimos trinta anos. É provável que continue dessa forma. Navios navegarão ao redor do mundo, mas a Sociedade da Terra Plana continuará a florescer. Continuará a haver discrepâncias amplas entre o preço e o valor no mercado, e aqueles que lerem Graham e Dodd continuarão a prosperar.

A seguir, as tabelas de 1 a 9:

TABELA 1 Walter J. Schloss

Ano	*Ganho total do S&P, incluindo dividendos (%)*	*Lucros globais dos sócios da WJS Ltd. por ano (%)*	*Lucro geral da sociedade de WJS por ano (%)*		
1956	7,5	5,1	6,8	Rentabilidade acumulada em 28¼ anos da S&P	887,2%
1957	-10,5	-4,7	-4,7		
1958	42,1	42,1	54,6	Rentabilidade acumulada em 28¼ anos dos sócios da WJS Limited	6.678,8%
1959	12,7	17,5	23,3		
1960	-1,6	7,0	9,3	Lucros compostos de 28,25 anos da WJS Partnership	23.104,7%
1961	26,4	21,6	28,8		
1962	-10,2	8,3	11,1	Taxa anual composta de 28¼ anos da S&P	8,4%
1963	23,3	15,1	20,1		
1964	16,5	17,1	22,8	Taxa anual composta de 28¼ anos dos sócios da WJS Limited	16,1%
1965	13,1	26,8	35,7		
1966	-10,4	0,5	0,7	Taxa anual composta de 28¼ anos da WJS Partnership	21,3%
1967	26,8	25,8	34,4		
1968	10,6	26,6	35,5	Durante a história da sociedade, ela possuiu mais de oitocentos papéis e, na maior parte do tempo, tinha, pelo menos, cem em carteira. Os ativos atuais administrados se aproximam de US$45 milhões. A diferença entre os retornos da sociedade e os retornos dos sócios limitados é devida a alocações para o sócio principal gerir.	
1969	-7,5	-9,0	-9,0		
1970	2,4	-8,2	-8,2		
1971	14,9	25,5	28,3		
1972	19,8	11,6	15,5		
1973	-14,8	-8,0	-8,0		
1974	-26,6	-6,2	-6,2		
1975	36,9	42,7	52,2		
1976	22,4	29,4	39,2		

Ano	*Ganho total do S&P, incluindo dividendos (%)*	*Lucros globais dos sócios da WJS Ltd. por ano (%)*	*Lucro geral da sociedade WJS por ano (%)*
1977	-8,6	25,8	34,4
1978	7,0	36,6	48,8
1979	17,6	29,8	39,7
1980	32,1	23,3	31,1
1981	6,7	18,4	24,5
1982	20,2	24,1	32,1
1983	22,8	38,4	51,2
1984 (1º tri)	2,3	0,8	1,1

TABELA 2 Tweedy, Browne Inc.

Período encerrado (30 de setembro)	Dow Jones* (%)	S&P 500* (%)	TBK total (%)	TBK Limited Partners (%)
1968 (9 meses)	6,0	8,8	27,6	22,0
1969	-9,5	-6,2	12,7	10,0
1970	-2,5	-6,1	-1,3	-1,9
1971	20,7	20,4	20,9	16,1
1972	11,0	15,5	14,6	11,8
1973	2,9	1,0	8,3	7,5
1974	-31,8	-38,1	1,5	1,5
1975	36,9	37,8	28,8	22,0
1976	29,6	30,1	40,2	32,8
1977	-9,9	-4,0	23,4	18,7
1978	8,3	11,9	41,0	32,1
1979	7,9	12,7	25,5	20,5
1980	13,0	21,1	21,4	17,3
1981	-3,3	2,7	14,4	11,6
1982	12,5	10,1	10,2	8,2
1983	44,5	44,3	35,0	28,2
Retorno total				
15¾ anos	191,8%	238,5%	1.661,2%	936,4%
Taxa anual composta de 15¾ anos da Standard & Poor's				7,0%
Taxa anual composta de 15¾ anos dos sócios da TBK Limited				16,0%
Taxa anual composta de 15¾ anos da TBK como um todo				20,0%

* Inclui dividendos pagos tanto para o índice composto de 500 ações da Standard & Poor's como para o Índice Industrial Dow Jones.

TABELA 3 Buffett Partnership, Ltd.

Ano	*Resultados gerais do Dow (%)*	*Resultados da sociedade (%)*	*Resultados dos sócios limitados (%)*
1957	-8,4	10,4	9,3
1958	38,5	40,9	32,2
1959	20,0	25,9	20,9
1960	-6,2	22,8	18,6
1961	22,4	45,9	35,9
1962	-7,6	13,9	11,9
1963	20,6	38,7	30,5
1964	18,7	27,8	22,3
1965	14,2	47,2	36,9
1966	-15,6	20,4	16,8
1967	19,0	35,9	28,4
1968	7,7	58,8	45,6
1969	-11,6	6,8	6,6
Em uma base cumulativa ou composta, os resultados são:			
1957	-8,4	10,4	9,3
1957-1958	26,9	55,6	44,5
1957-1959	52,3	95,9	74,7
1957-1960	42,9	140,6	107,2
1957-1961	74,9	251,0	181,6
1957-1962	61,6	299,8	215,1
1957-1963	94,9	454,5	311,2
1957-1964	131,3	608,7	402,9
1957-1965	164,1	943,2	588,5
1957-1966	122,9	1156,0	704,2
1957-1967	165,3	1606,9	932,6
1957-1968	185,7	2610,6	1403,5
1957-1969	152,6	2794,9	1502,7
Taxa anual composta	7,4	29,5	23,8

TABELA 4 Sequoia Fund, Inc.

	Variação percentual anual**	
Ano	*Sequoia Fund (%)*	*Índice* S&P 500 (%)*
1970 (a partir de 15 de julho)	12,1	20,6
1971	13,5	14,3
1972	3,7	18,9
1973	-24,0	-14,8
1974	-15,7	-26,4
1975	60,5	37,2
1976	72,3	23,6
1977	19,9	-7,4
1978	23,9	6,4
1979	12,1	18,2
1980	12,6	32,3
1981	21,5	-5,0
1982	31,2	21,4
1983	27,3	22,4
1984 (1º trimestre)	-1,6	-2,4
Período inteiro	775,3%	270,0%
Retorno anual composto	17,2%	10,0%
Mais 1% de taxa de administração	1,0%	
Retorno bruto do investimento	18,2%	10,0%

* Inclui dividendos (e distribuição de ganhos de capital no caso do Sequoia Fund) tratados como se fossem reinvestidos.

** Esses números diferem ligeiramente dos da S&P na Tabela 1 por causa de uma diferença no cálculo dos dividendos reinvestidos.

TABELA 5 **Charles Munger**

Ano	*Mass. Invest. Trist (%)*	*Ações dos inves-tidores (%)*	*Lehman (%)*	*Tri-Cont. (%)*	*Dow (%)*	*Sociedade geral (%)*	*Sócios limi-tados (%)*
Resultados anuais							
1962	-9,8	-13,4	-14,4	-12,2	-7,6	30,1	20,1
1963	20,0	16,5	23,8	20,3	20,6	71,7	47,8
1964	15,9	14,3	13,6	13,3	18,7	49,7	33,1
1965	10,2	9,8	19,0	10,7	14,2	8,4	6,0
1966	-7,7	-9,9	-2,6	-6,9	-15,7	12,4	8,3
1967	20,0	22,8	28,0	25,4	19,0	56,2	37,5
1968	10,3	8,1	6,7	6,8	7,7	40,4	27,0
1969	-4,8	-7,9	-1,9	0,1	-11,6	28,3	21,3
1970	0,6	-4,1	-7,2	-1,0	8,7	-0,1	-0,1
1971	9,0	16,8	26,6	22,4	9,8	25,4	20,6
1972	11,0	15,2	23,7	21,4	18,2	8,3	7,3
1973	-12,5	-17,6	-14,3	-21,3	-23,1	-31,9	-31,9
1974	-25,5	-25,6	-30,3	-27,6	-13,1	-31,5	-31,5
1975	32,9	33,3	30,8	35,4	44,4	73,2	73,2
Resultados compostos							
1962	-9,8	-13,4	-14,4	-12,2	-7,6	30,1	20,1
1962-1963	8,2	0,9	6,0	5,6	11,5	123,4	77,5
1962-1964	25,4	15,3	20,4	19,6	32,4	234,4	136,3
1962-1965	38,2	26,6	43,3	32,4	51,2	262,5	150,5
1962-1966	27,5	14,1	39,5	23,2	27,5	307,5	171,3
1962-1967	53,0	40,1	78,5	54,5	51,8	536,5	273,0
1962-1968	68,8	51,4	90,5	65,0	63,5	793,6	373,7
1962-1969	60,7	39,4	86,9	65,2	44,5	1046,5	474,6
1962-1970	61,7	33,7	73,4	63,5	57,1	1045,4	474,0
1962-1971	76,3	56,2	119,5	100,1	72,5	1336,3	592,2
1962-1972	95,7	79,9	171,5	142,9	103,9	1455,5	642,7
1962-1973	71,2	48,2	132,7	91,2	77,2	959,3	405,8
1962-1974	27,5	40,3	62,2	38,4	36,3	625,6	246,5
1962-1975	69,4	47,0	112,2	87,4	96,8	1156,7	500,1
Taxa anual composta média	3,8	2,8	5,5	4,6	5,0	19,8	13,7

TABELA 6 Pacific Partners, Ltd.

Ano	*Índice S&P 500* (%)	*Resultados dos sócios limitados* (%)	*Resultados da sociedade geral* (%)
1965	12,4	21,2	32,0
1966	-10,1	24,5	36,7
1967	23,9	120,1	180,1
1968	11,0	114,6	171,9
1969	-8,4	64,7	97,1
1970	3,9	-7,2	-7,2
1971	14,6	10,9	16,4
1972	18,9	12,8	17,1
1973	-14,8	-42,1	-42,1
1974	-26,4	-34,4	-34,4
1975	37,2	23,4	31,2
1976	23,6	127,8	127,8
1977	-7,4	20,3	27,1
1978	6,4	28,4	37,9
1979	18,2	36,1	48,2
1980	32,3	18,1	24,1
1981	-5,0	6,0	8,0
1982	21,4	24,0	32,0
1983	22,4	18,6	24,8

Ganho composto de dezenove anos da Standard & Poor's	316,4%
Ganho composto de dezenove anos dos sócios limitados	5.530,2%
Ganho composto de dezenove anos da sociedade geral	22.200,0%
Taxa anual composta de dezenove anos da Standard & Poor's	7,8%
Taxa anual composta de dezenove anos dos sócios limitados	23,6%
Taxa anual composta de dezenove anos da sociedade geral	32,9%

TABELA 7 Perlmeter Investments

Ano	*PIL Geral* (%)	*Sócios limitados* (%)		
1/8-31/12/1965	40,6	32,5	Ganho percentual total da sociedade 1/8/1965 até 31/10/1983	4277,2%
1966	6,4	5,1	Ganho percentual total dos sócios limitados 1/8/1965 até 31/10/1983	2309,5%
1967	73,5	58,8	Taxa de lucro composta anual da sociedade	23,0%
1968	65,0	52,0	Taxa de lucro composta anual dos sócios limitados	19,0%
1969	-13,8	-13,8	Índice industrial Dow Jones 31/7/1965 (aproximadamente)	882
1970	-6,0	-6,0	Índice industrial Dow Jones 31/10/1983 (aproximadamente)	1225
1971	55,7	49,3	Taxa composta de retorno aproximada do DJI incluindo dividendos	7%
1972	23,6	18,9		
1973	-28,1	-28,1		
1974	-12,0	-12,0		
1975	38,5	38,5		
1/1-31/10/1976	38,2	34,5		
1/11/1976-31/10/1977	30,3	25,5		
1/11/1977-31/10/1978	31,8	26,6		
1/11/1978-31/10/1979	34,7	28,9		
1/11/1979-31/10/1980	41,8	34,7		
1/11/1980-31/10/1981	4,0	3,3		
1/11/1981-31/10/1982	29,8	25,4		
1/11/1982-31/10-1983	22,2	18,4		

TABELA 8 The Washington Post Company, Master Trust, 31 de dezembro de 1983

	Trimestre atual		Ano de 1983		2 últimos anos*		3 últimos anos*		5 últimos anos*	
	% ret.	*Clas.*	*% ret.*	*Clas.*	*% ret.*	*Clas.*	*% ret.*	*Clas.*	*% ret.*	*Clas.*
Todos os investimentos										
Gestor A	4,1	2	22,5	10	20,6	40	18,0	10	20,2	3
Gestor B	3,2	4	34,1	1	33,0	1	28,2	1	22,6	1
Gestor C	5,4	1	22,2	11	28,4	3	24,5	1	—	—
Master Trust (todos os gestores)	3,9	1	28,1	1	28,2	1	24,3	1	21,8	1
Ações ordinárias										
Gestor A	5,2	1	32,1	9	26,1	27	21,2	11	26,5	7
Gestor B	3,6	5	52,9	1	46,2	1	37,8	1	29,3	3
Gestor C	6,2	1	29,3	14	30,8	10	29,3	3	—	—
Master Trust (todos os gestores)	4,7	1	41,2	1	37,0	1	30,4	1	27,6	1
Obrigações										
Gestor A	2,7	8	17,0	1	26,6	1	19,0	1	12,2	2
Gestor B	1,6	46	7,6	48	18,3	53	12,7	84	7,4	86
Gestor C	3,2	4	10,4	9	24,0	3	18,9	1	—	—
Master Trust (todos os gestores)	2,2	11	9,7	14	21,1	14	15,2	24	9,3	30
Obrigações e equivalentes em dinheiro										
Gestor A	2,5	15	12,0	5	16,1	64	15,5	21	12,9	9
Gestor B	2,1	28	9,2	29	17,1	47	14,7	41	10,8	44
Gestor C	3,1	6	10,2	17	22,0	2	21,6	1	—	—
Master Trust (todos os gestores)	2,4	14	10,2	17	17,8	20	16,2	2	12,5	9

* Anualizado

Classificação indica o desempenho do fundo em comparação com o universo da A.C. Becker Classificação é apresentada como um percentil: 1 = melhor desempenho, 100 = pior

TABELA 9 Fundo de Pensão da FMC Corporation, taxa de retorno anual (percentual)

Período encer-rando	*1 ano*	*2 anos*	*3 anos*	*4 anos*	*5 anos*	*6 anos*	*7 anos*	*8 anos*	*9 anos*
FMC (Obrigações e ações combinadas)									
1983	23,0								*17,1
1982	22,8	13,6	16,0	16,6	15,5	12,3	13,9	16,3	
1981	5,4	13,0	15,3	13,8	10,5	12,6	15,4		
1980	21,0	19,7	16,8	11,7	14,0	17,3			
1979	18,4	14,7	8,7	12,3	16,5				
1978	11,2	4,2	10,4	16,1					
1977	-2,3	9,8	17,8						
1976	23,8	29,3							
1975	35,0						* 18,5 de ações apenas		
Mediana dos planos grandes da Becker									
1983	15,6								12,6
1982	21,4	11,2	13,9	13,9	12,5	9,7	10,9	12,3	
1981	1,2	10,8	11,9	10,3	7,7	8,9	10,9		
1980	20,9	NA	NA	NA	10,8	NA			
1979	13,7	NA	NA	NA	11,1				
1978	6,5	NA	NA	NA					
1977	-3,3	NA	NA						
1976	17,0	NA							
1975	24,1								
S&P 500									
1983	22,8								15,6
1982	21,5	7,3	15,1	16,0	14,0	10,2	12,0	14,9	
1981	-5,0	12,0	14,2	12,2	8,1	10,5	14,0		
1980	32,5	25,3	18,7	11,7	14,0	17,5			
1979	18,6	12,4	5,5	9,8	14,8				
1978	6,6	-0,8	6,8	13,7					
1977	7,7	6,9	16,1						
1976	23,7	30,3							
1975	37,2								

2. A nova especulação em ações ordinárias[1]

O que direi agora reflete uma vivência de muitos anos em Wall Street, repleta de experiências variadas. Isso incluiu o advento recorrente de novas condições, ou uma atmosfera nova, que põe em xeque o valor da experiência em si. É verdade que um dos elementos que distinguem a economia, as finanças e a análise de títulos de outras disciplinas práticas é a incerteza quanto à validade dos fenômenos passados como um guia para o presente e para o futuro. No entanto, não temos o direito de rejeitar as lições do passado até que as tenhamos, pelo menos, estudado e entendido. Minha palestra hoje é um esforço em direção a tal entendimento em um campo limitado, especificamente, um esforço para destacar algumas relações contrastantes entre o passado e o presente em nossas atitudes fundamentais para com o investimento e a especulação em ações ordinárias.

Começarei com um resumo de minha tese. No passado, os elementos especulativos de uma ação ordinária residiam quase exclusivamente na própria companhia; eles decorriam de incertezas, elementos oscilantes ou fraqueza pura e simples no ramo industrial ou na estrutura da companhia individual. Esses elementos de especulação ainda existem, é claro, mas pode-se dizer que foram sensivelmente reduzidos por várias mudanças de longo prazo, sobre as quais falarei mais tarde. Porém, em troca, introduziu-se um elemento de especulação novo e significativo na arena das ações ordinárias vindo de *fora* das companhias. Ele deriva da atitude e do ponto de vista do público comprador de ações e seus assessores, principalmente nós, os analistas de títulos. Essa atitude pode ser descrita na seguinte frase: ênfase prioritária nas expectativas do futuro.

Nada parecerá mais lógico e natural para essa plateia do que a ideia de que uma ação ordinária deve ser valorizada e cotada, principalmente, com base no desempenho futuro esperado da companhia. No entanto, esse conceito aparentemente simples traz consigo uma porção de paradoxos e ciladas. Em primeiro lugar, ele contraria boa parte das distinções mais antigas e bem estabelecidas entre o investimento e a especulação. O dicionário informa que "especular" é derivado do latim *specula*, vigia. Portanto, o especulador era aquele que vigiava e enxergava a chegada de desenvolvimentos futuros antes que outras pessoas o fizessem. No entanto, hoje, se o investidor for astuto ou bem assessorado, ele também terá uma visão do futuro ou, em vez disso, ocupará o lugar de vigia, onde dividirá o espaço com o especulador.

Em segundo lugar, descobrimos que, na maioria das vezes, as companhias com as melhores características de investimento, isto é, a melhor classificação de crédito, são as que provavelmente atraem o maior interesse especulativo em suas ações ordinárias, uma vez que todo mundo pressupõe que elas são uma garantia de um futuro brilhante. Em terceiro lugar, o conceito de perspectivas futuras e, sobretudo, de crescimento contínuo no futuro, favorece a aplicação de fórmulas matemáticas complicadas para estabelecer o valor presente das ações favoritas. Porém, a combinação de fórmulas precisas com premissas altamente imprecisas pode ser usada para estabelecer ou, em vez disso, justificar praticamente qualquer valor que se deseje, por mais alto que seja, para uma ação realmente destacada. No entanto, paradoxalmente, esse mesmo fator, se examinado mais detalhadamente, deve ser considerado uma indicação de que nenhum valor ou faixa razoavelmente estreita de valores podem ser estabelecidos e mantidos por qualquer determinada companhia de crescimento rápido; portanto, às vezes, é concebível que o mercado cote o componente de crescimento rápido a um valor surpreendentemente *baixo*.

Voltando à nossa distinção entre os elementos especulativos mais antigos e mais novos em ações ordinárias, poderíamos caracterizá-los com duas palavras exóticas, porém convenientes, a saber: endógenos e exógenos. Vamos ilustrar brevemente uma ação ordinária especulativa dos velhos tempos em contraste com uma ação de investimento, com base em alguns dados relacionados à American Can e à Pennsylvania Railroad em 1911-1913. (Eles apareceram em Benjamin Graham e David L. Dodd, *Security analysis*, McGraw-Hill, 1940. pp. 2-3.)

Naqueles três anos, os preços da "Pennsy" oscilaram entre 53 e 65, ou entre 12,2 e quinze vezes seus lucros médios no período. A ferrovia mostrou lucros constantes, pagava um dividendo confiável de US$ 3, e os investidores tinham certeza que o valor do ativo tangível era bem superior à sua paridade de US$ 50. Em comparação, o preço da American Can variou entre 9 e 47; seus lucros entre US$ 0,07 e US$ 8,86; a razão preço/lucro média trienal oscilou entre 1,9 vez e dez vezes; não foi pago qualquer dividendo; e os investidores sofisticados estavam bem conscientes de que o valor de paridade de US$ 100 da ação ordinária nada representava além de "água", uma vez que as ações preferenciais excediam o ativo tangível para elas disponível. Portanto, a ação ordinária da American Can era especulativa e representativa, porque a American Can Company era então uma empresa com uma capitalização especulativa em um setor instável e incerto. Na verdade, a American Can teve um futuro de longo prazo muito mais brilhante do que a Pennsylvania Railroad; mas não apenas esse fato não era previsto pelos investidores e os especuladores na época: ainda que tivesse sido, ele provavelmente teria sido posto de lado pelos investidores como sendo basicamente irrelevante às políticas e aos programas de investimento nos anos 1911-1913.

A fim de expor vocês à evolução através do tempo da importância das perspectivas de longo prazo para os investimentos, eu gostaria de usar como exemplo nossa mais espetacular empresa industrial de grande porte, nada menos do que a International Business Machines, que ingressou no grupo seleto de companhias com US$ 1 bilhão de vendas. Permitam-me apresentar aqui uma ou duas notas autobiográficas para injetar um pequeno toque pessoal no que, de outra forma, seria um exercício frio de estatísticas. Em 1912, eu havia deixado a faculdade por um trimestre para assumir um projeto de pesquisa para a U. S. Express Company. O objetivo era medir o efeito sobre as receitas de um novo e revolucionário sistema proposto de cálculo das tarifas de entrega rápida. Para esse fim, usamos umas máquinas chamadas Hollerith, arrendadas da então Computing-Tabulating-Recording Company. Elas eram compostas de perfuradoras de cartões, selecionadores de cartões e tabuladores; ferramentas quase desconhecidas dos empresários naquela época e cuja aplicação principal era feita pela agência federal responsável pelo censo. Entrei em Wall Street em 1914 e no ano seguinte as obrigações e ações ordinárias da C-T-R Company foram listadas na Bolsa de Valores de Nova York. Bem, eu tinha uma espécie de ligação sentimental com aquela empresa e, além disso, me considerava um especialista na tecnologia de seus produtos, sendo um dos poucos homens de finanças que os tinha visto e usado. Portanto, no início de 1916, dirigi-me ao presidente de minha firma, conhecido como Sr. A. N., e lhe falei que a ação da C-T-R estava sendo negociada por volta de 45 (para 105.000 ações); que ela havia lucrado US$ 6,50 em 1915; que seu valor contábil – incluindo, é verdade, alguns intangíveis não detalhados em separado – era de US$ 130; que ela tinha começado a pagar dividendos de US$ 3; e que eu estava entusiasmado com os produtos e as perspectivas da companhia. O Sr. A. N. olhou para mim com pena e disse: "Ben, não mencione o nome dessa companhia na minha frente novamente. Se eu fosse você, manteria uma grande distância dela. (Sua expressão favorita.) Suas obrigações de 6% estão sendo negociadas a oitenta e poucos e não prestam. Logo, como suas ações poderiam ser boas? Todo mundo sabe que não há nada por trás dela a não ser água." (Tradução: naquela época isso equivalia à pior das condenações. Significava que a conta de ativos do balanço era fictícia. Muitas companhias industriais – notadamente a U. S. Steel –, apesar de sua paridade de US$ 100, nada representavam a não ser água, escondida por trás de uma rubrica de instalações fabris inteiramente forjadas. Uma vez que elas não tinham "nada" para sustentá-las a não ser seu potencial de lucro e suas perspectivas futuras, nenhum investidor que se respeitasse pensaria nelas duas vezes.)

Voltei ao meu cubículo de estatístico, me sentindo um jovem arrasado. O Sr. A. N. não era apenas experiente e bem-sucedido, mas extremamente inteligente também. Fiquei tão impressionado com sua condenação categórica da Computing-Tabulating-Recording que nunca comprei uma ação dela em toda a minha vida, nem mesmo após seu nome ter mudado para International Business Machines, em 1926.

Agora vamos dar uma olhada na mesma companhia com seu novo nome em 1926, um ano em que o mercado acionário estava em alta. Naquele momento, ela revelou pela primeira vez o item intangível em seu balanço, com um valor considerável de US$ 13,6 milhões. A. N. estava certo. Praticamente todo o valor do assim chamado patrimônio por trás das ordinárias em 1915 não era nada exceto água. No entanto, desde aquele tempo, a companhia tinha apresentado um desempenho impressionante sob a direção de T. L. Watson, Sr. Seu lucro líquido havia subido de US$ 691.000 para US$ 3,7 milhões – mais de cinco vezes –, um ganho percentual maior do que ela conseguiria em qualquer período subsequente de onze anos. Ela havia construído um ativo tangível razoável para as ordinárias e as tinha desdobrado em 3,6 por um. Ela havia estabelecido uma taxa de dividendos de US$ 3 para a nova ação, enquanto os lucros por ação eram de US$ 6,39. Você esperaria que o mercado acionário de 1926 ficasse bastante entusiasmado com uma companhia com tal história de crescimento e uma posição empresarial tão forte. Vejamos. A variação de preço para aquele ano foi entre um mínimo de 31 e um máximo de 59. À média de 45, ela era negociada ao mesmo múltiplo de sete vezes os lucros e à mesma taxa de dividendos de 6,7% de 1915. A seu mínimo de 31, não estava muito acima de seu valor contábil tangível e, nesse sentido, estava cotada muito mais conservadoramente do que há onze anos.

Esses dados ilustram, tão bem quanto quaisquer outros, a persistência da antiga abordagem ao investimento até os anos culminantes do mercado de alta da década de 1920. O que aconteceu desde então pode ser resumido usando-se intervalos decenais na história da IBM. Em 1936, o lucro líquido expandiu para duas vezes os números de 1926, e o múltiplo médio subiu de 7 para 17,5. De 1936 a 1946, o lucro subiu 2,5 vezes, mas o múltiplo médio em 1946 permanecia em 17,5. Então, o passo foi acelerado. O lucro líquido de 1956 foi quase quatro vezes superior ao de 1946, e o múltiplo médio cresceu para 32,5. Ano passado, com um aumento adicional do lucro líquido, o múltiplo subiu novamente para uma média de 42, se desconsiderarmos a participação patrimonial não consolidada em uma subsidiária estrangeira.

Quando examinamos esses preços recentes com cuidado, vemos alguns contrastes e analogias interessantes com aqueles dos quarenta anos anteriores. A outrora escandalosa água, tão comum nos balanços das companhias industriais, foi toda despejada – primeiro pelas regras de divulgação e depois por ajustes contábeis. No entanto, um tipo diferente de água foi recolocado nas cotações do mercado acionário, dessa vez pelos próprios investidores e especuladores. Quando a IBM hoje é negociada a sete vezes seu valor contábil, em vez de sete vezes os lucros, o efeito é praticamente igual ao de que se ela não tivesse valor contábil algum. Ou então, a pequena porção do valor contábil pode ser considerada um tipo de componente menor do preço das ações preferenciais, e o resto representa exatamente o mesmo tipo de compromisso que fazia o especulador antigo ao comprar as ações ordinárias da Woolworth ou da U. S. Steel apenas por seu poder de lucro e perspectivas futuras.

Vale mencionar de passagem que nos trinta anos em que a IBM se transformou de uma empresa com um múltiplo dos lucros de sete para uma de quarenta, muito do que denomino os aspectos especulativos endógenos de nossas companhias industriais grandes tenderam a desaparecer ou, pelo menos, a diminuir sensivelmente. Suas posições financeiras são firmes, suas estruturas de capital são conservadoras e elas são administradas de forma muito mais competente e honesta do que eram antes. Ademais, as exigências de divulgação completa removeram um dos elementos especulativos importantes do passado, aquele derivado da ignorância e do mistério.

Outra digressão pessoal aqui. Em meus primeiros anos em Wall Street, uma das ações misteriosas favoritas era a Consolidated Gas of New York, agora Consolidated Edison. Ela possuía como subsidiária a lucrativa New York Edison Company, mas divulgava apenas os dividendos recebidos daquela fonte, não seus lucros totais. Os lucros da Edison não divulgados forneciam o mistério e o "valor oculto". Para minha surpresa, descobri que esses dados ultrassecretos eram informados todo ano à Comissão de Serviços Públicos estadual. Foi apenas uma questão de consultar seus registros para poder apresentar os verdadeiros lucros da Consolidated Gas em um artigo de revista. (Por acaso, o acréscimo aos lucros não foi espetacular.) Um amigo mais velho me disse: "Ben, você pode achar que é um cara legal por fornecer aqueles dados ausentes, mas Wall Street não vai lhe agradecer por isso. A Consolidated Gas e seu mistério são mais interessantes e valiosos do que um ex-mistério. Vocês jovens querem enfiar o nariz em tudo e arruinar Wall Street".

É verdade que os três Ms que então serviam de combustível para os fogos especulativos agora simplesmente desapareceram. Eles eram Mistério, Manipulação e Margens (magras). Porém, nós, analistas de títulos, criamos abordagens à cotação que são igualmente especulativas em si mesmas para assumirem o lugar daqueles antigos fatores especulativos. Não é que agora temos nossos próprios "3Ms"– nada mais do que a Minnesota Mining and Manufacturing Company – e que essa ação ordinária ilustra perfeitamente o contraste entre a nova e a velha especulação? Considere alguns números. Quando a ação ordinária da MM&M foi negociada a 101 no ano passado, o mercado a cotava a 44 vezes os lucros de 1956, os quais acabaram não mostrando qualquer aumento em 1957. A empresa em si era cotada a US$ 1,7 bilhão, dos quais US$ 200 milhões estavam cobertos pelo patrimônio líquido, enquanto significativo US$ 1,5 bilhão representava a avaliação pelo mercado dos intangíveis. Não conhecemos o processo de cálculo usado para chegar a tal valoração dos intangíveis; sabemos que poucos meses depois o mercado revisou essa avaliação para baixo em cerca de US$ 450 milhões, ou aproximadamente 30%. Obviamente, é impossível calcular precisamente o componente intangível de uma companhia esplêndida como essa. Deriva daí, quase como uma lei da matemática, que quanto mais importante os intangíveis ou o fator de poder de lucro futuro, mais incerto se torna o valor verdadeiro da empresa e, portanto, mais inerentemente especulativa a ação ordinária.

Pode ser útil reconhecer uma mudança vital ocorrida na valoração desses fatores intangíveis, quando comparamos o passado com o momento atual. Uma geração ou mais atrás, era a regra-padrão, reconhecida tanto nos preços médios das ações quanto em avaliações formais ou legais, que os intangíveis deveriam ser avaliados em bases mais conservadoras do que os tangíveis. Seria possível exigir que uma companhia industrial boa tivesse um lucro entre 6%

e 8% dos ativos tangíveis, representados tipicamente por obrigações e ações preferenciais; mas seus lucros excedentes ou os ativos intangíveis que eles geram seriam avaliados em, digamos, uma base de 15%. (Você encontrará aproximadamente essas proporções na oferta inicial de ações preferenciais e ordinárias da Woolworth em 1911 e em inúmeras outras.) Porém, o que aconteceu desde a década de 1920? Essencialmente, vê-se exatamente o inverso dessas relações. Hoje, uma companhia precisa ganhar cerca de 10% sobre o patrimônio líquido para ser negociada em um mercado médio a seu valor contábil pleno. No entanto, os lucros excedentes, acima de 10% sobre o capital, são em geral avaliados de forma mais generosa ou a um múltiplo mais alto do que os lucros básicos exigidos para dar sustentação ao valor contábil no mercado. Assim, uma companhia com um lucro de 15% sobre o patrimônio líquido pode bem ser negociada a 13,5 vezes os lucros ou duas vezes seu ativo líquido. Isso significaria que os primeiros 10% de lucro sobre o capital são cotados a apenas dez vezes, mas os 5% seguintes – o que costumava ser chamado "excesso" – são efetivamente cotados a vinte vezes.

Há uma razão lógica para essa inversão no processo de valoração, a qual está relacionada com a ênfase mais recente nas expectativas de crescimento. As companhias que ganham um retorno alto sobre o capital recebem essas avaliações generosas não apenas por causa da lucratividade boa em si e pela estabilidade relativa a ela associada, mas talvez ainda mais significativamente porque os lucros altos sobre o capital em geral caminham de mãos dadas com um histórico e perspectivas de crescimento favoráveis. Portanto, o que é efetivamente pago hoje em dia no caso das companhias altamente lucrativas não representa os intangíveis no sentido antigo e restrito de um nome estabelecido e um negócio lucrativo, mas, em vez disso, expectativas superiores de lucros crescentes para o futuro.

Isso me leva a um ou dois aspectos matemáticos adicionais da nova atitude para com a avaliação das ações ordinárias, os quais mencionarei meramente em forma de breves sugestões. Se, como muitos testes mostram, o múltiplo dos lucros tende a aumentar juntamente com a lucratividade – *i.e.*, à medida que a taxa de retorno sobre o valor contábil aumenta –, então a consequência aritmética dessa característica é que o valor tende a aumentar em proporção direta ao quadrado dos lucros, mas *inversamente* ao valor contábil. Logo, em um sentido muito real e importante, os ativos tangíveis se tornaram um peso no valor médio de mercado em vez de uma fonte de tal valor. Eis um exemplo que está longe de ser extremo. Se a companhia A lucra US$ 4 por ação sobre um valor contábil de US$ 20 e a companhia B também lucra US$ 4 por ação sobre um valor contábil de US$ 100, é quase certo que a companhia A seja negociada a um múltiplo mais alto e, portanto, a um preço mais alto do que a companhia B, digamos US$ 60 para as ações da companhia A e US$ 35 para as ações da companhia B. Portanto, não seria inexato afirmar que os US$ 80 por ação em ativos que a companhia B tem a mais são responsáveis por reduzir seu preço de mercado em US$ 25 por ação, supondo que os lucros por ação sejam iguais.

Porém, mais importante do que isso é a relação geral entre a matemática e a nova abordagem dos valores das ações. Com os três ingredientes, a saber, (a) premissas otimistas quanto à taxa de crescimento dos lucros; (b) uma projeção suficientemente extensa desse crescimento no futuro; e (c) os efeitos miraculosos dos juros compostos – surpresa! – o analista de títulos está equipado com um novo tipo de pedra filosofal que pode produzir ou justificar qualquer avaliação desejada para uma "ação realmente boa". Em um artigo recente no *Analysts' Journal*, comentei a respeito da moda da matemática complexa durante os mercados de alta e citei a exposição de David Durand sobre a analogia surpreendente entre os cálculos do valor das growth stocks e o famoso Paradoxo de Petersburgo, o qual desafia e confunde os matemáticos há mais de dois séculos. O ponto que desejo enfatizar aqui é que existe um paradoxo especial na relação entre a matemática e as atitudes relativas ao investimento em ações ordinárias, qual seja: a matemática é comumente considerada como produtora de resultados precisos e confiáveis, mas, no mercado acionário, quanto mais elaborada e rebuscada a matemática, mais incertas e especulativas são as conclusões que tiramos dela. Em 44 anos de experiência e estudo em Wall Street nunca vi cálculos confiáveis feitos sobre o valor de ações ordinárias ou das políticas de investimento afins que tivessem ido além da aritmética simples ou da álgebra mais elementar. Sempre que se introduz o cálculo ou a álgebra complexa, você pode considerar isso um sinal de alerta de que o operador está tentando substituir a experiência pela teoria e, em geral, também dar à especulação a roupagem enganosa de investimento.

As ideias antigas sobre investimento em ações ordinárias podem parecer muito ingênuas para o analista de títulos sofisticado dos dias de hoje. A maior ênfase foi sempre sobre o que agora chamamos de aspectos defensivos da companhia ou ação, principalmente a garantia de que ela continuaria pagando dividendos estáveis em tempos difíceis. Portanto, as ferrovias fortes, as quais constituíam o investimento-padrão cinquenta anos atrás, eram encaradas de uma forma muito parecida com as ações ordinárias das concessionárias de serviços públicos em anos recentes. Se o histórico recente indicava estabilidade, então a principal exigência estava atendida; não se envidavam muitos esforços para antecipar mudanças adversas de natureza fundamental no futuro. Porém, de forma inversa, perspectivas de futuro especialmente favoráveis eram consideradas pelos investidores astutos como algo a ser procurado, mas não se deveria pagar por isso.

Em termos práticos, isso significava que o investidor não precisava pagar qualquer valor substancial pelas perspectivas superiores de longo prazo. Ele as obtinha quase sem nenhum custo adicional, como uma recompensa por sua própria inteligência e capacidade de avaliação superiores ao escolher as companhias melhores em vez das meramente boas. Isso porque as ações ordinárias com a mesma capacidade financeira, histórico de lucros e estabilidade de dividendos eram todas negociadas a taxas de dividendos aproximadamente iguais.

Esse era de fato um ponto de vista míope, mas tinha a grande vantagem de tornar o investimento em ações ordinárias no passado não apenas simples, mas também basicamente seguro e altamente lucrativo. Deixe-me voltar pela última vez a uma nota pessoal. Por volta de 1920, nossa firma distribuiu uma série de panfletos pequenos intitulados *Lições para investidores*. Claro que apenas um analista atrevido e jovem como eu teria proposto um título tão arrogante e presunçoso como esse. Porém, em um dos ensaios afirmei casualmente que "se uma ação ordinária é um bom investimento, ela é também uma boa oportunidade de especulação". Porque, raciocinei, se uma ação ordinária fosse tão segura que tivesse muito pouco risco de prejuízo, ela deveria em geral ser tão boa que teria chances excelentes de lucros futuros. Essa foi uma descoberta perfeitamente verdadeira e mesmo valiosa, mas era verdade apenas porque ninguém prestou qualquer atenção a ela. Alguns anos depois, quando o público acordou para os méritos históricos das ações ordinárias como investimento de longo prazo, elas logo deixaram de ter qualquer mérito dessa natureza, porque o entusiasmo do público criou níveis de preço que anularam suas margens de segurança implícitas e, portanto, as tornaram pouco atraentes como investimento. Então, claro, o pêndulo balançou para a outra extremidade e logo vimos uma das mais respeitadas autoridades declarar (em 1931) que nenhuma ação ordinária *jamais* poderia ser um investimento.

Quando olhamos essa longa experiência em perspectiva, descobrimos outro conjunto de paradoxos na mudança de atitude do investidor para com os ganhos de capital quando comparados com a renda. Parece um truísmo dizer que o investidor em ações ordinárias dos velhos tempos não se interessava muito pelos ganhos de capital. Ele comprava quase inteiramente por segurança e para obter renda e deixava o especulador se preocupar com a subida dos preços. Hoje, estamos propensos a dizer que quanto mais experiente e astuto for o investidor, menos atenção ele dará ao retorno dos dividendos e mais pesadamente o seu foco de interesse se concentrará no crescimento de longo prazo. No entanto, seria possível argumentar, de forma perversa, que precisamente pelo fato de investidor dos velhos tempos não se concentrar na apreciação futura do capital, ele estava quase garantindo para si mesmo que a teria, pelo menos no campo das ações industriais. De forma inversa, o investidor de hoje está tão preocupado com a antecipação do futuro que já paga adiantado e generosamente por ele. Portanto, o que este investidor projetou com tanto estudo e cuidado pode efetivamente vir a ocorrer e, mesmo assim, não lhe trazer qualquer lucro. Se o futuro deixar de se concretizar na medida esperada, ele pode na verdade se defrontar com um sério prejuízo, temporário ou talvez mesmo permanente.

Que *lições* – utilizando novamente o título pretensioso de meu panfleto de 1920 – pode o analista de 1958 aprender com essa ligação entre as atitudes passadas e as atuais? Nada muito valioso, fica-se tentado a responder. Podemos olhar com nostalgia para os bons e velhos tempos em que pagávamos apenas pelo presente e tínhamos o futuro de graça – uma combinação que chamamos de "tudo isso e o céu também". Balançando a cabeça com pesar, dizemos: "Aqueles tempos se foram para sempre". Não foram os investidores e os analistas de títulos que comeram o fruto da árvore da sabedoria das perspectivas boas e más? Ao fazer isso, eles não se expulsaram permanentemente do jardim do Éden onde as ações ordinárias promissoras a preços razoáveis poderiam ser colhidas dos galhos? Estamos para sempre fadados a correr o risco de pagar preços insensatamente altos por boas perspectivas e qualidade, ou de obter qualidade e perspectivas ruins quando pagamos o que parece ser um preço razoável?

Parece que é assim mesmo. No entanto, não podemos ter certeza nem desse dilema pessimista. Recentemente, fiz uma pequena pesquisa na história de longo prazo da General Electric, aquela empresa gigantesca, estimulado pelo gráfico impressionante de 59 anos de lucros e dividendos que apareceu em seu Relatório de 1957, recentemente publicado. Esses números não deixam de apresentar surpresas para o analista instruído. Eles demonstram que, antes de 1947, o crescimento da GE foi bastante modesto e muito irregular. Os lucros de 1946, ajustados por ação, eram apenas 30% maiores do que em 1902 – US$ 0,52 *versus* US$ 0,40 – e em nenhum ano desse período os lucros de 1902 foram dobrados. Entretanto, a razão preço/lucro subiu de nove vezes em 1910 e 1916 para 29 vezes em 1936 e novamente em 1946. Seria possível dizer, claro, que o múltiplo de 1946 pelo menos mostrava a conhecida capacidade de previsão dos investidores astutos. Nós, analistas, fomos capazes de prever naquela época o período realmente brilhante de crescimento que nos esperava na década seguinte. Pode ser que sim. Porém, alguns de vocês devem lembrar que o ano seguinte, 1947, quando foi estabelecido um novo máximo nos lucros por ação da GE foi marcado também por uma queda extraordinária em sua razão preço/lucro. Ao preço mínimo de 32 (antes do desdobramento 3 por 1), a GE efetivamente foi negociada novamente a apenas nove vezes os lucros atuais e seu preço médio no ano foi apenas aproximadamente dez vezes os lucros. Nossa bola de cristal certamente ficou turva no espaço curto de doze meses.

Essa reviravolta notável ocorreu há apenas onze anos. Ela lança certas dúvidas em minha mente quanto à completa confiabilidade da crença popular que prevalece entre os analistas de que as companhias importantes e promissoras, de agora em diante, serão negociadas sempre a razões preço/lucro altas – que isso é um fato da vida fundamental para os investidores –, que eles devem aceitar e apreciar. Não desejo de forma alguma ser dogmático a respeito desse ponto. Tudo que posso dizer é que essa questão não está resolvida para mim e que cada um deve buscar encontrar suas próprias respostas para ela.

No entanto, em minhas observações finais, posso dizer algo definitivo sobre a estrutura do mercado para vários tipos de ações ordinárias em termos de suas características especulativas e de investimento. Nos velhos tempos, o caráter de investimento de uma ação ordinária era mais ou menos o mesmo que o da empresa em si ou proporcional a ela, conforme muito bem medido pela sua classificação de crédito. Quanto menor era o rendimento sobre suas obrigações ou ações preferenciais, mais provável que a ação ordinária atendesse a todos os critérios para o investimento satisfatório e menor o elemento de especulação envolvido em sua compra. Essa relação entre a classificação especulativa das ações ordinárias e a classificação de investimento da companhia poderia muito bem ser expressa em termos gráficos como uma linha reta descendente da esquerda para a direita. Porém, hoje em dia, eu descreveria esse gráfico como formando um U. À esquerda, onde a companhia em si é especulativa e seu crédito é baixo, é claro que a ação ordinária será altamente especulativa, assim como sempre foi no passado. Na extrema direita, no entanto, onde a companhia tem a mais alta classificação de crédito – já que tanto o seu histórico quanto a perspectiva futura são muito impressionantes –, descobrimos que o mercado acionário tende mais ou menos a introduzir continuamente um elemento altamente especulativo nas ações ordinárias através meramente de um preço tão alto que embute um grau razoável de risco.

Neste ponto, não posso deixar de introduzir uma citação relevante e surpreendente, embora exagerada, sobre o assunto que encontrei recentemente em um dos sonetos de Shakespeare.

Pois não vi habitantes do favor
Perdendo tudo ao pagar em excesso

Voltando ao meu gráfico imaginário, seria na área central o lugar em que o elemento especulativo nas compras das ações ordinárias tenderia ao mínimo. Nessa área, poderíamos encontrar muitas companhias fortes e estabelecidas, com um histórico de crescimento passado correspondente ao da economia como um todo e com perspectivas futuras aparentemente similares. Na maioria das vezes, tais ações ordinárias poderiam ser compradas, exceto nos níveis superiores de um mercado de alta, a preços moderados em relação aos valores intrínsecos indicados. Na verdade, em função da tendência atual tanto de investidores como de especuladores de se concentrarem nas ações mais atraentes, arrisco-me a afirmar que essas ações médias tendem a ser negociadas abaixo do valor determinável por uma avaliação independente. Elas, portanto, embutem um fator de margem de segurança derivado dos mesmos preconceitos e preferências do mercado que tendem a destruir a margem de segurança nas ações mais promissoras. Ademais, nessa ampla gama de companhias, há muito espaço para uma análise profunda dos registros passados e para uma seleção cuidadosa na área de perspectivas futuras, às quais deve ser acrescentada a garantia maior de segurança conferida pela diversificação.

Quando Faetonte insistiu em dirigir a carruagem na direção do Sol, seu pai, um operador experiente, deu ao neófito um conselho, o qual ele não seguiu e sofreu consequências desastrosas. Ovídio resumiu o conselho de Apolo Febo em três palavras:

Medius tutissimus ibis
(O caminho seguro é o do meio).

Penso que esse princípio permanece válido para os investidores e seus assessores na análise de títulos.

3. Companhias de tecnologia como investimentos

Nos anais da Standard & Poor's em meados de 1971, eram listadas aproximadamente duzentas companhias com nomes iniciados em Compu-, Data, Electro-, Scien- e Techno-. Quase metade dessas companhias pertencia a alguma parte da indústria de computação. Todas eram negociadas em bolsa ou haviam se candidatado a vender ações ao público.

Um total de 46 delas constava do *Guia de ações* da S&P de setembro de 1971. Dessas, 26 divulgaram um *prejuízo*, apenas seis lucraram mais de US$ 1 por ação e apenas cinco pagavam dividendos.

No *Guia de ações* de dezembro de 1968 constavam 45 companhias com nomes tecnológicos semelhantes. Traçando a evolução dessa lista, conforme mostrado no *Guia* de setembro de 1971, encontramos os seguintes desenvolvimentos:

Total de companhias	*Preço aumentou*	*Preço diminuiu menos da metade*	*Preço diminuiu mais da metade*	*Excluídas do* Guia
45	2	8	23	12

Comentários: É quase certo que as muitas companhias de tecnologia não incluídas no *Guia* em 1968 tiveram um desempenho subsequente pior do que aquelas que foram incluídas e as doze companhias excluídas da lista se saíram pior do que aquelas que permaneceram. Os resultados horrorosos ilustrados nessas amostras são, sem dúvida, indicadores razoáveis da qualidade e da história de preços do grupo das ações "tecnológicas" como um todo. O sucesso fenomenal da IBM e de outras poucas companhias estava fadado a produzir uma enxurrada de ofertas públicas de novas ações nessas áreas, para as quais grandes prejuízos eram quase uma certeza.

NOTAS

Introdução: o que este livro pretende realizar

I. *Letter stock* é uma ação não registrada para venda na Securities and Exchange Commission (SEC) e relativa à qual o comprador fornece uma carta afirmando que a compra foi realizada com propósitos de investimento.

II. Esses dados são números da Moody relativos às obrigações AAA e às ações industriais.

Capítulo 1: Investimento *versus* especulação: os resultados que o investidor inteligente pode esperar

I. GRAHAM, Benjamin; DODD, David L.; COTTLE, Sidney; TATHAM, Charles. McGraw-Hill. 4. ed. 1962. Uma cópia da edição de 1934 de *Security analysis* foi reeditada em 1996 (McGraw-Hill).

II. Citado em *Investment and speculation*, por Lawrence Chamberlain, publicado em 1931.

III. Em um estudo feito pelo Federal Reserve Board.

IV. Edição de 1965, p. 8.

V. Presumimos aqui a alíquota mais alta de tributação para o investidor comum de 40% aplicáveis aos dividendos e de 20% aplicáveis aos ganhos de capital.

Capítulo 2: O investidor e a inflação

I. Esse trecho foi escrito antes do "congelamento" de preços e salários estabelecido pelo presidente Nixon, em agosto de 1971, seguido pelo sistema de controles "Fase 2". Esses desenvolvimentos importantes parecem confirmar os pontos de vista expressos anteriormente.

II. O retorno do índice Standard & Poor's de 425 ações industriais era, aproximadamente, de 11,50% sobre o valor dos ativos, devido em parte à inclusão da altamente lucrativa IBM, que não é uma das trinta ações do DJIA.

III. Um quadro elaborado pela companhia American Telephone & Telegraph em 1971 indica que as tarifas cobradas pelos serviços telefônicos residenciais em 1970 eram um pouco inferiores às de 1960.

IV. Relatado no *Wall Street Journal*, outubro de 1970.

Capítulo 3: Um século de história do mercado acionário: o nível dos preços das ações no início de 1972

I. Tanto a Standard & Poor's quanto a Dow Jones têm índices separados para as companhias concessionárias de serviços públicos e de transporte (principalmente ferrovias). Desde 1965, a Bolsa de Valores de Nova York computa um índice que representa o movimento de todas as ações ordinárias listadas naquela bolsa.

II. Realizado pelo Centro de Pesquisas de Preços de Valores Mobiliários da Universidade de Chicago, com o apoio da Charles E. Merrill Foundation.

III. Esse trecho foi escrito pela primeira vez no início de 1971 com o DJIA a 940 pontos. A visão contrária que reinava em Wall Street é exemplificada por um estudo detalhado que previu um valor mediano de 1.520 para o DJIA em 1975. Isso corresponderia a um valor descontado de, digamos, 1.200 em meados de 1971. Em março de 1972, o DJIA subiu novamente para 940 pontos após uma queda interveniente a 798. De novo, Graham estava certo. O "estudo detalhado" ao qual ele se refere foi otimista demais por uma década inteira: o Índice Industrial Dow Jones só viria a fechar acima de 1.520 pontos em 13 de dezembro de 1985!

Capítulo 4: A política geral de investimentos: o investidor defensivo

I. Um rendimento mais alto e isento de impostos, com segurança suficiente, pode ser obtido de certas *Obrigações de Receita Industrial*, um instrumento recém-chegado entre as invenções financeiras. Elas seriam interessantes, sobretudo para o investidor empreendedor.

Capítulo 5: O investidor defensivo e as ações ordinárias

I. *Practical formulas for successful investing*. Wilfred Funk, Inc. 1953.

II. Nas abordagens matemáticas atuais para as decisões de investimento, tornou-se prática-padrão definir "risco" em termos da variação do preço médio ou "volatilidade". Ver, por exemplo, *An introduction to risk and return*, por Richard A. Brealey (The M. I. T. Press, 1969). Consideramos esse uso da palavra "risco" mais danoso do que útil para as decisões de investimento seguras, porque coloca ênfase demais nas oscilações do mercado.
III. Todas as trinta companhias do DJIA atendiam a esse padrão em 1971.

Capítulo 6: A política de investimentos para o investidor empreendedor: uma abordagem negativa

I. Em 1970, a ferrovia de Milwaukee registrou um prejuízo grande. Ela suspendeu os pagamentos de juros sobre suas obrigações de receita e o preço de sua obrigação com taxa de juros de 5% caiu para 10%.
II. Por exemplo: a ação preferencial de 6% da Cities Service, que não pagava dividendos, vendeu a preços tão baixos quanto 15 em 1937 e 27 em 1943, quando os acumulados haviam atingido US$ 60 por ação. Em 1947, ela foi aposentada por meio de uma troca por US$ 196,50 de debêntures de 3% para cada ação e foi vendida a preços tão altos quanto 186.
III. Um estudo estatístico complexo realizado sob a direção do National Bureau of Economic Research indica o que tem sido realmente o caso. Graham está se referindo a W. Braddock Hickman, *Corporate bond quality and investor experience* (Princeton University Press, 1958). Mais tarde, o livro de Hickman inspirou Michael Milken, da Drexel Burnham Lambert, a oferecer um grande volume de financiamento a altas taxas de juros para companhias com classificações de crédito ruins, ajudando a impulsionar a loucura das leveraged buyouts e fusões hostis do final da década de 1980.
IV. Uma amostra representativa de 41 tais ações, tirada do *Guia de ações* da Standard & Poor's, mostra que cinco perderam 90% ou mais de seus preços máximos, trinta perderam mais de metade e o grupo inteiro aproximadamente dois terços. As muitas não listadas no *Guia de ações* sem dúvida alguma sofreram uma queda geral maior.

Capítulo 7: A política de investimentos para o investidor empreendedor: o lado positivo

I. Ver, por exemplo, TOMLINSON, Lucile. *Practical formulas for successful investing*; e COTTLE, Sidney; WHITMAN, W. T. *Investment timing:* the formula approach, ambos publicados em 1953.

II. Uma companhia com um histórico comum não pode, sem confundir o termo, ser chamada de companhia em crescimento ou uma "growth stock" simplesmente porque seu proponente espera que ela tenha um desempenho melhor do que a média no futuro. Ela é apenas uma "companhia promissora". Graham está levantando um ponto sutil, mas importante: se a definição de uma growth stock é uma companhia que prosperará no futuro, então essa não é uma definição de forma alguma, mas puro desejo. É como chamar uma equipe esportiva de "campeã" antes de a temporada terminar. Esse desejo persiste ainda hoje; entre os fundos mútuos, as carteiras de "crescimento rápido" descrevem suas ações componentes como companhias com "potencial de crescimento acima da média" ou com "perspectivas favoráveis para o crescimento de rendimentos". Uma definição melhor talvez seja: companhias cujos rendimentos líquidos por ação tenham aumentado em uma média anual de, no mínimo, 15% durante, pelo menos, cinco anos seguidos. (Atender a essa definição no passado não garante que uma companhia irá atendê-la no futuro.)

III. Ver Tabela 7-1.

IV. Aqui estão dois bons e velhos provérbios de Wall Street que aconselham tais vendas: "Nenhuma árvore chega ao céu" e "O touro (otimista) pode ganhar dinheiro, o urso (pessimista) pode ganhar dinheiro, mas o porco (ganancioso) não ganha dinheiro nunca".

V. Existem dois estudos disponíveis. O primeiro, realizado por H. G. Schneider, um de nossos estudantes, cobre os anos de 1917-1950 e foi publicado em junho de 1951 no *Journal of Finance*. O segundo foi realizado pela Drexel Firestone, membro da Bolsa de Valores de Nova York, e cobre os anos de 1933-1969. Os dados são apresentados aqui com a gentil permissão dos autores.

VI. Ver pp. 422-425, para ler três exemplos de situações especiais existentes em 1971.

Capítulo 8: O investidor e as flutuações do mercado

I. Exceto, talvez, no caso de planos de custo médio em dólares, iniciados em um nível de preços razoável.

II. Porém, de acordo com Robert M. Ross, especialista em teoria de Dow. os dois últimos sinais de compra, que aparecem em dezembro de 1966 e dezembro de 1970, estavam bem abaixo dos pontos de venda precedentes.

III. As três melhores classificações para títulos e ações preferenciais são Aaa, Aa e A, usadas pela Moody's, e AAA, AA e A, da Standard & Poor's. Há outras, caindo até D.

IV. Essa ideia já teve algumas adaptações na Europa, por exemplo, pela companhia estatal de energia elétrica italiana sobre suas "notas de empréstimos a taxas flutuantes garantidas" com vencimento em 1980. Em junho de 1971, ela anunciou em Nova York que a taxa anual de juros paga naquele papel durante os seis meses seguintes seria de 8,125%. Um arranjo flexível desse tipo foi incorporado às debêntures de "7%-8%" do The Toronto-Dominion Bank, com vencimento em 1991, oferecidas em junho de 1971. Essas obrigações pagam 7% até julho de 1976 e 8% daquela data em diante, porém o proprietário tem a opção de receber seu principal em julho de 1976.

Capítulo 9: Como investir em fundos de investimento

I. A taxa de venda é universalmente calculada como uma percentagem do preço de venda, o qual inclui a própria taxa, fazendo-a parecer menor do que se fosse aplicada ao valor líquido dos ativos. Consideramos isso uma artimanha comercial que não dignifica essa indústria respeitável.

II. *The money managers*, por G. E. Kaplan e C. Welles. Random House, 1969.

III. Ver definição de *letter stock* na p. 619.

IV. O título de um livro publicado pela primeira vez em 1852. Ele descrevia a "South sea bubble", a mania das tulipas e outras farras especulativas do passado e foi reimpresso por Bernard M. Baruch, talvez o único especulador continuamente bem-sucedido em anos recentes, em 1932. *Comentário:* Isso é o mesmo que trancar a porta depois que ela foi arrombada. O livro de Charles Mackay, *Extraordinary popular delusions and the madness of crowds* (New York: Metro Books, 2002) foi publicado pela primeira vez em 1841. Embora não seja uma leitura leve e nem sempre possua uma precisão rigorosa, esse livro apresenta uma visão abrangente de como muitas pessoas, com frequência, acreditam em coisas muito tolas, como, por exemplo, que o ferro pode ser transformado em ouro, que demônios muitas vezes aparecem nas noites de sexta-feira e que é possível enriquecer rapidamente no mercado de ações. Para obter um relato mais factual, consulte o livro de Edward Chancellor, *Devil take the hindmost* (Farrar,

Strauss & Giroux, 1999); para ler algo mais leve, tente *Markets, mobs, and mayhem: a modern look at the madness of crowds* (John Wiley & Sons, 2002).

Capítulo 10: O investidor e seus assessores

I. Os testes são ministrados pelo Institute of Chartered Financial Analysts, o qual é um braço da Financial Analysts Federation. Este último agora engloba entidades constituintes com mais de 50 mil membros.

II. A Bolsa de Nova York havia imposto algumas regras drásticas de avaliação (conhecidas como "cortes de cabelo") projetadas para minimizar esse perigo, mas parece que elas não ajudaram suficientemente.

III. Atualmente, novos lançamentos podem ser vendidos apenas por meio de um prospecto preparado segundo os regulamentos da agência reguladora do mercado. Esse documento deve revelar todos os fatos pertinentes sobre a emissão e o emissor e ser plenamente adequado para informar ao *investidor prudente* quanto à natureza exata do título a ele oferecido. No entanto, o próprio volume de dados exigido geralmente torna o prospecto de um tamanho proibitivo. Estima-se, em geral, que apenas uma percentagem pequena dos *indivíduos* que compram ações novas lê o prospecto com profundidade. Portanto, eles ainda estão agindo principalmente não com base em sua própria avaliação, mas naquela da corretora que lhes vendeu o título ou na de um vendedor individual ou executivo de conta.

Capítulo 11: Análise de valores mobiliários para o investidor leigo: uma abordagem geral

I. Nosso livro, *Security analysis*, escrito por Benjamin Graham, David L. Dodd, Sidney Cottle e Charles Tatham (McGraw-Hill, 4. ed., 1962), mantém o título original escolhido em 1934, mas cobre boa parte do campo da análise financeira.

II. Com Charles McGolrick (Harper & Row, 1964), reimpresso pela Harper Business, 1998.

III. Esses números são da Salomon Bros., uma grande corretora de títulos em Nova York.

IV. Ao menos, não pelo grande conjunto de analistas e investidores em títulos. Analistas excepcionais, os quais podem dizer antecipadamente quais companhias provavelmente merecerão estudo intensivo e têm instalações e capacidade para fazê-lo, podem alcançar sucesso contínuo com seu trabalho. Para obter detalhes de tal abordagem, ver FISHER, Philip. *Common stocks and uncommon profits* (Harper & Row, 1960).

V. Na p. 323, estabelecemos uma fórmula relacionando os multiplicadores à taxa de crescimento esperada.

VI. Parte da agitação em torno do preço da Chrysler foi indubitavelmente inspirada por dois desdobramentos de ações, de duas por uma, que ocorreram no único ano de 1963, um fenômeno sem precedentes para uma companhia grande. No início de 1980, sob a direção de Lee Iacocca, a Chrysler surpreendeu pela terceira vez, retornando da beira da falência para se tornar uma das ações de melhor desempenho dos Estados Unidos. No entanto, identificar administradores que podem comandar grandes reviravoltas corporativas não é tão fácil quanto parece. Quando Al Dunlap assumiu a Sunbeam Corp., em 1996, após reestruturar a Scott Paper Co. (e fazer subir o preço de suas ações 225% em 18 meses), Wall Street o aclamou quase como se fosse a Ressurreição. Dunlap acabou sendo um blefe que usou contabilidade inapropriada e relatórios financeiros falsos para enganar os investidores da Sunbeam, inclusive os venerados administradores de recursos Michael Price e Michael Steinhardt, que o haviam contratado. Para ler uma análise aguçada da carreira de Dunlap, ver BYRNE, John A. *Chainsaw*, 1999.

VII. Observe que não sugerimos que essa fórmula fornece o "valor real" de uma growth stock, mas apenas que ela se aproxima dos resultados dos cálculos mais elaborados em voga.

Capítulo 12: Considerações sobre os lucros por ação

I. Nosso método recomendado para lidar com a diluição das garantias será discutido mais adiante. Preferimos considerar o valor de mercado das garantias como um acréscimo ao preço de mercado atual da ação ordinária como um todo.

Capítulo 13: Uma comparação entre quatro companhias listadas em bolsa

I. Em março de 1972, a Emery foi negociada a 64 vezes seus lucros de 1971!

Capítulo 14: A escolha de ações para o investidor defensivo

I. Em função de inúmeros desdobramentos de ações etc., ao longo dos anos, o preço médio real da lista DJIA foi de aproximadamente US$ 53 por ação no início de 1972.

II. Em 1960, apenas duas das 29 companhias industriais deixaram de mostrar duas vezes mais ativos circulantes do que passivos circulantes e apenas duas deixaram de ter ativos circulantes líquidos excedendo suas dívidas. Em dezembro de 1970, o número em cada categoria tinha crescido de dois para doze.

III. Observe, porém, que seu desempenho conjunto, de dezembro de 1970 ao início de 1972, foi mais fraco do que o DJIA. Isso demonstra mais uma vez que nenhum sistema ou fórmula garantirá resultados de mercado superiores. Nossas exigências "garantem" apenas que o comprador da carteira esteja fazendo um bom uso de seu dinheiro.

IV. Como consequência, devemos excluir a maioria das ações de gasodutos, uma vez que esses empreendimentos emitiram muitas obrigações. A justificativa para essa forma de capitalização é a estrutura subjacente dos contratos de compra que "garantem" os pagamentos das obrigações, mas as considerações nesse caso podem ser complicadas demais para as necessidades de um investidor defensivo.

Capítulo 15: A escolha de ações para o investidor empreendedor

I. FRIEND, I.; BLUME, M.; CROCKETT, J. *Mutual funds and other institutional investors:* a new perspective (McGraw-Hill, 1970). Deveríamos acrescentar que os resultados de 1966-1970 de muitos dos fundos que estudamos foram um pouco melhores do que aqueles do índice composto de 500 ações da Standard & Poor's e consideravelmente melhores do que aqueles do DJIA.

II. *Nota pessoal*: Muitos anos antes das pirotecnias do mercado de ações naquela companhia específica, o autor foi seu "vice-presidente financeiro" com um salário principesco de US$ 3.000 por ano. Naquela época, ela estava realmente no ramo de fogos de artifício. No início de 1929, Graham se tornou o vice-presidente financeiro da Unexcelled Manufacturing Co., o maior produtor de fogos de artifício dos EUA. A Unexcelled tornou-se mais tarde uma companhia química diversificada e já não existe de forma independente.

III. O *Guia* não mostra múltiplos acima de 99. A maioria de tais múltiplos seriam curiosidades matemáticas causadas por lucros pouco acima do ponto zero.

Capítulo 16: Emissões conversíveis e bônus de subscrição

I. Este ponto é bem ilustrado pela oferta simultânea de dois papéis da Ford Motor Finance Co. feita em novembro de 1971. Um era a obrigação não conversível de vinte anos, que rendia 7,5%. O outro era uma obrigação de 25 anos, subordinada à primeira na ordem de prioridade e que rendia apenas 4,5%, mas conversível em ações da Ford Motor a seu então preço de 68,5. Para obter o privilégio da conversão, o comprador desistia de 40% de receita e aceitava uma posição de credor subordinado.

II. Observe que no final de 1971 a ação ordinária da Studebaker-Worthington foi negociada a um nível tão baixo quanto 38, enquanto a preferencial de US$ 5 foi negociada a, ou aproximadamente, 77. O spread tinha então aumentado de dois para vinte pontos durante o ano, ilustrando uma vez mais a atratividade de tais trocas e também a tendência do mercado acionário para ignorar a aritmética. (Por acaso, o prêmio pequeno da preferencial sobre a ordinária em dezembro de 1970 já tinha sido compensado por seu dividendo maior.)

Capítulo 17: Quatro estudos de caso extremamente instrutivos

I. Ver, por exemplo, o artigo Six flags at half mast, escrito pelo dr. A. J. Briloff, na *Barron's,* em 11 de janeiro de 1971.

Capítulo 18: Uma comparação entre oito pares de companhias

I. O leitor se recordará (na p. 478) que a AAA Enterprises tentou entrar nesse ramo, mas rapidamente deu com os burros n'água. Aqui Graham faz uma observação profunda e paradoxal: quanto maior o lucro de uma companhia, mais provável será que ela enfrente concorrentes novos, uma vez que sua alta lucratividade sinaliza claramente que existe dinheiro fácil a ser ganho. A existência de novos concorrentes, por sua vez, implica preços mais baixos e lucros menores. Esse ponto crucial foi desprezado pelos compradores excessivamente entusiasmados das ações ponto-com, os quais acreditaram que os ganhadores iniciais seriam capazes de manter sua vantagem indefinidamente.

Capítulo 19: Acionistas e administradores: a política de dividendos

I. Estudos analíticos mostram que, em casos típicos, US$ 1 pago em forma de dividendos tem um efeito positivo quatro vezes maior sobre o preço de mercado do que US$ 1 de lucro não distribuído. Esse ponto foi exemplarmente ilustrado pelo setor de concessionárias de serviços públicos durante um longo período antes de 1950. As ações com dividendos baixos eram negociadas a múltiplos baixos dos lucros e provaram ser compras especialmente atraentes porque seus dividendos foram posteriormente incrementados. Desde 1950, as taxas de dividendos se tornaram muito mais uniformes naquele setor.

Capítulo 20: A "margem de segurança" como conceito central dos investimentos

I. Esse argumento é confirmado por HALLINGBY JR., Paul. Speculative opportunities in stock-purchase warrants. *Analysts' Journal*, 3. trim. 1947.

Posfácio

I. A veracidade exige a admissão de que o negócio quase fracassou porque os sócios queriam garantias de que o preço de compra seria 100% coberto pelo valor patrimonial. Um ganho de mercado futuro de US$ 300 milhões ou mais gerou, digamos, US$ 50.000 em itens contábeis. Por pura sorte, eles conseguiram o que insistiram.

Apêndices

I. Discurso de Benjamin Graham na convenção anual da National Federation of Financial Analysts Societies, em maio de 1958.

AGRADECIMENTOS DE JASON ZWEIG

Agradeço a David Reilly, Charles Forelle, Marie Beaudette, Liz Harris e Emma Tucker, do *Wall Street Journal*, por terem me dado a oportunidade de trabalhar neste livro.

Sou grato a Hollis Heimbouch, Kirby Sandmeyer e a toda a equipe da HarperCollins por seu trabalho meticuloso e brilhante para dar vida a esta nova edição.

Em ordem alfabética aproximada, as seguintes pessoas generosamente forneceram análises, críticas, dados, feedback ou perspectivas: Amy Arnott e Jeff Ptak, Morningstar; Ted Aronson, Jesse Barnes e John Jacques, AJO Vista; William Bernstein, Efficient Frontier Advisors; Hank Bessembinder, Arizona State University; Laurence Black, The Index Standard; Warren Buffett; Deborah Fuhr, ETFGI; Pranav Ghai, Calcbench; Roy Haya, Fort Point Capital Partners; Joanne Hill, Cboe Vest; Matt Hougan, Bitwise Asset Management; Elisabeth Kashner, FactSet; Paul Marsh, London Business School; Michael Mauboussin, Counterpoint Global; Don Moore, University of California em Berkeley; Nina Munk, por me guiar ao caminho da serendipidade; Jeremy Perler e Yoni Engelhart, Schilit Forensics; Antti Petajisto, Brooklyn Investment Group; Alex Poukchanski e Diane Roman, Center for Research in Security Prices; Robert Shiller, Universidade Yale; Howard Silverblatt, S&P Dow Jones Indices; Todd Sohn, Strategas Securities; Jocelyn Wilk, Rare Book & Manuscript Library, Universidade Columbia; Lauren Taylor Wolfe, Impactive Capital; Jun Wu, Wharton Research Data Service.

Acima de tudo, agradeço à minha esposa: ela fez tudo além disso para que eu pudesse não fazer nada além disso.

Sobre Benjamin Graham

Considerado o pai do conceito de "investimento em valor" ou "value investing", Benjamin Graham foi um grande investidor e empreendedor estadunidense. Teve como discípulos alguns dos empresários mais bem-sucedidos da história, como William J. Ruane, Irving Kahn, Walter J. Schloss e o grande Warren Buffett. Apesar de publicados no início do século XX, seus livros são influências importantes para executivos e empreendedores até hoje, fazendo com que Graham seja leitura obrigatória para estudantes de administração, economia e todos aqueles que queiram se aventurar ou entender melhor o mercado financeiro.

Este livro foi impresso pela MAISTYPE, em 2025, para a Harper Business.
O papel do miolo é Pólen Natural 70g/m² e o da capa é Couchê 150g/m².